贵州省文物考古研究所学术丛书

扬帆

贵州青年考古学者论集

贵州省文物考古研究所　编著

上海古籍出版社

图书在版编目(CIP)数据

扬帆:贵州青年考古学者论集/贵州省文物考古研究所编著.--上海:上海古籍出版社,2021.5
ISBN 978-7-5325-9970-7

Ⅰ.①扬… Ⅱ.①贵… Ⅲ.①文物-考古-贵州-文集 Ⅳ.①K872.73-53

中国版本图书馆CIP数据核字(2021)第072480号

扬帆——贵州青年考古学者论集

贵州省文物考古研究所 编著
上海古籍出版社出版发行
(上海瑞金二路272号 邮政编码200020)
(1)网址:www.guji.com.cn
(2)E-mail:guji1@guji.com.cn
(3)易文网网址:www.ewen.co
启东市人民印刷有限公司印刷
开本787×1092 1/16 印张32.25 插页3 字数595,000
2021年5月第1版 2021年5月第1次印刷
ISBN 978-7-5325-9970-7
K·2998 定价:158.00元
如有质量问题,请与承印公司联系

谨以此书献礼中国考古百年!

《扬帆：贵州青年考古学者论集》编辑委员会

主　　任　杨继红

主　　编　周必素

执行主编　张合荣

编　　委　杨继红　周必素　张合荣　张兴龙
　　　　　吴小华　贾晓丽　赵小帆　胡昌国
　　　　　彭　万　翁泽坤　杨　洪

筑 梦 未 来

——《扬帆:贵州青年考古学者论集》序

1953年成立的贵州省博物馆筹备处下设清理发掘组,负责全省地下文物的征集、调查、发掘和研究工作。1954年初,为配合羊昌河水利灌溉工程建设,在清镇县和平坝县境内开展考古调查,发现了金家大坪汉代遗址和清镇平坝汉墓;同时在配合川黔铁路工程建设进行的考古调查中,又在遵义地区桐梓县等地发现了3座宋代石室墓,拉开了贵州田野考古工作的序幕。以此算来,贵州考古已走过近70年历程,每一代考古人都付出了心血和汗水,足迹踏遍了贵州的山山水水,层层揭开贵州历史的神秘面纱,为贵州历史文化的认知打开了一扇又一扇绚烂的窗口。

贵州,作为中国西南腹地枢纽,是中国西南文化交流和融合之地,再加上喀斯特地貌对自然的修饰,造就了文化的多样性和丰富性,孕育了贵州悠久的历史和多彩的文化,留下了独具特色的考古资源。经过数代考古人的努力,贵州考古在以下几个方面取得了令人瞩目的成绩。

史前洞穴遗址考古取得显著成绩。因属喀斯特地貌,贵州众多的洞穴是古人类居住的家园,目前发现的史前洞穴遗址已近500处,其中能确认属旧石器时代的遗址或地点近100处,经过试掘和发掘的重要遗址有黔西观音洞、盘县大洞、桐梓岩灰洞等20余处,年代从距今近30万年到1万多年,呈现出比较完整的贵州早期人类发展年代框架和文化演变脉络。其中,盘县大洞遗址荣获"1993年全国十大考古新发现",贵安新区牛坡洞遗址荣获"2016年全国十大考古新发现"。

西部大开发以来,我省对牛栏江、乌江、赤水河、锦江、清水江和北盘江等江河干流及其支流沿岸的旷野遗址开展考古工作,发现一批新石器时代至商周时期的台地遗址,揭示出部分人群逐步走出洞穴,沿江河分布的新型居住和生存方式以及文化沿河流通道传播的路径,奠定了贵州多彩文化的基本格局。这些成果,为探索人类起源、早期社会、文明与国家起源提供了支撑。

战国秦汉至唐时期考古取得阶段性重要成果。贵州是战国以来不同民族政权融入多民族国家历史进程,推动形成统一多民族国家的一个重要地点。对夜郎文明的探索,一直在路上。通过数十年不断的田野调查,目前已在贵州西部的毕节、六盘水和黔西南等地区发现大量秦汉时期遗址。其中,赫章可乐、威宁中水和普安铜鼓山三处,被誉为贵州秦汉时期考古的三个重镇。赫章可乐遗址荣获"2001年全国十大考古新发现",威宁中水遗址荣获"2005年全国十大考古新发现",普安铜鼓山遗址是以铸造金属器为主的重要作坊遗址。广泛分布在黔西南、黔中、黔北等地区的汉至两晋南朝时期墓葬,是中央对西南边疆地区实施管理和汉夷文化交融的实物见证。

宋元明清时期考古成果显著。该时期,贵州是中央对边疆地区实行羁縻·土司制度管理的重要区域。境内因不同地域、不同族群而分布着不同的羁縻·土司地方政权,并几乎贯穿从产生到改土归流消亡的全过程,关联着贵州建省等重大历史事件,有着丰富的历史遗存。这一时段考古的重要工作,即"土司考古"的实践和经验总结,取得了重大突破。为配合海龙囤遗址申报世界文化遗产的系列考古工作连获殊荣;海龙囤遗址发掘荣获2012年全国"六大""十大"考古新发现;新蒲土司墓地发掘荣获2014年全国"六大""十大"考古新发现;中国西南土司遗存(贵州、湖南、湖北)调查和发掘被评为2015年"世界十大考古新发现",该项工作因在考古学理论、方法、技术上的成功探索,2016年被评为中国"田野考古奖一等奖",填补了该奖项在西南地区的空白。此外,这一时期民族墓葬材料也很丰富,如悬棺、石板墓、岩洞葬等,反映了贵州各民族人民的丧葬习俗和艺术观,是贵州民族考古的宝贵资源。

冶金考古初见成效。贵州有着丰富的矿产资源,如汞矿、铁矿、铅锌矿等,这些矿产资源是人们生产和生活的重要材料,酝酿了一定的冶炼技术和文化。我们对务川、万山汞矿已经开展了系统的考古调查和发掘。

近年来,我们提出了以社科课题带动发掘报告整理,提升学术水平、促进成果转换和推进学科发展的思路,成果喜人。"杨辉墓及墓祠发掘报告"获2017年国家社科基金重点项目,"遵义新蒲墓地的发掘和研究"获2018年国家社科基金重大招标项目,"贵州历史的考古学观察"获2018年贵州省文化单列课题,"杨粲墓雕刻所反映的播州社会"获2019年贵州省国学单列课题,"海龙囤遗址的发掘与研究"获2019年国家社科基金重点项目,"威宁鸡公山遗址发掘资料整理研究"获2020年国家社科基金一般项目。

人,是工作推进的决定性因素。如今的重任,已然落到了我们考古所正当年的中青年队伍的肩上。人少事多,田野工作繁忙,大量的积压资料有待整理,任务艰巨,担子是沉甸甸的。当然,省内考古学者,也是我们的中坚力量。为了给这些年轻人营造出能干事、干成事的环境,搭台,便是考古所领导和年长者的任务了。给这些年轻人搭建一个坚固的舞台,任由他们发挥自己的主观能动性展示自己的才华,以更好激发他们的创造力和战斗力。促进成果的产出,是大家同时想到的一个点,于是,《扬帆:贵州青年考古学者论集》被提上议事日程,并且希望能接二连三地延续下去。

本期文集,收录了张兴龙《贵州清水苑遗址石制品初步研究》、张改课《贵州北盘江流域新石器时代的石器工业及相关问题研究》、彭万《广西新石器时代遗存分期及相关问题》、杨洪《大溪文化研究》、李飞《贵州威宁银子坛墓地分析》、史忞《滇东黔西地区出土东周秦汉时期青铜兵器研究》、张勇《云贵高原汉墓所见汉夷文化交流》、韦松恒《巴蜀汉陶艺术博物馆藏摇钱树座研究》、李二超《云南地区魏晋南北朝时期墓葬的考古学观察》、许国军《川渝地区唐宋石窟中的千手观音研究》、吴小华《荔波瑶山——白裤瑶村落文化景观遗产研究》共11篇论文。这些论文,时代跨越长,从旧石器时代至现当代;内容丰富,涉及石制品、石器工业、遗存分期、考古学文化、青铜兵器、摇钱树座、墓葬和墓地、石窟造像、汉夷族群关系以及村落文化景观等相关方面的探讨和研究,体现出这些年轻学者的成长足迹。

2020年9月28日下午,中共中央政治局就"我国考古最新发现及其意义"举行第二十三次集体学习,总书记要求努力建设中国特色、中国风格、中国气派的考古学,更好认识源远流长、博大精深的中华文明,为弘扬中华优秀传统文化、增强文化自信提供坚强支撑。这,是考古界一大盛事,是对中国考古界的鞭策和激励。如何更好践行总书记"建设中国特色、中国风格、中国气派的考古学"的重要指示精神,促进贵州考古的全面发展,将是我们这一代考古人特别是年轻一代考古人的使命和责任。严文明先生提出的中国史前文化的"重瓣花朵"理论和费孝通先生提出的中华民族"多元一体"理论,是对中华文化一体多元以及多样性特征的概括和总结,都是基于考古的科学论断和巨大贡献。而处于西南腹地的贵州,是荆楚、南越、巴蜀和滇文化的碰撞之地,也是汉夷文化的融会之地,是中华民族"多元一体"文化多样性和丰富性特征的生动展示地。贵州考古,在这一历史使命的阐释中,必不可少。

我们拟继续围绕史前洞穴、夜郎、土司、民族、流域考古以及丝绸之路南亚廊道和茶马古道贵州段等文化线路考古等专题深入推进贵州考古,力争有所突破。期望我们贵州的年轻考古学者们继续发扬"上穷碧落下黄泉,动手动脚找东西"的田野考古精神,不负重托,砥砺前行,筑梦未来,谱写贵州考古新篇章。

2021年正逢中国考古学诞辰百年,经过几代考古人持续奋斗,贵州考古在延伸历史轴线,增加历史信度,丰富历史内涵,活化历史场景等方面也取得了重要成就,就以此书向中国考古百年献礼吧!

贵州省文物考古研究所所长　周必素

2021年2月

目 录

筑梦未来——《扬帆：贵州青年考古学者论集》序 …………… 周必素　1

贵州清水苑遗址石制品初步研究 ………………………………… 张兴龙　1
贵州北盘江流域新石器时代的石器工业及相关问题研究 ……… 张改课　77
广西新石器时代遗存分期及相关问题 …………………………… 彭　万　121
大溪文化研究 ……………………………………………………… 杨　洪　149
贵州威宁银子坛墓地分析 ………………………………………… 李　飞　220
滇东黔西地区出土东周秦汉时期青铜兵器研究 ………………… 史　忞　284
云贵高原汉墓所见汉夷文化交流 ………………………………… 张　勇　336
巴蜀汉陶艺术博物馆藏摇钱树座研究 …………………………… 韦松恒　361
云南地区魏晋南北朝时期墓葬的考古学观察 …………………… 李二超　390
川渝地区唐宋石窟中的千手观音研究 …………………………… 许国军　419
荔波瑶山——白裤瑶村落文化景观遗产研究 …………………… 吴小华　447

编后 ………………………………………………………………………… 508

贵州清水苑遗址石制品初步研究[*]

张兴龙

一、绪　　论

(一) 研究简史

贵州旧石器时代考古发掘和研究工作开始于 1964 年，中国科学院古脊椎动物与古人类研究所在贵州发现黔西观音洞遗址，并由裴文中先生领队进行发掘、研究，将贵州的人类历史推到了十几万年前，为贵州的旧石器时代考古研究奠定了基础。这是贵州旧石器时代考古的开端，也是整个贵州史前考古的肇始[1]。

目前，在贵州已发现新、旧石器洞穴遗址 200 余处，发掘旧石器时代遗址 16 处，试掘 9 处，出土石制品 10 万余件、骨制品近万件，发现多处早期用火遗迹；古人类化石地点 13 处，标本数十件，含早期智人和早期现代人两个阶段；哺乳动物化石地点 100 余处，以大熊猫、剑齿象为代表的动物属种 40 余种。裴文中先生曾经赞叹道：贵州旧石器名列前茅！

贵州的旧石器时代考古工作，以 20 世纪 90 年代为界，可分为早、晚两个阶段。这一时期，贵州省文物考古研究所从贵州省博物馆独立出来，考古发掘任务主体实施单位发生转移，基础建设考古开始兴起，以前以主动发掘为主的整体态势发生较大变化。

---

[*] 本研究得到中国科学院重点部署项目(KZZD-EW-03)、国家自然科学基金(41372032)和中国科学院古脊椎动物与古人类研究所化石发掘专项经费的资助，在此致以衷心的感谢！

[1] 王新金、张合荣、李飞：《贵州考古六十年》，《中国考古 60 年(1949—2009)》，文物出版社，2009 年，第 464—467 页。

1. 第一阶段

20世纪60—90年代，是贵州洞穴遗址考古的黄金发展期。这一时期发现、发掘了大量的洞穴遗址，获得一大批宝贵材料，从旧石器时代早期，一直到新旧过渡。贵州洞穴遗址考古肇始于黔西观音洞，可以看到，由于中科院古脊椎动物与古人类研究所的介入，起点很高。也应注意到，在早期的考古工作中，贵州的本土学者承担课题的比例较小，到了20世纪70年代后期，才得到改善，贵州本土学者逐渐开始独立开展工作，逐渐涌现出一批国内知名的旧石器考古学家。

(1) 黔西观音洞的发掘。黔西观音洞发现于1964年，先后进行了四次发掘。第一次发掘（1964年冬—1965年初）探明了观音洞旧石器文化的存在；1965年冬，进行了第二次发掘，进一步确定了石器和化石出产的层位，并发现上覆的红土层，同时获得了更多的研究材料；1972年的发掘，对洞内堆积物的关系有了进一步的了解，同时获得大批的石器和化石，为观音洞地层的划分提供了切实证据；1973年，贵州省博物馆为培训干部，又进行了一次发掘，采得相当多有价值的标本，这次发掘所得材料现存贵州省博物馆。通过先后四次发掘，获得石制品3 000余件、哺乳动物化石20多种，为研究我国南方旧石器时代初期人类历史提供了极为重要的材料[1]。

(2) 1971年冬，桐梓县岩灰洞在地质调查中被发现，古脊椎动物与古人类研究所的张森水、吴茂霖二同志会同贵州省博物馆曹泽田同志，对洞穴做了短期的试掘。次年冬，张振标、王令红、张银运和吴茂霖四人组成的发掘队，对遗址进行了较系统的发掘，发现了古人类化石一枚，打制石器数件，用火痕迹以及相当多的动物化石。发掘者认为牙齿化石与现代人牙齿显著不同，保留有尼人门齿的一些特征，与北京猿人的较为接近[2]。

(3) 1973年夏，水城硝灰洞遗址在地质调查时被发现，1973年12月至1974年1月贵州省博物馆派人员进行了考古发掘[3]。

(4) 1974年冬，兴义猫猫洞遗址发现。1975年，进行了发掘，出土石制品4 000余件，用火遗迹，骨、角器14件，古人类化石7件和哺乳动物化石9种[4]。

---

[1] 李英华、侯亚梅：《观音洞遗址古人类剥坯模式与认知特征》，《科学通报》2009年第19期；李炎贤、文本亨：《观音洞——贵州黔西旧石器时代初期文化遗址》，文物出版社，1986年。

[2] 王新金、张合荣、李飞：《贵州考古六十年》，《中国考古60年（1949—2009）》，文物出版社，2009年，第464—467页；吴茂霖、王令红、张银运等：《贵州桐梓发现的古人类化石及其文化遗物》，《古脊椎动物与古人类》1975年第1期。

[3] 曹泽田：《贵州水城硝灰洞旧石器文化遗址》，《古脊椎动物与古人类》1978年第1期。

[4] 曹泽田：《猫猫洞旧石器之研究》，《古脊椎动物与古人类》1982年第2期；王新金、蔡回阳：《贵州织金猫猫洞发现的石制品》，《纪念黄岩洞遗址发现三十周年论文集》，广东旅游出版社，1991年。

(5) 1978年春末,穿洞遗址发现。1979年4月进行了试掘,除石器材料外,数量较多、具有特色的是骨制工具和人类化石。1981年夏,中科院古脊椎动物与古人类研究所、贵州省博物馆组成联合发掘队,对遗址进行了发掘,出土石制品3 000余件、骨器400余件,其他还有用火遗迹、人类化石和14种哺乳动物化石[1]。

(6) 1978年1月,贵州省博物馆谭用中在广顺一带进行古墓葬调查时,发现了广顺神仙洞,同年3月进行了试掘,出土了大量的石制品和动物化石。

(7) 1981年10月,贵州省博物馆首次对平坝飞虎山新石器时代洞穴遗址进行了发掘。

(8) 1981年10月,桐梓马鞍山遗址试掘。遗址的整体年代除①层外,②层以下年代属于更新世后期,动物群年代与铀系法、碳十四测年相符[2]。

(9) 1985年12月初,从开阳县清水江畔的羊场区平寨乡么老寨的石灰岩洞穴中采集到开阳人化石,分别为代表中年个体的两枚臼齿和一枚犬齿化石,代表儿童个体的门齿和齿根残部。研究人员曹波认为该古人类化石属晚期智人阶段(年代距今约1万—4万年)。

(10) 1986年,普定白岩脚洞发掘。遗址分为上下两部分,上部层位到晚更新世晚期,碳十四年代为距今12 000年左右到距今15 000年或16 000年左右;下部层位时代为更新世中晚期[3]。

(11) 威宁草海的人类文化遗物和哺乳动物化石多为采集,采集时间跨度较长,从1973年一直延续至1981年。材料发表于1986年。

(12) 1986年,贵州省博物馆对贵州洪家渡电站水淹区考察时,在织金县茶店乡猫猫洞发现少量石制品,并进行了报道。

(13) 1989年,桐梓县马鞍山南洞遗址被发现,1990年冬进行了试掘,获得了大量的哺乳动物化石和63件石制品。又从早期被清理至洞外的洞内堆积中筛选出大量的哺乳动物化石、139件石制品和4枚人牙。遗址上限尚未超出更新世,下限至少可到更新世晚期[4]。

---

[1] 张森水:《穿洞史前遗址(1981年发掘)初步研究》,《人类学学报》1995年第2期。

[2] 张乐、王春雪、张双权等:《马鞍山旧石器时代遗址古人类行为的动物考古学研究》,《地球科学》2009年第9期;张森水:《马鞍山旧石器遗址试掘报告》,《人类学学报》1988年第1期。

[3] 李炎贤、蔡回阳:《贵州普定白岩脚洞旧石器时代遗址》,《人类学学报》1986年第2期;李炎贤、蔡回阳:《白岩脚洞石器类型的研究》,《人类学学报》1986年第4期。

[4] 黄泗亭、龙凤骧、安家瑗:《马鞍山南洞旧石器文化遗址试掘报告》,《人类学学报》1992年第1期。

（14）安龙菩萨洞发现于1985年春,1986年8月,贵州省博物馆和中国科学院古脊椎动物与古人类研究所组成联合考察队,对该遗址进行复查和试掘。1990年初,正式发掘,历经1990年和1991年共5个月的野外发掘工作。旧石器文化层年代约为更新世晚期末端,距今12 000—13 000年;难能可贵的是遗址上部层位,出土有陶片,碳十四年代距今8 000年左右,这是贵州地区新、旧石器过渡的又一重要证据。

（15）1991年,中科院古脊椎动物与古人类研究所会同贵州省博物馆,对毕节扁扁洞遗址进行了发掘。发掘者认为该地点堆积物的地质年代可能属晚更新世早一阶段或稍早,文化时代为旧石器时代早期或稍早。

（16）盘县大洞先后经过1990年6月和1991年11月两次短期考察,1992年和1993年两次试掘。试掘结束后,共获得石制品2 000余件。两枚牙齿化石既保留有北京猿人牙齿的特征,也呈现出早期智人牙齿的特点,被认为代表了与桐梓人相类似的早期智人群体[1]。

2. 第二阶段

2000年以后,大量的洞穴遗址被发现,发掘基本停滞。考古发掘任务从原来的博物馆自然部转为由考古所承担,博物馆的职能仅限于展陈,考古所又由于基建考古的任务繁重,无暇发掘。同时,在如火如荼的基建考古中,大量的洞穴遗址被调查发现,再加上第三次全国文物普查工作的推动,短短十年时间发现了大量的洞穴遗址。

（1）基建考古中洞穴遗址大量发现,如公路调查中发现的毕节大岩洞遗址、贵阳肖家洞遗址等一大批重要的洞穴遗址。

（2）第三次全国文物普查中,大量的洞穴遗址被发现,尤其以安顺市、黔西南州、毕节市、贵阳市、黔南州的发现最为引人注目。数量虽多,但由于三普的参与单位众多,人员素质高低不齐,对洞穴遗址的认识、对标本的采集,都不太理想,所采集的标本分散在全省各地,无法集中对比研究。

（3）2008—2009年,中科院古脊椎动物与古人类研究所会同贵州省考古所对开阳打儿窝遗址进行了发掘,这是2000年以后唯一一次科学发掘。出土了大量的石制品和哺乳动物化石,根据动物群判断,年代约为距今1万多年。

（二）遗址分布的一般规律

贵州高原平均海拔高度1 000米,地势西部较高,自中部往北、东、南三面下降,坡

---

[1] 斯信强、刘军、张汉刚等:《盘县大洞发掘简报》,《人类学学报》1993年第2期。

度陡峻,是我国地势第二级阶地东部边缘的一部分。从已有的考古材料看,古人类最早应该在河流阶地和湖泊边缘生活,随着心智不断发育,开始寻求避风遮雨的场所,在中更新世进入贵州地区,普遍选择石灰岩洞穴作为栖居地。

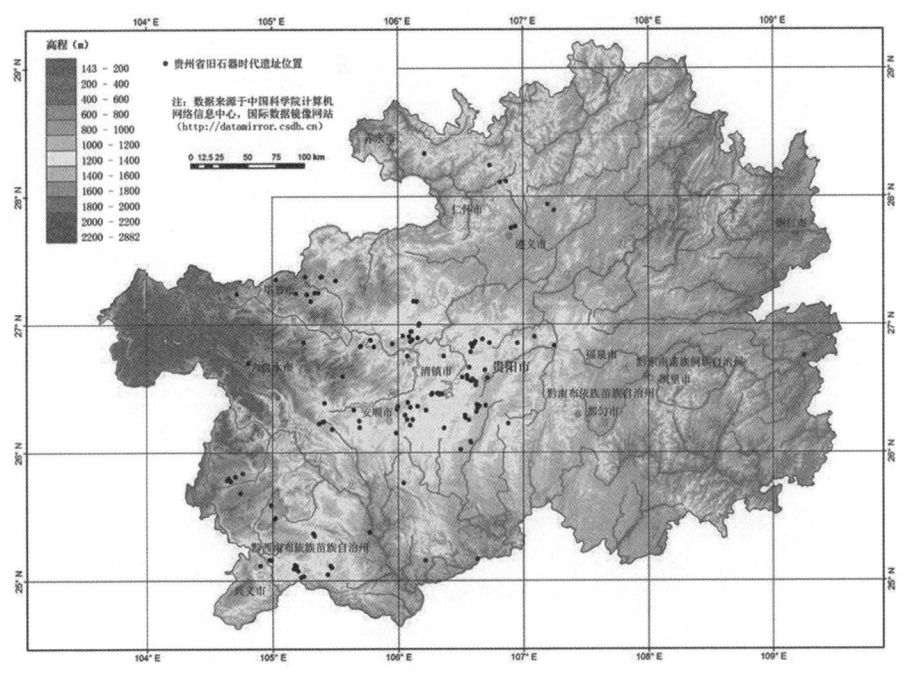

图1 贵州部分旧石器时代遗址分布图

有学者在贵州已经发现和发掘的旧石器时代遗址中,选取了134处进行地理信息分析,可以看到,这些遗址多分布于贵州中部和西部喀斯特地貌发育的地区(图1)。以海拔高度分类,分布于海拔1 200米以上的洞穴遗址共有107处,约占总数的79.85%;分布于海拔1 000—1 200米之间的遗址共有18处,约占总数的13.43%;分布于海拔800—1 000米之间的遗址有5处,约占总数的3.73%;分布于海拔400—600米和600—800米范围内的遗址都只有1处,分别占0.75%;分布于海拔200—400米范围内的遗址有2处,占1.49%,其中1处为旷野遗址,洞穴遗址仅1处(表1、图2)。根据对上述134处遗址的研究,海拔高度在1 000米以上的遗址,共有125处,占到了遗址总数的93.28%。但是考虑到贵州旧石器时代洞穴遗址远超134处,且上述遗址中仅有很小一部分做过试掘和测年工作,剩余遗址的年代仅依靠采集遗物推测,年代存在较大的不确定性,所以上述结果并不能准确反映贵州旧石器时代洞穴遗址的情况,仅可大致反映其分布规律。

表 1　贵州部分旧石器时代遗址海拔高度统计表

海拔(米)	200—400	400—600	600—800	800—1 000	1 000—1 200	>1 200	总计
数量(处)	2	1	1	5	18	107	134
比例(%)	1.49	0.75	0.75	3.73	13.43	79.85	100

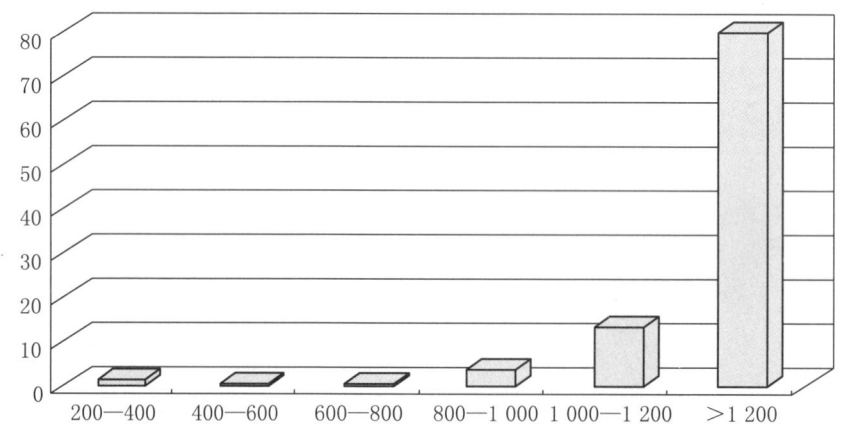

图 2　贵州部分旧石器时代遗址海拔高度比例柱状图

已确定的旧石器时代遗址中,经过发掘与研究的有黔西观音洞、桐梓岩灰洞、水城硝灰洞、兴义猫猫洞、盘县大洞、穿洞、白岩脚洞、老鸦洞、扁扁洞、安龙观音洞、开阳打儿窝等 16 处;试掘的有 9 处;其余均为调查发现。从每个地点调查采集的材料多的可达二三百件,少的也有三四十件,在数量上都较为丰富。

(三) 地质发育史

贵州西部高原除赫章、威宁一带相对较平坦外,一般高原面比较破碎。贵州出露地层为中晚元古宙的海相碎屑,古生代至晚三叠世中期的海相碳酸盐沉积,晚三叠世晚期以后则全为陆相破碎沉积。其中古生代至晚三叠世的碳酸盐沉积受水流溶蚀等作用,喀斯特地貌发育,形成众多的石灰岩洞穴。

清水苑大洞遗址位于华南板块内,处于东亚中生代造山带与阿尔卑斯—特提斯新生代造山带之间,横跨扬子陆块和南华活动带两个大地构造单元。遗址周围主要出露上古生界(泥盆系、石炭系和二叠系)和第四系地层。上古生界地层主要为一套碳酸盐岩夹碎屑岩岩系,其中泥盆系岩性为灰—灰黑色灰岩夹泥质灰岩、砂岩和灰白色白云岩、硅质岩夹灰岩组合;石炭系岩性主要为灰—灰白色灰岩、白云岩、砂页岩夹泥灰岩组合;二叠系则以灰黑—灰白色灰岩、白云岩和砂岩为主。第四系主要分布于山间河流两岸或山间盆地内,以砂砾石层、黏土层和泥质粉砂层居多,呈松散至半固结状态,与下伏地层均呈不整合接触。

清水苑大洞位于惠水县东北部,处于摆金镇和斗底乡之间。清水苑大洞发育于上古生界石炭系和二叠系的海相碳酸盐岩系内,岩性以灰—灰黑色厚层或中厚层状灰岩、白云质灰岩为主(图3)。受地质历史时期构造运动的影响,岩层内发育水平状和近水平状节理和裂隙,提高了岩石的透水性,为岩溶的发育提供了便利条件。清水苑大洞所处的惠水地区属于热带亚热带湿润气候区及溶蚀区的扬子准地台元古代至中生代碳酸盐岩系岩溶区,处于黔中溶原—丘峰与峰林山原亚区。该区域气候湿润,中生代以来的多次沉积间断使该区域发育古溶原,随着晚新生代以来构造的抬升,古溶原解体,逐渐向丘峰、峰林及溶盆方向发展,并最终演化成溶洼。清水苑大洞一带目前属于峰林和溶盆地貌,处于岩溶发育的后期,洞穴周围多见海拔900—1 300米的丘峰、峰林和溶盆地貌。该洞穴属于中型管道型溶洞,洞穴主体呈西北—东南向延伸[1]。

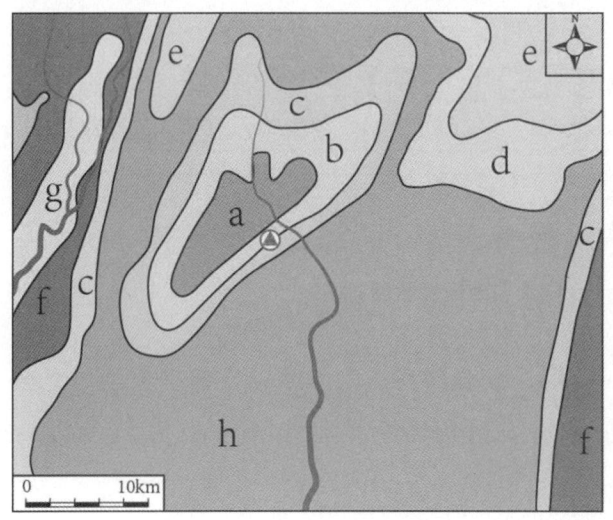

▲ 清水苑大洞遗址
a:玄武岩、砂页岩夹煤及燧石灰岩;灰岩夹页岩及薄层煤
b:灰岩及白云岩与砂页岩
c:灰岩及白云岩;上部砂页岩夹泥质灰岩
d:灰岩、白云岩;硅质岩夹灰岩
e:石英砂岩夹钙质粉砂岩
f:并层
g:并层(中上统为页岩,炭质页岩、泥质岩)
h:下部为灰岩夹页岩及砂质岩夹煤或铝质岩　上部为灰岩及白云岩

图3　遗址周边区域地质简图

(四) 遗址位置

清水苑大洞位于贵州省惠水县摆金镇清水苑村三组(清水苑组),地理坐标为26°04′31.8″N,106°49′53.8″E(图4),海拔高度约988米,高出洞外河面15米以上。清水苑大洞主洞口开口向东,西北侧有一个支洞口,主洞口宽约20米,高约7—10米,支洞宽约10米,洞口高出洞外河面约10—15米。目前,清水苑大洞的岩溶发育已经停止。主洞口处有村民圈养家禽的临时性建筑。洞口内堆积发育,以灰黑色—灰黄

---

[1]　张兴龙、毕忠荣、龙小平等:《贵州清水苑大洞遗址发掘简报》,《人类学学报》2017年第4期。

色黏土和砂质黏土为主,其间包含丰富的石制品、动物化石和古人类化石[1]。

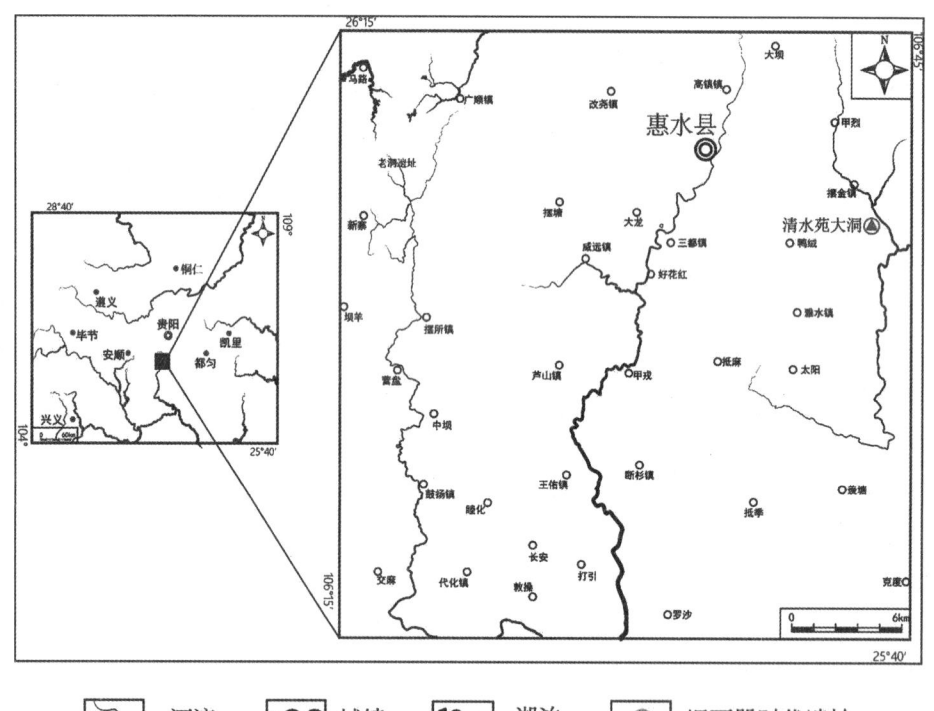

图4 清水苑大洞地理位置图

清水苑大洞属于盘江流域红水河水系,其洞前河流为红水河支流曹渡河的上游支流,为季节性河流,夏季为汛期,春、秋、冬三季基本断流。

(五) 气候模式

现代气候资料显示,气候类型属亚热带季风气候,冬无严寒,夏无酷暑,四季如春,气候宜人。这里年均气温16.1 ℃,年均降雨量1 430毫米。云贵高原同属于一个大的气候系统,每年的11月到次年的4月,在冬季风的影响下表现为干冷,每年的5月到10月,在夏季风的影响下表现为暖湿,雨季的降水量占全年降水量的80%。雨季开始初期,主要受东亚季风系统控制,6月份以后,印度季风生成,西南季风接管该地区,水汽主要来自孟加拉湾[2],这种气候模式受大气环流影响,呈周期性变化,

---

[1] 张兴龙、毕忠荣、龙小平等:《贵州清水苑大洞遗址发掘简报》,《人类学学报》2017年第4期。
[2] Brantingham, P.J., Krivoshapkin, A.I. and Li, J.Z. etc., "The Initial Upper Paleolithic in Northeast Asia", *Current Anthropology*, 2001(42).

影响季风环流。对于贵州的古气候研究,一直没有较为理想的气候代用指标,虽然近几年利用湖泊记录进行过一些研究,但由于湖泊记录时间跨度短,仅可用于研究更新世晚期末端至全新世的气候变化。近些年,洞穴次生碳酸盐(石笋)作为代用指标的古气候研究取得进展,被证明是保存过去气候和环境变迁的良好自然记录。随着测年技术的发展,尤其是高精度热电离质谱铀系测年技术的迅速发展,利用洞穴次生碳酸盐进行古气候和古环境研究已经取得了许多较为满意的成果[1]。

石笋研究的主要代用指标是碳酸盐中 $\delta^{18}O$ 含量的不同,它受控于温度、降水等诸多因素,在不同地区亦有不同。在黔桂地区,纬度效应、海拔效应和大陆效应没有影响,降水量应该是影响该地区降水同位素组成变化的主要因素,与温度呈负相关的关系,即降雨量越大,$\delta^{18}O$ 值越偏负。石笋记录古气候最大的问题是存在沉积间断,即由于这一地区降雨量骤然减少,而造成该地区某些洞穴中的石笋发育停止,要复原出完整的降水量曲线,需要多个石笋相互衔接,互为补充。有古气候学家利用黔桂地区的七根大石笋,成功复原了过去 25 万年千年尺度的季风气候变化(图 5)。季风的强弱直接关系着降水的多少和古人类生存环境的优劣程度,以此为背景来讨论古人类遗址的时段分布,是一次有益的尝试。

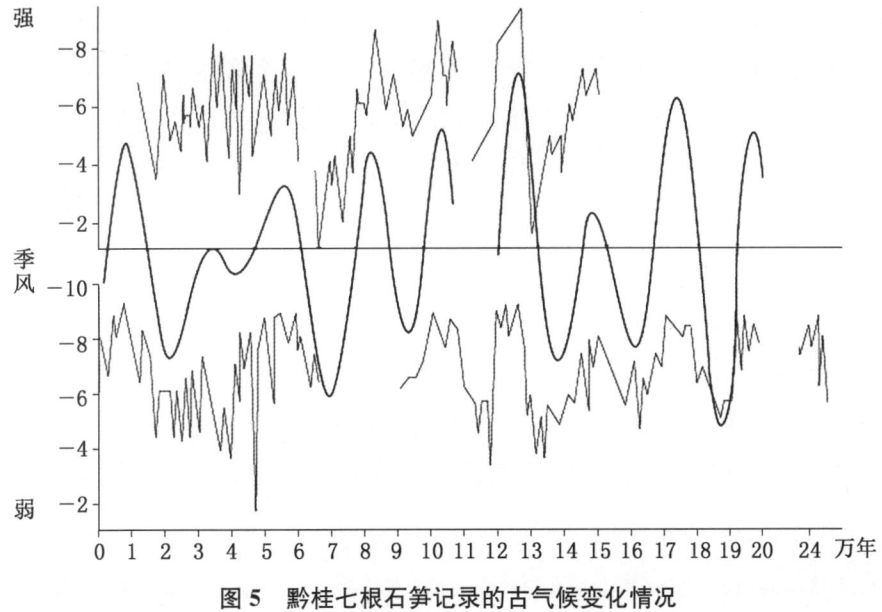

图 5　黔桂七根石笋记录的古气候变化情况

---

[1] 解明恩、刘瑜:《全球低纬高原地区气候特征的初步研究》,《云南地理环境研究》1998 年第 2 期;袁淑杰、缪启龙、谷晓平等:《中国云贵高原喀斯特地区春旱特征分析》,《地理科学》2007 年第 6 期。

从对石笋研究得出的年代和环境信息结果可以看出,在距今24.2万年、12.9万年、1.1万年分别有一次较大的气候跃变事件,这三次气候跃变事件标志着气候由干冷转向暖湿,表现为气温的回升和降雨的增加。第一次气候跃变事件发生在距今24.2万年,这几乎接近贵州地区已发现的最早的洞穴遗址的年代,如黔西观音洞铀系测年最早的年代为距今24万年[1],盘县大洞虽然最早年代可早至距今30万年,但早期的主体堆积处在距今20万年左右[2],桐梓岩灰洞的年代为距今18万年[3]。可以推测,或许正是由于这一次气候跃变,降雨量增加,气温回暖,贵州地区的生态环境普遍转好,古人类正是在这个温暖时期,第一次扩散至贵州山区,进入石灰岩洞穴,开始穴居生活。从黔西观音洞的动物群来看,主要是森林中生活的种类,如猕猴、虎、象、貘和一些偶蹄类动物,这些种类中的一部分动物也适应山地环境;另一类是适应山地、竹林环境的动物,如竹鼠、大熊猫等;此外大量的适应河流、沼泽环境的动物,如水牛、犀等,虽然种类不多,但是数量不少。从黔西观音洞的整个动物群来看,当时观音洞附近的环境以山地为主,存在比较茂密的树林和竹林,在山间盆地和岩溶凹地有许多沼泽和湖泊,这些都是暖湿气候的直接证据[4]。

盘县大洞的测年数据中,距今13万年和距今20万年是第一、第二钙板层的年龄,两个钙板层之间的堆积,基本上处于深海氧同位素的6阶段。从石笋记录看,这两个时间点正好对应两次气候剧烈变化的转折点,距今13万年时,气候转为暖湿,基本进入深海氧同位素的5阶段;距今20万年左右,气候急剧转为干冷,而且在距今13万—20万年间,经历了几次约2万年周期的旋回。这些变化在盘县大洞的动物群种类上有所反映,盘县大洞的动物群中,有适应炎热气候环境的动物,如水鹿、赤鹿、水牛、华南巨貘、中国犀、灵猫、南方猪等;有适应凉爽甚至偏冷的高原气候的动物,如大熊猫、巨羊、青羊、猎豹、白齿鼷鼩、岩松鼠、社鼠等;同时也有喜欢干燥环境的动物,如鬣狗。研究者认为盘县大洞动物群代表了一种亚热带的生态环境,出现过短期的干凉草原性气候[5]。

在距今1.1万年左右的气候跃变事件前后,洞穴遗址的数量急剧增加,从第三次全国文物普查的结果来看,这一时期遗址数量的增加在全省各地非常普遍。这种趋

---

[1] 沈冠军、金林红:《贵州黔西观音洞钟乳石样的铀系年龄》,《人类学学报》1992年第1期。

[2] 斯信强、刘军、张汉刚等:《盘县大洞发掘简报》,《人类学学报》1993年第2期。

[3] 沈冠军、金林红:《桐梓人遗址岩灰洞的铀系年龄》,《人类学学报》1991年第1期。

[4] 李炎贤、文本亨:《观音洞——贵州黔西旧石器时代初期文化遗址》,文物出版社,1986年。

[5] Morton, A. G. T., 2004. *Archaeological Site Formation: Understanding Lake Margin Contexts*. Oxford: BAR International Series 1211.

势和环境的跃变、气候转向暖湿、生态环境好转不无关系[1];另一方面,可能也说明了古人类适应环境能力的增强,狩猎、采集等技术的提高。这一时期有些遗址中出土的动物骨骼数量巨大,如开阳打儿窝遗址出土各类动物骨骼数千件[2]。进入全新世后,大型动物的数量急剧减少,甚至灭绝。这一时段的气候记录未发生急剧变化,但大型动物的数量在如此之短的时间内发生如此剧烈的变化,又恰逢人类遗址大量出现,据此推测,这可能和人类的狩猎有一定关系。

古人类在中更新世的中期,大概距今30万年左右占据贵州,开始穴居生活,古气候的变化对人类的活动产生了一定影响。从考古材料看,古人类在贵州的活动从来未曾断绝,距今5万—6万年以来,人类活动逐渐频繁起来,特别是在距今1.1万年左右,随着古气候的跃变,降雨增多,气温回暖,人类活动的广度和对自然资源利用的深度逐渐增加,这可能直接造成了大型哺乳动物的灭绝,导致人类不得不转变生产方式,即所谓"广谱革命"。狩猎对象由大型哺乳动物转向小型的哺乳动物及鸟类等,也可能直接促成了早期农业和家畜饲养的起源[3]。

(六) 发现及研究意义

1. 对研究新旧石器时代过渡的意义

近些年北方一些新旧石器时代过渡的遗址,如郑州新密李家沟遗址等,已经较清楚地揭示了该地区史前居民从流动性较强、以狩猎大型食草类动物为主的旧石器时代,逐渐过渡到具有相对稳定的栖居形态、植物性食物与狩猎并重的新石器时代的演化历史,填补了旧石器时代晚期文化和新石器时代之间的缺环与空白。

南方的新旧石器时代过渡,虽在近年有一些突破,如江西万年仙人洞和湖南道县玉蟾岩的测年工作,但是工作开展不系统,仅对稻作农业和陶器出现的时代给予年代学上的框定,而没有对其整体文化面貌进行详尽的揭示,更没有将上述遗址与本地区年代更早的遗址进行比较研究。按照一般的规律,学术界一直认为古人类逐步由攫取型生计方式过渡到生产、攫取并重,并最终成为以生产型为主的生计方式,由于以

---

[1] 覃嘉铭、袁道先、程海等:《过去25万年黔桂地区千年尺度东亚季风气候的变化》,《中国岩溶》2004年第4期;王幼平:《更新世环境与中国南方旧石器文化发展》,北京大学出版社,1997年;吴文祥、刘东生:《气候转型与早期人类迁徙》,《海洋地质与第四纪地质》2001年第4期。

[2] 王燕子、曹波、胡昌国:《贵州开阳打儿窝岩厦遗址试掘简报》,《长江文明》2013年第1期。

[3] 张乐、张双权、徐欣等:《中国更新世末全新世初广谱革命的新视角:水洞沟第12地点的动物考古学研究》,《中国科学:地球科学》2013年第4期。

往工作对南方洞穴新旧石器时代过渡阶段的遗址重视不够,对新旧石器时代过渡在考古学遗存上的反映认识十分有限,对这一过程中石器技术的变化、生计方式的变化,以及这一变化过程的驱动机制都缺少系统科学的认知。

南方地理地貌和北方中原地区差别巨大,特别是在西南地区,开阔的平原相对较少,面积较小,加上随处可见的山脉阻隔,技术和文化交流可能相对较弱,再加上特殊的自然生态环境和早已相对稳定的穴居方式,可能存在与北方截然不同的过渡方式。早年曾发掘过处于这一特定时段的遗址,限于当时的技术手段和认识水平,对这一问题的探讨并不理想。本文拟通过对清水苑大洞遗址石器工业的全面梳理,并与贵州地区更早阶段和同时期的石器工业进行对比,尝试归纳出这一阶段的石器工业特点,并推测其成因。

2. 对探讨人类生存方式多样性的意义

更新世晚期是现代人起源扩散的重要时期,在中国北方出现了以长石片和细石器技术为代表的技术革命,中国的旧石器文化也随之进入晚期阶段。中国西南的洞穴遗址,虽未出现技术革新,但也出现了若干技术类型,很多学者都尝试对这些区域类型进行地域划分和文化面貌概括,对这些区域类型的面貌认识存在一定分歧,意见较为一致的是以锐棱砸击法为特点的猫猫洞文化类型和以小石片石器为特点的草海类型。近年,有学者对锐棱砸击技术进行更正,认为很多锐棱砸击产品更有可能是摔击技术产生,并通过实验提出了"扬子技术"。有学者认为存在第三种马鞍山文化类型,也有学者认为马鞍山文化类型与草海类型基本一致,而马鞍山类型更加能代表小石器传统,并认为存在第三种两者兼有的白岩脚洞文化类型。至于区域类型存在的原因,多数学者认为草海、马鞍山类型可能是北方小石器传统南迁的结果,有学者认为小石器传统为贵州本土的文化类型,而锐棱砸击技术是后来进入贵州地区的新技术。清水苑大洞的文化面貌属于小石器类型,其与已经发掘的开阳打儿窝遗址、长顺县老洞遗址文化面貌较为类似,为深入探讨更新世晚期贵州区域文化类型提供了新资料。

二、研究材料和研究方法

(一) 研究材料

1998年9月,贵州省博物馆在洞穴考古调查时,发现清水苑大洞遗址,当时负责调查的王新金老师采集打制石器50余件,骨制品1件,完整的竹鼠下颌1件,其他哺乳动物化石6件,同时在洞口北侧发现堆积中的人类用火痕迹,发现有灰烬、炭屑、烧骨等。洞内堆积物多呈灰褐色,出露厚度约2米。洞内文化层堆积保存较为完好,所采集的石制品中包括有疤砾石、石核、石锤、砍砸器、刮削器、尖状器等,骨制品包括1件骨锥。2004年4月,惠水县人民政府将清水苑大洞公布为县级文物保护单位。2013年9月23日至11月1日,中国科学院古脊椎动物与古人类研究所和贵州省文物考古研究所联合对惠水县清水苑大洞进行考古发掘,发掘工作持续了40天。

发掘前期,考古队员首先对洞内堆积上部的杂草和后期人为扰乱堆积进行清除,随后布置探方(图6)。本次发掘共布置2个探方,其中A区2米×2米,B区2米×4米,合计约12平方米。发掘采取全面布方整体揭露的方法,以2—5厘米为一个水平层自上而下逐层发掘,采用全站仪测绘每件出土遗物的三维坐标和空间展布产状,同步进行照相和绘图工作,全面获取发掘遗物的科学信息;同时对发掘出的土方分两次进行筛析,两个筛子的最大孔径分别为8毫米和3毫米,以尽可能多地获取文化遗物。本次发掘A区共揭露12个水平层,B区共揭露4个水平层。

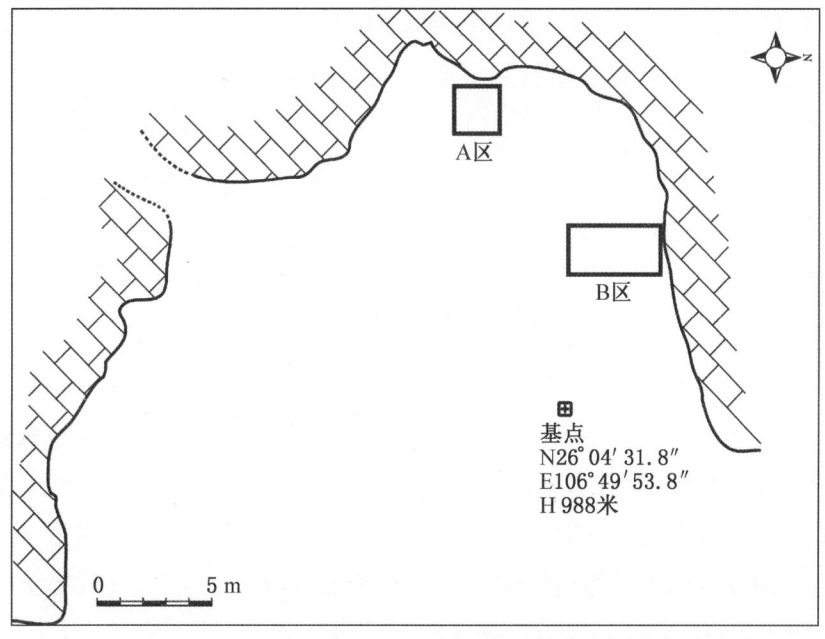

图6 清水苑大洞布方平面图

本次发掘共出土有坐标标本4 374件,另有筛出标本上万件。其中A区出土标本大致信息如下表(表2)。

表2 清水苑大洞A区出土标本统计

水平层 \ 出土标本	石制品 有坐标	石制品 筛出	动物化石 有坐标
L1	65	34	117
L2	41	31	189
L3	174	15	143
L4	170	87	233
L5	155	199	184
L6	118	178	184
L7	87	162	182
L8	142	167	143
L9	78	65	84
L10	80	82	128
L11	42	57	155
L12	50	119	121
合计	1 202	1 196	1 863

考古队员对A区出土的2 398件石制品(有坐标1 202件＋筛出1 196件)进行分类统计,整个石制品组合以小型石片工业为主体,类型包括石核、石器、各类废片、石锤、磨石等,此外还有5件砸击品。从出土遗物的面貌和周边对比资料来看,古人类在清水苑大洞活动的时间大致处在新旧石器过渡阶段。在发掘过程中,考古队员采集了年代测试样品,为准确确认古人类活动的年代打下基础。在室内对发掘出土标本和每层筛出标本进行了统计,从每一水平层出土标本的具体信息(表2)及不同水平层出土标本和筛出标本的数量图(图7)来看,单个水平层获得标本的总数纵向上变化较大,不计筛出的动物骨骼,其中第2水平层标本出土最少,仅有标本261件,包括72件石制品和189件动物化石,第5水平层标本数量最多,达到538件,包括354件石制品和184件动物骨骼化石;除第1、2、11层外,其余水平层石制品标本总数均大于100件,其中石制品标本个数大于200件的有第4、5、6、7、8层,大于300件的有第5、8层。对测量标本和筛出标本的统计发现,除第1、2、3、4、9层筛出标本个数少于测量标本外,其余各层筛出标本个数均大于测量标本。

另外通过对不同水平层出土的所有石制品进行研究,将碎屑和其他尺寸较大的石制品分开(图8),可以看到碎屑类石制品比例较小的层位有第1、2、3、4、11、12水平层,结合后面出土遗物产状的信息,这可能和水流对遗址的改造有关。

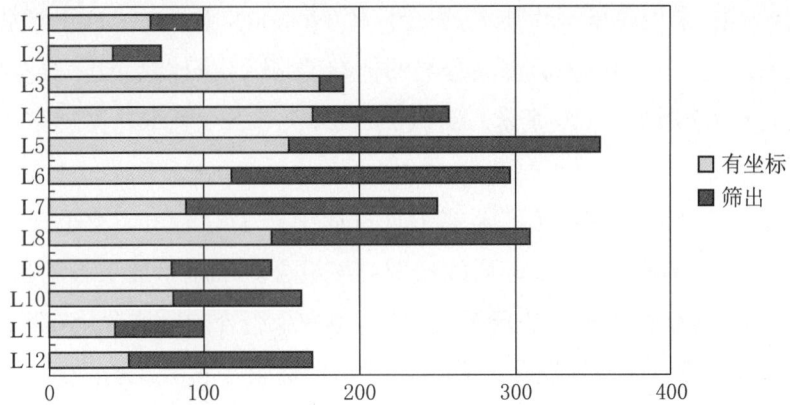

图7 各水平层出土有坐标的石制品和筛出的石制品数量条形图

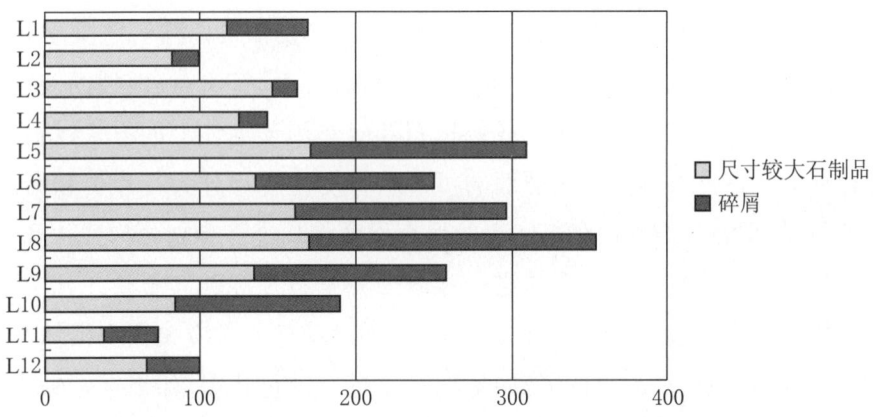

图8 各水平层出土的尺寸较大和碎屑类石制品数量条形图

(二) 石制品的分类方案

自旧石器考古学诞生以来,石制品的分类体系历经多次变革,逐渐从侧重于形态的分类方案向侧重于技术的分类方案变革。法国类型学大师 Francois Bord 的石器分类法方案仍然在欧洲被广泛应用,1971年英国古人类学与旧石器考古学家 Mary Leakey 对奥杜威峡谷石制品的研究分类方案逐渐被广泛应用。之后,Glynn Isaac 对 Mary Leakey 的分类方法进行了简化,该方案应用在东非 Koobi Fora 遗址的研究中[1]。Nicholas Toth 通过实验研究,结合 Koobi Fora 的石制品提出一套以技术为出发点的分类方案,该方案对完整石片的划分在旧石器时代考古研究领域影响深远,并为国际学术界广泛应用。清水苑大洞遗址石制品虽时代较晚,但打制石器仍然以

---

[1] 裴树文:《奥杜威工业石制品分类综述》,《人类学学报》2014年第3期。

石核、石片组合为主，采用简单剥片技术，适合使用 Nicholas Toth[1] 的分类方案。

我国尚没有一套统一的有关石制品分类的标准，因此，我们借鉴国际石器技术分类的常用方法，分为碎屑类（<20 毫米）、石核类、废片类（≥20 毫米）、修理类、砸击类和打击类等部分。

碎屑类是指古人类剥片和加工石器或工具过程中产生的最大尺寸小于 20 毫米的碎屑。一个完整的石制品组合中碎屑的比例对该组合保留原始加工石制品特点具有重要参考意义，依据国际实验考古学研究经验，当一个组合的碎屑含量在 60% 以上甚至 75% 以上时，该遗址为原地埋藏或者比较完整地保留了古人类打击石制品时的完整组合。废片类产品为石核剥片和石器修理的副产品。在目前的废片分析中，尚未有一种被大多数学者共同接受并普遍采用的方法，本文借鉴美国学者 Sullivan 和 Rozen 所采用的一套废片分析方法[2]。产生废片的技术可以从一些关键特征来推断，这种分析主要在于通过观察石片的大小、形状、台面、打击点、破裂面及周缘特点以确定人类在剥片时施加在石核上或修理石器时作用于毛坯上的方式，结合原料的特点进行划分。首先根据废片破裂面的可辨认程度将废片分为石片类和断块类（碎屑块）；随后，依据石片类台面和打击点的保存程度将其进一步划分为残片和石片；最后依据石片周缘的完整程度将石片进一步分为完整石片和破碎石片。其中，破裂面应显示有明显的人工痕迹，如半椎体、波纹和放射线；打击点应关注半椎体与台面相交处；石片周缘要关注其远端特征，如呈羽状或弯折中止状态，如果远端缺失但不妨碍判断其最大宽度可归为完整石片。在类型确定以后将按照每种类型的具体观测和统计指标进行，我国学者已经有为国际学术界广泛认可的观测和统计指标。

本次考古发掘共获得石制品 2 398 件，可分为石核（Cores）、石器（Retouched pieces）、废片（Debitage）、打击品（Procussors）、磨石（Pounded stones）、砸击品（Bipolars）。

1. 石核

指经过成功剥片的产品，单个片疤长度在 2 厘米以上，按照剥片台面多少，可以分为单台面石核、双台面石核和多台面石核。

---

[1] Toth, N., 1982. "The Stone Technologies of Early Hominids at KoobiFora, Kenya: An Experimental Approach", Ph.D.Thesis, University of California, Berkeley; Toth, N., "The Oldowan Reassessed: A Close Look at Early Stone Artifacts", *Journal of Archaeological Science*, 1985(12).

[2] Sullivan, A. P., Rozen, K. C., "Debitage Analysis and Archaeological Interpretation", *American Antiquity*, 1985(4).

2. 废片

多为剥离石核、石核工具或大型切片工具的废片，依据特征可以分为以下类型：

完整石片（Whole flakes）是指从石核上剥离的片状体，且打击点和石片腹面基本完整。依据石片台面性质和背面性质可以分为 6 型：Ⅰ型自然台面，全自然背面；Ⅱ型自然台面，部分自然背面；Ⅲ型自然台面，全人工背面；Ⅳ型人工台面，全自然背面；Ⅴ型人工台面，部分自然背面；Ⅵ型人工台面，全人工背面。

破碎石片是指保留部分台面、腹面，且能辨别出石片特征的废片，按照不同位置，可以分为左裂片、右裂片、近端断片、中间断片和远端断片。

碎片是指无明显石片特征，且长度大于 2 厘米的片状石制品，为打制石片或二次加工时崩落的产品。

碎屑是指长度接近或小于 2 厘米的片状石制品，为打制石片或二次加工时崩落的石制品。

3. 石器

毛坯多为石片，也有使用碎片、断块等作为毛坯的情况，通常对毛坯的一个或多个刃端进行二次修理，修理片疤多在 2 厘米以下。按照张森水对石器的分类体系，将经过修理并以期使用的工具称为第二类工具。第二类工具采取三级分类法：第一级分为宽刃类、尖刃类、无刃类和复合类；第二级分类立足于修理的技术特征（部位、形状、刃角、刃缘形态等），将宽刃类分为边刮器、端刮器、凹缺刮器、锯齿刃器、砍砸器等，尖刃类主要包括尖状器、石锥等，无刃类主要指石球等（该遗址未发现该类石制品），复合类主要指同一边缘出现两种技术特征的修理单元，如边刮—凹缺器、石锥—凹缺器等。

4. 打击品

这种类型的产品为古人类从事剥片或修理行为的产品。按照用途可以分为石锤和石砧。

5. 磨石

使用磨制技术产生的石制品，表面有一个或数个抛光面。

6. 砸击品

使用砸击技术产生的产品。多用于形体较为细小的原料,或因本身特性无法使用锤击法有效剥片的原料,如水晶、石英等。

三、遗址地层堆积与年代

(一) 地层

本次发掘共布置 2 个探方,其中 A 区 2 米×2 米,B 区 2 米×4 米,合计约 12 平方米(图6)。A 区共揭露 12 个水平层,B 区共揭露 4 个水平层,其中 A 区地层剖面大致为(图9):

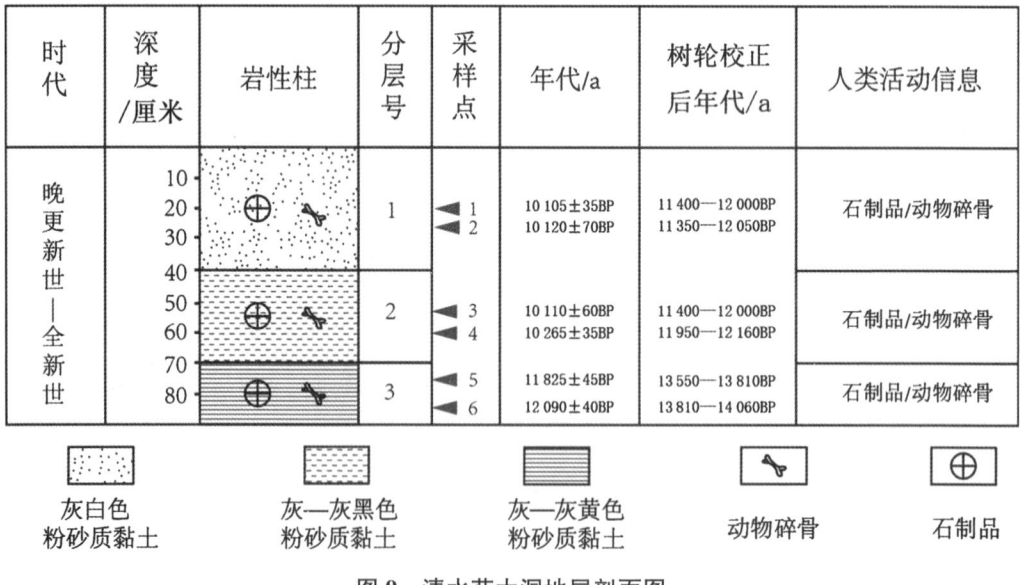

图 9　清水苑大洞地层剖面图

第①层厚度在 10—40 厘米之间,灰白色粉砂质黏土,结构疏松,层内局部含炭屑,夹薄层钙质结核层,厚度变化较大。出土丰富的石制品、动物化石及碎骨。

第②层厚度在 20—30 厘米之间,灰—灰黑色粉砂质黏土,炭屑局部呈条带状展布,结构疏松,层内夹灰岩岩块。出土丰富的石制品、动物化石及碎骨。

第③层厚度大于 15 厘米,未见底,灰—灰黄色粉砂质黏土,结构细腻,局部钙质胶结略坚硬,层内夹炭屑。出土丰富的石制品、动物化石及碎骨。

(二) 年代

在发掘过程中,发掘者对遗址出土的部分遗物进行了年代测定样品的采集,测年素材主要为木炭和动物骨骼。这些样品经北京大学^{14}C 年代实验室测定,结果见表3。

表3　清水苑大洞遗址^{14}C 年代测定结果一览表

Lab 编号	样品	样品原编号	^{14}C 年代 (BP)	树轮校正后年代 1σ(68.2%)	树轮校正后年代 2σ(95.4%)
BA132154	木炭	第一自然层 ①-1	10105±35	9870BC (68.2%) 9660BC	10050BC (95.4%) 9450BC
BA132155	木炭	第一自然层 ①-2	10120±70	10020BC (18.9%) 9910BC 9890BC (47.3%) 9650BC 9570BC (2.0%) 9550BC	10100BC (95.4%) 9400BC
BA132156	木炭	第二自然层 ②-1	10110±60	10010BC (14.3%) 9920BC 9880BC (51.1%) 9650BC 9580BC (2.8%) 9550BC	10050BC (95.4%) 9450BC
BA132157	木炭	第二自然层 ②-2	10265±35	10150BC (68.2%) 10020BC	10210BC (84.1%) 10000BC 9980BC (11.3%) 9870BC
BA132158	木炭	第二自然层 ③-1	12090±40	12060BC (68.2%) 11920BC	12110BC (95.4%) 11860BC
BA132159	木炭	第二自然层 ③-2	11825±45	11810BC (68.2%) 11690BC	11860BC (95.4%) 11600BC
BA132160	动物骨骼	第三自然层	样品无法满足实验条件		

注:所用^{14}C 半衰期为 5568 年,BP 为距 1950 年的年代。

样品无法满足实验条件有如下原因:送测样品无测量物质;样品成分无法满足制样条件;样品中碳含量不能满足测量条件。

树轮校正所用曲线为 IntCal04[1],所用程序为 OxCal v3.10[2]。

在发掘过程中,发掘者在地层堆积中进行了年代测定样品的采集,共采集 7 个样本,其中包括 6 个木炭样本和 1 个动物烧骨样本,经北京大学^{14}C 年代实验室测定,所

---

[1] Reimer PJ, MGL Baillie, E Bard, A Bayliss, JW Beck, C Bertrand, PG Blackwell, CE Buck, G Burr, KB Cutler, PE Damon, RL Edwards, RG Fairbanks, M Friedrich, TP Guilderson, KA Hughen, B Kromer, FG McCormac, S Manning, C Bronk Ramsey, RW Reimer, S Remmele, JR Southon, M Stuiver, S Talamo, FW Taylor, J van der Plicht, and CE Weyhenmeyer. 2004 Radiocarbon 46.

[2] Christopher Bronk Ramsey 2005, www.rlaha.ox.ac.uk/orau/oxcal.html.

送 7 个样品中有 1 个样品(动物烧骨)无法达到实验室测定的条件,其余 6 个样品(木炭)获得了实验数据。^{14}C 年代显示遗址堆积在距今 11.3—14.06 cal ka BP,为更新世末期,即将进入全新世,正好处在新旧石器过渡时期,是研究本时期贵州早期人类活动的理想遗址。根据测年数据判断,在整个年代跨度内可以划分为 11.3—12.16 cal ka BP 和 13.55—14.06 cal ka BP 两个人类活动的频繁期,分别相当于第一、二自然层和第三自然层;在 12.16—13.55 cal ka BP 之间(约相当于第二自然层底部至第三自然层上部),有接近 1.39 ka 的人类活动衰弱期,跨越北大西洋的 BA 暖期(14.7—12.8 ka BP)及新仙女木期(12.8—11.58 ka BP),这一时期人类活动衰退可能和贵州地区降水减少、气温变冷等引起的生态环境变化有关。

四、遗址成因分析

(一) 原生层位与扰层概念界定

根据著名考古学家俞伟超先生的观点,考古学上将某个时期因人类活动形成且未经后代扰动的堆积称为原生堆积。有些堆积形成后被扰动,这种扰动可分为两大类,一种是人为的力量,一种是自然的力量。人为力量扰动将当时的人类活动的遗迹、遗物带入其中,形成新的文化层;当自然力量扰动足以改变原来堆积的早晚序列时,被扰动的堆积被称为次生堆积。

这一概念似乎已经很明确,在观察全新世以来遗址,特别是新石器时代以后的人类遗址时,不失为一种行之有效的方法论,但是用这一标准判断动辄数万年的旧石器时代遗址却较为困难。

(二) 废片类尺寸分布

在发掘过程中,L1—L4 尺寸较大的石制品明显比例偏高,碎屑等尺寸较小的石制品明显比例偏低,即有坐标的石制品明显多于筛选出的石制品;从 L5 开始,除 L9 外,筛选出的石制品数量明显多于有坐标的石制品。在发掘过程中,发掘人员和发掘工具都未更换,而筛选出的石制品多是尺寸较小的碎屑等,因此可以判定在 L1—L4 和 L9 附近,尺寸较小的碎屑较少,L5—L12(L9 除外)中碎屑等尺寸较小的石制品开始增多。

废片类石制品的最小尺寸为 7 毫米,最大尺寸为 90 毫米。我们对废片类石制品按照尺寸进行了分类,共分为 9 个量级,由小到大分别为:<10 毫米、10—20 毫米、20—30 毫米、30—40 毫米、40—50 毫米、50—60 毫米、60—70 毫米、70—80 毫米、80—90 毫米。对每一量级所占比例进行统计,结果如图 10 所示。

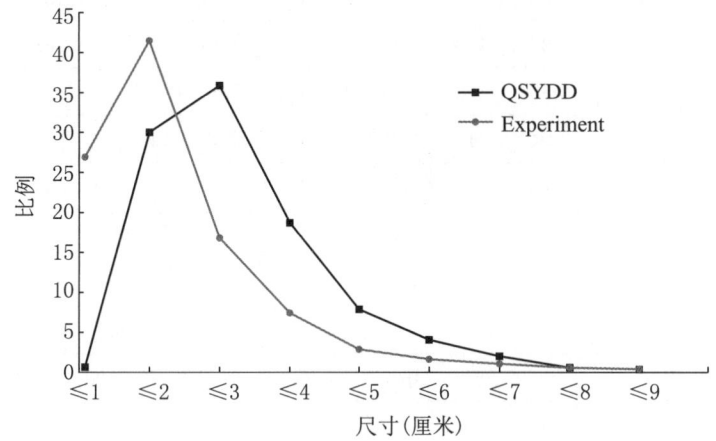

图 10　清水苑大洞石制品废片区间分布图

将 Kathy Schick 对废片类尺寸分布进行的实验研究与遗址出土废片类石制品进行比较,可以看出实验数据中长度<10 毫米和 10—20 毫米两个量级的石制品所占比例明显高于遗址石制品中该量级所占比例,实验数据中尺寸 20—80 毫米量级的石制品比例则明显低于遗址,80—90 毫米量级与遗址比较接近。这可能反映了水流作用对石制品结构的改造,尺寸较小的石制品更容易受到水流作用的影响[1]。

(三) 石制品的磨蚀情况

从石制品的磨蚀程度观察(表 4),出土石制品中完全未经磨蚀(0 级,N=1 066,44%)或轻微磨蚀(1 级,N=1 182,49%)的较多,少量标本中度磨蚀(2 级,N=133,6%)和重度磨蚀(3 级,N=17,1%),这说明石制品未经过长距离的搬运。从石制品的风化程度看,破裂面未经风化(0 级,N=289,12%)或经过轻微风化(1 级,N=1 608,67%)的标本占多数,而风化程度中等(2 级,N=487,20%)或重度风化(3 级,N=14,1%)的标本较少,这可能说明石制品在制作以后未经过长时间的暴露,但洞穴内石制品的风化程度和暴露时间之间的相关度,还有待深入探讨。

---

[1] Schick, K. D., 1986. *Stone Age Sites in the Making: Experiments in the Formation and Transformation of Archaeological Occurrences*. Oxford: BAR International Series 319.

表4　不同石料的石制品磨蚀程度统计表

原料种类 磨蚀程度	燧石 N	%	硅质灰岩 N	%	灰岩 N	%	粉砂岩 N	%	水晶 N	%
0	665	62.38	334	31.33	58	5.44	3	0.28		
1	690	58.38	412	34.86	63	5.33	5	0.42	1	0.08
2	84	63.16	34	25.56	10	7.52	1	0.75		
3	9	52.94	1	5.88	6	35.29				
总计	1 448	60.38	781	32.57	137	5.71	9	0.37	1	0.05

原料种类 磨蚀程度	石英 N	%	石英岩 N	%	石英砂岩 N	%	合计 N	%
0			5	0.47	1	0.09	1 066	44.45
1			10	0.85	1	0.08	1 182	49.29
2	1	0.75	3	2.26			133	5.55
3			1	5.88			17	0.71
总计	1	0.05	19	0.79	2	0.08	2 398	100

（四）遗物的产状特点

石制品的产状是判断水流改造方向的重要指标，包括地层中出土遗物走向、倾向和倾角三个指标。因为遗物出土极为密集，且洞穴堆积较为疏松，所以，发掘的遗物，特别是尺寸相对较小的石制品，位置多被移动，难以保留原始产状；尺寸较大的石制品和长条形动物骨骼更容易保留原始产状，这些动物骨骼的长度多≥5厘米，部分动物骨骼化石长度≥10厘米，产状数据多来自于此。

实验研究显示，经过水流改造的石制品走向会与水流方向呈现一定的对应关系[1]，尺寸<4厘米的石制品走向与水流方向平行，而尺寸≥4厘米的石制品长轴方向往往与水流方向呈垂直状态。

通过L1—L4和L5—L12的石制品和动物化石走向玫瑰图（图11），可以看出L1—L4有西北—东南方向明显的两个极，方向在345°—360°之间的石制品和动物骨骼化石分布较为集中；而L5—L12的走向虽在300°—350°之间仍有一定优势，但并不

---

[1] Schick, K. D., 1986. *Stone Age Sites in the Making: Experiments in the Formation and Transformation of Archaeological Occurrences.* Oxford: BAR International Series 319; Morton, A. G. T., 2004. *Archaeological Site Formation: Understanding Lake Margin Contexts.* Oxford: BAR International Series 1211.

明显。这说明堆积上部可能经历过一次水流改造,基于遗物尺寸基本≥5厘米,可以推断,水流改造的方向为西南—东北方向。

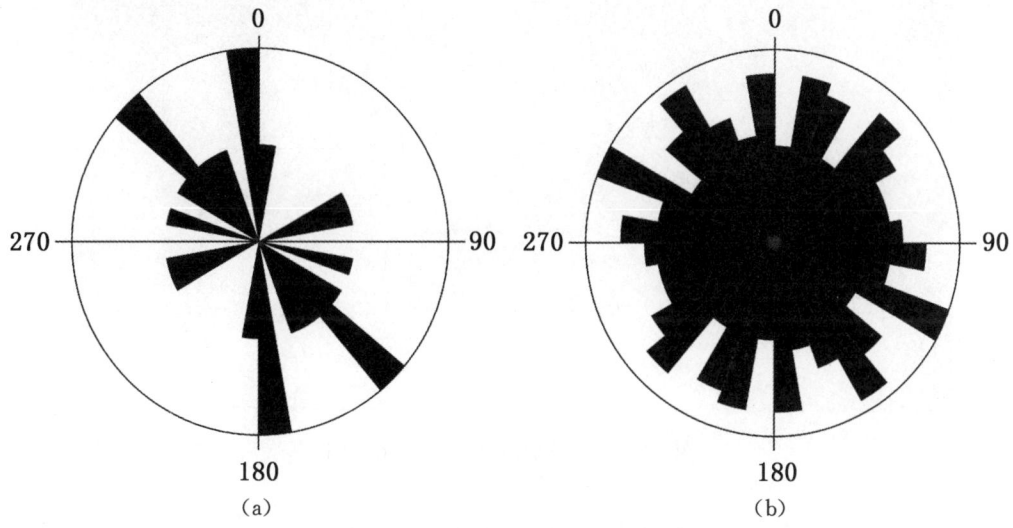

图11 清水苑大洞出土遗物走向图

a：L1—L4出土遗物走向(N=11)　b：L5—L12出土遗物走向(N=208)

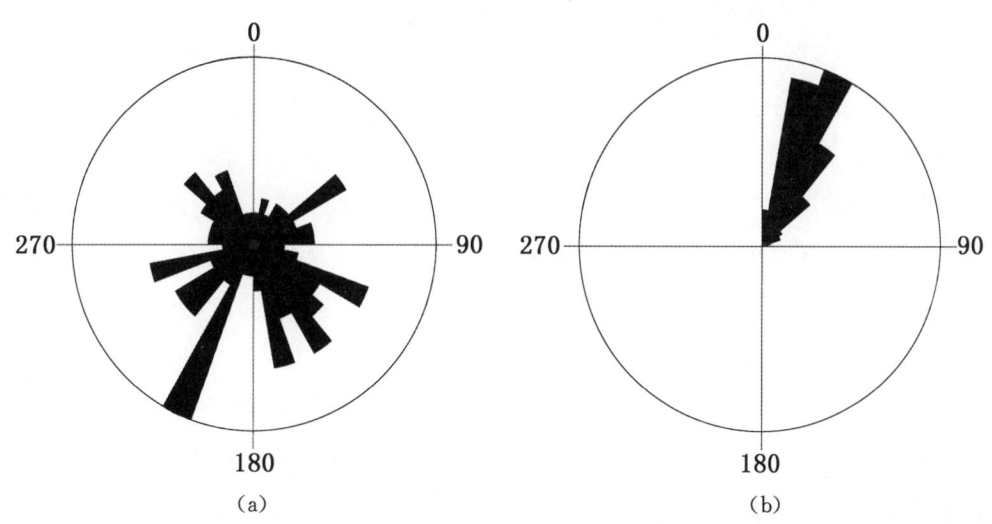

图12 清水苑大洞倾向倾角图

a：出土遗物倾向(N=154)　b：出土遗物倾角(N=155)

石制品的倾向和倾角相结合,可以用来判断水流方向和强度,一般来说,遗物倾向集中的方向往往代表了水流上游的方向。从出土遗物的倾向玫瑰图判断(图12-a,N=154),在200°—220°之间存在一个极为明显的优势方向,这可能是水流来源的方向。从探方位置和洞穴遗址内部情况来看,这一方向恰恰指向一处支洞,可能在某个时期,水自此支洞流出,对遗址进行了一次改造(图13)。

图 13 改造遗址的水流方向示意图

石制品的倾角大小,与水流强度和流速呈正相关,较小的倾角范围往往对应较弱的水流,较大的倾角范围则对应较强的水流。从遗物倾角(图 12-b,N=155)范围来看,倾角≤10°的出土遗物(N=9),比例约为 6%;倾角在 11°—20°之间的遗物(N=42),比例约为 27%;倾角在 21°—30°之间的遗物(N=46),比例约为 30%;倾角在 31°—40°之间的遗物(N=29),比例约为 19%;倾角在 41°—50°之间的遗物(N=16),比例约为 10%;>50°的遗物(N=13),比例约为 8%。

测量产状的遗物中,≤10°的出土遗物,仅占测量总数的 6%,有超过 50%的遗物集中于 10°—30°之间,≥30°和≤50°的标本量更是占到了 29%,说明水流强度中等偏大。

(五)遗物的空间展布

自然层的西部朝向洞内,位置较高,东部朝向洞外,位置较低,呈现西高东低坡状堆积的趋势,这说明 L1—L4 可能经过自洞内流出的水流改造,层位中尺寸较小的石制品可能就在这次改造中被搬离发掘区所在的位置。根据地形地貌,可以排除水流为地下河的可能,有可能是某个降水丰沛期由洞穴支洞流出的雨水,这次改造事件的发生时间需要结合测年数据和气候资料进行对比研究。从测量数据看,L9 标本深度为距基点(N50E50 西南角)38.7—51.2 厘米。尺寸较小的石制品较少的原因,有几种可能:其一,可能处于一次石制品加工的间歇期或加工地点转移;其二,这一层位附近可能同样经历了一次强降雨造成的水流改造事件。

石制品分布图反映出由探方西北向西南,石制品从密集逐渐趋向稀疏的趋势;动物骨骼化石的这种趋势并不明显,它更加密集地出现在探方的北侧中部;探方西北侧更靠近石器的常用加工区,而动物骨骼碎屑出现于探方北侧中部,说明探方北侧中部更靠近石器的使用区(图14、图15、图16)。

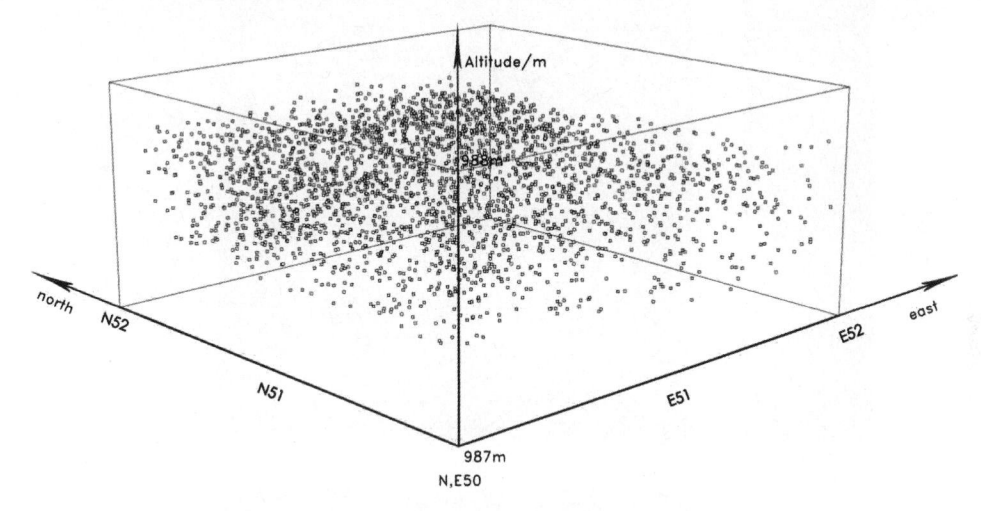

图 14　清水苑大洞遗址石制品骨骼化石三位透视图

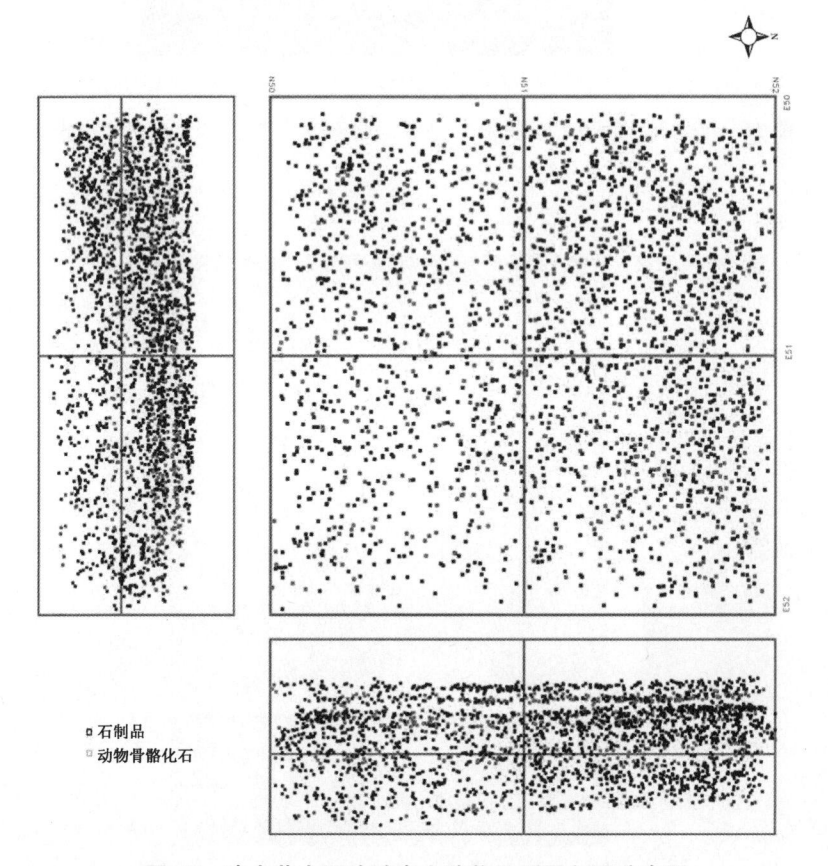

图 15　清水苑大洞遗址出土遗物平面及剖面分布图

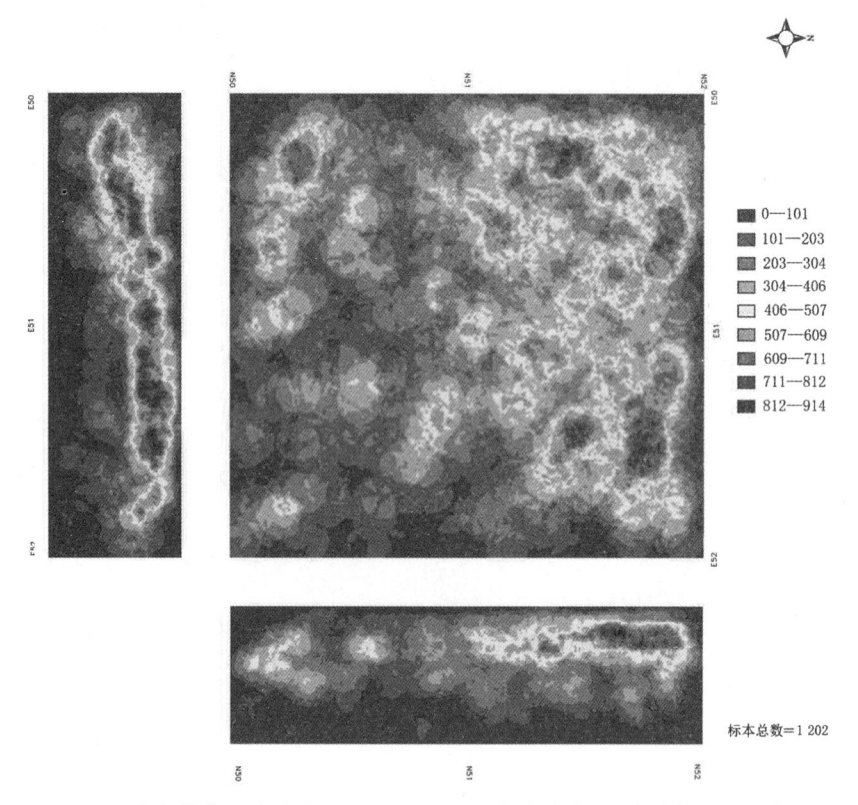

图 16　清水苑大洞遗址出土石制品平剖面密度分布图(点半径＝9 厘米)

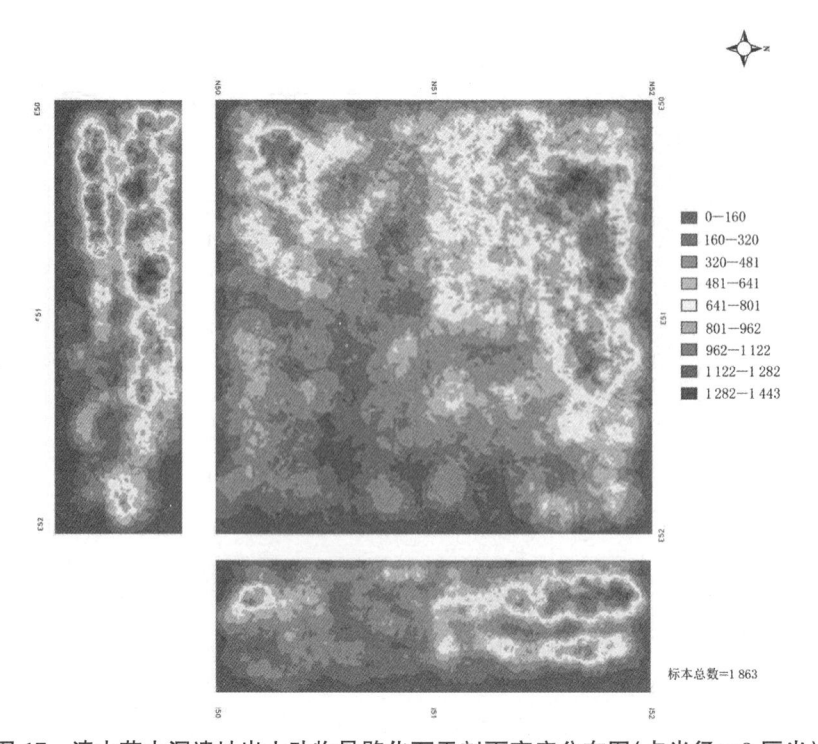

图 17　清水苑大洞遗址出土动物骨骼化石平剖面密度分布图(点半径＝9 厘米)

从动物化石分布图中可以看出，动物化石平面和剖面的分布规律与石制品分布规律基本一致，最为集中的区域仍出现在 N51E50 探方中部偏西北，并一直向东延伸到 N51E51 探方北部，以此为中心向周边逐渐稀疏；在 N50E50 探方中部偏西南的位置，存在另外一个较为集中的区域，向周边逐渐稀疏，此区域的范围和标本数量都比 N51E50 偏小。值得注意的是，从剖面图上分析，动物骨骼化石的早晚分层现象比石制品更加明显，可以明显观察到由底部(第三自然层)向上逐渐稀疏，至上部(第一、二自然层)又渐趋密集的变化过程(图14、图15、图17)。

五、动物化石

遗址出土动物化石较破碎，经中国科学院同号文研究员鉴定共有14个属种，名单如下：

(1) 无颈鬃豪猪 Hystrix subcristata

(2) 竹鼠 Rhizomys sp.

(3) 金丝猴 Rhinopithecus sp.

(4) 黑熊 Ursus thibetanus

(5) 巨貘 Megatapirus augustus

(6) 犀科(属种未定) Rhinocerotidae gen. et sp. indet.

(7) 野猪 Sus scrofa

(8) 水鹿 Cervus unicornis

(9) 獐 Hydropotes sp.

(10) 斑羚或青羊 Naemorhedus sp.

(11) 牛 Bos sp.

(12) 鲤科(属种未定) Cyprinidae gen. et sp. indet.

(13) 鸟类 Aves indet.

(14) 双壳类 Bivalvia indet.

动物群以鹿类(水鹿和獐等)、竹鼠、黑熊及野猪等动物为主，灭绝属种只有巨貘。

六、石制品

(一) 石制品基本情况

在室内对出土石质标本进行了观测和分类，经过分类统计，该地点共出土

2 398件石制品,其中1 202件(50.13%)系发掘测量获得,其余1 196件(49.87%)为筛洗获得。石制品类型包括石核类、修理类、废片类、砸击类和打击类等产品,不同类型在每个水平层的分布如表5。

表5 各类石制品在各水平层分布表

石制品类别\水平层	石核	石器	废片类 完整石片	废片类 破碎石片	废片类 碎片	废片类 碎屑	废片类 断块	打击品	磨石	砸击品	总计
L1	3		19	2	33	52	60				169
L2	2		20	4	34	18	21				99
L3	7	3	60	6	43	16	25	1	1		162
L4	6	2	56	7	29	19	22	1		1	143
L5	7	2	53	5	35	139	67			1	309
L6	4	3	21	3	34	113	69	1		1	249
L7	3		32	4	22	136	99				296
L8	5		29	3	19	186	111			1	354
L9		3	27	2	14	124	87				257
L10		1	16		19	106	45				189
L11	2	1	12	3	8	35	11				72
L12	2	1	22	3	12	35	24				99
总计	41	16	367	42	302	979	641	3	2	5	2 398

从表5可以看出,废片类标本共2 331件,占所有石制品总数的97.2%;其次为石核,共41件,占1.71%;其余类型包括修理类、打击品、磨石和砸击品,数量很少,分别各有16件、3件、2件和5件,仅占0.67%、0.13%、0.08%和0.21%。通过对各大类标本的分类发现,碎屑类在第8水平层数量最多,有186件,占所有碎屑的19%,占该层石质标本的52.54%;其余层位中第5、6、7、9、10水平层的数量较多,均超过100件。

清水苑大洞遗址古人类主要开采附近岩层中的燧石、硅质灰岩、水晶、石英、石英岩、石英砂岩等作为加工石制品的原料,其中燧石和硅质灰岩为主要原料,少量采用磨圆度较高的河滩砾石作为石锤。

燧石:呈黑色、灰黑色、乳白色或褐灰色,硬度大致为7,结构细腻,破裂面常发育同心波,断口呈贝壳状,玻璃光泽,风化表层石皮常呈灰白色,但比较少见。该类原料内部颜色常呈过渡状转变,多条带状、结核状或瘤状分布在硅质白云岩和灰岩层内。

硅质灰岩:呈黑色、灰黑色或灰白色,硬度大致为6,层内常发育不规则节理,节理面充填白色或灰白色石英或方解石条带,破裂面和断口常呈阶梯状,风化石皮多呈灰黑色。

石英岩:呈红色、灰红色、灰白色或白色,硬度大致为7,破裂面可见次生加大的石英颗粒,偶见玻璃光泽,风化表层石皮多和破裂面颜色一致。

石英:呈无色或白色,硬度大,多以脉石英为主,脆性较大,层内常发育不规则节理,油脂或玻璃光泽,风化表层石皮多和破裂面颜色一致。

石英砂岩:呈白色、灰白色、褐红色或灰红色,硬度小于6,结构较疏松,破裂面可见石英和长石颗粒,泥砂质或硅质胶结,破裂面无光泽,风化表层石皮和新鲜面一致,但石皮较破碎。

表6 石制品原料种类与利用率

石制品类型\原料种类	燧石 N	燧石 %	硅质灰岩 N	硅质灰岩 %	灰岩 N	灰岩 %	粉砂岩 N	粉砂岩 %
石核(N=41)	29	70.73	10	24.39	2	4.88		
废片(N=2 331)	1 410	60.49	762	32.69	133	5.7	8	0.34
石器(N=16)	9	56.25	6	37.5			1	6.25
砸击品(N=5)			3	60				
石锤(N=3)								
磨石(N=2)					2	100		
总计	1 448	60.38	781	32.57	137	5.71	9	0.37

石制品类型\原料种类	水晶 N	水晶 %	石英 N	石英 %	石英岩 N	石英岩 %	石英砂岩 N	石英砂岩 %
石核(N=41)								
废片(N=2 331)					18	0.78		
石器(N=16)								
砸击品(N=5)	1	20	1	20				
石锤(N=3)					1	33.3	2	66.7
磨石(N=2)								
总计	1	0.05	1	0.05	19	0.79	2	0.08

表6列出了清水苑大洞遗址不同原料在各类石制品中的利用率,图18为不同类型石制品中各类原料的比例。从表6可以看出,清水苑大洞遗址石制品原料总体以燧石为主(N=1 448,60.38%),其次为硅质灰岩(N=781,32.57%)和灰岩(N=137,

5.71%)、粉砂岩(N=9,0.37%)、水晶(N=1,0.05%)、石英岩(N=19,0.79%)、石英砂岩(N=2,0.08%)和石英(N=1,0.05%)较少。从表6和图18可以看出,各类原料在不同类型石制品中的利用率存在差异,打击类产品主要以石英砂岩为主,其次为石英岩;砸击类产品中硅质灰岩占主要地位,另有少量的石英和水晶;而石核类、废片类和修理类主要以燧石和硅质灰岩为主,灰岩、石英岩和粉砂岩等其他类型的原料利用率则较低。石核类、修理类和废片类原料利用率和遗址总体原料的利用率存在明显的相似性,表明该遗址古人类对原料的开发和主要的剥片及修理石器的技术基本针对燧石和硅质灰岩进行,而其他类型的原料仅处于次要地位。

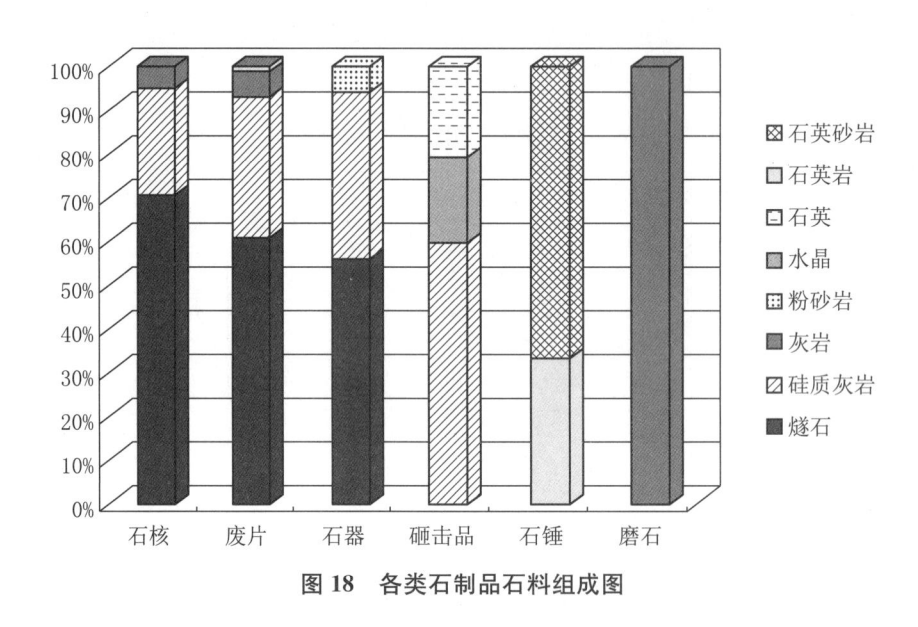

图18 各类石制品石料组成图

石质标本的重量除受岩石的比重影响外,主要和体积成正比。清水苑大洞遗址石质标本的重量和几何形态没有直接关系,和大小的关系也因长而窄薄和短而宽厚标本的存在而不确定。考虑到清水苑大洞遗址石制品标本原料比重个体间差别不大,故其重量大小主要取决于标本空间体积。图19为石质标本总体重量大小的百分比图,表7列出了各类石质标本的重量。图19和表7表明,标本重量总体以1—5克居多,共1 042件,占43.45%;其次为5—10克的标本,共407件,占16.97%;再次为小于1克的标本,共337件,约占14.05%;10—20克共有299件,约占12.47%;20—50克、50—100克和大于100克的标本较少,分别为203件、80件和30件,各占8.47%、3.34%和1.25%。对各类标本的重量统计(表8)显示,打击品(石锤)的个体最大,平均值为439.7克;其次为磨石,平均值为211克;再次为石核类,平均值为58.5克;修理类(石器)平均值为19.35克;而较小的废片类(完整石片、破碎石片、碎片、断块、碎屑)和砸击品平均重量分别为 8.49 克、10.23 克、6.8 克、23.5 克、1.73 克和 10.2 克。

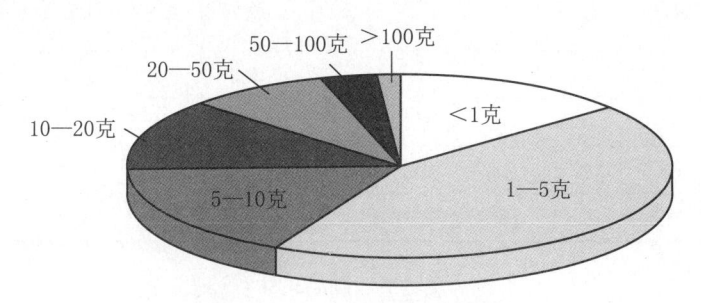

图 19　石制品重量百分比图

表 7　各类型石制品重量统计表

标本类型 尺寸	<1 克	1—5 克	5—10 克	10—20 克	20—50 克	50—100 克	>100 克
石核(N=41)				4 0.17%	14 0.58%	17 0.71%	6 0.25%
石器(N=16)		3 0.13%	1 0.04%	6 0.25%	6 0.25%		
完整石片(N=367)	4 0.17%	161 6.71%	101 4.21%	71 2.96%	27 1.13%	3 0.13%	
破碎石片(N=42)		18 0.75%	16 0.67%	2 0.08%	4 0.17%	2 0.08%	
碎片(N=302)	1 0.04%	173 7.21%	73 3.04%	40 1.67%	15 0.63%		
断块(N=641)	1 0.04%	64 2.67%	188 7.84%	174 7.26%	137 5.71%	58 2.42%	19 0.79%
碎屑(N=979)	331 13.8%	623 25.98%	25 1.04%				
打击品(N=3)							3 0.13%
磨石(N=2)							2 0.08%
砸击品(N=5)			3 0.13%	2 0.08%			
合计(百分比)	337 14.05%	1 042 43.45%	407 16.97%	299 12.47%	203 8.47%	80 3.34%	30 1.25%

表8　各类型石制品重量分析表

类型	石核	石器	完整石片	破碎石片	碎片	断块	碎屑	打击品	磨石	砸击品
最小值(克)	10.9	3.5	0.8	1.3	0.7	0.9	0.1	195.3	127	5.4
最大值(克)	198.5	40.8	64.4	80.1	47	207.1	9	615.4	295	18.9
平均值(克)	58.5	19.35	8.49	10.23	6.8	23.5	1.73	439.7	211	10.2
标准偏差	28.41	10.17	5.8	8.76	4.27	18.71	0.91	162.91	84	3.48

表9　各类型石制品尺寸统计表

标本类型＼尺寸	<20毫米	20—50毫米	50—100毫米	100—200毫米
石核(N=41)		25	16	
石器(N=16)	1	14	1	
完整石片(N=367)	43	309	15	
破碎石片(N=42)	2	37	3	
碎片(N=302)	19	265	18	
断块(N=641)	6	512	123	
碎屑(N=979)	631	348		
打击品(N=3)			2	1
磨石(N=2)			2	
砸击品(N=5)		5		
合计(百分比)	702(29.27%)	1 515(63.18%)	180(7.51%)	1(0.04%)

根据石制品的最大直径将石制品分为微型、小型、中型、大型和巨型共5个等级。表9列出了各类石质标本的尺寸大小及所占百分比,图20为不同尺寸标本总体百分比图。图20和表9显示,清水苑大洞石制品总体大小以微型(小于20毫米)和小型(20—50毫米)标本为主,分别有702件和1 515件,各占29.27%和63.18%;其次为中型标本(50—100毫米),180件,占7.51%;而大型(100—200毫米)石制品很少,仅有1件,占0.04%;不见巨型石制品。废片类以小于20毫米的微型标本为主,占微型标本的99.86%,而废片类亦占小型标本和中型标本的97.1%和88.33%;石核类和修理类标本主要以小型和中型标本居多;砸击类全部为小型;磨石全部为中型;3件石锤有2件为中型,1件为大型。对不同类型标本的尺寸统计(表10)表明,打击品个体最大,大小在67—103毫米之间,平均值为87.33毫米;其次为磨石,大小在78—79毫米之间,平均值为78.5毫米;再次为石核类,大小在31—81毫米之间,平均值为

50.68毫米;废片类中的断块,大小在15—90毫米之间,平均值为39.73毫米;修理类大小在15—84毫米之间,平均值为38.25毫米;而砸击品、废片类个体较小,砸击品、完整石片、破碎石片、碎片和碎屑的平均值分别为31毫米、30.71毫米、31.78毫米、32.15毫米和19.24毫米。

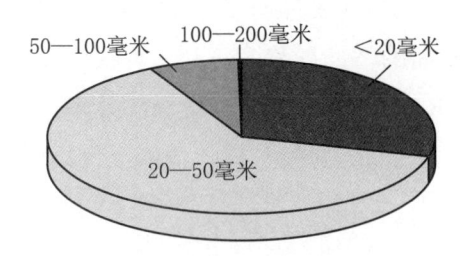

图20 石制品尺寸百分比图

表10 各类型石制品尺寸分析表

类型	石核	石器	完整石片	破碎石片	碎片	断块	碎屑	打击品	磨石	砸击品
最小值（毫米）	31	15	10	18	11	15	7	67	78	24
最大值（毫米）	81	84	60	65	69	90	37	103	79	40
平均值（毫米）	50.68	38.25	30.71	31.78	32.15	39.73	19.24	87.33	78.5	31
标准偏差	9.37	10.53	7.44	7.69	7.27	10.33	3.62	9.42	0.5	4.4

（二）石制品类型及各类描述

根据对所有石制品统计的结果,清水苑大洞遗址的石制品是一个包含石核类、修理类、砸击品、打击品、磨石,且以废片类为主的组合。借鉴国际石器技术分类的常用方法[1],我们将其分为石核类、修理类、废片类、砸击类和打击类等部分;次级分类中,废片类又可分为完整石片、破碎石片、碎片(≥20毫米)、碎屑(<20毫米)、断块

---

[1] 陈淳:《废片分析和旧石器研究》,《文物季刊》1993年第1期;陈淳:《谈旧石器类型学》,《人类学学报》1994年第4期;陈淳:《再谈旧石器类型学》,《人类学学报》1997年第1期;Sullivan, A.P., Rozen, K.C., "Debitage Analysis and Archaeological Interpretation", *American Antiquity*, 1985(4); Odell, G.H., *Lithic Analysis*. New York: Kluwer Academic/Plenum Publishers, 2004; Shea, J.J., "The Middle Stone Age Archaeology of the Lower Omo Valley Kibish Formation: Excavations, Lithic Assemblages, and Inferred Patterns of Early Homo Sapiens Behavior", *Journal of Human Evolution*, 2008(3).

5类。按照上述分类方案,将清水苑大洞A区出土的2 398件石制品作以下分类(表11):石制品中数量最多的是废片类,共有2 331件,占石制品总数的97.2%;石核41件,占石制品总数的1.71%;石器16件,占石制品总数的0.67%;打击品、磨石和砸击品数量较少,分别占0.13%、0.08%和0.21%。废片类中数量最多的是碎屑类,共979件,占废片类石制品的42%和全部石制品的40.83%;其次为断块类,共641件,分别占废片类和全部石制品的27.5%和26.73%;再次为完整石片,共367件,分别占废片类和全部石制品的15.74%和15.3%;再次为碎片类,共302件,分别占废片类和全部石制品的12.96%和12.59%;破碎石片数量最少,仅42件,分别占废片类和全部石制品的1.8%和1.75%。

表11 石制品组合分类统计表

石制品类型		数量	百分比	百分比(不计碎屑)
石核		41	1.71	2.89
石器		16	0.67	1.13
废片		2 331	97.2	—
	完整石片	367		25.87
	破碎石片	42		2.96
	碎片	302		21.28
	断块	641		45.17
	碎屑	979		—
打击品		3	0.13	0.21
磨石		2	0.08	0.14
砸击品		5	0.21	0.35
总计		2 398	100	100

1. 石核

清水苑大洞遗址共出土石核类产品41件,占石制品总数的1.71%,占除碎屑类产品以外石制品总数的2.89%。清水苑大洞石核大致可分为单台面石核、双台面石核和多台面石核三类。根据清水苑大洞遗址石核的特点,将石核依照台面和剥片面的数量,分为以下8个类型。

I_1型石核:1个台面,1个剥片面

I_2型石核:1个台面,2个剥片面

Ⅰ₃型石核:1个台面,3个剥片面

Ⅱ₁型石核:2个台面,1个剥片面

Ⅱ₂型石核:2个台面,2个剥片面

Ⅱ₃型石核:2个台面,3个剥片面

Ⅲ₁型石核:≥3个台面,3个剥片面

Ⅲ₂型石核:≥3个台面,4个剥片面

(1) 石核原料

清水苑大洞遗址的石核共41件,燧石(N=29,70.73%)为主要原料类型,其次为硅质灰岩(N=10,24.39%)和灰岩(N=2,4.88%),未见其余原料类型(表12)。Ⅱ型石核和Ⅲ型石核的石料只有燧石和硅质灰岩两类,未见硬度较小的灰岩。特别是双台面石核(N=11),仅有1件为硅质灰岩,其余全部为燧石原料。

表12 石核分类表

石核类型	单台面(Ⅰ型)			双台面(Ⅱ型)			多台面(Ⅲ型)		总计
	Ⅰ₁	Ⅰ₂	Ⅰ₃	Ⅱ₁	Ⅱ₂	Ⅱ₃	Ⅲ₁	Ⅲ₂	
燧 石	7 17.07%	5 12.19%	4 9.76%	1 2.44%	6 14.63%	3 7.32%	2 4.88%	1 2.44%	29 70.73%
硅质灰岩	5 12.19%	1 2.44%		1 2.44%			2 4.88%	1 2.44%	10 24.39%
灰 岩	1 2.44%	1 2.44%							2 4.88%
总 计	13 31.7%	7 17.07%	4 9.76%	2 4.88%	6 14.63%	3 7.32%	4 9.76%	2 4.88%	41 100%

(2) 石核尺寸

清水苑大洞遗址石核主要以中型和小型为主,分别有16件和25件,占石核的39.02%和60.98%,未见微型、大型和巨型石核(表9)。所有石核大小和重量的测量统计见表13,各类石核长度和重量的测量统计见表14。从两表可以看出,石核大小差异较大,重量同石核的体积(大小)成正比且存在较大的差异,标准偏差达到28.41克。石核长度在31—81毫米之间,平均值为50.68毫米,标准偏差值9.37毫米;宽度在19—68毫米之间,平均值为37.07毫米,标准偏差值7.43毫米;厚度在15—37毫米之间,平均值为24.22毫米,标准偏差值4.79毫米;重量在10.9—198.5克之间,平均值为58.51克,标准偏差值28.41克。表14表明,各类型石核的重量差异相近,都处于27.31—32.48克之间;Ⅰ型和Ⅲ型石核,剥片面越多,重量越小,Ⅱ型石核则没有明显的变化趋势。

表 13　石核尺寸重量分析表

测量统计项目	长度(毫米)	宽度(毫米)	厚度(毫米)	重量(克)
最小值	31	19	15	10.9
最大值	81	68	37	198.5
平均值	50.68	37.07	24.22	58.51
标准偏差	9.37	7.43	4.79	28.41

表 14　不同类型石核尺寸重量统计表

石核类型	单台面(Ⅰ型)						双台面(Ⅱ型)						多台面(Ⅲ型)			
	Ⅰ$_1$		Ⅰ$_2$		Ⅰ$_3$		Ⅱ$_1$		Ⅱ$_2$		Ⅱ$_3$		Ⅲ$_1$		Ⅲ$_2$	
测量项目	尺寸(毫米)	重量(克)	尺寸(毫米)	重量(克)	尺寸(毫米)	重量(克)	尺寸(毫米)	重量(克)	尺寸(毫米)	重量(克)	尺寸(毫米)	重量(克)	尺寸(毫米)	重量(克)	尺寸(毫米)	重量(克)
最小值	31	12.6	36	18.3	34	18.1	35	22.1	32	10.9	42	27.3	43	40	39	21.8
最大值	81	198.5	72	104.1	59	82	50	26.5	58	78.3	58	51.3	76	123.2	48	39.7
平均值	55.3	80.7	49.71	52.9	46.75	52.65	42.5	24.3	46.83	42.28	49	36.83	56	68.4	43.5	30.75
最小偏差	9.5	28.63	8.8	27.5	9.41	28.81	8.75	30.02	9.62	29.75	10	32.48	9.52	28.78	8.98	27.31

(3) 石核类型描述

单台面石核共有 24 件,占石核总数的 58.6%,最小长度 3.1 厘米,最大长度 8.1 厘米,最小重量 12.6 克,最大重量 198.5 克。这类石核石料利用率较低,有 13 件仅利用一个工作面进行剥片,利用两个工作面进行剥片的有 7 件,利用三个工作面剥片的仅有 4 件。形状多呈扁平状,自然石皮保留较多,有 20 件自然石皮保留≥50%,有 16 件石核的剥片边缘比≤50%。石核的台面以自然台面为主,共有 22 件,人工台面仅有 2 件,台面多选择较为扁平的自然节理面,在宽大于长的原料侧面或长条形原料的一端进行剥片。

QSYDD-27：Ⅰ$_2$ 型石核。原型为断块,石质为黑色燧石,风化磨蚀程度皆为 1 级,长 5.1 厘米,宽 3.5 厘米,厚 3.5 厘米,重 66.9 克。剥片台面为自然台面,剥片方向为单向,有 2 个剥片面,共有片疤 9 个,最大片疤长度为 3.1 厘米,剥片边缘约占周长的 65%,自然面残留约 40%,台面角 88°—93°,边缘角度为 89°(图 21-1)。

QSYDD-1688：Ⅰ$_1$ 型石核。原型为断块,石质为黑色硅质灰岩,风化磨蚀程度皆为 1 级,长 4.7 厘米,宽 4.3 厘米,厚 2.5 厘米,重 57.8 克。剥片台面为自然台面,剥

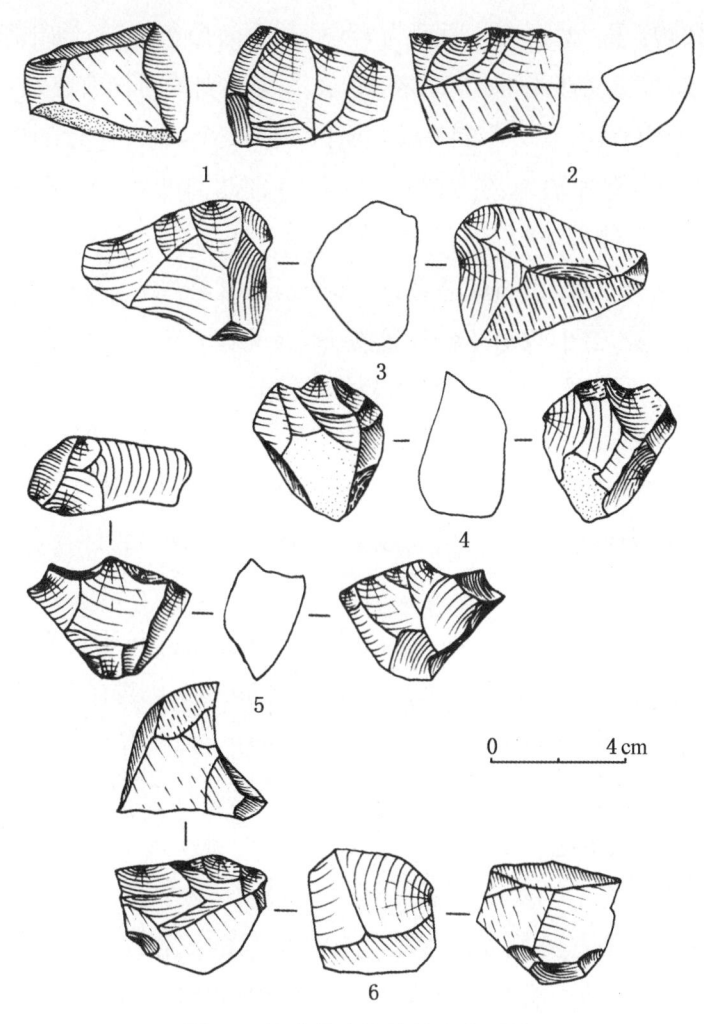

图 21　清水苑大洞遗址出土石核

1. QSYDD-27（I₂型石核）　2. QSYDD-1688（I₁型石核）　3. QSYDD-942（II₃型石核）
4. QSYDD-4240（II₂型石核）　5. QSYDD-679（III₁型石核）　6. QSYDD-3148（III₁型石核）

片方向为单向，有1个剥片面，共有片疤5个，最大片疤长度为2.5厘米，剥片边缘约占周长的30%，自然面残留约65%，台面角55°—86°，边缘角度为56°（图21-2）。

双台面石核共有11件，占石核总数的26.8%，最小长度3.2厘米，最大长度5.8厘米，最小重量10.9克，最大重量78.3克。

QSYDD-942：II₃型石核。原型为砾石，石质为灰白色燧石，风化磨蚀程度皆为1级，长5.8厘米，宽3.5厘米，厚3.3厘米，重51.3克。剥片台面有自然台面和人工台面两种，剥片方向为双向，有3个剥片面，共有片疤9个，最大片疤长度为4.3厘米，剥片边缘约占周长的65%，自然面残留约55%，台面角82°—95°，边缘角度为68°（图21-3）。

QSYDD-4240：II₂型石核。原型为岩块，石质为黑色燧石，风化磨蚀程度皆为1级，长4.1厘米，宽3.9厘米，厚3厘米，重52.8克。剥片台面有自然台面和人工台面两种，剥片方向为双向，有2个剥片面，共有片疤11个，有2个近端崩断疤，最大片疤长度为2.4厘米，剥片边缘约占周长的35%，自然面残留约55%，台面角99°—104°，边缘角度为79°（图21-4）。

多台面石核共有6件，占石核总数的14.6%，尺寸在3.9—7.6厘米之间，有5件重量在21.8—59.1克之间，仅有1件重量为123.2克。

QSYDD-679：III₁型石核。原型为砾石，石质为灰色燧石，风化磨蚀程度皆为1级，长5厘米，宽3.6厘米，厚2.6厘米，重40克。剥片台面全部为人工台面，剥片方向为多向，有3个剥片面，片疤数量大于14个，有1个近端崩断疤，最大片疤长度为3.5厘米，剥片边缘为整个周长，自然面残留约1%，台面角63°—97°，边缘角度为78°（图21-5）。

QSYDD-3148：III₁型石核。原型为断块，石质为黑色硅质灰岩，风化磨蚀程度皆为1级，长4.3厘米，宽3.6厘米，厚3.4厘米，重59.1克。共有3个台面，可分为人工台面和自然台面两类，剥片方向为多向，有3个剥片面，共有片疤8个，有2个近端崩断疤，最大片疤长度为2.1厘米，剥片边缘占整个周长的90%，自然面残留约35%，台面角69°—90°，边缘角度为64°（图21-6）。

（4）其他属性

清水苑大洞遗址石核外表石皮保留比和台面角的测量统计见图22、表15和表16。从表中来看，清水苑大洞石核通体自然石皮保留相对较少，最少1%，最多90%，平均54.78%，标准偏差值为16.87。石核台面角相对较大，总体以60°—90°占多数，

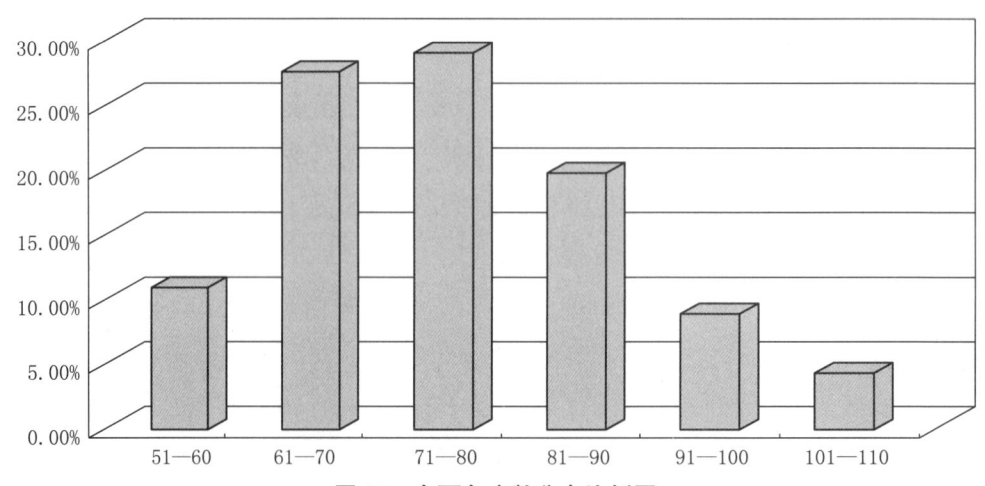

图22 台面角度数分布比例图

最小 51°，最大 106°，平均值 75.61°，标准偏差值 10.72，表明多数石核所剩进一步剥片的余地不多。

表 15　全部石核台面角统计表

度数(°)	51—60	61—70	71—80	81—90	91—100	101—110
百分比(%)	10.61	27.27	28.79	19.70	9.09	4.55

表 16　全部石核表面石皮保留比和台面角测量统计表

测量统计项目	数量	最小值	最大值	平均值	标准偏差
自然面保留比(%)	41	1	90	54.78	16.87
台面角(°)	41	51	106	75.61	10.72

2. 废片

废片类产品为石核剥片和石器修理的副产品。在目前的废片分析中，尚未有一种被大多数学者共同接受并普遍采用的方法，本文借鉴美国学者 Sullivan 和 Rozen[1] 的一套废片分析方法。废片的划分可以根据一些关键特征，这种分析主要在于观察石片的大小、形状、台面、打击点、破裂面及周缘特点以确定人类在剥片时施加在石核上或修理石器时作用于毛坯上的方式，结合原料的特点进行划分。首先，根据废片破裂面的可辨认程度将废片分为石片类和断块类（碎屑块）；随后，依据石片类台面和打击点的保存程度将其进一步划分为残片和石片；最后，依据石片周缘的完整程度将石片进一步分为完整石片和破碎石片（图 23）。其中，破裂面鉴别应确定其是否有明显的人工痕迹，如半椎体、波纹和放射线；打击点识别应关注半椎体与台面相交处；石片周缘的观察要关注其远端特征，如呈羽状或弯折中止状态，如果远端缺失但不妨碍判断其最大宽度可归为完整石片[2]。

清水苑大洞遗址共出土废片类产品（不含碎屑类产品）1 352 件，占石制品总数的 56.38%，占除碎屑类产品以外石制品总数的 95.28%。清水苑大洞遗址废片类产品可大致分为完整石片（N＝367，27.15%）、破碎石片（N＝42，3.1%）、碎片（N＝302，22.34%）和断块（N＝641，47.41%）等类型，图 24 为清水苑大洞遗址各类型废片类产品的百分比图。

---

[1] Sullivan, A. P., Rozen, K. C., "Debitage Analysis and Archaeological Interpretation", *American Antiquity*, 1985(4).

[2] 陈淳：《废片分析和旧石器研究》，《文物季刊》1993 年第 1 期。

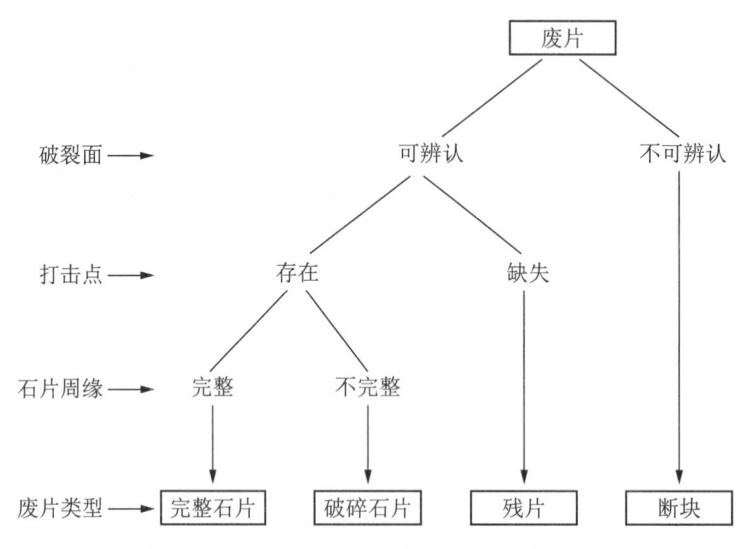

图 23 清水苑大洞遗址废片类产品划分示意图

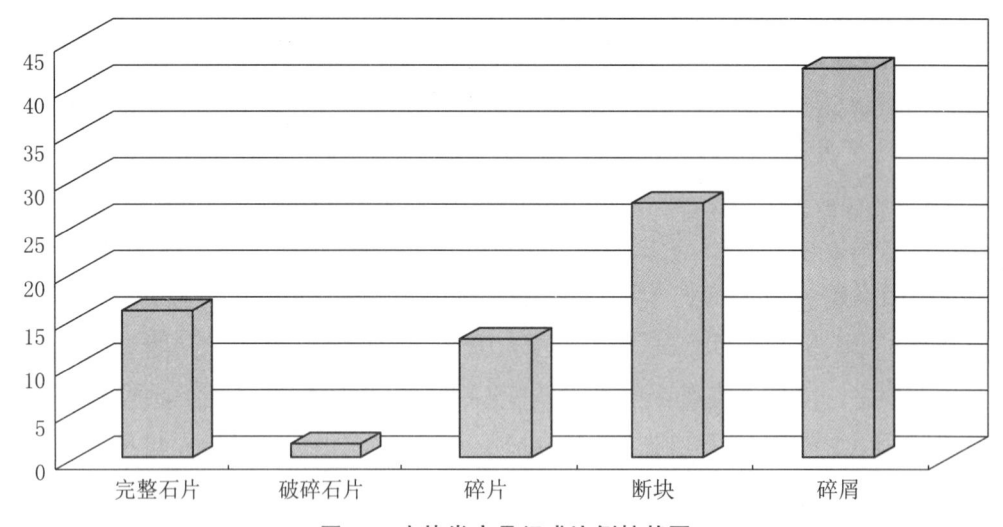

图 24 废片类产品组成比例柱状图

为了便于统计整个废片类产品的原料情况,笔者将碎屑也放在一起进行统计。在清水苑大洞遗址出土的 2 331 件废片类产品(含碎屑)中,燧石(N=1410,60.49%)为主要原料类型,其次为硅质灰岩(N=762,32.69%)和灰岩(N=133,5.71%),粉砂岩(N=8,0.34%)和石英岩(N=18,0.77%)相对较少(表17)。对不同废片类型中各类原料的统计(图25)显示,燧石在各类别废片中的比例均高于50%,燧石和硅质灰岩在完整石片、碎片、断块类中的比例均超过90%,在破碎石片、碎屑中的比例也接近90%,粉砂岩和石英岩在破碎石片中的比例最高,接近10%,其余类别比例较低。

表 17 废片类石制品石料统计表

原料 废片类型	燧石 N	燧石 %	硅质灰岩 N	硅质灰岩 %	灰岩 N	灰岩 %	粉砂岩 N	粉砂岩 %	石英岩 N	石英岩 %	总计 N	总计 %
完整石片	222	9.52	120	5.15	21	0.9	1	0.04	3	0.13	367	15.74
破碎石片	23	0.99	14	0.6	1	0.04	2	0.09	2	0.09	42	1.8
碎 片	177	7.59	109	4.68	11	0.47	2	0.09	3	0.13	302	12.96
断 块	403	17.29	209	8.97	29	1.24					641	27.5
碎 屑	585	25.1	310	13.3	71	3.05	3	0.13	10	0.43	979	42
总 计	1 410	60.49	762	32.69	133	5.71	8	0.34	18	0.77	2 331	100

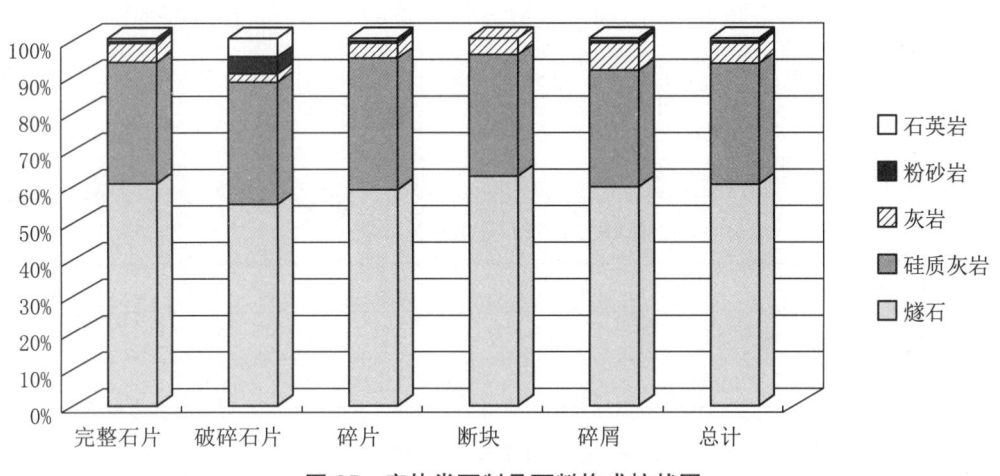

图 25 废片类石制品石料构成柱状图

清水苑大洞遗址废片类石制品（不含碎屑）主要以小型为主，微型和大型石制品所占比例较少，各类废片长度和重量的测量统计见表 18。从表 18 可以看出，断块由于形状多不规则而大小差异相对较大，重量同体积（大小）成正比且存在较大的差异。完整石片长度在 10—60 毫米之间，平均值为 30.71 毫米，标准偏差值 7.44 毫米；重量在 0.8—64.4 克之间，平均值为 8.49 克，标准偏差值 5.8 克。破碎石片长度在 18—65 毫米之间，平均值为 31.79 毫米，标准偏差值 10.37 毫米；重量在 1.3—80.1 克之间，平均值为 10.23 克，标准偏差值 8.76 克。碎片长度在 11—69 毫米之间，平均值为 32.16 毫米，标准偏差值 7.27 毫米；重量在 0.7—47 克之间，平均值为 6.8 克，标准偏差值 4.27 克。断块长度在 15—90 毫米之间，平均值为 19.24 毫米，标准偏差值 10.33 毫米；重量在 0.9—207.1 克之间，平均值为 1.73 克，标准偏差值 18.71 克。

表 18　各类废片长度和重量统计表

类型＼测量项目	最小值 长度（毫米）	最小值 重量（克）	最大值 长度（毫米）	最大值 重量（克）	平均值 长度（毫米）	平均值 重量（克）	标准偏差 长度（毫米）	标准偏差 重量（克）
完整石片（N=367）	10	0.8	60	64.4	30.71	8.49	7.44	5.8
破碎石片（N=42）	18	1.3	65	80.1	31.79	10.23	10.37	8.76
碎片（N=302）	11	0.7	69	47	32.16	6.8	7.27	4.27
断块（N=641）	15	0.9	90	207.1	19.24	1.73	10.33	18.71

（1）完整石片

清水苑大洞遗址共出土完整石片 367 件，按台面和背面反映的制作过程，可划分为 6 种。其中，Ⅰ型石片共 3 件，约占完整石片总数的 0.82%；Ⅱ型石片 96 件，约占总数的 26.16%；Ⅲ型石片 79 件，约占总数的 21.53%；Ⅴ型石片 95 件，约占总数的 25.88%；Ⅵ型石片 94 件，约占总数的 25.61%。Ⅱ型、Ⅴ型、Ⅵ型数量最多，Ⅰ型数量最少，未发现Ⅳ型石片（表 19）。

表 19　完整石片类型统计表

类　型	Ⅰ	Ⅱ	Ⅲ	Ⅴ	Ⅵ
数　量	3	96	79	95	94
百分比	0.82	26.16	21.53	25.88	25.61

表 20　完整石片尺寸重量统计表

统计测量项目	长度（毫米）	宽度（毫米）	厚度（毫米）	重量（克）
最小值	10	9	2	0.8
最大值	60	68	42	64.4
平均值	30.71	29.01	9	8.49
标准偏差	7.44	7.33	3.11	5.8

遗址出土完整石片占废片类产品的 15.74%，占除碎屑以外废片类产品的 27.14%。对其原料的观察和统计显示，燧石（N=222，60.49%）是主要类型，其次是硅质灰岩（N=120，32.7%），灰岩（N=21，5.72%）、粉砂岩（N=1，0.27%）和石英岩（N=3，0.82%）较少。这些完整石片总体以小型居多（N=309，84.19%），其次为微型（N=43，11.72%）和中型（N=15，4.09%）。对个体尺寸和重量的统计（表 20）表明，完整石片长度在 10—60 毫米，平均值 30.71 毫米，标准偏差值 7.44 毫米；宽度在 9—68 毫米，平均值 29.01 毫米，标准偏差值 7.33 毫米；厚度在 2—42 毫米，平均值

9毫米,标准偏差值3.11毫米;重量在0.8—64.4克,平均值8.49克,标准偏差值5.8克。

清水苑大洞遗址完整石片上的打击点比较清楚,有8件(2.18%)石片可以看到深的打击点,有355件(96.73%)石片的打击点较浅,此外还有4件(1.09%)石片的打击点缺失。打击泡在这些石片上不常见,有241件(65.67%)石片没有明显的打击泡,有125件(34.06%)石片打击泡较凸,还有1件(0.27%)石片打击点内凹。表21是清水苑大洞遗址完整石片打击点和打击泡的观测统计。

表21 完整石片打击点和打击泡观测统计表

观测项目	打击点			打击泡		
状态描述	深	浅	缺失	凹	平	凸
数量	8	355	4	1	241	125
百分比	2.18	96.73	1.09	0.27	65.67	34.06

表22为完整石片石片角的测量统计,表23为石片角和背缘角总体统计情况。从两表可以看出,石片角集中在100°—130°之间,占到了所有石片的77.39%,石片角在33°—150°之间,平均值107°,标准偏差11.37°;背缘角在20°—149°之间,平均值82.79°,标准偏差14.48°。全部367件可测量石片角的完整石片,其石片角测量数值呈正态连续分布。

表22 完整石片石片角统计表

石片角(°)	<70	70—80	80—90	90—100	100—110	110—120	120—130	≥130
数量	17	10	13	33	95	129	60	10
百分比	4.63	2.72	3.55	8.99	25.89	35.15	16.35	2.72

表23 完整石片石片角和背缘角测量统计表

测量统计项目	数量	最小值	最大值	平均值	标准偏差
石片角(°)	367	33	150	107	11.37
背缘角(°)	367	20	149	82.79	14.48

从表24可以看出,173件(47.14%)标本的背面全部为石片疤,仅有3件(0.82%)标本的背面为自然石皮所覆盖,石皮面积占石片背面1%—25%、26%—50%、51%—75%和76%—99%的标本分别有109件(29.7%)、49件(13.35%)、15件(4.09%)和18件(4.9%)。

表 24　完整石片背面石皮百分比统计表

残留比例(%)	0	1—25	26—50	51—75	76—99	100	合计
数量	173	109	49	15	18	3	367
百分比(%)	47.14	29.7	13.35	4.09	4.9	0.82	100

对清水苑大洞遗址完整石片背面疤数的统计(表 25)表明,有 133 件标本有 4 个及以上的片疤,占 36.24%;有 3 个片疤的有 117 件,占 31.88%;2 个片疤的有 69 件,占 18.8%;1 个片疤的有 45 件,占 12.26%。对背面部分保留石皮的 191 件(52.04%)石片的背面疤数的统计(表 26)发现,大于 4 个片疤的有 59 件,占 16.08%;有 53 件标本有 3 个片疤,占 14.44%;有 2 个片疤(N=41,11.17%)和 1 个片疤(N=38,10.35%)的相对较少。对背面全为石片疤的 173 件(47.14%)石片背面的疤数统计(表 26)显示,有 74 件(20.16%)有 4 个及以上的片疤,有 3 个片疤的有 64 件(17.44%),而仅有 2 个和 1 个片疤的有 28 件(7.63%)和 7 件(1.91%)。

表 25　完整石片背面片疤数统计表

片疤数	0	1	2	3	≥4	总计
数量	3	45	69	117	133	367
百分比(%)	0.82	12.26	18.8	31.88	36.24	100

表 26　石片背面特征观察统计表

背面特征	石皮	背面部分保留石皮上的片疤					片疤			
疤数	0	1	2	3	≥4	1	2	3	≥4
数量	3	38	41	53	59	7	28	64	74
百分比(%)	0.82	10.35	11.17	14.44	16.08	1.91	7.63	17.44	20.16
总计	3	191				173			
百分比(%)	0.82	52.04				47.14			

在完整石片的远端特征(表 27)中,呈羽状的有 324 件,占 88.28%;远端崩断的石片有 20 件,占 5.45%;远端呈内卷和外卷的石片分别各有 10 件和 13 件,占 2.73% 和 3.54%。

表 27　完整石片远端特征观察统计表

远端特征	羽状	崩断	内卷	外卷
数量	324	20	10	13
百分比(%)	88.28	5.45	2.73	3.54

从各型石片长宽比例散点图(图26)判读，Ⅱ型石片和Ⅴ型石片尺寸最大，Ⅲ型石片尺寸最小，各型石片长宽并没有明显的趋势，仅Ⅱ型石片中长大于宽的石片数量略多于宽大于长的石片数量，趋势并不明显。说明古人类剥片具有较大的随意性，并没有很好地控制石片的长宽比，刻意生产某种石片。

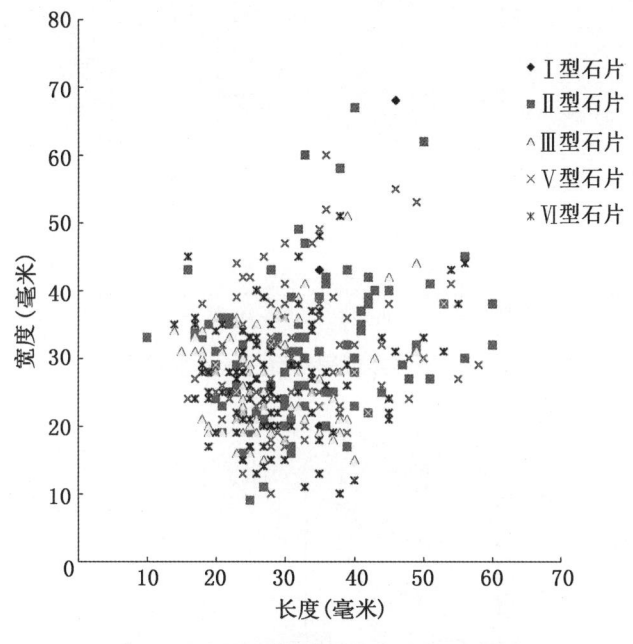

图26 各型完整石片长宽比例散点图

Ⅰ型石片仅有3件，统计意义不大，对Ⅱ、Ⅲ、Ⅴ、Ⅵ型石片进行分析统计，均值分别为32.93毫米、27.92毫米、31.58毫米、29.65毫米，Ⅲ型最小，Ⅱ型最大。从位距分析，Ⅱ型石片的四分位距最大，说明尺寸最为分散，其余由大到小依次为Ⅴ型、Ⅲ型和Ⅵ型石片；四种类型的石片尺寸中值均处在偏下的位置，除Ⅱ型石片外，Ⅲ型存在1个异常值，Ⅴ型存在1个异常值，Ⅵ型存在5个异常值(图27)。

笔者对不同石料的石片长度进行统计分析(由于燧石和硅质灰岩以外的石料数量较少，一并进行统计)，统计结果显示燧石和硅质灰岩石片尺寸并未因不同石料的差异而明显不同，其他石料的石片，变异范围明显较大(图28)。

笔者将完整石片按照不同石料进行分类，在此基础上观察石片的长宽和宽厚比例，粉砂岩和石英岩数量较少，统计意义不大。硅质灰岩、燧石和灰岩制品的尺寸，较其他岩性石制品为大。灰岩石制品中，宽大于厚的比例略高于其他岩性石制品，但并不明显。大多数石片宽大于厚，少量厚大于宽的厚石片则以硅质灰岩和燧石为主。

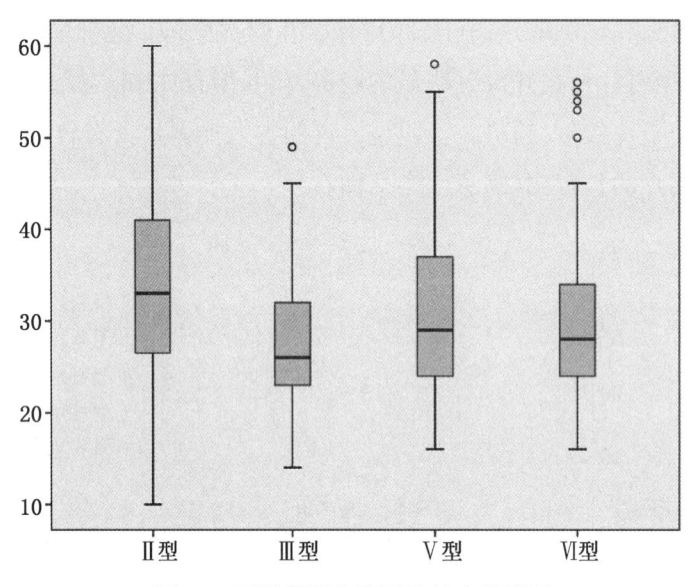

图 27　不同类型完整石片长度箱线图

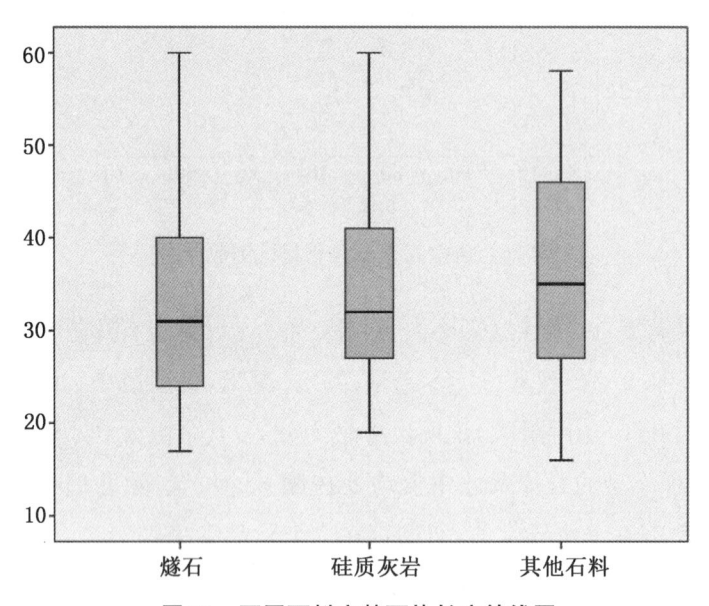

图 28　不同石料完整石片长度箱线图

对不同石料石片的长宽比例分别统计分析,燧石的变异范围为 0.35—3.3,有 1 个极端异常数 3.8;硅质灰岩的变异范围为 0.3—2.29,有 2 个异常数 2.45、2.67;其他石料的变异范围为 0.3—2。燧石、硅质灰岩和其他石料石片长宽比例均值分别为 1.17、1.15 和 1.1,硅质灰岩的中数最高,其次为其他石料,燧石的中数最低。燧石的比值在变异范围内明显偏低,硅质灰岩比值在变异范围内明显偏高,其他原料的比值略微偏低,基本呈正态分布,这说明以燧石为原料的石片中,宽大于长的石片略多于长大于宽的石片；以硅质灰岩为原料的石片中，长大于宽的石片略多于宽大于长的石片；其他石料石片长大于宽和宽大于长的比例基本相当（图29、图30）。

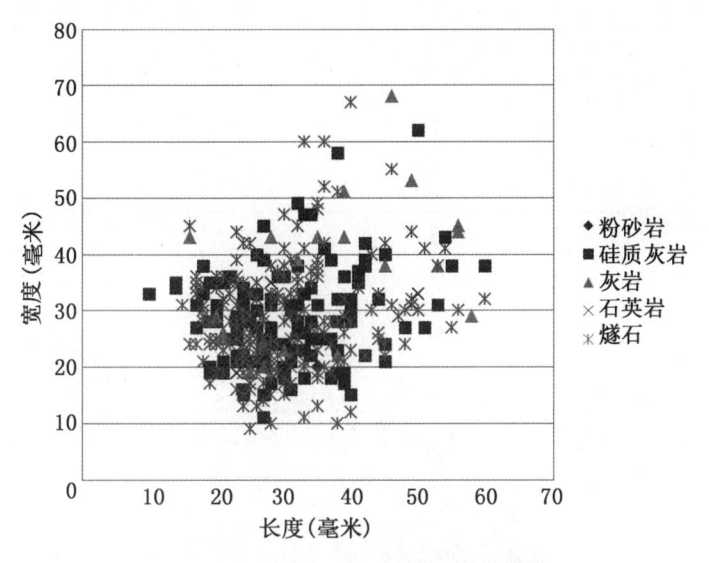

图29 完整石片长宽比例和原料关系统计图

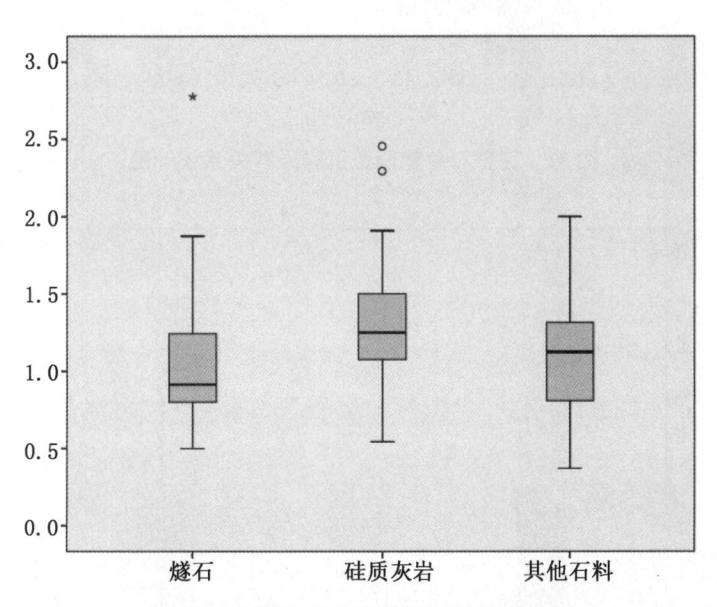

图30 不同石料完整石片长宽比箱线图

对不同石料石片的宽厚比例分别统计分析，燧石的变异范围为1.28—10.5，有1个极端异常数12；硅质灰岩的变异范围为0.76—12.5；其他石料的变异范围为2—7.16。燧石、硅质灰岩和其他石料石片长宽比例均值分别为4.12、3.58和3.95，其他石料的中数最高，其次为燧石，硅质灰岩的中数最低。硅质灰岩和其他石料的比值在变异范围内明显偏低，燧石的比值在变异范围内略微偏低，基本呈正态分布，这说明以燧石为原料的石片宽厚比略大于以硅质灰岩和其他石料为原料的石片（图31、图32）。

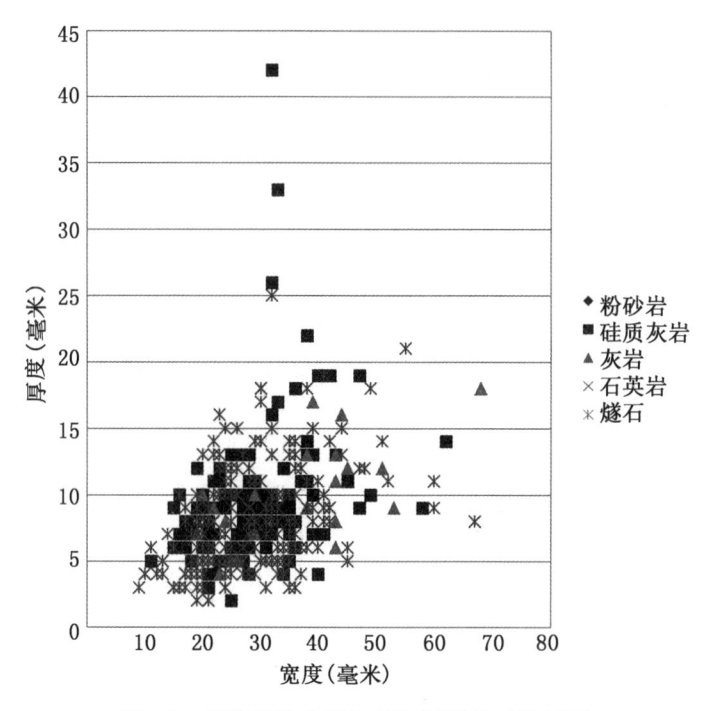

图31　完整石片宽厚比例和原料关系统计图

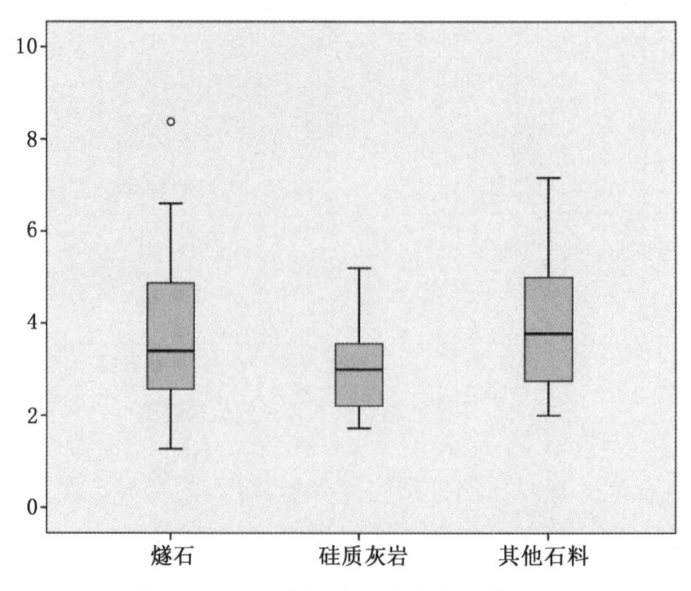

图32　不同石料完整石片宽厚比箱线图

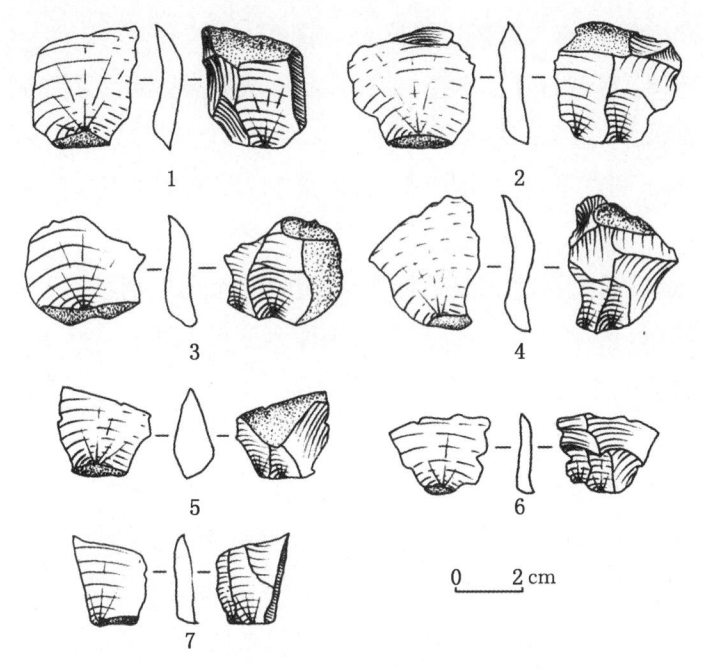

图 33　清水苑大洞遗址出土的自然台面石片

1. QSYDD-691（Ⅱ型石片）　2. QSYDD-1599（Ⅱ型石片）　3. QSYDD-2524（Ⅱ型石片）
4. QSYDD-3410（Ⅱ型石片）　5. QSYDD-1668（Ⅲ型石片）　6. QSYDD-1679（Ⅲ型石片）
7. QSYDD-3712（Ⅲ型石片）

QSYDD-691：Ⅱ型石片。灰黑色硅质灰岩，四边形，远端呈羽状，尺寸为3.5厘米×3.1厘米×0.7厘米，重10.6克，台面尺寸1.7厘米×0.6厘米。打击点较浅，背面自然面约占30%，位于石片左侧和远端，石片疤3个，打击方向向下和左下，打击泡较凸，石片角121°，背缘角74°，有效边缘比约40%（图33-1）。

QSYDD-1599：Ⅱ型石片。黑色燧石，形状不规则，远端呈羽状，尺寸为3.5厘米×3.9厘米×0.8厘米，重12.1克，台面尺寸1.8厘米×0.7厘米。打击点较浅，背面自然面约占10%，位于石片远端，石片疤2个，近端崩断疤1个，打击方向向下，打击泡较平，石片角117°，背缘角67°，有效边缘比为30%（图33-2）。

QSYDD-2524：Ⅱ型石片。黑色燧石，形状不规则，远端呈羽状，尺寸为3.2厘米×3.5厘米×1厘米，重11.9克，台面尺寸3.1厘米×0.9厘米。打击点较浅，背面自然面约占30%，位于石片左侧，石片疤3个，打击方向均向下，打击泡凸起，石片角121°，背缘角63°，有效边缘比为30%（图33-3）。

QSYDD-3410：Ⅱ型石片。灰黑色硅质灰岩，四边形，远端呈羽状，尺寸为4.1厘米×3.5厘米×0.9厘米，重9.5克，台面尺寸1.5厘米×0.8厘米。打击点较浅，背面自然面约占5%，位于石片远端，石片疤4个，打击方向向下、左下和右下，打击泡较凸,石片角 117°,背缘角 66°,有效边缘比为 0(图 33-4)。

QSYDD-1668：Ⅲ型石片。黑色燧石,形状不规则,远端呈羽状,尺寸为 2.6 厘米×3.2 厘米×1.3 厘米,重 7.2 克,台面尺寸 1.7 厘米×0.8 厘米。打击点较浅,石片疤 3 个,打击方向向下和左下,打击泡较平,石片角 117°,背缘角 67°,有效边缘比为 30%(图 33-5)。

QSYDD-1679：Ⅲ型石片。黑色燧石,四边形,远端呈羽状,尺寸为 2.3 厘米×3.1 厘米×0.5 厘米,重 3.3 克,台面尺寸 1.1 厘米×0.5 厘米。打击点较浅,石片疤 2 个,打击方向向下,打击泡较平,石片角 105°,背缘角 74°,有效边缘比为 60%(图 33-6)。

QSYDD-3712：Ⅲ型石片。黑色燧石,四边形,远端呈羽状,尺寸为 2.6 厘米×2.1 厘米×0.5 厘米,重 4.6 克,台面尺寸 1.2 厘米×0.5 厘米。打击点较浅,石片疤 3 个,打击方向向下,打击泡较平,石片角 111°,背缘角 71°,有效边缘比为 30%(图 33-7)。

QSYDD-1715：Ⅴ型石片。红褐色燧石,形状不规则,远端呈羽状,尺寸为 2.8 厘米×1.8 厘米×0.7 厘米,重 2.6 克,台面尺寸 0.6 厘米×0.1 厘米。打击点较浅,背面自然面约占 50%,位于左侧,石片疤 3 个,近端崩断疤 1 个,打击方向向下,打击泡凸起,石片角 104°,背缘角 107°,有效边缘比约 40%(图 34-1)。

QSYDD-3704：Ⅴ型石片。黑色燧石,呈四边形,远端呈羽状,尺寸为 5.4 厘米×4.1 厘米×0.9 厘米,重 19.8 克,台面尺寸 1.7 厘米×0.3 厘米。打击点较浅,背面自然面约占 5%,位于石片远端,石片疤 3 个,打击方向向下,打击泡较平,石片角 99°,背缘角 89°,有效边缘比约 70%(图 34-2)。

QSYDD-3808：Ⅴ型石片。黑色燧石,形状不规则,远端呈羽状,尺寸为 5 厘米×3 厘米×1.1 厘米,重 19.4 克,台面尺寸 1.2 厘米×0.6 厘米。打击点较浅,背面自然面约占 40%,位于石片左侧,石片疤 4 个,打击方向向左、右上,打击泡较凸,石片角 121°,背缘角 93°,有效边缘比约 50%(图 34-3)。

QSYDD-3843：Ⅴ型石片。黑色燧石,呈四边形,远端呈羽状,尺寸为 2.1 厘米×3.2 厘米×0.5 厘米,重 3.7 克,台面尺寸 1.2 厘米×0.5 厘米。打击点较浅,背面自然面约占 15%,位于石片远端,石片疤 2 个,打击方向向下,打击泡较平,石片角 81°,背缘角 101°,有效边缘比约 40%(图 34-4)。

QSYDD-1056：Ⅵ型石片。黑色燧石,形状不规则,远端呈羽状,尺寸为 3.4 厘米×2.7 厘米×1.2 厘米,重 17.5 克,台面尺寸 2 厘米×0.5 厘米。打击点较浅,背面片疤多于 6 个,打击方向向下和右下,打击泡凸起,石片角 125°,背缘角 74°,有效边缘比约 50%(图 34-5)。

·贵州清水苑遗址石制品初步研究·

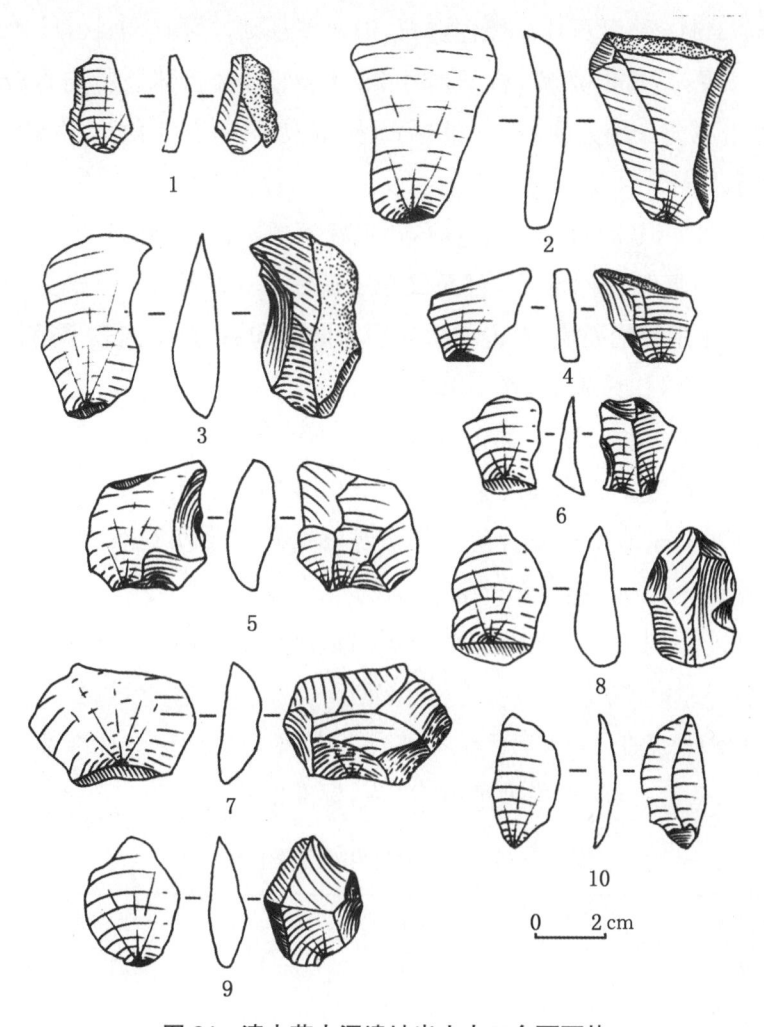

图34 清水苑大洞遗址出土人工台面石片

1. QSYDD-1715（Ⅴ型石片） 2. QSYDD-3704（Ⅴ型石片） 3. QSYDD-3808（Ⅴ型石片）
4. QSYDD-3843（Ⅴ型石片） 5. QSYDD-1056（Ⅵ型石片） 6. QSYDD-1611（Ⅵ型石片）
7. QSYDD-1673（Ⅵ型石片） 8. QSYDD-2491（Ⅵ型石片） 9. QSYDD-4227（Ⅵ型石片）
10. QSYDD-4234（Ⅵ型石片）

QSYDD-1611：Ⅵ型石片。灰黑色燧石，形状不规则，远端呈羽状，尺寸为2.8厘米×2.2厘米×0.5厘米，重2.8克，台面尺寸1.5厘米×0.8厘米。打击点较浅，背面有4个片疤，有1个近端崩断疤，打击方向分别为向下、左下和右下，打击泡较平，石片角112°，背缘角57°，有效边缘比约80%（图34-6）。

QSYDD-1673：Ⅵ型石片。黑色燧石，形状不规则，远端呈羽状，尺寸为3.5厘米×4.8厘米×1.2厘米，重22.5克，台面尺寸2.3厘米×0.5厘米。打击点较浅，背面片疤多于5个，打击方向分别为向下和左下，打击泡较平，石片角123°，背缘角94°，有效边缘比约40%（图34-7）。

QSYDD-2491：Ⅵ型石片。黑色燧石，形状不规则，远端呈羽状，尺寸为3.9厘米×2.6厘米×1厘米，重10.3克，台面尺寸2.2厘米×0.1厘米。打击点较浅，背面有4个片疤，打击方向分别为向右、下和右下，打击泡较平，石片角120°，背缘角88°，有效边缘比约60%（图34-8）。

QSYDD-4227：Ⅵ型石片。黑色燧石，形状不规则，远端呈羽状，尺寸为3.6厘米×2.8厘米×1.1厘米，重2.8克，台面尺寸1厘米×0.7厘米。打击点较浅，背面有5个片疤，有1个近端崩断疤，打击方向分别为向下和右，打击泡较平，石片角99°，背缘角103°，有效边缘比约55%（图34-9）。

QSYDD-4234：Ⅵ型石片。黑色燧石，形状不规则，远端呈羽状，尺寸为3.7厘米×1.9厘米×0.4厘米，重2克，台面尺寸0.2厘米×0.1厘米。打击点较浅，背面有2个片疤，打击方向为向下，打击泡较平，石片角108°，背缘角100°，有效边缘比约95%（图34-10）。

（2）破碎石片、碎片、断块和碎屑

遗址共出土不同类型的破碎石片、碎片、断块和碎屑各42、302、641、979件。

① 破碎石片

破碎石片的长度在18—65毫米之间，平均长度31.79毫米，标准偏差7.69毫米；重量在1.3—80.1克之间，平均重量10.23克，标准偏差8.76克（表28）。

表28　破碎石片尺寸和重量测量统计表

测量统计项目	数量	最小值	最大值	平均值	标准偏差
长度（毫米）	42	18	65	31.79	7.69
宽度（毫米）	42	6	62	24.55	9.47
厚度（毫米）	42	3	19	9	2.91
重量（克）	42	1.3	80.1	10.23	8.76

② 碎片

清水苑大洞遗址共出土碎片302件，占废片类产品的12.96%，占除碎屑以外的废片类产品的22.34%。这些碎片的打击点和台面均缺失，但其石片腹面均可识别，可以判断其为石片的一部分。这些碎片的原料主要为燧石（N=177,58.61%），其次为硅质灰岩（N=109,36.09%）和灰岩（N=11,3.64%），粉砂岩（N=2,0.66%）和石英岩（N=3,1%）较少。对碎片尺寸和重量的统计（表29）显示，大小总体以小型居多，共计265件，占碎片总数的87.75%，个体差异较小；长度在11—69毫米之间，平均值为32.16毫米，标准偏差7.26毫米；宽度在9—77毫米之间，平均值为23.76毫米，标准偏差6.46毫米；厚度在1—42毫米之间，平均值为8毫米，标准偏差2.38毫米；重量在 0.7—47 克之间，平均值为 6.8 克，标准偏差 4.27 克。

表 29　碎片尺寸和重量测量统计表

测量统计项目	数量	最小值	最大值	平均值	标准偏差
长度（毫米）	302	11	69	32.16	7.26
宽度（毫米）	302	9	77	23.76	6.46
厚度（毫米）	302	1	42	8	2.38
重量（克）	302	0.7	47	6.8	4.27

③ 断块

清水苑大洞遗址共出土断块 641 件，占废片类产品的 27.5%，占除碎屑以外的废片类产品的 47.41%，是除碎屑以外废片类产品中最多的一类。这些断块多呈不规则形，多数可见人工痕迹，但不具有石片的特征，推测为石核剥片的残品，可能属于石核的一部分。这些断块的原料主要为燧石（N=403，62.87%），其次为硅质灰岩（N=209，32.61%）和灰岩（N=29，4.52%）。由于断块外形不规则，其大小和重量存在较大差异。对断块尺寸和重量的统计（表 30）显示，大小总体以小型居多，共计 512 件，占断块总数的 79.88%，个体差异较废片类其他类型产品大；长度在 15—90 毫米之间，平均值为 39.73 毫米，标准偏差 10.33 毫米；宽度在 7—61 毫米之间，平均值为 25.49 毫米，标准偏差 7.69 毫米；厚度在 6—52 毫米之间，平均值为 15.37 毫米，标准偏差 4.68 毫米；重量在 0.9—207.1 克之间，平均值为 23.5 克，标准偏差 18.71 克。

表 30　断块尺寸和重量测量统计表

测量统计项目	数量	最小值	最大值	平均值	标准偏差
长度（毫米）	641	15	90	39.73	10.33
宽度（毫米）	641	7	61	25.49	7.69
厚度（毫米）	641	6	52	15.37	4.68
重量（克）	641	0.9	207.1	23.5	18.71

④ 碎屑

碎屑类是指古人类剥片和加工石器或工具过程中产生的最大尺寸小于 20 毫米的废片，一个完整的石制品组合中碎屑的比例对研究该组合保留的原始加工石制品特点具有重要参考意义。依据国际实验考古学研究经验[1]，当一个组合的碎屑含量

---

[1] Schick, K. D., 1986. *Stone Age Sites in the Making: Experiments in the Formation and Transformation of Archaeological Occurrences*. Oxford: BAR International Series 319.

在60%以上甚至75%以上时,该遗址为原地埋藏或比较完整地保留了古人类打击石制品时的完整组合。清水苑大洞遗址石制品组合中碎屑的含量在40%以上,虽未达到理想的实验数据,且主体文化层存在冲刷现象,但40.83%的碎屑含量表明该遗址虽经过改造,但基本保留了古人类打制石制品时留下的完整遗物,对石制品组合的技术分析完全可以揭露古人类打制技术的特点。

表31是清水苑大洞遗址碎屑类标本尺寸和重量的测量统计,从表中可以看出,清水苑大洞遗址共出土碎屑979件,占石制品总数的40.83%。从属性来判断,它们为剥片或修理工具时所产生的碎屑,且均可见人工痕迹。碎屑类总体差异较小,长度在7—37毫米之间,平均值为19.24毫米,标准偏差3.62毫米;宽度在3—48毫米之间,平均值为15.09毫米,标准偏差3.56毫米;厚度在1—18毫米之间,平均值为6毫米,标准偏差2.24毫米;重量在0.1—9克之间,平均值为2.35克,标准偏差0.91克。

表31 碎屑尺寸和重量测量统计表

测量统计项目	数量	最小值	最大值	平均值	标准偏差
长度(毫米)	979	7	37	19.24	3.62
宽度(毫米)	979	3	48	15.09	3.56
厚度(毫米)	979	1	18	6	2.24
重量(克)	979	0.1	9	2.35	0.91

(三) 修理类

修理类共计16件,占石制品总数的0.67%,包括刮削器(N=14,87.5%)和凹缺器(N=2,12.5%)两种类型,刮削器按刃缘又可分为直刃、凹刃和凸刃等。

清水苑大洞出土修理类产品的原料统计(表32)显示,燧石(N=9,56.25%)和硅质灰岩(N=6,37.5%)为主要原料类型,其次为粉砂岩(N=1,6.25%),未见其他原料类型。对不同修理类产品原料的观察显示,刮削器原料以燧石为主,共8件,其次为硅质灰岩,共6件;2件凹缺器中,1件原料为燧石,1件原料为粉砂岩。

清水苑大洞遗址出土修理类产品个体以小型为主,全部16件产品长度在15—84毫米,平均值为38.25毫米,标准偏差值10.53毫米;宽度在17—50毫米,平均值为34.5毫米,标准偏差值7.69毫米;厚度在8—22毫米,平均值为15.31毫米,标准偏差值4.81毫米;重量在3.5—40.8克,平均值为19.35克,标准偏差值10.18克(表33)。对不同修理类产品大小和重量的统计(表34)表明,各种类型大小间的差别不大,刮削

表32 修理类不同类型石料数量统计表

类型\石料	燧石	硅质灰岩	粉砂岩	总计	百分比(%)
刮削器	8	6		14	87.5
凹缺器	1		1	2	12.5
总计	9	6	1	16	
百分比(%)	56.25	37.5	6.25		100

器、凹缺器的平均长度为38.57毫米、39.5毫米;刮削器的平均重量为18.98克,小于凹缺器(22.15克),其个体间的差异较凹缺器略微偏大。

表33 修理类石制品尺寸和重量测量统计表

测量项目	数量	最小值	最大值	平均值	标准偏差
长度(毫米)	16	15	84	38.25	10.53
宽度(毫米)	16	17	50	34.5	7.69
厚度(毫米)	16	8	22	15.31	4.81
重量(克)	16	3.5	40.8	19.35	10.18

表34 各类修理类石制品的大小和重量测量统计表

类型\测量数值	最小值 长度(毫米)	最小值 重量(克)	最大值 长度(毫米)	最大值 重量(克)	平均值 长度(毫米)	平均值 重量(克)	标准偏差 长度(毫米)	标准偏差 重量(克)
刮削器(N=14)	15	4.6	84	38.5	38.57	18.98	5.1	13.2
凹缺器(N=2)	30	3.5	42	40.8	39.5	22.15	10.53	10.18

对全部16件修理类产品的毛坯统计显示,片状毛坯有9件,占56.25%;块状毛坯7件,占43.75%。对不同修理类产品的毛坯统计(表35)表明,14件刮削器中,5件毛坯为完整石片,5件为断块,1件为石核,另有3件为碎片;2件凹缺器中,1件毛坯为断块,1件为碎片。

表35 修理类石制品毛坯分类表

类型\毛坯	完整石片	断块	盘状石核	碎片
刮削器	5	5	1	3
凹缺器		1		1
总计	5	6	1	4
百分比(%)	31.25	37.5	6.25	25

表36列出了清水苑大洞遗址修理类石制品修理部位的统计情况。以断块和石核为块状毛坯修理的修理类产品多在毛坯的一边进行修理,共6件,占37.5%;有1件标本在一端修理,占6.25%。片状毛坯的修理类产品修理部位多集中在石片的一端和一边,远端修理的有4件,占25%;另有2件左边修理和2件右边修理,分别占12.5%;两边修理的仅有1件,占6.25%。上述观测表明,对于片状毛坯,古人类倾向于对单端和单边进行修理,对两边进行修理的产品仅1件,可见无明显倾向性。对于块状毛坯,古人类更倾向对单边进行修理,对单端进行修理的标本很少,可见无明显的倾向性。

表36 修理类石制品修理部位统计表

类型\修理部位	块状毛坯(断块、石核) 单端	单边	片状毛坯(完整石片、碎片) 右边	左边	两边	远端	总计
刮削器		6	2	2		4	14
凹缺器	1				1		2
总计	1	6	2	2	1	4	16
百分比(%)	6.25	37.5	12.5	12.5	6.25	25	100

表37列出了清水苑大洞遗址不同修理类产品修理方向的统计情况。单向修理有8件,占50%;其次为正向修理,有7件,占43.75%;反向修理的有1件,占6.25%。不同类型修理类石制品的修理方向统计显示,14件刮削器中正向修理有6件,单向修理有7件,反向修理仅1件;2件凹缺器中,包括1件正向修理和1件单向修理。

表37 修理类石制品修理方向统计表

类型\修理方向	正向	反向	单向	总计
刮削器	6	1	7	14
凹缺器	1		1	2
总计	7	1	8	16
百分比(%)	43.75	6.25	50	100

表38列出了清水苑大洞各类修理类石制品刃口的形态统计。在全部类型中,直刃的最多,共6件,占37.5%;其次为凸刃,有3件,占18.75%;再次为圆凸刃和齿状,各有2件,各占12.5%;直凹刃、凹刃和直/凹刃较少,各有1件,各占6.25%。对不同类型的刃口形态统计显示,刮削器直刃数量最多,其余形态分布较为平均。

表38 修理类石制品刃口形态统计表

类型\刃口形态	直	凹	凸	齿	直凹	直/凹	圆凸
刮削器	6	1	2	2	1		2
凹缺器			1			1	
总计	6	1	3	2	1	1	2
百分比(%)	37.5	6.25	18.75	12.5	6.25	6.25	12.5

表39是对刮削器刃角的统计,鉴于刮削器占据修理类石制品的主要数量,因此对其刃角的统计基本反映了整体刃角的情况。清水苑大洞遗址刮削器刃角以61°—70°居多,共7件,占43.75%;51°—60°的次之,有4件,占25%;71°—80°的有3件,占18.75%;而40°—50°和81°—90°的各仅有1件,各占6.25%。

表39 刮削器刃角测量统计表

度数(°)	40—50	51—60	61—70	71—80	81—90
数量	1	4	7	3	1
百分比(%)	6.25	25	43.75	18.75	6.25

QSYDD-1001:单直刃刮削器。原料为黑色燧石,梯形,毛坯为Ⅲ型石片,尺寸为3.1厘米×3.6厘米×1.2厘米,重13克,刃缘长2.5厘米。修理部位位于毛坯的远端,正向修理,修疤呈鱼鳞状,疤间连续,修疤仅1层,修疤最深1.1厘米,最长1.2厘米,刃角45°(图35-1)。

QSYDD-2462:单凸刃刮削器。原料为灰黑色硅质灰岩,椭圆形,毛坯为Ⅱ型石片,尺寸为3.4厘米×4.1厘米×1.1厘米,重16克,凸刃,刃缘长4.1厘米。修理部位位于毛坯的右侧,正向修理,修疤呈鱼鳞状,疤间相互叠压,修疤最深1.5厘米,最大修疤长1.8厘米,刃角56°,修理面约占总面积的20%(图35-2)。

QSYDD-2846:单直刃刮削器。原料为黑色燧石,形状不规则,毛坯为断块,尺寸为2.8厘米×3.3厘米×2.1厘米,重18.2克,刃缘长4厘米。修理部位位于毛坯的一边,单向修理,修疤呈鱼鳞状,疤间相互叠压,修疤最深1.5厘米,最大修疤长1.5厘米,刃角68°,修理面约占总面积的15%(图35-3)。

QSYDD-2889:单直刃刮削器。原料为黑色燧石,形状不规则,毛坯为Ⅲ型石片,尺寸为4.8厘米×3.5厘米×2.1厘米,重35.2克,刃缘长4厘米。修理部位位于毛坯的远端,正向修理,修疤呈鱼鳞状,疤间连续,修疤最深1.1厘米,最大修疤长1.1厘米,刃角62°,修理面约占总面积的5%(图35-4)。

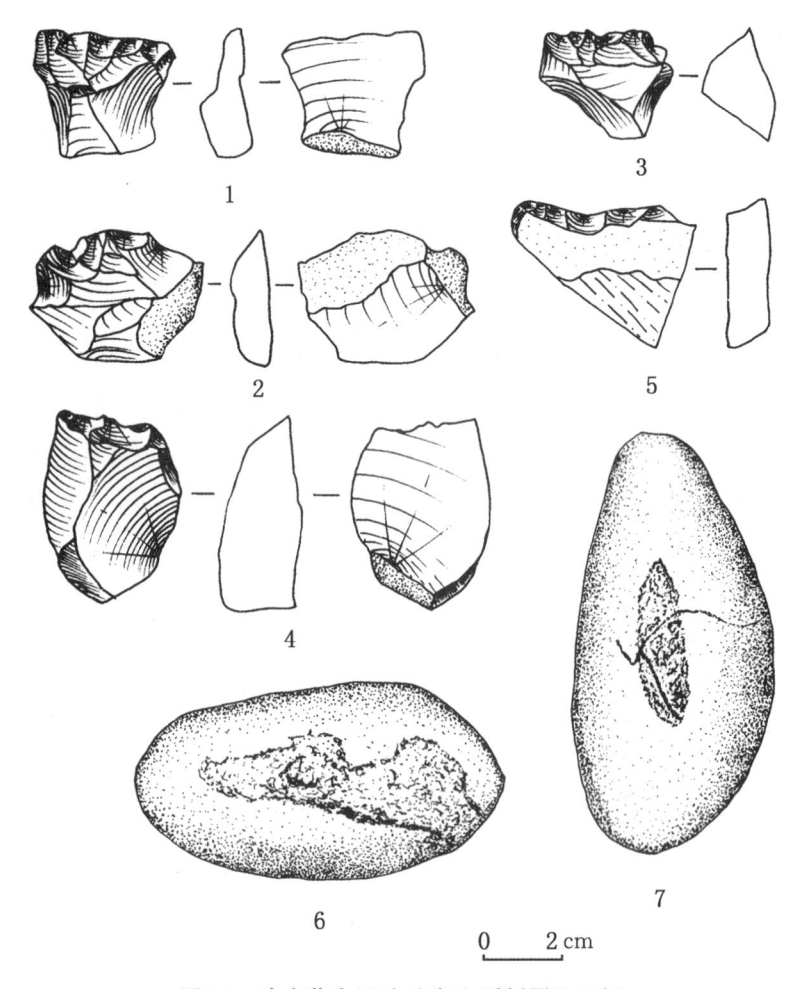

图 35　清水苑大洞遗址出土刮削器和石锤

1. QSYDD-1001（单直刃刮削器）　2. QSYDD-2462（单凸刃刮削器）　3. QSYDD-2846（单直刃刮削器）
4. QSYDD-2889（单直刃刮削器）　5. QSYDD-3687（单凹刃刮削器）　6. QSYDD-1130（石锤）
7. QSYDD-1670（石锤）

QSYDD-3687：单凹刃刮削器。原料为黑色硅质灰岩，三角形，毛坯为断块，尺寸为 3.5 厘米×4.6 厘米×1 厘米，重 18.5 克，刃缘长 3.2 厘米。单向修理，修疤呈鱼鳞状，修疤最深 0.9 厘米，修疤最长 0.9 厘米，疤间叠压，刃角 70°，修疤面积约占总面积的 9%（图 35-5）。

（四）砸击品

砸击法为古人类首先固定一个石砧，将原料放置其上并固定，然后手持石锤砸向原料而产生石片的一种剥片技术，由于砸击法产生的石片和石核两端均有打击痕迹，故学者也常称这种技术为两极技术。据已有旧石器考古资料及实验，这种方法主要用于加工劣质的脉石英原料[1]和小型长条形的砾石[2]。

清水苑大洞遗址共出土砸击类产品5件,占石制品总数的0.21%,占碎屑之外石制品总数的0.35%。这些砸击品形状多呈长条形,两端均可见打击点。砸击品的原料以硅质灰岩为主,共3件,占60%;此外,水晶(N=1,20%)、石英(N=1,20%)等原料相对较少。

有3件重量在5—10克之间,有2件重量在10—20克之间。砸击品个体大小差异较小,总体以小型为主,长度在24—40毫米,平均值31毫米,标准偏差值4.4毫米;宽度在16—26毫米,平均值19.8毫米,标准偏差值2.56毫米;厚度在12—15毫米,平均值12.8毫米,标准偏差值1.44毫米;重量在5.4—18.9克,平均值10.2克,标准偏差值3.48克(表40)。

表40　砸击品尺寸和重量测量统计表

测量统计项目	数量	最小值	最大值	平均值	标准偏差
长度(毫米)	5	24	40	31	4.4
宽度(毫米)	5	16	26	19.8	2.56
厚度(毫米)	5	12	15	12.8	1.44
重量(克)	5	5.4	18.9	10.2	3.48

(五) 石锤

打击类产品为锤击或砸击生产石制品过程中所用的石锤和石砧等,是石制品生产的必需产品。该类产品在国际古人类学界常称 Utilized artifacts[3]、Pounded pieces[4]或 Percussors[5];我国学者常称第一类石工具[6]或直接用石锤、石砧来分

---

[1] 裴文中、张森水:《中国猿人石器研究》,科学出版社,1985年。

[2] Patterson, L.W., "The Myth of Bipolar Flaking Industries", *Newsletter of Lithic Technology*, 1976(5); Patterson, L. W., "Characteristics of Bifacial-Reduction Flake-Size Distribution", *American Antiquity*, 1990(55); Schick, K.D., Toth, N., 1993. *Making Silent Stones Speak: Human Evolution and the Dawn of Technology*. New York: Simon&Schuster, p.120.

[3] Leakey, M.D., 1971. *Olduvai Gorge, Volume 3: Excavations in Beds Ⅰ and Ⅱ, 1960—1963*. Cambridge: Cambridge University Press.

[4] Isaac, G.Ll., 1977. *Olorgesailie: Archaeological Studies of a Middle Pleistocene Lake Basin in Kenya*. Chicago: University of Chicago Press, p.272.

[5] Toth, N., 1982. "The Stone Technologies of Early Hominids at Koobi Fora, Kenya: An Experimental Approach", Ph.D. Thesis, University of California, Berkeley; Toth, N., "The Oldowan Reassessed: A Close Look at Early Stone Artifacts", *Journal of Archaeological Science*, 1985(12).

[6] 张森水:《中国旧石器文化》,天津科学技术出版社,1987年。

类。清水苑大洞遗址石制品中共有 3 件打击类产品，皆为石锤，原料为石英砂岩和石英岩，通体保留较多的自然石皮(表 41)。石锤可用作锤击法剥片和修理的工具。

表 41　石锤统计表

编号	类型	颜色	岩性	风化	磨蚀	原型	长（毫米）	宽（毫米）	厚（毫米）	重（克）	石皮保留比（%）
1130	石锤	灰黄	石英砂岩	2	2	砾石	103	91	50	615.4	80—90
1670	石锤	棕褐	石英砂岩	3	3	砾石	92	79	49	508.3	85—95
2881	石锤	棕褐	石英岩	2	2	砾石	67	61	37	195.3	80—90

共 3 件，毛坯皆为河滩砾石，岩性为石英岩或石英砂岩，长度在 6.7—10.3 厘米之间，重量在 195.3—615.4 克之间，便于单手持握和使用。

QSYDD-1130：灰黄色石英砂岩，毛坯为椭圆形河滩砾石，长 10.3 厘米，宽 9.1 厘米，厚 5 厘米，重 615.4 克。使用面位于扁长砾石的一侧，使用面较浅，约 0.1—0.2 厘米，大致呈椭圆形，长 4.3 厘米，宽 1.2 厘米(图 35-6)。

QSYDD-1670：棕褐色石英砂岩，毛坯为椭圆形河滩砾石，长 9.2 厘米，宽 7.9 厘米，厚 4.9 厘米，重 508.3 克。使用面位于扁长砾石的一侧，使用面较浅，约 0.1—0.2 厘米，使用面形状不规则，最长处约 7.2 厘米，宽 2.3 厘米(图 35-7)。

(六) 石器工业特点

原料：古人类主要开采附近岩层中的燧石、硅质灰岩、水晶、石英、石英岩、石英砂岩等作为加工石制品的原料，其中燧石和硅质灰岩为主要原料，石锤采用磨圆度较高的河滩砾石。

类型：2398 件石制品类型以废片(N=2 331，97.2%)为主，石核(N=41，1.71%)、石器(N=16，0.67%)很少，还出土了砸击品(N=5，0.21%)、石锤(N=3，0.13%)和磨石(N=2，0.08%)。

尺寸：石制品以微型(≤20 毫米)和小型(20—50 毫米)石制品为主，中型石制品(50—100 毫米)所占比例较小，而大型石制品(≥100 毫米)则仅限于数件石锤。

剥片技术：石制品的剥片以锤击法为主，砸击法仅被用于原料为水晶、石英，且形体较小的石制品。石核以自然台面为主(N=29，71%)，人工台面(N=3，7%)和兼有自然台面、人工台面(N=9，22%)的石核较少。完整石片中以Ⅱ型石片和Ⅴ型石片数量最多，约占完整石片总数的 52%，而Ⅲ型和Ⅵ型石片约占 47%，这说明石片的初级剥片产品略多于次级剥片产品。

石器毛坯：古人类在选择石器毛坯时，除使用完整石片（N=5，31.25%）外，也大量使用断块（N=6，37.5%），此外，以碎片（N=4，25%）和盘状石核（N=1，6.25%）为毛坯加工的石器也占一定比例。

石器类型：石器可分为刮削器和凹缺器，以刮削器（N=14，87.5%）为主，仅有2件凹缺器（N=2，12.5%），刮削器按照刃缘又可分为齿状、直刃、直凹刃、圆凸刃等类型。

修理技术和方法：石器皆使用锤击法进行修理，8件为单向修理，7件可判断为正向修理，仅1件可判断为反向修理。

七、贵州旧石器时代遗址的技术源流演变

本文拟选取已经发掘，且已基本清楚石器工业面貌的旧石器时代遗址进行对比，包括黔西观音洞遗址、盘县大洞遗址、桐梓岩灰洞遗址、毕节扁扁洞遗址、水城硝灰洞遗址、兴义猫猫洞遗址、普定白岩脚洞遗址、安龙菩萨洞遗址、普定穿洞遗址、兴义张口洞遗址、毕节海子街大洞遗址、毕节青场老鸦洞遗址、长顺来远神仙洞遗址、桐梓马鞍山遗址、桐梓马鞍山南洞遗址、威宁草海遗址、开阳打儿窝遗址等17处。由早到晚，从各遗址对原料的开发利用、打片方法、毛坯的选择、加工方式、器物类型、器物形态和大小等方面进行一次全面的梳理比较，对贵州地区古人类由早到晚的石制品原料开发策略和打制加工技术有一个整体认识，在此基础上，探讨清水苑大洞遗址的技术源流演变。

（一）各遗址概况

1. 黔西观音洞遗址

遗址位于黔西县沙井乡观音洞村，为一处发育于三叠系海相碳酸盐中的天然洞穴，形成于第三纪末或第四纪初。主洞呈东西向，洞口向西，长约90米，宽度在2—4米间，洞顶窄，两侧洞壁向下逐渐变宽，洞顶相对于洞内地表约2—8米。距主洞口约30米处，向北延伸一条支洞，长约30米，宽约2米。距洞口约40米处，向南延伸一条支洞，长约15米，宽约1米。黔西观音洞海拔高约1450米，处于一个南北长约700米，东西宽约500米的封闭洼地边缘，高出洼地底部约15米。

观音洞遗址堆积最厚处达8米以上，包含石制品和动物化石的堆积厚达5米，可

划分为9个自然层位,除表层外,可划分为三组:A组(第2自然层),为红土堆积,包含石制品和动物化石;B组(第3—8自然层),为黄色砂质堆积,夹杂灰岩角砾,包含石制品和动物化石,为水流营力搬运形成;C组(第9自然层),为粗砂、砾石和黏土层,未见人类遗物和动物化石[1]。

根据铀系测年,A组堆积物距今小于4万年,B组第4自然层为距今5(或10)万—15万年,B组第6—8自然层为距今18万—24(或19)万年,属中更新世晚期[2]。

2. 盘县大洞遗址

遗址位于盘县珠东乡十里坪村,地处北盘江水系乌都河与南盘江水系马别河上游的高原分水岭地区,为我国第二级阶梯南缘,地理坐标为北纬25°37′38″、东经104°44′00″。

大洞洞厅是一个沿北偏东5°—10°断裂发育并崩塌扩大的顺直洞道。洞底自洞口向洞内缓倾,海拔1 670—1 674米,长250米、宽23—56米、高22—30米,总面积达9 900平方米,洞穴朝向85°。大部分洞道横剖面呈三角形,洞底被直径0.5—13米的崩塌岩块覆盖,近洞口段为崩塌形成的自然拱形。洞口建有一栋大梁题记为民国六年(1917)重修的重檐歇山顶木构建筑物,屋前有两道清代同治六年(1867)修筑的石垣,外垣长56米、高4米左右。洞前十里坪坡立谷海拔1630米,低于洞口34米。谷地开阔而平坦,总面积约3平方公里左右[3]。

大洞的测年先后使用过铀系法、电子自旋共振法,所获结果接近。第一单元顶部的年代界限为距今13万年,第二单元底部的年代界限为距今33万年,遗址的地质年代为中更新世中晚期,文化时代为旧石器时代早期,与动物群年代吻合[4]。

3. 桐梓岩灰洞遗址

遗址位于桐梓县九坝镇白盐井村紫山岗南麓,发育于二叠纪灰岩中,洞向南偏西18°,高约3米,宽约2米。由洞口向内,洞呈"之"字形走向东北。附近有九坝河,洞口高出河面32米。

洞的内侧几乎全部被堆积物填充,堆积物表面覆有厚薄不等的钟乳石或浮土,由

---

[1] 李英华、侯亚梅:《观音洞遗址古人类剥坯模式与认知特征》,《科学通报》2009年第19期;李炎贤、文本亨:《观音洞——贵州黔西旧石器时代初期文化遗址》文物出版社,1986年。
[2] 沈冠军、金林红:《贵州黔西观音洞钟乳石样的铀系年龄》,《人类学学报》1992年第1期。
[3] 斯信强、刘军、张汉刚等:《盘县大洞发掘简报》,《人类学学报》1993年第2期。
[4] 张镇洪、刘军、张汉刚等:《贵州盘县大洞遗址动物群的研究》,《人类学学报》1997年第3期。

洞内向洞口缓缓下倾。经过考古发掘,洞内堆积可划分为七个层位,石制品和化石都出于第4层。第4层为一层灰白、灰黄色含砾砂土,胶结不硬,富含钙质[1]。

利用铀系法对遗址地层中的钟乳石和骨化石分别进行过两次年代测定,第一次用骨化石标本进行铀系测年结果为距今11万—18万年;第二次钟乳石的铀系年龄为距今22万—23万年,骨化石的铀系年龄为距今7万—14万年,二者差异较大[2]。

4. 毕节扁扁洞遗址

遗址位于毕节市海子街镇,西南距毕节市约13公里,地理坐标为东经105°1′,北纬27°21′。洞穴发育于三叠系灰岩之中,围岩岩性为白云质灰岩。遗址坐落于一个东西长约1050米,南北宽约250米的封闭型槽状洼地东侧,洞前有小溪流过,洞口向西北,高出水面约15米。洞长26米,宽1.2—12.4米,高2—4.2米。

含文化遗物和化石的堆积物分布于洞内深部,堆积厚3米多,自上至下可分为四层。除第2层外,1、3、4层皆出土石制品和动物化石,出土石制品35件,脱层的石制品40件,共获石制品75件,可分为有坑疤的砾石、石核、石片和石器等几类。扁扁洞石制品采用锤击法剥片,多不修理台面,石核以两个台面以上者居多,石核和石片形状多不规则。石器原料以石片居多,尺寸都在4厘米以上,形状不规则。修理方向以正向为主,复向和反向次之,交互和转向较少,存在雕刻器打法。复刃石器略多于单刃石器。地质时代为晚更新世早一阶段或稍早,3—4层齿化石的铀系年龄为距今13万—17万年,与动物群反映的时代基本一致[3]。

5. 水城硝灰洞遗址

遗址位于六盘水市钟山区汪家寨西约1公里,地理坐标为东经105°50′,北纬26°40′,海拔高1700米,硝灰洞发育于二叠纪。洞穴前半部分于1973年修筑公路时被炸毁,现存洞口高约3米,宽约10米,深不过2米。洞口向南,高出洞前三岔河40米。

洞内现存堆积长10米,宽0.3—1米,厚0.1—0.7米。由上至下可分为三层,第1层为钟乳石钙板;第2层为灰烬层,包含大量炭屑、烧骨等;第3层为黄色砂质土和

---

[1] 吴茂霖、王令红、张银运等:《贵州桐梓发现的古人类化石及其文化遗物》,《古脊椎动物与古人类》1975年第1期。

[2] 沈冠军、金林红:《桐梓人遗址岩灰洞的铀系年龄》,《人类学学报》1991年第1期。

[3] 蔡回阳、王新金、许春华:《贵州毕节扁扁洞的旧石器》,《人类学学报》1991年第1期。

灰岩角砾层,包含石制品、动物化石和人类化石[1]。原思训先生用铀系测定遗址的绝对年代为距今5.2万年[2]。沈冠军先生对遗址年代进行了重新测定,认为含化石和人类遗物的地层年代应为距今13万—23万年[3]。本文采用学术界普遍认同的距今5.2万年作为遗址的绝对年代。

6. 兴义猫猫洞遗址

遗址位于贵州省兴义市顶效开发区,为发育于三叠系白云质灰岩中的一个岩厦,洞口向东,高出河面45米。洞内堆积厚达2.5米,可分为四层,各层皆有文化遗物出土,第3层包含物最为丰富,出土大量石制品、骨角器、动物化石和人类化石。遗址共出土动物化石11种,包含2种螺和9种哺乳动物,中国犀和窄齿熊的存在,表明猫猫洞遗址早不过更新世晚期。利用铀系法测得遗址年代为距今14 600±1 200年,碳十四测年结果为距今8 820±130年[4]。

7. 普定白岩脚洞遗址

遗址位于贵州省普定县西南约9公里处,该地峰林地貌发育,附近出露地层主要为三叠统关岭组,围岩以石灰岩、白云岩和白云质灰岩为主,岩层产状倾向57°,倾角12°。洞口向南,洞穴由南向北曲折延伸,长约135米,宽4—20米,洞顶高1—7米。洞外坡度较陡,坡脚为一间歇性小型河流——木拱河,该河流属乌江水系。

洞内堆积被后期人类活动严重扰乱,保存不好,仅洞口处保存较为完整,可分为七个自然层位,厚度超过2米,除第1层为近现代扰乱层,其余六层皆为文化层,出土石制品和动物化石。白岩脚洞上部堆积可划为晚更新世的晚一阶段,下部堆积可划为晚更新世中、晚阶段。碳十四测年结果为第3层距今12 080±200年,第5层距今14 630±200年,估计文化层的年代为距今12 000年—15 000年或16 000年[5]。

---

[1] 曹泽田:《贵州水城硝灰洞旧石器文化遗址》,《古脊椎动物与古人类》1978年第1期。

[2] 原思训、陈铁梅、高世君:《华南若干旧石器时代地点的铀系年代》,《人类学学报》1986年第2期。

[3] 沈冠军、金林红:《贵州水城硝灰洞的铀系年龄》,《中国岩溶》1992年第2期。

[4] 曹泽田:《猫猫洞旧石器之研究》,《古脊椎动物与古人类》1982年第2期;王新金、蔡回阳:《贵州织金猫猫洞发现的石制品》,《纪念黄岩遗址发现三十周年论文集》,广东旅游出版社,1991年。

[5] 李炎贤、蔡回阳:《贵州普定白岩脚洞旧石器时代遗址》,《人类学学报》1986年第2期;李炎贤、蔡回阳:《白岩脚洞石器类型的研究》,《人类学学报》1986年第4期。

8. 安龙铜鼓山菩萨洞遗址

遗址位于普定县龙场乡大坝村双山寨东北约500米处。背临三岔河南岸,洞口向南,高出洞前洼地底部约15米。洞高约3米,宽约5米,进深约7米,洞内面积约30平方米。其文化性质与兴义猫猫洞类似。动物化石有蜗牛、鹿等,年代约为晚更新世晚期。

9. 普定穿洞遗址

遗址在普定县城西南约5公里的一座孤山上。洞穴处于发育的峰林地貌之中,地理坐标为东经105°15′,北纬28°18′,海拔1 260米,洞穴发育于三叠纪的白云质灰岩中。洞南北对穿,高9米,洞口高出洞前谷地约26米,洞长30米,最宽处13米,高9米。

按照张森水先生对1981年出土材料的研究,可以将穿洞堆积分为早晚两期。6层以下为穿洞早期文化,碳十四测年为距今1.6万年左右;2—6层为穿洞晚期文化,第3层碳十四测年为距今8 080±100年,第4层距今8 540±100年,第6层为距今9 610±100年[1]。

10. 兴义张口洞遗址

遗址位于距兴义市城区约7公里的龙塘村营盘山西南侧。洞穴发育于三叠纪的白云质灰岩之中,洞口向西南,高4米,宽12米,向内延伸9米,洞内干燥、平整。遗址堆积面积约60平方米,文化层厚3米余,堆积总体呈灰褐色,可分为十二个文化层,第3层顶部有间断钙板,第8层为灰烬,各层均包含文化遗物。

11. 毕节海子街大洞遗址

遗址位于毕节市海子街镇,西南距毕节市约13公里,地理坐标为东经105°23′,北纬27°22′,紧挨毕节扁扁洞遗址。洞穴发育于三叠系灰岩之中,围岩岩性为白云质灰岩。遗址坐落于一个东西长约1 050米,南北宽约250米的封闭型槽状洼地东侧,洞前有小溪流过,洞口向西北。洞高约15米,宽约25米,高出洞前小溪约15米。使用遗址出土的动物化石进行碳十四测年,结果为距今17 850±200年。

---

[1] 张森水:《穿洞史前遗址(1981年发掘)初步研究》,《人类学学报》1995年第2期。

12. 毕节青场老鸦洞遗址

遗址位于毕节市青场镇大湾寨附近，地理坐标为东经105°1′，北纬27°21′，洞穴发育于二叠系中厚层泥质灰岩中。遗址地处山间槽谷东麓，青场河贯穿槽谷，洞口向西南，高出青场河20米。洞高约3米，宽约10米，进深13米。

洞内平整，堆积面积100余平方米。遗址属于晚更新世晚期，利用动物骨骼化石做的碳十四年代结果为第2层距今17 850±200年，第8层距今19 450±200年。2013年第二次发掘的测年结果年代更早。

13. 长顺来远神仙洞遗址

遗址位于长顺县广顺镇来远村西。洞口向南，高7.2米，宽11.4米，深380米，洞口开阔，向内逐渐变窄，洞内平坦。洞内堆积面高出洞前洼地30米左右。

洞口堆积物厚2.1米，可分为四层：表土层、灰烬层、黄色堆积层、自然堆积层。表土层下局部有钙板层，厚约3厘米。表土层中包含新石器时代文化遗物。灰烬层和黄色堆积层出土有石制品和动物化石，为旧石器时代文化层。根据伴出动物群判断，遗址下部堆积可能属晚更新世晚期。

14. 桐梓马鞍山遗址

遗址位于桐梓县东南约2公里处，地理坐标为东经106°49′3″，北纬28°07′18″，海拔960米，洞穴发育于二叠系灰岩之中。洞口呈三角形，洞口向北，略偏东。洞高约6米，宽约15米，洞深约18米，洞内面积约200平方米。洞前有天门河，洞内堆积高出天门河水面约40米。

遗址堆积厚约3米，自上而下可分为十五个自然层，第1、2自然层有晚期遗物混杂。第3层以下，除第4、5层外，各层都出土有石制品和动物化石，其中第8层含遗物较为丰富。遗址的地质年代为晚更新世晚期，利用铀系法测年结果为距今18 000±1 000年，碳十四测年为距今15 100±1 500年。

15. 桐梓马鞍山南洞遗址

遗址位于桐梓县东南约1.5公里处，处于马鞍山南麓，与桐梓马鞍山遗址南北相邻，地理坐标为东经106°49′37″，北纬28°07′18″，海拔960米，洞穴发育于二叠系灰岩之中，洞口向南。

洞内残存堆积厚约3米，自上而下可分为三层：上、中层分别为灰褐色亚砂土和灰黄色亚砂土;下层为杏黄色亚砂黏土,未见文化遗物和动物化石。时代为晚更新世后期。

16. 威宁草海遗址

遗址位于威宁彝族回族苗族自治县东山王家院子村北,地处草海南缘的低阶地和湖滩。地理坐标为东经104°13′,北纬26°49′,遗址所在地区为贵州西部高原,平均海拔2 300—2 500米。遗址下伏基岩为二叠—侏罗系砂页岩、碳酸盐以及峨眉山玄武岩。

遗址堆积物厚达3米,自上而下可分为九层,第1、2层为晚期耕作层和树叶—草木层,从第3层开始出土人类遗物和动物化石。第3层有陶片和哺乳动物化石出土,第4层已不见陶片,出土有动物化石和石制品,第5—8层仅出土动物化石。草海遗址的年代属更新世晚期。

17. 开阳打儿窝遗址

遗址位于开阳县哨上,距贵阳市东北57公里,地理坐标为东经106°57′,北纬26°55′,海拔1 025米。为一处岩厦遗址,开口向西。遗址前有一条河流,洞内堆积面与水面的相对高度为36米。

遗址堆积厚达4.35—4.55米,未见底,可分为十九层。可分为早晚两期:第2—4层为上部文化堆积,属新石器时代早期;第5—19层为下部文化堆积,属于旧石器时代晚期。各层均出土大量兽骨以及骨制品、石制品等。第6—12层出土遗物最为丰富,第13层以下遗物逐渐减少。第1—4层有陶片出土,第5层以下不见陶片出土。遗址下部堆积的年代为距今27 000—15 000年,上部堆积年代为距今6 500—4 300年[1]。

(二) 对原料的开发利用

贵州已发掘的遗址中,部分遗址未对石制品原料进行较为详细的介绍。

1. 黔西观音洞遗址

石制品的岩性以硅质灰岩为最多,占总数的65.17%;脉岩次之,占13.28%;硅质

---

[1] 王燕子、曹波、胡昌国:《贵州开阳打儿窝岩厦遗址试掘简报》,《长江文明》2013年第1期。

岩占10.79%；燧石约占4.27%；玉髓约占3.79%；细砂岩约占2.09%；泥岩约占0.39%；其他岩石约占0.22%。上文化层和下文化层石料组成略有差异，上文化层（A组）与下文化层（B组）中细砂岩石制品的比例为34∶10，泥岩制品的比例为8∶1。石制品多用岩块或结核制成，用砾石制成者只占少数[1]。

2. 盘县大洞遗址

石制品原料由燧石、玄武岩、石灰岩、砂岩和钟乳石等矿物、岩石组成。根据对1074件标本的统计，燧石398件，占37%；玄武岩320件，占30%；石灰岩309件，占29%；砂岩25件，占2.3%；钟乳石8件，占0.7%；其他14件，占1%[2]。

3. 桐梓岩灰洞遗址

遗址中包含的石制品较少，仅12件，其中2件为采集获得，3件为试掘获得，剩余7件为正式发掘获得。以燧石为原料的石制品共8件，占66.7%；以硅化岩为原料的石制品共3件，占25%；以火成岩和石英岩为原料的各1件。这样就有13件，而非文中所说的12件，可能统计有误，但基本上可以肯定是一个以燧石为主，硅化岩次之的原料组合[3]。

4. 毕节扁扁洞遗址

遗址中共获得石制品75件，包括层位中出土的35件和脱层的40件。除11件断块外的其他64件石制品中，有硅质灰岩19件，占29.69%；燧石和灰岩各有17件，各占26.56%；泥质粉砂岩11件，占17.19%。从原料来源看，原料为河滩砾石的有38件，约占59.37%；原料为结核的有8件，约占12.5%；原料为石块的有7件，占10.94%；不能明辨的有11件，占17.19%[4]。

5. 水城硝灰洞遗址

原料基本上是玄武岩砾石，产自洞前三岔河的古河漫滩，此外还有少量的燧石[5]。

---

[1] 李炎贤、文本亨：《观音洞——贵州黔西旧石器时代初期文化遗址》，文物出版社，1986年。
[2] 侯亚梅、黄慰文：《东亚和早期人类第一次大迁徙浪潮》，《人类学学报》1998年第4期。
[3] 吴茂霖、王令红、张银运等：《贵州桐梓发现的古人类化石及其文化遗物》，《古脊椎动物与古人类》1975年第1期；吴茂霖、张森水、林树基：《贵州省旧石器新发现》，《人类学学报》1983年第4期。
[4] 许春华、蔡回阳、王新金：《贵州毕节旧石器地点发掘简况》，《人类学学报》1986年第3期。
[5] 曹泽田：《贵州水城硝灰洞旧石器文化遗址》，《古脊椎动物与古人类》1978年第1期。

6. 兴义猫猫洞遗址

发掘者对挑选出的 1 121 件石制品作了观察和研究，原料主要为变质粉砂岩、砂岩，其次是泥质岩、燧石。石料来自马别河古河床的砾石层中[1]。

7. 普定白岩脚洞遗址

观察的标本共有 1 576 件，石制品的原料主要有燧石、硅质灰岩、水晶、灰岩、砂岩和石英等，以前两种居多。燧石呈结核状或块状。硅质灰岩、灰岩和砂岩为形状不同的砾石。水晶多保留晶面，经打击后多裂成块状，修理成器的少。石英多为脉石英[2]。

8. 普定穿洞遗址

人工痕迹清楚的石制品有 3 027 件，其中多数是石片和石核，石制品原料主要为玄武岩、燧石、砂岩、石英和水晶等，在第 8 和第 10 层中偶见小的、完整的水晶晶体[3]。

9. 兴义张口洞遗址

原料以泥质粉砂岩和硅质岩砾石为主，大部分原料为河滩砾石。

10. 毕节海子街大洞遗址

石制品原料以燧石为主[4]。

11. 毕节青场老鸦洞遗址

石制品以燧石为主[5]。

---

[1] 曹泽田:《猫猫洞旧石器之研究》,《古脊椎动物与古人类》1982 年第 2 期。
[2] 李炎贤、蔡回阳:《贵州普定白岩脚洞旧石器时代遗址》,《人类学学报》1986 年第 2 期；李炎贤、蔡回阳:《白岩脚洞石器类型的研究》,《人类学学报》1986 年第 4 期。
[3] 张森水:《穿洞史前遗址(1981 年发掘)初步研究》,《人类学学报》1995 年第 2 期。
[4] 王新金、张合荣、李飞:《贵州考古六十年》,《中国考古 60 年(1949—2009)》,文物出版社, 2009 年, 第 464—467 页。
[5] 王新金、张合荣、李飞:《贵州考古六十年》,《中国考古 60 年(1949—2009)》,文物出版社, 2009 年, 第 464—467 页。

12. 桐梓马鞍山遗址

石制品原料主要为燧石,占 87.4%;砂岩占 6.3%;石英岩、火山岩、灰岩和石英砂岩各占 1.1%;火成岩、砾岩和硅化灰岩各占 0.57%[1]。

13. 桐梓马鞍山南洞遗址

石制品原料主要为燧石,共有 60 件,占 95.24%;另有 1 件砂岩制品和 2 件火成岩制品,分别占 1.59% 和 3.17%[2]。

14. 开阳打儿窝遗址

2003 年的发掘中,共出土石制品 1 647 件,岩性主要有燧石、水晶、石英、玄武岩等。从石料来源分析,水晶采自遗址西约 100 米的"大营上",燧石和玄武岩来自遗址北约 8 公里的"火石坳"的半山上,砾石来自遗址西约 50 米的河谷砾石层中,其他原料估计也出自遗址附近[3]。

(三) 打片方法

观音洞遗址以硬锤锤击法为主,另有少量的碰砧法石片[4]。大洞遗址和岩灰洞遗址主要采用硬锤直接打击法剥取石片[5]。扁扁洞遗址大多数石片和石核的特征与石锤直接打击产生的特征相似[6]。水城硝灰洞遗址古人类主要使用锐棱砸击法,锤击法居于次要地位[7]。猫猫洞遗址的打片方法以锐棱砸击法为主,锤击法为辅[8]。白岩脚洞遗址以锐棱砸击法和锤击法为主[9]。穿洞遗址的打片方法有锤击法、锐棱

---

[1] 张乐、王春雪、张双权等:《马鞍山旧石器时代遗址古人类行为的动物考古学研究》,《地球科学》2009 年第 9 期;张森水:《马鞍山旧石器遗址试掘报告》,《人类学学报》1988 年第 1 期。

[2] 黄泗亭、龙凤骧、安家瑗:《马鞍山南洞旧石器文化遗址试掘报告》,《人类学学报》1992 年第 1 期。

[3] 王燕子、曹波、胡昌国:《贵州开阳打儿窝岩厦遗址试掘简报》,《长江文明》2013 年第 1 期。

[4] 李英华、侯亚梅:《观音洞遗址古人类剥坯模式与认知特征》,《科学通报》2009 年第 19 期;李炎贤、文本亨:《观音洞——贵州黔西旧石器时代初期文化遗址》,文物出版社,1986 年。

[5] 斯信强、刘军、张汉刚等:《盘县大洞发掘简报》,《人类学学报》1993 年第 2 期。

[6] 蔡回阳、王新金、许春华:《贵州毕节扁扁洞的旧石器》,《人类学学报》1991 年第 1 期。

[7] 曹泽田:《贵州水城硝灰洞旧石器文化遗址》,《古脊椎动物与古人类》1978 年第 1 期。

[8] 曹泽田:《猫猫洞旧石器之研究》,《古脊椎动物与古人类》1982 年第 2 期;王新金、蔡回阳:《贵州织金猫猫洞发现的石制品》,《纪念黄岩洞遗址发现三十周年论文集》,广东旅游出版社,1991 年。

[9] 李炎贤、蔡回阳:《贵州普定白岩脚洞旧石器时代遗址》,《人类学学报》1986 年第 2 期;李炎贤、蔡回阳:《白岩脚洞石器类型的研究》,《人类学学报》1986 年第 4 期。

砸击法和碰击法,前两种是生产石片的主要方法,后一种偶有使用[1]。桐梓马鞍山遗址可以确认的锤击裂片、断片、完整石片共计 70 片,砸击石片仅 11 片,剥片方法以锤击法为主,偶尔使用砸击法。桐梓马鞍山南洞遗址打片以锤击法为主,砸击法为辅[2]。开阳打儿窝遗址石制品大多使用锤击法,有少数为砸击法和锐棱砸击法产品[3]。

(四)毛坯选择

观音洞遗址加工石器的毛坯很复杂,石片约占到 50%,断片、碎片占 33%,石块、断块占 14%,石核仅 2%,整体来说以片状毛坯为主[4]。盘县大洞轻型工具一般选用石片作为毛坯,不同的工具类型,所选用的毛坯尺寸和形态都有所不同,重型工具则以形体较大的断块和砾石为毛坯[5]。岩灰洞遗址大部分以石块为毛坯,仅 1 件使用石片作为毛坯。扁扁洞遗址石器毛坯多为石片[6]。水城硝灰洞遗址出土的 5 件石器中,有 3 件毛坯为石片,1 件为燧石块,1 件毛坯不明。兴义猫猫洞遗址制造石器的毛坯以锐棱砸击石片为主,约占 79.5%[7]。普定白岩脚洞遗址砍砸器多以砾石为毛坯,刮削器多以石片为毛坯[8]。穿洞遗址石器毛坯以石片居多,块状毛坯较少[9]。马鞍山遗址工具分第一类工具和第二类工具,第一类工具包括各类石锤,第二类工具片状毛坯和块状毛坯数量相当。马鞍山南洞遗址石器毛坯以块状毛坯为主,约占 56%,略多于片状[10]。

(五)加工方式

观音洞遗址下文化层中向背面加工占 53.02%,向破裂面加工占 25.35%,错向加

---

[1] 张森水:《穿洞史前遗址(1981 年发掘)初步研究》,《人类学学报》1995 年第 2 期。

[2] 黄泗亭、龙凤骧、安家瑗:《马鞍山南洞旧石器文化遗址试掘报告》,《人类学学报》1992 年第 1 期。

[3] 王燕子、曹波、胡昌国:《贵州开阳打儿窝岩厦遗址试掘简报》,《长江文明》2013 年第 1 期。

[4] 李英华、侯亚梅:《观音洞遗址古人类剥坯模式与认知特征》,《科学通报》2009 年第 19 期;李炎贤、文本亨:《观音洞——贵州黔西旧石器时代初期文化遗址》,文物出版社,1986 年。

[5] 斯信强、刘军、张汉刚等:《盘县大洞发掘简报》,《人类学学报》1993 年第 2 期。

[6] 蔡回阳、王新金、许春华:《贵州毕节扁扁洞的旧石器》,《人类学学报》1991 年第 1 期。

[7] 曹泽田:《猫猫洞旧石器之研究》,《古脊椎动物与古人类》1982 年第 2 期;王新金、蔡回阳:《贵州织金猫猫洞发现的石制品》,《纪念黄岩洞遗址发现三十周年论文集》,广东旅游出版社,1991 年。

[8] 李炎贤、蔡回阳:《贵州普定白岩脚洞旧石器时代遗址》,《人类学学报》1986 年第 2 期;李炎贤、蔡回阳:《白岩脚洞石器类型的研究》,《人类学学报》1986 年第 4 期。

[9] 张森水:《穿洞史前遗址(1981 年发掘)初步研究》,《人类学学报》1995 年第 2 期。

[10] 黄泗亭、龙凤骧、安家瑗:《马鞍山南洞旧石器文化遗址试掘报告》,《人类学学报》1992 年第 1 期。

工约占11.04%,其他交互加工、相对打击、横向加工合占约10%;刃角较陡直,范围在24°—90°之间,以75°以上者居多。盘县大洞的加工方式以正向(向背面)为主,其次为反向(向腹面),也存在少量的交互加工和错向加工产品。岩灰洞遗址以单向加工为主,错向加工者仅1件。扁扁洞遗址加工以正向为主,复向和反向次之,交互和转向较少。水城硝灰洞遗址加工方式以向破裂面加工为主。猫猫洞遗址石制品加工方式以向破裂面加工占绝大多数,占85.2%。白岩脚洞遗址砍砸器加工方向以正向为主,占48.83%,其次为交互加工,占18.6%,其他加工方式数量较少;刮削器的加工方式以反向加工为主,其次为正向加工,这和猫猫洞遗址刮削器的加工方式有一致性。穿洞遗址以向破裂面加工居多,次为向背面加工。马鞍山遗址加工分为锤击和砸击两种,锤击加工以复向加工居首,占45.9%,反向加工次之,占21.6%,其余依次为错向加工、交互加工和正向加工;另外还存在少量砸击加工的制品。马鞍山南洞以锤击修理为主,以正向加工为主,复向加工次之,反向加工很少[1]。

(六) 器物类型

观音洞遗址的石器有刮削器、砍砸器、端刮器、尖状器、石锥、雕刻器及凹缺器,以刮削器为主,约占石器总数的82%;只在一个边缘修理的较少,约占总数的22%,在两个或两个以上边缘修理的较多,约占77%;单刃石器较少,复刃石器较多是观音洞遗址的一大特点[2]。盘县大洞遗址主要为石片工具,刮削器在石器组合中占绝对优势,各类刮削器中,除去各类边刮器,端刮器的数量最多,其次为钻具,这也是大洞遗

---

[1] 张森水:《穿洞史前遗址(1981年发掘)初步研究》,《人类学学报》1995年第2期;王新金、张合荣、李飞:《贵州考古六十年》,《中国考古60年(1949—2009)》,文物出版社,2009年,第464—467页;王燕子、曹波、胡昌国:《贵州开阳打儿窝岩厦遗址试掘简报》,《长江文明》2013年第1期;李英华、侯亚梅:《观音洞遗址古人类剥坯模式与认知特征》,《科学通报》2009年第19期;李炎贤、文本亨:《观音洞——贵州黔西旧石器时代初期文化遗址》,文物出版社,1986年;斯信强、刘军、张汉刚等:《盘县大洞发掘简报》,《人类学学报》1993年第2期;蔡回阳、王新金、许春华:《贵州毕节扁扁洞的旧石器》,《人类学学报》1991年第1期;曹泽田:《贵州水城硝灰洞旧石器文化遗址》,《古脊椎动物与古人类》1978年第1期;曹泽田:《猫猫洞旧石器之研究》,《古脊椎动物与古人类》1982年第2期;王新金、蔡回阳:《贵州织金猫猫洞发现的石制品》,《纪念黄岩洞遗址发现三十周年论文集》,广东旅游出版社,1991年;李炎贤、蔡回阳:《贵州普定白岩脚洞旧石器时代遗址》,《人类学学报》1986年第2期;李炎贤、蔡回阳:《白岩脚洞石器类型的研究》,《人类学学报》1986年第4期;张乐、王春雪、张双权等:《马鞍山旧石器时代遗址古人类行为的动物考古学研究》,《地球科学》2009年第9期;张森水:《马鞍山旧石器遗址试掘报告》,《人类学学报》1988年第1期;黄泗亭、龙凤骧、安家瑗:《马鞍山南洞旧石器文化遗址试掘报告》,《人类学学报》1992年第1期;张森水:《我国南方旧石器时代晚期文化的若干问题》,《人类学学报》1983年第3期。

[2] 李英华、侯亚梅:《观音洞遗址古人类剥坯模式与认知特征》,《科学通报》2009年第19期;李炎贤、文本亨:《观音洞——贵州黔西旧石器时代初期文化遗址》,文物出版社,1986年。

址的一个显著特点,此外还有凹缺器、锯齿刃器、鸟喙状器、矛头、雕刻器等[1]。岩灰洞遗址石器组合以刮削器为主。扁扁洞遗址石器类型有刮削器和砍砸器[2]。水城硝灰洞遗址以刮削器为主[3]。兴义猫猫洞遗址石器分为刮削器、尖状器、砍砸器和雕刻器,以刮削器为主,约占70%,数量最多的为单凸刃刮削器。普定白岩脚洞遗址的石制品包括砍砸器、刮削器、修背石刀、端刮器、尖状器、雕刻器和凹缺器等,以刮削器数量最多,比例超过石制品总数的25%[4]。穿洞遗址石器类型简单,只有刮削器、尖刃器和砍砸器,其中主要类型为刮削器[5]。桐梓马鞍山遗址的第二类工具主要以刮削器为主,占78.3%;砍砸器居第二位,占13.5%;尖刃器和石锥比例较小,单刃工具和复刃工具数量相当[6]。桐梓马鞍山南洞遗址的工具可分为两类,第一类工具包括石锤和石砧;第二类工具有刮削器、端刮器、尖刃器、雕刻器以及斧形器,以刮削器为主[7]。开阳打儿窝遗址第一类工具占石器总数的2.7%;第二类工具占石器总数的69.3%,其中,以刮削器占绝对多数,占石制品总数的60.9%,其次为尖状器,占石制品总数的6.3%,再次为砍砸器,占石制品总数的2.1%[8]。

(七) 器物形态与大小

观音洞遗址石制品长度在24—99毫米之间,以30—50毫米长的居多[9]。盘县大洞遗址工具分为轻型(中间径≤50毫米)和重型(中间径＞50毫米)两类,轻型工具包括各类刮削器等,在石制品组合中占绝对优势。扁扁洞遗址砍砸器长度在67—108毫米之间,刮削器长度在35—79毫米之间,多为短宽型和短—中型相结合,刃角多陡直,刃缘不平齐[10]。水城硝灰洞遗址石制品尺寸以中型为主[11]。兴义猫猫洞

---

[1] 斯信强、刘军、张汉刚等:《盘县大洞发掘简报》,《人类学学报》1993年第2期。
[2] 蔡回阳、王新金、许春华:《贵州毕节扁扁洞的旧石器》,《人类学学报》1991年第1期。
[3] 曹泽田:《贵州水城硝灰洞旧石器文化遗址》,《古脊椎动物与古人类》1978年第1期。
[4] 李炎贤、蔡回阳:《贵州普定白岩脚洞旧石器时代遗址》,《人类学学报》1986年第2期;李炎贤、蔡回阳:《白岩脚洞石器类型的研究》,《人类学学报》1986年第4期。
[5] 张森水:《穿洞史前遗址(1981年发掘)初步研究》,《人类学学报》1995年第2期。
[6] 张乐、王春雪、张双权等:《马鞍山旧石器时代遗址古人类行为的动物考古学研究》,《地球科学》2009年第9期;张森水:《马鞍山旧石器遗址试掘报告》,《人类学学报》1988年第1期。
[7] 黄泗亭、龙凤骧、安家瑗:《马鞍山南洞旧石器文化遗址试掘报告》,《人类学学报》1992年第1期。
[8] 王燕子、曹波、胡昌国:《贵州开阳打儿窝岩厦遗址试掘简报》,《长江文明》2013年第1期。
[9] 李英华、侯亚梅:《观音洞遗址古人类剥坯模式与认知特征》,《科学通报》2009年第19期;李炎贤、文本亨:《观音洞——贵州黔西旧石器时代初期文化遗址》,文物出版社,1986年。
[10] 蔡回阳、王新金、许春华:《贵州毕节扁扁洞的旧石器》,《人类学学报》1991年第1期。
[11] 曹泽田:《贵州水城硝灰洞旧石器文化遗址》,《古脊椎动物与古人类》1978年第1期。

遗址石器以中型、大型为主,50 毫米以上的石器占到石器总数的 98.4％[1]。白岩脚洞遗址石核的长度多在 40—80 毫米之间,石片的长度多在 20—50 毫米之间,砍砸器在 40—120 毫米之间,数量最多的刮削器多在 20—70 毫米之间,综合来看,白岩脚洞的石制品尺寸多集中在 20—70 毫米之间,20—50 毫米之间更加集中,属于小型石制品和中型石制品组合[2]。穿洞遗址的石器总地来看,以大、中型者居多,小型者较少,无论哪一类石器,形态都相对稳定[3]。桐梓马鞍山遗址工具以小型者居多,大、中型也占有较高的比例,依长度计,小型工具占 51.3％,中型者占 22.2％,大型者占 27.5％,刃角以 50°—80°居多[4]。马鞍山南洞遗址工具以小型居多,多在 50 毫米以下,占 89％;单刃工具居多,占 76％,刃口多在 70°以上[5]。开阳打儿窝遗址石制品有少量长度在 15—25 毫米之间,大部分尺寸集中在 30—40 毫米之间,大于 40 毫米的几乎不见,属小型石制品组合[6]。

(八) 小结

旧石器时代早期,贵州古人类主要以开发岩层中和河漫滩的岩块和砾石为主,这种开发策略决定了石制品原料随着遗址所在地区的不同而有所变化,黔西观音洞遗址以硅质灰岩为主要原料,而到了盘县大洞则以燧石、玄武岩和灰岩为主,燧石来自遗址附近岩层的燧石条带,玄武岩主要来自附近河漫滩的砾石,灰岩则直接可以从围岩中获取。从石器组合来看,灰岩为最容易获得的石料,其加工也最粗糙;其次为玄武岩,其获得较燧石容易,加工较燧石粗糙;最难获得的燧石,其加工也最精细,这主要和石料本身的特性相关,和获取的难易程度或也存在一定联系。除桐梓岩灰洞出土石制品数量较少,可能无法反映石器工业面貌外,其余遗址如毕节扁扁洞等,都存在从岩层条带开采和从河漫滩采集两种原料获取途径,因不同遗址所处的不同区位条件有所差异,这种传统在毕节和黔中地区延续到距今六七千年。在黔西南地区,距

---

[1] 曹泽田:《猫猫洞旧石器之研究》,《古脊椎动物与古人类》1982 年第 2 期;王新金、蔡回阳:《贵州织金猫猫洞发现的石制品》,《纪念黄岩洞遗址发现三十周年论文集》,广东旅游出版社,1991 年。

[2] 李炎贤、蔡回阳:《贵州普定白岩脚洞旧石器时代遗址》,《人类学学报》1986 年第 2 期;李炎贤、蔡回阳:《白岩脚洞石器类型的研究》,《人类学学报》1986 年第 4 期。

[3] 张森水:《穿洞史前遗址(1981 年发掘)初步研究》,《人类学学报》1995 年第 2 期。

[4] 张乐、王春雪、张双权等:《马鞍山旧石器时代遗址古人类行为的动物考古学研究》,《地球科学》2009 年第 9 期;张森水:《马鞍山旧石器遗址试掘报告》,《人类学学报》1988 年第 1 期。

[5] 黄泗亭、龙凤骧、安家瑗:《马鞍山南洞旧石器文化遗址试掘报告》,《人类学学报》1992 年第 1 期。

[6] 王燕子、曹波、胡昌国:《贵州开阳打儿窝岩厦遗址试掘简报》,《长江文明》2013 年第 1 期。

今5万年左右,以水城硝灰洞为代表的一种全新考古学文化开始出现,至距今1万多年的猫猫洞文化,这类遗址的鲜明特征达到顶峰。这类遗址主要以河漫滩砾石作为石器加工的原料,骨角器工业发达,数量多,加工技术成熟;也有少量燧石原料石制品,但比例非常低,砍砸器在这类遗址中所占比重开始增加。从打片方法来看,以锤击法为主,砸击法和碰砧法的剥片方法使用较少,在毕节地区和黔中地区一直沿用到距今六七千年。旧石器时代晚期,在黔西南地区出现了以零台面石片为代表的全新文化,有学者认为该类石片皆由锐棱砸击技术产生。在石器类型组合上,黔西观音洞遗址中比例较高的复刃刮削器,在同属毕节地区,时代较晚的扁扁洞遗址也有一定体现,到了旧石器时代晚期,这一特征则不见,复刃刮削器极少。

八、总　　结

更新世晚期,贵州地区分布着数个文化特征鲜明的区域类型,很多学者都尝试对这些区域类型进行地域划分和文化面貌概括[1],对这些区域类型的面貌认识存在一定分歧,意见较为一致的是以锐棱砸击法为特点的猫猫洞文化类型[2]和以小石片石器为特点的草海类型[3]。近年来,有学者对锐棱砸击技术进行修正,认为很多锐棱砸击产品更有可能是摔击技术产生,并通过实验提出了"扬子技术"[4]。有学者认为存在第三种文化类型,即马鞍山文化类型[5];也有学者认为马鞍山文化类型与草海类型基本一致,而马鞍山类型更加能代表小石器传统[6],并认为存在第三种两者兼有的白岩脚洞文化类型[7]。至于区域类型存在的原因,多数学者认为草海、马鞍山类型可能是北方小石器传统南迁的结果[8];还有学者认为小石器传统为贵州本土的

---

[1] 张森水:《我国南方旧石器时代晚期文化的若干问题》,《人类学学报》1983年第3期;李炎贤:《中国旧石器时代晚期文化的划分》,《人类学学报》1993年第3期;张涛:《更新世晚期环境与贵州旧石器区域性文化研究》,《四川文物》2009年第1期。

[2] 曹泽田:《猫猫洞旧石器之研究》,《古脊椎动物与古人类》1982年第2期。

[3] 吴茂霖、张森水、林树基:《贵州省旧石器新发现》,《人类学学报》1983年第4期。

[4] 高星、卫奇、李国洪:《冉家路口旧石器遗址2005发掘报告》,《人类学学报》2008年第1期。

[5] 张森水:《马鞍山旧石器遗址试掘报告》,《人类学学报》1988年第1期。

[6] 张森水:《我国南方旧石器时代晚期文化的若干问题》,《人类学学报》1983年第3期。

[7] 李炎贤、蔡回阳:《贵州普定白岩脚洞旧石器时代遗址》,《人类学学报》1986年第2期;李炎贤、蔡回阳:《白岩脚洞石器类型的研究》,《人类学学报》1986年第4期。

[8] 张森水:《贵州旧石器时代晚期文化研究的新认识》,《考古与文物》1989年第2期。

文化类型,而锐棱砸击技术是后来进入贵州地区的新技术[1]。

根据对清水苑大洞遗址遗物分布和年代的研究,在 12.16—13.55 cal ka BP 之间,有接近 1.39 ka 的人类活动衰弱期,结合本地区已取得的古环境学研究成果,这可能和降水、气温的变化引起的生态环境变化有关,为研究古人类与环境的对应关系提供了实例。

清水苑大洞遗址的文化面貌属于小石器工业类型,其与已经发掘的开阳打儿窝遗址[2]、长顺县老洞遗址[3]文化面貌较为类似,为深入探讨更新世晚期贵州区域文化类型提供了新资料。

---

[1] 王幼平:《更新世环境与中国南方旧石器文化发展》,北京大学出版社,1997年,第104—109页。

[2] 王燕子、曹波、胡昌国:《贵州开阳打儿窝岩厦遗址试掘简报》,《长江文明》2013年第1期。

[3] 张兴龙、吴红敏、龙小平:《贵州省惠水县和长顺县发现的两处旧石器时代洞穴遗址》,《第十三届中国古脊椎动物学学术年会论文集》,海洋出版社,2012年,第195—202页。

贵州北盘江流域新石器时代的石器工业及相关问题研究

张改课

一、绪　　论

(一) 研究的时空范围

贵州省是地处我国西南腹地的一个内陆多山省份,简称"黔"或"贵"。贵州地形复杂多样,高原山地起伏绵延,河网水系四通八达,平原和耕地面积相对狭小,因此素有"八山一水一分田"之说。其境内主要的河流有北部属于长江水系的乌江、赤水河,东部属于长江水系的清水江、锦江、潕阳河,西南部属于珠江水系的南盘江、北盘江,东南部属于珠江水系的都柳江等。

在21世纪之前,贵州省境内的史前考古发现多集中在旧石器时代,且以省境中西部地区的洞穴遗址为主,位于河流台地上的新石器时代遗址的发现十分稀少。21世纪初,随着大规模基本建设工程的开展和考古工作者的不懈努力,贵州省文物考古研究所等单位先后在乌江、清水江、北盘江等流域发现和发掘了一大批新石器时代的台地遗址,取得了贵州考古工作的新突破。依据目前的考古资料,贵州境内的新石器时代遗存主要集中分布在黔西南的北盘江流域,黔东南的清水江流域和以安顺、贵阳为中心的黔中地区。此外,在黔东北的乌江中游、黔西北的乌江上游、牛栏江流域,黔北的赤水河流域等地区也有少量的发现。上述不同区域发现的新石器时代遗存,面貌各异、性质有别,实际上已经显现出了不同的文化区。然而,由于相关发掘工作开展得还不很充分,考古资料的报道也较为简略,系统地开展各文化区内新石器时代遗存的分期与类型研究还存在不小的困难。相对而言,在上述几个区域中,北盘江流域的新石器时代考古工作开展较多,成果较为丰硕,初步具备了进行文化分期和相关问题研究的基础。

北盘江,是珠江干流西江上游左(北)岸的一级支流。它发源于云南省宣威市的马雄山西北麓,沿西北—东南方向流经云南省东部、贵州省西南部地区,最终于贵州省望谟县的蔗香双江口与西来的南盘江(珠江上游干流)汇合,称红水河。北盘江干流全长约 449 千米(贵州境内长 327 千米),流域面积约 2.583 万平方千米(贵州境内 2.044 万平方千米)。一般认为,自河源至云、贵两省交界的贵州省水城县都格镇为上游,贵州省六枝特区的茅口为中、下游的分界。上游主要流经滇东喀斯特高原地区,水流量较小;中游流经贵州省西部石灰岩地区,坡降大,水量渐大,流急滩多,河床切割较深,以峡谷地貌为主,间有小型的河谷盆地或较宽的河谷。下游主要流经贵州省西南部的砂、页岩低山丘陵区,水流量大,坡降渐小,河谷渐宽,在一些区域的河谷两岸发育有地势较为平坦的一、二级阶地。北盘江在贵州省境内主要流经威宁、水城、六枝、盘县、普安、晴隆、兴仁、安龙、贞丰、册亨、望谟、紫云、镇宁、关岭、普定、西秀等 16 个县(市、区)。其两岸支流众多,主要有可渡河、乌都河、月亮河、麻沙河、打帮河、清水江、拖长江、大田河等。

2006 年以来,笔者和贵州省文物考古研究所的多位同事,参与了北盘江流域的多次考古调查与发掘,发现和发掘了一批该流域的新石器时代台地遗址,积累了一些资料,对这一流域新石器时代遗存的整体面貌有了初步的认识,深感建立该流域新石器时代遗存时空框架的必要性和可能性。已有的资料表明,该区域的新石器时代的遗物以各类打制和磨制的石制品为主,陶器数量稀少,明显有别于贵州境内其他区域的新石器时代遗存,显示出这一地区文化面貌的特殊性。本文将以贵州北盘江流域为空间研究范围,以新石器时代为时间研究范围,全面收集该地区的相关考古资料,力图在现有的发掘、调查资料的基础上,以石制品为主要研究对象,初步明晰本地区新石器时代石器工业的主要特点与发展演变,并结合相关陶器的研究,探讨这一地区新石器时代台地遗址文化遗存的时空框架、生业方式和文化谱系,以求教于学界各位专家。

(二) 研究历史与现状

新石器时代考古是贵州考古工作开展最为薄弱的环节之一,北盘江流域的新石器时代考古同样如此,长期处在一个较为沉寂的时期,直到近十多年来,才有了突破性的进展。总体来看,这一流域的新石器时代考古研究工作大致可以分为探索、突破和深入研究三个阶段。

20 世纪 50 年代至 21 世纪初,是贵州北盘江流域新石器时代考古的探索阶段。

早在1953—1954年，考古工作者即在北盘江流域邻近地区的盘县平关、石垴、沙陀等地发现数件磨制石器，包括有肩石斧、梯形石斧[1]，同时也征集到少量铜器[2]，但由于遗物均属征集或采集所获，因此其时代尚难确定。沉寂多年之后，直到1983年，才终于在六枝特区的桃花洞有了实质性的发现——当年贵州省博物馆在桃花洞进行了试掘，在洞穴的上层中出土有磨制石斧1件、磨光石器5件，另有陶片20余片，后来，桃花洞遗址上层被认定属于新石器时代[3]。然而，桃花洞中新石器时代遗存的发现可谓昙花一现，在其后的二十多年间，这一流域都未曾发现相关的新石器时代遗存。

21世纪初的前十年，是北盘江流域新石器时代考古工作的突破期。2005年，为配合龙滩水电站建设，考古工作者以北盘江干流为核心，在两岸进行了比较系统的调查，先后发现了十多处史前至汉代遗址，其中包括贞丰县孔明坟、天生桥等含有新石器时代遗存的古遗址，取得了北盘江流域考古工作的重大突破。2006—2009年间，贵州省文物考古研究所等单位在这一流域开展了较大规模的考古发掘工作，在贞丰县孔明坟、天生桥、沙坝等遗址中发现有新石器时代遗存，其间又新发现了贞丰县硝洞、小河口、坡们渡口等含有新石器时代遗存的遗址，调查、发掘获得各类新石器时代打制、磨制的石制品数以万计，兼有少量陶器残片。

2010年以来，北盘江流域大规模考古发掘工作暂告一段落，相关遗址发掘资料的整理工作逐步展开，进入了深入研究的阶段。同时随着全国第三次文物普查和一些基本建设工程的开展，考古工作者又在这一流域新发现了镇宁县坝草，贞丰县洒若桥、纳垴、纳福、纳放、瓦厂河边，册亨县岩架码头南侧、纳岩等一批含有新石器时代遗存的台地遗址，采集到众多打制和磨制的石制品，以及少量陶器残片。随着后续调查、整理和研究工作的开展，人们逐渐对这些遗址的文化内涵和年代序列有了初步的认识，发表了初步研究成果。

(三) 研究的基本思路和方法

据笔者参加调查、发掘和整理的情况来看，贵州省北盘江流域的新石器时代遗存中，遗迹现象相对较少，文化遗物绝大多数为石制品，且以打制的石制品为主，陶器残碎而稀少，其文化面貌具有自身的独特之处。面对这种情况，要对相关的遗存进行研

---

[1] 宋先世、王燕子：《贵州发现的磨制石器及其形制》，《贵州田野考古四十年》，贵州民族出版社，1993年。

[2] 陈墨溪：《贵州地区发现的几件石器》，《贵州田野考古四十年》，贵州民族出版社，1993年。

[3] 贵州省地方志编纂委员会：《贵州省志·文物志》，贵州人民出版社，2003年。

究,单纯应用陶器类型学的方法,就忽视了遗存中占主导地位的石制品,很难全面认识这一区域新石器时代遗存的特点。因此,石器工业的研究,应是本地区新石器时代遗存研究的重点。本文将以"石器组合分析法"为主要方法,对遗存中占主导地位的石制品进行分类研究,并结合陶器类型学研究的方法,对相关的陶器资料进行分析研究。

这里首先需要界定两个概念,即石制品和石器的概念。首先说石制品,从广义上来说,石制品是指人类有意识搬运或具有人工加工和使用痕迹的石质遗物,显然这一概念是十分宽泛的。再说石器,在本文中,石器专指人类有意识加工,具有一定刃部特征和形态特征的工具,即通常所谓的具有二步修理痕迹的工具。从类型上来说,石制品主要包括人工搬运或储存的原料,石锤、石砧、砺石等石器加工工具,石核、石片、断块、碎屑等石器加工阶段的产物,以及成型的石器和石器半成品。可以看出,石器包含在石制品之内,主要指我们常说的成品石器,即通常所谓的砍砸器、刮削器、尖状器、镐、斧、锛、凿、研磨器、磨盘等,它是石器工业的末端和人类生产的最终目标。本文中的"石器组合分析法",是对某类遗存中的石器组合进行研究的方法,即首先判明在某一单位中石器的主要类型和数量比例,进而得出该单位中石器的基本组合特征,并以此来对比不同单位文化面貌之间的异同,寻找不同单位间石器组合的变化特点,并考察某些典型石器的变化特征。应用这一方法,笔者将对贵州北盘江流域的新石器时代遗存进行分析,具体的步骤如下:

首先,依据考古地层学原理,对北盘江流域几处经过发掘的典型台地遗址的地层关系进行梳理,确定典型的遗迹单位和它们之间的相对年代关系。明晰不同单位石器工业的主要特点,应用"石器组合分析法",并结合陶器的特征,分析对比不同单位的文化内涵,确定各遗址中不同单位遗存的主要特征,据此对这些典型遗址进行分期。

其次,在对典型遗址进行分期的基础上,考察贵州北盘江流域其他新石器时代台地遗址文化遗存的文化归属,对不同特点的遗存进行分组,进而厘清贵州北盘江流域新石器时代遗存的分期,对北盘江流域新石器时代遗存各期的文化特征进行归纳、总结,并绘制出典型石器组合演变图及分期表。

再次,收集整理北盘江流域邻近地区其他已发掘的典型新石器时代台地遗址的资料,与贵州北盘江流域台地遗址中的新石器时代文化遗存进行比较分析,确定北盘江流域新石器时代遗存与周边新石器时代遗存的关系。

最后,对贵州北盘江流域新石器时代中期大量存在的石器的功能和居民的生业方式进行初步推断,并就相关的地域考古学文化类型问题进行分析,最终对该流域新石器时代遗存的发展变化过程和文化谱系进行探讨。

二、贵州北盘江流域新石器时代遗存的主要发现

贵州北盘江流域的台地遗址,主要分布在北盘江干流两岸的一、二级阶地上,常见于两河交汇处的三角地带和河边地势较为平坦的缓坡地带。从分布的行政区划来看,主要分布在北盘江下游的安顺市镇宁县,黔西南州贞丰、册亨等县,尤其在贞丰县境内分布最为集中(图1)。现将含有新石器时代遗存的主要台地遗址作简要介绍。

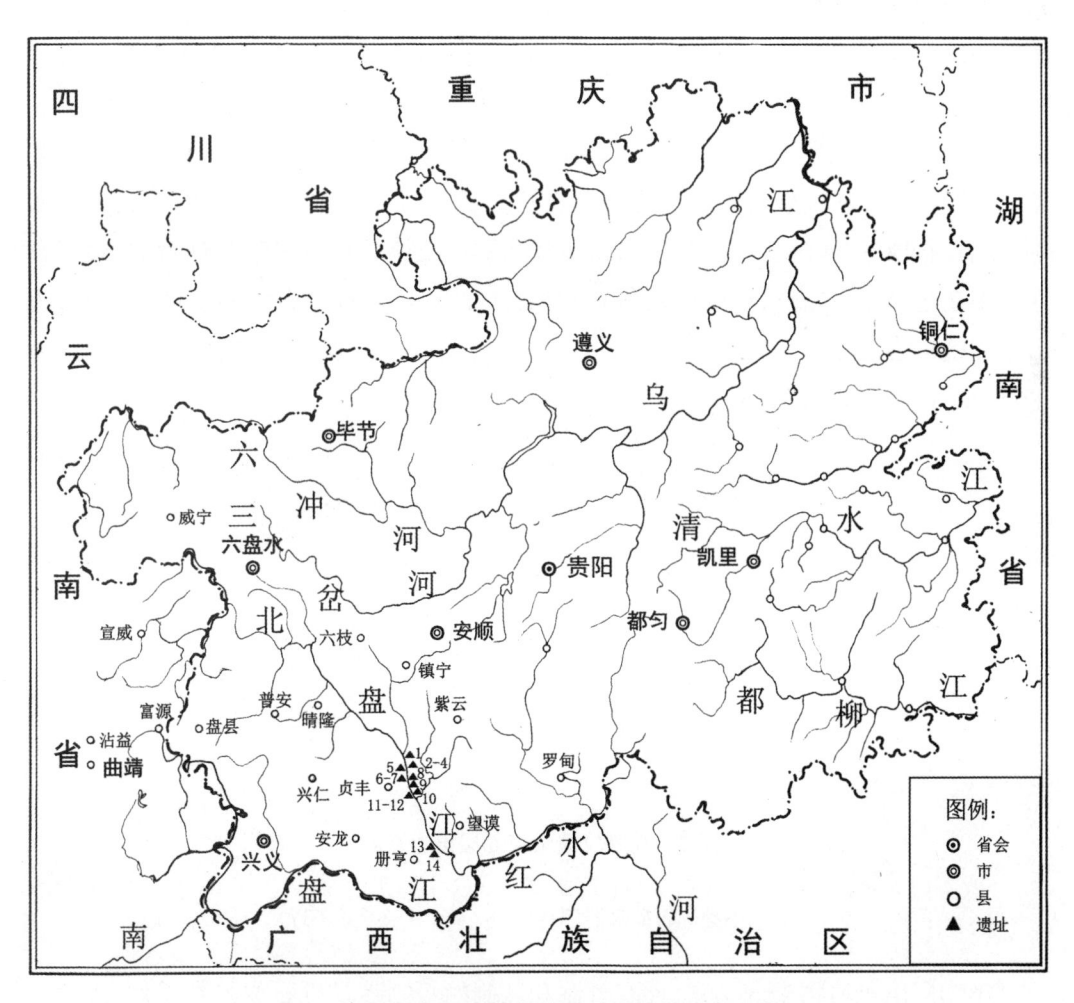

图1 贵州北盘江流域新石器时代遗址分布示意图

1.镇宁县坝草 2.贞丰县洒若桥 3.贞丰县纳放 4.贞丰县纳归 5.贞丰县坡们渡口
6.贞丰县小河口 7.贞丰县天生桥 8.贞丰县孔明坟 9.贞丰县沙坝 10.贞丰县瓦厂河边
11.贞丰县纳福 12.贞丰县纳堉 13.册亨县岩架码头南侧 14.册亨县纳岩

(一) 贞丰县孔明坟遗址

孔明坟遗址,位于贞丰县鲁容乡孔明村,小地名叫孔明坟。处在孔明河与北盘江汇合处的北盘江东(左)岸一级阶地之上,以孔明河为界可分为南、北两区,总面积近万平方米(图1,8)。2005年调查发现,2007年3—8月、2008年10月—2009年1月,进行了第一期连续两次较大规模的抢救性考古发掘工作,发掘工作主要在南区进行,北区局部也进行了试掘,累计发掘面积700余平方米。发掘和相关调查工作证实,该遗址的遗迹、遗物分属于新石器时代和战国秦汉两个时期,以新石器时代为主。南区的新石器时代遗存主要为各类石制品和相关石器加工遗迹,具有石器制造场的性质;北区发现的石制品与南区一致,同时也见有较多的螺壳和其他动物碎骨,应当是当时居民的居住区。遗址南区的地层堆积分为6层,其中第⑥、⑤、④层属于新石器时代[1]。

第⑥层叠压在生土层之上,仅出土有少量打制的石制品,未见陶片和磨制的石制品。石制品的原料以砂岩和轻度变质的硅质岩砾石为主,主要类型有石核、石片、断块、碎屑、石器等,部分石制品表面风化比较严重。石核剥片时多不修理台面,残留石片疤多在3个以下,石核利用率较低;石片的台面多为自然台面和零台面,分别与锤击法和锐棱砸击法产生的石片特征类似;石器类型以砍砸器(含小型砾石砍砸器)为主,也见有少量的镐(图2)。

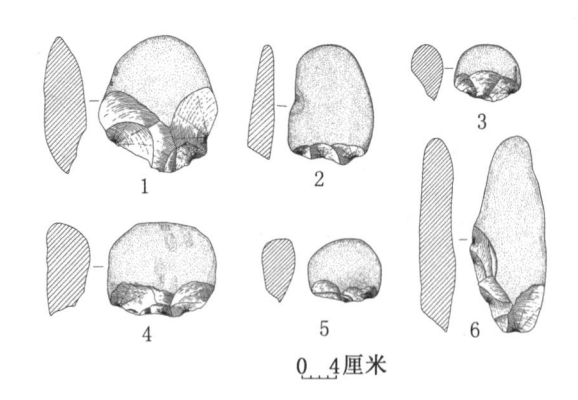

图2 孔明坟遗址第⑥层出土石器
1. 镐(T0304⑥:31) 2、4、6. 大型砍砸器(T0304⑥:42、T0304⑥:14、T0304⑥:34)
3、5. 小型砾石砍砸器(T0304⑥:79、T0304⑥:17)

第⑤层出土遗物十分丰富,计有打制和磨制的石制品及砾石原料数千件,陶器残

---

[1] 张改课、王新金、张兴龙等:《贵州贞丰孔明坟遗址》,《2009中国重要考古发现》,文物出版社,2010年。

片30余片。该层下还叠压有较丰富的遗迹现象,但与第⑤层中出土文化遗物基本一致,无法再作更细的区分。遗迹主要包括石器加工点、石堆、废料坑、墓葬等。石器加工点多以一块大的石砧为中心,在石砧周围分布有众多大小不一的石片和碎屑,显然这类遗迹是由于制作和修理石器而形成的。石堆往往呈堆状,大小不一,由分布密集的断块、碎屑、砾石原料等堆集形成,很少见有成品和半成品,基本上都是在制作石器的过程中产生的废料。废料坑是指自然或人工挖掘的土坑,用以丢弃掩埋制作石器过程中形成的废料,坑内往往堆积有大量的断块和石料,石器很少,绝大多数都是加工石器过程中产生的废料。墓葬发现3座,皆系长方形竖穴土坑墓,每座墓葬的上部都压有大块砾石,从葬式上看皆系二次葬,除1座墓葬内随葬1件通体磨光的石锛外,其余皆未见随葬品。遗物方面,打制的石制品,原料以砂岩和硅质岩砾石为主,主要包括石锤、石砧、石核、石片、断块、碎屑、石器等类型。石片依台面的存在形式,多见零台面石片和自然台面石片;石器以砍砸器为主,还见有较多的刮削器。磨制的石制品,原料与打制者无异。磨制方式主要为局部磨制,以斧、锛、凿等工具及其毛坯为主(注:毛坯指的是在生产斧、锛、凿等工具时产生的,用打制的方法加工而尚未经磨制的半成品,我们认为其最终目的是制作磨制石器,尽管尚未经磨制,但仍可视为磨制石器的毛坯)。多是在打制的毛坯基础上在刃部磨制而成,也见有少量边缘经过磨制的小石片(其用途暂不明确,这里暂称"磨刃石片")和小砾石;此外,还见有少量研磨器,多是以天然长条形砾石为原料,仅在磨面有打制或磨制痕迹(图3)。陶器均细碎不堪,火候低,胎壁厚薄不一,均为夹砂陶,羼和料多为细小的砂砾,陶色主要为黄褐、灰褐两色,多为素面陶,带纹饰者见有粗绳纹、弦纹、细绳纹等(图4)。通过遗迹、遗物的分析来看,已经具有石器制造场的性质。

第④层中的出土遗物也十分丰富,计有打制和磨制的石制品及砾石原料近万件,陶器残片近百片。该层下叠压有丰富的遗迹现象,但与第④层中出土文化遗物基本一致,无法再作更细的区分。遗迹方面有房址(还有一些零散的柱洞)、石铺道路、墓葬、灰坑、废料坑、石器加工点和石堆等。

上述遗迹构成了一个具有一定功能区划的石器制造场,发掘区东北区域发现有较多的石器加工点和石堆,可能是制造初级产品的场所。在发掘区西南部发现有2座房址和一些零散的柱洞,根据柱洞的倾斜程度来看,可分属于3组不同建筑遗存。另外,该层中发现的砾石和陶器残片大多数都发现于房址的周围,表明这一区域可能属于精细加工的场所。房址的门口有一段用大块砾石及石制品混杂路土铺成的简易道路,道路长10余米,直通发掘区东北部制作初级产品的区域。道路以北、以西的区域发现有6座墓葬,多系近长方形或圆角长方形的竖穴土坑墓,墓坑较浅;从葬式上

· 84 ·　　　　　　　　　　　　　　　　　　　　　·扬帆——贵州青年考古学者论集·

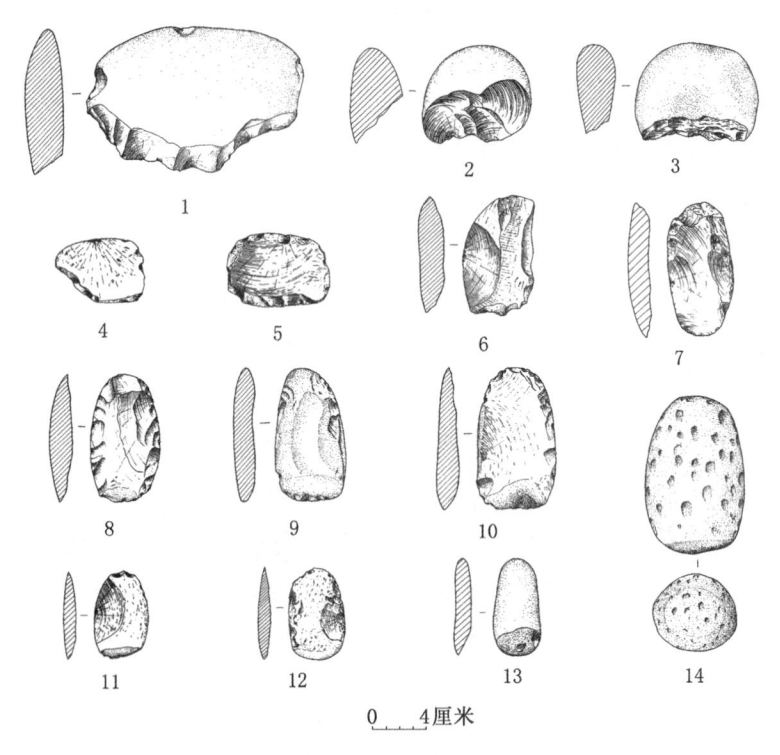

图3　孔明坟遗址第⑤层出土石器

1. 大型砍砸器(T0206⑤：312)　2、3. 小型砾石砍砸器(T0306⑤：587、T0305⑤：745)
4、5. 刮削器(T0306⑤：361、T0305⑤：498)　6、7. 斧、锛毛坯(T0206⑤：314、T0106⑤：24)
8. 斧(T0306⑤：494)　9. 锛(T0305⑤：616)　10. 凿(T0305⑤：735)
11、12. 磨刃石片(T0305⑤：510、T0306⑤：837)　13. 磨刃砾石(T0105⑤：713)
14. 研磨器(T0305⑤：414)

图4　孔明坟遗址第⑤层出土陶片

看，人骨零散，往往大部分骨骼缺失，当属于二次葬；各墓内均未见随葬品，有的墓葬人骨上还压有大块砾石。灰坑大多较浅，有的坑内堆有烧骨，当作丢弃生活垃圾之用。遗物方面，共发现石制品、陶器等万余件。石制品依加工技术的不同，可以分为打制和磨制两大类。打制的石制品与第⑤层出土遗物并无明显差别；磨制的石制品以斧、锛、凿等工具及其毛坯为主，一些器物修理精细，形态比较规整，出现一些加工精细的标本；还发现有一定数量的磨盘、研磨器、砺石等。相较于第⑤层，新出现了形态规整的石磨盘，研磨器修理规整，形态多样，有圆锥形、圆柱形、半圆形等多种类型（图5）。陶器残片近百片，火候较第⑤层出土的高，胎壁多较薄，以夹砂陶为主，也存

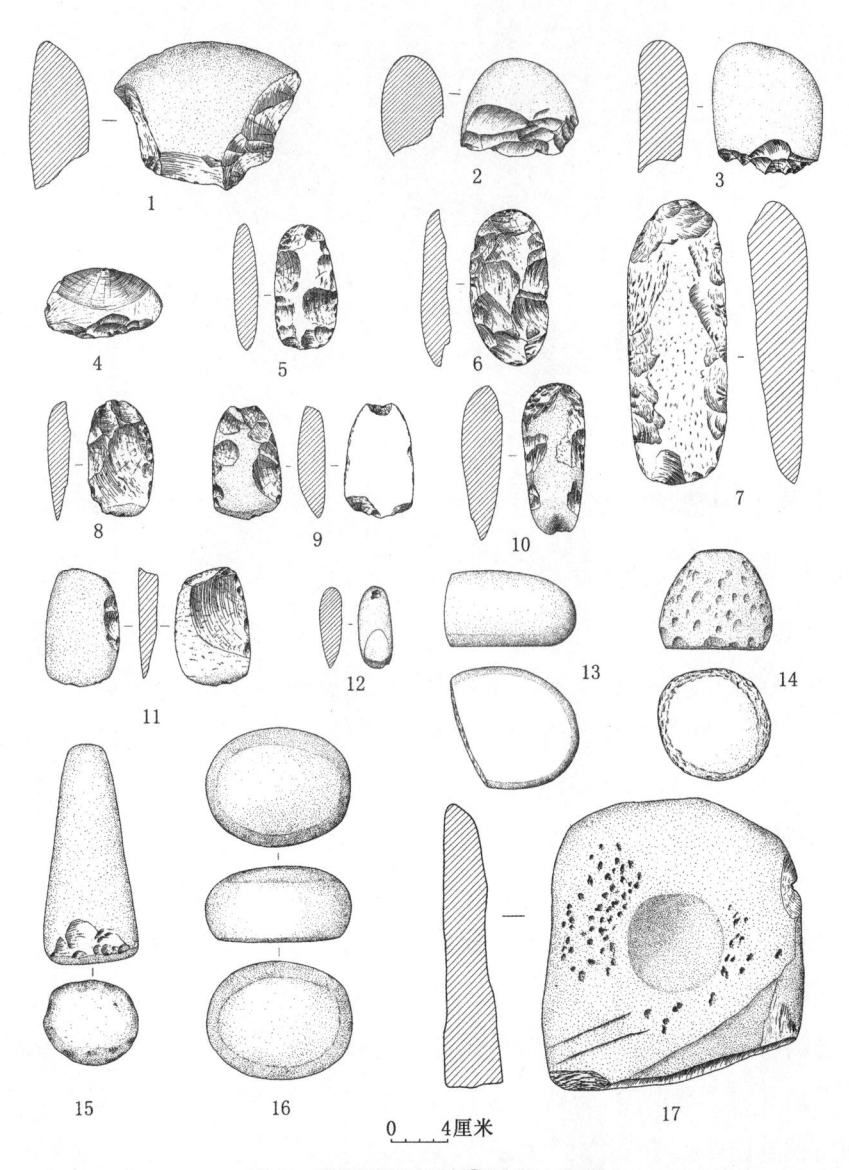

图5　孔明坟遗址第④层出土石器

1. 大型砍砸器（T0203④∶722）　2、3. 小型砾石砍砸器（T0106④∶17、T0205④∶842）
4. 刮削器（T0102④∶100）　5、6、7. 斧、锛毛坯（T0205④∶714、T0206④∶743、T0206④∶689）
8. 斧（T0206④∶772）　9. 锛（T0103④∶648）　10. 凿（T0106④∶327）
11. 磨刃石片（T0106④∶442）　12. 磨刃砺石（T0106④∶1161）
13—16. 研磨器（T0203④∶466、T0203④∶465、T0203④∶463、T0203④∶464）
17. 磨盘（T0105④∶256）

在一些羼和有细小砂砾的陶片,陶色见有灰、灰褐、红褐、黄褐等多种,以灰陶和灰褐陶为主,多为素面陶,带纹饰者主要为细绳纹和弦纹等(图6)。石器制造场的规模持续扩大,并有了一定的功能区划。

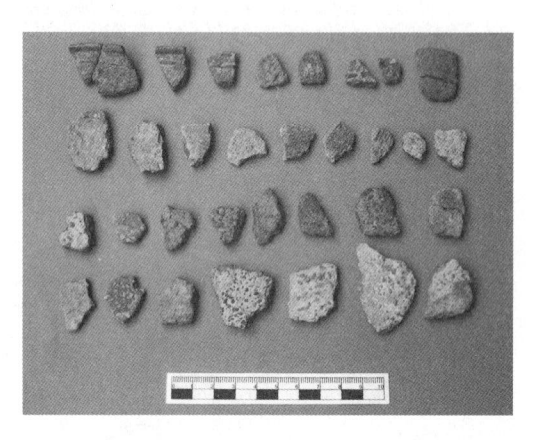

图6　孔明坟遗址第④层出土陶片

(二) 贞丰县沙坝遗址

沙坝遗址位于贞丰县鲁容乡鲁容村沙坝组,处于北盘江东(左)岸的一级阶地上,沙坝河与北盘江交汇处的三角地带(图1,9)。据勘测,遗址面积超过1万平方米,堆积较好的区域超过5 000平方米。2007年,在发掘孔明坟遗址期间,新发现了该遗址。2008年3月,贵州省文物考古研究所对该遗址进行了小面积的试掘,2008年10月—2009年1月进行了全面发掘,累计发掘面积925平方米。目前该遗址发掘资料尚未完全整理,根据初步发表的资料可知,遗址地层可分为6层[1]。

第⑥层,仅发掘了很小的面积,未见陶片出土,出土有少量打制的石制品,其中包含有孔明坟遗址大量出土的小型砾石砍砸器,当属于新石器时代的遗存。

在报道材料时,发掘者将第④、⑤层归为一组进行报道,指出二者文化内涵基本一致,出土物包括石制品、陶器等,以石制品为主。石制品主要有石锤、石砧、断块、砺石、石器毛坯和石器等类型;石器多为有肩的磨制石器,还有一些长方体带乳突的不明用途的石器(图7)。陶器方面,以夹砂陶为主,大多数为红褐陶,少量灰褐陶,陶质较差,器型比较单一,多为敞口束颈溜肩器,可能为圜底器,纹饰以交错粗绳纹为主,还见有少量富有特色的细泥条附加堆纹(图8)。

---

[1] 张兴龙、王新金、张改课:《贵州鲁容沙坝遗址出土大量磨制石器及石器加工工具》,《中国文物报》2009年11月20日。

·贵州北盘江流域新石器时代的石器工业及相关问题研究·

图7 沙坝遗址出土石器
1. 双肩石斧（④层出土）　2. 石锛（④层出土）　3. 带乳突不明用途石器（④层出土）
4. 研磨器（①层出土）

图8 沙坝遗址第④、⑤层出土陶器

第③层，出土物有陶器、石制品等，参照广西境内的相关发现，可以明确已属于商周时期的遗存。陶器方面，以夹砂陶为主，陶色有灰、灰褐、红褐等多种，陶质坚硬，烧制火候高。纹饰见有绳纹、细泥条附加堆纹、划纹、戳印纹等，也有少量素面陶片，以交错细绳纹居多，细泥条附加堆纹可辨的纹饰有三角形纹、波形纹、平行线纹等，划纹陶片也有出土，但数量较少，多是在器身划成有规律的曲线形。据陶器器底可知有圈足器、镂孔圈足器、平底器（小平底）、圜底器、三足器等器类，可辨器型有敞口溜肩器、直口折肩器等。石器类型方面与第④、⑤层相比变化不大，有肩石器依然比较流行，但通过部分标本观察，有肩石器的形态由瘦长向矮胖变化，肩部转折有由钝角向直角变化的趋势。此外，第③层下，发现有墓葬、灰坑等遗迹，墓葬主要流行屈肢葬，无随葬品；灰坑中的出土物非常少，多与第③层出土者并无差别。

(三) 贞丰县天生桥遗址

该遗址隶属于贞丰县白层镇兴龙村,位于北盘江西(右)岸的一级阶地上,处在纳云河与北盘江交汇处的北盘江西岸一级阶地之上,文化遗存主要分布在木耳山山顶及周边(图1,7)。2005年调查发现,随即进行了小面积的试掘,出土了一批玉器和大量陶片。2008年3—6月,正式发掘,发掘面积1400余平方米。发掘者根据遗址地形共划分了三个发掘区,分别称为木耳山东区、木耳山西区、纳云河北区,其中以木耳山东区发掘面积最大,地层堆积情况最好,出土遗物最为丰富[1]。

已公布的资料显示,木耳山东区地层堆积分5层。

发掘者在介绍遗址情况时,将第④、⑤层一并介绍,指出陶片较薄,多为红褐色的夹砂陶,火候较低,手制痕迹明显,纹饰多为细绳纹,少量为细泥条附加堆纹。器型主要有罐、釜等,以侈口器为多(图9)。石制品分打制与磨制两大类,以打制的石制品为主,磨制的石制品数量极少。

图9 天生桥遗址第④、⑤层出土陶器

第③层,遗迹主要为灰坑,遗物主要有陶器、石制品、骨器等,此外还发现有青铜制品,表明已属于历史时期的遗存。陶器多为残片,以夹砂陶为主,火候高,质地坚硬,胎壁较厚,部分陶器厚度超过1厘米;陶色以红褐、灰褐两色为主,有的兼有几种颜色;纹饰多为绳纹,其次为素面,再次为细泥条附加堆纹,陶器唇部的锯齿状压印纹

---

[1] 张兴龙、张改课、王新金等:《天生桥遗址发掘为北盘江流域史前文明研究提供新资料》,《发现中国:2008年100个重要考古新发现》,学苑出版社,2009年。

非常普遍;可辨器型有罐、釜、钵等,器口以侈口的居多,少量为敞口和直口;器底多为圜底,少量带有圈足。石制品数量依然较多,打制和磨制均有发现,磨制的石制品以通体磨光为主,多为石锛,无肩、无段,未见有肩磨制石器;少量石器仅刃部磨光,多以长条形的砾石为原料,往往仅在一端稍加磨制。

此外,遗址范围内,木耳山靠近北盘江的一侧,有一岩厦,岩厦下③层出土大量陶片、砺石、石砧和成品石锛,可能是当时人类活动频繁或是加工工具的场所。

(四) 镇宁县坝草遗址

位于镇宁县良田镇坝草村,处在北盘江东(左)岸一级阶地之上,文化遗存主要分布在坝草河与北盘江交汇处两侧的缓坡台地上(图1,1)。据初步勘测,遗址总面积超过2 000平方米,从断面观察,遗址堆积厚约2米,地层断面上包含有较为丰富的陶片、石制品、烧骨等。调查中共采集到陶片23片,皆为红褐色夹砂陶,火候高低不一,纹饰以粗绳纹为主。石制品以打制的为主,磨制的较少。打制的石制品包括石砧、石片、石器等类型。石片4件,其中3件为零台面石片;石器皆为砍砸器,包括3件小型砾石砍砸器和2件大型砍砸器。磨制的石制品仅3件,包括2件带乳突的不明用途石器和1件砺石。初步分析,该遗址的文化遗存与沙坝遗址第④层的文化遗存十分类似,当为同类遗存[1]。

(五) 贞丰县洒若桥遗址

该遗址于2010年"三普"调查时发现,位于贞丰县鲁容乡洒若村洒若组,处在洒若河与北盘江交汇处的三角形一级阶地上(图1,2)。遗址地层堆积中可见较多的石制品和螺壳堆积,调查中共采集到文化遗物60余件,包括石制品、陶片,以石制品为主。石制品包括打制与磨制两大类(图10)。打制的石制品可以分为有疤砾石(包括石锤和石砧)、石核、石片、石器等。石片多系零台面石片,石器主要为砍砸器,绝大多数为小型砾石砍砸器。磨制的石制品以斧、锛、凿及其毛坯为主,毛坯多以厚大的零台面石片或扁平砾石修理而成,成品磨制石器均为在打制的毛坯基础上对刃口施以局部磨光而成[2]。此外,据调查者王新金研究员介绍,在遗址附近不远处还发现有一件较大的石磨盘。陶片仅见4片,均为夹砂陶,羼和料为白色的石英颗粒,3片为红褐色、1片为灰褐色(图11)。从调查采集的标本来看,该遗址石制品的主要特征与孔

---

[1] 张兴龙:《镇宁县坝草新石器时代遗址》,《中国考古学年鉴(2010)》,文物出版社,2011年。
[2] 王新金、陆永富:《贵州贞丰洒若桥遗址》,《中国考古新发现年度记录2010》,《中国文化遗产》2011年增刊。

明坟遗址第④层出土石制品一致，而陶器则与坡们战国秦汉时期遗址出土的陶器一致。显然，该遗址的文化遗存具有早晚之别，早期遗存与孔明坟遗址第④层相当，晚期已进入战国秦汉时期。

图10　洒若桥遗址采集的石制品 　　图11　洒若桥遗址采集的陶片

（六）贞丰县纳放遗址

位于贞丰县鲁容乡洒若村纳放组（图1，3）。2010年"三普"调查时发现，调查中采集到陶片30余片、石制品20余件。石制品包括打制和磨制两大类（图12）。打制的石制品可以分为石锤、石核、石片、断块、砍砸器等。石片2件，依台面的存在形式，见有零台面、自然台面者各1件；砍砸器4件，其中3件为小型砾石砍砸器。磨制的石制品3件，包括刃口磨制石器、砺石、研磨器各1件。陶片大体可分两组，一组为夹细砂陶，陶色以红褐为主，纹饰常见细绳纹，胎壁较薄，该组陶片在天生桥遗址第④、⑤层中有较多发现；另一组为灰褐色夹白色石灰颗粒的陶片，多素面陶，胎壁较厚，该组陶片在战国时期的坡们遗址中有较多发现（图13）。此外，遗址地层堆积中可见较

图12　纳放遗址采集的石制品 　　图13　纳放遗址采集的陶片

多的螺壳堆积。总体来看，该遗址至少包含了早晚两个时期的遗存，其中早期遗存与天生桥遗址④、⑤层接近[1]。

(七) 贞丰县纳归遗址

位于贞丰县鲁容乡洒若村纳归组(图1，4)。调查中采集到石制品18件，可分为打制和磨制两类(图14)。打制的石制品包括石核、石片、砍砸器等类型。石片3件，皆为零台面石片；砍砸器8件，皆系小型砾石砍砸器。磨制石器2件，均为刃口磨制的石锛。遗址采集的石制品的特征与孔明坟遗址第④层出土石制品基本一致。

图14 纳归遗址采集的石制品　　图15 坡们渡口遗址采集的石制品

(八) 贞丰县坡们渡口遗址

该遗址于2009年调查发现，2010年"三普"时又进行了第二次调查。位于贞丰县白层镇坡们村，处在北盘江西岸一级阶地之上，紧邻北盘江上的一处渡口——坡们村渡口，故名(图1，5)。据初步勘测，遗址总面积约10 000平方米，文化堆积最厚处约1.5米，地层中包含有较为丰富的石制品和螺壳。两次调查共采集打制和磨制的石制品120余件(图15)，打制的石制品包括石锤、石砧、石片、断块和石器等类型。石片多见零台面石片，石器以小型砾石砍砸器为主，也见有少量刮削器。磨制的石制品主要为刃口局部磨制的斧、锛、凿及其毛坯。总体来看，坡们渡口遗址采集所获标本的主要类型与形制特征和孔明坟遗址第⑤层中出土的遗物十分接近，文化面貌基本一致，同时也存在石器制造场遗迹[2]。

---

[1] 纳放遗址由王新金研究员等调查发现，资料现存贵州省文物考古研究所，笔者观察了相关标本，其余纳归、瓦厂河边、纳埂、纳福、岩架码头、纳岩遗址均同。

[2] 张兴龙、王新金：《贞丰县坡们渡口新石器时代遗址》，《中国考古学年鉴(2010)》，文物出版社，2011年。

(九) 贞丰县小河口遗址

该遗址于 2008 年 4 月调查发现,位于贞丰县白层镇兴龙村,小地名叫小河口。处在坡们河与北盘江汇合处的北盘江西(右)岸一级阶地之上,总面积约 5 000 平方米(图 1,6)。与孔明坟遗址隔北盘江相望;其南数百米,跨过纳云河即为天生桥遗址。调查时在断面上发现有较为丰富的石制品,地层堆积的特点与孔明坟遗址较为类似。石制品的原料以砂岩和硅质岩砾石为主,类型包括石核、石片、断块、小型砾石砍砸器、磨盘等。采集的石制品在对岸孔明坟遗址第④层中均见有相同的标本[1]。

(十) 贞丰县瓦厂河边遗址

位于贞丰县鲁容乡孔索村瓦厂组,处在瓦厂河与北盘江交汇处的北盘江东岸三角形一级阶地上,小地名叫河边(图 1,10)。调查中采集到石制品 16 件,陶片数十片。石制品包括打制和磨制两大类(图 16)。打制的石制品可以分为石片、断块、砍砸器等类型。石片 3 件,依台面的存在形式,见有零台面、自然台面、素台面者各 1 件;砍砸器 8 件,皆系小型砾石砍砸器。磨制的石制品 3 件,包括研磨器、刃口磨制小石锛、带乳突不明用途石器各 1 件。遗址采集的多数石制品的特征与孔明坟遗址第④层出土石制品一致,特别是其中的研磨器,是孔明坟遗址第④层中的典型器物;而带乳突的不明用途石器在沙坝遗址④、⑤层中有所发现。从调查所获陶器来看,既有少量与孔明坟遗址第④层类似的夹砂灰陶片,也有沙坝遗址④、⑤层中常见的细泥条附加堆纹陶片,同时还存在一些战国秦汉时期的陶片(图 17)。初步判断,瓦厂河边遗址应当是一处含有早、中、晚不同时期堆积的遗址,其中早期遗存与孔明坟遗址④、⑤层类似,中期遗存与沙坝遗址④、⑤层相当。

图 16　瓦厂河边遗址采集的石制品　　图 17　瓦厂河边遗址采集的陶片

---

[1] 笔者 2008 年调查发现,资料现存贵州省文物考古研究所。

（十一）贞丰县纳堷遗址

位于贞丰县白层镇这洞村，处在这洞河与北盘江交汇处的北盘江西岸、这洞河南岸三角形一级阶地上（图1，12）。调查中采集到了文化遗物40余件，主要是各类石制品，包括打制和磨制两大类（图18）。打制的石制品可以分为石锤、石砧、石核、石片、砍砸器、刮削器等类型。石片多系零台面石片，兼有少量自然台面石片；砍砸器多系小型砾石砍砸器。磨制的石制品包括石锛及其毛坯、磨刃石片、砺石等。石斧（锛）的毛坯多以扁平砾石为原料加工而成；磨制石锛是在打制的石锛毛坯基础上对刃口施以局部磨光而成。此外，还发现有少量螺壳、鹿牙以及其他一些动物碎骨。该遗址采集石制品的特征与孔明坟遗址第④层出土石制品一致。

图18　纳堷遗址采集的石制品

图19　纳福遗址采集的石制品

（十二）贞丰县纳福遗址

位于贞丰县白层镇这洞村，处在这洞河与北盘江交汇处的北盘江西岸、这洞河北岸三角形一级阶地上，与纳堷遗址隔这洞河相望（图1，11）。调查中采集到石制品10余件，包括打制和磨制两大类（图19）。打制的石制品可以分为石砧、石片、断块、砍砸器等类型。石片4件，依台面的存在形式，见有零台面2件，自然台面1件，棱脊台面1件。砍砸器多系小型砾石砍砸器。磨制的石制品5件，包括1件石斧（锛）毛坯、1件穿孔石器和3件砺石。由于该遗址采集石制品数量较少，难以窥其全貌，但从一些石制品的特征来看，存在与孔明坟遗址第④层相同的石制品。

（十三）册亨县岩架码头南侧遗址

位于册亨县岩架镇岩架村岩架组码头南侧（图1，13）。该遗址共发现石制品

20件,未见其他遗存。石制品可分为打制与磨制两类,以打制的为主(图20)。打制的石制品见有石核3件、石砧2件、石片1件、小型砾石砍砸器2件、断块4件,均为砾石石器。磨制的石制品包括带凹槽的砾石、带乳突的不明用途石器、小石锛三类。由于该遗址采集标本较少,其文化内涵尚不十分明确,但发现有带乳突的不明用途石器,则可以肯定其至少含有与沙坝遗址第④、⑤层时代相当的文化遗存。

图20 岩架码头南侧遗址采集的石制品

图21 纳岩遗址采集的石制品

(十四)册亨县纳岩遗址

位于册亨县岩架镇纳岩村纳岩组,北盘江西岸一级阶地之上(图1,14)。该遗址仅发现石制品10余件,未见其他遗存。石制品全系打制,有石核6件、石锤3件、小型砾石砍砸器3件。由于该遗址采集标本非常少,文化内涵尚不明确。

三、贵州北盘江流域新石器时代的石器工业及文化分期

上述贵州北盘江流域诸遗址中的出土遗物往往是石制品占绝大多数,陶片数量极为稀少,即使是孔明坟这样经过较大规模系统发掘的遗址,陶片也不过百余片,相较于2万余件的石制品,可以称得上是微乎其微了。大多数遗址中的石制品在出土物中占有主要甚至是绝对地位,而陶器资料的数量和"质量"均明显不足。由于该流域的新石器时代文化遗存所体现出的文化面貌具有一定的特殊性,因此在研究方法上面也相应地需要作出一定的调整。在现阶段来看,单纯依靠陶器进行时代和类型学的分析具有一定的困难和局限性,以石制品的研究作为突破口进行相关的研究不失为一条新的途径,在一定程度上,这既是必由之路,又是无奈之举。当然,由于石制品变化的缓慢性,单纯依据石制品特征的变化,作出的判断也存在一定的误差,两者

必须有机结合起来。因此,下面我们将分析主要遗址的石器工业,采用"石器组合研究法",并结合陶器的特征,对其中典型遗址的文化遗存进行研究,并以此为基础,结合其他调查发现遗址的文化遗存,进行文化分期的研究。

(一) 典型遗址的石器工业及文化分期

1. 孔明坟遗址的石器工业及文化分期

上述诸遗址中,孔明坟遗址是一处地层关系明确,遗迹、遗物丰富的代表性遗址。遗址南区的文化堆积可分为6层。

第①层:耕土层。

第②层:近现代文化堆积层。

第③层:战国秦汉文化堆积层。

第④层:新石器时代文化堆积层,土色灰褐,土质疏松,包含打制和磨制的石制品近万件,另有陶片近百片。

第⑤层:新石器时代文化堆积层,土色浅灰褐,土质较疏松,包含打制和磨制的石制品数千件,陶片30余片。

第⑥层:新石器时代文化堆积层,土色黄褐,土质较硬,夹杂较多的风化石颗粒,出土打制的石制品数百件。

各文化层在遗址中的分布并不均匀,其中①、④、⑤层分布普遍,③层只在遗址西部断断续续分布,⑥层只在遗址东部连续分布。遗址的④、⑤、⑥层及叠压在④、⑤两层下的遗迹,属于新石器时代的遗存,是该遗址最为丰富的文化堆积。

新石器时代遗迹间的典型的叠压打破关系仅有数组,但多为石器加工点和石堆之间的叠压和打破关系,遗物均为石制品,加工技术一致,形态接近,难以进行仔细比较。而地层与遗迹之间虽有打破和叠压关系,但通过分析对比可知,叠压在第④层下的石器加工点、石堆等遗迹中包含的遗物与第④层的出土物一致,6座墓葬中均无随葬品出土,无对比的可能。第⑤层下叠压的石器加工点、石堆、废料坑等遗迹,其包含物也与第⑤层的出土物一致,3座墓葬中仅有1座出土有1件石锛,也无法再作更细致的区分。

因此,该遗址可供分期的依据仅仅是地层间的叠压关系。我们清楚地知道,一般而言,地层中的包含物,或多或少可能有较早阶段的遗物,同一地层中的出土物,往往不宜简单地视为同一时期的遗存,需要作仔细的分析。就孔明坟遗址而言,第⑥层直接叠压在生土层之上,文化遗存内涵简单,可以确定它是一组较为单纯的遗存;构成第⑤层的主体为各类石制品,石制品的特征与第⑥层差别明显,这种差别不仅体现在器物类型上,也体现在石制品本身的风化程度方面,因此第⑤层内的出土物,大体也可视为同一时期的遗存;构成第④层的主体同样为各类石制品,甚至在一些区域,可以用"土少石多"来形容,相对而言,这类地层在形成过程中,对前期地层的扰动应当比较小,因此,该层中的出土物,大体也可以视为同一时期的遗存。

依据上述地层和遗迹间的叠压的关系,我们可以将孔明坟遗址新石器时代的地层及遗迹单位,分为三组。

第一组为第⑥层,该组地层遗物全为打制的石制品,尚未发现陶器和磨制的石制品。石器工业主要特点为:原料以砂岩和轻度变质的硅质岩砾石为主;主要类型有石核、石片、断块、碎屑、石器等;剥片主要采用锤击法,锐棱砸击法也有较多应用;石核剥片时多不修理台面,利用率较低;石器组合以砍砸器为主(包含大型砍砸器和小型砾石砍砸器两种),也见有少量镐(大尖状器)和刮削器,是一套以重型工具为主的组合。

第二组为第⑤层及叠压在其下的石器加工点、石堆、废料坑等遗迹,该组地层和遗迹单位中发现有打制的石制品、磨制的石制品、陶器。石器工业主要特点为:原料以砂岩和硅质岩砾石为主;主要类型有石锤、石砧、石核、石片、断块、碎屑、石器等;剥片主要采用锤击法,锐棱砸击法也应用广泛;石核剥片时多不修理台面,利用率较低;石器组合方面,以打制石器为主,磨制石器较少,打制石器以小型砾石砍砸器为主,刮削器次之,磨制石器以局部磨光的斧、锛、凿及其毛坯等为主,通体磨光石器极少,也见有少量磨刃石片、磨刃砾石和研磨器,研磨器制作简单粗糙,多是以天然长条形砾石为原料,仅在磨面进行打制和磨制。陶器火候低,胎壁厚薄不一,均为夹砂陶,羼和料多为细小的砂砾,陶色主要为黄褐、灰褐两色,多为素面,纹饰见有粗绳纹、弦纹、细绳纹等。根据遗迹、遗物的构成分析,可知已经存在石器制造场。

第三组为第④层及叠压在其下的石器加工点、石堆、废料坑、石铺道路、房址等遗迹,该组地层和遗迹单位中也发现有陶器、打制的石制品和磨制的石制品。石器工业特点为:原料以砂岩和硅质岩砾石为主;主要类型有石锤、石砧、石核、石片、断块、碎屑、石器等;剥片主要使用锤击法和锐棱砸击法,二者比例相当;石核剥片时多不修理台面,利用率较低;石器组合方面,打制石器以小型砾石砍砸器为主,刮削器次之,磨制石器以局部磨制的斧、锛、凿等工具及其毛坯为主,通体磨光石器很少,一些器物修理比较精细,形态比较规整,出现一些加工精细的标本;还发现有一定数量的磨盘、研磨器、砺石等。相较于第二组,新出现了形态规整的石磨盘,研磨器修理规整,形态多样,有圆锥形、圆柱形、半圆形等多种类型;整体而言该组遗存中磨制石器的数量和制作精细程度,均已超过以砍砸器、刮削器为代表的打制石器。陶器火候较第⑤层出土的高,胎壁多较薄,以夹砂陶为主,也存在一些羼和有细小砂砾的陶片,陶色见有灰、灰褐、红褐、黄褐等多种,以灰陶和灰褐陶为主,多为素面陶,可辨纹饰主要为细绳纹和弦纹等。房址、石铺道路等遗迹的出现,表明石器制造场的规模持续扩大,并有了一定的功能区划。

上述三组单位早晚关系明确,器类丰富且形态有或远或近的差异,形成了特征有异的三个器物群。整体来看,第二组单位与第三组单位关系较为密切,整体面貌比较一致,而与第一组单位相去较远。据此,我们可将孔明坟遗址的新石器时代遗存划分为两期,第一期以上述第一组单位为代表,第二期以上述第二、三组单位为代表;第二期又可分为前后两段,前段以第二组单位为代表,后段以第三组单位为代表。

2. 沙坝遗址的石器工业及文化分期

沙坝遗址也经过比较系统的发掘,地层关系较为明确,整个发掘区的地层编号也是统一的,共分为6层。

第①层:耕土层。

第②层:近现代层。

第③层:商周时期文化堆积层。

第④层:新石器时代文化堆积层。

第⑤层:新石器时代文化堆积层。

第⑥层:新石器时代文化堆积层。

沙坝遗址发现的遗迹现象较少,资料公布也十分简略。据发掘者张兴龙先生介绍,遗迹间少见打破关系,且遗迹或无出土物,或出土物极少,难以作为比较的依据。因此,该遗址文化遗存的分组主要也依据地层间的叠压关系。

沙坝遗址第⑥层直接叠压在生土层之上,仅有个别探方发掘至此层。未见陶器出土,仅见少量打制石器,尽管其文化内涵尚不十分清晰,但可以确定它是一组较为单纯的遗存。第⑤层出土较多的有肩磨制石器,基本不见小型砾石砍砸器,石制品的特征与第⑥层差别明显,因此第⑤层内的出土物,大体也可视为同一时期的遗存。发掘者在报道资料时,将第⑤层与第④层的发掘资料同时报道,并指出两层出土物基本一致。第③层中的出土物与第④、⑤两层迥异,已属于商周时期的堆积。

依据上述地层和遗迹间的叠压关系,我们可以将沙坝遗址的地层及遗迹单位,分为三组。

第一组为第⑥层,发现有少量打制的石制品,尚未发现陶器和磨制的石制品。石器工业主要特点为:打制的石制品原料以砂岩和硅质岩砾石为主;主要类型有石核、石片、断块、碎屑、石器等;剥片主要采用锤击法,锐棱砸击法也有较多使用;石核剥片时多不修理台面,利用率较低;石器组合以打制石器为主,类型以小型砾石砍砸器为主,刮削器次之。该组现有的石器工业特点与孔明坟遗址第二期遗存十分类似,虽未明确报道发现有磨制石器,但不排除可能因发掘面积过小而暂未发现。

第二组为第④、⑤层,发现有打制的石制品、磨制的石制品和陶器残片。其石器工业特点为:原料以砂岩和硅质岩砾石为主;主要类型有石核、石片、断块、碎屑、石器等;剥片主要采用锤击法;石核剥片时多不修理台面,利用率较低;石制品类型有石锤、石砧、断块、砺石、石器毛坯和石器,包含了石器不同制作阶段的副产品,具有石器制造场的性质;石器多为通体或大部分磨光的有肩磨制石器,还有一些长方体带乳突的不明用途的磨制石器。陶器数量较多,以夹砂陶为主,大多数为红褐陶,少量灰褐陶,陶质较差,多为寰底的敞口束颈溜肩器,纹饰以交错粗绳纹为主,见有少量细泥条附加堆纹。

第三组为第③层,时代比较明确,属于商周时期,这里不作过多的分析。

沙坝遗址三组单位早晚关系明确,器类丰富且差异明显,同样也形成了特征有异的三个器物群。三个器物群代表了三个时期的遗存,分别为第一期、第二期和第三期,其中第一、二期属于新石器时代遗存,第三期属于商周时期遗存。

3. 天生桥遗址的石器工业及文化分期

天生桥遗址也是一处经过较为系统发掘,地层关系明确的遗址。发掘分为纳云河北区、木耳山东区、木耳山西区三个区域。其中木耳山东区收获最为丰富,该区的地层编号统一,据报道,共分为5层。

第①层:耕土层。

第②层:明清时期文化堆积层。

第③层:战国秦汉时期文化堆积层。

第④层:滑坡堆积层,褐色,夹杂有大量风化石块。

第⑤层:新石器时代文化堆积层,黄褐色,出土陶片与第④层基本一致。

天生桥遗址木耳山东区发现的遗迹现象较少,资料公布也较为简略。据发掘者张兴龙先生介绍,除汉代墓葬外,其余遗迹少见打破关系,且遗迹中出土物极少,难以作为遗迹分组的依据。因此,该遗址的分组主要也依据地层间的叠压关系,所幸地层堆积较为简单。第⑤层直接叠压在生土层之上，可以确定它是一组单纯的遗存。第④层可能系滑坡形成，出土物较少，也与第⑤层一致，二者属于同一时期的遗存。第③层出土器物的风格与④、⑤两层差异很大，发掘者认为其已进入战国秦汉时期。

依据上述地层和遗迹间的叠压关系，可将天生桥遗址木耳山东区的地层及遗迹单位，分为三组。

第一组为第④、⑤两层，发现有打制的石制品、磨制的石制品和陶器残片。其石器工业特点为：原料以砂岩和硅质岩砾石为主；主要类型有石核、石片、断块、碎屑、石器等；剥片主要采用锤击法，锐棱砸击法也有较多使用；石核剥片时多不修理台面，利用率较低；石制品类型有石锤、石砧、断块、砺石、石器；石器组合方面，打制石器以小型砾石砍砸器和刮削器为主，磨制石器极少，多为通体磨光的斧、锛类，无段、无肩。陶片较薄，多为红褐色的夹砂陶，纹饰多为细绳纹，少量为细泥条附加堆纹；器型主要有罐、釜等，以侈口器为多。

第二组为第③层，出土有铜器，陶器、石器方面与第一组差别明显，已明显属于历史时期的遗存，本文不再细述。

第三组为打破第③层的一座墓葬，墓葬随葬有东汉五铢钱。

天生桥遗址木耳山东区这三组单位中的出土遗物，面貌的差异性十分明显，显然是属于三个时期的遗存，因此也可依据地层的叠压关系，分为三期，第一组单位为第一期，第二组单位为第二期，第三组单位为第三期。

纳云河北区的发掘资料目前未见报道，但据笔者参加发掘时的印象和发掘领队张兴龙先生的介绍，发掘出土的石制品以砍砸器、刮削器为主，具有石器制造场的性质，文化内涵与孔明坟遗址第④、⑤层接近。

（二）贵州北盘江流域新石器时代遗存的分期与年代

通过对上述三处典型遗址的分期，我们大致建立起了贵州北盘江流域新石器时代石器工业类型的相对年代关系，结合陶器的分析亦可知，石器工业类型的相对年代关系也在整体上反映出了新石器时代遗存的相对年代关系。依据直接的地层叠压关系可知，孔明坟遗址第一期时代最早，孔明坟遗址第二期次之；沙坝遗址第一期文化遗存和天生桥遗址纳云河北区文化遗存的内涵与孔明坟遗址第二期接近，而其又早于沙坝遗址第二期；沙坝遗址第二期所见的细泥条附加堆纹陶器在天生桥遗址木耳山东区第一期中也有较多发现，因此二者时代大致相当。由此，我们可以推导出这三处遗址中新石器时代遗存的早晚关系，即（"→"表示早于）：

孔明坟遗址第一期→孔明坟遗址第二期
沙坝遗址第一期　　　→沙坝遗址第二期
天生桥遗址纳云河北区→天生桥遗址木耳山东区第一期

在上述新石器时代遗存中,石制品占90%以上,而石制品中可用以对比的典型石器主要是镐,砍砸器,刮削器,斧、锛、凿及其毛坯,磨盘,研磨器,砺石等。但由于多数遗址材料未经全面整理,公布的资料也较为简略,目前还难以进行石器方面的系统型式划分,只能从宏观上把握器物组合的整体变化,好在石器在大的年代尺度上也存在较为明显的变化。陶器虽然数量较少,无法从具体器型方面进行对比,但也可以从陶质、陶色、纹饰等方面进行宏观上的把握。上述种类的器物广泛存在于贵州北盘江流域新石器时代各时期堆积和各遗迹单位中,具有典型性和代表性,可以作为文化分期的依据。目前看来,前述贵州北盘江流域的三处典型遗址中的新石器时代遗存,至少可以分为四类。

第一类为孔明坟遗址第一期遗存,石器组合为镐、大型砍砸器和小型砾石砍砸器的重型工具组合。

第二类为孔明坟遗址第二期遗存,该类遗存实际上也可细分为前后两个发展阶段。前段石器组合为大型砍砸器,小型砾石砍砸器,刮削器,斧、锛、凿及其毛坯,研磨器的组合,研磨器多以天然砾石直接加工而成;陶器较少,均为夹砂陶,陶色以黄褐、灰褐为主,纹饰常见粗绳纹、细绳纹和弦纹。后段石器组合为大型砍砸器,小型砾石砍砸器,刮削器,斧、锛、凿及其毛坯,磨盘,研磨器的组合,斧、锛、凿及其毛坯加工趋于规整,研磨器形态多样,有圆柱形、圆锥形、半圆形等多种,加工比较精细;陶器数量增多,陶质以夹砂陶为主,陶色以灰陶、红褐陶为主,纹饰常见细绳纹和弦纹。

第三类为天生桥遗址木耳山东区第一期遗存,石器分打制与磨制两大类,以打制的为主,磨制的数量极少,且多为无段、无肩、通体磨光的斧、锛类;陶器较少,陶质以夹砂陶为主,陶色以红褐色为主,纹饰常见细绳纹,少量为细泥条附加堆纹。

第四类为沙坝遗址第二期遗存,石器以磨制石器为主,组合为有肩和无肩的斧、锛、凿,带乳突的不明用途石器,束腰状研磨器;陶器较多,陶质以夹砂陶为主,陶色以红褐色为主,纹饰常见交错粗绳纹,也见有少量细泥条附加堆纹。

这里最值得注意的是,沙坝遗址和天生桥遗址仅相距不足5公里,但文化面貌方面既有相似之处,又有着明显的差别。石器组合方面,二者差异较大,具体表现在沙坝遗址第二期以有肩磨制石器为主,也见有少量的无肩磨制石器;而天生桥遗址木耳山东区第一期以无肩的磨制石器为主,没有发现一件有肩的磨制石器。有意思的是,这种石器的差异一直持续到了更晚的时期,即在沙坝遗址第三期和天生桥遗址木耳山东区第二期时,这种差异仍然存在。沙坝遗址第二期遗存和天生桥遗址木耳山东区第一期遗存的陶器均以红褐陶为主,均存在少量的细泥条附加堆纹陶器,这表明二者存在一定的联系,可能时代大体相当;但从主体的陶器纹饰方面来看,前者以粗绳纹为主,后者以细绳纹为主,也存在一定的差别。对于这种地域邻近、时代相当,而文化面貌不同的文化遗存,我们认为应当是属于文化传统和文化类型的不同。

上述四类遗存中的特定器物中,研磨器具有明显的变化轨迹,即由孔明坟遗址第二期前段时的用砾石简单加工或直接使用形成研磨面,到孔明坟遗址第二期后段时的有意识制作形态多样、加工精细的研磨器,再到沙坝遗址第二期时的束腰状研磨器。而其他的石器,也在研磨器变化的同时发生不同程度的变化。

对于其他经过调查的遗址,可以通过对比上述四类遗存,来对其文化内涵进行分析。

坡们渡口遗址是调查工作中采集标本最多的遗址。调查未见陶器,石制品的主要类型与孔明坟遗址第④、⑤层出土者一致,部分斧、锛、凿等磨制石器及毛坯制作较粗糙,更接近第⑤层中的出土遗物,目前虽不能十分清楚地了解其内涵,但可以肯定的是其至少应存在孔明坟遗址第二期前段类遗存。

洒若桥遗址调查所获标本也较多,早期的遗存均见于孔明坟遗址第④、⑤层,并有磨盘发现,故其至少也应存在孔明坟遗址第二期后段类遗存。小河口遗址紧邻孔明坟遗址和天生桥遗址,其采集所获标本未超出孔明坟遗址第④、⑤层出土遗物的内涵,并见有磨盘,因此,其至少也应存在孔明坟遗址第二期后段类遗存。

纳归、纳堉、纳福三处遗址采集所获标本较少,从整体来看,没有超出孔明坟遗址第④、⑤层的内涵。但因调查工作偶然性的存在和未发现具有明显时代意义的研磨器、磨盘等遗物,目前只能判断出其文化面貌与孔明坟遗址第二期类似,尚无法厘清属于哪一段。

瓦厂河边遗址的遗存,内涵比较丰富,从调查所获的陶器、石器标本来看,至少可以分为早、中、晚三个时期。早期遗存类似于孔明坟遗址第④层,且存在半圆形研磨器;中期遗存与沙坝遗址第④、⑤层具有较多的联系,既存在类似的陶片,也存在长方体带乳突的不明用途石器;晚期遗存与坡们遗址的战国秦汉时期遗存类似,已进入战国秦汉时期。

纳放遗址采集的陶器可以分为两组,一组与天生桥遗址木耳山东区第⑤层出土陶片接近,另一组与坡们战国秦汉时期遗址出土陶片接近,因此也存在早、晚两期遗存。早期遗存与天生桥遗址木耳山东区第一期遗存面貌相当。

坝草遗址和岩架码头南侧遗址中带凹槽的砾石、带乳突的不明用途石器都是沙坝遗址第④、⑤层中常见的典型器物,可以肯定其至少含有与沙坝遗址第④、⑤层时代相当的文化遗存。

依据前述对孔明坟、沙坝、天生桥遗址的分期及各期相对年代和文化特征的分析,并对比其他相关遗址,我们大致可将北盘江流域的新石器时代遗存分为三期四段(表1)。第一期包括孔明坟遗址第一期,目前仅在孔明坟遗址中有所发现;第二期主要包括孔明坟遗址第二期,在沙坝、天生桥遗址纳云河北区、小河口、洒若桥、坡们渡口、纳墖、纳福、纳归、瓦厂河边等遗址也存在该期的遗存,该期遗存又可分为前、后两段;第三期主要包括沙坝遗址第二期、天生桥遗址木耳山东区第一期,瓦厂河边、纳放、坝草、岩架码头南侧遗址也存在该期的遗存。

表1　贵州北盘江流域新石器时代遗存分期表

第一期遗存		孔明坟遗址第一期	
第二期遗存	前段	孔明坟遗址第二期前段 坡们渡口遗址	沙坝遗址第一期 天生桥遗址纳云河北区 纳墖遗址 纳福遗址 纳归遗址
	后段	孔明坟遗址第二期后段 小河口遗址 洒若桥遗址早期 瓦厂河边遗址早期	
第三期遗存		天生桥遗址木耳山东区第一期 纳放遗址 沙坝遗址第二期 瓦厂河边遗址中期 坝草遗址早期 岩架码头南侧遗址	

各期的文化特征可以归纳如下(各期典型石器的演变特征见表2):

表2　贵州北盘江流域新石器时代遗存石器组合表

	镐	砍砸器		刮削器	斧、锛、凿及毛坯	磨盘	研磨器	长方体带乳突不明用途石器
		大型砍砸器	小型砾石砍砸器					
第一期遗存								

续 表

	镐	砍砸器		刮削器	斧、锛、凿及毛坯	磨盘	研磨器	长方体带乳突不明用途石器
		大型砍砸器	小型砾石砍砸器					
第二期前段遗存								
第二期后段遗存								

续 表

| | | 镐 | 砍砸器 || 刮削器 | 斧、锛、凿及毛坯 | 磨盘 | 研磨器 | 长方体带乳突不明用途石器 |
			大型砍砸器	小型砾石砍砸器					
第三期遗存	天生桥遗址木耳山东区第一期类遗存								
	沙坝遗址第二期类遗存								

第一期：以孔明坟遗址第一期遗存为代表。尚未见陶器和磨制石器，仅见少量打制石制品。制作石制品的原料以砂岩和硅质岩砾石为主，部分石制品表面风化严重；剥片多用锤击法和锐棱砸击法；工具类型以大型砍砸器、小型砾石砍砸器、镐等重型工具为主。文化面貌上接近旧石器时代遗存。

第二期：以孔明坟遗址第二期遗存为代表。出现陶器和磨制石器；打制的石制品类型多样，以砍砸器为主，刮削器次之。遗址中多发现有石器制造场，出土大量石料、石锤、石砧、石核、石片、断块、碎屑、工具和工具毛坯、半成品等石器制作过程中不同阶段产生的石制品。磨制的石制品以斧、锛、凿及其毛坯为主，见有少量的磨刃石片，存在一定数量的研磨器等。墓葬方面以二次葬为主，墓坑狭小，墓坑及墓上多压有大块砾石。遗存中常见石器制造场，主要制造砍砸器、刮削器和局部磨光石器。该期遗存又可分为前后两段。

前段，以孔明坟遗址第二期前段为代表。石制品中打制与磨制并存，以打制为主。打制的石制品原料多为砂岩和硅质岩砾石，石制品呈现出中等的风化程度；剥片多用锐棱砸击法和锤击法，修理多用锤击法；工具类型以砍砸器为主，刮削器次之。磨制石器主要对刃端进行磨制，通体磨光石器极少见；类型以斧、锛、凿等工具及其毛坯为主，也见有少量研磨器，研磨器加工粗糙，往往以长条形砾石为原料，仅在一端有磨制痕迹，其他部位鲜见磨制痕迹，此外还有一些仅磨制边缘的小型磨刃石片。陶器多见黄褐陶和灰褐陶，以素面为主，还见有粗绳纹、弦纹、细绳纹等；胎壁厚薄不一，火候较低,多羼和细小的砂砾。

后段,以孔明坟遗址第二期后段为代表。石制品中打制与磨制并存,仍以打制石器为主,但磨制石器数量明显增多。打制的石制品与前段未见明显差别,磨制的石制品中新出现了形态规整的石磨盘。研磨器加工较为规整,新出现了圆锥形、半圆形等多种,往往周身可见打制修理痕迹,加工比较精细。斧、锛、凿等磨制石器及毛坯,形态趋于规整,一些标本制作十分精细。陶器以灰褐、灰陶为主,少量为红褐陶,纹饰仍以绳纹和弦纹为主,但细绳纹陶器明显增多;羼和有细小砂砾的陶器仍然存在,但火候较高;陶器胎壁厚薄不一,多较薄。

第三期:以沙坝遗址第二期、天生桥遗址木耳山东区第一期为代表。陶器中新出现了细泥条附加堆纹的陶器,石器向通体磨光转变。又可分为两个类型。

天生桥遗址木耳山东区第一期类遗存,石制品以打制的为主,磨制的石制品数量极少,多为无段、无肩的斧、锛类,通体磨光与局部磨光均有发现。陶器以夹砂陶为主,陶色多样,但以红褐色为主,手制痕迹明显,纹饰多为细绳纹,少量为细泥条附加堆纹;器型主要有罐、釜等,以侈口器为多。

沙坝遗址第二期类遗存,石器多为有肩磨制石器,以通体磨光为主,研磨器以束腰状最为典型,此外还有一些长方体带乳突的不明用途的石器。该类遗存也存在石器加工的活动,但加工的对象已转变为通体磨制石器。陶器也以夹砂陶为主,陶色多样,大多数为红褐陶,少量灰褐陶。纹饰以交错粗绳纹为主,见有少量细泥条附加堆纹。

关于各期文化遗存的大致年代,已经有了一些可供参考的依据。孔明坟遗址第⑤层有两个年代数据,均为 5 520 BC(95.4%)5 340 BC(样品为碳样,经树轮校正)。第④层有 1 个年代数据,为 3 640 BC(73.1%)3 490 BC(样品为碳样,经树轮校正)。叠压在第④层下的墓葬为 2 960 BC(92.8%)2 620 BC(样品为人骨,经树轮校正)。考虑到年代测定可能会略有偏差,特别是不同性质样品在年代测定方面的偏差,综合起来分析,第二期前段(以第⑤层为代表)的年代大致在距今 7 000 年前后,第二期后段(以第④层为代表)的年代大致在距今 5 500—5 000 年前后,参考南方和岭南地区新石器时代遗存的分期体系,并结合贵州境内新石器时代遗存的具体特点,我们认为第二期遗存当属于贵州新石器时代中期的遗存。从地层关系来看,第一期遗存的时代要早于第二期遗存,而二者文化面貌的差异性也较为明显,显然二者之间应该存在比较大的年代距离,其具体年代虽不得而知,但至少应不晚于距今 7 000 年,大致可以判定属于新石器时代早期遗存。第三期遗存中,目前暂无可靠的对比材料,测年工作虽已在进行中,但尚未见报道。而从沙坝遗址第三期的情况来看,其与广西那坡感驮岩遗址第二期后段和广西红水河流域马山六卓岭遗址具有较多的相似性,如陶器以夹砂陶为主,陶色以红褐色为主,细绳纹为主要的纹饰,存在刻划曲线纹等;陶器烧制火候较高,器类组合见有寰底、足、三足器等。据研究感驮岩遗址第二期后段的年代大约在距今3 400—2 800年[1],六卓岭遗址的年代大约在距今4 500—3 000年[2],属于广西的新石器时代晚期或商周时期文化遗存。而沙坝遗址第三期与第二期文化面貌差异较大,第二期显然要早于第三期,而且相距不会很近。因此,尽管六卓岭遗址的年代范围较为宽泛,但也可以从一定程度上反映出,以沙坝遗址第二期为代表的北盘江流域新石器时代第三期遗存的时代应属于新石器时代晚期。

四、与周邻地区新石器时代文化遗存的关系

要深入认识贵州北盘江流域新石器时代遗存的主要特征和发展变化过程,离不开对周边地区相关考古发现的关注。从地域上来看,北盘江与南盘江和红水河有着密切的关系,它与南盘江交汇后即为红水河,北盘江也是红水河的源头之一,此外,周边地区与红水河属于同一水系的还有广西境内的右江。因此,我们对比讨论的重点即在这几个区域。通过对这些周邻地区新石器时代遗存的考察,可以揭示出北盘江流域新石器时代遗存的自身特点及与周邻地区文化的交流与影响。

(一) 与贵州南盘江流域新石器时代文化遗存的关系

南盘江主要流经云南省和贵州省,该流域贵州省境内的新石器时代台地遗址发现较少,目前见诸报道的仅有兴义市老江底遗址一处[3]。

老江底遗址位于兴义市白碗窑镇甲马石村,南盘江支流黄泥河东岸一级阶地之上,共分为老江底、尾水、崖脚三个发掘区,其中在崖脚发掘区发现有新石器时代遗存。崖脚发掘区地层堆积可分4层,第③、④两层属于新石器时代。遗址各层均有石制品出土,绝大多数为打制石器,有磨制痕迹的石器仅有数件,多系在扁圆砾石的一

---

[1] 广西壮族自治区文物工作队、那坡县博物馆:《广西那坡县感驮岩遗址发掘简报》,《考古》2003年第10期。

[2] 广西壮族自治区文物工作队、南宁市博物馆、马山县文物管理所:《广西马山县六卓岭、尚朗岭新石器时代遗址发掘报告》,《广西考古文集(第二辑)》,科学出版社,2006年。

[3] 张改课、宋先世、赵小帆等:《贵州兴义发现一处新石器时代遗址》,《发现中国:2008年100个重要考古新发现》,学苑出版社,2009年。

侧或两侧的局部区域稍加打磨而成,尚难以判断具体器型(图22)。

1. 打制的石制品　　　　　　　　　　2. 磨制石器

图22　老江底遗址出土的石制品

崖脚发掘区共出土各类石质标本600余件,其中第③、④两层出土300余件。石制品原料均为磨圆度较好的砾石,岩性主要为砂岩和轻度变质的硅质岩。器物类型包括石锤、石砧、石核、石片、断块、碎屑、石器等。石核中锐棱砸击石核比较常见,一般只有一至两个石片疤。石片多为锤击石片,其次为锐棱砸击石片。从石核和石片的特征来看,打片方法主要为锤击法和锐棱砸击法。石器类型包括砍砸器、刮削器和石锛三类,其他类型极少。砍砸器数量最多,主要为小型砾石砍砸器;刮削器数量较少,多以锐棱砸击石片为毛坯。总地来看,石器加工技术和类型组合比较简单。石制品的类型组合基本反映出石器加工制作的各个环节,具有石器制作场的性质。

总体来看,老江底遗址发现的石制品与孔明坟遗址第二期前段遗存较为类似,但其中的差别也是显而易见的。老江底遗址中发现的打制石器在孔明坟遗址第二期中均可见到,而孔明坟遗址第二期遗存中局部磨制的斧、锛、凿,磨刃石片,石磨盘,研磨器等均不见于老江底遗址。我们认为,孔明坟遗址第二期遗存最具特色的代表性遗物,无疑是上述局部磨制的斧、锛、凿,磨刃石片,石磨盘,研磨器等工具,而小型砾石砍砸器、刮削器作为自旧石器时代就流行起来的工具类型,在南盘江流域的老江底遗址存在也是合乎情理的。这样看来,老江底遗址新石器时代文化遗存与孔明坟遗址第二期遗存,既有联系,又有区别,区别应当是主要的。

(二) 与红水河流域新石器时代文化遗存的关系

红水河流经广西壮族自治区和贵州省,以广西壮族自治区为主。据初步报道,在其流经区域目前已发现的含有新石器时代遗存的遗址已超过十处,其中除罗甸县羊里遗址外,其他均发现于广西境内。

1. 与贵州红水河流域新石器时代文化遗存的关系

在红水河流域贵州境内，最为重要的发现当属罗甸县羊里遗址。该遗址于2005年5月调查发现[1]。位于罗甸县红水河镇羊里村红水河北岸的坝坪坡上，处在羊里河与红水河交汇处的三角地带，面积约4 000平方米。由于近几十年来不断的工农业生产改造和水土流失，使得遗址的地层堆积受到了严重的破坏，加之电站蓄水致使水位上升，该遗址并未全部发掘至生土便被淹没，殊为遗憾。尽管如此，该遗址还是取得了较为重要的发现，共采集和发掘出土石制品数千件，并见有少量陶器残片。

羊里遗址出土的石制品，依加工方法，可分为打制和磨制两大类。

打制的石制品占绝大多数，主要类型有石锤、石砧、石核、石片、断块、碎屑、石器等，明显具有石器制造场的性质。石器以小型砾石砍砸器和大型砍砸器为主，其中以小型砍砸器居多，此外还有少量的刮削器，尖状器也有发现，但数量极少。磨制石器以局部磨制的石器和毛坯为主，也存在部分磨盘、研磨器和石锛。局部磨制的石器都在石器的刃部进行了一定的加工和磨制，多可划归为斧、锛之列。石磨盘体形较大，在石磨盘的中心位置均有明显的近似圆形的浅凹坑。研磨器制作较为粗糙，大多以天然的柱状砾石为原料，对研磨面进行加工，有的甚至未经加工直接使用。通体磨光的石器发现很少，大都为石锛，形状多为偏肩石锛。

总体来看，尽管羊里遗址地层堆积情况并不清楚，且陶器异常稀少，难窥全貌，但仍可从其所获的石器材料看出该遗址包含了早晚不同时期的遗存。其主体部分的早期遗存与孔明坟遗址第二期后段遗存比较接近，存在石器制造场，石器类型方面基本一致。如打制石器中大量存在小型砾石砍砸器和刮削器；磨制石器中存在石磨盘，类型多样的研磨器，局部磨制的斧、锛及其毛坯等。晚期遗存以较为丰富的双肩磨制石器为代表，由于这类工具自新石器时代至战国秦汉时期皆有发现，其时代目前尚难判断。

2. 与广西红水河流域新石器时代文化遗存的关系

在广西境内，目前已发现了都安县北大岭，马山县六卓岭、索塘岭、拉如岭、古楼岭，大化县大地坡、江坡、琴常、音墟，巴马县坡六岭，东兰县坡文岭，天峨县塘英等一

---

[1] 王新金、刘文科、翁泽坤：《贵州罗甸红水河发现一批石器》，《中国文物报》2007年12月7日。

大批新石器时代遗址。根据广西同仁的研究,广西红水河流域的新石器时代遗存大致可以分为三期[1]。

第一期以北大岭遗址早期为代表,还包括大地坡、古楼岭、索塘岭、拉如岭、塘英等遗址。该期遗存的陶器以夹粗砂红褐陶为主,兼有少量褐陶和黄褐陶,火候较低,胎壁较厚;纹饰方面,以粗绳纹为主,可辨器型多为敞口寰底器。大量的打制石器与磨制石器并存,打制石器的类型多为砍砸器、刮削器;磨制石器主要对器物刃部进行磨制,主要有斧、锛、凿、研磨器等类型,研磨器多近似圆柱形。遗址中通常都存在石器制作场遗迹,出土大量的石料、石锤、石砧、石核、石片、断块、碎屑、石器毛坯、半成品等不同生产阶段石制品。墓葬发现较少,已知类型有仰身屈肢、侧身屈肢和肢解葬三种。年代大致距今8 000—7 000年左右,属于广西新石器时代中期遗存。

通过对比可知,以北大岭早期为代表的这类遗存,与以孔明坟遗址第二期前段遗存为代表的贵州北盘江流域新石器时代第二期前段遗存文化面貌相当,无论从陶器、石制品、遗址性质,还是遗址所处的地理位置来看,都是非常接近的。如陶器中含有褐、黄褐等色,纹饰以粗绳纹为主,胎壁较厚等均见于孔明坟遗址第二期遗存。同时也存在大规模的石器制造场,打制石器以小型的砾石砍砸器和刮削器为主,磨制石器以刃部局部磨光的斧、锛、凿及其毛坯为主,还见有加工简单的柱状研磨器。当然二者也存在一定的差异,这主要表现在墓葬方面,如广西红水河流域的侧身屈肢和肢解葬在北盘江流域尚未见到,而北盘江流域的二次葬,特别是墓坑内或墓上放置大块砾石的葬俗也不见于红水河流域。当然,由于目前两地发现的墓葬非常有限,这或许是个别的现象,并不具有代表性,但也是一个值得注意的现象。此外,从年代测定的结果来看,孔明坟遗址第二期前段遗存的年代似乎要稍晚于北大岭早期遗存,我们并不主张以测年的数据来决定遗存的年代,但即使仅从参考的角度来看,这种年代上的差距也是需要考虑的。

第二期以坡六岭遗址为代表,还包括坡文岭、音墟、琴常等遗址。陶器方面,新出现了夹细砂灰陶;纹饰虽然仍以绳纹为主,但新出现了方格纹;器型增加了陶钵和较多的三足器。遗址中也存在石器制作场,打制石器与磨制石器并存,出现了磨制精致的小型斧、锛,开始出现大石铲、石拍等工具,研磨器演变为以束腰的近似葫芦状的类型为主。据推算,其年代大致距今7 000—6 000年。类似的遗存目前在贵州北盘江尚未有明确的发现。

---

[1] 林强:《广西红水河流域新石器时代台地遗址的发现和研究》,《南方文物》2007年第3期。

第三期以北大岭晚期为代表。陶器可以分为夹细砂和泥质陶两种,陶色见有红、褐、红褐、灰褐、黑褐等多种;胎壁较薄,纹饰以细绳纹为主,其次为刻划纹;器类方面多见寰底器和圈足器,圈足多有镂孔;主要器型有高领罐、带耳罐、陶罐、钵、盆等,以高领罐居多,依口部特征,可分敞口、直口两种,有的领中部有花边或凸棱装饰。石器方面的变化最为明显,以双肩磨制石器为主,多通体磨光,打制石器明显减少。据推测年代大致在距今 6 000 年以后,但具体的年代尚不清楚,属于广西新石器时代晚期的遗存。从公布的资料来看,该期遗存与以沙坝遗址第二期为代表的贵州北盘江流域新石器时代第三期文化遗存既有联系,又有区别,联系主要体现在均大量存在有肩磨制石器,陶器陶色多样,多见寰底器等;不同之处在于广西红水河流域发现的圈足器、三足器尚未见于沙坝遗址第二期遗存。由于目前所做的发掘工作还比较有限,且缺乏相关的年代数据,二者的关系尚不十分明确。

3. 与广西右江流域新石器时代文化遗存的关系

在广西珠江水系的右江流域,目前已发现的新石器时代遗址主要有百色革新桥、百达、坎屯,田阳东贯,田林百劳、百凤等。从已公布的资料来看,其中以革新桥遗址所获材料最为丰富。

革新桥遗址的新石器时代遗存,可分为早晚两期,两期遗存之间是连续发展的,没有质的变化,文化面貌总体一致[1]。

第一期文化遗存以第一文化层为代表。发现有大面积的石器制造场,石制品极为丰富。打制的石制品主要包括石锤、石砧、石核、石片、砍砸器、尖状器、刮削器等类型。据研究,剥片多用锐棱砸击法。石器以砍砸器为主,多用锤击法修理,制作比较简单。磨制石器有砺石、磨石、斧、锛、凿、切割器、研磨器、磨盘、石拍、穿孔石器、石璜等,以斧、锛、凿及其毛坯为主,研磨器数量也较多,研磨器的类型丰富,有圆柱形、喇叭形、束腰形、圆锥形等多种(表3)。陶片仅 30 片,均为夹砂陶,羼和料多为粗细不等的砂质颗粒。陶色主要见有红、红褐、灰三种,以红褐陶和灰陶为主。陶片绝大多数施有纹饰,均为绳纹,并可细分为粗绳纹和中绳纹两种,二者数量接近。陶器胎壁多较薄,在 0.3—0.7 厘米之间,以 0.4 厘米左右居多。器型均为寰底的釜、罐类,体形较小,未见圈足器和三足器。从口沿和颈部观察,多为侈口,沿略卷,圆唇或尖唇,短颈。墓葬发现两座,一座为仰身屈肢葬,另一座为二次葬。该期遗存的绝对年代在距今 6 000 年前后。

---

[1] 广西文物考古研究所:《百色革新桥》,文物出版社,2012 年,第 445—446 页。

表3　革新桥遗址第一期遗存出土石器

类型	图示
砍砸器	1　2
尖状器	3　4
斧、锛、凿	5　6　7
斧、锛、凿毛坯	8　9　10
磨盘、研磨器	11　12　13　14

1、2. 小型砾石砍砸器(T307②：84、T306②：6)　3、4. 尖状器(T307②：93、T206⑤：324)
5. 斧(T103⑤：907)　6. 锛(T710④：1)　7. 凿(T104⑤：128)　8. 斧毛坯(T205④：4)
9. 锛毛坯(T207④：4275)　10. 凿毛坯(T208③：2257)　11. 磨盘(T307②：239)
12—14. 研磨器(T205⑤：2284、T307②：2096、T308②：1687)

第二期文化遗存以第二、第三文化层为代表。未发现大面积的石器制造场遗迹，但也发现有一定数量的原料、加工工具、半成品和成品石器，石制品类型与第一期并无明显差别，但无论打制石器还是磨制石器在数量上都远不及第一期遗存，这表明石器制造工作仍然存在，但已经趋于衰落。陶片发现47片，均为夹砂陶，羼和料多为粗细不等的砂质颗粒。陶色有红、红褐、灰褐三种，以红褐陶最多。绝大多数陶片也施有纹饰，纹饰仅见绳纹一种，分为粗绳纹(宽度在0.25厘米以上)、中绳纹(宽度在0.15—0.25厘米之间)、细绳纹(宽度在0.15厘米以下)三种，以中绳纹最多，细绳纹次之,粗绳纹最少。陶片胎壁厚度在 0.1—1 厘米之间,以 0.5 厘米左右的居多。器型亦均为寰底的釜、罐类,未见圈足及三足器。从口沿和颈部来看,多为侈口,沿略卷,圆唇或尖唇,短颈。与第一期相比,陶器方面主要体现在出现细绳纹,粗绳纹比例下降,出现体形较大的器型,并见有器壁很薄的小型器物,显示出了一些进步的特征。该期遗存目前缺乏年代测定数据,但基本可以确定是新石器时代遗存。

通过与北盘江流域新石器时代遗存的对比可知,革新桥遗址第一期遗存的文化面貌与孔明坟遗址第二期后段遗存最为接近,总体上二者在遗址性质、石制品类型、陶器特点等方面均极为相似,甚至在所处的小环境方面都十分接近。当然,它们也存在一些地域性的差异,如革新桥遗址常见的尖状器、石磺、石拍、束腰状研磨器,不见于孔明坟遗址第二期后段;孔明坟遗址第二期后段陶器中的弦纹,墓葬中的二次葬、人骨压石现象,不见于革新桥遗址第一期遗存。从年代测定的结果来看,孔明坟遗址第二期后段遗存(距今约 5 500—5 000 年)似乎略晚于革新桥遗址第一期遗存的年代,但差距也不大。

(三) 对比与分析

通过前述对比可知,与贵州北盘江流域新石器时代第一期文化遗存类似的遗存目前在周边地区尚无明确的报道,我们推测,在周边地区这类遗存不会是孤立存在的,但还需要更多发掘工作的证实。与贵州北盘江流域新石器时代第二期文化遗存最为接近的当属广西右江流域以革新桥遗址第一期文化为代表的一类遗存,二者不仅在时代上相当,文化面貌方面也基本一致,尽管它们之间也存在一些差别,但基本可以认定是属于同一系统的文化遗存,这种差异性可以理解为因所处地域不同造成的区域性差异。红水河流域同样也存在与北盘江流域新石器时代第二期文化遗存类似的遗存,这类遗存以北大岭遗址早期、羊里遗址早期为代表,两地的新石器时代中期遗存同样在文化面貌基本一致的情况下,也存在一些地域性的差别。与北盘江流域新石器时代第三期遗存类似的遗存目前发现较少,在广西的红水河流域存在一些与沙坝遗址第二期遗存有关的遗存,而与天生桥遗址木耳山东区第一期为代表的文化遗存暂未在周边地区有明确的发现。

可见,自新石器时代中期开始,以北盘江—红水河为纽带,在黔桂两省的北盘江、红水河、右江流域就已经存在了时代上相当、文化面貌接近的新石器时代遗存。在漫长的发展过程中,红水河、右江、北盘江的新石器时代居民在相互交流的情况下,又逐渐适应了不同区域的自然环境特点,形成了整体上文化面貌一致,又富有地域性特征的文化遗存。

五、相关问题的探讨

在上述分析的贵州北盘江流域新石器时代的三期遗存中,以新石器时代中期遗存最为丰富,文化面貌最为清晰,初步具备了进行其他一些相关问题探讨的基础。因而在本章中,将着重对新石器时代中期遗存中大量存在的石器的主要功能、居民的生业方式、地域类型问题略作分析。最后,本章将从整体上对贵州北盘江流域新石器时代遗存的发展演变过程进行探讨。

(一) 贵州北盘江流域新石器时代中期遗存中石器的主要功能

丰富的石器,是北盘江流域新石器时代中期遗存的典型特征,许多遗址中都发现有与石器加工有关的遗迹,存在如此之多的石器,那么人们不禁要问,这些石器是做什么的,它们的主要功能是什么呢?

在北盘江流域的新石器时代中期遗存中,大量存在的打制石器是砍砸器和刮削器,磨制石器是斧、锛、凿、磨盘、研磨器等。首先来看磨制石器,关于磨制石器的起源和基本功能,归结起来大致有两种观点:一是传统的观点,认为与农业的产生有关,这一观点由来已久;二是认为与建筑中的木作业有关[1]。我们并不奢望去探明两种观点孰是孰非,只是希望在北盘江这一特定的区域考察其可能的用途和起源方式。北盘江流域大量存在的磨制石器,并非是传统意义上与农业息息相关的锄、镰、铲等工具,而是小型的斧、锛、凿等工具,我们的感觉是,斧、锛、凿等工具应当属于木加工工具,其大量存在是与南方地区频繁的木作活动相关的。众所周知,我国传统的建筑形式是木结构建筑,而在南方地区,由于木材原料的丰富,木结构建筑尤其兴盛,甚至由于南方地区多雨湿热、植被茂盛、虫兽较多的原因,很早就产生了干栏式的建筑,到了现代,贵州境内许多苗族、侗族、布依族群众的民族建筑仍是干栏式建筑或以木材为主的地面式建筑。建造这类木结构的建筑,无疑需要大量的木材和木加工工具,用于砍、伐、剖、凿等,而北盘江流域出土的磨制石器中大量存在的斧、锛、凿及其毛坯无疑是可以作为木工具而使用的。再看打制石器,砍砸器、刮削器是旧石器时代以来就存在的传统石器类型,一般认为其主要使用方式是砍、砸、伐、刮、削、切、割,加工对象多是木、骨、肉、皮等,这两类工具的功能比较复杂,加之一器多用的现象在史前时期也是普

---

[1] 钱耀鹏:《略论磨制石器的起源及其基本类型》,《考古》2004年第12期。

遍存在的,因此判断其功能往往需要进行多方面的实验来验证。虽然具体在北盘江流域,其用途还未经石器微痕分析和残留物分析的证实,但可以肯定的一点是,砍砸器和刮削器既然可以用来加工木质材料,那么应当也存在进行木工作业的可能性。

通过考察北盘江流域新石器时代遗存中的大量打制石器和磨制石器的基本类型,我们认为其主要是用于木工作业。如打制的砍砸器和磨制的石斧可以用来砍伐树木,进行初期的粗加工;磨制的锛、凿可以用来剖、凿木材,因此这些石质工具应该是与木作业有着较大的联系的。此外,如前所述广西红水河流域新石器时代第一期遗存中的石器类型与贵州北盘江流域新石器时代中期遗存中的石器类型具有惊人的一致性,无独有偶,广西学者在研究红水河流域新石器时代第一期遗存中的石器功能时,也提出了类似的见解,这也可以认为是一种旁证。当然,这些石器功能的判断仅仅是从推理方面得出的结论,还需要更多遗址发掘材料的证实,也需要相关石器微痕研究和残留物分析的佐证。

(二) 贵州北盘江流域新石器时代中期居民的生业方式

生业方式是近年来考古学研究中的一个热点问题。关于生业方式的概念,不同学者有着不同的理解和界定,但总体来看,基本的内涵是一致的。笔者比较认同它主要研究某一地区某一时期居民以衣、食、住、行为主要内容的生存方式,这其中居民的食物类型、食物资源的获取方式是研究的核心内容。生业方式的形成往往是适应当地的生活环境和居民的生产、生活活动的,因此通过对遗址中出土动、植物遗存和与之相关的文化遗存以及遗址周边自然环境的研究,可以在某种程度上反映居民的生业方式。考古学的研究归根到底,需要"透物见人",复原有血有肉的古代居民的生产、生活活动,生业方式的研究,无疑能够反映出当时居民的生存方式,可以在一定程度上接近或达到"透物见人"的目标。

北盘江流域的新石器时代台地遗址,绝大多数分布在北盘江河谷两岸的平缓地带,常见于两河交汇处的缓坡台地上,现代这一带温热多雨、河网密布,尽管经历了长期种植农业的发展和水土的流失,但在一些地区植被依然比较茂盛,野生的动植物资源仍较为丰富,当地居民中专职从事渔猎活动的尚有不少。目前在这一流域的新石器时代遗存中,出土了较多的动物遗骸和一些植物类的遗存,使得我们可以对当时居民的生业方式进行窥探。从已有的发现来看,动物遗骸以水牛、水鹿、螺、蚌、鱼等类为主,尤其以螺蚌类居多,未发现较大型的食肉类动物;植物遗存中多见坚果类的果核,而与种植农业相关的稻类遗存的发现尚未见报道。这一方面反映了当时是一个植被茂盛、水草丰盛的生态环境,新石器时代中期的居民生活在北盘江平缓的河谷地带；另一方面也反映出了遗址周围存在丰富的野生动植物资源，可以为人类提供充足的食物来源，在种植农业方面，尚没有明确的证据证明已经存在。从石器方面来看的话，如前文所述，北盘江流域新石器时代遗存中发现的石器大多属于木加工工具，部分石器如砍砸器和刮削器等也适合于采集活动，与种植农业相关的锄、镰、铲等几乎不见。而磨盘和研磨器，也未必是与农业有关的，磨盘和研磨器既可以用来加工稻谷，也可以用来加工野生植物、肉类、软骨和颜料等[1]。通过对一些磨盘和研磨器的初步观察，我们也倾向性地认为，它们应该是与加工野生植物有关的。在这种周围存在丰富的动植物资源的生态环境下，人们面临的生存压力显然要小得多，简单的渔猎采集活动已经可以满足人们生存的需要，这也是最适合、最经济的生存方式，因此催生种植农业的压力和动力要小得多。可以认为，渔猎采集活动在北盘江流域的新石器时代中期，是人们主要的生业方式，而种植农业的作用要小得多，甚至可能尚不存在种植农业。

综上，我们认为北盘江流域新石器时代中期居民的生业方式以渔猎采集为主。当然，这仅仅是从目前掌握的比较有限的材料中得出的结论，是否符合历史的真实，还需要更多遗址发掘材料的证实。

（三）贵州北盘江流域新石器时代中期遗存的地域文化类型问题

通过前述讨论，我们已经明确，在广西境内的红水河、右江流域，存在与贵州北盘江流域新石器时代第二期遗存非常类似的文化遗存，特别是右江流域以革新桥遗址第一期为代表的新石器时代遗存与北盘江流域以孔明坟遗址第二期后段为代表的新石器时代遗存面貌最为接近，年代也大致相当。相关的研究工作，广西的同仁做得更多一些，有学者也已经提出了"革新桥文化"的命名。我们总体上认为，在广西的右江、红水河流域，贵州的北盘江流域的确存在过这样一支特殊的新石器时代中期文化。当时的人们定居于北盘江、红水河、右江等流域的河谷平坦之处，大量使用打制石器和局部磨制石器进行生产生活，石器在当时人们的日常生活中扮演着重要的角色。

我们也基本同意将北盘江流域的新石器时代中期遗存划入这一文化系统之中。但，同时需要指出的是，两地的遗存事实上也是存在明显差别的。如，右江流域新石器时代中期流行的镐（大尖状器）、石璜少见于北盘江流域；广西红水河流域发现的肢解葬，在北盘江流域尚未有明确的发现；北盘江流域的二次葬墓上压石现象，在右江

---

[1] 科林·伦福儒、保罗·巴恩著，中国社会科学院考古研究所译：《考古学：理论、方法与实践》，文物出版社，2004年，第278页。

和红水河流域尚未见报道。同时,红水河流域相关遗存的年代测定结果与北盘江流域新石器时代遗存的年代测定结果也存在一定的差距。目前在这些地区发现的遗址虽然数量较多,但经过系统发掘的遗址数量还显得偏少,它们之间的差异性到底有多大,是因为发掘工作有限导致的偶然性因素,还是客观存在的,不同流域的遗存是否能够分为同一文化下的不同类型,等等问题,还有待作更多的工作。

关于这支考古学文化的来源,由于发掘和研究工作开展较少,目前还不十分清楚,但从石制品方面考虑,仍可从一个侧面看出一些端倪。诸遗址中打制石器数量众多,特点鲜明,特别是小型砾石砍砸器和零台面石片两大类器物尤为重要,显示出与两省区内的旧石器时代遗存有着密切的关系。零台面石片早在旧石器时代中期北盘江流域附近的水城县(现属六盘水市钟山区)硝灰洞遗址即已出现,到了旧石器时代晚期,在贵州省南、北盘江流域的旧石器时代晚期文化遗存中已经非常普遍。据广西文物考古研究所谢光茂先生介绍,从旧石器时代晚期开始,广西西北部地区的旧石器时代遗存中也开始出现这类器物;到了新石器时代,广西红水河流域零台面石片的发现依旧非常普遍。可以看出,从旧石器时代晚期开始,源自贵州高原的零台面石片即呈现出沿南盘江、北盘江、红水河进入现今广西境内的态势,至新石器时代在广西西北部地区的石器工业中已经占据十分重要的地位。而手镐、砍砸器等重型砾石工具,在旧石器时代则更多地发现于现广西境内,从旧石器时代晚期开始,贵州南、北盘江流域同期遗址中这类器物的数量也呈上升趋势,猫猫洞遗址中就曾发现有较多的小型砾石砍砸器。到了新石器时代以后,南、北盘江流域砍砸器的发现已经非常普遍。可见,广西西北部地区发达的砾石工业也有沿红水河、北盘江、南盘江自下游向上游发展进入贵州的趋势。

而目前在两省区南、北盘江—红水河流域发现的这支新石器时代中期考古学文化遗存,从石制品方面来看,也是零台面石片和以砍砸器为代表的砾石石器共存。可见,从总的趋势来看,在红水河、南盘江、北盘江流域发现的这类新石器时代中期文化,是以南、北盘江—红水河为纽带,在两地旧石器时代晚期文化遗存和新石器时代早期文化遗存的发展过程中,互相影响融合之下发展演变而形成的。

(四)贵州北盘江流域新石器时代遗存的发展变化过程

以孔明坟遗址第一期遗存为代表的第一期遗存,是目前所知贵州北盘江流域台地遗址中发现时代最早的遗存,其文化遗存皆为打制石器,以砍砸器、手镐等重型工具为主,具有旧石器时代的风格。孔明坟遗址第二期前段遗存与第一期遗存之间,尽管差别明显,但从石器加工技术的角度考虑,应该是其继续发展的结果,其形成前文已述,即北盘江流域与红水河流域旧石器时代晚期至新石器时代早期文化互相融合而形成。孔明坟遗址第二期后段遗存与前段遗存的关系最为密切,其差别主要体现在磨盘的出现、研磨器的多样化、其他工具加工的规范化和精细化方面,整体上给人的感觉是较前段遗存更加进步,是一脉相承的关系。沙坝遗址第一期遗存也发现有孔明坟遗址常见的小型砾石砍砸器,石制品总的特征与孔明坟遗址第二期遗存出土的石制品颇为类似,但尚不清楚其归属于哪一段。孔明坟遗址第二期遗存常见的小型砾石砍砸器,石磨盘,斧、锛、凿及毛坯,磨刃石片等在坡们渡口、小河口、洒若桥、纳塪、纳放、纳福、瓦厂河边等遗址均有不同程度的发现,诸遗址地层堆积的特点也颇为相似,都发现有相关的螺壳堆积,文化面貌一致,属于同一文化系统。天生桥遗址木耳山东区第一期遗存出土的石制品也与孔明坟遗址第二期遗存所出的石制品具有较多的共同特征,磨制石器方面,无肩、无段石器显然是磨刃石锛、石斧等进一步发展的结果;陶器方面也与孔明坟遗址第二期遗存具有一定的传承关系,并呈现出新的进步性特征,如陶色多样,纹饰方面的细绳纹更加发达,细泥条附加堆纹开始出现等等。综合来看,它们亦属于同一文化系统,可以认为天生桥遗址木耳山东区第一期遗存是在本地新石器时代中期文化的基础之上发展而来的。

沙坝遗址第二期遗存突然出现数量较多的有肩石器,这类器物在本地区较早时代的文化遗存中还未曾发现过,很可能是受外来文化的影响。有肩磨制石器是珠江中下游地区新石器时代至秦汉时期遗址中常见的石器类型,多被认为与先越和百越民族有着密切的联系。新石器时代晚期,大量的有肩石器突然间在这一地区集中出现,似乎表明珠江水系的古文化已经再次强烈地影响到这一地区。此外,该遗址同时也发现有一些与天生桥遗址木耳山东区第一期遗存类似的细泥条附加堆纹陶片,但陶质方面则又比之更优,或许表明在红水河流域古文化向北发展的同时也受到了本地文化传统的影响。此外,瓦厂河边、坝草、岩架码头南侧遗址也存在与沙坝遗址第二期遗存类似的遗存,它们当属于同一文化系统。

通过上面的分析,我们可以初步把北盘江流域各遗址新石器时代不同时期的遗存划分为两大文化系统。

其一为本地的文化系统,简称 A 系统。孔明坟遗址第一期、孔明坟遗址第二期、沙坝遗址第一期、天生桥遗址纳云河北区、天生桥遗址木耳山东区第一期、坡们渡口、小河口、洒若桥、纳塪、纳福、纳归等遗址都属于这一系统,时代上从新石器时代早期到晚期皆有发现,没有出现文化断层现象。从石制品方面分析,新石器时代早期主要流行大型砍砸器、小型砾石砍砸器和镐;新石器时代中期主要流行小型砾石砍砸器,刮削器,斧、锛、凿及其毛坯,研磨器等,磨制石器以局部磨光石器为主,通体磨光石器较少见,皆无肩、无段;新石器时代晚期通体磨光石器有所增加,无肩、无段,未见有肩石器,打制石器仍有较多发现。

其二为外来文化系统,简称B系统。以沙坝遗址第二期遗存为代表,瓦厂河边、岩架码头南侧遗址也发现有类似的遗存。从沙坝遗址的情况来看,这一系统的文化遗存一直延续到了战国秦汉时期,时代上具有较强的连续性。该系统自新石器时代晚期首次在贵州北盘江流域明确出现,至汉代前后仍有继续向北(自下游向上游)发展的趋势,在更上游的镇宁县田角角汉晋时期遗址也发现有一定数量的有肩石器。从石制品方面的情况来看,这一系主要流行有肩通体磨制石器,无肩石器较少,打制石器发现也不少。这类有肩石器在贵州更早的遗存中找不到源头,很可能源自广西红水河流域的新石器时代文化。这类有肩石器以往多被认为是先越和百越民族的代表性器物,新石器时代晚期这类器物在这一地区集中出现,应是与先越民族有着密切关联的。即红水河流域的古文化进入北盘江流域,并与北盘江流域的古文化产生了一定的交流和影响,而这种交流和影响则是伴随着百越、百濮两大族群的迁徙、融合和发展的,其在考古学上是可观察到的,就是形成了沙坝遗址第二期文化遗存。

六、结　　语

综上所述,笔者作成了贵州北盘江流域新石器时代遗存发展谱系表(表4),并归纳出以下认识:

表4　贵州北盘江流域新石器时代遗存发展谱系表

	A 系统		B 系统
新石器时代早期	孔明坟遗址第一期		
新石器时代中期	前段	孔明坟遗址第二期前段 坡们渡口遗址	沙坝遗址第一期 天生桥遗址纳云河北区 纳垴遗址 纳福遗址 纳归遗址
	后段	孔明坟遗址第二期后段 洒若桥遗址早期 瓦厂河边遗址早期 小河口遗址	
新石器时代晚期	天生桥遗址木耳山东区第一期 纳放遗址早期		沙坝遗址第二期 坝草遗址 瓦厂河边遗址中期 岩架码头南侧遗址

1. 贵州北盘江流域的新石器时代遗存,可以分为早、中、晚三期,中期遗存又可以分为前、后两个发展阶段。早期遗存以孔明坟遗址第一期为代表,年代在距今7 000 年以前;中期遗存以孔明坟遗址第二期为代表,年代在距今 7 000—5 000 年;晚期遗存以沙坝遗址第二期、天生桥遗址木耳山东区第一期为代表,年代约在距今5 000 年以后。

2. 北盘江流域新石器时代中期大量存在的打制和磨制石器多与木构建筑的建造有关,再次印证了磨制石器的起源并非单纯的与农业有关,人类居住方式的转变,在某些地区也是催生磨制石器起源的动力。北盘江流域新石器时代中期居民的生业方式以渔猎采集为主,农业的影响力较小,尤其在新石器时代晚期以前,这种现象最为突出。

3. 北盘江流域的新石器时代中期文化遗存与广西境内红水河流域、右江流域的新石器时代中期文化遗存面貌接近。当时的人们大量使用打制石器和局部磨光石器,许多遗址都存在石器制作场,这些现象在一定程度上表明北盘江、红水河、右江流域的这些遗存属于同一支考古学文化或同一支考古学文化的不同地方类型。从文化的渊源方面来看,零台面石片来源于贵州本地的旧石器时代晚期文化,砾石石器的繁荣则可能与广西右江流域百色盆地的石器工业有关,两省区北盘江、红水河、南盘江流域的新石器时代中期文化遗存极有可能是在两省区旧石器时代晚期文化遗存和新石器时代早期文化遗存的互相影响融合之下发展演变而形成的。

4. 贵州北盘江流域的新石器时代遗存从新石器时代早期至晚期,呈现出连续发展的态势,并未出现明显的文化断层现象。其中又可以分为 A、B 两个系统,A 系统是由以孔明坟遗址第一期为代表的早期遗存发展到以孔明坟遗址第二期为代表的中期遗存,再发展到以天生桥遗址木耳山东区第一期为代表的晚期遗存的本地文化系统。文化面貌方面呈现出很强的传承性。石制品方面,早、中、晚期都存在较为广泛的石器加工活动,在新石器时代早期流行大型砍砸器、小型砾石砍砸器、镐;中期流行以小型砾石砍砸器、刮削器为主的打制石器和以斧、锛、凿及其毛坯,石磨盘,研磨器等为主的局部磨制石器,打制石器是主体;晚期打制石器依然较为丰富,同时通体磨光的无段、无肩石器逐渐普及。陶器方面,中期以黄褐、灰褐、灰色的夹砂陶为主,纹饰常见粗绳纹、弦纹、细绳纹;晚期陶器转变为以红褐色夹砂陶为主,纹饰常见细绳纹,新出现细泥条附加堆纹,不断出现新的进步性因素。B 系统是以沙坝遗址第二期为代表的晚期遗存,这类遗存也存在广泛的石器加工活动,但已转向通体磨光的石器,石器以有肩的斧、锛、凿等为主。陶器多为红褐色的夹砂陶,纹饰常见粗绳纹,也存在部分细泥条附加堆纹陶器。B 系统遗存的出现,当与广西境内的新石器时代文化沿红水河向北进入贵州北盘江流域有关,在其北进过程中,也受到了本地文化系统的影响。

附记:本文是笔者2013年完成的西北大学考古学及博物馆学硕士研究生学位论文,经导师张宏彦教授悉心指导,亦多蒙贵州省文物考古研究所诸多领导、师长和同事们的关心、支持和帮助,张兴龙先生提供了文中沙坝遗址、天生桥遗址中一些未经发表的资料和图片,在此一并致谢。此次刊登,对个别内容稍作调整。

广西新石器时代遗存分期及相关问题

彭 万

广西是中国岭南一个重要的组成部分,南岭山脉在该区域的北部,西北部是云贵高原,面向北部湾,使得广西成为一个独立的自然地理单元,流域内以山地和丘陵为主,平原面积较小,境内江河密布,有红水河、右江、左江、黔江、邕江、郁江、柳江、浔江、桂江等众多河流,这些密布的河流形成了纵横交错的水网和河岸冲积平原。区域内分布有众多的新石器时代文化遗存,本文拟对这些遗存进行分期及编年,并探讨相关问题,不足之处,还望大家指正。

一、考古发现及研究状况

广西新石器时代考古,在半个多世纪中,许多学者和考古工作者开展了大量的考古发掘和研究,研究成果大量展现,这里简要回顾一下:

1934年,两广地质调查所在广西武鸣县发现了一批哺乳动物化石和新石器时代的石器,由于他们不是考古学家,把这些时代不同的东西混在一起,错误地将时代推断为距今一二十万年前。1935年中国地质调查所新生代研究室的考古学家裴文中、杨钟健在广西桂林市郊及武鸣县进行考古调查时,发现了一批洞穴遗址,采集到刮削器、砍砸器、砺石等石器。经初步研究,把这一带发现的原始文化遗址推断为"中石器时代",由此拉开了广西考古的序幕。

从中华人民共和国成立到"文革"时期,这一阶段的工作以全面普查为重点,以调

---

* 本文系国家社科基金一般项目"贵州威宁鸡公山遗址发掘报告整理研究"(批准号:20BKG007)阶段性成果。

查为主,了解新石器时代遗址的分布范围和文化面貌,进行了小规模的试掘。1950年4月就成立了广西省文物馆筹备委员会,着手开展文物调查、征集工作。1952年在灵山县泗洲山首先发现了原始文化山坡遗址,采集到一批磨制石器。从1957年起,广西壮族自治区文物管理委员会指导了全区的文物普查,首先在忻城、蒙山、平乐、恭城、富川、贺县、北流、玉林、博白、容县、贵县、梧州等市县进行,1959年在梧州、柳州、百色三个专区展开,1963年进行南宁专区普查。后在桂林地区进行文物普查,因"文革"中断。1965年还进行了玉林地区文物普查。1959年,广东省博物馆对东兴的亚菩山、马兰嘴两处海滨贝丘遗址进行了试掘[1]。1963—1966年广西壮族自治区博物馆对邕宁长塘、武鸣芭勋、横县西津、南宁青山等几处河岸贝丘遗址进行了试掘,但大部分资料都没有认真整理和分析,没有弄清它们的文化序列[2]。

  此后,因"文革"而中止的文物普查工作得以继续展开,调查发现一系列新石器时代遗址,为西江新石器时代考古研究提供了重要材料。1974年9月成立了广西壮族自治区文物工作队,与广西壮族自治区博物馆合署办公,在广西壮族自治区文物管理委员会领导下,负责全区文物调查、保护、发掘、研究和宣传工作。1973年至1979年间分别试掘或发掘了南宁豹子头[3]、扶绥敢造和江西岸三处贝丘遗址[4]、扶绥那淋屯大石铲遗址、横县秋江、灌阳五马山、钦州独料[5]、隆安大龙潭[6]、柳州兰家村[7]等遗址。1985年对柳州大龙潭遗址[8]、崇左吞云岭遗址和靖西那耀遗址[9]进行了发掘。1988年对桂林庙岩遗址进行了发掘[10]。柳州白莲洞遗址[11]发现于1956年,

---

[1] 广东省博物馆:《广东东兴新石器时代贝丘遗址》,《考古》1961年第12期。

[2] 广西壮族自治区博物馆:《广西壮族自治区考古五十年》,《新中国考古五十年》,文物出版社,1999年。

[3] 中国社会科学院考古研究所广西工作队:《广西南宁市豹子头贝丘遗址的发掘》,《考古》2003年第10期。

[4] 广西壮族自治区文物考古训练班、广西壮族自治区文物工作队:《广西南宁地区新石器时代贝丘遗址》,《考古》1975年第5期。

[5] 广西壮族自治区文物工作队、钦州县文化馆:《广西钦州独料新石器时代遗址》,《考古》1982年第1期。

[6] 广西壮族自治区文物工作队:《广西隆安大龙潭新石器时代遗址发掘简报》,《考古》1982年第1期。

[7] 柳州市博物馆:《广西柳州新石器时代遗址调查与试掘》《考古》1983年第7期。

[8] 柳州市博物馆、广西壮族自治区文物工作队:《柳州市大龙潭鲤鱼嘴新石器时代贝丘遗址》,《考古》1983年第9期。

[9] 梁旭达:《靖西县那耀村新石器时代遗址》,《中国考古学年鉴(1986)》,文物出版社,1988年。

[10] 谌世龙:《桂林庙岩洞穴遗址的发掘与研究》,《中石器文化及有关问题研讨会论文集》,广东人民出版社,1999年。

[11] 广西柳州白莲洞洞穴科学博物馆:《柳州白莲洞》,科学出版社,2009年。

到1982年期间经过多次发掘,包含四期文化,代表了西江流域旧石器晚期到新石器早期的文化发展序列,为探索这一区域的新石器时代文化起源提供了线索和地层依据。以上这些遗址的发掘,使学者对西江流域新石器时代文化的认识和研究不断深入。

1990年以后,广西文物考古工作的重点转入专题调查和考古发掘,特别关注史前文化遗址。通过发掘探寻广西史前文化,了解一些遗址的年代和性质,来建立地区史前文化序列,以本地区考古方面的课题推动考古调查发掘和综合研究。

为配合岩滩水电站、南昆铁路、西江航运枢纽工程、百色至罗村口高速公路、百色水利枢纽工程、乐滩水电站等的建设,对琴常弄石坡、隆安县内军坡、定出岭、大山岭、横县江口、叉江口、贵港长训岭、蕉林冲、百色革新桥、百达、都安县北大岭、马山县尚朗岭、六卓岭等新石器时代遗址进行了发掘。此期主动发掘了临桂区大岩遗址、象州县南沙湾贝丘遗址;对平南县石脚山遗址、南宁市豹子头遗址、那坡县感驮岩遗址、桂林市甑皮岩遗址、柳州市大龙潭鲤鱼嘴遗址、横县秋江遗址进行再次发掘。

1991年冬至1992年在岩滩水电站水淹区发掘了弄石坡遗址,揭露面积950平方米,发现3个文化层,早期为新石器时代中期文化层,含少量半打制半磨制的石器和数量较多的磨光石器;中期为新石器时代晚期文化层,内含大量磨光石斧、石锛及少量夹砂绳纹陶片;晚期为商周时期文化层,含少量青铜器痕迹及磨光石器。同时发掘的音墟遗址是新石器时代晚期文化遗址,出土少量陶片和石器,其中有一件刻槽清晰的方格纹石拍。

1997年发掘那坡感驮岩遗址[1]。文化堆积分两期,第一期属新石器时代晚期,年代距今约5 000年,遗物有陶器、石器和骨器,陶器流行圜底器和三足器,纹饰多刻划纹;第二期属青铜时代早期,大致相当于商代,年代距今约3 800—2 800年,遗物也包括陶器、石器和骨器,陶器流行圈足器,纹饰有各种几何形刻划纹以及彩绘。

1997年中国社会科学院考古研究所等对郁江流域邕宁县顶蛳山遗址进行了发掘[2],这是一个重要的考古发现,清理墓葬149座、灰坑6个、柱洞22个,获得陶、石、骨、蚌器等遗物1 000多件。以圜底罐、装饰篮纹和绳纹为特点的陶器,大量蚌器的存在,加上独特的葬俗和以食用水陆生动物、采集食物为主的生活习惯等特征,表明顶蛳山文化遗存是一种有别于其他地的文化类型,被命名为"顶蛳山文化"。顶蛳山文化是西江流域地区文化特征较明显、发展演变序列较清楚的一种新石器时代文化,其

---

[1] 广西壮族自治区文物工作队、那坡县博物馆:《广西那坡县感驮岩遗址发掘简报》,《考古》2003年第10期。

[2] 中国社会科学院考古研究所广西工作队、广西壮族自治区文物工作队、南宁市博物馆:《广西邕宁县顶蛳山遗址的发掘》,《考古》1998年第11期。

年代跨度大,从距今 8 000 年以前到距今 7 000 年以前,包含四期文化,对研究新石器时代文化的发展序列具有重要的意义。

资源晓锦遗址[1]的发掘,从 1998 年至 2002 年持续了几年时间,揭露面积 600 平方米,发现居住遗址、柱洞、灰坑、土台、窑址和墓葬,出土大量的石器、陶片、炭化稻米和果核。这些发现,显示了一个原始聚落遗址的风貌,文化内涵与邻近地区的原始文化相比,除了个别遗物有相似之处外,大部分是首次揭露,自身特点鲜明,是桂北地区新石器时代的一种新型原始文化。资源晓锦遗址,经过四次发掘,包括四期文化,时代为距今 6 500—4 000 年,代表了北江流域新石器中晚期的文化发展。甑皮岩和晓锦遗址年代相接,建立起了桂东北新石器的文化序列,为整个北江流域新石器文化编年提供了标尺。

从 2001 年开始,广西考古工作的重点是主动解决史前文化方面的学术难题,在资料积累较多的地区逐步建立史前考古文化编年;以本地区考古方面的课题推动考古调查发掘和综合研究。

2001 年对甑皮岩遗址[2]进行再度发掘,这次发掘,面积很小,收获却很大。由于傅宪国先生等对甑皮岩遗址的发掘采取了比较科学的方法,划分的地层十分细致,对相关考古的材料也作了深入的研究。最后,综合该遗址历年发掘资料,采用多学科综合研究,取得了重大学术成果,汇成《桂林甑皮岩》一书出版。傅宪国先生等通过发掘和研究,基本弄清了甑皮岩遗址的年代序列,从距今 12 000 年到 7 000 年前,分为五期,是一个完整的发展序列,为研究西江流域新石器时代文化发展序列提供了难得的资料。甑皮岩遗址的发掘及研究成果,与以前调查发掘的宝积岩、庙岩、东洞、轿子岩、朝桂岩、大岩、晓锦遗址的收获相结合,基本搭起了桂北地区从旧石器时代晚期到新石器时代的文化发展序列和年代框架。张忠培先生高度评价了傅宪国先生等对甑皮岩遗址的分期,认为"这五期可以作为华南新石器时代文化发展和演变序列的标杆"[3]。

2000 年和 2001 年对桂林大岩遗址[4]进行了发掘,包含六期文化遗存,囊括了旧

---

[1] 广西壮族自治区文物工作队、资源县文物管理所:《广西资源县晓锦新石器时代遗址发掘简报》,《考古》2004 年第 3 期;广西壮族自治区文物工作队、资源县文物管理所:《资源县晓锦新石器时代遗址发掘简报》,《广西考古文集》,文物出版社,2004 年。

[2] 中国社会科学院考古研究所、广西壮族自治区文物工作队、桂林甑皮岩遗址博物馆等:《桂林甑皮岩》,文物出版社,2003 年。

[3] 张忠培:《对再次发掘甑皮岩遗址的几点看法》,《华南及东南亚地区史前考古——纪念甑皮岩遗址发掘 30 周年国际学术研讨会论文集》,文物出版社,2006 年。

[4] 傅宪国、贺战武、熊昭明等:《桂林地区史前文化面貌轮廓初现》,《中国文物报》2001 年 4 月 4 日。

石器时代晚期到新石器时代晚期各阶段文化,为西江流域新石器文化编年提供了可靠地层依据。

2002年10月为配合百色至云南罗村口高速公路建设发掘了百色革新桥遗址[1],发现了新石器时代石器制作场。在500平方米的范围内,有成片的石料散布和加工石器的石锤、石砧、砺石,以及石器毛坯、半成品、成品残件,石器制作过程中废弃的大量石核、崩片,清楚地展示了制作石器的工艺流程和石器工业水平,因而受到考古学界的关注,成为广西第二个被评为"全国十大考古新发现"的项目。

2002—2003年,对广西湘江流域史前文化遗址进行了专题调查,对已发现的大部分遗址进行了复查,并发现一些新的遗址。通过调查和对资料的整理、研究,对该流域的史前文化有了全新的认识[2]。

2004年对柳州鲤鱼嘴遗址进行了再度发掘,新获陶片、石器、骨器以及石核、废石片等千余件,并对地层进行了重新划分和确认,基本建立起柳州地区史前文化的发展演化序列[3]。

2004—2005年,为配合乐滩水电站建设对红水河流域的都安北大岭新石器时代遗址进行了抢救性发掘,不仅揭露出占地1 500平方米的大型石器加工场,收获数万件石制品,而且在石器中见到许多类似大石铲的雏形器,使桂南大石铲文化找到源头。

2003年5月发掘清理了武鸣弄山新石器时代末期岩洞葬,除了出土镂孔圈足陶壶、陶圈足杯、石碾槽等一批新器物外,第一次在早期岩洞葬中发现大石铲作为随葬品,使我们对大石铲的用途有了新的认识,为确定桂南大石铲遗存的年代及性质等提供了新的实证。

2004年4月—2005年3月,为配合百色水利枢纽工程建设,对百色市阳圩镇六丰村百达屯的百达遗址、元村百必屯的坎屯遗址、田林县弄瓦瑶族乡弄瓦遗址、百色市右江区阳圩镇阳圩宋代营盘遗址进行了抢救性发掘。其中百达遗址发掘面积近1万平方米,根据地层和出土物推测,文化堆积分为早晚不同阶段,分别相当于旧石器时代晚期和新石器时代早中期,是广西西部发现的面积最大的一处跨越新、旧石器时代的遗址。弄瓦遗址有旧石器时代和新石器时代两个文化层,旧石器时代文化层的年代估计在距今10万年左右,新石器时代文化层的年代约为距今6 000—5 000

---

[1] 广西壮族自治区文物工作队:《广西百色市革新桥新石器时代遗址》,《考古》2003年第12期。

[2] 广西壮族自治区文物工作队:《广西湘江流域史前文化遗址的调查与研究》,《广西考古文集(第二辑)》,科学出版社,2006年。

[3] 傅宪国、蓝日勇、李珍等:《柳州鲤鱼嘴遗址再度发掘》,《中国文物报》2004年8月4日。

年,在新石器时代文化层发现一处人类活动面。

2005—2006年,为配合南宁至百色高速公路建设工程,对隆安县境内的虎楼岭遗址、北庙遗址进行抢救性考古发掘。

2006年6—11月,为配合长洲水利枢纽工程建设,发掘桂平石嘴镇必岭村长冲根遗址、长冲桥遗址,寻旺乡大塘城遗址,平南县思界乡相思洲遗址。在长冲根遗址发现有用火遗迹、灰坑、柱洞以及石器加工点,出土遗物主要有石制品和陶器,石制品有打制的砍砸器、石片,也有磨制的斧、锛、锤、砺石、石砧,所有石制品中石锤占绝对多数;陶器质地较差,表皮剥落较多;均为夹砂陶,不见泥质陶;陶色有红陶、红褐陶、灰陶、灰褐陶、灰黑陶、灰白陶,以灰褐陶居多,其次为红褐陶,灰白陶最少;陶器纹饰绝大多数为绳纹,少量为篮纹;陶器器类为圜底器,器型主要为高领器,少量为折沿器,为广西新发现的类型。在大塘城遗址,发掘面积约1 600平方米,发现新石器时代、汉代及明清时期的大量遗迹和遗物,为研究浔江流域古代文化发展序列、社会经济形态以及丧葬习俗等提供了宝贵的实物资料。在相思洲遗址,发掘面积1 100平方米,从地层堆积和所发现的遗物看,时代为新石器时代早期偏晚阶段,可以分为连续发展的早晚两个时期,为解决浔江流域史前文化发展序列提供了宝贵的资料。

2006年8月对武鸣那堤敢猪山岩洞葬进行了清理,发现了较多的人骨和陶器、石器、玉器及骨器,证实其年代为商代晚期或西周早期。2007年3月清理了龙州县逐卜乡三叉村更洒岩洞葬,从出土陶器和石器可推断年代为商代前期。

2007年10月,为工程的建设,对崇左市江州区濑湍镇九岸村何坡屯东部的何村遗址、仁良村江边屯的江边屯遗址、崇左市江州区太平镇冲塘村西北的冲塘遗址进行了抢救性发掘,这三处都是新石器时代河旁贝丘遗址。何村遗址发掘面积550平方米,发现大量的新石器时代墓葬,初步统计有近90个个体,葬式包括侧身屈肢、仰身屈肢、俯身屈肢、蹲葬、肢解葬等,其中以侧身屈肢为主要葬式;遗物包括大量的打制石器、少量的磨制石器、骨器、蚌器、陶片和大量水、陆生动物骨骸;石器中研磨石器数量不少,很具特色,分有颈和无颈两种类型;蚌器以蚌铲为主,制作比较精美,尤以双肩蚌铲最具特色。江边屯遗址试掘面积32平方米,发现新石器时代墓葬6座,葬式主要为侧身屈肢葬。冲塘遗址发掘面积100平方米,文化堆积中包含大量的螺壳、蚌壳、红烧土、炭粒等;出土遗迹有墓葬、灰坑、红烧土堆、饮食生活残留面等;文化遗物钙质胶结严重,没有发现陶器,主要为石器、玻璃陨石器,也有装饰品和少量骨器;墓葬共26座,未成年墓葬所占比例较高,有两座仅为单独的颅骨,大多数为侧身屈肢葬,个别墓葬随葬有石器或装饰品,其中随葬的淡水和海洋贝类装饰品,为广西新石器时代考古中首次发现。

在20世纪,经过考古学者们的努力,广西新石器时代考古学研究取得了重要进展。新石器时代遗址分布地域遍及西江流域,部分遗址内涵比较丰富、地层关系和年代比较清楚,研究成果也越来越多,为研究广西新石器时代考古学文化的时空框架、区系类型提供了条件,也为认识和总结该地区新石器时代文化的区域性特征奠定了坚实的基础。而有关这一区域新石器时代文化的年代、分期、文化内涵、与周边文化的关系等方面,学术界进行了长期的探索,取得了一系列的认识。

1. 关于广西盆地新石器时代考古学文化分期与断代的研究。

梁旭达先生的《广西新石器时代早期文化遗存初探》[1],对新石器时代早期文化的文化内涵、年代等问题进行了探讨,把广西新石器时代早期文化遗存大致分为两期:第一期距今15 000—9 000年,主要包括桂林庙岩遗址、柳州白莲洞二期、鲤鱼嘴下层、邕宁顶蛳山一期、甑皮岩一二三期等;第二期为距今9 000—8 000年,主要包括白莲洞三期、鲤鱼嘴上层、甑皮岩四期以及柳州兰家村等。

蒋廷瑜先生的《广西新石器时代考古述略》[2],把广西地区新石器时代文化分成几个不同的类型进行探讨,主要分为洞穴遗址、贝丘遗址和山坡遗址三种类型。

彭长林先生等著《试论广西新石器时代文化》[3],则从纵向与横向的角度,论述了广西地区新石器时代文化的分区、分期、发展及其与周边地区的关系,作者把广西新石器时代分为早中晚三个发展阶段:新石器时代早期包括甑皮岩类型、鲤鱼嘴二期类型等;中期包括甑皮岩五期类型、南沙湾类型、大塘城类型、顶蛳山类型和革新桥类型;晚期包括晓锦类型、石脚山类型、大龙潭类型、独料类型和感驮岩类型。此外还对广西新石器文化源流及相互关系、人地关系、与周边新石器时代文化关系进行了探讨。

彭书琳女士的《漓江流域的史前文化》[4]对漓江流域的史前文化进行了分期研究,并论及其与自然环境的关系,把漓江流域史前文化的年代序列编为七个发展阶段:(1)距今35 000—28 000年之间,以宝积岩遗址为代表,是旧石器时代晚期;(2)距今约28 000—15 000年,以大岩第一期文化遗存为代表,也是旧石器时代晚期;(3)距

---

[1] 梁旭达:《广西新石器时代早期文化遗存初探》,《华南及东南亚地区史前考古——纪念甑皮岩遗址发掘30周年国际学术研讨会论文集》,文物出版社,2006年。

[2] 蒋廷瑜:《广西新石器时代考古述略》,《中国考古学会第三次年会论文集》,文物出版社,1984年。

[3] 彭长林、吴艾妮、周然朝:《试论广西新石器时代文化》,《广西考古文集(第三辑)》,文物出版社,2007年。

[4] 彭书琳:《漓江流域的史前文化》,《广西博物馆文集(第三辑)》,广西人民出版社,2006年。

今约15 000—12 000年,以大岩第二期文化遗存为代表,包括轿子岩遗址,是中石器时代;(4)距今约12 000—11 000年,以庙岩遗址、大岩第三期和甑皮岩第一期文化遗存为代表,是新石器时代早期前段;(5)距今约11 000—8 000年,以甑皮岩文化,即甑皮岩遗址第二至四期文化遗存为代表,是新石器时代早期后段;(6)距今8 000—5 500年左右,以大岩第五期、甑皮岩第五期为代表,是新石器时代中期;(7)距今5 000—3 500年左右,以大岩遗址第六期文化遗存为代表,是新石器时代末期,最后阶段可能已进入商代。从现有材料来看,漓江流域旧石器时代晚期到新石器时代的文化具有强烈的延续性和稳定性,无论是经济生活、居住模式、工具组合,还是陶器的制作都呈现出一脉相传的特点。漓江流域这种文化上的相对稳定性,与当地相对丰富和稳定的自然资源有密切关系。

漆招进先生在《桂东北漓江流域的石器时代文化及其与周边地区石器文化的联系》[1]中对包括漓江流域在内的桂东北地区进行了包括分期等内容在内的综合研究,认为该区域的文化与周边地区的文化关系密切,但他的分期比较粗略。

林强先生《广西近年史前考古新发现及相关问题探讨》一文对广西左江、右江、红水河等流域新石器时代文化的考古新发现进行了论述,认为随着一些重要考古遗址的发现,广西新石器时代文化的面貌越来越清晰[2]。但他的分期比较简单,局限于红水河流域,他把红水河流域的新石器分为三期:一期包括北大岭早期,二期包括坡六岭,三期包括北大岭晚期。

傅宪国先生的《广西地区史前文化发展序列初论》[3],根据郁江流域、漓江流域、柳江流域等发现的史前文化遗址,大至勾勒出了广西史前文化的发展轮廓。徐靖彬先生对右江流域新、旧石器进行了系统的梳理,并就其文化的特征、地位、价值等进行了论述[4]。林强、谢广维先生等就红水河新石器时代文化最新的考古发现及区域文化特征,与其他文化的关系等进行了探讨[5]。李珍先生的《广西新石器时代考古七

---

[1] 漆招进:《桂东北漓江流域的石器时代文化及其与周边地区石器文化的联系》,《史前研究》,三秦出版社,2000年。

[2] 林强:《广西近年史前考古新发现及相关问题探讨》,《中国历史文物》2009年第5期。

[3] 傅宪国:《广西地区史前文化发展序列初论》,《桃李成蹊集——庆祝安志敏先生八十寿辰》,香港中文大学中国考古艺术研究中心,2004年。

[4] 徐靖彬:《建国以来右江流域史前文化的考古发现与研究》,《华南及东南亚地区史前考古——纪念甑皮岩遗址发掘30周年国际学术研讨会论文集》,文物出版社,2006年。

[5] 林强、谢广维:《广西红水河流域新石器时代遗址的发现和研究》,《广西考古文集(第三辑)》,文物出版社,2007年;林强:《广西红水河流域新石器时代台地遗址的发现和研究》,《南方文物》2007年第3期。

十年述略》[1],对广西七十年的考古发现及研究的情况进行了概述。广西壮族自治区文物工作队对广西地区几何印纹陶分布等问题进行了研究[2]。杨清平先生对广西地区旧石器时代向新石器时代的过渡进行了初步研究,提出过渡时期的文化面貌仍然是以当地旧石器砾石石器文化因素为主流[3]。

2. 关于广西新石器时代文化面貌、性质以及文化交流等问题,许多学者作了相关的研究,形成了一些认识,许多学者就某一个考古学文化或某一考古学文化因素进行研究,探讨本区域内的文化交流以及与其他周边文化的联系和交流,取得一些研究成果。

在20世纪70年代,苏秉琦先生指出石峡遗址的发现,为进一步探索岭南地区从原始社会到秦汉以前的社会的发展找到了钥匙,也为学界探索这一地区社会发展诸阶段与我国其他诸文化发达地区的关系找到了重要的环节。他把岭南地区作为考古学文化区系类型的一个地区,提出了"以鄱阳湖—珠江三角洲为中轴的南方地区"是考古文化区系类型的重要组成部分[4]。

李伯谦先生把中国南方几何印纹陶遗存分为七个区[5],其中一个为岭南区。李先生从几何印纹陶的角度出发,将岭南作为独立的考古学文化区域进行研究,指出新石器时代,岭南和中原周围地区发生了偶然的、非经常发生的交往关系。

卜工先生在探讨文明起源的中国模式时,把岭南作为六个典型个案之一[6]。他把岭南新石器时代称为"珠江的大传统",指出岭北和周边文化持续影响岭南,从距今7000年的洞庭湖地区文化,到距今5000年的清江流域文化,再到距今3500年的九江流域文化,不同阶段的文化大规模进入岭南,促进了岭南社会进入文明社会,"岭南社会是在中原文明的开发、开化的影响下逐步形成的"。

贺刚先生在《南岭南北地区新石器时代中晚期文化的关系》[7]中指出:距今6000年左右,洞庭湖地区及沅水流域的史前文化,经沅水上游到达岭南,并经过柳江

---

[1] 李珍:《广西新石器时代考古七十年述略》,《广西考古文集(第二辑)》,科学出版社,2006年。

[2] 广西壮族自治区文物工作队:《广西几何印纹陶的分布概况》,《文物集刊》1981年第3期。

[3] 杨清平:《略论广西地区旧石器时代向新石器时代过渡的有关问题》,《广西考古文集(第三辑)》,文物出版社,2007年。

[4] 苏秉琦、殷玮璋:《关于考古学文化的区系类型问题》,《文物》1981年第5期。

[5] 李伯谦:《我国南方几何形印纹陶遗存的分区、分期及其有关问题》,《北京大学学报(哲学社会科学版)》1981年第1期。

[6] 卜工:《文明起源的中国模式》,科学出版社,2007年。

[7] 贺刚:《南岭南北地区新石器时代中晚期文化的关系》,《中国考古学会第九次年会论文集》,文物出版社,1997年。

或桂江流域传播到珠江中下游；距今5 000年左右，珠江中下游的原始文化又沿着这条通道传播到了沅水、资水的上游一带。何介钧先生在《环珠江口的史前彩陶与大溪文化》[1]一文中提出白陶和彩陶不是岭南本土文化，而是洞庭湖地区大溪文化南下传播影响的结果，其路线为经沅水，进入西江再往东南推移。任式楠在《论华南史前印纹白陶遗存》[2]中，表达了类似的观点。何安益、彭长林两位先生在《从晓锦遗址看新石器时代洞庭湖区与珠江流域地区原始文化的交往》[3]中，以桂东北地区的晓锦遗址为个案，通过考古学文化的对比分析，指出洞庭湖区的史前文化，有一部分经过资水上游进入桂北，再沿漓江而下到达西江流域。漆招进先生在《桂东北漓江流域的石器时代文化及其与周边地区石器文化的联系》[4]一文中，对漓江流域新石器时代文化整理分析，并指出漓江流域处在岭南与岭北交通的前沿，也是岭南与岭北文化的交汇点。邱立诚、杨式挺两位先生在《西江——岭南史前文化交流的重要通道》[5]一文中指出：在史前时期，西江作为岭南东西南北的交通要道，在文化交流中扮演了重要的角色，由于文化频繁的交流、冲击和碰撞，使得西江流域的文化"不纯洁"，丰富多样，从中可以追寻岭南文化发展、进步的轨迹。

二、典型文化遗址分期

（一）甑皮岩遗址

甑皮岩遗址[6]位于桂林市南郊的独山西南麓。1973年6月在此进行了抢救性发掘。试掘简报及相关鉴定结果公布之后，引起学术界热烈讨论，但甑皮岩遗址新石器文化的年代、文化面貌等问题没有得到很好的解决。2001年对甑皮岩遗址再次进

---

[1] 何介钧：《环珠江口的史前彩陶与大溪文化》，《南中国及邻近地区古文化研究》，香港中文大学出版社，1994年。

[2] 任式楠：《论华南史前印纹白陶遗存》，《南中国及邻近地区古文化研究》，香港中文大学出版社，1994年。

[3] 何安益、彭长林：《从晓锦遗址看新石器时代洞庭湖区与珠江流域地区原始文化的交往》，《广西考古文集》，文物出版社，2004年。

[4] 漆招进：《桂东北漓江流域的石器时代文化及其与周边地区石器文化的联系》，《史前研究》，三秦出版社，2000年。

[5] 邱立诚、杨式挺：《西江——岭南史前文化交流的重要通道》，《西江大学学报》1998年第2期。

[6] 广西壮族自治区文物工作队、桂林市革命委员会文物管理委员会：《广西桂林甑皮岩洞穴遗址的试掘》，《考古》1976年第3期；中国社会科学院考古研究所、广西壮族自治区文物工作队、桂林甑皮岩遗址博物馆等：《桂林甑皮岩》，文物出版社，2003年。

行了发掘。这次发掘明确了遗址的堆积状况和层位关系,获得了大量地层明确的文化和自然遗物,为进一步研究甑皮岩遗址新石器时代文化遗存的年代奠定了基础(表1)。

表1 甑皮岩遗址新石器时代文化探方分期对照表

期别 \ 探方 层位	DT3	DT4	DT6	BT2	BT3
第一期		31—30	32—28		
第二期		29—28	27—25		
第三期	16—6	27—16	24—12	未下挖	
第四期	5—4	15—5	11—6	14—9	未见早期堆积
第五期	3—2	4—2	5—3	8—6	24—6

甑皮岩遗址文化堆积深厚,文化内涵丰富,根据地层叠压关系和出土遗物的特征演变,新石器文化遗存可以分为五期(表2):

第一期:石器均以河砾石为原料,均为打制石器,石器加工技术比较单一,大部分为单面单向直接打击成型。磨制技术已经存在,但主要用于加工骨锥、骨铲和穿孔蚌器。陶器仅发现一件釜,烧制温度极低,陶质疏松,器表开裂,器表大部分为素面,仅在近口部可见粗绳纹。根据碳十四数据,其年代在距今12 000—11 000年。

第二期:陶器均为夹砂陶,烧制火候较低,胎质疏松。在制作技术上出现了泥片贴塑的成型技术,器表纹饰种类增加,器表饰绳纹,少量在绳纹上加饰刻划纹,口沿多饰绳纹,部分刻划纹。陶器数量增加,但是器类单一,大多为器形较大的敞口圜底罐。石器和骨角蚌器的形态和制作工艺与第一期变化不大,根据碳十四数据,其年代在距今11 000—10 000年。

第三期:陶器以夹方解石的红褐陶为主,火候低,胎质疏松,多数为泥片贴塑法制成。陶器以敞口罐为主,数量较前期多,敞口、束颈、鼓腹、圜底,新出现了近直口的敞口罐。石器与前两期大致相似,均为打制石器,尽管未见磨制石器,但新出现的长方形锛形器应为磨制石器的毛坯,推测应该有少量磨制石器出现。根据碳十四数据,其年代在距今10 000—9 000年。

第四期:陶器明显增多,除了敞口罐外,还有高领罐、敛口罐、敛口釜等;陶器制法仍以泥片贴塑法为主,出现了分体制作工艺。胎壁变薄,烧制火候提高。器表均饰绳纹,以中绳纹为主。石器以砾石打制石器为主,磨制石器虽未出现,但是参考第三期出现锛的毛坯,第五期出现通体磨光的锛、斧的事实,推断磨制石器应该存在。根据碳十四数据,其年代在距今9 000—8 000年。

表2 甑皮岩遗址分期及文化内涵

期别＼器类	陶　器	石　器	蚌　器
五期	敛口罐 BT3⑨:040；敛口盘口釜 SBKT1:053；直口盘口釜 KDT6:020；豆 KT1:055；陶钵 KBT3:014		
四期	敛口罐 DT4⑫:002；敛口罐 DT3⑪:001；敛口罐 DT4⑫:002；敛口罐 DT6⑭:002；敛洞采:001；高领罐 KDT5:049；陶钵 DT4⑬:003	磨制石锛 BT3⑫:001；单边弧刃砍砸器 DT3④:001；有凹石锤 DT6③:001；有凹石锤 BT⑪:001	蚌刀 DT4⑮:003
三期	敛口罐 DT3⑪:003	单边弧刃砍砸器 DT6⑮:004；单边直刃砍砸器 DT6⑳:002	蚌刀 DT4⑮:011
二期	敛口罐 DT4⑳:052	单边弧刃砍砸器 DT4㉒:013；单边直刃砍砸器 DT4㉒:006；有凹石锤 DT4㉖:003	蚌刀 DT4㉒:051
一期	陶釜 DT6㉘:072	单边直刃砍砸器 DT4㉚:001；有凹石锤 DT4㉚:002	蚌刀 DT6㉘:059

第五期：夹砂陶中方解石和石英颗粒比较均匀，泥质陶质地不细腻。部分器物采用泥片贴塑法制成，分体制作工艺有了进一步发展，陶器多经慢轮修整，胎壁较薄，器形规整，烧制火候较高。纹饰以细绳纹和刻划纹为主，部分器表饰陶衣。器类包括敞口罐、高领罐、敛口釜、直口釜、圈足盘、支脚等。石器以打制石器为主，磨制石器的数量增加，器型主要有磨制的斧、锛类，制作精细，大部分通体磨光。根据碳十四数据，其年代在距今 8 000—7 000 年。

（二）晓锦遗址

晓锦遗址[1]位于资源县延东乡晓锦村后龙山上。1998 年 10 月—2002 年 10 月，经广西壮族自治区文物工作队和资源县文物管理所四次发掘。根据报告，遗址分为南、西、北三个发掘区，结合发掘情况，把发现的文化遗存分为三组。

第一组：包括西区的⑧、⑨、⑩层，北区的⑥、⑦、⑧、⑨层，遗迹单位有 H71、H72、H73、H74、H79 等 19 个灰坑，柱洞有 D176、D182 等 26 个。这些遗迹单位均没有叠压打破关系，且没有出土成型的陶器及相关遗物，失去分期的意义。

第二组：包括西区的④、⑤、⑥、⑦层，北区的②、③、④、⑤层，南区的⑤、⑥层，遗迹单位有 H1、H3、H15、H68、H69 等 9 个灰坑，M3、M4 两座墓，柱洞有 D14、D35、D40、D105 等 85 个，沟有 G1，窑址有 Y1，灶有 Z1。其中，南区的⑤、⑥层不出遗物；灰坑之间没有打破关系；有些出遗物，但报告中没有表现；柱洞、G1 和 Z1 没有遗物；M3 开口于 ST17②下，被 G3、G4、F11D4 打破，出土两件陶釜和一件陶碗，G3、G4、F11D4 均不出遗物，这组打破关系也失去分期意义；M4 开口于 WT2⑤下，打破 WT2⑥层，出土一件陶罐和一件陶碗；Y1 在 WT2⑦下，出土有罐和盆各一件。因此，具有分期意义的文化堆积有西区的④、⑤、⑥、⑦层，北区的②、③、④、⑤层，M3、M4 和 Y1。

第三组：包括南区的②、③、④层，遗迹有 M1、M2、M5 三座墓，H16、H42、H50、H58、H62、H63 等 64 个灰坑，柱洞 104 个，组成 11 座房址，灰沟有 G3 和 G4。这些灰坑、柱洞和灰沟有的有打破关系，但都没有出土遗物，失去分期意义。其中，M2 开口于 ST18②下，打破 H65，出土三件陶器和一件石锛；灰坑没有遗物；报告中 M1 和 M5 没有明确的层位关系，但出土的遗物与 M2 相似，M1 出土陶罐和陶钵，M5 出土纺轮。因此，具有分期意义的堆积有南区的②、③、④层和 M1、M2、M5 三座墓。

根据分组和器物演变特征，晓锦遗址文化堆积可分为三期（表 3）。

---

[1] 广西壮族自治区文物工作队、资源县文物管理所：《广西资源县晓锦新石器时代遗址发掘简报》，《考古》2004 年第 3 期；广西壮族自治区文物工作队、资源县文物管理所：《资源县晓锦新石器时代遗址发掘简报》，《广西考古文集》，文物出版社，2004 年。

表3 晓锦遗址分期及文化内涵

期别 \ 器类	釜类	罐类	圈足盘	盆	钵	纺轮	其他
三期	折沿釜 ST17②:3；卷沿釜 ST4④:25	折沿罐 ST4④:34；卷沿罐 ST4④；圈足罐 M2:3；卷沿罐 ST17②:5	圈足盘 ST4④:43；圈足盘 ST13②:31	盆 ST4④:42；盆 ST13②:28	圈底钵 M1:1；圈底钵 M2:1；平底钵 M1:2	纺轮 M5:1；纺轮 M2:2	支脚 ST4④:18
二期	折沿釜 M3:4；盘口釜 NT4③:23	回沿罐 WT1⑤:23；盘口罐 WT1⑥:5；折沿罐 WT2⑥:33；直领罐 NT4②:4；斜沿罐 WT2②:36；折腹罐 M4:2	圈足盘 WT1⑥:6；圈足盘 NT7⑤:6	盆 WT1⑦:26；盆 WT1⑦:23；盆 NT7⑤:8		纺轮 WT1⑦:12	器座 WT2⑦:30；器座 NT4③:22；碗 M4:1
一期	折沿釜 WT2⑨:64；盘口釜 WT2⑨:72	回沿罐 NT8⑦:102；盘口罐 NT8⑧:4；折沿罐 WT2⑨:94；直领罐 WT1⑨:9；斜领罐 WT2⑨:59	圈足盘 WT2⑨:94	盆 NT7⑧:7；盆 WT2⑨:60；盆 WT2⑨:85			器座 WT2⑨:100

第一期包括西区的⑧、⑨、⑩层,北区的⑥、⑦、⑧、⑨层。石器以磨制为主,少量打制石器。陶器以夹砂为主,制作方法为泥片贴塑法,火候低,较疏松。纹饰以绳纹为主,器型以圜底器为绝大多数,有少量圈足器,不见平底器,有折沿釜、盘口釜、折沿罐、直领罐、盘口罐、圈足盘、器座等,以釜、罐居多。石器和陶器的某些面貌与甑皮岩第五期相似,同时陶器以折沿釜或罐及直领罐为主,这在皂市下层文化中较为普遍,因此推测年代在距今7 000—6 000年左右。

第二期包括西区的④、⑤、⑥、⑦层,北区的②、③、④、⑤层,M3、M4和Y1。石器以磨制石器为主,有部分打制石器,器型绝大部分沿袭第一期,以斧、锛为主。陶器均为夹砂陶,多为细砂,新出现少量夹细砂白陶,彩陶消失,陶器制法沿袭前期。器类及器型大部分继承第一期,仍以圜底器为绝大多数,有少量的圈足器和平底器,但圈足器开始增多,新出现圈足碗、器盖、支脚和纺轮。出土的白陶片与湖南安乡汤加岗文化遗存相同,折腹罐与湖南华容刘卜台遗址二期相似,器座与湖北枝江关庙山遗址同类器相似,故其年代大致在大溪文化年代范围内,距今6 000—5 000年。

第三期典型单位有南区的②、③、④层和M1、M2、M5。石器多为磨制,以磨制较精的锛和镞为主。陶器仍以夹砂陶为主,但出现较多的泥质陶。陶器制法沿袭第二期,新出现慢轮加工技术。纹饰仍以绳纹为主,少见前两期的刻划纹,新出现方格纹、叶脉纹、花瓣纹、镂空、绳纹弦纹组合纹。器类仍以圜底器为主,新出现卷沿釜、卷沿罐、圈足罐、钵、圆饼形和乳突形纺轮。新出现的泥质黑皮陶和镂空装饰等与湖南澧县宋家台石家河文化相同,因此推测第三期年代在距今4 000多年。

(三) 顶蛳山遗址

顶蛳山遗址[1]位于南宁市邕宁区蒲庙镇新新行政村九碗坡自然村东北约1公里的顶蛳山上。1997年进行第1次发掘,揭露面积500平方米,共发现墓葬149座。

根据地层堆积叠压和出土遗物特征演变,顶蛳山遗址文化堆积可分四期(表4)。

第一期:陶器仅见圜底的罐或釜形器,数量少,器类简单,器表饰粗绳纹,口沿上捺压花边,下有附加堆纹。出土大量的玻璃陨石质细小石器、石核,少量穿孔石器。第一期出土的陶器与江西万年仙人洞下层文化陶器特征相似,年代应该一致,其年代在距今10 000年左右。

---

[1] 中国社会科学院考古研究所广西工作队、广西壮族自治区文物工作队、南宁市博物馆:《广西邕宁县顶蛳山遗址的发掘》,《考古》1998年第11期。

表4 顶蛳山遗址分期及文化内涵

期别 \ 器类	陶器 釜	陶器 罐	石器	蚌器
四期	釜 H7:14　釜 H6:10	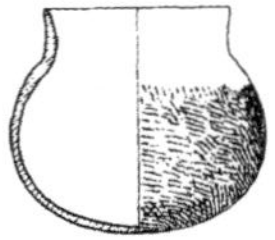 高领罐 T1107②:1 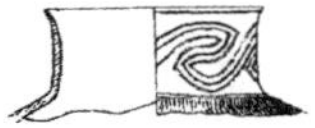　高领罐 T1206②:3	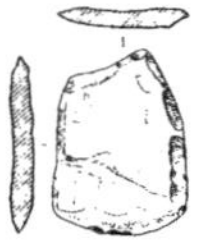 斧 T1108③:30 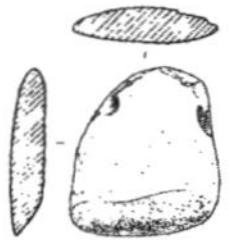　斧 T1108②:29	
三期	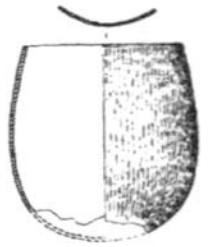 	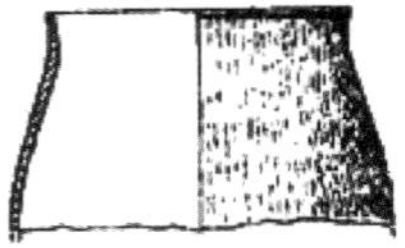 圜底罐 T2302②:20 　圜底罐 H3:21	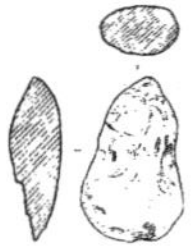 斧 T2003⑤:3　铲 H3:2	
二期		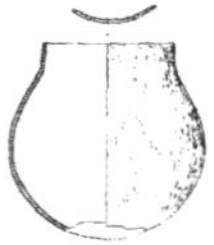 圜底罐 T2302⑥:1 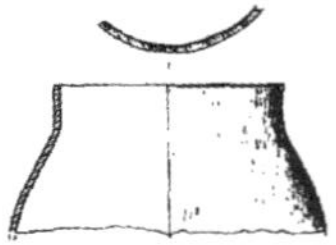　圜底罐 T2202⑤:41	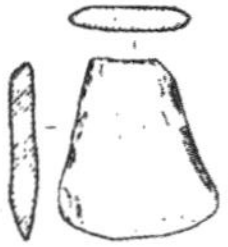  斧 T2302⑥:9　铲 T2103⑧:13	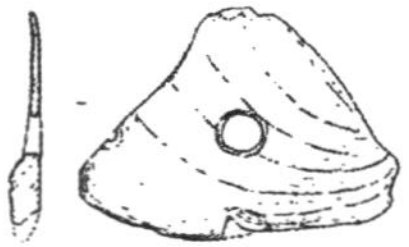 蚌刀 T2302③:2　蚌刀 T2103⑩:2
一期	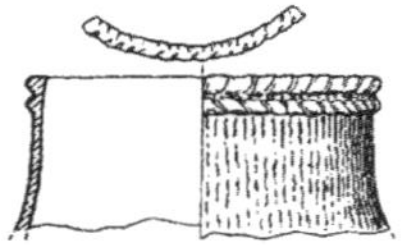 陶釜 T2206①:1		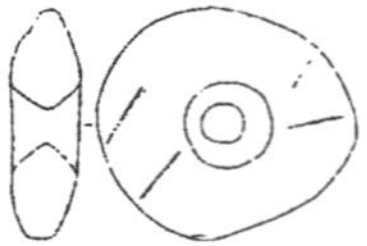 穿孔石器 T2207④:3	

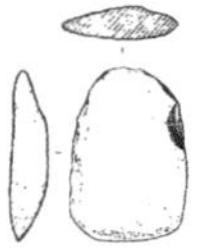

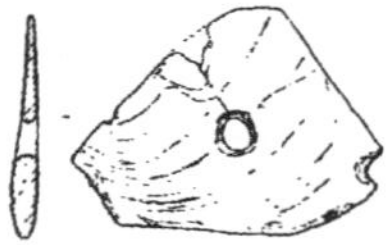

第二期：陶器数量明显增加，但器类仍然较单纯，仅见直口、敞口或敛口的圜底罐；火候不高，陶色以灰褐色为多，夹砂红陶次之；器表多饰篮纹，并有少量的绳纹。石器数量较少，主要有斧、锛、穿孔石器和砺石，均为通体磨光，一些在刃部磨制精细。

第三期：陶器均为夹砂陶，不见泥质陶，火候较高，陶色有灰褐色、红褐色；陶器器类增加，除圜底罐外，新出现敛口或直口的釜、高领罐；器表装饰少量篮纹，盛行绳纹，规整、纤细。石器制法和器类与第二期相同，数量增加。第二、第三期是顶蛳山遗址的主要堆积，出土陶器、石器、蚌器的特征相近，其文化面貌与南宁豹子头、邕宁长塘、横县西津、横县秋江等新石器时代贝丘遗址相似，被命名为"顶蛳山文化"，其年代在距今 8 000—7 000 年。

第四期：陶器仍以夹砂陶为主，夹砂较细，其中有较多的夹植物碎末陶，新出现泥质陶，开始运用轮制技术，泥质陶的胎质纯净、细腻；器表装饰以细绳纹为主，出现多线刻划纹；器类有高领罐、圜底罐、釜、杯等。石器数量较少，主要有刃部磨制精细的斧、锛。第四期的陶器制作水平较第三期提高，器型和纹饰也不同，蚌器消失，推测其年代在距今 6 000 年。

（四）感驮岩遗址

感驮岩遗址[1]位于那坡县人民公园内后龙山脚下。1997 年 8 月至 1998 年 1 月广西壮族自治区文物工作队和那坡县博物馆正式在此进行了发掘，根据简报，遗址的地层单位堆积统一，层位关系如下：

①→M1→②→M2→③→H1→④→⑤，其中 M1 出土铁器，其余划分为三组，第一组包括②层和 M2，M2 无随葬品；第二组包括③层、H1 和 M3，H1 出土 1 件石斧和 1 件石杵，M3 出土 2 件石杵；第三组包括④、⑤层。

根据遗址的地层关系和所出文化遗物的演变特征，遗址的史前文化遗存可分两期（表 5）。

第一期：陶器以夹砂陶为主，火候较高，陶色以灰色、灰黑色为主；器表纹饰丰富多彩，以绳纹为主，绳纹以细绳纹为主；陶器造型有圈足器、三足器和圜底器，主要器型有三足罐、杯形罐、高领罐、钵等。石器以磨制为主，大部分通体磨光，少量刃部磨光。第一期文化面貌部分与平南县石脚山遗址、邕宁县顶蛳山遗址第四期文化相似。

---

[1] 广西壮族自治区文物工作队、那坡县博物馆：《广西那坡县感驮岩遗址发掘简报》，《考古》2003 年第 10 期。

表5 感驮岩遗址分期及文化内涵

此外,碳十四测年数据为距今 4 718±50 年,树轮校正后的年代为公元前 3 560±205 年,因此,推测第一期的年代约为距今 4 700 年。

第二期分早、晚两段。

早段:遗迹有 H1 和 M3,H1 出土 1 件石斧和 1 件石杵,M3 出土 2 件石杵。陶器以夹砂陶为主,少量泥质陶和磨光陶,陶色以灰褐为主,纹饰以绳纹为主,器型以圈足器和圜底器为主,不见三足器,包括杯形罐、高领罐、钵和纺轮等。石器以磨制为主,大部分通体磨光,少量刃部磨光。

晚段:遗迹包括 M2 和用火遗迹。陶器以夹砂陶为主,泥质陶次之,陶色以灰黑和灰褐为主,纹饰以绳纹为主,新出现彩绘和刻划戳印彩绘复合纹;器型以圜底器和圈足器为主,有少量平底器,主要器型有大口釜、圜底罐、高领罐、圈足罐、壶、簋形器、钵、杯等。石器绝大多数为磨制,大多通体磨光,

第二期所出陶壶与广西武鸣县岜马山崖洞葬的基本相同,高领折肩罐与东莞村头遗址所出罐相似。该期碳十四测定数据有四个:AT01③出土的螺壳的年代为距今 3 815±50 年;AT01②碳化粟的年代为距今 3 131±50 年;AT01②碳化稻的年代为距今 3 463±50 年;BT01②碳化稻的年代为距今 2 883±50 年。因此,第二期的年代为距今 3 800—2 800 年。其中一个数据较晚,一个数据较早,笔者根据数据推测其年代应该在距今 3 000 多年前。

三、广西新石器时代文化分期与特征

根据考古材料和以上各区域的分期和编年,笔者把广西新石器时代划分为早期、中期、晚期、末期四个发展阶段,虽然这一区域新石器时代文化谱系不甚确定,但基本框架已经形成(表6)。

表6 广西新石器时代文化分期及编年

新石器时代末期		感驮岩二期			
新石器时代晚期		感驮岩一期、大龙潭遗址、弄山岩洞葬	顶蛳山四期、石脚山遗址		晓锦三期
新石器时代中期	晚段		南沙湾遗址		晓锦二期
	中段	革新桥遗址、江西岸遗址		白莲洞五期、鲤鱼嘴二期	晓锦一期
	早段		顶蛳山二、三期,豹子头早、晚期		甑皮岩五期

续 表

期别 \ 区域		左、右江流域	邕江、郁江、浔江流域	柳江流域	漓江—桂江流域
新石器时代早期	晚段				甑皮岩四期
	中段	百达遗址一期	顶蛳山一期	白莲洞四期、鲤鱼嘴一期	甑皮岩三期
	早段				甑皮岩一、二期

（一）新石器时代早期

石器以打制石器为主,有少量磨制和穿孔石器,打制石器以砾石打制石器为主,有些流域伴存燧石小石器和细石器。原始陶器产生,均为夹砂陶,纹饰以绳纹为主,器型为圜底的釜、罐类器。

新石器时代早期早段以甑皮岩一、二期为代表,年代为距今 12 000—10 000 年,这一时期遗址主要在漓江—桂江流域,其他流域基本不见。这一时期以砾石打制石器为主,出现穿孔石器,骨、角、牙、蚌器,这些因素都是本地区旧石器时代文化的延续。新出现了夹粗砂绳纹圜底类陶器,这是广西盆地新石器时代标志性的文化内涵。

新石器时代早期中段以甑皮岩三期、白莲洞四期、鲤鱼嘴一期、顶蛳山一期等为代表,年代为距今 10 000—9 000 年。漓江—桂江流域砾石打制石器、穿孔石器、骨器、角牙器、蚌器等继续发展,夹砂圜底陶器在制作工艺、火候、形制等方面取得进一步发展,在砾石打制石器基础上,新出现刃部磨光的斧、锛类器。

邕江、郁江、浔江流域,柳江流域,左、右江流域出现砾石打制石器、穿孔石器等,新出现了夹粗砂绳纹圜底类陶器,反映了文化发展的不平衡性,这一区域文化发展相对滞后。在柳江流域白莲洞四期中,发现少量的燧石石器,相对于白莲洞一、二、三期燧石石器占主流的情况,这一期燧石小石器数量和种类减少,相反,砾石打制石器、磨制石器、穿孔石器数量增多。

新石器时代早期晚段以甑皮岩四期为代表,年在为距今 9 000—8 000 年。石器以砾石打制石器为主,石器种类较前三期减少,磨制石器虽未出现,但是参考前段出现锛的毛坯,第五期出现通体磨光的锛、斧的事实,推断磨制石器应该存在。骨、角、蚌器较之前减少,仅有骨锥和少量穿孔的蚌刀。圜底陶器制法、种类、数量增加,胎壁变薄,烧制火候明显提高。

(二) 新石器时代中期

在早期产生的以夹砂绳纹圜底釜、罐类器为代表的陶器传统得到继续发展,成为新石器时代中期的主体文化内容,陶器新出现圈足器。磨制石器流行,砾石打制石器继续存在,细小石器消失不见,磨制石器以磨制精细的斧、锛为代表,有肩石器出现并发展。

新石器时代中期早段以甑皮岩五期,顶蛳山二、三期,豹子头早、晚期等遗存为代表,年代为距今8 000—7 000年。陶器数量明显增加,陶器的陶色、纹饰和器型大量增加,除夹砂陶外,新出现泥质陶,夹砂陶中方解石和石英颗粒比较均匀,泥质陶质地不纯、不细腻;泥片贴塑法和分体制作工艺有了进一步发展,陶器多经慢轮修整,胎壁较薄,器形规整,烧制火候较高,陶质坚硬;纹饰以绳纹和刻划纹为主,但器类仍然较单纯,仍以圜底器为主,以釜、罐类为主,新出现盆、钵、圈足盘等。石器中砾石打制石器减少,不见燧石小石器,多为器形简单的石锤和砍砸器;磨制石器增加,磨制技术提高,器型主要有磨制的斧、锛类,大部分通体磨光。蚌器和骨器数量增多,骨、角、蚌器仍是常见的生产工具,穿孔蚌刀最具特色。

在广西的新石器时代早期文化中,陶器都以夹砂绳纹圜底器为特色,但在本期文化中,漓江—桂江流域出现了与长江中游新石器时代同期相似的文化因素,出现了圈足类器,这是广西盆地发现最早的圈足类器。圈足盘是长江中游环洞庭湖地区新石器时代特色器物,在彭头山文化和城背溪文化中就已经出现,在皂市文化中,镂空高圈足盘属于代表性的器物。本期出土少量圈足盘,但都没有完整器,根据残片观察推测,其与环洞庭湖地区同时期或稍早的同类器相似;圈足碗(豆)与城背溪文化出土同类器相似;除了圈足器,本期还出现了陶器支脚。

其他流域特别是邕江、郁江、浔江流域,主要为以顶蛳山二、三期为特征的顶蛳山文化分布,也较为强势,其影响范围到达左、右江流域。

新石器时代中期中段以晓锦一期、白莲洞五期、鲤鱼嘴二期、革新桥遗址、江西岸遗址等为代表,年代为距今7 000—6 000年。陶器大多为夹砂灰陶,纹饰以绳纹为主,另有部分刻划纹、弦纹、戳印纹、少量弧线纹和条带彩绘陶;器型以圜底器为绝大多数,有少量圈足器,不见平底器,以圜底釜、罐类器居多。石器以磨制为主,种类和数量增加,主要有磨制的斧、锛等,燧石石器消失不见。

漓江—桂江流域继续存在与长江中上游同时代相似的文化因素,除了在前一阶段出现的圈足盘、圈足碗和支脚外,新出现了少量彩陶,这些彩陶纹饰与长江中游的大溪文化密切相关。

新石器时代中期晚段以晓锦二期和南沙湾遗址为代表,年代为距今6 000—

5 000年。陶器以夹砂陶为主,出现较多的泥质陶;陶器制法发展,新出现慢轮加工技术;纹饰以绳纹为主,少见前两期的刻划纹,新出现方格纹、叶脉纹、花瓣纹、镂空、绳纹弦纹组合纹;器类仍以圜底器为主,主要为圜底的釜、罐类器。石器多为磨制,多为通体磨光,以磨制较精的斧和锛为主。

漓江—桂江流域与长江中游同时代的相似文化因素继续发展,新出现了夹细砂白陶,圈足器有圈足盘、碗、器座、支脚,这些因素都是继承上一阶段发展来的。华南白陶最早出现在皂市下层文化,在其后的汤加岗文化时期和大溪文化时期继续发展,漓江—桂江流域新出现的白陶应该是受长江中游的影响。

虽然漓江—桂江流域新石器时代中期文化受到来自长江中游同时代或更早文化因素的影响,但这些文化因素的影响和介入是暂时的,并没有改变广西盆地圜底陶器传统的绝对地位。圈足类陶器的传入,使这一区域圜底类器的单一陶器传统发生变化,成为与圜底器并存的陶器传统(表7)。

表7 新石器时代中期广西的外来文化因素

	漓江—桂江流域文化	长江中游文化
晚段	圈足盘 ZXWT1⑥:6 器座 ZXNT4③:22　白陶盆 WT2⑦:21	胡家屋场 圈足盘 T102④:330 坟山堡 圈足盘 T6H4:7
中段	圈足盘 ZXWT2⑨:94 器座 ZXWT2⑨:100　彩陶片 ZXNT8⑦	城背溪 圈足盘 T6③:13
早段	圈足盘 ZKAT1:008　豆(圈足碗)ZKT1:055 圈足盘 ZBT3⑨:033	城背溪 圈足碗 T6③:9

(三) 新石器时代晚期

圜底釜、罐和磨制精细的斧、锛类器仍是主要的文化内涵,圈足器数量增多,不断发展,成为与圜底器并存的两大陶器内涵,三足器出现并发展,有肩有段石器发展。

新石器时代晚期以晓锦三期、顶蛳山四期、感驮岩一期、大龙潭遗址、弄山岩洞葬等为代表,年代在距今 5 000—4 000 年。陶器以夹砂陶为主,泥质陶次之;纹饰以绳纹为主,新出现方格纹、叶脉纹、花瓣纹等;器类仍以圜底器为主,在新石器时代中期开始出现的圈足器增多,也出现了少量的平底器和凹沿器;以圜底釜、罐类器最为常见,圈足釜、罐流行,除去圈足,其形制与圜底釜、罐相同。这一时期石器以磨制占绝大多数,以磨制较精的锛和斧为主。

左、右江流域出现大量的大石铲,而这一流域是这类遗存的中心区域,大龙潭遗址是大石铲文化的典型遗址,这种极具特色的文化因素分布范围极广,在其他区域也有发现。左、右江流域还出现了有特色的三足器,主要有三足釜、三足罐、三足钵等,多为本地同类釜、罐、钵加三足制成,这些因素极具特色,尚不清楚其源流。

(四) 新石器时代末期

新石器时代末期以感驮岩二期为代表,年代为距今 4 000—3 500 年。广西盆地新石器时代末期文化遗存发现较少,主要在左、右江流域。陶器以夹砂陶为主,泥质陶次之,陶色以灰褐陶为主,纹饰以绳纹为主,新出现彩绘和刻划戳印彩绘复合纹;器型以圜底器和圈足器为主,不见三足器,圜底器主要是圜底釜、罐,圈足器常见有圈足罐、壶、钵等。石器以磨制斧、锛为主。

广西新石器时代文化是在本地区旧石器时代晚期文化的基础上发展起来的,这一区域新石器时代早中期的打制石器延续了该地区旧石器时代晚期打制石器的特点。新石器时代早期打制石器大多采用锤击法,单面打击而成,交互打击法比较少见,器形不规整,器类较少,以砍砸器和刮削器居多,另有些骨、角器等。

以甑皮岩一期为例,出土石器均以河砾石为原料,石质以砂岩为主。均为打制石器,石器加工技术比较单一,大部分为单面单向直接打击成型,个别双面打击而成。以石核石器为主,少量石片石器。器类有锤、砍砸器、切割器、尖状器、凿、穿孔器等,以石锤、砍砸器为主。从这些器物的形态来看,它们具有广西盆地旧石器时代典型的砾石工业传统[1]。

---

[1] 中国社会科学院考古研究所、广西壮族自治区文物工作队、桂林甑皮岩遗址博物馆等:《桂林甑皮岩》,文物出版社,2003 年。

此外，白莲洞遗址和鲤鱼嘴遗址的文化遗存也体现了广西盆地新石器时代早期文化源于当地旧石器晚期文化传统。白莲洞遗址新石器时代早期遗物绝大多数为打制的砾石石器，有少量燧石石器，出现通体磨光的石器；穿孔石器仍是双面对钻，器身经过打磨；石器类型有砍砸器、刮削器、石锤、穿孔石器、切割器、石片和石核等，这些文化面貌与旧石器时代晚期有诸多相似之处。白莲洞遗址包含了旧石器时代晚期到新石器时代文化，体现了其文化的阶段性与连续性[1]。鲤鱼嘴遗址的情况也类似，遗址包含了旧石器时代晚期和新石器时代早、中期文化遗存，新石器时代早期石器以燧石质细小石器和较大的砾石打制石器为主，反映了其与本地区旧石器晚期的文化联系。

广西新石器时代文化延续了本地区旧石器的文化传统，原料的选择、石器制作和加工技术、石器形制和种类都继承了本地旧石器晚期的文化。以砾石打制石器为主的文化因素以及与其伴出的骨角器都体现了与旧石器时代晚期的密切关系。因此，可以说广西新石器时代文化是由本地区旧石器时代晚期文化蕴育而生的。

广西盆地商周时期陶器是新石器时代文化传统的延续和发展，陶器以夹砂陶占绝大多数，纹饰主要有绳纹、弦纹、篮纹、刻划纹等，多为圜底器，少量圈足器，不见三足和平底器；器型主要为罐、釜等，罐有敞口罐、双耳罐和小罐，另有钵、瓮、碗、杯等。在广西盆地新石器时代早期遗址中出现的陶器，陶质都是夹砂的，纹饰主要是绳纹。绳纹陶的分布范围很广，各流域都有大量的绳纹陶器。桂西大部分山区的一些洞穴遗址，如龙州八角岩、大新县歌寿岩等，都出土过完整的绳纹陶器，后来证明这些遗址都是商周时期的岩洞葬。在广西地区，几何印纹陶在桂东北地区分布最集中，器物纹样也最典型。广西的几何印纹陶的纹饰主要是夔纹、云雷纹和羽状纹、曲折纹、米字纹，这些纹饰出现的时间比绳纹和篮纹要晚，而夔纹、云雷纹是中原地区商周青铜器常见纹饰，广西的几何印纹陶的花纹装饰很可能是在中原地区青铜文化影响下发展起来的。从其分布地域来说，远不如绳纹陶广大，几何印纹陶的分布偏于桂东北，与广东北部大面积的几何印纹陶地区相邻，因而有理由认为，以夔纹、云雷纹为主的几何印纹陶可能是从广东北部地区传入的。在广西出几何印纹陶的地区也时有商周时代的青铜器发现，这些青铜器的造型、纹饰和中原地区同类铜器相似，几何印纹陶的纹饰也可能仿自此类铜器。这些因素反映了广西盆地商周时期文化既有本身文明进化的因素，也有来自中原等地青铜文化的影响，其在陶器方面基本继承和发展了本地区新石器时代晚期文化的一些特点。

---

[1] 广西柳州白莲洞洞穴科学博物馆:《柳州白莲洞》，科学出版社，2009年。

四、与周边新石器时代文化的互动

广西地处岭南西部,东北与长江中游相邻,东面为珠江三角洲,北面和西北面为云贵高原,西面与越南北部山区接壤,南面面向北部湾,良好的地理位置和便捷的交通网络使这一区域与各地区的文化互动和交流频繁。广西新石器时代文化继承了本地区旧石器时代文化的传统,形成了具有自己特色的文化内涵和体系,并在演变过程中不断吸收周围文化的因素,同时也对周边文化施加自己的影响。

(一) 与珠江下游地区的文化交流

在珠江下游地区发现了较多新石器时代的遗址,主要有广东省的英德牛栏洞遗址[1]、青塘遗址[2]、封开黄岩洞遗址[3]、阳春独石仔遗址[4]、南海西樵山遗址[5]、曲江石峡遗址[6]、高要蚬壳洲遗址[7]、深圳咸头岭遗址[8]、封开蛭竹口遗址[9]、封开乌骚岭遗址[10]等。珠江下游新石器时代文化遗址丰富多彩,新石器时代早中期遗址发现较少,而新石器时代晚期的遗址发现较多,遗迹、遗物也较丰富。广西与珠江下游地区同属岭南地区,自然环境相似,交通也较为便利,其文化面貌具有许多相似

---

[1] 邱立诚等:《英德云岭牛栏洞遗址》,《英德史前考古报告》,广东人民出版社,1999年。

[2] 广东省博物馆:《广东翁源县青塘新石器时代遗址》,《考古》1961年第11期(青塘后划属英德);蔡奕芝等:《英德青塘洞穴文化遗存的研究》,《英德史前考古报告》,广东人民出版社,1999年。

[3] 宋方义、张镇洪、邓增魁等:《广东封开黄岩洞1989年和1990年发掘简报》,《东南文化》1992年第1期。

[4] 邱立诚、宋方义、王令红:《广东阳春独石仔新石器时代洞穴遗址发掘》,《考古》1982年第5期。

[5] 何纪生:《广东南海县西樵山遗址》,《考古》1983年第12期;杨式挺:《试论西樵山文化》,《考古学报》1985年第1期。

[6] 广东省博物馆、曲江县文化局石峡发掘小组:《广东曲江石峡墓葬发掘简报》,《文物》1978年第7期。

[7] 广东省博物馆、高要县文化局:《广东高要县蚬壳洲发现新石器时代贝丘遗址》,《考古》1990年第6期。

[8] 深圳博物馆、中山大学人类学系:《深圳市大鹏咸头岭沙丘遗址发掘简报》,《文物》1990年第11期。

[9] 广东省文物考古研究所、封开县博物馆:《广东封开蛭竹口遗址发掘简报》,《文物》1998年第7期。

[10] 广东省文物考古研究所、封开县博物馆:《封开县乌骚岭新石器时代墓葬群发掘简报》,《文物》1991年第11期。

性和区别。

甑皮岩遗址一、二期和白莲洞四期与珠江流域的英德牛栏洞、青塘遗址以及封开黄岩洞的文化面貌较为相似:石器都以大量的砾石打制石器为主,石器的打制方法基本相同,以单面加工为主,主要有砍砸器、盘状器、刮削器等,磨制石器主要为磨刃的斧、锛;陶器少见,有磨制的骨角器等。这些文化相似性有自然环境的因素,也有文化交往的因素。

新石器时代中晚期广西与珠江下游地区的文化关系更为密切。南海西樵山遗址的早期文化以燧石为原料的细石器数量居多。而西江中上游小石器传统最早在白莲洞一期就已经出现,到新石器时代早期的鲤鱼嘴一期和顶蛳山一期仍然存在,一直延续到新石器时代中期的顶蛳山文化和鲤鱼嘴二期。从石器原料看,两个地区都有燧石和砂岩,加工技术都用直接打击的方法打下石片后再进行单向修理,器型有尖状器、刮削器和石核等。从时代看,西樵山细石器出现的时间要晚于广西盆地。广西和珠江下游地区都分布有双肩石器,珠江下游地区最早出现于西樵山文化中期,而在广西的邕江、郁江、浔江流域也发现了双肩石器,最早见于顶蛳山文化。两个区域都发现了双肩石器,说明两者文化的密切联系。关于双肩石器的起源,傅宪国先生认为起源于西樵山文化[1];覃芳女士认为起源于顶蛳山文化[2],她认为西樵山的有肩石器年代较晚,距今 5 500 年左右,而顶蛳山文化年代为距今 8 000 年。笔者也较赞同后者的观点,顶蛳山文化是双肩石器的首创者。此外,在粤西封开发现了大石铲,但是石铲的数量不多,质地较差,而大石铲是广西左、右江流域新石器时代晚期的一种典型器物,表明了两区域文化的密切联系。邕江、郁江、浔江流域的石脚山遗址,从整体文化面貌上看,陶器中的圈足盘、支脚,水波纹、曲折纹、压印几何纹、多线刻划纹、彩绘等纹样与广东珠江三角洲地区的新石器时代晚期文化有较多的相似,两者间应有较为密切的关系。

(二) 与长江中游地区的文化交流

长江中游地区以江汉平原为中心,包括洞庭湖、川东等地,广西盆地东北与长江中游地区相邻,洞庭湖水系的湘江、资水和沅水都发源于广西东北部,因此,这一地区成为广西盆地与长江流域文化交流的重要通道。

---

[1] 傅宪国:《论有段石锛和有肩石器》,《考古学报》1988 年第 1 期。
[2] 覃芳:《顶蛳山文化衰变的人类学探索》,《广西考古文集》,文物出版社,2004 年。

新石器时代早期的甑皮岩文化遗存可能受到彭头山文化[1]的影响,它们之间存在一定的共性,主要体现为文化遗物的相似,如两者陶器的成型工艺都是以泥片贴塑法为主,陶器器表颜色不均,器表纹饰都以绳纹为主,有少量的戳印纹、刻划纹,器型上甑皮岩三期文化各种类型的敞口罐与彭头山文化的大口深腹罐、小口深腹罐等器物有相似的地方。但是两者也有较大的差异,甑皮岩遗址陶器器类比较单一,始终以敞口罐为主,只在甑皮岩四期出现了高领罐;而彭头山文化陶器器类丰富,存在镂空和彩陶。

在新石器时代中期,长江中游地区沅水流域出现了陶器纹饰非常发达的高庙文化[2],其与甑皮岩五期文化遗存存在一定的联系。两者陶器的制作工艺都是手制但采用轮修工艺,均以夹砂陶为主,泥质陶较少,纹饰以绳纹为主,有一定数量的戳印纹、刻划纹等,器型上甑皮岩五期的盘口釜、敛口釜、圜底钵、敞口罐和高领罐等与高庙文化早期相似。甑皮岩五期和高庙文化的葬式都是屈肢葬为主,墓葬中基本不见随葬品。但是两者也存在差异,高庙文化有相当数量的白陶,而甑皮岩五期文化基本不见;高庙文化的陶器纹饰较为复杂,以戳印凤鸟纹、兽面纹最具特色,而甑皮岩五期文化陶器纹饰较为简洁,以几何形图案为主。

在新石器时代晚期,长江中游的汤加岗文化、大溪文化、屈家岭文化、石家河文化等不断向广西施加了强烈的影响,其沿着长江流域的湘江、资水上溯,进入西江后沿江而下到达珠江三角洲。此时的珠江三角洲出现了较为繁荣的彩陶、白陶,以釜、罐、钵、盘、碗、乳突形纺轮为陶器组合,以圜底器和圈足器为主,缺少三足器,装饰中部分刻划纹和镂空等文化因素都可以在长江中游同时期文化中找到,其来源无疑是长江中游地区的强势文化[3]。广西盆地的漓江—桂江流域存在与长江中上游同时代相似的文化因素,除了在前一阶段出现的圈足盘、圈足碗和支脚外,新出现了少量彩陶,这些彩陶纹饰与长江中游的大溪文化密切相关,主要为弧线和直线组成的彩绘纹饰,应该是由长江流域传入的,因为本地区并没有使用彩陶的传统,而珠三角的彩陶也应该是在大溪文化的影响下产生的。此外,漓江—桂江流域与长江中游同时代相似的文化因素继续发展,圈足器有圈足盘、碗、器座、支脚,新出现了夹细砂白陶。华南白陶最早出现在皂市下层文化,在其后的汤加岗文化时期和大溪文化时期继续发展,漓

---

[1] 湖南省文物考古研究所、澧县文物管理所:《湖南澧县彭头山新石器时代早期遗址发掘简报》,《文物》1990年第8期;湖南省文物考古研究所:《彭头山与八十垱》,科学出版社,2006年。

[2] 湖南省文物考古研究所:《湖南洪江市高庙新石器时代遗址》,《考古》2006年第7期。

[3] 何介钧:《环珠江口的史前彩陶与大溪文化》,《南中国及邻近地区古文化研究》,香港中文大学出版社,1994年。

江—桂江流域新出现的白陶应该是受长江中游的影响,然后再往珠三角传播。长江中游的文化影响主要在西江中上游的漓江—桂江流域,主要是因为这一区域位于长江中游和珠江三角洲的中间地带,起着文化交流和互动的桥梁作用。

五、结　语

广西新石器时代文化经历了新石器早期、中期、晚期和末期四个发展阶段。起源于本地区旧石器时代文化传统的砾石打制石器传统在新石器时代早期逐渐形成了以斧、锛为代表的磨制石器组合,并贯穿于整个地区新石器时代文化发展过程中。新石器时代早期出现了夹砂圜底釜类器,这是整个广西新石器时代的陶器文化传统之一。在新石器时代中期,由于来自长江中游史前文化的影响,在漓江—桂江流域出现了圈足陶器,主要有圈足碗、圈足盘。新石器时代晚期圜底釜、罐和磨制精细的斧、锛类器仍是主要的文化内涵,出现大量的大石铲遗存和三足器。从新石器时代晚期开始,圈足器与圜底器并存,成为西江中上游新石器时代两大文化传统。在新石器时代晚期和末期,圈足盘基本不见,圈足器主要有碗、罐、壶等。

广西新石器时代文化延续了本地区旧石器时代晚期的文化传统,是由本地区旧石器时代晚期文化蕴育而生的,形成了有自己特色的器物、文化内涵和发展进程,并在演变过程中不断吸收周围文化的因素,同时也对周边文化施加自己的影响。

大溪文化研究

杨 洪

一、概 论

长江流经山势雄奇险峻的三峡,至宜昌出峡后,进入辽阔平坦的中游地区。鄂中南的江汉平原与湘北的洞庭湖平原连成一片,合称两湖平原[1],大溪文化即主要分布在其间的峡江地区[2]和环洞庭湖地区[3]。截至 21 世纪初,在此分布区域内经过调查的大溪文化遗存约有 200 多处,经过正式发掘且发表了资料的遗址约有 20 多处,其分布东起洪湖之滨,西至瞿塘峡东口,南达洞庭湖畔,北抵沮漳河流域(图1)。

大溪文化因最初发现于四川(现为重庆)巫山大溪遗址而得名。1925—1926 年美国人 Nelson, N.C.曾对大溪遗址进行过调查[4],1959 年首次对大溪遗址进行发掘[5],1962 年石兴邦先生提出"大溪文化"的命名[6],与此同时,林向先生在撰写《大溪文化与巫山大溪遗址》时亦建议将此类遗存命名为"大溪文化"[7],至此揭开了大

---

[1] 任式楠:《略论大溪文化》,《中国考古学研究——夏鼐先生考古五十年纪念论文集》,文物出版社,1986 年。

[2] 孟华平:《论大溪文化》,《考古学报》1992 年第 4 期。依孟华平的观点,峡江地区指以三峡至江陵为中心的区域,主要包括三峡地区、清江流域和沮漳河流域,其南北分别与澧水流域和汉水流域为邻。本文从之。

[3] 环洞庭湖地区主要指湖南省岳阳、益阳和常德一带,包括安乡、华容和澧县等地区。

[4] 郑德坤:《四川考古研究》,剑桥大学出版社,1957 年,第 30—34 页。

[5] 四川长江流域文物保护委员会文物考古队:《四川巫山大溪新石器时代遗址发掘记略》,《文物》1961 年第 11 期。

[6] 石兴邦:《有关马家窑文化的一些问题》,《考古》1962 年第 6 期,第 328 页。

[7] 林向:《大溪文化与巫山大溪遗址》,《中国考古学会第二次年会论文集》,文物出版社,1982 年。

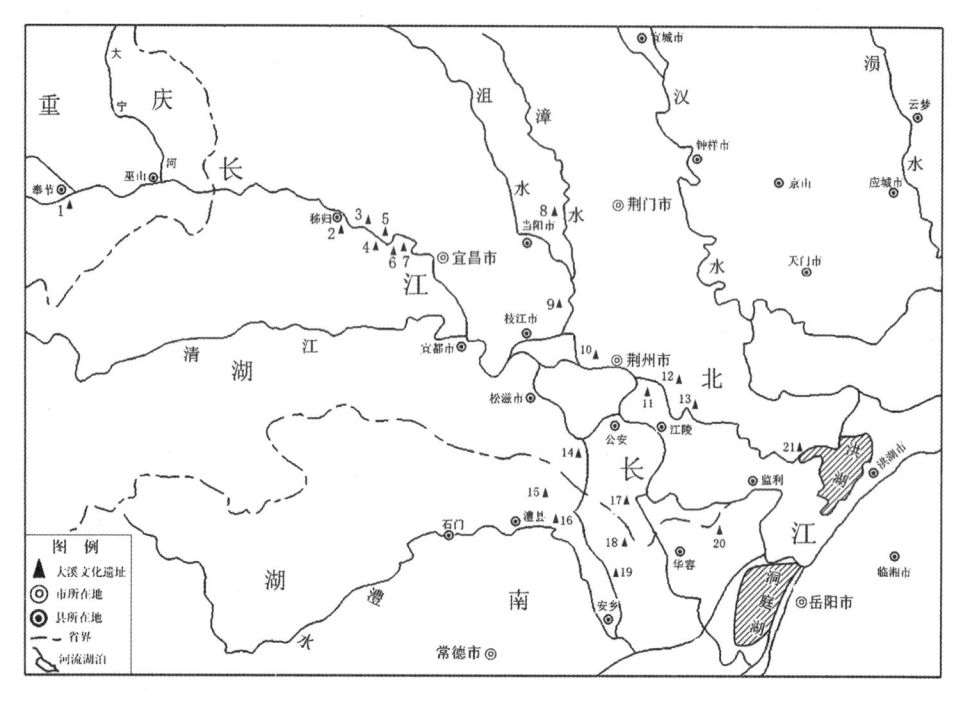

图1 大溪文化遗址分布示意图

1. 大溪 2. 龚家大沟 3. 伍相庙 4. 中堡岛 5. 白狮湾 6. 杨家湾 7. 清水滩 8. 杨木岗 9. 关庙山 10. 荆南寺 11. 阴湘城 12. 朱家台 13. 毛家山 14. 桂花树 15. 三元宫 16. 丁家岗 17. 王家岗 18. 汤家岗 19. 划城岗 20. 车轱山 21. 柳关

溪文化发现和研究的序幕。70年代以来,相继发掘了一批主体文化因素是大溪文化的遗址,包括松滋桂花树、江陵毛家山、枝江关庙山、宜昌中堡岛、澧县三元宫、安乡汤家岗、公安王家岗、澧县东田丁家岗、安乡划城岗等遗址,代表性遗址主要有关庙山[1]、中堡岛[2]、划城岗及汤家岗等。

基于此,对大溪文化的研究也随着发掘资料的不断丰富而深入,诸多学者对大溪文化的时空框架和区系类型进行了探讨和研究,主要包括分期、类型及文化关系等方面。大溪文化分期有四期说[3]、五期说[4]、三期六段说[5]三种;区系类型方面有

---

[1] 中国社会科学院考古研究所湖北工作队:《湖北枝江关庙山遗址第二次发掘》,《考古》1983年第1期。

[2] 湖北省宜昌地区博物馆、四川大学历史系:《宜昌中堡岛新石器时代遗址》,《考古学报》1987年第1期。

[3] 何介钧:《试论大溪文化》,《中国考古学会第二次年会论文集》,文物出版社,1982年;李文杰:《大溪文化的类型和分期》,《考古学报》1986年第2期。

[4] 张之恒:《试论大溪文化》,《江汉考古》1982年第1期。

[5] 任式楠:《略论大溪文化》,《中国考古学研究——夏鼐先生考古五十年纪念论文集》,文物出版社,1986年;孟华平:《论大溪文化》,《考古学报》1992年第4期。

"大溪类型与三元宫类型"[1]"汤家岗类型和关庙山类型"[2]及"中堡岛类型和关庙山类型"[3]三种。

在文化关系方面,大溪文化与屈家岭文化的关系问题也一直是探讨的重点,有观点认为屈家岭文化主要来源于油子岭下层文化,大溪文化与屈家岭文化早期有一段并行发展时期,大溪文化在屈家岭文化的扩张下消失,有一部分大溪文化因素被屈家岭文化吸收并得到持续发展。

其他也有对大溪文化陶器纹饰[4]、彩陶[5]、刻划符号[6]、支座[7]等方面的研究。

从 90 年代中期始,先后有一批重要的大溪文化遗址发掘资料发表,江陵朱家台遗址 1991 年的发掘[8]、中堡岛遗址第二次发掘[9]和安乡划城岗遗址第二次发掘[10]等资料的全面刊布又为大溪文化的进一步研究提供了可能。安乡划城岗遗址第二次发掘乙类遗存的文化内涵正好介于第一次发掘的早一期和早二期之间,与峡江地区大溪文化遗存具有较多的相似性,属于大溪文化范畴;而甲类遗存的发现,也进一步丰富了汤家岗文化的文化内涵。《宜都城背溪》[11]和《秭归柳林溪》[12]等考古学报告的出版为大溪文化渊源的探索提供了翔实的资料。

因此,本文拟在已有大溪文化研究成果的基础上,再结合现有资料对大溪文化的分期与年代、分布与地域类型、渊源和它与周邻考古学文化的关系等问题进行一些探讨,以求教于方家,不足之处,敬请指正。

---

[1] 任式楠:《略论大溪文化》,《中国考古学研究——夏鼐先生考古五十年纪念论文集》,文物出版社,1986 年。

[2] 李文杰:《大溪文化的类型和分期》,《考古学报》1986 年第 2 期。

[3] 孟华平:《论大溪文化》,《考古学报》1992 年第 4 期。

[4] 高中晓:《大溪文化陶器纹饰浅析》,《湖南考古辑刊(第三集)》,岳麓书社,1986 年。

[5] 卢德佩:《略谈大溪文化的彩陶》,《史前研究》1987 年第 3 期。

[6] 余秀翠:《大溪文化刻划符号试析》,《武汉大学考古专业十五周年论文选》,武汉大学出版社,1998 年。

[7] 卢德佩:《浅谈大溪文化的陶支座》,《史前研究》1984 年第 4 期;陈国庆、孟华平:《大溪文化陶支座用途剖析》,《江汉考古》1991 年第 3 期。

[8] 湖北省文物考古研究所、武汉大学历史系考古教研室:《湖北江陵朱家台遗址 1991 年的发掘》,《考古学报》1996 年第 4 期。

[9] 国家文物局三峡考古队:《朝天嘴与中堡岛》,文物出版社,2001 年。

[10] 湖南省文物考古研究所、常德市文物处、安乡县文物管理所:《湖南安乡划城岗遗址第二次发掘报告》,《考古学报》2005 年第 1 期。

[11] 湖北省文物考古研究所:《宜都城背溪》,文物出版社,2001 年。

[12] 国务院三峡工程建设委员会办公室、国家文物局:《秭归柳林溪》,科学出版社,2003 年。

二、分期与年代

考古学文化分期应主要建立在对遗址的分析基础上,这其中又主要以那些经过了较大规模发掘、层位关系较好、遗物丰富,且经过系统整理、发表了较全面资料的重要遗址为主。因我们研究的资料主要是人们的日常生活用具,即以陶器为主,故在涉及具体的分析方法时,应先按陶器的形态来分类和排序,然后再用层位关系来检验,达到它们相互印证的目的,即通过对重要遗址陶器形制和组合关系变化的分析,在与层位关系相符的情况下,来确定遗址的段别和遗址之间段别的相对年代早晚关系。迄今为止,经过正式发掘且发表了资料的大溪文化遗址约有 20 多处,其中延续时间长、层位关系较复杂、文化内涵较丰富的遗址主要有枝江关庙山、宜昌中堡岛、江陵朱家台和安乡划城岗等。因此,我们首先以对它们的讨论为基点来对大溪文化进行期段的分析。

(一) 重要遗址分段

1. 关庙山遗址

关庙山遗址前后经过两次发掘,主要是大溪文化和少量屈家岭文化与石家河文化遗存[1]。遗址分东区(T1—T11、T21—T24)和西区(T31—T80),检索《简报》知,《简报》Ⅰ的西区(T31—T53)第⑥—③层和东区第④—③层,《简报》Ⅱ的西区第⑦—③层为大溪文化层。其中,《简报》Ⅰ文化堆积较厚的西区(T31—T53)可供比较的器物较少,东区的第④—③层,虽器物较多,但层位关系却相对简单;《简报》Ⅱ(T55—T80)的层位关系复杂,可供比较的器物较多。因此,我们主要以《简报》Ⅱ为基础,结合《简报》Ⅰ对遗址进行分析。

《简报》中,在发表了器物的具体单位上,并没有把遗迹单位和地层分开,即把所有遗迹单位都归入某一层,而没有明确指出遗迹单位与该层的叠压或打破关系。对于这个问题,我们在检索了《简报》Ⅱ中发表的遗迹单位和地层关系的记述后,可以得

---

[1] 中国社会科学院考古研究所湖北工作队:《湖北枝江县关庙山新石器时代遗址发掘简报》,《考古》1981 年第 4 期,以下简称《简报》Ⅰ;《湖北枝江关庙山遗址第二次发掘》,《考古》1983 年第 1 期,以下简称《简报》Ⅱ。以上两项合称《简报》。

到澄清,例如,在"T68 东壁剖面图"中,有一组层位关系:③→④A→④C→⑤→F035→⑥→F35→⑦(→表示叠压或打破关系),相应在发表 T68 的出土器物时,发表了圜底碟 T68⑦F35∶103,从上面的层位关系知 F35 叠压在第⑦层之上,而从发表器物上,却把 F35 归在第⑦层内,依此逻辑,可认为在《简报》中发表的诸遗迹单位的层位归属上,它们都被归入了被它们打破或叠压的相应层位内,且在分期时亦把这种存在叠压或打破关系的遗迹单位都归入了被它们叠压或打破的相应层位内,作为一大层来看待。对此,我们认为要做到更细致的分期,应该把这些遗迹单位从相应的层位中分离出来。

《简报》Ⅱ将该遗址大溪文化遗存分为早晚四期,并认为"关庙山的大溪文化遗存,基本上包括了本地区已发现的大溪文化遗存的主要阶段",之后绝大多数研究文章中,在涉及关庙山遗址的分期时,基本上采用了《简报》Ⅱ的分期结果,只是在具体单位的归属上略有区别[1]。孟华平先生在《论大溪文化》一文中,将该遗址分为五段,具体的是把《简报》Ⅱ中的第二期细分成前后两段,作为他分期中的第二、三段,这一结论进一步细化了分期;但我们在仔细比较遗址层位关系和陶器组合的特点之后,却发现在一些具体单位的归属和段别的划分上,仍然有一些问题需要再讨论。

《简报》Ⅱ发表的可供利用的大溪文化地层和遗迹单位主要有:遗址的第⑦B—③层、18 个灰坑和 4 座残破的房址。

从所出器物看,釜形鼎 T67⑦∶80 去掉三足之后的腹部和釜 T63⑤BH165∶1 的腹部形态相似,都是微鼓腹,而西区的⑤A 层却不见这种形态的器形;在⑦B—⑤B 层之间所出的双折壁圈足碗和圜底碟,以及独具特色的器座皆不见于⑤A 层。因此,可将⑦B—⑤B 层当成第一段,包括的遗迹单位主要有:F35、H57、H113、H122、H144、H149 和 H165 等,这其中以 H144 所出器物最丰富,可把它们视为 H144 组。

在⑤A 层,新出现的器物主要有曲腹杯 T75⑤A∶175、碗形豆 T51⑤A∶192 和支座 T59⑤A∶114 等,第一段的三足盘、釜形鼎、圜底碟和器座消失。圈足盘 T51⑤A∶195 与第一段圈足盘 T61⑦H144∶1 的圈足亦有较大区别,前者圈足内弧,

---

[1] 任式楠:《略论大溪文化》,《中国考古学研究——夏鼐先生考古五十年纪念论文集》,文物出版社,1986 年。何介钧:《试论大溪文化》,《中国考古学会第二次年会论文集》,文物出版社,1982 年;《关于大溪文化关庙山类型的分期问题》,《江汉考古》1987 年第 2 期。李文杰:《大溪文化的类型和分期》,《考古学报》1986 年第 2 期。张之恒:《试论大溪文化》,《江汉考古》1982 年第 1 期,他把关庙山遗址分成四期,所依据的材料只有《简报》Ⅰ,把《简报》Ⅰ西区中的⑥—③层对应成遗址分期的 1—4 期,这与本文的"四期说"所指的内涵有较大区别。

后者圈足外弧;而圈足盘 T73④C∶46 的圈足相比较于④层圈足盘的圈足,它与⑤A层的圈足更接近,同为内弧形。且在⑤A—④C层之间,圈足碗、圈足盘、豆和盆占所出陶器的绝大部分,其陶器组合和形态与第一段有别。因此,可将其作为遗址的第二段,包括的遗迹单位主要有:F035、G5、H43、H94、H102、H110、H119、H141、H148和H153等,其中以H141发表器物最多,可把它们视为H141组。

在④B—④层之间,豆和盆基本少见或不见,新出现筒形瓶,曲腹杯逐渐增多,罐的种类迅速增加,圈足盘与圈足碗仍然流行。可将它们视为遗址的第三段,此段包括的遗迹单位主要有:F22、F26、H95和H80等。

在《简报》Ⅱ所分第四期的一些遗迹单位的文化性质归属上有值得商榷的地方,如曲腹杯 T52扩方③G3∶10、碗形豆 G3∶32 分别与洪山放鹰台[1]曲腹杯 M47∶8、碗形豆 M47∶9 的形态相似,年代可能相当,报告把M47归在第一阶段的第一组,并认为"第一阶段的年代大体相当于大溪文化晚期或早期屈家岭文化……文化属性尚需深入研究";细颈壶 T53③F10∶2 与洪山放鹰台 BⅠ式平底壶 M15∶1 相似,在报告结语中有如下记述:"第二阶段:多见……B型平底壶和高柄杯的早期式别",可见M15的年代相当于第二阶段。如果以上分析不谬的话,那么F10的相对年代当不早于G3,且G3和F10的文化性质也不能确定。这就需要从陶器本身的基本特征来分析,从《简报》Ⅱ的文字描述知,打破第③层的遗迹单位G3和F10所发表的器物均为泥质黑灰陶,且G3曲腹杯和碗形豆的形态都与前几段的同类型器有较大区别,而F10的细颈壶和瓶形器却为新出现器型。在以G3和F10为代表的这类遗存的文化性质归属上,不同的学者有不同的看法,其中以孟华平先生将原报告的第四期分成B、C两组较有道理[2],因此,在目前对屈家岭文化早期内涵界定不清的情况下,我们亦建议把《简报》Ⅱ所分的第四期分成A、B两组(图2)

A组以③B和H93为代表,以泥质红陶为主,器类主要有碗形豆、器座、圈足碗和小口高领罐等,属于典型的大溪文化范畴;B组以G3、F10为代表,以泥质黑灰陶为

---

[1] 武汉市博物馆:《洪山放鹰台遗址97年度发掘报告》,《江汉考古》1998年第3期。
[2] 目前主要有以下几种观点:1.张之恒:《试论大溪文化》,《江汉考古》1982年第1期,在此文中他所分第五期的文化内涵即相当于G3、F10为代表的这类遗存。赞同此观点的还有向绪成:《浅议大溪文化与屈家岭文化的关系——与张之恒同志商榷》,《江汉考古》1983年第1期。2.何介钧:《关于大溪文化关庙山类型的分期问题》,《江汉考古》1987年第2期,在此文中他认为应该把此类遗存从大溪文化中区别出来,归入屈家岭文化早期。3.孟华平:《论大溪文化》,《考古学报》1992年第4期,在此文中他把原报告所分的第四期分成B、C两组,B组以红衣红陶为主,C组以泥质黑灰陶为代表,以G3和F10为代表的这类遗存即相当于C组。

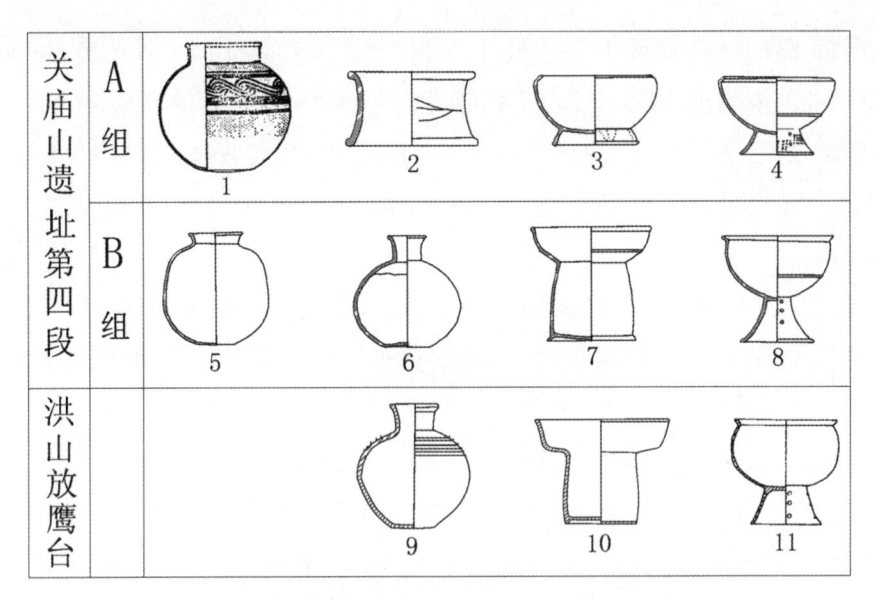

图 2 关庙山遗址第四段 A、B 组和洪山放鹰台陶器对比图

1. 小口高领罐(T73③B：87) 2. 器座(T75③B：31) 3. 圈足碗(T71③AH93：4)
4. 碗形豆(T71③AH93：3) 5. 小口高领罐(F10：5) 6. 细颈壶(T53③F10：2)
7. 曲腹杯(T52扩方③G3：10) 8. 碗形豆(G3：32) 9. 平底壶(M15：1)
10. 曲腹杯(M47：8) 11. 碗形豆(M47：9)

主，器类主要有细颈壶、碗形豆、曲腹杯、小口高领罐等，其文化性质的判定有待于材料的丰富和研究的深入，B 组的相对年代当不早于 A 组。

综上所述，可把《简报》Ⅱ的大溪文化遗存分为早晚四段[1]：第一段以 H144 组为代表，主要包括第⑦B—⑤B 层；第二段以 H141 组为代表，主要包括第⑤A—④C 层；第三段以 F22、H95 为代表，主要包括第④B—④层；第四段主要包括第③B 层和 H93 等。

我们以《简报》Ⅱ的分段结果为基础，结合《简报》Ⅰ的层位关系和已发表的陶器，对《简报》Ⅰ进行分析。

在《简报》Ⅰ中，遗址被分成东、西两区，东区堆积较薄，西区堆积较厚，但所发表可供比较的器物却以东区为主。

从所出器物看，器盖 T11⑤：68 与器盖 T61⑦H144：4 的整体形态相似，都有折棱；盘 T22④与三足盘 T58⑦B：63 相似；釜形鼎 T4④：15 除去三足之后的腹部形态与圜底釜 T55⑥H122：35 基本相同，都是鼓腹圜底；杯 T5④：53 与斜壁圈足碗 T55⑥：29 的腹部相似，都是敞口、斜腹、器表有竹节状凸棱。

---

[1] 为了与文化的分期相区别，我们把单个遗址的分期用分段来表示，以下类同。

筒形瓶 T34④：6、筒形瓶 T3④H1：1 和筒形瓶 T60④AF26：43 的形态相似,圈足盘 T41④：4 与圈足盘 T61④H95：1 相似,碗 T1④H2：59 与圈足碗 T73④A：57 相似。

彩陶罐 T6③：27 与彩陶罐 T37④：9 形态相似;曲腹杯 T6③：32 与曲腹杯 T61④H95：2 相似,只是前者下腹较后者直,依曲腹杯演变趋势,可知 T6③的年代应比 H95 稍晚。

豆 T4③：3 与碗形豆 T71③AH93：3 相似,只是前者偏瘦长;碗 T11③：29 与圈足碗 T71③AH93：4 相似,同样,前者偏瘦长。豆和圈足碗的演变趋势都是整体器形由瘦高变矮胖,因此可认为东区第③层的年代要比 H93 稍早。

综上所述,可认为:《简报》Ⅰ中的东区第⑤—④层绝大部分器物的年代与《简报》Ⅱ的第一段相对应,有一部分可延至第二段;东区第③层和西区第④层的年代与《简报》Ⅱ的第三段相对应,但有一部分陶器介于《简报》Ⅱ的第三段与第四段之间,其间所包括的遗迹单位主要有 H1、H2、H4、M45、M50 和 M105 等,其中以 H2 所出器物较丰富,可把它们视为 H2 组。

综合《简报》Ⅱ和《简报》Ⅰ的分析,可把关庙山遗址分为早晚四段:第一段以 H144 组为代表,主要包括东区第⑤—④层大部分,西区第⑦B—⑤B 层。第二段以 H141 组为代表,主要包括东区第⑤—④层小部分,西区第⑤A—④C 层。第三段以 H2 组、F22、H95 为代表,主要包括东区第③层,西区第④B—④层。第四段以 H93 为代表,主要包括西区第③B 层。

以上各段的典型器物见图 3。

2. 中堡岛遗址

地处长江西陵峡境内的中堡岛遗址是这一地区经过较大规模发掘且发表了详细资料的新石器时代遗址,主要是大溪文化和屈家岭文化遗存[1],成果分别见于《报告》Ⅰ和《报告》Ⅱ。《报告》Ⅰ把大溪文化遗存分为早晚四期,分别以⑪—⑨、⑧—⑦、⑥和⑤层为代表;《报告》Ⅱ把大溪文化遗存分为早晚三期,分别以⑭—⑫、⑪和⑩层为代表。在对遗迹单位的归属上,《报告》Ⅰ将它们归入被其打破或叠压的层位内,《报告》Ⅱ对它们的处理则比较合理,把它们作为单独的遗迹单位来分析。原则上,遗迹单位作为一个独立的单位,应该把它们单独划分出来,既不应归于它们的开

---

[1] 湖北省宜昌地区博物馆、四川大学历史系:《宜昌中堡岛新石器时代遗址》,《考古学报》1987 年第 1 期,简称《报告》Ⅰ。国家文物局三峡考古队:《湖北宜昌中堡岛遗址发掘简报》,《文物》1989 年第 2 期;《朝天嘴与中堡岛》,文物出版社,2001 年,简称《报告》Ⅱ。我们把《报告》Ⅰ和《报告》Ⅱ合称《报告》。

·大溪文化研究·

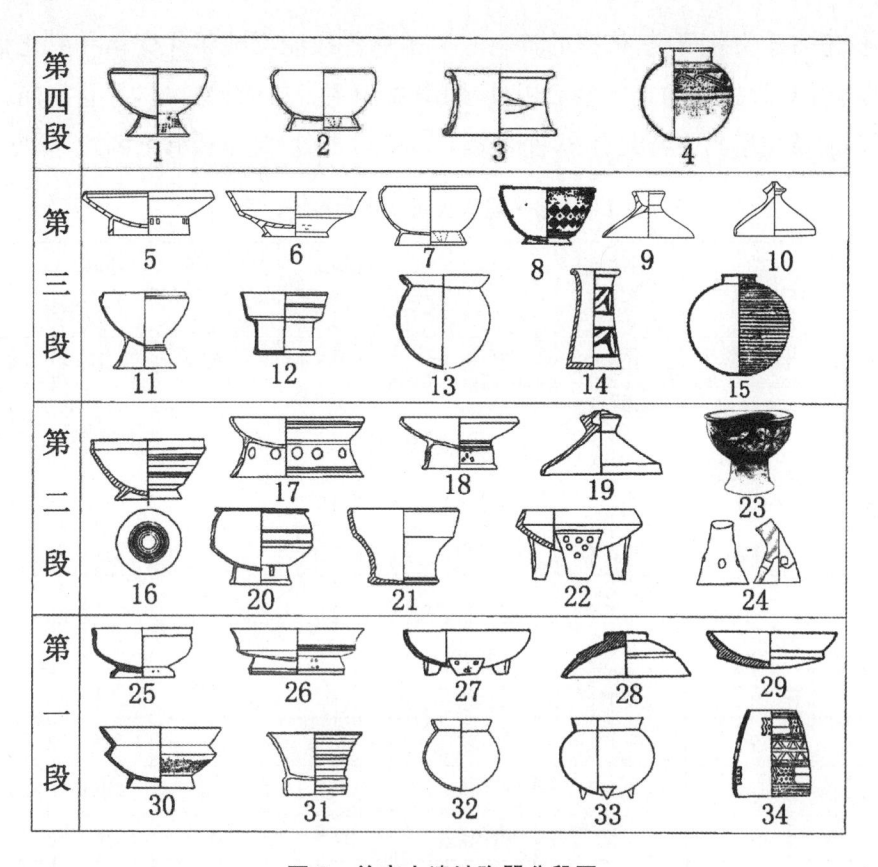

图 3 关庙山遗址陶器分段图

1、11、23. 碗形豆(T71③AH93：3、T4③：3、T51⑤A：192)　2、7、8、16、25、30、31. 圈足碗(T71③AH93：4、T52④BF22：38、T11③：29、T64⑤AH102：59、T61⑦H144：2、T64⑦：68、T55⑥：29)　3、34. 器座(T75③B：31、T54⑦H57：3)　4、15. 高领罐(T73③B：87、T64④AH80：1)　5、6、17、18、26. 圈足盘(T61④H95：1、T11④H4：57、T68⑤：93、T73④C：46、T5④：35)　9、10、19、28. 器盖(T9③：4、T11③：7、H141：2、H144：4)　12、21. 曲腹杯(T6③：32、T75⑤A：175)　13、32. 釜(T3④M105、T63⑤BH165：1)　14. 筒形瓶(T60④AF26：43)　20. 簋(T75④CH119：18)　22、33. 鼎(T70⑤G5：19、T67⑦：80)　24. 支座(T59⑤A：114)　27. 三足盘(T58⑦B：63)　29. 圜底碟(T68⑦F35：103)

口层位,也不应归于被它们打破或叠压的层位,具体到它们的期段时,则应该看它们的文化内涵与哪一个层位更接近,或是可以单独作为一个期段而存在。

从《报告》Ⅱ的文字记述知,中堡岛遗址大溪文化遗存共有灰坑 152 个、灰沟 8 条和墓葬 3 座。但只有 40 个灰坑发表了资料,检索"中区遗迹打破关系示意表",知它们虽然存在较复杂的叠压或打破关系,但这些有叠压或打破关系的灰坑所发表的器物却很少,在既有叠压或打破关系又发表了器物的单位中,更难找到有同类型器物的存在,所以想依靠灰坑之间的打破关系来对遗址进行分段,似不可能;但如果以层位为基础来进行分析,则可能会有较好的突破口。

进行考古学文化研究，依据的资料主要是那些最能反映年代变化和变化最敏锐的器物，这主要以人们的日常生活用具，即陶器为主。据统计，《报告》Ⅱ中属于大溪文化遗存的单位所出陶器共有 38 个器类，3 389 件器物（完整或修复的）。详见表 1。

表 1　中堡岛遗址大溪文化陶器统计表

	釜	小口罐	大口罐	彩陶罐	高领罐	小罐	带錾罐
件数	988	375	82	14	8	21	9
百分比	29.153	11.065	2.419	0.413	0.236	0.619	0.265
	高圈足盘	矮圈足盘	碗	钵	彩陶盆	盆	曲腹杯
件数	99	193	263	272	31	139	104
百分比	2.921	5.694	7.760	8.025	0.914	4.101	3.068
	单耳杯	圈足杯	小杯	直腹杯	豆	缸	瓮
件数	1	2	4	5	79	76	53
百分比	0.029	0.059	0.118	0.147	2.331	2.242	1.563
	鼎	尊形器	壶	器盖	器座	支座	纺轮
件数	39	6	14	181	80	84	46
百分比	1.150	0.177	0.413	5.357	2.360	2.478	1.357
	拍	箅	筒形瓶	碟	环	饼	球
件数	1	17	31	1	52	2	14
百分比	0.029	0.501	0.914	0.029	1.534	0.059	0.413
	轮盘	钩形器	镯	总计			
件数	1	1	1	3 389			
百分比	0.029	0.029	0.029	100			

由表 1 知，在已知的 38 个器类中，釜、小口罐、大口罐、高圈足盘、矮圈足盘、碗、钵、盆、曲腹杯、豆、器盖、器座和支座等器类占全部出土器物的 86.73%，应该为比较常见的器类，在分析时，也主要以这些器类为主。

报告将大溪文化遗存分为早中晚三期，我们认为分期中的第二、三期分别以⑪和⑩层为代表，是比较合理的。对于第一期，似有再细分的可能，现以《报告》Ⅱ中所发表的器类为例加以说明，详见表 2。

由表 2 知，⑭层只有一件 AⅠ式高圈足盘，其与⑬层的 AⅡ式高圈足盘都是浅盘折腹，整体形态相似，且这两层的土色都是黄色，可将⑭层归入⑬层。比较⑬和⑫层的出土器物，我们发现它们的器类组合虽然大体相似，但它们的差别却也明显。首先，⑫层新出现了一些器类，包括 AⅠ式豆、AⅠ及 BⅠ式缸、Ⅰ式彩陶罐、AⅠ式尊，

表 2　中堡岛遗址大溪文化陶器型式划分表

器类\层位	釜	小口罐		大口罐	高圈足盘	矮圈足盘			盆			瓮
	A	A	B	A	A	A	B	C	A	B	C	A
14					Ⅰ							
13	Ⅰ	Ⅰ	Ⅰ	Ⅰ	Ⅱ	Ⅰ	Ⅰ		Ⅰ	Ⅰ	Ⅰ	Ⅰ
12				Ⅱ	Ⅱ	Ⅱ	Ⅲ	Ⅰ	Ⅱ	Ⅱ	Ⅱ	Ⅱ

器类\层位	豆	器座		曲腹杯	壶	支座	鼎			纺轮			
	A	A	B	A	A	A	A	B	C	A	B	C	D
14													
13		Ⅰ	Ⅰ	Ⅰ	Ⅰ	Ⅰ	Ⅰ	Ⅰ		Ⅰ、Ⅱ	Ⅰ		
12	Ⅰ		Ⅱ				Ⅱ	Ⅱ	Ⅰ			Ⅰ	Ⅰ

器类\层位	碗		器　盖				缸		彩陶罐	尊
	A	B	A	B	C	D	A	B		A
14										
13	Ⅰ	Ⅰ	Ⅰ	Ⅰ	Ⅰ	Ⅰ				
12	Ⅱ、Ⅲ			Ⅱ			Ⅰ	Ⅰ	Ⅰ	Ⅰ

相应的一些型式却在此层中不见,包括 AⅠ 式曲腹杯、AⅠ 式壶和 AⅠ 式支座等,釜、小口罐和大口罐也没有见到;其次,即使是同类器物在型上也有差别,新出现了 CⅠ 式矮圈足盘、CⅠ 及 DⅠ 式纺轮、CⅠ 式鼎;再次,在土色上也有较明显的区别,⑬层是黄色沙土,⑫层是黑灰色土。故可认为它们代表了前后发展的两段。

《报告》Ⅱ 对灰坑所属期段的归属基本合理,只是我们将第一期细分成前后两段后,就需要对第一期中的部分灰坑进行再细分,现结合《报告》Ⅰ 对它们进行综合分析。

从"中区遗迹打破关系示意表"和"附表一"知,遗址有如下层位关系:T0502⑪→H287→⑫,T0503⑫→H300→⑬,H287→H300。由此可推出一组层位关系:⑪→H287→⑫→H300→⑬。因在第一期的灰坑中,以 H287、H300 所发表器物最多,故我们主要以它们为例加以分析。

开口于⑫层下的灰坑共有 6 个[1],从所出器物看,C 型小口罐 H340∶3 与《报告》Ⅰ[2]中的Ⅳ式罐 T4⑩∶377 形态相似,都是高领、折肩、弧腹;AⅠ式釜 TT0803⑬∶364 与Ⅰ式釜 T4⑩∶82 相似;由此可知 H340 的年代应与⑬层大体相当。AⅠ式壶

---

[1] 灰坑的个数以发表了陶器的为准,以下类同。

[2] 下文在分析时,凡涉及 T1—T10,皆指《报告》Ⅰ。

T0503⑬：575 与 AⅡ式壶 H300：26 都是敞口、粗长颈、方唇、扁鼓腹，而⑫层不见此类壶；还有 H340 和 H300 皆开口于⑫层下，因此可认为它们处于同一发展阶段。此类灰坑以 H300 为代表，把它们视为 H300 组。

开口于⑪层下的灰坑共有 14 个，《报告》Ⅱ将它们分别归入了第一、二期。AⅡ式尊 H287：11 与 AⅠ式尊 T0603⑫：152 相比较，其形态都是侈口、深腹、圈足略高，而 AⅢ式尊 T0206⑪：166 却是侈口、束颈、鼓腹，可知 H287 与⑫层的关系更接近；碗 H287：2 与Ⅰ式碗 T6⑨：146 相似，且⑫层的碗、盆、矮圈足盘和缸多与《报告》Ⅰ中第⑨层同类器相同或相似，由此可知它们的年代可能相当。此类灰坑以 H287 为代表，把它们视为 H287 组。

另有一部分开口于⑪层下的灰坑，如 H339 出有筒形瓶，其形态与⑪层的筒形瓶相同，《报告》Ⅱ将其归入第二期。

《报告》Ⅱ第⑪层的小口罐、小罐、豆和矮圈足盘分别与《报告》Ⅰ中第⑧层同类器相同或相似。第⑦层所出器物较少，但所出器物中的盘和碗与第⑧层同类器更接近。

《报告》Ⅰ中的第⑥层，从所出器物看，不见《报告》Ⅱ第⑩层中的彩陶盆、缸和杯等器型，而共存的簋、碗、钵和盘等器物的形态也与《报告》Ⅱ第⑪、⑩层的同类型器有较大区别；且《报告》Ⅰ的第⑥层为黄褐色土，⑦、⑧层为黄色土。因此，可将《报告》Ⅰ的第⑥层单独划分成一段，其相对年代介于《报告》Ⅱ的第⑪层和第⑩层之间。

Ⅶ式圈足盘 T6⑤：58 与 BⅥ式矮圈足盘 T0602⑩：55 都是浅盘、圈足近直，其形态相似；Ⅱ式筒形瓶 T6⑤：117 与 BⅡ式筒形瓶 T0304⑩：403 的形态相同，其余的罐、钵和豆等都与《报告》Ⅱ第⑩层中的同类型器相同或相似。

孟华平先生在《论大溪文化》一文中，将该遗址分为六段，即把《报告》Ⅰ中的第一期进一步细化为三段，分别以 T9⑪、⑩和⑨层为代表。我们仔细比较 T7 和 T9 第⑪层所出器物与 T6⑪层所出器物的特点，发现它们确实存在区别，但 T9 和 T11 的第⑪层共发表了 2 件器物，算上 T6⑪层的 4 件器物，总共才 6 件，器类也比较少，单独作为一段的条件似不充分，暂归入第⑩层。

这样，依据《报告》所发表的资料，可将中堡岛遗址大溪文化遗存分为早晚五段。第一段：《报告》Ⅱ的第⑭—⑬层，包括 H300 组；《报告》Ⅰ的第⑪—⑩层。第二段：《报告》Ⅱ的第⑫层，包括 H287 组；《报告》Ⅰ的第⑨层。第三段：《报告》Ⅱ的第⑪层，包括一部分开口于第⑪和⑩层下的灰坑；《报告》Ⅰ的第⑧—⑦层。第四段：《报告》Ⅰ的第⑥层。第五段：《报告》Ⅱ的第⑩层，包括一部分开口于第⑩和⑨B层下的灰坑；《报告》Ⅰ的第⑤层。

以上各段之间的典型器物见图 4。

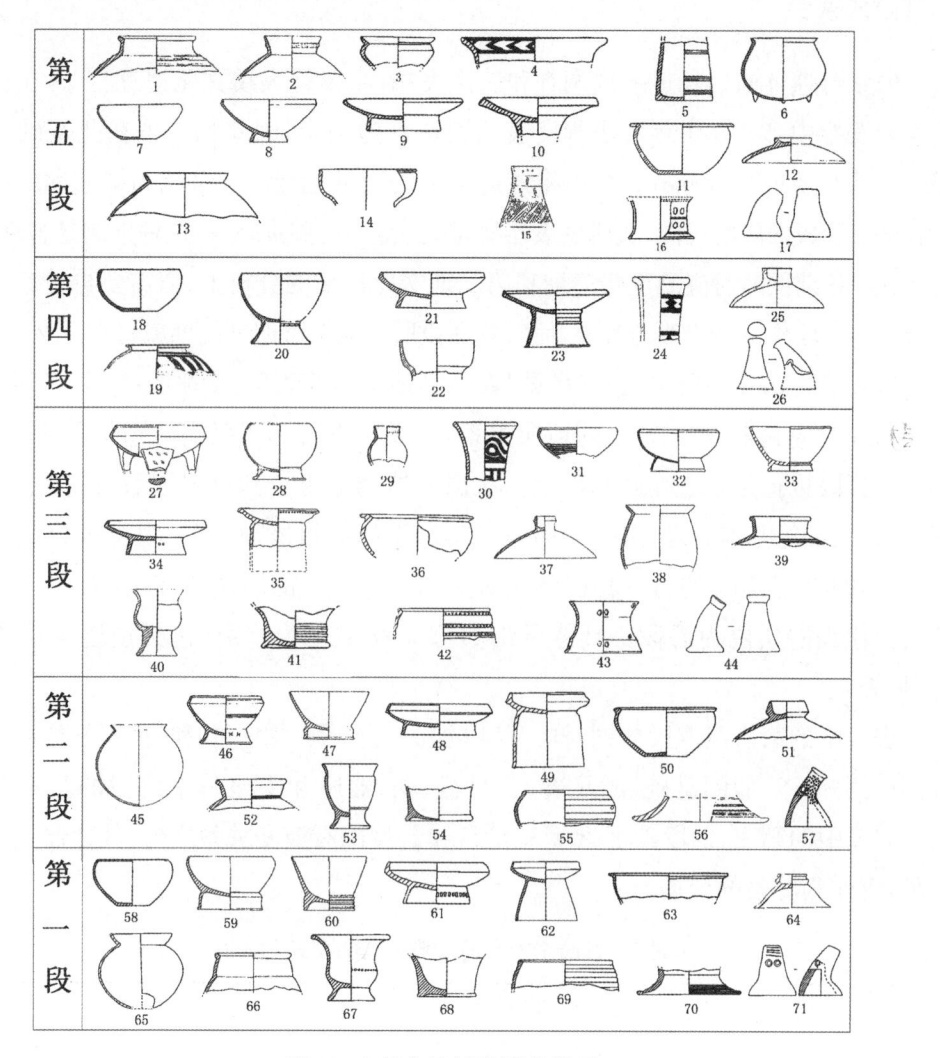

图 4　中堡岛遗址陶器分段图

1、66. 高领罐(T0701⑩：58、H340：3)　2. 小口罐(T0504⑩：125)　3、29. 小罐(T0702⑩：422、T0404⑪：844)　4、11、36、50、63. 盆(T0703⑩：201、T8⑤：50、T7⑧：321、T0902⑫：141、T0504⑬：113)　5、24、30. 筒形瓶(T0304⑩：403、T2⑥：80、T0802⑪：560)　6、27. 鼎(T2⑤：119、H192：19)　7、18、31、58. 钵(T0403⑩：134、T5⑥：122、T0106A⑪：141、H281：1)　8、32、33、46、47、59、60. 圈足碗(T0104⑩：1、H253：4、T8⑧：10、H335：6、T1101⑫：210、H300：27、T1101⑬：69)　9、10、21、34、35、48、49、61、62. 圈足盘(T0602⑩：55、T0106⑩：136、T8⑥：89、T0305⑪：123、T8⑧：4、T0604⑫：100、T5⑨：127、T1⑩：85、T0503⑬：571)　12、25、37、51、64. 器盖(T0404⑩：835、T6⑥：173、T0702⑪：164、T0901⑫：204、T6⑪：161)　13、38、45、65. 釜(T0902⑩：408、H192：17、H336：2、T4⑩：82)　14、22、41、54、68. 曲腹杯(T1⑤：103、T4⑥：155、H192：13、H335：8、T0404⑬：825)　15、16、42、43、55、56、69、70. 器座(T0104⑩：8、T4⑤：410、T2⑦：141、T0901⑪：225、T0802⑫：522、T1⑨：425、T0503⑬：561、T0802⑬：529)　17、26、44、57、71. 支座(T0305⑩：110、T4⑥：424、T0105⑪：154、H287：84、T0603⑬：158)　19、39、52. 彩陶罐(T6⑥：116、T0901⑪：210、T0404⑫：818)　20、23. 豆(T6⑥：127、T6⑥：174)　28. 簋(T0304⑪：406)　40、53、67. 尊(T0206⑪：166、T0603⑫：152、H300：25)

3. 江陵朱家台

朱家台遗址前后经过一次调查和三次发掘,主要是大溪文化遗存[1]。在这几次调查和发掘中,以1991年发掘所发表的资料最为翔实,因此我们拟在此基础上结合《简报》Ⅰ对遗址进行分析。简报将该遗址分为三期七组[2],且认为第一期的第三组似有再细分成两段的可能,从所发表器物型式(表3)的差别来看,这种推测是合理的;但对《简报》各期段所对应的重要遗址和第二期文化性质的分析上,似需要再讨论。现只对遗址的分段作一些修改与补充,而对各期段所对应典型遗址的期属将在后文论述。

检索《简报》Ⅱ的层位关系(详见"表一 地层对应表"),知简报把T1—T17的诸地层相互对应起来,构成统一的地层关系,这无疑将有利于我们对遗址段别的分析,本文的分段也正是建立在此基础上。从出土器物的组合和型式来看,简报所分第一期的第一、二组基本合理,可作为第一、二段;正如简报所说,第三组可细分成前后两段,具体的可用T14的⑬—⑪层及相对应的其他探方的层位为前段,以T14的⑩—⑤层为代表的层位为后段。具体所出典型器物型式的差别(包括遗迹单位所出器物)见表3。

表3中的第一至四段分别对应T14的⑰—⑮、⑭、⑬—⑪和⑩—⑤层,由《简报》Ⅱ的结语知,釜、假圈足碗、圈足碗、三足盘、碟、器座和支座是本阶段的基本陶器组合。表3中的第三、四段除了A型三足盘和B型碟有演变关系之外,其他器物型式不共见,可作为分段的依据。

表3 江陵朱家台遗址典型器物型式划分表

	釜		假圈足碗					圈足碗				支座
	A	B	A	B	C	D	E	A	B	C	D	
一段	Ⅰ、Ⅱ	Ⅰ	Ⅰ		Ⅰ	Ⅰ	Ⅰ		Ⅰ			Ⅰ
二段	Ⅲ	Ⅱ	Ⅱ	Ⅰ	Ⅱ、Ⅲ	Ⅱ	Ⅱ	Ⅰ			*	Ⅱ
三段			Ⅱ、Ⅲ		Ⅲ			Ⅰ、Ⅱ	*			
四段		Ⅲ		Ⅱ、Ⅲ								

---

[1] 纪南城考古工作站:《江陵朱家台遗址调查简报》,《江汉考古》1988年第4期;湖北省文物考古研究所:《湖北江陵朱家台遗址发掘简报》,《江汉考古》1991年第3期,以下简称《简报》Ⅰ;湖北省文物考古研究所、武汉大学历史系考古教研室:《湖北江陵朱家台遗址1991年的发掘》,《考古学报》1996年第4期,以下简称《简报》Ⅱ。

[2] 这里所说的组,相当于本文所说的段,期不变。

续 表

| | 三足盘 | | 碟 | | | | 器座 | | | | 圈足罐 | | 器盖 |
	A	B	A	B	C	D	A	B	C	D	A	B	A
一段				Ⅰ									Ⅰ
二段				Ⅰ			Ⅰ				Ⅰ		
三段	Ⅰ、Ⅱ	Ⅱ		Ⅱ		*	Ⅱ、Ⅲ				Ⅱ	*	Ⅱ、Ⅲ
四段	Ⅱ、Ⅲ		Ⅱ、Ⅲ	Ⅱ、Ⅲ	*			*	*	*			

注：*表示存在该种类或类型的器物，但不能具体分式，以下类同。

《简报》Ⅱ所分的第二期对应层位为 T14 的第④—②层，从所出器物看，以釜、圈足碗、圈足盘、平底钵和盆为其基本陶器组合，内敛口圈足碗和圈足盘为此期所特有，第一期的典型器物假圈足碗、圜底钵和三足盘消失。虽然第一期和第二期的差别较明显，但我们仔细比较第二期陶器的特点，发现它总体上还是属于大溪文化范畴，它的釜、平底钵、圈足盘、鼓形器座和单耳杯为大溪文化常见器类，可作为朱家台遗址的第五段，此段是其他大溪文化遗址文化因素对朱家台遗址扩张的结果，影响并最终取代了以假圈足碗和圜底钵为特点的第一期文化遗存。但在其发展过程中也受到了外来文化因素的影响，如内敛口圈足碗 H84∶6 就是受到了油子岭遗址第一期文化遗存[1]Bc 型圈足碗的影响。

《简报》Ⅰ的陶器特点不超出《简报》Ⅱ的范畴，从诸探方的层位关系（详见"表一 朱家台遗址地层对应关系表"）知，我们可利用的层位共有四层。AⅠ区的第⑤层和CⅠ区的第③层相应，其相对年代早晚顺序为：AⅡ区的第⑤层→第④层→AⅠ区的第⑤层、CⅠ区的第③层→CⅠ区的第②层。从所发表器物看，AⅠ区第⑤层和CⅠ区第③—②层所出器物，特别是圈足碗的特征与《简报》Ⅱ第三段的圈足碗相似，如CⅠ区圈足碗CⅠT2②∶1 的腹部及口沿与《简报》Ⅱ第三段BⅠ式碗 H132∶4 形态相似；AⅡ区第⑤—④层所出釜和假圈足碗的特征与《简报》Ⅱ第二段的同类型器相似。《简报》Ⅰ归入早期的灰坑，以 H30 为代表，双折壁圈足碗 H30∶2 的折壁较《简报》Ⅱ第三段的 BⅡ式圈足碗 T12⑨∶19 的折壁位置高，依据折壁圈足碗的演变趋势可知 H30 的年代要较《简报》Ⅱ第三段稍早。这样可对《简报》Ⅱ各段的器物组合作如下补充：第二段开始出现鼎，第三段开始出现圈足盘。

综上，可把朱家台遗址分为早晚五段：第一段以《简报》Ⅱ的 T14 第⑰—⑮层为代表；第二段以《简报》Ⅱ的 T14 第⑭层和《简报》Ⅰ的 AⅡ区第⑤—④层为代表；第三段以《简报》Ⅱ的 T14 第⑬—⑪层、《简报》Ⅰ的 AⅠ区第⑤层和 CⅠ区第③—②层为代表；第四段以

---

[1] 湖北省荆州地区博物馆：《湖北京山油子岭新石器时代遗址的试掘》，《考古》1994 年第 10 期。

《简报》Ⅱ的 T14 第⑩—⑤层为代表;第五段以《简报》Ⅱ的 T14 第④—②层为代表。

以上各段之间的典型器物见图 5。

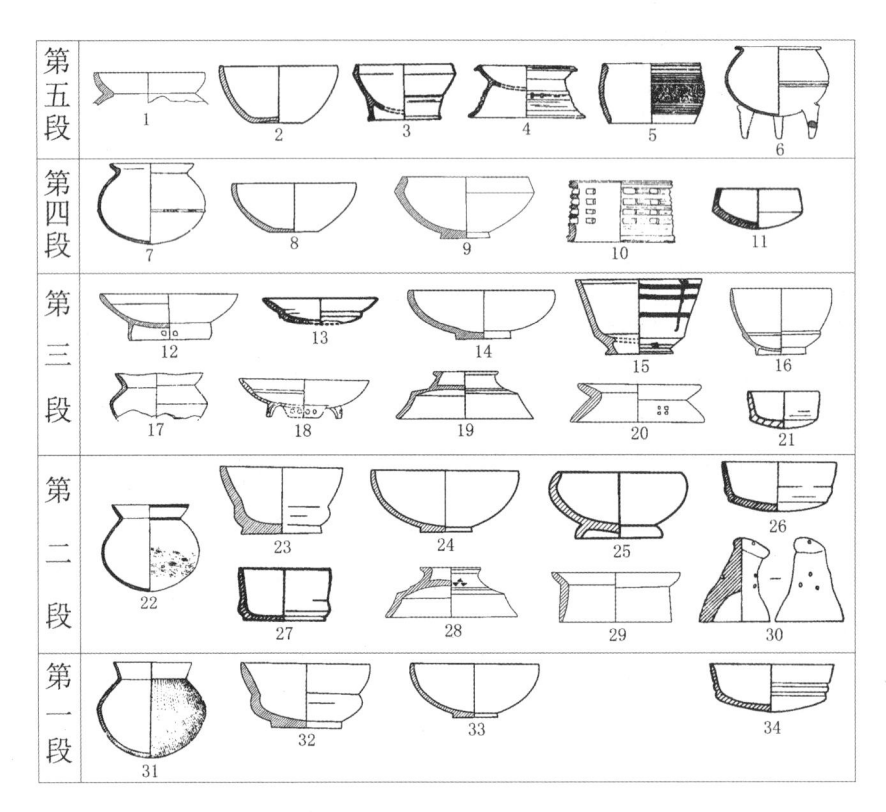

图 5　朱家台遗址陶器分段图

1、7、22、31.釜(H94∶9、T11②∶44、W4∶1、T16⑮∶1)　2、8、11、21、26、34.钵(T14②∶1、T14⑤∶15、H151∶1、H30∶18、T5④∶9、T14⑮∶6)　3、15、16、25.圈足碗(H84∶6、H121∶1、T5③∶2、T11④∶1)　4、12.圈足盘(Y1∶2、T3②∶1)　5、10、20、29.器座(H38∶2、T17⑦∶9、G17∶1、T17⑨∶6)　6.鼎(Y1∶1)　9、14、23、24、32、33.假圈足碗(T5③∶10、T8⑦∶7、T5④∶5、T5④∶1、T14⑯∶1、T5⑥∶1)　13.圜底碟(T14⑪∶7)　17.圈足罐(T12⑧∶16)　18.三足盘(T3③∶1)　19、28.器盖(T5③∶3、H75∶1)　27.杯(T5④∶3)　30.支座(T5④∶8)

4. 安乡划城岗

划城岗遗址是环洞庭湖地区一处经过较大规模发掘并发表了详细资料的新石器时代遗址[1],文化堆积主要以乙类遗存(大溪文化)为主,报告将乙类遗存分为两期

---

[1] 湖南省博物馆:《安乡划城岗新石器时代遗址》,《考古学报》1983 年第 4 期;以下简称《报告》Ⅰ。湖南省文物考古研究所:《湖南安乡县划城岗遗址第二次发掘简报》,《考古》2001 年第 4 期;湖南省文物考古研究所、常德市文物处、安乡县文物管理所:《湖南安乡划城岗遗址第二次发掘报告》,《考古学报》2005 年第 1 期;以下简称《报告》Ⅱ。

四段。我们基本同意报告的分期,只是具体到期段之间的关系和一部分遗迹单位的归属上,特别是 M139 的文化性质归属上,需要再作一些讨论。

从《报告》Ⅱ的文字记述知,划城岗遗址大溪文化遗存共有灰坑 9 个、房址 8 座和墓葬 14 座(包括 M139),出土有 24 个器类,共 332 件生活用具。具体的器物类别和数量见表 4。

表 4　安乡划城岗遗址大溪文化陶器统计表

	釜	罐	器盖	鼎	豆	碗	簋
件数	93	47	37	22	21	17	14
百分比	28.012	14.156	11.144	6.626	6.325	5.12	4.216
	白陶盘	支座	钵	白陶豆	盘	白陶钵	曲腹杯
件数	11	9	8	7	6	5	4
百分比	3.313	2.710	2.409	2.108	1.807	1.506	1.204
	白陶器耳	小罐	甑	小甑	小碗	瓮	缸
件数	20	2	2	1	1	1	1
百分比	6.024	0.602	0.602	0.301	0.301	0.301	0.301
	长颈壶	彩陶瓶	白陶平底器	总计			
件数	1	1	1	332			
百分比	0.301	0.301	0.301	100			

由表 4 知,在已知的 24 个器类中,釜、罐、器盖、鼎、豆、碗、簋和支座占全部出土陶器的 78.307%,这八种器类应该是比较常见的;而白陶盘、白陶豆和白陶钵占全部出土器物的 6.927%,是具有地域特色的陶器,以上十一种器类可认为是该遗址大溪文化遗存的基本陶器组合。

检索探方剖面图和文字记述,知有几组可资利用的层位关系:T20④A→M143→M138→④B,T19④A→M135→④B,T14⑤A→M139→⑥A→⑥B。其中 M135 出 AⅡ式碗,T19④B 出 AⅠ式碗;M139 出 AⅢ式簋,T14⑥A 出 AⅡ式簋。M138 和 M143 的墓葬陶器组合是鼎、釜、豆、罐、碗、器盖和支座(表 5)。

表 5　安乡划城岗遗址 M138、M143 陶器组合型式划分表

	鼎	釜	豆	罐		碗		器盖	支座
	B	A	C	A	B	C	B	C	A
M138	Ⅱ	Ⅱ		Ⅱ	Ⅱ		Ⅱ		Ⅱ	Ⅱ
M143	Ⅱ、Ⅲ	Ⅱ、Ⅲ	Ⅲ	Ⅱ	Ⅱ	Ⅱ	Ⅱ	*	Ⅱ	Ⅱ

由表5知，M143所出陶器的器类和型式在包含了M138器物型式的基础上新出现了BⅢ式鼎、AⅢ式釜、CⅢ式釜、CⅡ式罐和C型碗，M138的BⅡ式碗消失。综上，从层位的打破关系和陶器型式的变化，可把M138和M143看作前后发展的两段。

我们依据层位和遗迹单位内的陶器组合，在《报告》Ⅱ所分陶器型式基础上，可对《报告》Ⅱ所分期段作如下调整（表6）。

表6 安乡划城岗遗址大溪文化陶器型式划分表

	釜					罐					
	A	B	C	D	E	A	B	C	D	E	F
一段	Ⅰ	Ⅰ	Ⅰ	Ⅰ	Ⅰ	Ⅰ	Ⅰ	Ⅰ	Ⅰ	Ⅰ	
二段	Ⅰ、Ⅱ	Ⅰ、Ⅱ、Ⅲ	Ⅱ		*	Ⅱ		Ⅱ	Ⅱ	Ⅱ	*
三段	Ⅱ、Ⅲ			Ⅲ		Ⅲ		Ⅱ、Ⅲ	Ⅲ	Ⅲ	
四段				Ⅱ				Ⅱ			

	器盖				鼎			豆			钵
	A	B	C	D	A	B	C	A	B	C	A
一段	Ⅰ	Ⅰ			Ⅰ	Ⅰ		Ⅰ	Ⅰ	Ⅰ	Ⅰ、Ⅱ
二段	Ⅱ	Ⅰ、Ⅱ	*	*	Ⅱ	Ⅱ	Ⅰ	Ⅱ、Ⅲ	Ⅱ	Ⅱ、Ⅲ	
三段	Ⅱ、Ⅲ				Ⅱ、Ⅲ			Ⅱ	Ⅱ	Ⅱ	Ⅱ
四段	Ⅳ				Ⅲ	Ⅳ	Ⅱ				

	碗		白陶盘			支座	篮		盘		曲腹杯	
	A	B	A	B	C		A	B	A	B	A	B
一段	Ⅰ、Ⅱ	Ⅰ				Ⅰ	Ⅰ	Ⅰ	Ⅰ	Ⅰ		
二段	Ⅱ	Ⅱ	Ⅰ、Ⅱ	Ⅰ、Ⅱ	Ⅱ			Ⅱ				
三段	Ⅲ			Ⅱ	Ⅱ		Ⅱ	Ⅲ				
四段						Ⅱ、Ⅲ	*				*	*

其中，第一段所包含的单位主要有：T19—T21④B、T26—T27⑦A、T15—T18⑥A、M142、M145、M144、M148、M147、H33、H20、H41、F11、F12、F8。

第二段所包含的单位主要有：T26—T27⑥B、T15—T18⑤、T13—T14⑥B、T25⑤、M133、M138、M129、M135、F4。

第三段所包含的单位主要有：T26—T27⑥A、T15—T18④、T13—T14⑥A、M127、M140、M143、F3、Y2。

第四段所包含的单位主要有：T15③、T19—T21③、M139。

由表6知，釜、罐、器盖、鼎、豆、碗、簋、白陶盘和支座在第一至三段都有较明显的演变关系；第四段的釜、罐、器盖、鼎、簋与前面三段仍有发展关系，新出现了曲腹杯，钵、豆、碗、盘和支座等类消失。总体来说，第四段处于文化的衰退时期。

下面对M139的文化性质进行探讨，《报告》II将它归入大溪文化范畴。从所出器物来看，其文化特征与关庙山遗址第四段B组遗存更接近，它们的细颈壶、彩陶瓶和曲腹杯的形态相似，且在陶质陶色上以夹砂灰黑陶为主。

因此，可将划城岗遗址第四段分成A、B两组(图6)。

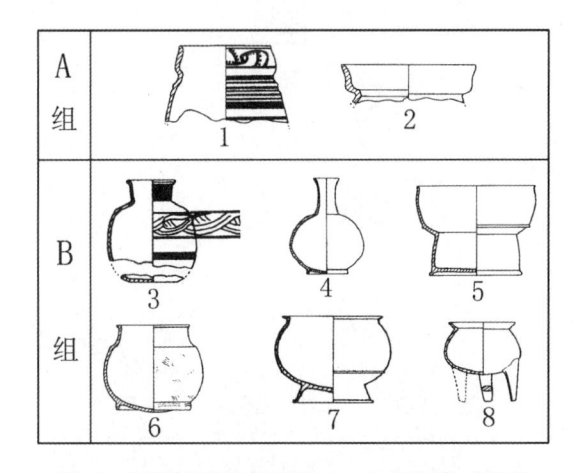

图6 划城岗遗址第四段A、B组陶器对比图

1. 彩陶罐(T15③：1) 2. 盘口釜(T21③：1) 3. 彩陶瓶(M139：12) 4. 长颈壶(M139：7)
5. 曲腹杯(M139：21) 6. 圈足罐(M139：10) 7. 簋(M139：1) 8. 鼎(M139：2)

A组以T15③和T19—T21③层为代表，是划城岗遗址第一至三段的持续发展，属于典型大溪文化。B组以M139为代表，其文化面貌与关庙山遗址第四段B组相似，其文化性质的判定还有待于研究的深入。

《报告》II认为第三、四段关系较近，但我们从表6所表现出来的器物型式亲疏关系知，第一至三段的关系较近，特别是第二、三段的关系更近，第三段在出现具有演变关系的新式别之外，更多地包含了第二段所出器物的型式。

从土质土色上，第一段以黄褐色黏土为主，第二段以褐色土为主，第三段以红褐色土为主，第四段以红烧土和红褐色土为主。

有一个问题需要说明，第二段出现了AII和AIII式豆，而第三段却只出现AII式豆，这看似与所分期段矛盾。检索相应的陶豆知，AIII式豆F4：4与AII式豆M143：20都是内折沿，腹部形态和纹饰都基本相似，都是盘外饰黑彩带；相反，AII式豆和AI式豆形态却有较大区别，所以可把AII式豆和AIII式豆看成同一式别，合称为 AⅡ式豆。为行文方便,在表6中仍以Ⅱ、Ⅲ式表示。

《报告》Ⅰ早二期文化的一部分遗存从陶质、陶色、纹饰和器类上都与《报告》Ⅱ第四段B组遗存相似,从所出器物看,彩陶瓶 M93∶3 和细颈壶 M46∶3 分别和《报告》Ⅱ第四段B组的彩陶瓶 M139∶12、细颈壶 M139∶7 相似,因此,推测 M46 的年代和文化性质应与《报告》Ⅱ第四段B组相同。

以上各段之间的典型器物见图7。

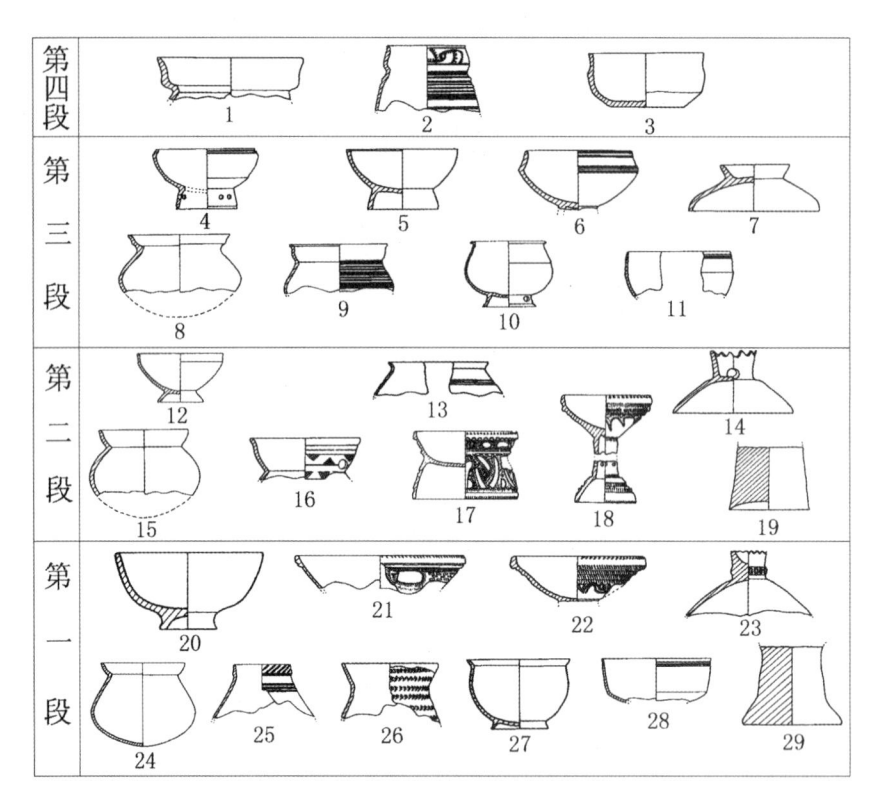

图7 划城岗遗址陶器分段图

1、8、15、24. 釜(T21③∶1、Y2∶2、M129∶1、M148∶1) 2、3、9、16、25、26. 罐(T15③∶1、H44∶1、T15④∶1、T18⑤∶5、F8∶4、T19④B∶3) 4、12、20. 圈足碗(T15④∶2、M135∶23、T19④B∶2) 5、17、21. 圈足盘(F3∶2、T25⑤∶5、T20④B∶2) 6、18、22. 豆(M143∶20、T25⑤∶4、T20④B∶1) 7、14、23. 器盖(M143∶9、T15⑤∶6、T21④B∶1) 10、27. 簋(T14⑥A∶1、T26⑦A∶1) 11、28. 钵(T13⑥A∶2、F12∶1) 13. 鼎(M135∶19) 19、29. 支座(T16⑤∶3、F12∶3)

(二) 重要遗址段别之间的相对年代关系

在上文所分析的四个重要遗址中,以中堡岛遗址和关庙山遗址的关系最为接近,我们先以这两个遗址为突破口,来考察它们之间段与段之间的相对年代早晚关系。

支座最早出现于中堡岛遗址第一段和关庙山遗址第二段,都是猪嘴形、座身上有圆形镂孔,它们的形态基本相似;中堡岛遗址第一段 BⅠ式高圈足盘 T0503⑬:571 与关庙山遗址第二段圈足盘 T65⑤AF035:83 都是浅盘、内折沿、高圈足,其形态相似;关庙山遗址第一段的圈足碗 T55⑥:29 与中堡岛遗址第一段 AⅠ式碗 T1101⑬:69 具有演变关系,由敞口到侈口、腹由向内弧到斜直腹,外表竹节状的凸棱逐渐消失,符合 Ca 型圈足碗的演变趋势。因此,可认为中堡岛遗址第一段与关庙山遗址第二段的年代可能相当。

中堡岛遗址第二段圈足碗 H335:6 的形态正好介于关庙山遗址第二段圈足碗 T64⑤AH102:59 和关庙山遗址第三段圈足碗 T11③:29 之间。

筒形瓶最早出现于关庙山遗址第三段和中堡岛遗址第三段,其形态相似,其他的 D 型矮圈足盘和 EⅠ式圈足碗分别能在关庙山遗址第三段中找到相同或相似的器型,可认为它们的年代大体相近。

中堡岛遗址第四、五段与关庙山遗址第四段可比较器物较少,但中堡岛遗址第四段碗形豆 T6⑥:127 的形态正好介于关庙山遗址第三段碗形豆 T4③:3 和关庙山遗址第四段碗形豆 H93:3 之间,且其形态变化符合 Bb 型豆的演变趋势;中堡岛遗址第五段出了一件器座 T4⑤:410,其特点与关庙山遗址第四段的器座 T75③B:31 相似,可认为它们处于同一个发展阶段。

因此,我们就可以比较清楚地了解中堡岛遗址与关庙山遗址各段之间的相对年代早晚及相互对应关系,关庙山遗址与中堡岛遗址各段别陶器对比见图 8-1。

接下来比较划城岗遗址各段和上述两个遗址段与段之间的早晚关系。

划城岗遗址第一段的 AⅠ式簋 T26⑦A:1 与关庙山遗址第一段圈足罐 T5④:32 的口沿和腹部形态都相似,BⅠ式盘 M145:3 则与关庙山遗址第一段的圈足盘 T11④ 相似,且其多釜的特点也与关庙山遗址第一段相似。因此,可认为它们的发展阶段可能相当。

划城岗遗址第二段的 AⅡ式罐 T14⑥B:3 与中堡岛遗址第一段的 C 型小口罐 H340:3 相似,这种形态的罐不见于中堡岛遗址第二段,且它的形态与划城岗遗址第一段的 AⅠ式罐 H33:1 有很大区别,可认为它们年代相差不远。

划城岗遗址第三段的圈足碗 T15④:2 与中堡岛遗址第二段的圈足碗 H335:6 大体相似,都是敛口、内折沿、弧腹、圈足,且圈足上有镂孔;AⅡ式簋 T14⑥A:1 腹径与口径的比值介于关庙山遗址第二段的簋 T75④CH119:18 与第三段的簋 T9③:32 的比值之间。

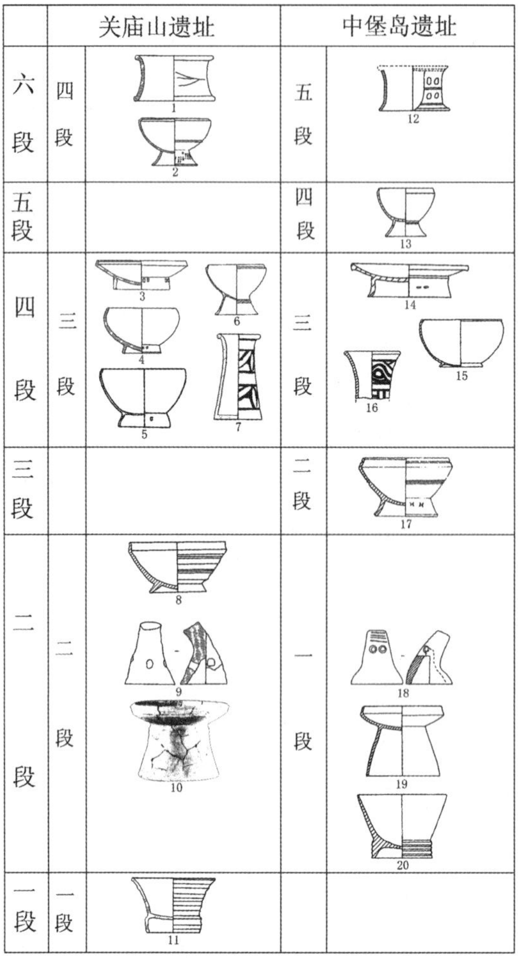

		关庙山遗址		中堡岛遗址
六段	四段	1, 2	五段	12
五段			四段	13
四段	三段	3, 4, 5, 6, 7	三段	14, 15, 16
三段			二段	17
二段	二段	8, 9, 10	一段	18, 19, 20
一段	一段	11		

图 8-1 重要遗址各段别陶器对比图(A)

1. 器座(T75③B∶31) 2. 碗形豆(T71③AH93∶3) 3. 圈足盘(T61④H95∶1)
4. 圈足碗(T73④A∶57) 5. 圈足碗(T11③∶29) 6. 碗形豆(T4③∶3)
7. 筒形瓶(T60④AF26∶43) 8. 圈足碗(T64⑤AH102∶59) 9. 支座(T59⑤A∶114)
10. 圈足盘(T65⑤AF035∶83) 11. 圈足碗(T55⑥∶29) 12. 器座(T4⑤∶410)
13. 碗形豆(T6⑥∶127) 14. 圈足盘(T0404⑪∶245) 15. 圈足碗(T0106⑪∶138)
16. 筒形瓶(T0802⑪∶560) 17. 圈足碗(H335∶6) 18. 支座(T0603⑬∶158)
19. 圈足盘(T0503⑬∶571) 20. 圈足碗(T1101⑬∶69)

划城岗遗址第四段 B 组的曲腹杯、彩陶瓶和细颈壶分别与关庙山遗址第四段 B 组的曲腹杯、瓶和细颈壶相似。

划城岗遗址与关庙山遗址、中堡岛遗址各段别陶器对比见图 8-2。

综上,可认为划城岗遗址第四段的年代相当于关庙山遗址第四段。至于在划城岗遗址第四段 B 组突然出现曲腹杯,可作如下推测:湖南安乡划城岗遗址曲腹杯的出现是受到关庙山遗址的影响,理由是虽然在地理位置上它与关庙山遗址相隔较远,在

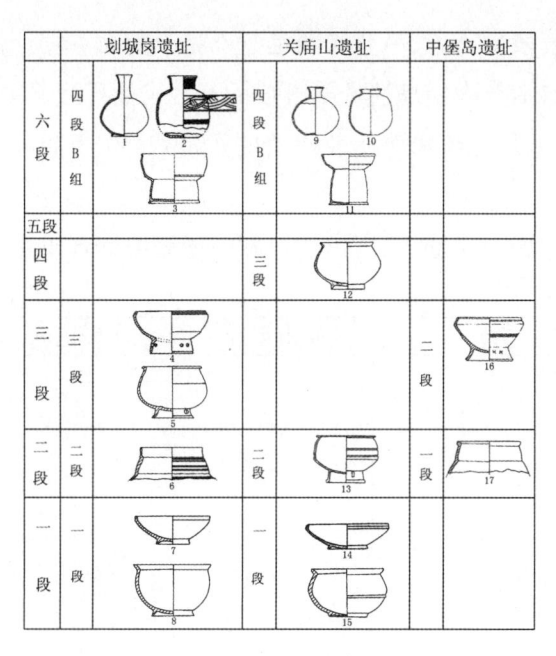

图 8-2 重要遗址各段别陶器对比图(B)

1. 长颈壶(M139∶7)　2. 彩陶瓶(M139∶12)　3. 曲腹杯(M139∶21)　4. 圈足碗(T15④∶2)
5. 簋(T14⑥A∶1)　6. 彩陶罐(T14⑥B∶3)　7. 圈足盘(M145∶3)　8. 簋(T26⑦A∶1)
9. 细颈壶(T53③F10∶2)　10. 小口高领罐(F10∶5)　11. 曲腹杯(T52扩方③G3∶10)
12. 簋(T9③∶32)　13. 簋(T75④CH119∶18)　14. 圈足盘(T11④)　15. 圈足罐(T5④∶32)
16. 圈足碗(H335∶6)　17. 小口罐(H340∶3)

它们之间出有曲腹杯的遗址只有松滋桂花树，且桂花树遗址器物多是采集品，没有具体的层位关系，很难确知曲腹杯的准确段别，只能粗略推测它们的主要年代相当于关庙山遗址第三段，在这样的条件下作出划城岗遗址第四段 B 组曲腹杯受关庙山遗址影响似乎太武断，但是，从它们的器物形态来看，划城岗遗址第四段 B 组曲腹杯M139∶21 正是在关庙山遗址第三段曲腹杯 T6③∶32 的基础上发展而来，其形态变化符合曲腹杯的演变趋势。

江陵朱家台遗址第一段的 AⅠ式釜 T16⑮∶1 与关庙山遗址第一段去掉三足之后的釜形鼎 T67⑦∶80 的腹部和口沿形态都相似，可认为它们处于同一发展阶段。

朱家台遗址第二段的支座 T5④∶8 与关庙山遗址第二段的支座 T59⑤A∶114 形态大体相似。

朱家台遗址第三段的圈足碗 CⅠT5③∶1 与划城岗遗址第三段的圈足碗 T15④∶2 相似，都是敛口、弧腹、圈足较高且内弧，在圈足上都有镂孔，可认为它们大体处于同一发展阶段上。第四段的陶器组合与第三段相近，都是多钵、小罐和三足盘，而它与第五段的陶器组合和形态却有较大区别，因此，可把第三、四段看成一大段。

朱家台遗址第五段的ＡⅠ、ＡⅡ式圈足盘不见于前面4段。Ⅱ式鼎 H38∶3 除去三足之后的腹部及口沿与中堡岛遗址第五段的ＣⅠ式釜 T0107⑩∶206 形态相同,都是侈口、鼓腹、圜底;鼎足与清水滩遗址的鼎足 T6③∶50 相似,可认为它们的年代可能相当。

朱家台遗址与划城岗遗址、关庙山遗址和中堡岛遗址各段别陶器对比见图 8-3。

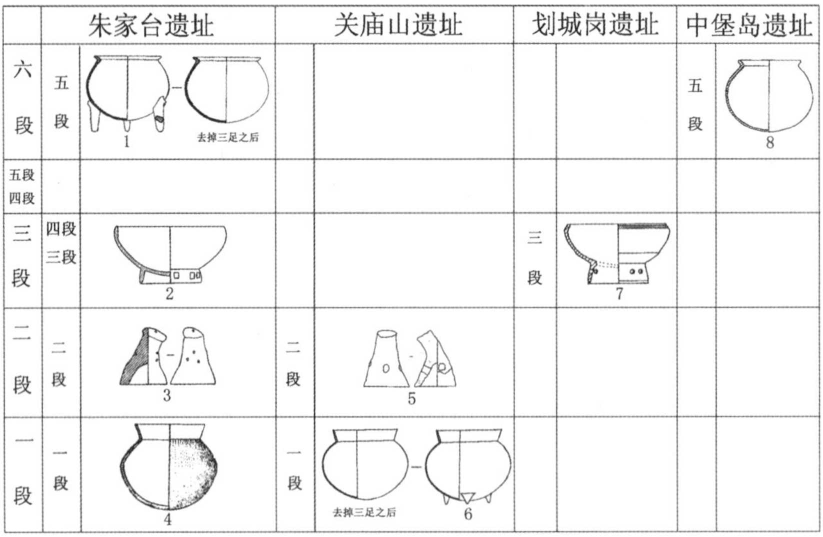

	朱家台遗址	关庙山遗址	划城岗遗址	中堡岛遗址
六段	五段 1 去掉三足之后			五段 8
五段四段				
三段	四段三段 2		三段 7	
二段	二段 3	二段 5		
一段	一段 4	一段 去掉三足之后 6		

图 8-3　重要遗址各段别陶器对比图(C)

1. 鼎(H38∶3)　2. 圈足碗(CⅠT5③∶1)　3. 支座(T5④∶8)　4. 釜(T16⑮∶1)
5. 支座(T59⑤A∶114)　6. 釜形鼎(T67⑦∶80)　7. 圈足碗(T15④∶2)　8. 釜(T0107⑩∶206)

以上通过对关庙山遗址、中堡岛遗址、安乡划城岗遗址和江陵朱家台遗址之间的比较,使我们比较清楚地了解到它们各段之间的相对年代早晚及对应关系,具体对应关系见表 7。

表 7　大溪文化重要遗址段别对应表

阶段＼遗址	枝江关庙山	宜昌中堡岛	安乡划城岗	江陵朱家台
六	四段	五段	四段	五段
五		四段		
四	三段	三段		
三		二段	三段	三、四段
二	二段	一段	二段	二段
一	一段		一段	一段

(三) 其余遗址分析

相对于重要遗址,本节所要讨论的其他遗址,基本上都是自身层位关系较简单,或是所发表的器物较少而难以作自身段别的分析,对此类遗址阶段的划分多半是与上述重要遗址诸段的文化内涵相比较而得出,并由此来确定它们的相对年代早晚和对应关系。就现有的材料,这类遗址主要有 17 处,我们将分别对它们进行分析。

1. 大溪遗址

巫山大溪遗址位于瞿塘峡东口,长江南岸三级台地上。最早发现于 1925—1926 年美国人 Nelson, N.C.对重庆万县和湖北宜都之间长江沿岸地区的考察。自 1958 年始,经过了多次调查和发掘,但发表的材料却很有限,只有 1959 年、1975—1976 年的发掘[1]和一些调查成果[2],重庆市文物考古所 2000—2002 年的两次发掘[3]和《巫山大溪遗址历次发掘与分期》[4]一文。以上可利用的资料只有《记略》《简报》和《分期》。

由《记略》知,第一、二次发掘共清理墓葬 74 座,有 7 座发表了部分器物,其中以 M1 和 M6 为代表;文化层可分两层,但未发表可供比较的器型。《简报》共发表墓葬 133 座,有 30 座墓葬发表了部分器物,以 M101、M105、M106 和 M115 为代表。《简报》将这批墓葬分成早晚两期,检索"墓葬登记表"知,晚期有 64 座、早期有 69 座,分别对应上下两个文化层。《分期》一文,依据重庆市文物考古所 2000—2001 年的发掘资料,将大溪遗址分成早晚五期,其中属于大溪文化的是第一至四期 A 组,作者认为"大溪第一期要早于关庙山第一期……第二期遗存大约相当于中堡岛遗址第一期或关庙山遗址第二期偏早"。

---

[1] 四川长江流域文物保护委员会文物考古队:《四川巫山大溪新石器时代遗址发掘记略》,《文物》1961 年第 11 期,以下简称《记略》;四川省博物馆:《巫山大溪遗址第三次发掘》,《考古学报》1981 年第 4 期,以下简称《简报》。

[2] 四川省博物馆:《四川省长江三峡水库考古调查简报》,《考古》1959 年第 8 期;中国社会科学院考古研究所长江三峡工作队:《巫山县大溪新石器时代至清代遗址》,《中国考古学年鉴(1995)》,文物出版社,1997 年。

[3] 邹后曦、白九江:《配合三峡文物抢救,巫山大溪遗址再次发掘》,《中国文物报》2001 年 9 月 7 日;《巫山大溪遗址再次发掘发现丰富遗存》,《中国文物报》2002 年 5 月 10 日。

[4] 邹后曦、白九江:《巫山大溪遗址历次发掘与分期》,《重庆·2001 三峡文物保护学术研讨会论文集》,科学出版社,2003 年,以下简称《分期》。

在已有的研究文章中，有两期说[1]、三期说[2]和四期说[3]，而在以上各种分期意见中，我们趋向于四期说，但在具体单位和一些单位的文化性质归属上，需要加以补充或修正。

我们以《简报》的资料为基础，结合《记略》和《分期》，综合对大溪遗址进行分析。

检索《简报》，发现有 11 组墓葬有叠压或打破关系，但它们基本不出陶器或没有可供比较的陶器，而在其他发表了陶器的单位中，对器物型式的划分亦有值得商榷的地方。故在层位、器物型式和组合上不能对其加以讨论的情况下，我们拟把这批材料与关庙山遗址的陶器加以比较，来确定这批墓葬的段别和其相对年代，事实上，从比较中也能发现有部分墓葬可分段。

在这 30 座发表了部分器物的墓葬中，从陶器来看，M95 的 Ⅱ 式碗、M132 的 Ⅰ 式圈足盘、M162 的 Ⅱ 式圈足盘、M105 的 Ⅲ 式圈足盘、M119 的 Ⅱ 式曲腹杯、M99 的 Ⅱ 式器盖，分别与关庙山遗址第二段的同类型器相似，它们可能处于同一发展阶段。其中以 M105 所出器物最丰富，可把它们视为 M105 组。

M106 的 Ⅰ 式小罐、Ⅲ 式曲腹杯和筒形瓶，M115 的 Ⅰ 式曲腹杯，M114 的筒形瓶，M118 的 Ⅴ 式圈足盘，M144 的 Ⅳ 式曲腹杯，M103 的 Ⅰ 式豆分别可在关庙山遗址第三段中找到相同或相似的器物，其年代可能相差不远。以上墓葬以 M106 和 M115 所出器物最为丰富和典型，基本反映了此阶段的陶器组合，把它们视为 M106、M115 组。

M101 和 M140 的彩陶罐与关庙山遗址第四段的小口高领罐 T73③B：87 形态相似，年代可能相当。

因此可将《简报》中的大溪文化墓葬分成早晚三段，分别以 M105 组、M106 组和 M101 为代表。

检索《记略》和《分期》知，《记略》中 M8 的红陶盘、M9 的碗形豆分别与关庙山遗址的圈足盘 T68⑤：93 和碗形豆 T51⑤A：192 形态相同，相当于关庙山遗址第二段；M1 的陶鼎、M11 的筒形瓶和 M27 的陶罐分别与关庙山遗址第三段同类型器形态

---

[1] 何介钧：《关于大溪文化关庙山类型的分期问题》，《江汉考古》1987 年第 2 期。

[2] 李文杰：《大溪文化的类型和分期》，《考古学报》1986 年第 2 期。孟华平：《论大溪文化》，《考古学报》1992 年第 4 期。林向：《大溪文化与巫山大溪遗址》，《中国考古学会第二次年会论文集》，文物出版社，1982 年；他对大溪遗址所分的三期，基于的材料是《记略》，这与孟华平和李文杰的三期说并不是同一批材料，但为了行文方便，也归入三期说。

[3] 邹后曦、白九江：《巫山大溪遗址历次发掘与分期》，《重庆·2001 三峡文物保护学术研讨会论文集》，科学出版社，2003 年。作者对大溪遗址所分的四期，基于的材料主要有《简报》和重庆市文物考古所 2000—2001 年对大溪遗址的发掘，其中第一期为新发现的遗存，第二期相当于三期说的第一期，以此类推。

接近；M6 的豆和碗、M5 的器座可在关庙山遗址第四段中找到相同器型。因此，也可将它们分别归入《简报》中的分组。

在《分期》一文中，作者把大溪遗址第一期遗存归入了大溪文化的范畴，并认为第一期要早于关庙山遗址第二次发掘所分的第一期。我们从釜、圈足盘和碗的形态（详见《分期》一文中的图一："2000 年大溪遗址第一期陶器"），以及粗绳纹占有一定比例等特点来分析，其相对年代的上限确实要比关庙山遗址第一段稍早，因此可把《分期》一文中的第一期作为大溪遗址的第一段。

综上，可将大溪遗址分为早晚四段：第一段以《分期》中的第一期为代表；第二段以 M105 组为代表；第三段以 M106 组为代表；第四段以 M101 为代表。

大溪遗址各段别陶器与关庙山遗址陶器比较见图 9。

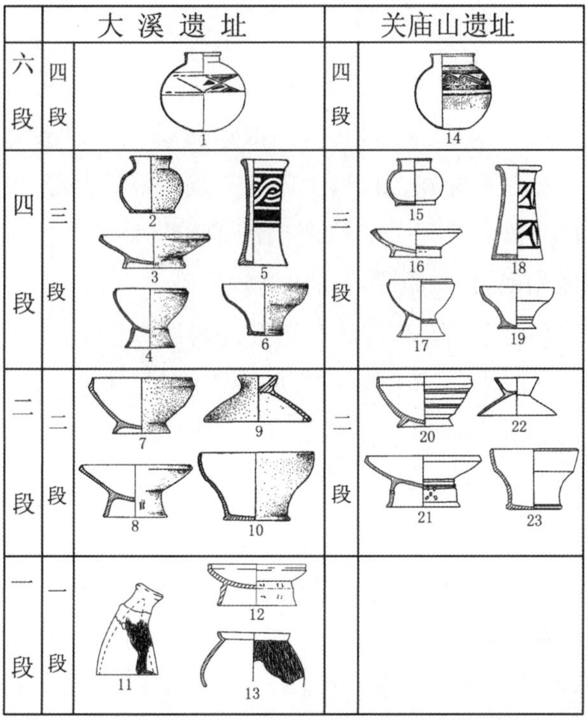

图 9 大溪遗址和关庙山遗址陶器对比图

1. 彩陶罐（M140∶11） 2. 小罐（M106∶1） 3. 圈足盘（M118∶3） 4. 碗形豆（M103∶3） 5. 筒形瓶（M114∶1） 6. 曲腹杯（M115∶16） 7. 圈足碗（M95∶5） 8. 圈足盘（M105∶2） 9. 器盖（M99∶3） 10. 曲腹杯（M119∶4） 11. 支座 12. 圈足盘 13. 釜（11—13 见《分期》一文中的图一："2000 年大溪遗址第一期陶器"） 14. 小口高领罐（T73③B∶87） 15. 圈足小罐（T63④B∶19） 16. 圈足盘（T11③∶19） 17. 碗形豆（T4③∶3） 18. 筒形瓶（T60④AF26∶43） 19. 曲腹杯（T52④BF22∶37） 20. 圈足碗（T64⑤AH102∶59） 21. 圈足盘（T73④C∶46） 22. 器盖（T11④∶42） 23. 曲腹杯（T75⑤A∶175）

2. 清水滩遗址

清水滩遗址前后经过两次发掘[1],《简报》Ⅰ中 T1—T13 的第⑥—②层和 T14—T16 的第⑧—⑦层,《简报》Ⅱ的第⑥—③层为大溪文化遗存。《简报》将它们分为前后两期,并认为第二期已经晚到大溪文化晚期;孟华平先生依据《简报》Ⅰ将遗址分为前后五段[2]。对此,我们拟结合《简报》Ⅱ对一些单位的归属和它们与重要遗址的期段对应作些补充。

《简报》Ⅰ有一组层位关系:T15⑧→H27,从所出器物看,H27 和 T15⑧具有较大区别,Ⅰ式碗 H27:2、Ⅰ式罐 H27:3 分别与中堡岛遗址第二段的Ⅰ式碗 T6⑨:146 和Ⅰ式罐 T6⑨:321 相似,它们的年代大体接近。

Ⅴ式盘 T4⑤:123 和Ⅲ式罐 T4⑤:119 分别与中堡岛遗址第三段的同类型器相似。

Ⅲ式盖钮 T15⑦:46 与中堡岛遗址第四段的Ⅲ式器盖 T6⑥:345 相同,且只出现于本段,可把它们看成同一发展阶段。Ⅶ式罐 T4④:202 与中堡岛遗址第四段的ⅩⅡ式罐 T6⑥:327 都是唇外卷、直口,上腹有一周鹰喙式凸钮,它们的形态相似,且都最早出现于本阶段。其余第④—②层所出的碟、罐、瓮、豆、盆、盘分别与中堡岛遗址第四段的同类型器相似,且与第⑤层所出器物有别。

在《简报》Ⅱ中,Ⅲ式圈足盘 T7⑥:5 和Ⅰ式圈足碗 T6⑥:1 分别与《简报》Ⅰ中的Ⅱ式盘 T12⑤:34 和Ⅰ式碗 T12⑤:33 的形态相似。

Ⅱ式圈足碗 T7⑤:1 与《简报》Ⅰ的Ⅶ式盘 T3③:10 相似,第④层所出器物与第⑤层更接近,可把它们归为一组。

Ⅱ式罐 T6③:53 与中堡岛第五段的Ⅴ式罐 T6⑤:328 形态相似,且出有小口细颈壶 T6③:2,其形态与关庙山遗址第四段 B 组细颈壶相似,可认为 T6③的年代当不早于关庙山遗址第四段 A 组遗存。

因此,可将清水滩遗址分为早晚四段:第一段以 H27 为代表;第二段以《简报》Ⅰ的 T14⑧、T4⑤和《简报》Ⅱ的第⑥层为代表;第三段以《简报》Ⅰ的 T15⑦、T4 的第④—②层和《简报》Ⅱ的第⑤—④层为代表;第四段以《简报》Ⅱ的第③层为代表。

清水滩遗址各段别陶器与中堡岛遗址陶器比较见图 10。

---

[1] 湖北省宜昌地区博物馆、四川大学历史系考古专业:《宜昌县清水滩新石器时代遗址的发掘》,《考古与文物》1983 年第 2 期,以下简称《简报》Ⅰ;武汉大学历史系考古专业:《清水滩遗址 1984 年发掘简报》,《江汉考古》1988 年第 3 期,以下简称《简报》Ⅱ。《简报》Ⅰ和《简报》Ⅱ合称《简报》。

[2] 孟华平:《论大溪文化》,《考古学报》1992 年第 4 期。

·大溪文化研究·

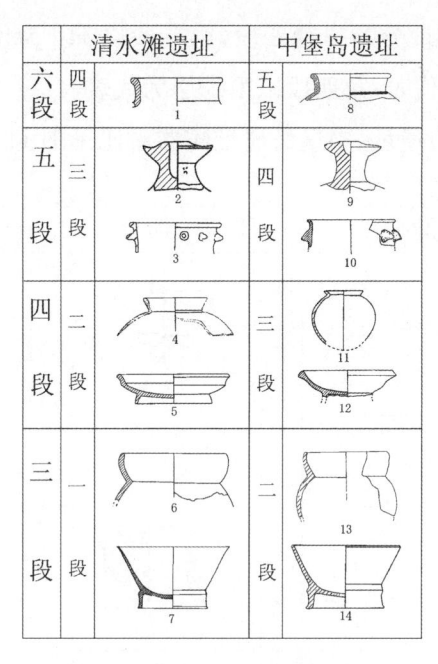

		清水滩遗址		中堡岛遗址
六段	四段	1	五段	8
五段	三段	2, 3	四段	9, 10
四段	二段	4, 5	三段	11, 12
三段	一段	6, 7	二段	13, 14

图 10 清水滩遗址和中堡岛遗址陶器对比图

1. 高领罐(T6③：53) 2. 盖钮(T15⑦：46) 3. 带錾罐(T4④：202) 4. 鼓腹罐(T4⑤：119)
5. 圈足盘(T4⑤：123) 6. 弧腹罐(H27：3) 7. 圈足碗(H27：2) 8. 高领罐(T6⑤：328)
9. 器盖(T6⑥：345) 10. 带錾罐(T6⑥：327) 11. 鼓腹罐(T1⑧：8)
12. 圈足盘(T0205⑪：208) 13. 弧腹罐(T6⑨：321) 14. 圈足碗(T6⑨：146)

3. 杨家湾遗址

杨家湾遗址前后经过多次调查和一次发掘[1],《简报》没有对遗址进行分期,孟华平先生将遗址分为三段,分别以 Hg、④和③层为代表[2]。

从《简报》知,灰沟开口于 Tg1 东壁第⑤层下,器盖 HTg1 底：773 与关庙山遗址第一段的器盖 T61⑦H144：4 形态相似,在盖上都有一道折棱。

⑤层的瓶形器 Tg1⑤：238 与关庙山遗址第二段的小口瓶 T63⑤A：27 相似。

④层的钵 Tg2④：375 与中堡岛遗址第三段的钵 T7⑧：217 相同,可认为它们的年代大体相当。

③层的碗 Tg1③：14 在关庙山遗址第四段中能找到与之形态相似的器型,并且碗 Tg1④：99 与碗 Tg2③：326 具有演变关系,越变越矮,符合 D 型圈足碗的演变趋势。

---

[1] 宜昌地区博物馆:《宜昌县杨家湾新石器时代遗址》,《江汉考古》1984 年第 4 期。
[2] 孟华平:《长江中游史前文化结构》,长江文艺出版社,1997 年,第 22 页。

因此,可将杨家湾遗址分为早晚四段:第一段以 Hg 为代表;第二段以第⑤层为代表;第三段以第④层为代表;第四段以第③层为代表。

杨家湾遗址和关庙山遗址、中堡岛遗址陶器对比见图11。

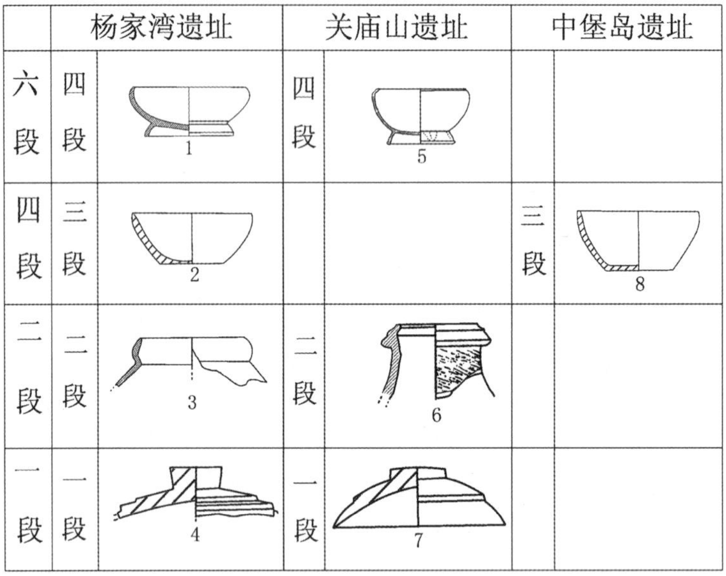

杨家湾遗址		关庙山遗址	中堡岛遗址
六段	四段	四段 1	5
四段	三段	2	三段 8
二段	二段	二段 3	6
一段	一段	4	7

图11　杨家湾遗址和关庙山遗址、中堡岛遗址陶器对比图
1.圈足碗(Tg1③:14)　2.钵(Tg2④:375)　3.小口瓶(Tg1⑤:238)
4.器盖(HTg1底:773)　5.圈足碗(T71⑥AH93:4)　6.小口瓶(T63⑤A:27)
7.器盖(T61⑦H144:4)　8.钵(T7⑧:217)

4.伍相庙遗址

伍相庙遗址前后经过两次发掘[1],发表资料的单位有 T1⑥和 T4⑥,T5⑥仅有一件支座。从所出器物看,T1⑥层的文化内涵较复杂,如Ⅰ式釜 T1⑥:65 和支座 T1⑥:59 无论从器形或纹饰上都与柳林溪遗址[2]的同类器相似,年代应比关庙山遗址第一段要早;但另一方面,Ⅳ式碗 T1⑥:36 和釜形鼎 T1⑥:55 又分别与关庙山遗址第一段的圈足碗 T61⑦H144:2 和釜形鼎 T67⑦:80 相同。因此,可认为伍相庙遗址的相对年代上限当早于关庙山遗址第一段,其相对年代下限可到关庙山遗址第一段末。

伍相庙遗址和关庙山遗址、柳林溪遗址陶器对比见图12。

---

[1] 湖北省博物馆江陵考古工作站:《宜昌伍相庙新石器时代遗址发掘简报》,《江汉考古》1988年第1期。

[2] 湖北省文物考古研究所:《1982年秭归县柳林溪发掘的新石器早期文化遗存》,《江汉考古》1994年第1期;《湖北秭归县柳林溪遗址1998年发掘简报》,《考古》2000年第8期。

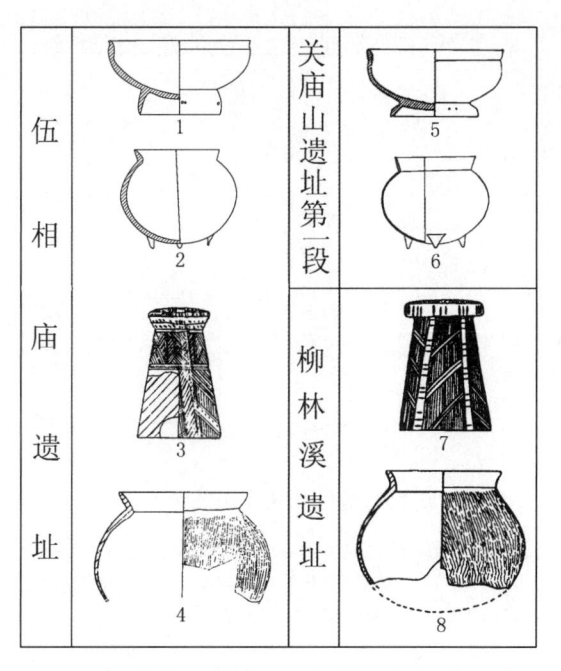

图12 伍相庙遗址和关庙山遗址、柳林溪遗址陶器对比图

1. 圈足碗(T1⑥:36) 2. 釜形鼎(T1⑥:55) 3. 支座(T1⑥:59) 4. 釜(T1⑥:65)
5. 圈足碗(T61⑦H144:2) 6. 釜形鼎(T67⑦:80) 7. 支座(T1017⑥:29) 8. 釜(T1116⑦:104)

5. 白狮湾遗址

白狮湾遗址主要是墓葬[1],发表资料的单位主要有 M2—M7、M10—M12,它们都开口在 T4④B 层下,打破第⑤层。在墓葬之间有如下层位关系:M5→M6、M10,M3→M6、M12,M7→M11。M11 的 BⅠ式曲腹杯、DⅡ式罐,M4 的 A 型曲腹杯、筒形瓶分别与关庙山遗址第三段的同类型器相同,且 M4 的器类主要有筒形瓶、曲腹杯、罐和圈足盘,其组合与关庙山遗址第三段相同,可认为它们的年代大体相当。

AⅠ式豆 M10:2 的形态是深腹,口沿有曲线,圈足,其特征与关庙山遗址第四段的碗形豆 H93:3 相似。从层位关系 M3→M6,M5→M6、M10,知 M3 的年代当晚于 M10,但 M3 和 M10 所出器物却基本相似。

因此,可把白狮湾遗址分为早晚两段:第一段以 M4 为代表;第二段以 M10 为代表。

白狮湾遗址和关庙山遗址陶器对比见图 13。

---

[1] 湖北省文物考古研究所:《长江三峡工程坝区白狮湾遗址发掘简报》,《江汉考古》1999 年第 1 期。

		白狮湾遗址	关庙山遗址	
六段	二段	1	四段	6
四段	一段	2　4　3　5	三段	7　9　8　10

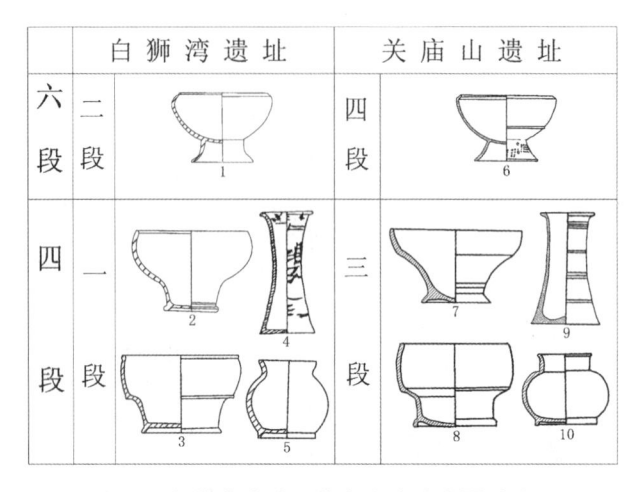

图 13　白狮湾遗址和关庙山遗址陶器对比图

1. 碗形豆(M10∶2)　2. 曲腹杯(M4∶9)　3. 曲腹杯(M11∶7)　4. 筒形瓶(M4∶11)
5. 圈足小罐(M11∶1)　6. 碗形豆(T71③AH93∶3)　7. 曲腹杯(T52④BF22∶37)
8. 曲腹杯(T63④B∶25)　9. 筒形瓶(T3④H1∶1)　10. 圈足小罐(T63④B∶19)

6. 松滋桂花树

桂花树遗址只进行了小面积试掘[1]，层位关系简单且受到了严重破坏，陶器主要以采集品为主，文化内涵较单一。

该遗址的大溪文化遗存主要分布在第⑧—⑤层，有一组层位关系：T2⑥→H5→⑦→⑧。所出器物中圈足盘 T2⑧∶121 和高领罐 T2⑥∶31 分别与关庙山遗址第三段的圈足盘 T61④H95∶1 和高领罐 T64④AH80∶1 相似；H5 的罐不见于关庙山遗址，但它在层位上介于 T2 的⑧—⑥层之间。因此，可认为它们的年代与关庙山遗址第三段大体相当。

从墓葬的采集品来看，Ⅱ式浅盘豆(0331)与关庙山遗址第二段的浅盘豆 T72⑤AH153∶2 相似；Ⅱ式曲腹杯(0353)与关庙山遗址第三段的曲腹杯 T63④B∶25 相似；Ⅰ式器座(0328)与关庙山遗址第四段的器座 T75③B∶31 相同。

另外，桂花树遗址有大量的壶形器，其特点与关庙山遗址第四段 B 组的细颈壶相似。

综上，可认为桂花树遗址大溪文化遗存的年代大体相当于关庙山遗址第二至四段，但以相当于第三段的文化遗存为主。

桂花树遗址和关庙山遗址陶器对比见图14。

---

[1]　湖北省荆州地区博物馆：《湖北松滋县桂花树新石器时代遗址》，《考古》1976年第3期。

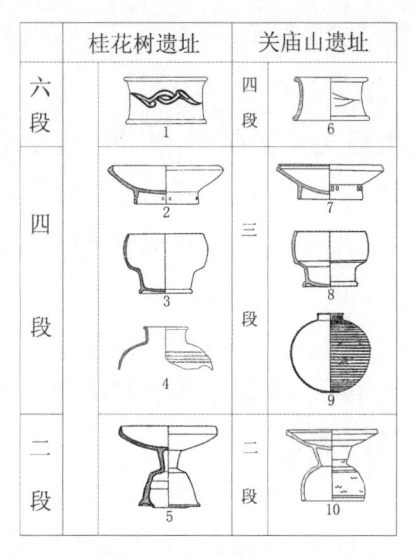

图 14　桂花树遗址和关庙山遗址陶器对比图

1. 器座(0328)　2. 圈足盘(T2⑧：121)　3. 曲腹杯(0353)　4. 高领罐(T64④AH80：1)
5. 浅盘豆(0331)　6. 器座(T75③B：31)　7. 圈足盘(T61④H95：1)　8. 曲腹杯(T63④B：25)
9. 高领罐(T64④AH80：1)　10. 浅盘豆(T72⑤AH153：2)

7. 龚家大沟

龚家大沟遗址的第⑤层为新石器时代文化层[1]，支座 T3⑤：1 无论从纹饰或形态上都与伍相庙遗址的支座 T1⑥：59 有相似的风格(图 15)。因此，龚家大沟遗址第⑤层所代表的年代应不超出伍相庙遗址第⑥层所代表的年代范围。

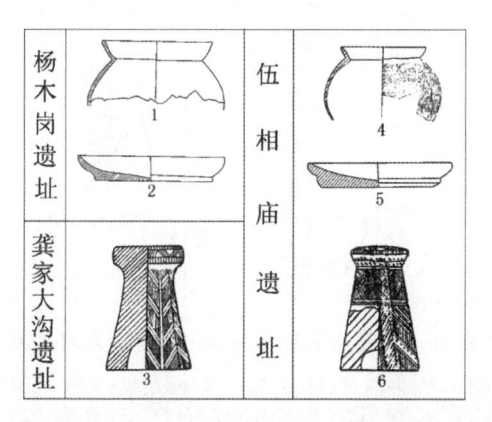

图 15　龚家大沟遗址、杨木岗遗址和伍相庙遗址陶器对比图

1. 釜(Tg1④：79)　2. 碟(Tg1④：3)　3. 支座(T3⑤：1)　4. 釜(T1⑥：65)
5. 碟(T1⑥：47)　6. 支座(T1⑥：59)

---

[1]　湖北省博物馆考古部：《秭归龚家大沟遗址的调查试掘》，《江汉考古》1984年第1期。

8. 杨木岗

杨木岗遗址第④层为大溪文化遗存[1]，以Tg1④为代表。碟Tg1④：3和釜Tg1④：79分别与伍相庙遗址的碟T1⑥：47和Ⅰ式釜T1⑥：65相似（图15），且所出陶器的组合也不出伍相庙遗址T1⑥的陶器范畴，可认为它们年代大体相当。

9. 江陵毛家山

毛家山遗址的层位较简单[2]，查简报知有如下层位关系：H2、H7→④→H4、H6，其中以H2的文化内涵最丰富。

圈足碗H4：1和器座H6：1的整体形态分别与关庙山第一段的圈足碗T61⑦H144：2和器座T54⑦H57：3相似，且只出现于本阶段。

第④层的圈足盘T2④：5与关庙山遗址第二段圈足盘T73④C：46相似，这种形态的圈足盘也不见于关庙山遗址第一段。

曲腹杯H2：28和Ⅲ式罐H2：102分别与关庙山遗址第三段的曲腹杯T52④BF22：37和筒形罐T52④BF22：40相似。

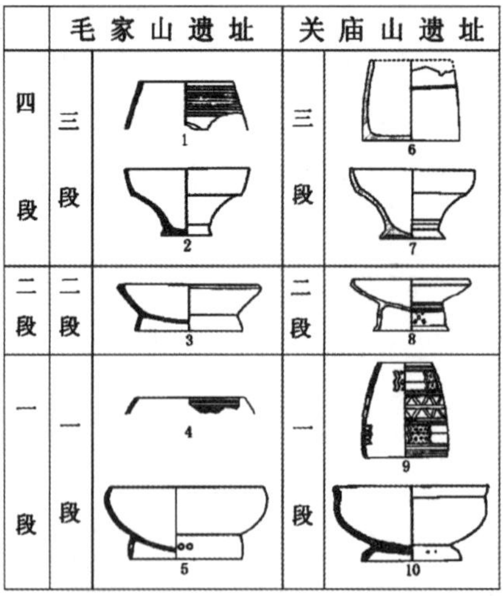

图16 毛家山遗址和关庙山遗址陶器对比图
1. 筒形罐(H2：102) 2. 曲腹杯(H2：28) 3. 圈足盘(T2④：5) 4. 器座(H6：1)
5. 圈足碗(H4：1) 6. 筒形罐(T52④BF22：40) 7. 曲腹杯(T52④BF22：37)
8. 圈足盘(T73④C：46) 9. 器座(T54⑦H57：3) 10. 圈足碗(T61⑦H144：2)

---

[1] 湖北省博物馆、武汉大学历史系考古专业：《当阳冯山、杨木岗遗址试掘简报》，《江汉考古》1983年第1期。

[2] 纪南城文物考古发掘队：《江陵毛家山发掘记》，《考古》1977年第3期。

因此,可把毛家山遗址分为早晚三段:第一段以 H4 为代表;第二段以第④层为代表;第三段以 H2 为代表。

毛家山遗址和关庙山遗址陶器对比见图 16。

10. 江陵荆南寺

荆南寺遗址前后经过两次发掘[1],简报将该遗址的大溪文化遗存分成两段,分别相当于关庙山遗址的第一、二段。其中,第一段以 T13⑤B、T18⑤C 和 T17⑥A 为代表,第二段以 T3⑤A 为代表(图 17)。

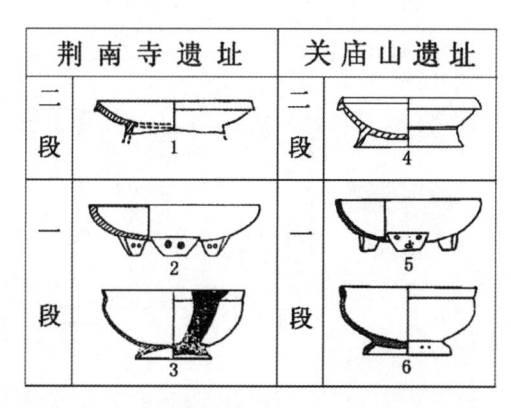

图 17 荆南寺遗址和关庙山遗址陶器对比图

1. 圈足盘(T3⑤A∶22) 2. 三足盘(T13⑤B∶1) 3. 圈足碗(T18⑤C∶230)
4. 圈足盘(T62⑤AH141∶5) 5. 三足盘(T58⑦B∶63) 6. 圈足碗(T61⑦H144∶2)

11. 荆州阴湘城

阴湘城遗址只经过了一次发掘[2],主要以灰坑为主,《简报》将该遗址的大溪文化遗存分为三期。由文字记述和探方平剖面图都很难看出灰坑之间的叠压或打破关系,但我们比较灰坑所出器物,认为简报所分的三期较合理,为行文方便,把期改称段。

第一段中的三足盘 H78②∶1 和圜底碟 F6∶2 分别与关庙山遗址第一段的三足盘 T58⑦B∶63 和圜底碟 T68⑦F35∶103 相似,可认为阴湘城遗址第一段的年代与关庙山遗址第一段大体同时,以 H78 为代表。

---

[1] 荆州地区博物馆、北京大学考古系:《湖北江陵荆南寺遗址第一、二次发掘简报》,《考古》1989 年第 8 期。

[2] 荆州博物馆:《湖北荆州市阴湘城遗址 1995 年发掘简报》,《考古》1998 年第 1 期,以下简称《简报》。

第二段的平底盆 H53②：5 与关庙山遗址第二段的平底盆 T64④CH110：96 相似，可认为阴湘城遗址第二段的年代与关庙山遗址第二段大体同时，以 H53 为代表。

第三段的彩陶碗 H23②：4 与关庙山遗址第三段的圈足碗 T52④BF22：38 形态相似，器表均施菱形纹黑彩，从纹饰和器形上，可知它们应处于同一发展阶段，且这种形态的碗不见于这两个遗址的其他发展阶段；筒形瓶 H54①：5 和碗形豆 H69：1 也分别与关庙山遗址第三段的筒形瓶 T3④H1：1 和碗形豆 T4③：3 相似。因此，可认为以 H23 为代表的这一类遗存的年代与关庙山遗址第三段大体相当。

阴湘城遗址和关庙山遗址陶器对比见图 18。

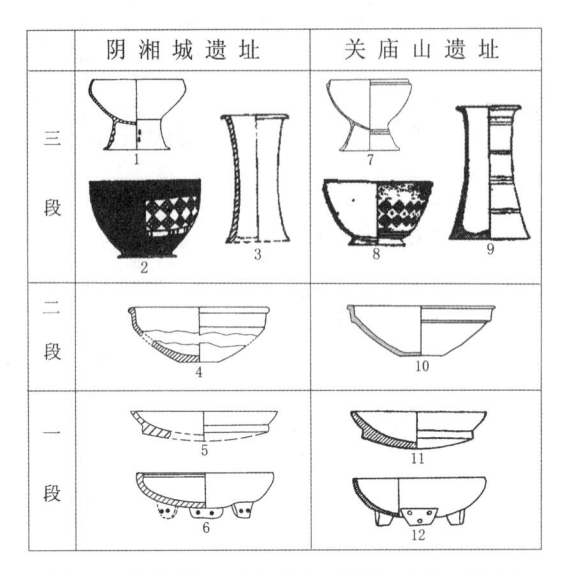

图 18　阴湘城遗址和关庙山遗址陶器对比图

1. 碗形豆(H69：1)　2. 彩陶碗(H23②：4)　3. 筒形瓶(H54①：5)　4. 平底盆(H53②：5)
5. 圜底碟(F6：2)　6. 三足盘(H78②：1)　7. 碗形豆(T4③：3)　8. 圈足碗(T52④BF22：38)
9. 筒形瓶(T3④H1：1)　10. 平底盆(T64④CH110：96)　11. 圜底碟(T68⑦F35：103)
12. 三足盘(T58⑦B：63)

12. 公安王家岗

王家岗遗址连续进行了三次发掘[1]，《报告》所分的第一期和第二期部分墓葬属于大溪文化遗存，遗址有如下层位关系：T6②→H3→③→④→H4→⑤，其中 T6③未发表器物。

罐 T12⑤：5、釜 T17⑤：2 和Ⅲ式器盖 T6⑤：6 分别与划城岗遗址第二段的 E

---

[1] 湖北省荆州地区博物馆：《湖北王家岗新石器时代遗址》，《考古学报》1984 年第 2 期，以下简称《报告》。

Ⅱ式罐 F4：17、E 型釜 M135：6 和 C 型器盖 T13⑥B：3 相似,T11⑥仅出一件鼎足,可认为第⑥、⑤层为遗址的第一段。

Ⅱ式器盖 H4：6 和Ⅱ式碗 T1③：1 分别能在划城岗遗址第三段中找到相似器形。从层位关系知第④层介于第③层和 H4 之间,H3 和 T6②所出器物较少,因此,可把 H4 至 T6②层作为遗址的第二段。

器座 M48：25 与关庙山遗址第四段的器座 T75③B：31 相似,可把以 M48 为代表的部分墓葬作为遗址的第三段。

王家岗遗址和划城岗遗址、关庙山遗址陶器对比见图 19。

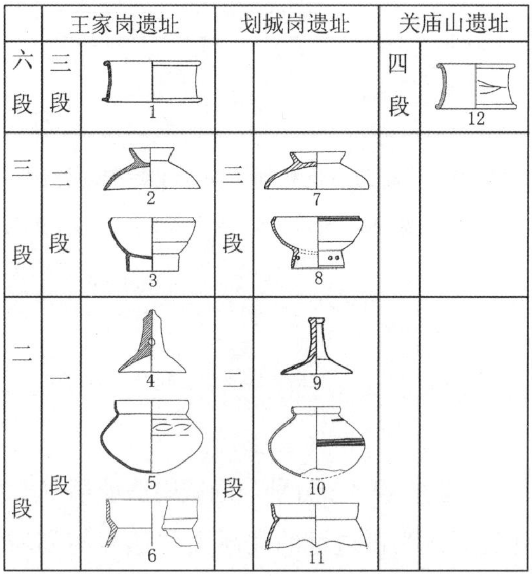

王家岗遗址			划城岗遗址		关庙山遗址	
六段	三段	1			四段	12
三段	二段	2 3	三段	7 8		
二段	一段	4 5 6	二段	9 10 11		

图 19　王家岗遗址和划城岗遗址、关庙山遗址陶器对比图

1. 器座(M48：25)　2. 器盖(H4：6)　3. 圈足碗(T1③：1)　4. 器盖(T6⑤：6)
5. 釜(T17⑤：2)　6. 罐(T12⑤：5)　7. 器盖(M143：9)　8. 圈足碗(T15④：2)
9. 器盖(T13⑥B：3)　10. 釜(M135：6)　11. 罐(F4：17)　12. 器座(T75③B：31)

13. 丁家岗遗址

丁家岗遗址的层位关系简单[1],且主要是墓葬,《简报》所分的第二、三期属于大溪文化遗存。《简报》的分期基本合理,为行文方便,称期为段。

圈足盘 M30：4 与划城岗遗址第一段 BⅠ式圈足盘 M145：3 都是弧腹、矮圈足,整体形态相似,可认为《简报》所分的以 M30 为代表的这类遗存其相对年代与划城岗遗址第一段相近。

---

[1] 湖南省博物馆：《澧县东田丁家岗新石器时代遗址》,《湖南考古辑刊(第一集)》,岳麓书社,1982 年,以下简称《简报》。

Ⅹ式釜 M31∶1与划城岗遗址第二段的CⅡ式釜 M129∶1相似;此段出现了该遗址第一段未见的新器型:Ⅰ、Ⅱ式杯和Ⅷ式器盖。可认为丁家岗遗址第二段的相对年代与划城岗遗址第二段大体相当。

丁家岗遗址和划城岗遗址陶器对比见图 20。

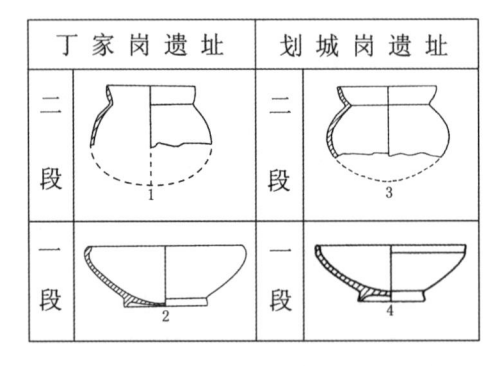

图 20 丁家岗遗址和划城岗遗址陶器对比图
1. 釜(M31∶1) 2. 圈足盘(M30∶4) 3. 釜(M129∶1) 4. 圈足盘(M145∶3)

14. 安乡汤家岗

汤家岗遗址的中期属于大溪文化遗存[1],器类主要有釜、罐、碗、钵、盆、豆、器盖和器座等。

Ⅰ式釜 H7∶1和Ⅰ式器盖 M8∶3分别与划城岗遗址第一段的AⅡ式釜 F12∶6和AⅠ式器盖 F12∶2相似,可认为该遗址的大溪文化遗存与划城岗遗址第一段的文化内涵相似,其年代应相差不远。

汤家岗遗址和划城岗遗址陶器对比见图 21。

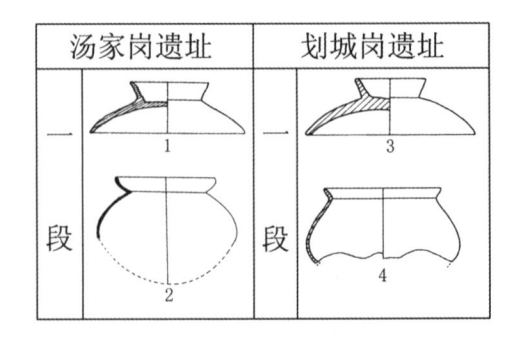

图 21 汤家岗遗址和划城岗遗址陶器对比图
1. 器盖(M8∶3) 2. 釜(H7∶1) 3. 器盖(F12∶2) 4. 釜(F12∶6)

---

[1] 湖南省博物馆:《湖南安乡县汤家岗新石器时代遗址》,《考古》1982年第4期。

15. 梦溪三元宫

三元宫遗址前后经过两次发掘[1],我们分析的材料以《报告》为主,它的中期属于大溪文化遗存。由于层位关系简单,遗迹之间的叠压或打破关系很少,且发表的器物有限,不便于再作细致的分段,故可把《报告》的中期作为遗址的第一段,以 H7 为代表。

Ⅲ式器盖 H7：5、Ⅱ式杯 T4①：2 分别与丁家岗遗址第二段的Ⅶ式器盖 M32：4 和Ⅱ式杯 M24：10 形态相同(图 22),且它们不见于其他段,可认为它们的发展阶段大体相当。

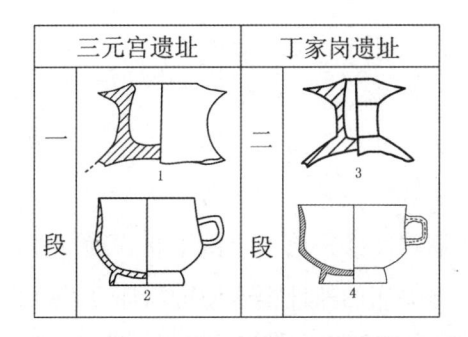

图 22　三元宫遗址和丁家岗遗址陶器对比图
1. 器盖(H7：5)　2. 杯(T4①：2)　3. 器盖(M32：4)　4. 杯(M24：10)

16. 监利柳关

简报主要发表了柳关遗址的材料[2],文化堆积以第②层为主。从所出器物看,T2②的一部分器物与关庙山遗址第二段的同类型器形态相似,如Ⅳ式圈足碗 T2②：7 和Ⅰ式圈足盘 T2②：9 分别与关庙山遗址第二段的圈足碗 T64⑤AH102：59 和圈足盘 T51⑤A：195 相似(图 23);但 T2②和 T3②也有一些其他大溪文化遗址中未见的新器型,而且没有发现大溪文化的典型器物釜,相反,鼎的数量却较多,其文化内涵较复杂。

因此,可把柳关遗址以 T2②为代表的单位看成一段,其年代大体相当于关庙山遗址第二段。

---

[1]　湖南省博物馆:《澧县梦溪新石器时代遗址试掘简报》,《文物》1972 年第 2 期,文中用的地名为"冯家港";《澧县梦溪三元宫遗址》,《考古学报》1979 年第 4 期,以下简称《报告》。

[2]　荆州地区博物馆:《湖北监利县柳关和福田新石器时代遗址试掘简报》,《江汉考古》1984 年第 2 期。

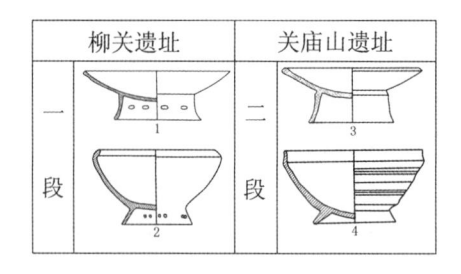

图 23　柳关遗址和关庙山遗址陶器对比图

1. 圈足盘(T2②：9)　2. 圈足碗(T2②：7)　3. 圈足盘(T51⑤A：195)
4. 圈足碗(T64⑤AH102：59)

17. 华容车轱山

车轱山遗址的早一、早二期属于大溪文化遗存[1]，分别以第⑥和第⑤层为代表，所出器类主要有釜、罐、豆、盘、钵、器盖和器座等。

釜 T2⑥：50 与划城岗遗址第三段的 CⅢ式釜 Y2：2 都是扁腹，甑 T1⑥：70 与甑 Y2：4 相似，且这种形态的甑只见于此阶段。

曲颈罐 T3⑤：79 与划城岗遗址第四段的 BⅡ式罐 T15③：1 都是尖唇小口、曲颈斜腹；器座 T4⑤：103 与关庙山遗址第四段的器座 T75③B：31 相似。

因此，可把以第⑥层为代表的早一期遗存作为遗址的第一段；以第⑤层为代表的早二期遗存作为遗址的第二段。

车轱山遗址和划城岗遗址、关庙山遗址陶器对比见图 24。

图 24　车轱山遗址和划城岗遗址、关庙山遗址陶器对比图

1. 器座(T4⑤：103)　2. 曲颈罐(T3⑤：79)　3. 甑(T1⑥：70)　4. 釜(T2⑥：50)
5. 罐(T15③：1)　6. 甑(Y2：4)　7. 釜(Y2：2)　8. 器座(T75③B：31)

---

[1] 湖南省岳阳地区文物工作队：《华容车轱山新石器时代遗址第一次发掘简报》，《湖南考古辑刊（第三集）》，岳麓书社，1986 年，以下简称《简报》。

(四) 典型器物形制分析

从以上四个重要遗址和其他诸遗址的分段,特别是中堡岛遗址和划城岗遗址的陶器类别百分比分析,知它们虽然出土陶器的种类较多,但真正数量较多、分布较广泛且具有演变关系的典型陶器却只有釜、罐、豆、盆、钵、圈足盘、圈足碗、器盖、器座和支座等;还有一些器物,虽然数量较少,但也存在一定的演变关系,主要有曲腹杯、簋和鼎等;而筒形瓶作为大溪文化的典型器物之一,其形态却未发生明显变化,这里暂不作探讨。

釜:数量最多,是大溪文化的典型器物之一,多夹砂红褐陶,少量夹炭陶,依据最大腹径与器高的比可分二型。

A型:整体器形偏矮胖,斜折沿,鼓腹,圜底,可分三式。

Ⅰ式:标本划城岗 M148∶1;Ⅱ式:标本划城岗 M129∶1;Ⅲ式:标本划城岗 Y2∶2(图 25,1—3)。

演变趋势:斜折沿渐趋明显,最大腹径的位置逐渐上移。

B型:整体器形偏瘦长,折沿,弧腹,圜底,可分四式。

Ⅰ式:标本关庙山 T63⑤BH165∶1;Ⅱ式:标本清水滩 H27∶11;Ⅲ式:标本关庙山 T3④M105;Ⅳ式:标本白狮湾 M5∶19(图 25,4—7)。

演变趋势:折沿逐渐消退,最大腹径的位置逐渐上移,整体器形渐趋瘦长。

罐:数量仅次于釜,见于大溪文化的整个发展过程中,多夹砂红褐陶,有少量泥质灰黑陶,依据口的具体形态可分三型。

A型:敛口,依据腹部形态和器表有无彩绘,可分二亚型。

Aa型:敛口,尖唇,弧腹,器表绘黑彩,可分二式。

Ⅰ式:标本划城岗 F8∶4;Ⅱ式:标本划城岗 T15③∶1(图 25,8—9)。

演变趋势:口由微侈口到口略敛,腹和沿的交接处由不明显到明显,腹由弧腹明显到腹略弧。

Ab型:敛口,圆唇,扁鼓腹,器表无彩绘,可分三式。

Ⅰ式:标本关庙山 T23④∶27;Ⅱ式:标本中堡岛 H340∶3;Ⅲ式:标本中堡岛 T0701⑩∶58(图 25,10—12)。

B型:侈口,依据领和腹部形态,可分二亚型。

Ba型:侈口,圆唇,斜直领,领与腹交接处饰一道条纹,鼓腹,可分四式。

Ⅰ式:标本中堡岛 T0404⑫∶818;Ⅱ式:标本中堡岛 T0901⑪∶210;Ⅲ式:标本清水滩 T4④∶99;Ⅳ式:标本关庙山 T73③B∶87(图 25,13—16)。

演变趋势:领由略向外斜到直领。

Bb型:侈口,尖圆唇,宽仰折领,器表绘黑彩,弧腹,可分二式。

Ⅰ式:标本划城岗T19④B:3;Ⅱ式:标本划城岗T18⑤:5(图25,17—18)。

演变趋势:宽仰折领由不明显到明显,领腹交接处折棱逐渐明显。

C型:大口,尖圆唇,鼓腹,圜底,矮圈足,可分二式。

Ⅰ式:标本丁家岗M18:1;Ⅱ式:标本关庙山T5④:32(图25,19—20)。

演变趋势:最大腹径逐渐下移,圈足渐矮。

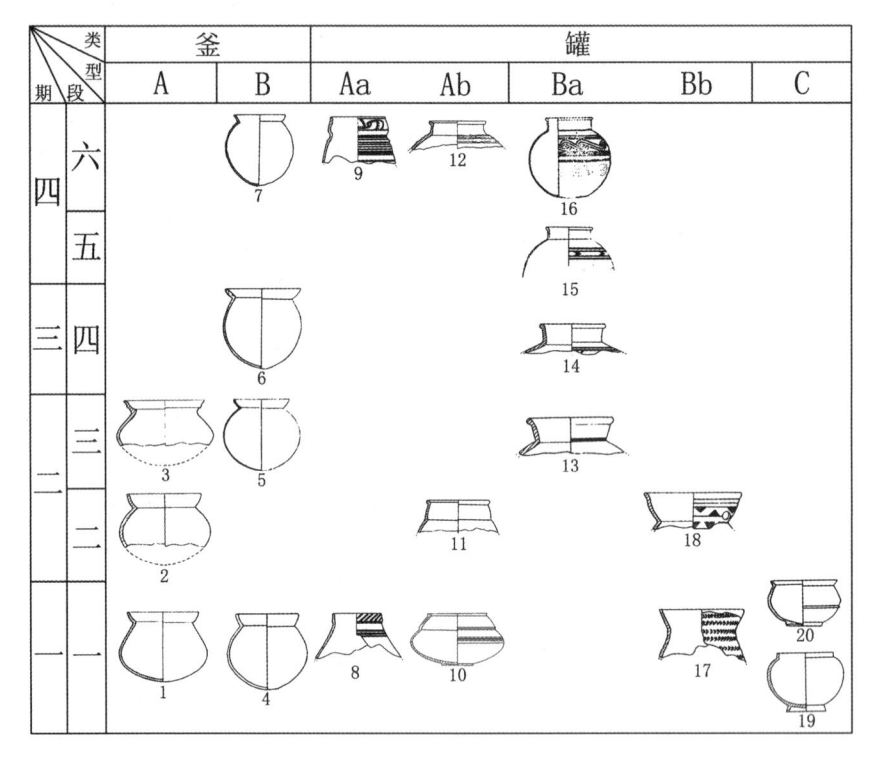

图 25　大溪文化典型陶器分期图(A)

1. M148:1　2. M129:1　3. Y2:2　4. T63⑤BH165:1　5. H27:11　6. T3④M105
7. M5:19　8. F8:4　9. T15③:1　10. T23④:27　11. H340:3　12. T0701⑩:58
13. T0404⑫:818　14. T0901⑪:210　15. T4④:99　16. T73③B:87　17. T19④B:3
18. T18⑤:5　19. M18:1　20. T5④:32

(1、2、3、8、9、17、18出自划城岗,4、6、10、16、20出自关庙山,5、15出自清水滩,
7出自白狮湾,11、12、13、14出自中堡岛,19出自丁家岗)

圈足盘:大溪文化的典型器物之一,数量较多,按其质地主要有白陶和泥质红陶等,依据其质地和形态的差异,可分三型。

A型:白陶盘,尖圆唇,折腹,高圈足略外弧,器表饰繁缛的复合纹饰,仅见于划城岗遗址第一、二段,可分三式。

Ⅰ式:标本划城岗 T20④B∶2;Ⅱ式:标本划城岗 M133∶1;Ⅲ式:标本划城岗 T25⑤∶5(图 26,1—3)。

演变趋势:盘逐渐变浅,圈足外弧渐趋明显。

B 型:喇叭形高圈足盘,外折沿,折腹,粗高圈足且内弧,上有条形镂孔,可分三式。

Ⅰ式:标本阴湘城 H62∶5;Ⅱ式:标本朱家台 Y1∶2;Ⅲ式:标本朱家台 H37∶1(图 26,4—6)。

演变趋势:外折沿渐趋不明显,盘逐渐变浅。

C 型:圆唇,弧腹,高圈足,依据圈足的具体形态可分二亚型。

Ca 型:圈足略外弧,可分三式。

Ⅰ式:标本关庙山 T61⑦H144∶1;Ⅱ式:标本关庙山 T1④∶62;Ⅲ式:标本中堡岛 T8⑧∶4(图 26,7—9)。

演变趋势:盘逐渐变浅,盘与圈足交接处的折棱由明显到不太明显,圈足由微外弧到近直,且逐渐增高。

Cb 型:圈足略内弧,可分六式。

Ⅰ式:标本关庙山 T73④C∶46;Ⅱ式:标本关庙山 T51⑤A∶195;Ⅲ式:标本中堡岛 T1⑨∶67;Ⅳ式:标本阴湘城 H23②∶10;Ⅴ式:标本中堡岛 T8⑥∶62;Ⅵ式:标本中堡岛 T0106⑩∶136(图 26,10—15)。

演变趋势:盘逐渐变浅,盘与圈足的交接处渐趋不明显,圈足渐高,但始终内弧,整体上器形由矮胖向瘦高发展。

簋:数量较少,但演变关系明显,其具体形态为敛口,尖圆唇,外卷平沿,鼓腹,圜底,矮圈足,可分三式。

Ⅰ式:标本关庙山 T75④CH119∶18;Ⅱ式:标本划城岗 T14⑥A∶1;Ⅲ式:标本划城岗 M41∶3(图 26,16—18)。

演变趋势:最大腹径逐渐下移,腹径与口径由大致相当到腹径明显大于口径,圈足由高变矮,整体器形由瘦高向矮胖发展。

曲腹杯:数量不多,但它是大溪文化的典型器物之一,出现于第二段,演变关系较明显,其具体形态为敞口,曲腹,矮圈足,可分三式。

Ⅰ式:标本关庙山 T75⑤A∶175;Ⅱ式:标本中堡岛 H335∶8;Ⅲ式:标本关庙山 T6③∶32(图 26,19—21)。

演变趋势:下腹部顶端的形态由微侈到微敛,曲腹由呈弧形到折棱较明显,且上下腹部的分界渐趋明显。

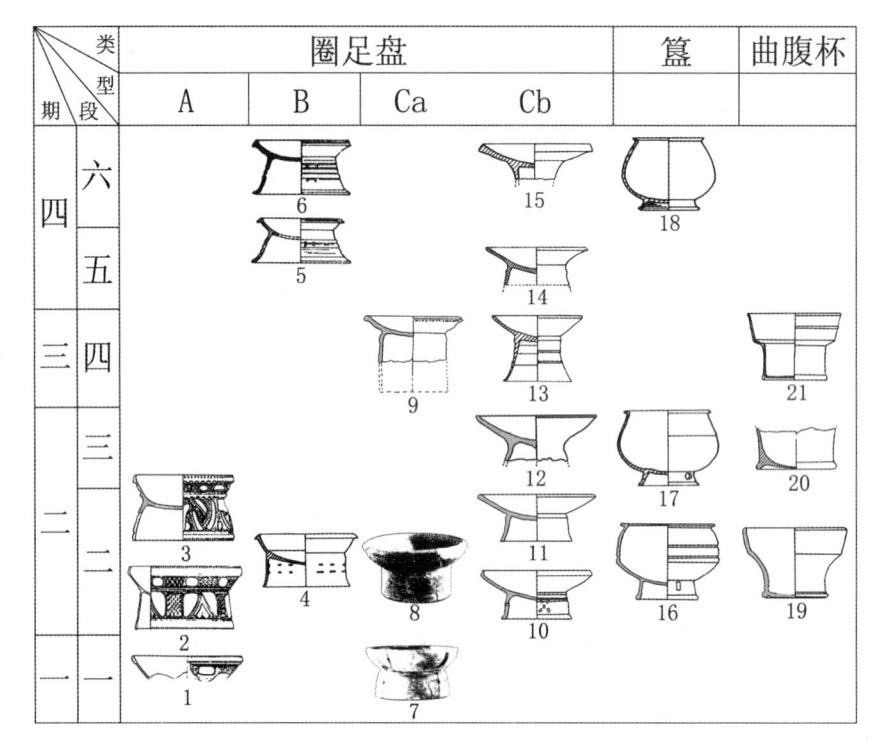

图 26　大溪文化典型陶器分期图(B)

1. T20④B：2　2. M133：1　3. T25⑤：5　4. H62：5　5. Y1：2　6. H37：1
7. T61⑦H144：1　8. T1④：62　9. T8⑧：4　10. T73④C：46　11. T51⑤A：195
12. T1⑨：67　13. H23②：10　14. T8⑥：62　15. T0106⑩：136　16. T75④CH119：18
17. T14⑥A：1　18. M41：3　19. T75⑤A：175　20. H335：8　21. T6③：32
（1、2、3、17、18 出自划城岗，4、13 出自阴湘城，5、6 出自朱家台，
7、8、10、11、16、19、21 出自关庙山，9、12、14、15、20 出自中堡岛）

碗：数量较多，形态多样，是大溪文化的典型器物之一，按其圈足的形态可细分为圈足碗和假圈足碗两小类。因假圈足碗形态未发生明显变化，故我们只对圈足碗进行型式的划分。圈足碗按腹部和圈足的具体形态，可分四型。

A 型：双折腹圈足碗，敞口，尖唇，双折腹，圜底，矮圈足，可分四式。

Ⅰ式：标本阴湘城 H78①：5；Ⅱ式：标本关庙山 T64⑦：68；Ⅲ式：标本柳关 T8②：10；Ⅳ式：标本朱家台 CⅠT5③：2(图 27，1—4)。

演变趋势：最大折腹处逐渐下移，折腹由明显到不太明显，且腹径由大于口径到小于口径。

B 型：敞口，尖唇，斜直腹，底略平，矮圈足，可分三式。

Ⅰ式：标本丁家岗 M26：1；Ⅱ式：标本朱家台 H121：1；Ⅲ式：标本毛家山 H7：2(图 27，5—7)。

演变趋势：口渐敞，腹部由略向外弧到近直。

C型：圈足较高，根据圈足和腹部特征可分二亚型。

Ca型：敞口，尖圆唇，斜直腹，底略平，高圈足，可分四式。

Ⅰ式：标本关庙山T55⑥：29；Ⅱ式：标本中堡岛T1101⑬：69；Ⅲ式：标本中堡岛T1101⑫：210；Ⅳ式：标本中堡岛T8⑧：10（图27，8—11）。

演变趋势：腹由向内弧到斜直腹，再发展到向外弧，平底的程度渐趋不明显，器表竹节状的凸棱逐渐消失，圈足逐渐偏矮，整体器形由瘦长向矮胖发展。

Cb型：尖唇，弧腹，圜底，圈足内弧，可分三式。

Ⅰ式：标本荆南寺T17⑥A：15；Ⅱ式：标本荆南寺T18⑤C：234；Ⅲ式：标本柳关T2②：5（图27，12—14）。

演变趋势：口由微侈到敞口，双唇渐趋消失，腹逐渐变浅。

D型：敛口，尖圆唇，沿内敛，弧腹，圜底，高圈足，圈足略向外弧，且圈足下端略外折，可分四式。

Ⅰ式：标本中堡岛H300：27；Ⅱ式：标本划城岗T15④：2；Ⅲ式：标本中堡岛H253：4；Ⅳ式：标本关庙山T71③AH93：4（图27，15—18）。

演变趋势：口内敛渐甚，圈足渐矮。

豆：数量较多，是大溪文化的典型器物之一，主要有白陶豆和泥质红褐陶豆，依据其质地可分二型。

A型：白陶高柄豆，直口微敛，圆唇，弧腹，高柄，圈足，可分二式。

Ⅰ式：标本划城岗T20④B：1；Ⅱ式：标本划城岗T25⑤：4（图27，19—20）。

演变趋势：口由略直到微敛。

B型：泥质陶无柄豆，依据腹部形态可分二亚型。

Ba型：尖圆唇，折腹，高圈足，可分三式。

Ⅰ式：标本汤家岗T8②：1；Ⅱ式：标本阴湘城H53②：4；Ⅲ式：标本朱家台CⅠT4②：2（图27，21—23）。

演变趋势：口由近直到敞口，腹部逐渐变浅，圈足由内弧到外弧。

Bb型：微敛口，尖唇，深腹，高圈足，且圈足略内弧，可分四式。

Ⅰ式：标本关庙山T51⑤A：192；Ⅱ式：标本关庙山T4③：3；Ⅲ式：标本中堡岛T6⑥：127；Ⅳ式：标本关庙山T71③AH93：3（图27，24—27）。

演变趋势：腹部逐渐变浅，圈足逐渐内弧，整体器形从瘦长向矮胖发展。

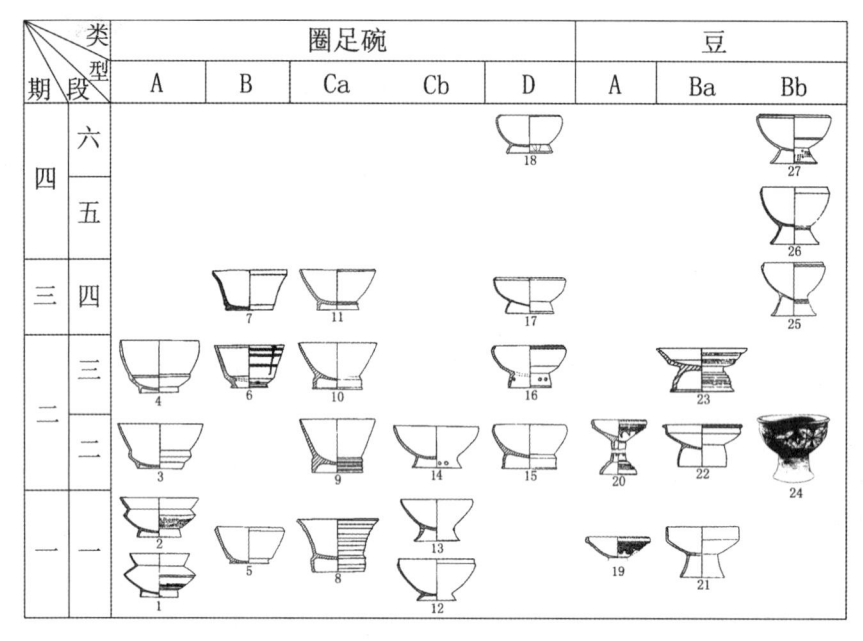

图 27　大溪文化典型陶器分期图(C)

1. H78①：5　2. T64⑦：68　3. T8②：10　4. CⅠT5③：2　5. M26：1　6. H121：1　7. H7：2
8. T55⑥：29　9. T1101⑬：69　10. T1101⑫：210　11. T8⑧：10　12. T17⑥A：15
13. T18⑤C：234　14. T2②：5　15. H300：27　16. T15④：2　17. H253：4　18. T71③AH93：4
19. T20④B：1　20. T25⑤：4　21. T8②：1　22. H53②：4　23. CⅠT4②：2　24. T51⑤A：192
25. T4③：3　26. T6⑥：127　27. T71③AH93：3
(1、22 出自阴湘城,2、8、18、24、25、27 出自关庙山,3、14 出自柳关,4、6、23 出自朱家台,
5 出自丁家岗,7 出自毛家山,9、10、11、15、17、26 出自中堡岛,12、13 出自荆南寺,
16、19、20 出自划城岗,21 出自汤家岗)

钵:数量较多,依据器底的形态可分二型。

A 型:圜底钵,依据腹部形态可分二亚型。

Aa 型:侈口,尖圆唇,斜直腹,腹与底交接处有凸棱,圜底,可分三式。

Ⅰ式:标本朱家台 T14⑮：6；Ⅱ式:标本朱家台 T5④：9；Ⅲ式:标本朱家台 F5：12(图 28,1—3)。

演变趋势:腹逐渐变浅,凸棱愈加明显,但凸棱数量渐趋减少,凸棱直径由小于口径到略等于口径。

Ab 型:尖圆唇,弧腹,圜底,可分三式。

Ⅰ式:标本丁家岗 T12②：7；Ⅱ式:标本王家岗 T9⑤：1；Ⅲ式:标本王家岗 T1③：2(图 28,4—6)。

演变趋势:口由敞口到敛口,腹逐渐变浅。

B 型:平底钵,依据口和腹部形态可分二亚型。

Ba 型:敛口,尖圆唇,弧腹,可分三式。

Ⅰ式:标本中堡岛 H281:1;Ⅱ式:标本中堡岛 T5⑥:122;Ⅲ式:标本中堡岛 T0403⑩:134(图 28,7—9)。

演变趋势:器物整体形态由深变浅。

Bb 型:口略侈,尖唇,折腹,可分二式。

Ⅰ式:标本划城岗 F12:1;Ⅱ式:标本划城岗 T13⑥A:2(图 28,10—11)。

演变趋势:由侈口浅折腹到直口深腹。

盆:数量较多,依据腹部深浅可分二型。

A 型:口微敛,尖圆唇,深鼓腹,平底,可分三式。

Ⅰ式:标本关庙山 T2④:38;Ⅱ式:标本关庙山 T42④:7;Ⅲ式:标本中堡岛 T8⑤:50(图 28,12—14)。

演变趋势:沿由斜折沿发展到平沿。

B 型:口略直,尖圆唇,浅弧腹,小平底,可分三式。

Ⅰ式:标本关庙山 T64④CH110:96;Ⅱ式:标本中堡岛 T1⑦:219;Ⅲ式:标本中堡岛 T4⑤:105(图 28,15—17)。

演变趋势:沿由斜折沿发展到卷沿。

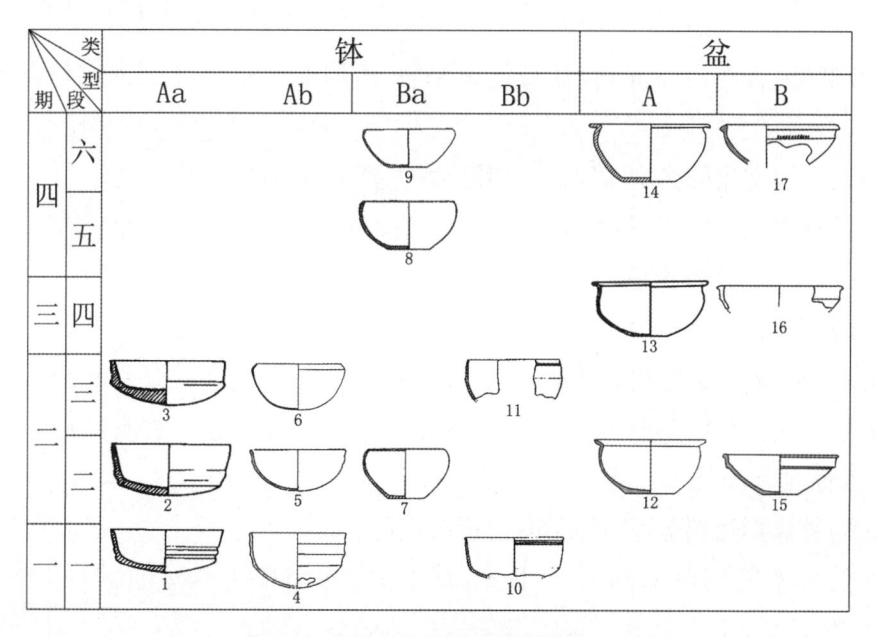

图 28 大溪文化典型陶器分期图(D)

1. T14⑮:6   2. T5④:9   3. F5:12   4. T12②:7   5. T9⑤:1   6. T1③:2   7. H281:1
8. T5⑥:122   9. T0403⑩:134   10. F12:1   11. T13⑥A:2   12. T2④:38   13. T42④:7
14. T8⑤:50   15. T64④CH110:96   16. T1⑦:219   17. T4⑤:105

(1、2、3 出自朱家台,4 出自丁家岗,5、6 出自王家岗,7、8、9、14、16、17 出自中堡岛,10、11 出自划城岗,12、13、15 出自关庙山)

鼎:数量较少,依据腹部和鼎足的形态可分二型。

A 型:钵形鼎,敛口,尖圆唇,折腹,圜底,倒梯形足,足上饰圆形戳印纹,可分二式。

Ⅰ式:标本关庙山 T70⑤G5∶19;Ⅱ式:标本中堡岛 H192∶19(图 29,1—2)。

演变趋势:足由内弧到外弧。

B 型:釜形鼎,敛口,尖唇,斜折沿,鼓腹,圜底,倒锥形足,可分三式。

Ⅰ式:标本关庙山 T67⑦∶80;Ⅱ式:标本毛家山 H2∶26;Ⅲ式:标本中堡岛 T2⑤∶119(图 29,3—5)。

演变趋势:斜折沿由长变短,最大腹径逐渐下移。

器座:数量较多,大溪文化的典型器物之一,依据腹部形态可分外弧和内弧二型。

A 型:腹部呈外弧形,整体形态为鼓形,可分五式。

Ⅰ式:标本汤家岗 T13②∶5;Ⅱ式:标本朱家台 T17⑦∶9;Ⅲ式:标本中堡岛 T2⑦∶141;Ⅳ式:标本王家岗 T6②∶31;Ⅴ式:标本朱家台 H38∶2(图 29,6—10)。

演变趋势:器身逐渐变矮,腹由微弧到略鼓。

B 型:腹部呈内弧形,可分二式。

Ⅰ式:标本中堡岛 T0901⑪∶225;Ⅱ式:标本中堡岛 T4⑤∶410(图 29,11—12)。

演变趋势:腹部内弧渐弱,器身逐渐变矮,由器底大于器口到器底与器口大体相当。

支座:大溪文化的典型器物之一,其形态主要是猪嘴形,可分六式。

Ⅰ式:标本伍相庙 T5⑥∶1;Ⅱ式:标本关庙山 T59⑤A∶114;Ⅲ式:标本中堡岛 H287∶84;Ⅳ式:标本中堡岛 T0105⑪∶154;Ⅴ式:标本中堡岛 T4⑥∶424;Ⅵ式:标本中堡岛 T0305⑩∶110(图 29,13—18)。

演变趋势:底面由中空到实心,其形态由复杂到简单,纹饰从有到无。

器盖:大溪文化的典型器物之一,数量较多,分布范围较广,质地多泥质陶,依据盖钮和盖身的形态,可分三型。

A 型:算珠形钮器盖,算珠形钮,内折沿,可分三式。

Ⅰ式:标本阴湘城 H62∶6;Ⅱ式:标本关庙山 H141∶2;Ⅲ式:标本关庙山 T11③∶7(图 29,19—21)。

演变趋势:算珠形钮渐趋明显,器壁由内弧向外弧发展。

B 型:杯形钮器盖,杯形钮,弧壁,可分四式。

Ⅰ式:标本清水滩 H3∶4;Ⅱ式:标本关庙山 T9③∶4;Ⅲ式:标本清水滩 T1⑥∶47;Ⅳ式:标本中堡岛 T0404⑩∶835(图 29,22—25)。

演变趋势：杯形钮逐渐变矮,盖身亦变矮。

C型：盘状钮器盖,可分五式。

Ⅰ式：标本关庙山 T11⑤：68；Ⅱ式：标本朱家台 H75：1；Ⅲ式：标本王家岗 H3：13；Ⅳ式：标本毛家山 H2：7；Ⅴ式：标本中堡岛 T1002⑩：57(图29,26—30)。

演变趋势：盘状钮渐趋增高,盖身由折腹到喇叭形。

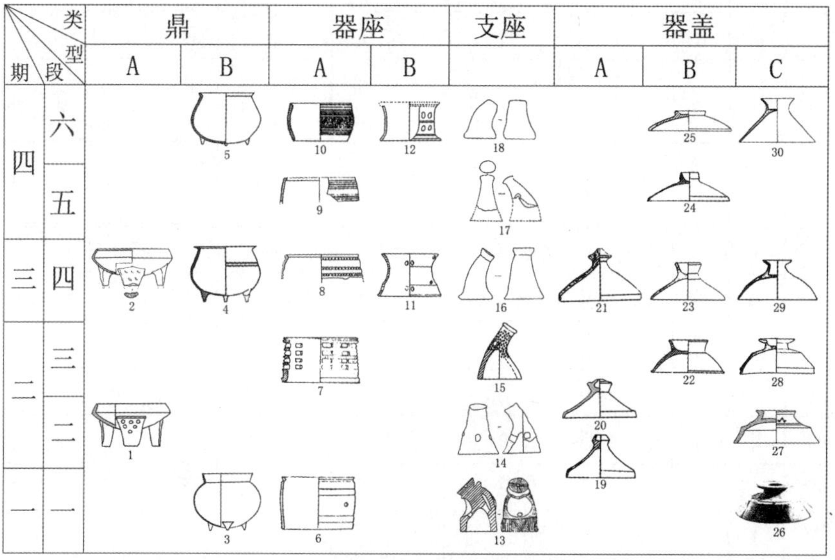

图29　大溪文化典型陶器分期图(E)

1. T70⑤G5：19　2. H192：19　3. T67⑦：80　4. H2：26　5. T2⑤：119　6. T13②：5　7. T17⑦：9
8. T2⑦：141　9. T6②：31　10. H38：2　11. T0901⑪：225　12. T4⑤：410　13. T5⑥：1
14. T59⑤A：114　15. H287：84　16. T0105⑪：154　17. T4⑥：424　18. T0305⑩：110
19. H62：6　20. H141：2　21. T11③：7　22. H3：4　23. T9③：4　24. T1⑥：47
25. T0404⑩：835　26. T11⑤：68　27. H75：1　28. H3：13　29. H2：7　30. T1002⑩：57
(1、3、14、20、21、23、26 出自关庙山,2、5、8、11、12、15、16、17、18、25、30 出自中堡岛,
　4、29 出自毛家山,6 出自汤家岗,13 出自伍相庙,9、28 出自王家岗,19 出自阴湘城,
　22、24 出自清水滩,7、10、27 出自朱家台)

以上器物的演变序列主要是在对典型器物分类排序的基础上,通过重要遗址的分段检验得出来的,其中以釜、罐、圈足盘、圈足碗、钵、豆、簋、曲腹杯、器盖、支座和器座构成它们的基本陶器组合,反映了大溪文化发展过程中的阶段性变化。筒形瓶作为大溪文化的典型器物,开始出现于第四段,其后它的形态未发生明显变化,但其开始出现的相对年代亦可作为判断遗址早晚关系的一个标准。

为了更清楚地表现大溪文化发展的阶段性,我们将上述典型器物的分类排序结果纳入根据重要遗址分析所得出的六个年代段中,并制成表8。

表8 大溪文化各期段典型器物型式划分表

期	段	类型	釜 A	釜 B	罐 Aa	罐 Ab	罐 Ba	罐 Bb	罐 C	圈足盘 A	圈足盘 B	圈足盘 Ca	圈足盘 Cb	簋	曲腹杯	盆 A	盆 B
四	六			IV	II	III	IV				III		VI	III		III	III
四	五						III				II		V				
三	四			III		II						III	IV		III	II	II
二	三		III	II		I						III	II		II		
二	二		II			II		II		III II	I		II I	I	I	I	I
一	一		I	I	I	I		I		II I	I		I				

期	段	类型	鼎 A	鼎 B	圈足碗 A	圈足碗 B	圈足碗 Ca	圈足碗 Cb	圈足碗 D	钵 Aa	钵 Ab	钵 Ba	钵 Bb	筒形瓶	豆 A	豆 Ba	豆 Bb
四	六			III					IV		III			✓			IV
四	五										II			✓			III
三	四		II	II		III		III					II	✓			II
二	三			IV		III		II	III	III		II			III		
二	二		I	III		II	III	II	II	II		I			II	II	I
一	一			II I	I	I	II I			I		I			I	I	

期	段	类型	尊 一	器座 A	器座 B	支座 A	支座 B	器盖 A	器盖 B	器盖 C
四	六			V	II	VI		IV	V	
四	五			IV		V		III		
三	四		✓	III	I	IV	III	II	IV	
二	三		✓	II		III		I	III	
二	二		✓			II	II I		II	
一	一					I			I	

注：为了较全面地表现各段陶器群的整体面貌，有些未分型式的器物亦列入了表中，用"✓"表示，下同。

（五）文化的分期与年代

前文已将重要遗址依据它们本身的层位关系，结合陶器型式和组合关系的变化进行了分段分析,并在此基础上依据陶器的相似程度,采用桥联法和横联法对其他遗址进行了段别之间的比较分析,最后对整个大溪文化的典型陶器进行了型式的划分。在此基础上,可对整个大溪文化进行分期研究,且在分期的基础上,对其年代进行初步的探讨。

1. 分期与各期文化特征

依据重要遗址的分段,结合其他遗址与重要遗址段别之间的比较分析,在典型器物演变序列的基础上,可从整体上来考察诸遗址在不同时间段所呈现出来的阶段性变化。因此,在上述遗址段别之间所体现出来的陶器型式变化和组合关系亲疏程度的基础上,可将大溪文化分为四期六段。现将诸遗址各段别的期属对应关系,制成表9。

表9 大溪文化分期表

注:实线表示在相应阶段该遗址所存在的遗存;虚线表示在相应阶段该遗址可能存在的遗存;符号表示该遗址的具体段别。

第一期:包括关庙山一段、大溪一段、阴湘城一段、毛家山一段、荆南寺一段、杨家湾一段、伍相庙一段、杨木岗一段、龚家大沟第⑤层、朱家台一段、划城岗一段、汤家岗一段、丁家岗一段。陶质在不同的遗址内表现不一样,但从整体上可认为以夹砂夹炭粗泥陶为主,泥质陶次之,有少量白陶;陶色以红陶为主,少量外红内黑陶;素面为主,纹饰中的戳印纹较有特色;器类以圜底和圈足器为主,少量三足器,共存釜、罐、盘、碗、钵和器盖等。

第二期：可细分为早晚两段，早段包括关庙山二段、大溪二段、阴湘城二段、毛家山二段、荆南寺二段、柳关一段、中堡岛一段、杨家湾二段、朱家台二段、划城岗二段、王家岗一段、丁家岗二段、三元宫一段；晚段包括中堡岛二段、清水滩一段、朱家台三段及四段、划城岗三段、王家岗二段、车轱山一段。陶质仍以夹砂陶为主，夹炭陶的比重下降；陶色以红陶为主，外红内黑陶和彩陶增多，有少量白陶；素面为主，戳印纹开始流行，器类仍多圜底和圈足器，少量三足器；新出现曲腹杯、簋、尊、盆、Bb型豆、B型和Cb型圈足盘等器型，圈足盘和圈足碗开始流行，釜、罐、钵、器盖等其他器类持续发展。

第三期：包括关庙山三段、大溪三段、阴湘城三段、白狮湾一段、毛家山三段、桂花树、中堡岛三段、清水滩二段、杨家湾三段。以泥质红陶最多，夹砂红褐陶次之，夹炭陶和白陶罕见；器表仍以素面为主，戳印纹盛行，彩陶以黑彩为主；器类依然是多圜底和圈足器，平底和三足器少见，新出现筒形瓶，曲腹杯的数量有所增加，白陶圈足盘、白陶豆、双折壁圈足碗、A型釜、B型罐和圜底钵消失，筒形瓶的出现是本期的典型特征。

第四期：可细分为早晚两段，早段包括中堡岛四段、清水滩三段；晚段包括关庙山四段、大溪四段、白狮湾二段、中堡岛五段、清水滩四段、杨家湾四段、朱家台五段、划城岗四段、王家岗三段、车轱山二段。陶质仍以泥质陶为主，陶色以红陶为主，灰黑陶的比例上升；素面为主，戳印纹和彩陶减少；圈足盘、圈足碗和器盖的数量明显减少，新出现了高鼎足的鼎和带銎罐等器型。

2. 相对年代与绝对年代

对大溪文化相对年代的讨论，必然会涉及柳林溪类遗存[1]、汤家岗文化和屈家岭文化早期的年代，它们与大溪文化的关系也是学界争论较多的大溪文化源流问

---

[1] 对以孙家河第③、④层，朝天嘴A区，柳林溪遗址为代表的这一类遗存，不同的学者对它们有不同的观点。罗运兵在《试论柳林溪文化》一文中，认为以朝天嘴遗址和柳林溪遗址为代表的这类遗存可命名为柳林溪文化。尹检顺在《湘鄂两省早期新石器文化研究中的几个问题》一文中，认为峡江地区的遗存可分为三类：A类包括城背溪早期（T6③大部分）和枝城北H1；B类包括城背溪晚期（T6③少部分、87H1）、窝棚墩早期和路家河；C类包括孙家河第③、④层，朝天嘴A区和柳林溪，它们的相对年代早晚关系依次为A类、B类、C类。我们认为此类遗存是否可命名为柳林溪文化，还需系统的研究，而以峡江地区C类遗存来称呼此类遗存，不能给人以直观感觉，因为此类遗存以柳林溪遗址所包含的文化内涵最全面和丰富，且发表了详细的发掘报告，因此，建议将此类遗存暂时称为"柳林溪类遗存"。本文所说的柳林溪类遗存不包括罗运兵《试论柳林溪文化》一文中的杨家湾、龚家大沟和伍相庙遗址，从文化面貌上，它们与大溪文化更接近，所以把它们归入大溪文化范畴。

题。随着《宜都城背溪》《秭归柳林溪》和《朝天嘴与中堡岛》等考古报告的出版和研究的深入,在对城背溪文化有了新认识的基础上,从原有的城背溪文化中分离出了朝天嘴A区、柳林溪和孙家河等遗址,它们的相对年代介于城背溪文化晚期和大溪文化早期之间,此类遗存是峡江地区早于且相对年代最接近大溪文化的考古学文化遗存。因此,可对它们的具体分界点进行简单的探讨,以确定大溪文化的年代上限。《秭归柳林溪》将其新石器时代遗存分为三期五段,从"表三三 新石器时代相关遗址年代对应表"(第261页)中可看出柳林溪遗址第五段与关庙山遗址第一段年代相当;在"分期与年代"一节中也有如下记述:"本遗存中的第5段器物形态与关庙山一期遗存……年代大体相当,这些层位关系证明它早于大溪文化。"我们现在即是要对柳林溪遗址第五段的文化面貌进行分析,以确定它与关庙山遗址第一段的年代关系。第五段包括部分探方第⑤层A类,从所出器物看,以圈足碗为主,整体器形较宽扁,圈足多内弧。从"新石器时代典型陶器分期演变图"知,第5段只发表了BcⅢ式和CⅢ式圈足碗,BcⅢ式圈足碗T0814⑤:20尖唇、内敛口、弧腹、圈足内弧、上有镂孔,关庙山遗址第一段的圈足碗T61⑦H144:2直口、外侧浅槽、微鼓腹、圈足外弧、上有镂孔,它们的形态差别较明显;而CⅢ式圈足碗与CⅡ式圈足碗T1316⑥:27的形态却相近,都是内敛口、弧腹,CⅢ式圈足碗T1317⑤:16与关庙山遗址第一段双折壁圈足碗T64⑦:68的形态差别更大;且柳林溪遗址第五段不见关庙山遗址第一段的釜、三足盘、器盖和器座等器型。因此,柳林溪遗址第五段相比较于关庙山遗址第一段,它与该遗址第四段的关系更紧密,推测其相对年代应该比关庙山遗址第一段稍早。

汤家岗文化早于大溪文化在层位上和器型上都可以找到依据,这将在文化渊源的探索时分析,此处不赘述。

综上,可认为大溪文化的相对年代上限是汤家岗文化和柳林溪类遗存,包括柳林溪遗址第五段。

对大溪文化相对年代下限的探讨,必然会涉及屈家岭文化早期的相对年代。一直以来大溪文化与屈家岭文化的关系是学界争论较多的问题,对它们关系的研究文章不胜枚举,其中主要有如下几种观点:(1)来源说,主张屈家岭文化来源于大溪文化[1];(2)影响说,主张屈家岭文化与大溪文化有一段时间并行发展,相互影响,大

---

[1] 李文杰:《试论大溪文化与屈家岭文化、仰韶文化的关系》,《考古》1979年第2期;何介钧:《长江中游原始文化初论》,《湖南考古辑刊(第一集)》,岳麓书社,1982年;向绪成:《浅议大溪文化与屈家岭文化的关系——与张之恒同志商榷》,《江汉考古》1983年第1期。

溪文化在屈家岭文化的扩张下消失，屈家岭文化另有来源，应该到江汉平原去寻找[1]。随着油子岭遗址的发现和油子岭下层文化的提出，目前影响说逐渐被学界认同，事实上屈家岭文化确实来源于油子岭下层文化，它与大溪文化有一段并行发展时期，大溪文化在屈家岭文化的扩张和影响下消失。因此，这就要求对屈家岭文化早期的年代进行简单的探讨。屈家岭遗址第三次发掘[2]为我们探讨它们的关系提供了线索，报告认为屈家岭遗址第三期遗存即相当于屈家岭文化早期，在年代关系上，从曲腹杯的形态和关庙山遗址第三期曲腹杯的形态相似而推论它们年代大体相当。目前可以确定的属于屈家岭文化早期的遗存主要还有洪山放鹰台早段、黄冈螺蛳山遗址墓葬[3]和钟祥六合早期墓葬[4]等，它们的相对年代大体相当于关庙山遗址第三、四段或稍晚，关庙山遗址第四段B组的细颈壶T53③F10∶2和划城岗遗址第四段B组的细颈壶M139∶7都是受到此类遗存影响而出现的新器型。有学者将此类遗存命名为屈家岭下层文化[5]，把它们剔除于屈家岭文化之外。我们不管"屈家岭文化早期"或"屈家岭下层文化"哪一种认识更具科学性，实际上它们所代表的是同一类遗存，对它们文化性质的认定还有待进一步研究，但在大溪文化年代下限问题上，可认为其年代下限当不晚于以洪山放鹰台早段为代表的此类遗存的最晚阶段。

对大溪文化绝对年代的讨论，可借助碳十四测年数据，见下表（表10）。

由表10知，碳十四测年数据与依据层位关系和陶器组合、形态对遗址所作的分期相矛盾之处不少，最典型的可用ZK-2766和ZK-2760为例加以说明，层位上ZK-2766早于ZK-2760，但碳十四测年数据却显示前者晚于后者。因此，对大溪文化绝对年代的推论还是应建立在文化分期基础上，碳十四测年数据只能作为参考。排除明显有误的碳十四测年数据，可初步推测大溪文化第一至四期的绝对年代在4140BC—3165BC之间。具体各期的绝对年代可判定为：一期大致为4140BC—3935BC，二期大致为3934BC—3595BC，三期大致为3594BC—3420BC，四期大致为3419BC—3165BC。由此可见，大溪文化从产生、发展到消亡大致经历了1000年左右的时间。

---

[1] 王劲：《江汉地区新石器时代文化综述》，《江汉考古》1980年第1期；张之恒：《试论大溪文化》，《江汉考古》1982年第1期；王杰：《屈家岭文化与大溪文化关系中的问题探讨》，《江汉考古》1985年第3期；孟华平：《论大溪文化》，《考古学报》1992年第4期；沈强华：《鄂西地区大溪文化的去向和屈家岭文化的来源》，《江汉考古》1994年第4期。

[2] 屈家岭考古发掘队：《屈家岭遗址第三次发掘》，《考古学报》1992年第1期。

[3] 湖北省黄冈地区博物馆：《湖北黄冈螺蛳山遗址墓葬》，《考古学报》1987年第3期。

[4] 荆州地区博物馆、钟祥县博物馆：《钟祥六合遗址》，《江汉考古》1987年第2期。

[5] 陈文：《屈家岭文化的界定与分期》，《考古》2001年第4期。

表 10　大溪文化碳十四测年数据一览表[1]

实验室标本号	标本出土单位	材料	分期	测定年代（半衰期5730年） BP	测定年代（半衰期5730年） BC	校正年代 BC
ZK-683	关庙山 T1④	木炭	一	7555±130	5605±130	
ZK-992	关庙山 T69⑥			5200±250	3250±250	3880±260
ZK-994	关庙山 T58⑦F34			5130±110	3180±110	3800±135
ZK-831	关庙山 T36⑦H13			5025±80	3075±80	3685±110
ZK-684	关庙山 T6④			4745±90	2795±90	3365±130
TK-40	关庙山 T51⑥	陶碗		6121±508	4171±508	
TK-38	关庙山 T51⑥	陶盆		5984±515	4034±515	
TK-20	关庙山 T23④	陶片		6430±510	4480±510	
ZK-892	关庙山 T51⑤BF21	木炭	二	5300±250	3350±250	3990±260
ZK-2761	中堡岛 T5503⑭B			4446±109	2496±109	3075—2785
ZK-2760	中堡岛 T5402⑬			3352±102	1402±102	1671—1416
ZK-2766	中堡岛 T5402⑭B	鱼骨		2676±341	726±341	1125—368
ZK-685	关庙山 T9③	木炭	三	5035±70	3085±70	3695±100
ZK-891	关庙山 T51④BF22			4910±110	2960±110	3555±135
TK-64	关庙山 T51④BF22	陶片		5113±439	3163±439	
TK-21	关庙山 T23③			5128±457	3178±457	
ZK-832	关庙山 T51③	木炭	四	4760±110	2810±110	3380±145
ZK-991	关庙山 T76③BF30			4680±80	2730±80	3285±120

注：ZK 开头的表示碳十四测定，TK 开头的表示热释光测定，校正年代指树轮校正年代。

三、分 布 与 类 型

根据目前发表的资料，峡江地区属于大溪文化的遗址主要有巫山大溪、秭归龚家大沟、宜昌中堡岛、清水滩、伍相庙、杨家湾、白狮湾、当阳杨木岗、枝江关庙山、松滋桂

---

[1] 关庙山遗址的年代数据见：中国社会科学院考古研究所：《中国考古学中碳十四年代数据集（1965—1991）》，文物出版社，1992年；中国社会科学院考古研究所实验室：《用热释光测出的关庙山遗址陶片的年龄》，《考古》1982年第4期。中堡岛遗址的年代数据见：中国社会科学院考古研究所实验室：《放射性碳素测定年代报告（二二）》，《考古》1995年第7期。

花树、荆州阴湘城、江陵朱家台、毛家山和荆南寺等;环洞庭湖地区主要有公安王家岗、澧县东田丁家岗、澧县梦溪三元宫、安乡划城岗、汤家岗、华容车轱山和监利柳关等;在钟祥六合、京山油子岭和洪山放鹰台亦有少量大溪文化因素存在。因此,可认为大溪文化主要分布于峡江地区和环洞庭湖地区,其影响可达汉水流域。

(一) 文化面貌及相互关系

在分期的基础上,我们以时间的平行或发展阶段的同步为准则,对上述遗址的陶器加以讨论,以便揭示它们的文化面貌及相互关系。

划城岗一段的 AⅠ式圈足盘[1]和 AⅠ式豆都是泥质白陶,AaⅠ式罐和 BbⅠ式罐则为彩绘陶,它们皆不见于峡江地区;汤家岗一段和丁家岗一段不见白陶豆,但它们所处的位置与划城岗接近,且在它们的遗址下层属于汤家岗文化范畴的遗迹单位内有白陶圈足盘,可认为它们有共同的来源。

朱家台一段的假圈足碗和 AaⅠ式圜底钵是其他遗址所没有的特殊器型,并在二、三段沿用,有自身的发展序列。

关庙山一段、阴湘城一段、毛家山一段、杨木岗一段都有器座;荆南寺一段的圈足碗可在关庙山一段中找到相似器型,且共存三足盘;伍相庙一段的支座不见于关庙山一段,但它们共存圜底碟;大溪一段出有支座,其纹饰与伍相庙的支座纹饰相同;杨家湾一段未见支座与器座,侈口碗亦未见有可类比器型,暂不归类。

综上,可将第一期遗存分为三组:甲组以划城岗一段为代表,乙组以朱家台一段为代表,丙组以关庙山一段为代表。

A型圈足盘、A型豆、AⅡ式釜、Bb型罐继续只出现于划城岗二段,支座较规整,不见峡江地区的猪嘴形支座,王家岗一段、丁家岗二段的文化面貌与划城岗二段接近;朱家台二段继续流行假圈足碗和圜底钵,开始出现支座、器座和圈足碗等器型;关庙山二段和中堡岛一段中的圈足盘都较多,但前者圈足多内弧,后者圈足多外弧,中堡岛一段的斜壁圈足碗多不见于关庙山二段;阴湘城二段多圈足碗和器盖,其子母口圈足碗和盆见于关庙山二段,却不见于中堡岛一段;毛家山二段、荆南寺二段和柳关二段的圈足盘见于关庙山二段,但柳关二段的铃形器盖却与划城岗二段的器盖相似;大溪二段的圈足碗是子母口,与关庙山二段的圈足碗相似;杨家湾多支座的特点与中堡岛同。

因此,可将第二期早段遗存分为四组:甲组以划城岗二段为代表,乙组以朱家台

---

[1] 此处所说的器物型式,皆是重新对器物的分型分式,与原报告所分的型式不对应,下同。

二段为代表,丙组以关庙山二段为代表,丁组以中堡岛一段为代表。甲、乙、丙组分别主要来源于第一期的甲、乙、丙组。

中堡岛二段以釜、罐、圈足碗、圈足盘、器盖和盆为基本陶器组合的特点与一段同,但器物的具体形态却有变化;清水滩一段的斜壁圈足碗和杯只见于中堡岛二段;划城岗三段的主要器型仍与二段同,器物组合基本没有变化,釜、钵和圈足碗与二段的同类型器有演变关系;王家岗二段和车轱山一段的陶器形态与划城岗三段相似;朱家台三、四段的共同点是共存圜底碟、圜底钵和三足盘,圈足碗的数量增多,与假圈足碗和釜共同构成它们的基本陶器组合。

由此,可将第二期晚段遗存分为三组:甲组以划城岗三段为代表,乙组以朱家台三、四段为代表,丙组以中堡岛二段为代表。它们分别主要来源于第二期早段的甲、乙、丁组。

关庙山三段和中堡岛三段共存的器型主要有釜、罐、圈足碗、圈足盘、筒形瓶、曲腹杯、豆和盆等,但在以上共存的器型中除筒形瓶和少数圈足盘之外,其他的器物形态都有较大差别;清水滩二段和杨家湾三段继续与中堡岛三段的文化面貌相似,毛家山三段的彩陶碗、阴湘城三段的筒形瓶和碗形豆、白狮湾一段的曲腹杯和圈足小罐都与关庙山三段的同类型器形态相似,而它们却与中堡岛三段同类型器的形态有较大差别或不见于中堡岛三段,中堡岛三段的圈足碗、圈足盘和尊也基本不见于上述遗址;大溪三段M106的曲腹杯、圜底小罐和筒形瓶与中堡岛三段相似,圈足小罐与关庙山三段相似,推测大溪三段同时受到了关庙山三段和中堡岛三段的影响。

因此,可将第三期遗存分为二组:甲组以关庙山三段为代表,乙组以中堡岛三段为代表。它们分别主要来源于第二期早段的丙组和晚段的丙组。

中堡岛四段的罐、盆、豆、器盖和筒形瓶主要来源于中堡岛三段,圈足碗较三段的数量大量减少,圈足盘的圈足以内弧为主;清水滩三段与中堡岛四段文化面貌相似。由此,可将以中堡岛四段为代表的这类遗存归为第四期早段甲组,它们主要来源于第三期乙组。

中堡岛五段新出现了彩陶盆和圈足杯,釜的数量减少,圈足盘的圈足仍然延续四期早段的特点,以内弧为主;罐、曲腹杯、筒形瓶、圈足盘、圈足碗、钵、器盖和支座仍然是它们的基本陶器组合,只是器物的具体形态有异。清水滩四段和杨家湾四段的器物与中堡岛五段大体相似,但清水滩四段的壶形器与关庙山四段B组细颈壶相似;关庙山四段的小口高领罐、碗形豆和圈足碗来源于关庙山三段,新出现了细颈壶和瓶形器;推测在清水滩四段和关庙山四段时,它们同时受到了外来文化因素的影响。白狮湾二段的文化面貌与关庙山四段同,大溪四段 M101 的器座受到中堡岛四段的影响,而彩陶罐却与关庙山四段相似,推测它还是延续第三期特点,同时受到上述两个遗址的影响。划城岗四段的曲腹杯可能来源于关庙山三段,AaⅡ式罐与一段的 AaⅠ式罐有演变关系,新出现高鼎足的鼎、壶形器和彩陶瓶,推测划城岗遗址在第四段时亦受到了外来文化因素的影响。王家岗三段的器座与关庙山四段的器座相似;车轱山二段的彩陶罐与划城岗四段的彩陶罐相似。朱家台五段的 B 型圈足盘来源于阴湘城二段的圈足盘,且不见前面几段的假圈足碗和圜底钵,文化面貌与前几段有一些差别,应主要是受到了其他遗址的影响,而使自身的文化面貌发生了较大的变化,但这种变化还构不成文化性质的改变,因此,它仍然属于大溪文化范畴。

大溪文化第四期,是文化的融合和变异时期,各遗址之间的相互影响和交流加强了,各地陶器的共性增加,且受到了外来文化因素的影响,如带銎罐、壶形器、彩陶瓶和高鼎足的鼎的出现。但依据它们所表现出来的文化特征仍可分组:甲组以关庙山四段为代表,可分两小组,甲 A 组以 H93 为代表,主要来源于关庙山三段;甲 B 组以 F10 为代表,系受外来文化因素影响。乙组以中堡岛五段为代表,主要来源于四段。丙组以划城岗四段为代表,亦可分两小组,丙 A 组以第③层为代表,系划城岗遗址自身文化因素;丙 B 组以 M139 为代表,曲腹杯受到关庙山三段曲腹杯的影响,壶形器和彩陶瓶则系外来文化因素。朱家台五段则主要来源于其他遗址的综合影响,自身所独有的特征不明显。

综上,可将大溪文化分为四个地域类型,分别为关庙山类型、中堡岛类型、朱家台类型和划城岗类型。它们各自的发展关系可以表述如下。

关庙山类型:一期丙组→二期早段丙组→三期甲组→四期晚段甲 A 组。

中堡岛类型:二期早段丁组→二期晚段丙组→三期乙组→四期早段甲组→四期晚段乙组。

朱家台类型:一期乙组→二期早段乙组→二期晚段乙组。

划城岗类型:一期甲组→二期早段甲组→二期晚段甲组→四期晚段丙 A 组。

(二) 地域类型

目前对大溪文化地域类型的划分,主要有以下几种观点:(1)任式楠先生的两个类型说[1],主要包括大溪类型和三元宫类型;(2)李文杰先生的两个类型说[2],主要

---

[1] 任式楠:《略论大溪文化》,《中国考古学研究——夏鼐先生考古五十年纪念论文集》,文物出版社,1986年。

[2] 李文杰:《大溪文化的类型和分期》,《考古学报》1986年第 2 期。

包括关庙山类型和汤家岗类型;(3)张绪球先生的四个类型说[1],主要包括关庙山类型、汤家岗类型、边畈类型和油子岭类型;(4)孟华平先生的两个类型说[2],主要包括关庙山类型和中堡岛类型。

以上几种观点是随着材料的丰富和研究的深入而逐渐产生的。到目前为止,边畈类型和油子岭类型已被命名为油子岭下层文化,是屈家岭文化的主要来源,汤家岗类型已被命名为汤家岗文化,它们都被排除在大溪文化的范畴之外。而孟华平先生在《长江中游史前文化结构》一书中所说的油子岭文化划城岗类型,其文化内涵与大溪文化划城岗类型不同,油子岭文化划城岗类型的器物组合为长颈壶、小口彩陶瓶、鼎、曲腹杯和簋等,其时代应比大溪文化划城岗类型晚。随着划城岗遗址第二次发掘资料的刊布,在划城岗遗址第一次发掘所分的早一期文化和早二期文化之间找到了补充材料,即划城岗遗址第二次发掘的乙类遗存,其陶器组合以釜、罐、圈足盘、圈足碗、豆、器盖和支座等为主,与峡江地区大溪文化的文化内涵相似。因此,本文所分的大溪文化划城岗类型的相对年代介于汤家岗文化和油子岭文化划城岗类型之间。至于孟华平先生所分的关庙山类型和中堡岛类型,随着《朝天嘴与中堡岛》的出版,中堡岛遗址第二次发掘资料的全面刊布,我们所能认识到的关庙山遗址和中堡岛遗址之间文化面貌的差别愈加明显,可作为这一区域的两个地域类型。江陵朱家台遗址,一直以来,学界对它的关注都嫌不够,我们在仔细比较了它与大溪文化其他遗址的陶器特点后,发现它的基本陶器组合不超出大溪文化范畴,但它所独有的假圈足碗和 Aa 型圜底钵却构成了它的地域特色,亦可作为大溪文化的一个地域类型而存在。

因此,在现有资料的基础上,可将大溪文化分为以下四个地域类型:关庙山类型、中堡岛类型、朱家台类型和划城岗类型。现对它们各自的地域特点加以概括。

1. 关庙山类型

以关庙山遗址为代表,关庙山类型主要分布于江汉平原西部,晚期可影响至巫峡一带。经过发掘的遗址主要有枝江关庙山、荆州阴湘城、江陵荆南寺、江陵毛家山、松滋桂花树、监利柳关、宜昌白狮湾和巫山大溪等。

关庙山类型主要以粗泥红陶为主,夹炭陶和戳印纹的普遍存在是该类型的突出特点,并有少量外红内黑陶。基本陶器组合主要是釜、罐、豆、圈足碗、圈足盘、曲腹杯、筒形瓶、器盖和器座等,关庙山类型的双折壁圈足碗、鼓形大器座、双折壁器盖、钟

---

[1] 张绪球:《汉江东部地区新石器时代文化初论》,《考古与文物》1987 年第 4 期。
[2] 孟华平:《论大溪文化》,《考古学报》1992 年第 4 期。

形圈足豆和三足盘不见或少见于其他类型,仅三足盘在朱家台遗址第三段有出现,应是受到了阴湘城遗址的影响,圈足盘的圈足多镂孔的作风也很少见于其他类型。器座在该类型中占有重要的地位,分布广,型式多样,并且贯穿于该类型发展过程的始终,相反支座却较少[1]。以关庙山遗址为例加以说明,遗址的第一至四段共有4件器座,并且形态各异;支座仅有1件,且仅出现于遗址的第二段,从其形态来看与中堡岛遗址第一段的支座相似,推测存在文化因素交流的可能。

该类型的典型陶器见图30。

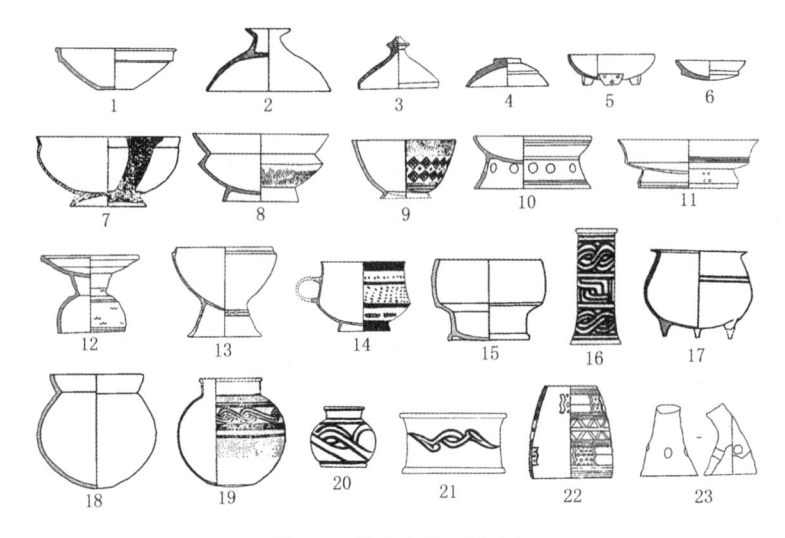

图30 关庙山类型陶器

1. 盆(T64④CH110∶96) 2、3、4. 器盖(H2∶7、T11③∶7、T61⑦H144∶4) 5. 三足盘(T13⑤B∶1) 6. 圜底碟(T68⑦F35∶103) 7、8、9. 圈足碗(T18⑤C∶230、T64⑦∶68、T52④BF22∶38) 10、11. 圈足盘(T68⑤∶93、T5④∶35) 12、13. 豆(T72⑤AH153∶2、T4③∶3) 14. 单耳杯(T10④∶38) 15. 曲腹杯(T63④B∶25) 16. 筒形瓶(0386) 17. 鼎(H2∶26) 18. 釜(T63⑤BH165∶1) 19. 高领罐(T73③B∶87) 20. 圈足小罐(0424) 21、22. 器座(0328、T54⑦H57∶3) 23. 支座(T59⑤A∶114)
(1、3、4、6、8、9、10、11、12、13、14、15、18、19、22、23出自关庙山,2、17出自毛家山,5、7出自荆南寺,16、20、21出自桂花树)

2. 中堡岛类型

以中堡岛遗址为代表,中堡岛类型主要分布于宜昌地区,经过发掘的遗址主要有宜昌中堡岛、清水滩、伍相庙、杨家湾、当阳杨木岗和秭归龚家大沟等。

---

[1] 孟华平在《论大溪文化》一文中以支座与器座为标准将大溪文化分为两个地域类型,关庙山类型以器座为主,中堡岛类型以支座为主。就当时的资料来说,这种分析有一定的合理性,可作为本文划分这两个类型的标准之一;但实际上关庙山类型和中堡岛类型的区别远不止支座和器座就能概括,其他的如圈足碗和圈足盘的形态,以及器型上的差别都可以说明它们的区别较明显。

·大溪文化研究·

中堡岛类型在陶质上第一、二段以夹砂粗陶为主,泥质陶次之,少量夹炭陶;第三至五段以泥质陶为主,夹砂陶次之。陶色以红陶为主,且在器表普遍施红陶衣,条纹间横人字纹较多,这与关庙山类型有别。基本陶器组合主要是釜、罐、圈足盘、圈足碗、钵、盆、曲腹杯、筒形瓶、豆、器盖、器座和支座等。釜的形态与关庙山类型和朱家台类型的釜相似,都是弧腹或微鼓腹居多,不构成区别;但中堡岛类型的罐、圈足盘、圈足碗和支座等器物的形态却与其他地域类型的同类型器有较大区别。罐作为该类型的主要器物之一,其形态多样,且贯穿于该类型发展过程的始终,领上有数道戳印纹的小口高领罐只见于中堡岛类型。圈足盘可分成高圈足盘和矮圈足盘,高圈足盘很少见于其他类型,矮圈足盘的圈足多外弧,这与关庙山类型圈足盘的圈足多内弧有别,且其圈足上基本不见镂孔的存在。圈足碗多斜壁,且在圈足与腹相交处多有折棱,这是中堡岛类型圈足碗独有的特征。支座在该类型中占有重要的地位,数量较多,形态多样,依据其形态可分繁缛和简洁两种,器身上有繁缛的纹饰且多呈柱状的支座极少见于其他类型。另外,该类型还有一些少见或不见于其他类型的陶器,主要包括尊、瓮、圈足杯、折沿彩陶盆和穿孔陶器等。

该类型的典型陶器见图 31。

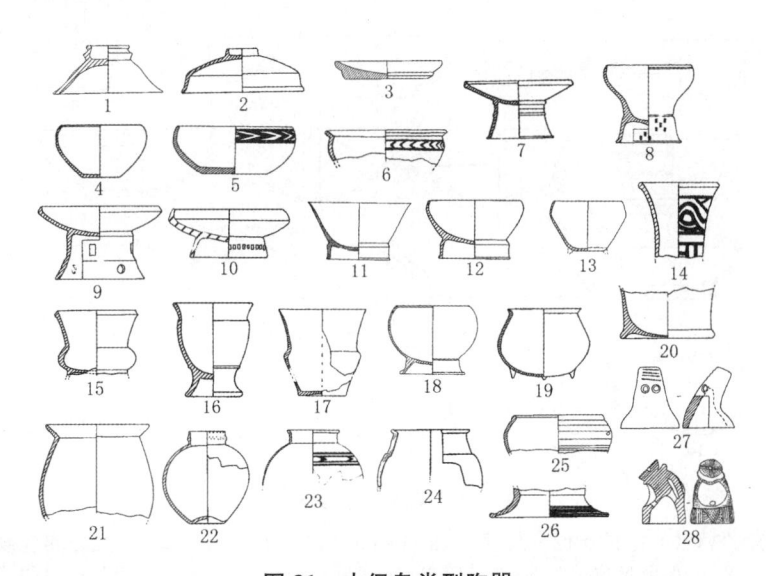

图 31 中堡岛类型陶器

1、2. 器盖(T6⑪∶161、T0603⑬∶559) 3. 碟(T1⑥∶47) 4、5. 钵(H281∶1、T3⑥∶135)
6. 盆(T1002⑩∶339) 7、8. 豆(T6⑥∶174、T0901⑫∶100) 9、10. 圈足盘(H336∶1、T1⑩∶85)
11、12、13. 圈足碗(H27∶2、H300∶27、T0703⑪∶121) 14. 筒形瓶(T0802⑪∶560)
15. 壶(H300∶26) 16. 尊(T0603⑫∶152) 17. 杯(H27∶10) 18. 簋(T0304⑪∶406)
19. 鼎(T2⑤∶119) 20. 曲腹杯(T0404⑬∶825) 21. 釜(H192∶17)
22、23、24. 罐(T14⑦∶37、T4④∶99、T4⑩∶377) 25、26. 器座(T0802⑫∶522、T0802⑬∶529)
27、28. 支座(T0603⑬∶158、T5⑥∶1)
(1、2、4、5、6、7、8、9、10、12、13、14、15、16、18、19、20、21、24、25、26、27 出自中堡岛,
3、28 出自伍相庙,11、17、22、23 出自清水滩)

3. 朱家台类型

以江陵朱家台遗址为代表,朱家台类型主要分布于江陵地区,目前此类型的资料还较欠缺,未发现有属于该类型的其他遗址。

陶质以夹砂陶为主,陶色以红陶为主,黑陶和外红内黑陶次之,器表多施红衣,素面陶较少,绳纹多见为其显著特点。基本陶器组合为釜、圈足盘、圈足碗、假圈足碗、三足盘、钵、器盖、支座和器座等。釜在遗址中的数量最多,其形态与关庙山类型和中堡岛类型的釜相似;从以上器物组合的构成可知,它除具有其他类型的主要陶器之外,还有一些不见于其他地域类型的器物,这些器物主要包括假圈足碗和Aa型钵,在整个遗址中,无论是从数量统计或型式多少,都可认为假圈足碗和Aa型钵在遗址中具有举足轻重的地位,构成了它的地域特色。罐的数量较少,圈足盘的形态单一,不见筒形瓶和曲腹杯,这些特点使它与关庙山类型和中堡岛类型相区别;而它所独有的假圈足碗和Aa型钵使它与其他三个类型相区别。

该类型的典型陶器见图32。

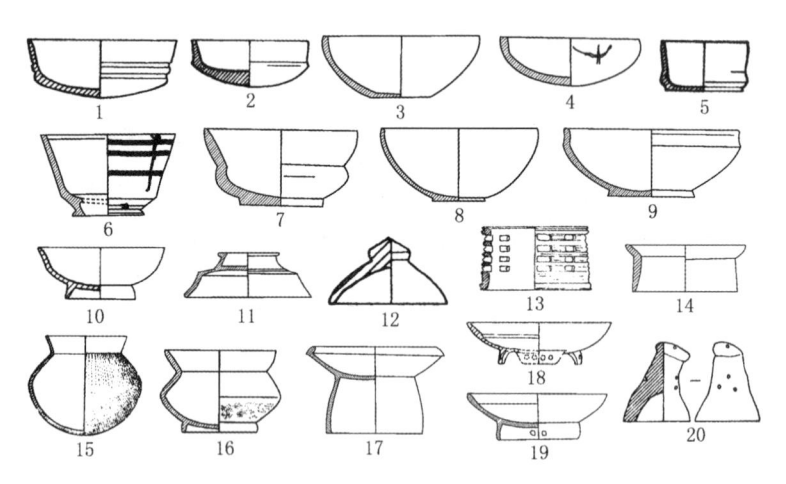

图32 朱家台类型陶器

1、2、3、4. 钵(T14⑮∶6、F5∶12、T14⑤∶15、F5∶15) 5. 杯(T5④∶3) 6、10. 圈足碗(H121∶1、T6⑤∶2) 7、8、9. 假圈足碗(T14⑮∶1、T5⑥∶1、T5⑤∶16) 11、12. 器盖(T5③∶3、T1⑤∶1) 13、14. 器座(T17⑦∶9、T17⑨∶6) 15. 釜(T16⑮∶1) 16. 圈足罐(H89∶1) 17、19. 圈足盘(W2∶10、T3②∶1) 18. 三足盘(T3③∶1) 20. 支座(T5④∶8)

(1—20皆出自朱家台)

4. 划城岗类型

以划城岗遗址为代表,划城岗类型主要分布于环洞庭湖地区,其他经过发掘的遗址还有安乡汤家岗、公安王家岗、澧县东田丁家岗、梦溪三元宫和华容车轱山等。

该类型的突出特点是白陶和彩陶发达,纹饰繁缛,器型上有其他类型所不见或少见的 A 型白陶豆、A 型白陶圈足盘、Aa 型彩陶罐、Bb 型彩陶罐、Ab 型圜底钵和 Bb 型钵,且它们的演变有规律可循。基本陶器组合为白陶豆、白陶圈足盘、A 型釜、Aa 型彩陶罐、B 型罐、Bb 型钵、圈足碗、簋、支座和器盖等。划城岗类型典型器物的釜也与其他类型的釜有较大区别,前者器形偏矮胖,最大腹径偏下,并且沿多为斜折沿;后者的腹部多呈弧形或微鼓形。不见其他类型的猪嘴形支座,相反支座多呈圆柱形,圈足碗与圈足盘不发达,到第四段 B 组时出现了大溪文化的典型器物曲腹杯,这可能是受到了关庙山遗址的影响。鼎的数量有所增加,这与其所处的地理位置有关,可能是受到了长江中下游用鼎文化的影响。

该类型的典型陶器见图 33。

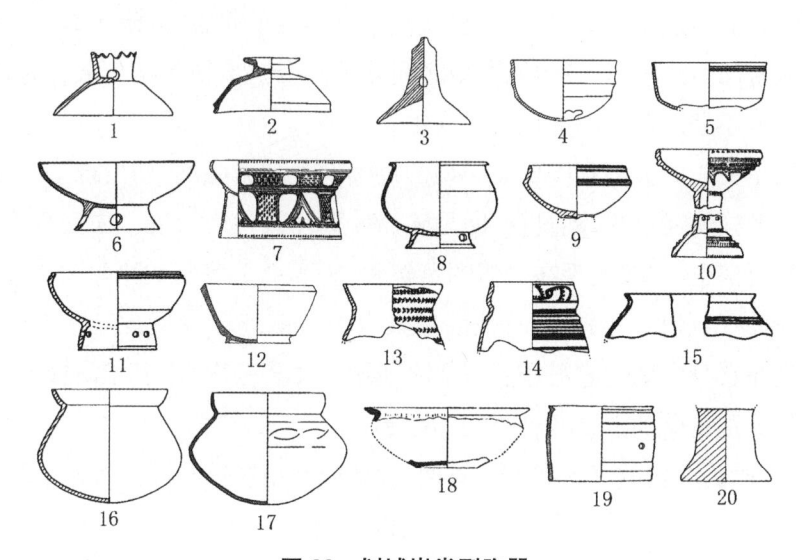

图 33　划城岗类型陶器

1、2、3.器盖(T15⑤:6、H3:13、T6⑤:6)　4、5.钵(T12②:7、F12:1)
6、7.圈足盘(T9⑤:17、M133:1)　8.簋(T14⑥A:1)　9、10.豆(M143:20、T25⑤:4)
11、12.圈足碗(T15④:2、M26:1)　13、14.罐(T19④B:3、T15③:1)　15.鼎(M135:19)
16、17.釜(M148:1、T17⑤:2)　18.盆(H7:7)　19.器座(T13②:5)　20.支座(F12:3)
(1、5、7、8、9、10、11、13、14、15、16、20 出自划城岗,2、3、6、17 出自王家岗,
4、12 出自丁家岗,18 出自三元宫,19 出自汤家岗)

(三) 地域类型的分布态势

在地域类型划分的基础上,我们以期段为纵轴、分布地域为横轴、它们各自的文化面貌为准绳,对地域类型的分布态势和它们之间的互动与融合进行一些尝试性探讨。

从以上分析可以看出,大溪文化各地域类型的分布与发展并不平衡,只有中堡岛类型和关庙山类型在整个文化的大部分时间内保持了自身的文化特征和分布区域；划城岗类型和朱家台类型在文化的第一至三期是一脉相承的，自身文化因素占主体地位，第四期在少量继承本类型的因素之外，广泛受到了其他文化或类型的影响。

第一段是文化的萌芽期，属于中堡岛类型的遗址还较少，文化以关庙山类型和划城岗类型为主，文化面貌上釜和圈足碗是它们所共有的器物。

第二、三段是文化的发展和渐趋繁盛期，此时以中堡岛遗址为代表的中堡岛类型的分布区域开始扩大，其他三个类型则持续发展；但关庙山类型的影响明显扩大，它的影响东可到洪湖地区的柳关遗址，西至巫山大溪遗址，朱家台类型亦受到了关庙山类型的影响，新出现了三足盘和圜底碟；划城岗类型的影响也在扩大，在柳关遗址出现的铃形器盖即是受到划城岗遗址的影响，峡江地区出现的少量白陶器也是受到划城岗类型的影响。此段陶器的种类快速增加，新出现了曲腹杯，圈足盘、圈足碗、器盖和支座的数量与型式增多，各地域类型之间处于一个初步的影响与融合时期，但它们在文化面貌上还是以自身的文化因素为主。

第四段是关庙山类型和中堡岛类型的持续发展和繁盛期，新出现了筒形瓶，曲腹杯的数量和型式快速增多，圈足盘、圈足碗、罐、豆和簋持续发展。朱家台类型和划城岗类型却相对消退，主要表现在以假圈足碗和Aa型钵为特征的朱家台类型遗址基本不见，以白陶圈足盘和白陶豆为特征的划城岗类型遗址也少见；相反，中堡岛类型和关庙山类型在自身发展的基础上都向西扩张，在大溪三段M115出现颈上有凸棱的罐和曲腹杯分别是受到了这两个类型的影响。

第五、六段是文化的衰退和变异时期，各地域类型在广泛受到外来文化因素冲击的条件下，关庙山类型衰退，除有个别文化因素影响到环洞庭湖和巫峡一带之外，文化的分布地域明显减小，陶器种类也减少，基本不见筒形瓶、曲腹杯和圈足盘的存在。中堡岛类型是这一阶段的主要地域类型，在文化面貌上釜、圈足盘和圈足碗减少，筒形瓶变得较粗糙，以弦纹替代了原有的彩绘图案，新出现的带錾罐可能是受到了油子岭下层文化的影响。划城岗类型受到了关庙山类型和中堡岛类型文化因素的影响，也受到了外来文化因素的影响，文化面貌较复杂。朱家台遗址第五段已失去了第一至四段所代表的朱家台类型文化特点，系广泛受到大溪文化其他地域类型和外来文化因素的影响而形成。

综上所述，可知西陵峡到江陵地区和环洞庭湖地区是大溪文化的主要分布地带，而这其中又以西陵峡到江陵地区为甚。它们在交往过程中，文化因素的广泛传播和影响使得各地域类型的分布区域此消彼长，并最终在屈家岭文化的扩张下消失，只有一部分文化因素被屈家岭文化吸收。

四、大溪文化来源及与周邻文化关系

在对大溪文化的渊源进行探讨之前,先对峡江地区和环洞庭湖地区早于大溪文化的遗存进行简单的介绍。峡江地区早于大溪文化的考古学文化遗存主要是柳林溪类遗存;环洞庭湖地区早于大溪文化的考古学文化主要是汤家岗文化。柳林溪类遗存的相对年代与汤家岗文化的年代大体相当。

因此,对大溪文化渊源的讨论应主要着眼于柳林溪类遗存和汤家岗文化。下面我们拟从层位关系和文化面貌等多方面来分析它们与大溪文化的关系。

环洞庭湖地区的划城岗遗址、汤家岗遗址和丁家岗遗址都有直接的层位关系表明,大溪文化直接叠压在汤家岗文化之上。以划城岗遗址为例加以说明,划城岗遗址属于汤家岗文化的地层主要包括 T19—T21⑤,T26—T27⑦B、⑦C,T15—T18⑥B 和 T13—T14⑦A、⑦B 等,从划城岗遗址分段的分析中,我们知道划城岗遗址第一段的地层主要包括 T19—T21④B,T26—T27⑦A 和 T15—T18⑥A 等,因此,可认为划城岗遗址大溪文化层是直接叠压在汤家岗文化层之上的。

层位的叠压或打破关系只表明遗存或文化之间的相对年代早晚关系,虽然它不能作为文化是否有亲缘关系的直接证据,但作为间接证据还是可行的。下面我们从它们各自的文化面貌来分析,作为探讨它们关系的主要依据。

大溪文化划城岗类型的白陶和彩陶发达,且以繁缛的复合纹饰为其突出特点,从划城岗遗址第二次发掘的文字记述知,汤家岗文化"白陶和彩陶虽不足5%,但纹饰同样异彩纷呈",大溪文化划城岗类型"细砂白陶比例增加,约占10%……白陶和彩陶代表了该类遗存陶器装饰技艺的最高水平"。可看出划城岗类型的白陶和彩陶以及繁缛的复合纹饰都主要来源于汤家岗文化。

我们再将这两种文化的典型陶器作一比较,就能更加明显地看出它们之间的继承和发展关系。大溪文化划城岗类型第一段的 Aa 型釜、Aa 型罐、A 型圈足盘、A 型豆、Bb 型钵、盆、器盖、支座和圈足碗都可在汤家岗文化中找到与其形态相似的器型,从以上器类的演变趋势来观察,可看出大溪文化划城岗类型第一段的上述器类主要来源于汤家岗文化的同类型器。

在埋葬习俗上,汤家岗文化和大溪文化划城岗类型都主要是随葬陶器,墓底多呈斜坡状,具有相似的特性。

综上,从层位关系、陶质、纹饰、器型和埋葬习俗等多方面都可以推出大溪文化划城岗类型主要来源于汤家岗文化(图 34)。

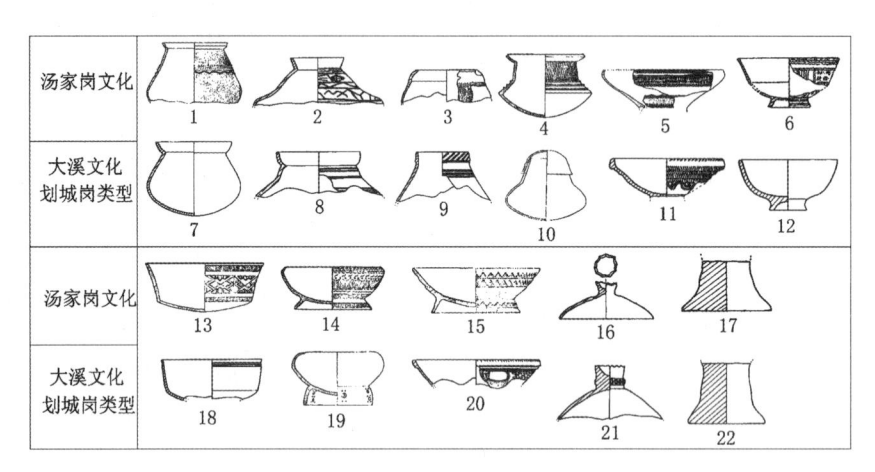

图 34　大溪文化来源示意图(A)

1. T13⑦B∶6　2. M149∶1　3. T28⑥∶9　4. T1③∶13　5. M156∶4　6. T11③∶23
7. M148∶1　8. H33∶1　9. F8∶4　10. M8∶2　11. T20④B∶1　12. T19④B∶2　13. M4∶2
14. M5∶3　15. M5∶1　16. T25⑥∶5　17. T14⑦B∶1　18. F12∶1　19. M8∶2　20. T20④B∶2
21. T21④B∶1　22. F12∶3
(1、2、3、5、7、8、9、11、12、16、17、18、20、21、22 出自划城岗,
4、6、10 出自丁家岗,13、14、15、19 出自汤家岗)

一般来说,在研究某个考古学文化的来源时,应主要到它们分布的中心区域去找寻比其年代早的考古学文化遗存。下面对大溪文化其他几个类型的来源进行探讨,区域主要选在峡江地区,也就是探讨分布于峡江地区的大溪文化其他几个地域类型与柳林溪类遗存的关系。

关庙山类型第一段的釜、圜底碟、圈足碗和器盖等器型是在柳林溪类遗存的同类型器基础上发展而来;三足盘是在孙家河③层 A 型盘下加三足而成,它们的腹部形态基本相同,在纹饰上,绳纹有减少的趋势,器形上较柳林溪类遗存的陶器规整(图 35,1—12)。

中堡岛类型第一段的釜、罐、圈足碗、支座等器型也可在柳林溪类遗存中找到来源(图 35,13—22),特别是器身刻划有繁缛纹饰的柱状支座和猪嘴形支座的来源,只能在柳林溪类遗存中寻找。事实上,它们确实来源于柳林溪类遗存,在柳林溪类遗存中,柱状支座无论从数量还是制作工艺上都处于相当重要的地位,从中堡岛类型第一段始,其数量和分布明显减少,但猪嘴形支座却逐渐取代了它的地位;且随着文化的发展,其形态逐渐简化。这是否意味着人们的意识形态发生了某种改变,还有待于材料的进一步充实和研究的深入。

朱家台类型的典型器物主要有假圈足碗、Aa 型圜底钵、釜、圈足碗、器盖和器座

·大溪文化研究·

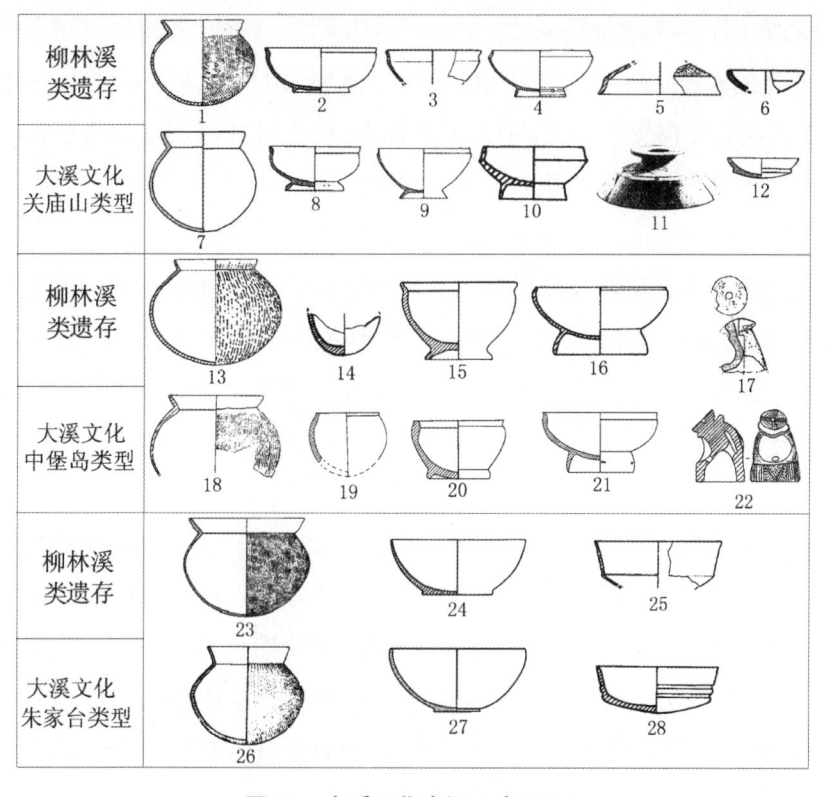

图35 大溪文化来源示意图(B)

1、7、13、18、23、26. 釜(T1116⑥：63、T63⑤BH165：1、G7Ⓐ：128、T1⑥：65、T1116⑥：54、T16⑮：1) 2、3、4、8、9、10、15、16、20、21. 圈足碗(T5③：6、T1016⑥：110、T0814⑤：20、T61⑦H144：2、T17⑥A：15、H80①：1、T1016⑥：21、T0714④：20、T1⑥：37、T1⑥：36)
5、11. 器盖(T1316⑥：22、T11⑤：68) 6、12. 圜底碟(T3③：39、T68⑦F35：103)
14、19. 小罐(T6④B：23、T1⑥：46) 17、22. 支座(T1316⑥：53、T5⑥：1)
24、27. 假圈足碗(T1117⑥：53、T5⑥：1) 25、28. 钵(T1016⑦：126、T14⑮：6)
(1、3、4、5、15、16、17、23、24、25出自柳林溪，2、6、14出自孙家河，
13出自朝天嘴，7、8、11、12出自关庙山，9出自荆南寺，10出自阴湘城，
18、19、20、21、22出自伍相庙，26、27、28出自朱家台)

等，而这其中又以假圈足碗和 Aa 型圜底钵为其所独有的器型。朱家台类型第一段仅有假圈足碗、Aa 型圜底钵和釜，在探讨它们的来源问题上，《秭归柳林溪》为我们提供了宝贵的资料。朱家台类型第一段的釜和弧腹假圈足碗分别来源于柳林溪遗址晚段的釜 T1116⑥：54 和假圈足碗 T1117⑥：53，而折腹假圈足碗则是柳林溪遗址晚段假圈足碗的变体，Aa 型圜底钵由柳林溪遗址晚段圜底钵演化而来(图35，23—28)。

综上所述，可认为大溪文化主要来源于汤家岗文化和柳林溪类遗存，关于一个考古学文化的不同地域类型是否可以有不同的来源，张忠培先生曾作过精辟的论述：考古学文化地域类型的划分"既不能以其源为标准，也不能以其流为标准，只能视当时的状况，即看它们自身陶器的基本组合的变异程度，变异程度未超出一考古学文化陶器的基本组合的范畴，则是这一文化的一种类型，超出了，当另划为一考古学文化"[1]。如果我们反向思考一下，是否可理解成：在自身基本陶器组合的变异程度未超出一个考古学文化基本陶器组合范畴之下所划分的不同地域类型，可有不同的来源和流向。

任何一个考古学文化在自身的发展过程中总是会不间断地受到同时期周邻考古学文化的影响，也会把自身的文化因素向四周其他考古学文化扩散。大溪文化在其发展过程中主要受到了长江中游和黄河中游同时期其他考古学文化的影响，这主要包括大溪文化与油子岭下层文化、屈家岭文化早期和黄河中游仰韶中晚期文化的关系。

油子岭下层文化因油子岭遗址[2]而得名，主要分布在江汉平原中部的京山和天门一带，对其文化性质的认定和它与大溪文化的关系，一直以来都存在不同的见解[3]。随着新材料的发表和研究的深入，把以油子岭遗址第一期为代表的这类遗存命名为油子岭下层文化，且作为屈家岭文化主要来源的这种观点已逐渐得到学界的认同，从而排除了它是大溪文化一个地域类型的可能，其年代相当于大溪文化第二期到第三期偏早。

我们以油子岭遗址第一期遗存为例对其文化面貌进行简单的陈述：陶器中泥质陶占总数的72%，夹砂陶约22%，夹炭陶约6%；陶色以红色为主，约占78%，其次为黑灰陶。陶器以素面为主，纹饰主要有刻划纹、按窝、镂孔和戳点纹，有少量蛋壳彩陶。器类主要有鼎、釜、罐、豆、盘、盆和器盖。其中折腹鼎T2②：2、带錾罐T2⑤：12、厚圆唇圈足盘T4④A：8、折沿壶形器T2②：3是反映其自身特点的陶器，而内卷沿圜底盆T4④B：17、草帽形器座T1⑤A：18和鼓形器座T2⑤：16（图37，1、5、6）则是受大溪文化第一期同类型器的影响。中堡岛遗址第四段的带錾罐T6⑥：327（图36，

---

[1] 张忠培：《研究考古学文化需要探索的几个问题》，《文物与考古论集》，文物出版社，1986年。
[2] 湖北省荆州地区博物馆：《湖北京山油子岭新石器时代遗址的试掘》，《考古》1994年第10期。
[3] 对以油子岭第一期为代表的这类遗存文化性质的认定，目前主要有以下几种观点：1.认为是大溪文化的一个地域类型，即大溪文化油子岭类型，见张绪球：《汉江东部地区新石器时代文化初论》，《考古与文物》1987年第4期；2.把边畈第一至三期和油子岭第一期统称为边畈文化，见林邦存：《略论屈家岭文化与大溪文化的关系——兼论传说时代三苗集团的形成原因》，《南中国及邻近地区古文化研究》，香港中文大学出版社，1994年；3.把油子岭第一、二期统称为油子岭文化，见孟华平：《长江中游史前文化结构》，长江文艺出版社，1997年，第117页；4.认为以油子岭遗址第一期、龙嘴遗址和屈家岭遗址第三次发掘的第一期为代表的这一类遗存为油子岭下层文化，见沈强华：《油子岭一期遗存试析》，《考古》1998年第9期。

7)和朱家台遗址第五段的圈足碗 H84：6(图 36，1)则是受到了油子岭遗址第一期遗存同类型器的影响。

屈家岭文化早期的代表性遗存主要有屈家岭遗址第三次发掘的第三期、洪山放鹰台早段、黄冈螺蛳山墓葬和钟祥六合早期墓葬等，其年代大体相当于大溪文化第三、四期或稍晚。

现以屈家岭遗址第三次发掘的第三期遗存为例说明其文化面貌，属于第三期遗存的 13 座墓葬共出了 207 件陶器，皆为泥质陶；陶色以黑灰陶为主，约占 87.4%，灰陶次之，红陶极少；纹饰主要有凹弦纹、瓦棱纹、镂孔、刻划和戳印纹等，未见彩陶；器类主要有黑陶小鼎、曲腹杯、圈足簋、豆、壶、器盖和罐等。泥质黑陶曲腹杯约占所出陶器总数的 7.73%，如曲腹杯 M12：49(图 37，2)，其形态大多与大溪文化第三期的曲腹杯相似，但在油子岭下层文化中却并没有发现曲腹杯，因此推测屈家岭文化早期的曲腹杯是受到大溪文化第二期曲腹杯的影响，它在屈家岭文化早期时被吸收并得到发展，以至于在该文化中占有较重要的地位；而关庙山遗址第四段 B 组的细颈壶则是受到屈家岭文化早期的影响而出现的新器类。

黄河流域仰韶中晚期与大溪文化年代大体相当的考古学文化主要有庙底沟文化和半坡四期文化，它们主要以陕县庙底沟遗址[1]和西安半坡遗址晚期[2]为代表。陶器以夹砂红陶为主，庙底沟文化彩陶图案比较发达，代表性器物主要有釜、灶、罐、钵和尖底瓶等。

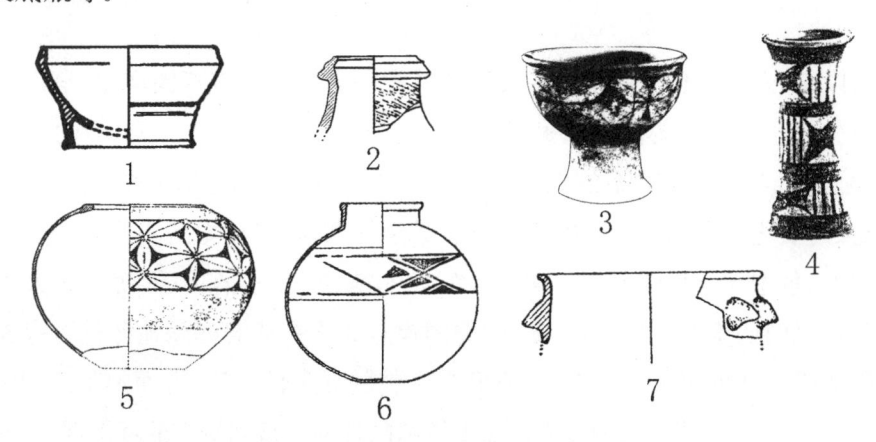

图 36　大溪文化外来文化因素遗物

1. 朱家台(H84：6)　2、3、5. 关庙山(T63⑤A：27、T51⑤A：192、T37④：9)
4、6. 大溪(M11、M140：11)　7. 中堡岛(T6⑥：327)

---

[1] 中国科学院考古研究所：《庙底沟与三里桥》，科学出版社，1959 年。
[2] 中国科学院考古研究所：《西安半坡》，文物出版社，1963 年。

它们与大溪文化的相互影响主要表现在：关庙山遗址第二段双唇小口瓶 T63⑤A∶27、碗形豆 T51⑤A∶192 和第三段彩陶罐 T37④∶9 上都有由弧线三角组成的花瓣纹（图 36，2、3、5），大溪遗址的筒形瓶 M11 和高领罐 M140∶11 上则有弧线三角间以细线条纹（图 36，4、6），双唇小口瓶和弧线三角花瓣纹在大溪文化中出现可能是受到前者的影响所致。相反，在相当于半坡四期文化的淅川下王岗遗址[1]第三期遗存中出现的器座（图 37，3、4）则可能是受到大溪文化筒形瓶的影响。

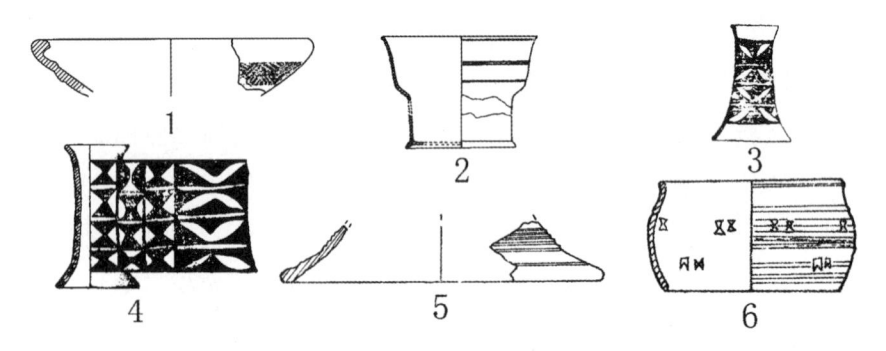

图 37　大溪文化对外影响文化因素遗物
1、5、6. 油子岭（T4④B∶17、T1⑤A∶18、T2⑤∶16）　2. 屈家岭（M12∶49）
3、4. 下王岗（M117∶1、M203∶3）

五、余　　论

长久以来，人们对长江中游史前文化的认识一直局限在城背溪文化、皂市下层文化→大溪文化→屈家岭文化→石家河文化（→表示相对年代早晚关系）的发展序列上，虽然对它们之间具体关系的探讨一直是学界较关注的问题，并取得了一定的认识，如石家河文化主要来源于屈家岭文化已成学界共识；但在大溪文化和屈家岭文化关系问题上，争论却一直较激烈，"来源说"与"影响说"互有消长；即使是对大溪文化自身文化内涵的认识上，也不尽一致，问题的焦点集中在环洞庭湖地区是否存在大溪文化。推测出现这种情况的原因，一方面是资料的局限性，另一方面则是人们的认识总有一个由表及里、由浅入深的过程。随着资料的日渐丰富和研究的逐渐深入，在峡江地区，从城背溪文化中区分出了柳林溪类遗存，其年代介于城背溪文化和大溪文化之间；在环洞庭湖地区，在皂市下层文化之后又确立了汤家岗文化，且汤家岗文化由皂市

---

[1] 河南省文物研究所、长江流域规划办公室考古队河南分队：《淅川下王岗》，文物出版社，1989 年。

下层文化发展而来；划城岗遗址第二次发掘资料的全面刊布让我们有理由相信环洞庭湖地区存在大溪文化，并可划分为大溪文化的一个地域类型——划城岗类型，它主要来源于汤家岗文化。油子岭下层文化和屈家岭文化早期的提出，使我们更容易理解大溪文化与屈家岭文化的关系，即大溪文化和油子岭下层文化、屈家岭文化早期有一段并行发展时期，它们之间的文化因素互相交流和影响，油子岭下层文化、屈家岭文化早期和屈家岭文化一脉相承，大溪文化最终在屈家岭文化的西渐和南渐下消失。

因此，本文在现有资料和已有研究成果的基础上，对大溪文化的发现和研究状况进行了简单概述，运用层位学和类型学的原理，对关庙山遗址、中堡岛遗址、朱家台遗址和划城岗遗址进行了期段分析，且确立了它们段别之间的相对年代早晚关系，之后又对其他17处大溪文化遗址进行了期段分析，并对其典型器物进行了形制的划分，在此基础上，将大溪文化分为四期六段。对大溪文化相对年代和绝对年代进行探讨，在学界对柳林溪类遗存、汤家岗文化和屈家岭文化早期研究的基础上，推测大溪文化的相对年代上限是柳林溪类遗存和汤家岗文化，相对年代下限当不晚于以洪山放鹰台早段为代表的此类遗存的最晚阶段。运用碳十四测年数据，推测出大溪文化的绝对年代大致在 4140BC—3165BC 之间，它从产生、发展到消亡大致经历了 1 000 年左右的时间。

在分期的基础上，对大溪文化遗址的文化面貌和它们各段别之间的相互关系进行了论述，得出大溪文化可分为四个地域类型，分别为关庙山类型、中堡岛类型、朱家台类型和划城岗类型。在地域类型划分的基础上，以时间为主线，以它们的文化内涵为准绳，对各地域类型的分布态势作了尝试性探讨，认为在各地域类型的发展过程中，文化因素的广泛传播和影响使得它们的分布区域此消彼长，但关庙山类型和中堡岛类型一直是大溪文化的主要地域类型。

对大溪文化渊源的探索，从层位关系、陶质、纹饰、器型和埋葬习俗等多方面进行，认为大溪文化划城岗类型应主要来源于汤家岗文化；从它们的陶器特点分析，得出关庙山类型、中堡岛类型和朱家台类型应主要来源于柳林溪类遗存。

对大溪文化与周邻同时期其他考古学文化关系的探讨，我们选取了油子岭下层文化、屈家岭文化早期和黄河中游仰韶中晚期文化，认为它们在相互的交往过程中，在自身文化因素发展的基础上，不间断地接受了周邻其他考古学文化因素的影响，但这些文化因素的交流和影响并不构成改变其文化性质的主流。

基于目前考古材料所作的研究，其结论应是阶段性的，并且我们依据陶器所进行的研究，不可避免地存在局限性，且没有对大溪文化各地域类型的形成原因、墓葬及社会形态和生计方式等问题进行探讨。

贵州威宁银子坛墓地分析

李 飞

贵州威宁银子坛墓地发现于20世纪60年代，1978、1979年两度进行发掘，清理墓葬49座，出土各类遗物400余件[1]。自发掘以来，该地就与赫章可乐[2]、普安铜鼓山[3]一道，被视作贵州夜郎考古的重镇。不少学者从陶器[4]、陶器上刻符[5]、墓葬的年代[6]和族属[7]等方面，对之进行了有益的探讨，普遍认为这是一处夜郎或其

---

[1] 银子坛墓地即前两次发掘报告中的梨园地点。近30年来由于行政区划和地名的更迭，一些旧有的名称已被弃用或成为更宽泛的行政称谓，范围所指今昔不同。我们采用红营盘墓地来取代当年的独立树地点，以银子坛墓地命名早先的梨园。前两次发掘情况参见：贵州省博物馆考古组、威宁县文化局：《威宁中水汉墓》，《考古学报》1981年第2期；贵州省博物馆考古组：《贵州威宁中水汉墓第二次发掘》，《文物资料丛刊(10)》，文物出版社，1987年。前两次发掘统一编号，第三次单独编号。本文用年代加墓号区别各年发掘墓葬，如78梨M1、78张M1、79梨M49、04银M1等。

[2] 贵州省博物馆考古组、贵州省赫章县文化馆：《赫章可乐发掘报告》，《考古学报》1986年第2期；贵州省文物考古研究所：《贵州赫章可乐夜郎时期墓葬》，《考古》2002年第7期。

[3] 刘恩元、熊水富：《普安铜鼓山遗址发掘报告》，《贵州田野考古四十年(1953—1993)》，贵州民族出版社，1993年。

[4] 宋世坤：《试谈威宁赫章战国秦汉陶器》，《贵州民族研究》1981年第3期；何凤桐、万光云：《威宁中水"西南夷"陶器》，《贵州文史丛刊》1984年第3期。

[5] 李衍垣：《贵州高原的古代文明》第十二章"梨园'夜郎旁小邑'刻划符号研究"，广东人民出版社，1990年；王正贤、王子尧：《贵州威宁出土古代刻划陶文研究》，《贵州民族研究》1989年第4期；刘恩元：《贵州威宁中水汉墓出土陶器刻划符号初探》，《贵州社会科学》1984年第5期；赵小帆：《威宁中水刻符之探讨》，《贵州文博》1992年第2期；赵小帆：《试论贵州汉墓的几个问题》，《贵州民族研究》1998年第4期。或以为系古之彝文，或以为非。

[6] 席克定：《威宁中水汉墓的时代和分期——兼与李衍垣同志商榷》，《贵州文物》1983年第1期；李衍垣：《威宁中水古墓的断代——兼答席克定同志》，《贵州文物》1983年第3、4合期。

[7] 席克定：《威宁中水汉墓类型、族属质疑》，《贵州民族研究》1983年第1期；席克定：《威宁、赫章汉墓为古夜郎墓考》，《考古》1992年第4期；李衍垣：《贵州高原的古代文明》第十三章"威宁中水古墓的年代、类型、族属"，广东人民出版社，1990年。

旁小邑的遗存。

2004年10月至2005年1月,贵州省文物考古研究所联合四川大学考古系等单位,对包括银子坛墓地在内的中水古代遗存进行了大规模发掘[1]。其中,银子坛墓地揭露约420平方米,清理墓葬82座,出土各类遗物近300件。至此,经三次发掘,银子坛墓地共揭露面积约1100平方米,清理墓葬134座(含张狗儿老包3座),出土遗物约700件[2]。发掘资料的逐渐丰富,使许多问题的进一步探讨成为可能。

本文拟以第三次发掘的材料和初步认识为基础,综合前两次发掘的成果,运用传统考古学中地层学和类型学的方法对墓地进行初步分期和断代,结合相关丧葬理论和民族志材料对墓地的空间分布所反映的社会组织状况进行尝试性分析,以生态人类学里人地关系的有关论述为指导对墓地所代表的文化类型的特征与源流提出一些浅显的意见。不妥之处,敬请指正。

一、银子坛墓地概况

(一) 地理环境与地层堆积

1. 地理环境

墓地所在地隶属贵州省威宁县中水镇,其东南去威宁县城约110公里,西北与昭通接壤,距市区仅约22公里(图1)。从地形上看,中水恰处于乌蒙山中段西麓,昭(通)鲁(甸)盆地(当地俗称"坝子")的东缘,与之连为一体,是山麓与盆地交接地带的一处小型坝子,海拔较昭通略低,平均约1850米(昭通盆地的平均海拔1920米)。昭鲁坝子是滇东北最大的盆地,面积达525平方公里。其东西两面有乌蒙山、五莲峰拱卫,南北两侧有牛栏江、金沙江及其两岸的崇山峻岭相夹,形成一处相对封闭的高原盆地。该地古称朱提,唐以降称乌蒙。至迟自蜀汉设朱提郡以来长期为滇东北、黔西北地区的经济和文化中心。时至今日,中水居民与昭通的往来仍十分频繁,所操持的语言与昭通无异。在气候、土壤、植被、资源诸方面,中水均与昭通同。无论是在地

---

[1] 关于第三次发掘的初步成果,参见贵州威宁中水联合考古队:《贵州威宁中水考古发掘取得重要收获》,《中国文物报》2005年1月5日第1版。

[2] 第一次发掘包括银子坛(梨园)、红营盘(独立树)和张狗儿老包三个地点,第二次仅发掘了银子坛(梨园)。前两次累计发掘面积691平方米,清理墓葬58座,其中银子坛(梨园)49座、红营盘(独立树)6座、张狗儿老包3座。因张狗儿老包所出遗物与银子坛存在联系,将之视为银子坛墓地一并讨论。

理环境还是人文环境上,中水都是昭鲁盆地的一个重要组成部分,并与之一起构成一个相对独立的地理单元。同时,由于北连巴蜀,东接黔中,南通滇池的特殊地理位置,这里成为古代南夷地区向北沟通的必经之地,自古就是各种民族文化相互交流与融合的地区。中水境内河流纵横,前、中、后三河及其支流构成密集的水网,贯穿其间,最终在坝子的西南角汇总为一,向南注入牛栏江。河流中间为数道呈扇形布开的长条形高敞缓丘,其西南端被河流截断,远端则与群山相接。其顶平旷,两坡平缓,土层肥厚,当地人形象地呼之为"梁子"。据夏正楷教授现场考察的意见,这类缓丘多系早年湖相与河相沉积的结果,后经地壳运动和河流下切形成今天的地貌[1]。河之两岸多为农田,密集的村落多分布在梁子的半坡,梁子多垦为耕地。这里曾是威宁重要的产粮区,遗有"稻田坝"的旧称。坝子内现在主要居住着汉族和回族,彝、苗、布依等少数民族则散布在四周的山上。民间流传这里早先为彝族所居,大约在元末明初时,回族进驻,彝族被迫退居山岭。

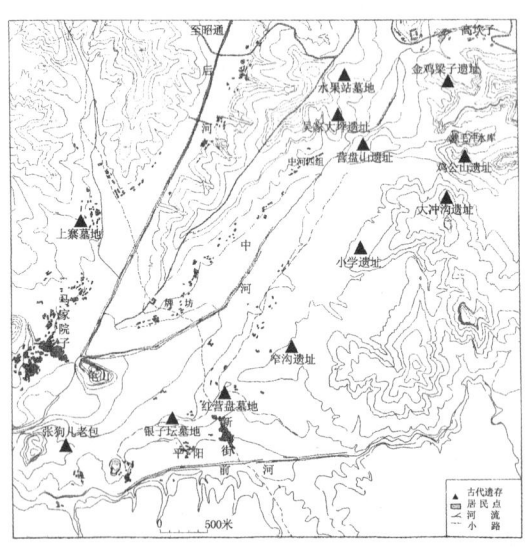

图1　中水位置示意图　　　　图2　威宁中水古代遗存分布图

由于优越的地理环境,这里自古就是人类栖息的理想之地。近年的考古调查,已陆续在中水境内发现商周以降至汉代的各类遗存10余处[2](图2)。

---

[1] 第三次发掘期间,曾请北京大学城市与环境学院夏正楷教授就中水地理环境作全面考察,书面报告尚未刊布。陪同考察时蒙先生教示,受益良多。

[2] 属于鸡公山时代的有鸡公山、吴家大坪、营盘山等5处遗址,属红营盘时代的有红营盘、水果站2处墓地,属银子坛时代的有银子坛、上寨2处墓地。

2. 地层堆积

在前河与中河之间,有一道长近2公里的梁子,呈东北—西南走向,西南低,东北高并与远山相连。梁子中部两坡散布着零星墓葬,是为红营盘墓地。其西南约400米处,地势逐渐平阔,在坡顶及北坡约2万平方米的范围内,有密集的墓葬分布,是为银子坛墓地。

银子坛墓地地貌经坡改梯发生了些许变化,从南(坡顶)到北(坡脚)形成阶梯状的数级平台。1978—1979年的发掘,主要对坡顶及其北侧紧邻的平台上的墓葬进行了清理。此次发掘选择在梁子的北坡(东、西、北)三个互不相连的地点布方,整个发掘区处于前两次发掘地点的东北侧不远处。发掘区内文化层南厚北薄,呈坡状堆积,以东地点ⅠT0309、T0308、T0307的东壁为例(图3)。

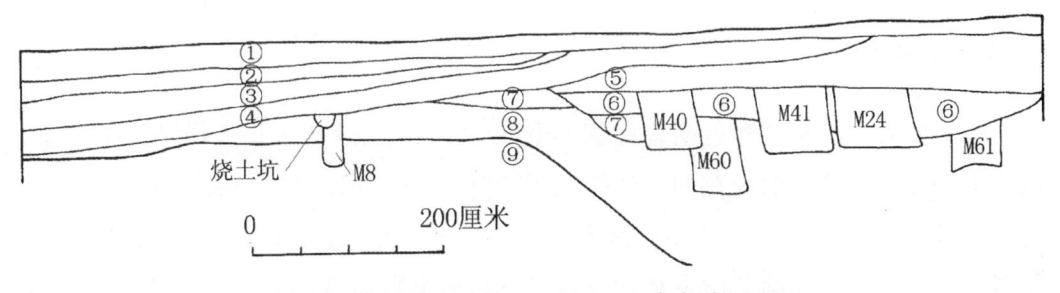

图3　04ⅠT0309、T0308、T0307三方东壁剖面图

第①层:耕土层。含较多汉砖屑、早期陶片。有墓葬开口在该层下,直接打破第⑤层。

第②层:灰褐色亚黏土,局部堆积。出少量青花、土瓷、汉砖屑、早期陶片等。

第③层:深褐色亚黏土,局部堆积。出土物与②层同。

第④层:红褐色亚黏土,夹杂大量红烧土颗粒。出较多汉砖屑、少量青瓷和方格纹陶片等。分布较广。有墓葬开口在该层下,打破第⑤层或直接打破更底层的堆积。

第⑤层:灰色亚黏土,色驳杂,夹杂零星烧土颗粒。局部堆积。出较多灰白色陶器碎片,未见汉砖屑,另有一定数量的兽骨。多数墓葬开口在该层下,打破第⑥层或更底层的堆积。

第⑥层:灰褐色亚黏土,土色驳杂,因夹杂较多烧土颗粒而略泛红。局部堆积。包含极少量夹砂灰褐色陶片。部分墓葬开口在此层下。

第⑦层:黄褐色砂土,夹杂较多紫色小石子。局部堆积。未见任何文化包含物,与上层交界处夹杂少量烧土颗粒,下部则较纯净。部分墓葬直接打破该层。

第⑧层:黄灰色黏土,局部为青灰色并夹杂较多螺壳。该层堆积在整个发掘区皆有分布,呈北薄南厚的坡状堆积,北部最薄处厚 5 厘米,南部尚未发掘至底。未发现文化遗物。部分墓葬直接打破该层。

第⑨层:灰白色砂土,局部有黄色砂土及砂土钙化结核。未发现任何文化遗物。

整体而言,①—④层堆积在发掘区内有较广泛的分布,为晚期堆积,其时代上限不早于宋明,应为耕种所致。第④层以下系早期堆积。⑤、⑥两层土色驳杂,含大量陶器碎片,并有一定数量的兽骨,是与墓葬关系最为密切的两个地层单位,墓葬或打破它们,或开口于其下,其形成可能与频繁的埋藏活动有关。第⑦—⑨层为自然堆积。

西地点因故未发掘至底,其第⑤层可与上述东地点第⑤层对应,②—④层堆积彼此不同,但均为晚期堆积,与墓葬关系不大。北地点地层堆积相对简单,多数地方耕土下即为生土,墓葬多开口于耕土下打破生土。

(二) 墓葬形制

所发掘的 131 座墓葬包括砖室墓 1 座(梨 M48),其余均为长方形竖穴土坑墓,地表未见封土。墓葬的长在 80—330、宽在 30—230 厘米之间,多数墓葬长约 200、宽约 50 厘米(表 1)。长度在 100 厘米左右的短小墓葬,结合残存的遗骸观察,应为儿童墓。这类墓葬仅第三次发掘便发现 20 座,占墓葬总数的 15%。墓葬头向略显杂乱,有逆坡(向北、向东北)、横坡(向东、向西)、顺坡(向南)等变化,以顺坡者最多。葬式以单人仰身直肢一次葬为主,合葬墓内死者似以二次葬为多。凡 33 座墓葬发现银灰色板灰痕迹,占墓葬总数的 25%,表明木质葬具的使用已较为普遍。以下分类详述。

1. 墓圹分类

前两次发掘的多数墓葬未清理出明显墓穴,仅依人骨与随葬品的分布大致划定墓的四至。报告根据这一情况,将墓葬形制划分为有清楚墓边的 I 型墓(共 6 座)和未见明显墓边的不规则 II 型墓(42 座)两类。第三次发掘的 82 座墓葬基本都有清楚的墓边,但由于将所掘之土就地回填,加之部分墓穴可能因地质灾害而发生变形[1]等原因,墓边不易确认。墓地中的相当部分墓葬原应有规整的墓穴,约 1/4 的墓葬发现木质葬具痕迹的实情可资证明。我们对墓穴的分类主要基于第三次发掘的认识。

---

[1] 表现为有的墓穴整体向南倾斜,骨架因受挤压而呈一线(如 04 银 M60、M66);有的墓穴经挤压呈"八"字形,上部较窄,至底则宽(如 04 银 M58)等。

根据墓圹长宽比例的变化,可以将之分为三型。

A 型:狭长方形墓。长宽比例约在 1∶3—4 之间,墓葬一般长约 200、宽约 50 厘米。这类墓葬数量最多,前两次发掘的绝大多数Ⅱ型(不规则)墓均可归属此型。墓穴较狭长,仅够容身。

B 型:长方形墓。长宽比例约 1∶2,墓葬宽度增加,普遍都在 100 厘米以上。可以明确为该型的墓葬有:78 梨 M13、M19、M24、M25、M29、M42、M31、M32、M33、M44,04 银 M3、M37、M52、M54、M64 等 15 座。B 型墓规模较 A 型明显偏大,较宽敞,且普遍出土五铢钱,其年代偏晚。

C 型:方形或横长方形。这类墓葬较为特殊,仅 2 座,均为合葬墓。78 梨 M14,长 170、宽 400 厘米,内并排葬 6 人,骨架保存较好。78 梨 M15,长宽均为 400 厘米,内葬 7 人,杂乱无章[1]。这两座墓葬在发掘中均未发现明显墓边,且宽达 4 米的墓葬第三次发掘未见,不排除发掘有误的可能,即将多座墓葬误为一座。

由于部分墓葬墓边的确认可能存在问题(特别是前两次发掘的多数墓葬),所以不宜对墓穴作出更细致的分类。我们对墓葬形制的认识主要基于 2004 年度发掘的较为准确的墓圹,前两次发掘中部分宽度超过 100 厘米的墓葬鉴于对墓圹准确与否的质疑,我们并未将之划属 B 型(长方形)墓葬。总体而言,较乎葬式与葬具的变化,该墓地墓穴的变化在速度与幅度上,都要弱于前者。

2. 葬式与葬具

根据银子坛墓地的实际情况,我们将死者头向、尸骨的摆放方式、单人葬还是合葬等情况均视为葬式的一部分。

墓地内多数墓葬的骨架保存尚好,从残存的遗骸看,单人仰身直肢一次葬占绝大多数,也有部分二次葬,并主要见于合葬墓中。一次葬的死者,上肢姿势富于变化,有双手平放于身体两侧(数量最多),双手交叉于腹前(04 银 M6),双手横于腹前(04 银 M26),双手护于胸前(04 银 M1),右手横于腹前、左手平放(04 银 M15),右手护胸、左手置于腹部(04 银 M16)等情况。04 银 M8 的死者双肘向内上屈、股骨呈"X"状相交、胫骨与腓骨基本平行,似捆绑所致。这些对尸骨的摆放方式,应与当时人的丧葬观念有密切关系,但由于骨架保存完好可观察四肢变化的墓葬不多,无法认识其变化的规律,也不足以理解各种手势的寓意。相反,头向、合葬与葬具

---

[1] 78 梨 M14、M15 两墓,报告中正文描述与"墓葬总表"统计中的埋葬人数相反,原始发掘记录与表格所列数据同,从之。1978 年发掘情况,据原始登记表略作补充。

的变化,似有一定规律可循。在后面的分析中我们将看到,墓向与葬具的变化,与随葬品及其组合的变化间存在某种对应关系,可作为墓葬分期的重要参照;而合葬墓无疑是我们分析墓地所属人群的社会组织状况的重要材料,所以这里将之逐一列出以备讨论。

(1) 头向

由于所有墓葬均无墓道,头向即为墓向。墓向颇杂乱,14°—360°之间各种朝向均有(详见墓葬统计表)。根据变化,可以将之划分为以下7组。

东北向斜逆坡:35°—73°,多在55°左右。共11座。如04银M4(58°)、78梨M7(58°)、M49(35°)等。

北向逆坡:345°—15°,多在360°左右。共12座。如04银M70(345°)、78梨M10(360°)[1]、M20(355°)等。

东向横坡:83°—140°,多在90°左右。共21座。如04银M3(93°)、M18(93°),78梨M28(90°)、M38(140°)等。

西向横坡:232°—305°,多在270°左右。共9座。如04银M16(259°)、M37(232°)、M57(305°),78梨M2(280°)、M13(305°)等。

南向顺坡:145°—224°,多在180°左右。数量最多,为银子坛墓地的主墓向,共69座。如04银M1(203°)、78梨M3(190°)等。

合葬头向相互颠倒者:2座。04银M52(41°/241°)、M64(65°/245°)。另M56与M57不排除为一座两人合葬墓,其头向有颠倒的可能。

头向不明者:3座。04银M82,78梨M1、M9。

(2) 合葬

共发现合葬墓13座(不包括04银M56与M57),约占墓葬总数的10%。根据所葬人数的不同,可以分为二人、三人和多人合葬,最多的一墓葬有7人(78梨M15)。

① 二人合葬

3座。04银M45,骨架凌乱且保存有限,应为2人,南北各1人,从骨架凌乱、颅骨约出在腰部位置看,似均为二次葬。04银M52,骨架腐朽较甚,可辨清为2人,头向颠倒。79梨M38,颅骨2个,一系幼童,一为成人。

---

[1] 第一次发掘报告表五中列M10的墓向为"南北",从报告图四看,其墓向基本为正北向。该报告墓葬总表中墓向描述较为混乱,部分文图不能对应(如梨M19),相当部分墓葬用"南北"含糊描述。资料整理过程中,经与原始发掘记录表核对而进行了尽可能的修正。本文所列均系重新核对后的墓向,以下不再说明。

② 三人合葬

3座。04银M3,骨架腐朽较甚,可辨清为3人并排仰身,中间一人下肢略屈,呈"S"状向南弯曲,上肢情况均不明;南面2人头脚并齐,北面1人则向西错出约20厘米。04银M31,骨架凌乱,似为3人,南面1人,仅存骨渣,北面2人骨架相互叠压,未见颅骨,人牙则散布于墓内多处,其中1人手腕尚戴有铜镯;该墓距地表较近,可能经后期破坏,骨架保存状况无法对系一次葬或二次葬作出准确判断。79梨M29,3人仰身直肢。

③ 多人合葬

6座。每墓所葬人数在4—7人之间。04银M35,骨架凌乱,成堆重叠放置,似有5人,但无法辨识完整个体,因此不排除均系二次葬的可能。04银M44,至少葬有5个个体,以中央1人为主,该个体骨架保存较好,应系一次葬;其脚端有骨骸一堆,肢骨与颅骨堆放在一起,显系二次葬;其左侧有短小骨架一具,肢骨与颅骨尚可辨识,似系一儿童;其右上方,肢骨一堆,颅骨渣若干,可能有1—2个个体,从骨架的摆放情况看,应为二次葬;以上个体一起放置于棺内;主葬者头端棺外尚有遗骨一堆,人牙若干枚,为1个个体;该墓共葬有5—6人,除一人为一次葬外,其余似均为二次葬。04M55,遗骸凌乱,若干堆积在一起,和M35情况类似,似有4人,可能均为二次葬。银M64,4人合葬,头向依次颠倒。78梨M14,6人并排仰身直肢。78梨M15,7人仰身直肢,其中身首异处者2例。79梨M37,4人乱葬。

按尸骨的摆放有序与否,又可将上述合葬墓分为两类。第一类:骨架摆放有序,个体可以清楚识别。这类墓葬有04银M3、M52、M64,78梨M14、79梨M29共5座,其中2座墓内死者头向彼此颠倒。第二类:骨架摆放较为凌乱,个体辨别较为困难。包括除第一类5座墓外的全部8座墓葬。有趣的是,除78梨M14、M15两座较特殊的墓葬外,第一类合葬墓均为B型(长方形)墓,墓圹宽敞,尸骨平行放置,井然有序;第二类墓均为B型(长方形)墓,墓圹较窄,所以人骨多相互重叠,较为凌乱,甚至有成堆摆放者。

(3) 葬具

前已叙及,银子坛墓地木质葬具的使用已经较为普遍,1/4的墓葬(33座)发现葬具痕迹。但所有葬具均无完整保存者,仅发现木板朽烂后附着于泥土上的青灰色痕迹(少数有炭痕)。多数仅存底板痕迹,部分尚可见侧板痕迹,少数则盖板痕迹清晰。根据残存的痕迹可将之分为以下三类。

长方形葬具:26例。这类葬具痕迹发现最多,但保存情况较差,多数仅在墓底遗骸下发现长方形青灰色泥痕。04 银 M66,葬具残高(侧板的上下宽度)约 20 厘米,侧板经挤压后呈"八"字形向中央靠拢。底板长方形,长 250、宽 42 厘米。

"井"字形葬具:5 例。04 银 M35、M39、M44、M55、M58。这类葬具除盖板外,其余部分的痕迹在泥土中都有相应的保留,前三墓尤为清楚。如图 4 所示,葬具都有一定变形,所呈现的并非严格的"井"字形。对这类葬具原来形状的推测,发掘中产生了两种不同意见:一种认为葬具本为"井"形,变形后呈现在的形状;另一种则认为发掘所见的基本就是葬具原形,侈出的四角为装饰,而非葬具挤压后变形使然。我个人倾向于后一种认识,因为至少 2 例葬具如此,似非挤压变形的偶然因素可以解释。04 银 M35 葬具内长 200、宽约 45、残高近 30 厘米,侈出四角长在 15—30 厘米之间,角上横板长约 10 厘米。

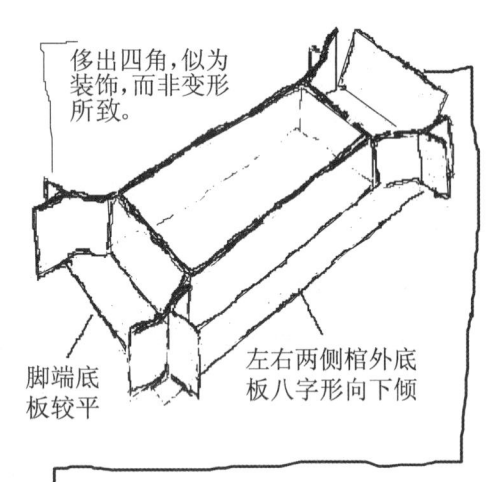

图 4 04 银 M35 葬具复原示意图

"目"字形葬具:仅见 2 例,04 银 M37、M64。所谓"目"字形,是指葬具的盖板由数块横向的木板组成。04 银 M64,盖板由 7 块宽 21—35、长约 150 厘米的木板拼接而成,木板痕迹清晰可辨;挡、侧板与盖板紧贴,发掘中未能清理出来;从盖板看该葬具长约 210、宽约 150 厘米。04 银 M37 的盖板由 6 块以上木板横向拼接而成,长约 190、宽约 100 厘米。

前两类葬具较狭长,它们所对应的是 A 型(狭长方形)墓圹,"目"字形葬具与 B 型(长方形)墓圹对应。后者由于宽大,盖板用横向木板拼接而成,将之看作椁可能比较恰当;而前两种应为棺。长方形棺与"井"字形棺的区别在于四角是否有侈出的"装饰","井"字形棺无疑是银子坛墓地较有特色的葬具。由于长方形棺的保存状况普遍不佳,不排除其原有"装饰"而未能保留的可能。

(三) 随葬品的类型学分析

该墓地经三次发掘共出土陶、铜、铁、玉、石、骨、漆等各种质地的随葬品共约 700 件。其中陶、铜器各 300 余件,铁器 60 余件。在墓葬中,陶器一般放置于死者头、脚两端,其他质地的武器和装饰品等,出在生前佩戴的位置。

300多件陶器为类型学的分析提供了丰富的材料,而墓葬间复杂的叠压打破关系为陶器逻辑序列的检验提供了支持。由于银子坛墓地的陶器具有浓郁的地方特色,而铜器与周邻同一时期遗存有较多共性,在后文墓葬的分期与年代推定中,我们主要依据陶器及其组合的变化划定期别,而通过伴出铜器与其他遗存同类器物的类比推断年代,因此这两类器物是我们进行类型学分析的重点。由于前两次发掘报告中的"式"不体现器物演变关系,部分器类的划分可能也不尽妥当,我们在第三次发掘认识的基础上对之都作了相应调整:如器类方面,陶觚分别被瓶和杯取代;型式划分上,一些过细的式别划分因无法体现器物的演变关系而予以归并,一些之前未被认识的细微差别则被重新突显。

1. 陶器

有罐、瓶、碗、豆、杯等各类器物300余件,而以前两类为多。

罐:共计90件。根据口(大小)、领(高低)和腹(深浅)的变化,将之分为6型进行讨论。

A型:敞口平底罐,76件(含部分地层出土者)。根据器形变化,可分6式。

AⅠ式:4件。敞口,束颈,深腹较鼓,最大腹径在肩部以下,无耳,整器较粗壮。均为灰褐色,器表粗糙,火候偏低。纹饰简单,通体饰不甚清晰的竖条纹。04银M60:2,高24.5、口径16.5、腹径18、底径9.5厘米;无耳;饰上下向竖条纹,不太清晰(图5,1)。

AⅡ式:5件。器形与Ⅰ式接近,带一耳,整器较修长。陶质陶色亦与前式同。部分器物肩部有刻划符号。04银M8、M20、M25、M59、M75各出1件。04银M8:1,高22、口径14.3、腹径13.2、底径8.3、耳长4.5、宽1.7厘米;断面扁圆形;肩部有"卜"形刻划符号一个(图5,2)。

AⅢ式:7件。前两次发掘报告中的Ⅳ式单耳罐属此式(5件)。敞口,束颈,深腹,体瘦长,单耳,断面扁圆形。陶色多为灰白色,饰竖条纹。04银M41:1,高13.5、口径7.3、腹径8、底径5、耳长3厘米;腹部饰上下向竖条纹,不甚清晰(图5,4)。

AⅣ式:17件。第二次发掘报告中的Ⅶ式罐属此式(8件)。敞口,束颈,溜肩,鼓腹,腹壁斜向下收,至底则微向外展,最大腹径靠上。耳较窄,断面多呈扁圆形。较之Ⅲ式,领变高变细,腹部更鼓。部分器物在与耳相对的一侧饰乳丁纹。04银M42:5,高21.1、口径11.2、腹径15.1、底径8.6、耳长5.6、宽1.9厘米;耳之对面肩部饰一乳丁;该器是同类器中的最大者;灰白色,局部略泛黑;腹部有隐约竖条纹(图5,3)。

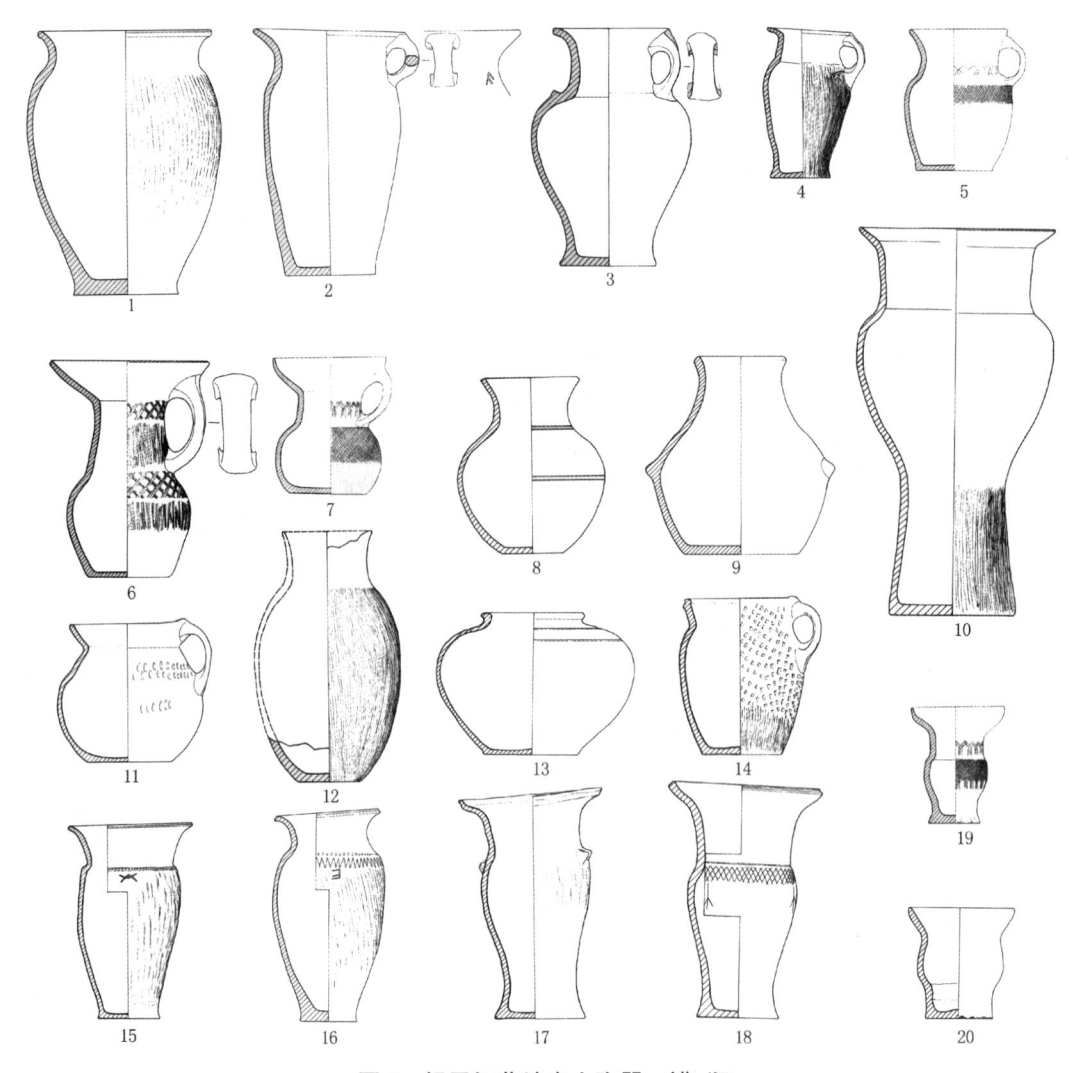

图 5　银子坛墓地出土陶器·罐、瓶

1. AⅠ式罐（04M60：2）　2. AⅡ式罐（04M8：1）　3. AⅣ式罐（04M42：5）　4. AⅢ式罐（04M41：1）　5. AⅤ式罐（04M19：1）　6、7. AⅥ式罐（04M45：2、04M1：1）　8. DⅠ式罐（04M81：1）　9. DⅡ式罐（04M34：1）　10. B型罐（ⅠT0109⑤：1）　11. EⅠ式罐（04M37：8）　12. C型罐（04M82：3）　13. F型罐（04M37：6）　14. EⅡ式罐（04M3：2）　15、16. Ⅰ式瓶（04M25：2、04M60：1）　17、18. Ⅱ式瓶（04M40：12、04M50：4）　19、20. Ⅲ式瓶（04M5：3、04M78：1）

　　AⅤ式：18件。前两次发掘报告中的Ⅱ、Ⅲ、Ⅵ式罐属此式（10件）。敞口，领较矮而不甚明显，扁平耳。04银M19：1，高12.7、口径9.3、腹径10.5、底径7.1、耳长4.4、宽2.4厘米；领部饰单线锯齿纹和"介"形纹饰一周，肩部饰网格纹（图5，5）。

　　AⅥ式：25件。第二次发掘报告中的Ⅴ、Ⅷ式罐属此式（13件）。大敞口呈盘状，高领，最大腹径靠下。04银M45：2，高19.7、领高约9、腹高约8、口径15.4、腹径12.4、底径7.4、耳长8、宽2.6厘米；砖红色，领的上部饰网格纹，下部竖条纹，肩部网格纹,下腹饰竖条纹(图5,6)。04银M1:1,高12.2、领高近3、腹高约6、口径10.6、腹径10.1、底径7.5、鋬耳长5.4、宽2.6厘米;领上饰"Y"形双齿篦划纹一周,领与腹交接处饰凹弦纹一周,腹部饰网格纹(图5,7)。

B型:高领大陶罐。2件,仅1件修复完整,均为地层出土。颇高大,高领,宽沿斜折,上腹较鼓,向下骤收为长筒形,器形较为特殊。IT0109⑤:1,高59、口径30.6、沿宽4.5、最大腹径30.6、底径18.8、筒形腹高约25厘米;筒形腹上饰竖篦划纹;器表陶色驳杂,以黄褐为主,局部有黑斑,陶胎则呈黑色,羼和较多白色石英砂粒(图5,10)。

C型:高领深腹罐。仅1件。04银M82:3,高领,直口微侈,溜肩,长圆形深腹,平底;灰褐泛红,腹部饰密集的竖篦划纹;高23、口径10.3、最大腹径14.1、底径5.4厘米(图5,12)。

D型:2件。高领鼓腹罐。可分2式。

DⅠ式:1件。04银M81:1,高领侈口,鼓腹略呈球形;高16.9、口径8.6、最大腹径13.4、底径5.6厘米;泥质灰陶,较细腻,领肩交接处饰凹弦纹两道,腹部两道;该器器形与红营盘所出的带流罐略接近(图5,8)。

DⅡ式:1件。04银M34:1,高领,口略内敛,肩部饰对称乳丁两个;高18.1、口径8.7、最大腹径15.7、底径10.5厘米;通体红褐色,陶胎夹杂大量白色细石英颗粒(图5,9)。

E型:单耳侈口汉式罐。6件,分2式。

EⅠ式:4件。前两次发掘的Ⅰ式罐属此式(3件)。侈口,单耳,球形腹,圜底或平底近圜。04银M37:8,束颈,溜肩,球形腹较浅,平底近圜,拍印斜方格纹;高13、口径11、底径8、腹径13.8、耳长6.5厘米(图5,11)。

EⅡ式:2件。侈口,束颈,溜肩,腹瘦长,单耳,腹部拍印斜方格纹。04银M3:2,高14、口径10.2、底径7、腹径11.5、耳长6.5厘米(图5,14)。

F型:圆唇汉式罐,3件。第一次发掘出土2件。04银M37:6,灰陶,为典型汉式罐;敛口,圆卷唇,广肩,鼓腹,平底;高13.2、口径9.2、腹径18.2、底径8.7厘米;肩部饰两道弦纹(图5,13)。

瓶:共计112件。包括前两次发掘报告中的Ⅰ式觚(9件)。敞口,有领,瘦长腹,按领的高低、腹部变化以及器形的大小,分为3式。

Ⅰ式:16件。敞口,低领,溜肩,瘦长腹,领与肩相交处有明显折棱。制作粗糙,器表不甚平。04银M25:2,高17.8、口径11、腹径9.1、底径5.6、肩至沿高4.5厘米;灰褐色,器表较粗糙;肩部戳印圆圈纹一周,下有"∞"形刻划符号一个(图5,15)。04银M60:1,高19.2、口径9.8、底径5、肩至沿高3.7厘米;灰褐色略发黑,器表粗糙;

肩部戳印圆圈纹一周，其下一周锯齿状划纹，下有"彐"形刻划符号一个(图5,16)。

Ⅱ式：66件。前两次发掘报告中的Ⅰ、Ⅲ式瓶属此式(31件)。器形高大，喇叭形敞口，高领，瘦长腹，最大腹以下渐内收，至底则外展。04银 M40：12,高21、口径13.6、最大腹径10.4、底径8.1、肩至沿高5.8厘米；灰白色，肩部饰一对双乳丁纹(图5,17)。04银 M50：4,高21.2、口径14.3、最大腹径9.9、底径7.4、肩至沿高7.6厘米；肩饰一道弦纹，下为网格纹，腹饰三个"个"形纹(图5,18)。

Ⅲ式：30件。前两次发掘报告中的Ⅰ式瓿，Ⅱ、Ⅳ式瓶均属此式(21件)。器形与Ⅱ式瓶接近，只是明显变小，带有明器意味。部分手捏而成，制作粗糙。04银 M5：3,高10.8、口径8.4、最大腹径5.6、底径4.5、肩至沿高4.5厘米；红褐色，底发黑，盘口微内敛，领饰双线"Y"形纹饰，腹饰网格纹，下有"川"形纹一周(图5,19)。04银 M78：1,高10、口径9.8、最大腹径8、底径6.7、肩至沿高2.2厘米；砖红色，器粗矮，与其他略有不同(图5,20)。

豆：共计40件。根据盘的大小、足的高低和有无把的变化，分为3式。

Ⅰ式：2件。盘较小，口微内敛，矮圈足斜向外侈，上无镂孔。04银 M57：1,高10.6、盘深4.4、圈足高4.7、口径16.3、底径12厘米；红褐色，饰竖条纹(图6,1)。

Ⅱ式：34件。前两次发掘报告中Ⅱ、Ⅲ、Ⅴ式豆及Ⅰ式豆中的无把者属此式(17件)。大盘，高圈足，上普遍有镂孔装饰，呈长方形、"⊠"形或"8"字形。04银 M50：2,高16、盘深4.3、口径11.5、圈足高10.6、底径13.5、长方形镂孔长7、宽2.2厘米；灰白色，竖饰细绳纹(图6,2)。04银 M26：3,大盘，圈足上饰对角三角形镂孔五组；高20.6、盘深6.5、口径26、圈足高13.2、底径13.7厘米(图6,3)。

Ⅲ式：4件。前两次发掘报告中Ⅳ式豆及Ⅰ式中的带把者属此式(2件)。有把，盘较深，壁向上斜直，圈足上小下大，向下斜直，上有"8"字形、"十"字形或圆形镂孔装饰。04银 M3：3,高19、盘深4、口径18、足高14.5、底径14、柄长8、宽3.2厘米；砖红色，圈足遍饰竖条纹，有"十"字形镂孔三个(图6,4)。04银 M64：9,高13.5、盘深5.8、口径15.3、圈足高7、底径12.5、柄长9、宽3.4厘米(图6,5)。

碗：共计44件。根据腹和底的变化分为3型。

A型：17件。敞口，平底。可分3式。

AⅠ式：2件。斜直腹，厚饼足，上捏饰指纹一周。04银 M57：4,高8.5、口径20.8、底径11厘米(图6,6)。04银 M58：2,高8.7、口径18.8、底径10厘米(图6,7)。

AⅡ式：15件。前两次发掘报告中的Ⅱ、Ⅲ式碗均属此式(11件)。斜壁或弧形腹，平底。78梨 M4：6,高7.8、口径14.5、底径8.5厘米(图6,8)。04银 M3：1,高6.7、口径14.8、底径8厘米(图6,9)。

·贵州威宁银子坛墓地分析·

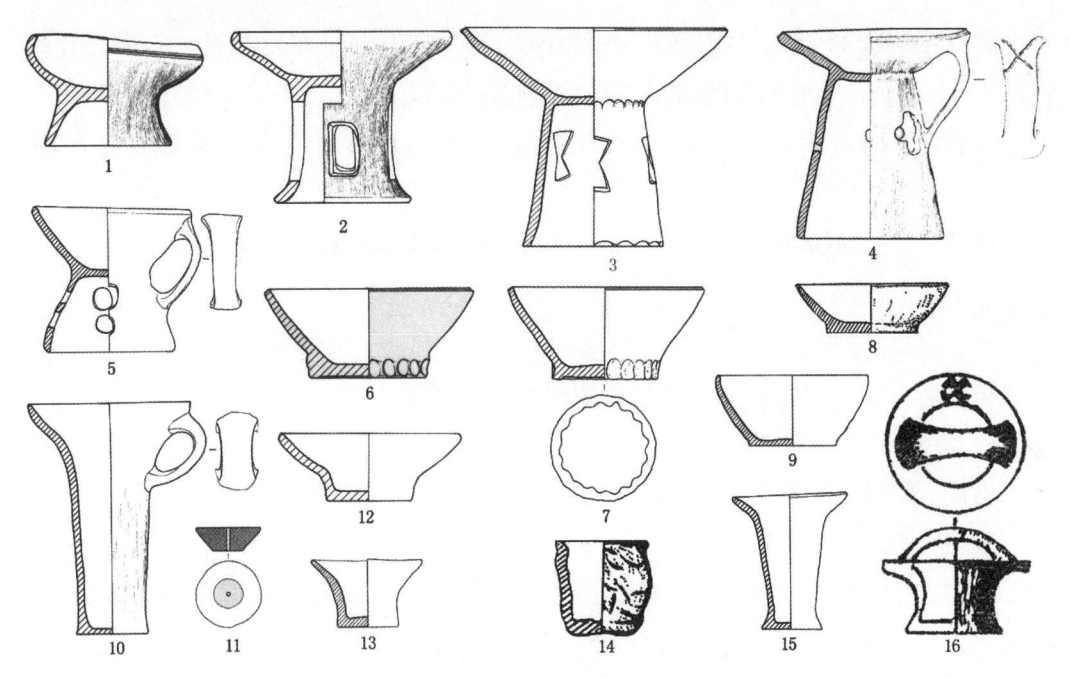

图6 银子坛墓地出土陶器·豆、碗、杯等

1. Ⅰ式豆(04M57∶1)　2、3. Ⅱ式豆(04M50∶2、04M26∶3)　4、5. Ⅲ式豆(04M3∶3、04M64∶9)
6、7. AⅠ式碗(04M57∶4、04M58∶2)　8、9. AⅡ式碗(78M4∶6、04M3∶1)　10. AⅠ式杯(04M26∶1)
11. 纺轮(04M25∶3)　12、13. B型碗(04M35∶3、04M5∶2)　14. B型杯(79T18∶6)
15. AⅡ式杯　(04M77∶1)　16. 提梁小罐(79采∶2)

B型：29件。前两次发掘报告中的Ⅰ式碗、Ⅰ式杯均属此型(19件)。侈口，筒形腹，平底，状似漏斗。04银M5∶2，高6.6、口径11、底径5.7厘米(图6，13)。04银M35∶3，高6.2、口径16、底径8.5厘米(图6，12)。

C型：仅1件，出自地层，为第二次发掘报告中的Ⅳ式碗。直腹敛口，平底下接矮圈足。79T22∶2，口径14.2、通高7、足高1.2厘米。

杯：14件。包括前两次发掘报告中的Ⅱ、Ⅲ、Ⅳ式杯和Ⅱ、Ⅲ式觚(12件)。可分2型。

A型：12件。侈口，长筒形腹，平底。根据有无把的变化分为2式。

AⅠ式：3件。有把。第二次发掘报告中的Ⅲ、Ⅳ式杯属此式(2件)。04银M26∶1，有把，侈口略内敛，筒形腹；高22.1、口径15.6、底径9、耳长6.5厘米(图6，10)。

AⅡ式：9件。无把。前两次发掘报告中的Ⅱ、Ⅲ式觚属此式(8件)。04银M77∶1，无把，侈口，筒形腹，至底微向外侈；高13、口径11.2、底径5.5厘米(图6，15)。

B型：2件。直腹，平底。器形小且粗糙，手捏痕迹清楚。79T18∶6，沿略外侈，器形歪扭不正；高4.5、口径4.5、底径3厘米(图6，14)。

提梁小罐：2件。颇小，提篮状，用途不明，第二次发掘时称为器盖。79梨采：2，高5、口径7、底径4.4厘米；沿上有"✕"形刻符（图6，16）。

纺轮：仅1件。04银M25：3，圆台形，上小下大；直径2.3—5.3、高1.95厘米（图6，11）。

网坠：3件。截尖橄榄形，中有孔。78T15：10，长3.8、最大径2.4厘米。

2. 铜器

铜器有兵器、装饰品、生活用具和钱币四大类。

(1) 兵器

有剑、矛、戈、镞、弩等。

剑：10件。可分3型。

A型：5件，蛇头形剑。前两次发掘报告中的Ⅰ式剑属此型（4件）。04银M75：5，扁圆空心茎，首呈蛇头形，上阴饰由线条、三角形等组合而成的图案；茎与身一次铸成，弧肩圆转；剑身中脊凸起，断面呈菱形；通长30.7、茎长9.3、剑身最宽3.7、厚0.8厘米（图7，1）。

B型：2件，带芒扁茎无格剑。前两次发掘报告中的部分Ⅱ式剑属此型（前两次发掘共有Ⅱ式剑6件，其中1件为红营盘M4所出，茎之末端有浅銎，形制与此不尽相同，排除在外；3件为调查征集，出处不详；确定为银子坛所出者仅2件）。79T19：6，扁茎无格，茎上歧出两芒，斜肩，剑身起脊，断面呈菱形；全长27、茎长6、刃最宽3.9厘米（图7，2）。

C型：3件，柳叶形剑。根据茎、身相接处的变化将之分为2式。

CⅠ式：1件。有肩。04银M66：1，略呈柳叶形，短茎，上一圆穿，茎、身直角相交，圆转肩，剑身扁平，圆脊似叶脉凸起；茎上有绳或皮的缠绕痕迹；通长23.9、茎长3.2、剑身最宽3.6、厚0.55厘米（图7，4）。

CⅡ式：2件。斜肩。第二次发掘报告中的Ⅲ式剑属此式（第一次发掘报告中的2件Ⅲ式剑均出自红营盘，调查征集的2件出处不详，均排除在外）。79梨M33：7，柳叶形，斜肩，剑身断面呈菱形，茎上二圆穿；全长31.8、剑身长24.6、刃最宽3.3厘米（图7，3）。

此外，第一次发掘报告中调查征集的Ⅳ式剑出处不详，不予讨论。

矛：5件。可分2型。

A型：4件。前两次发掘报告中的Ⅰ式矛属此式。调查征集的2件Ⅰ式矛应出自银子坛，第二次发掘出土1件。长骸双系，骸口弧形内凹。04银M75：4，叶颇短小，较窄,圆转肩;通长18.2、叶长8.6、最宽2.6厘米(图7,5)。

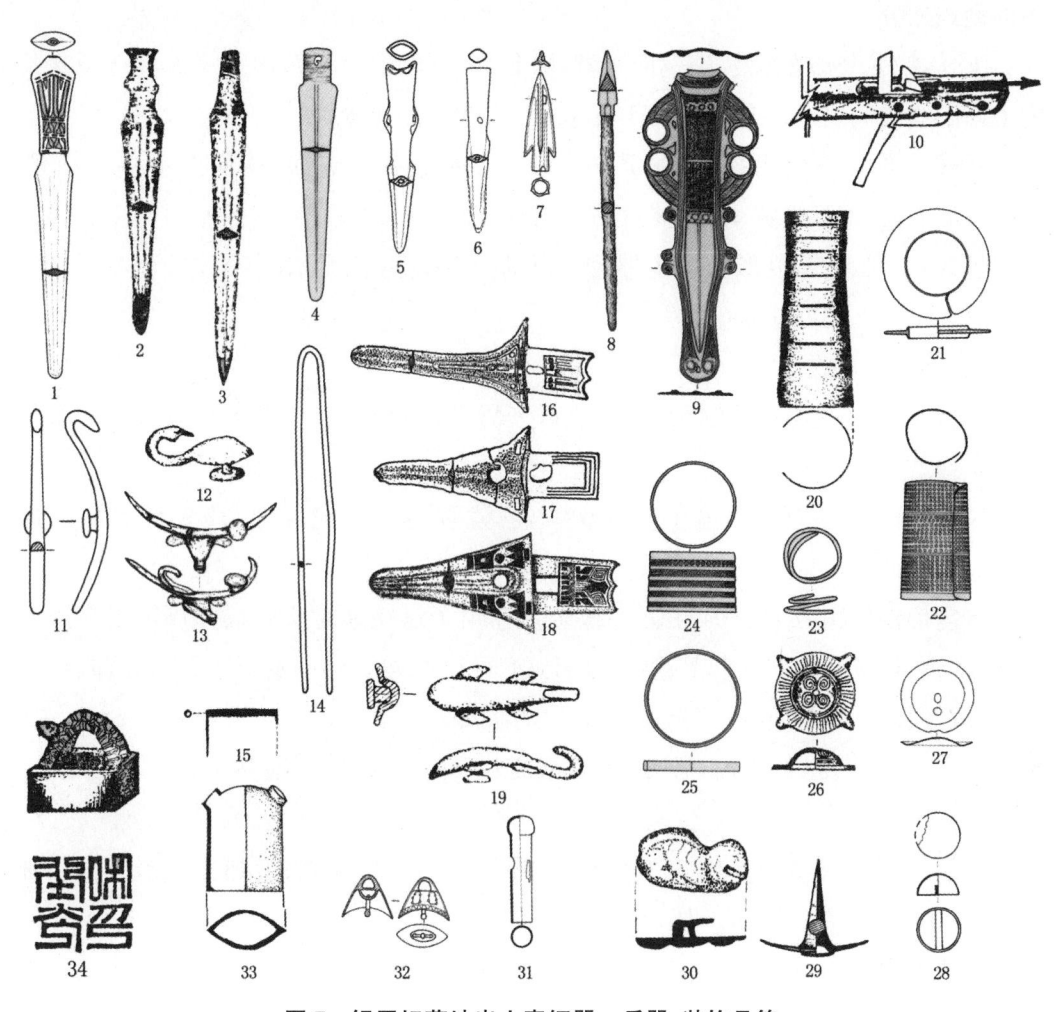

图7 银子坛墓地出土青铜器·兵器、装饰品等

1. A型剑(04M75：5) 2. B型剑(79T19：6) 3. CⅡ式剑(79M33：7) 4. CⅠ式剑(04M66：1)
5. A型矛(04M75：4) 6. B型矛(04M41：8) 7. A型镞(04M3：11) 8. B型镞(ⅡT0207②：2)
9. 琵琶形剑鞘(04 征：1) 10. 弩机(78M12：1) 11. A型带钩(04M18：2) 12. B型带钩(78 张 M2：5) 13. C型带钩(78M7：1) 14. A型发钗(04M67：1) 15. B型发钗(78T17：8) 16. Ⅰ式戈(78M26：1) 17. Ⅱ式戈(78M26：2) 18. Ⅲ式戈(78 调：12) 19. D型带钩(78M19：12) 20. 臂甲(79M43：1) 21. A型镯(04M50：8) 22. B型镯(04M50：7) 23. C型镯(04M62：3) 24. D型镯(04M15：5-1) 25. E型镯(04M52：2-5) 26. AⅡ式扣饰(79M42：13) 27. AⅠ式扣饰(04M5：5) 28. B型扣饰(04M64：10) 29. C型扣饰(78T12：1) 30. D型扣饰(78T4：5) 31. 盖弓帽(04M3：10) 32. B型铃(ⅠT0109④：2) 33. A型铃(78 张 M2：1) 34. "张光私印"(78 张 M2：6)

B型:1件。无系,骹上对穿圆孔一个。04 银 M41：8,叶短小,肩不明显;通长15.4、叶长8.6、最宽2.2厘米(图7,6)。

戈:6件(红营盘已发掘的墓葬中未见铜戈出土,调查征集的3件铜戈应出自银子坛）。均为无胡戈，可分3式（因数量少，其演变关系不甚明了，暂从前两次发掘报告中的型式划分）。

Ⅰ式：2件。长条形援，略偏向一侧，M形内。阑侧二小穿，内上一大穿。援基及内上饰阳线漩涡纹。78梨 M26：1，全长23、阑宽4.2厘米（图7，16）。

Ⅱ式：1件。三角形援，长方形内。援基、内上各一圆穿，阑侧二小穿。78梨 M26：2，全长21.4、阑宽4.3厘米（图7，17）。

Ⅲ式：3件。三角形援，M形内。援基一圆穿，阑侧二小穿，内上一方穿。78调：12，全长23.5厘米（图7，18）。

镞：18件。可分2型。

A型：6件。三翼形。04银 M3：11，三翼形，镞身中空，可纳木铤；长4.2厘米（图7，7）。

B型：12件。三棱形。ⅡT0207②：2，三棱形，带长铁铤；通长12.9、镞头长3、铤长9.9厘米（图7，8）。

琵琶形铜剑鞘：1件。04银征：1，老乡在银子坛挖地时所获；琵琶形，正面饰卷云文、雷纹、栉纹和圆状凸起等；背面平直，素面无纹；较宽的一端原有角状装饰，出土时损坏；残长29.9、最宽11.1、厚0.4厘米（图7，9）。

弩机：4件。由钩、望山、悬刀、牙等组成。78梨 M12：1，通高11.1、长3.4厘米（图7，10）。

臂甲：1件。79梨 M43：1，圆柱形，中空；前小后大，亚腰；上饰长方形镂孔4排40个；全长18.6、茎5.7—7.6厘米（图7，20）。

另有铠甲片等，从略。

(2) 装饰品

有手镯、带钩和扣饰等。

手镯：112件（不包括调查征集不明出处的9件）。可分5型。

A型：8件。有领镯。前两次发掘报告中的Ⅱ、Ⅲ式镯属此型（5件）。环内侧凸棱一周，断面呈T形。04银 M50：8，外径6.8、宽1.5、厚0.2、领通高0.65厘米（图7，21）。

B型：2件。长筒形。用圆角长方形铜片卷曲而成，呈圆筒状。两例皆与A型镯同出，佩于左腕上。04银 M50：7，较轻薄，通体饰细乳丁纹，中有弦纹两道，将之分割为三组；长7.5、外径3.2—4.5、厚0.1厘米（图7，22）。

C型：3件。弹簧形。前两次发掘报告中的Ⅴ式镯属此型（2件）。04银 M62：3，用圆柱形细铜条缠绕为弹簧状，铜条直径0.2厘米（图7，23）。

D型：21件。宽边镯。前两次发掘报告中的Ⅳ、Ⅵ式镯属此型（15件）。边较宽，饰圆圈纹、鱼刺状栉纹等。形状相同,边宽窄略有变化。04 银 M15:5-1,饰栉纹四周,圆圈乳丁纹一周;外径 5.6、边宽 3.3、厚 0.4 厘米(图 7,24)。

E 型:78 件。细条环状。前两次发掘报告中的Ⅰ式镯属此型(59 件)。04 银 M52:2-5,边颇窄,呈细条状,均无纹饰;外径 5.8—7.4、边宽 0.25—1.1、厚 0.25—0.4 厘米(图 7,25)。

指环:8 件。细条圆圈,形制相同。04 银 M37:1,外径 2、宽 0.15、厚 0.1 厘米。

带钩:25 件。分 4 型。

A 型:16 件。琵琶形或曲棒形。体修长,钮居中,钩首略呈兽首形。04 银 M18:2,长 13.1、最宽 1、厚 0.6 厘米(图 7,11)。

B 型:4 件。水禽形。圆体长钩,状如鹅。78 张 M2:5,长 3.8、高 1.7 厘米(图 7,12)。

C 型:3 件。牛头形。状似牛头,形象逼真。78 梨 M7:1,长 10.3、宽 3.3 厘米(图 7,13)。

D 型:2 件。鲵鱼形。78 梨 M19:12,琵琶形斜出四翼,状如鲵鱼;钩背有"日利八千万"阴刻隶书铭文[1];长 10、宽 3.5 厘米(图 7,19)。

此外,1979 年在中水采集的一件飞鸟形带钩可能亦出自银子坛[2]。

扣饰:37 件。分 4 型。

A 型:12 件。圆帽形。有沿,中央隆起,状如草帽,大小不等。多数背有横栓,少数用穿固定。分 2 式。

AⅠ式:2 件。第一次发掘报告中的 1 件Ⅶ式扣饰(M19)属此式。背无横栓,用穿固定。一大一小。04 银 M5:5,较小,中有圆状凸起,沿略上翘;圆顶中央及一侧有两个圆穿;出土于死者头部,可能为帽上装饰;径 3.5、高 0.4 厘米(图 7,27)。

AⅡ式:10 件。背有横栓,宽平沿,有的帽沿歧出二角或四角。前两此发掘报告中的Ⅱ、Ⅲ式扣饰属此型。79 梨 M42:13,周边凸出四角,沿上饰栉纹,隆起部分饰对称漩涡纹;直径 4、厚 1 厘米(图 7,26)。

B 型:4 件。前两次发掘报告中的Ⅴ式扣饰属此型(3 件)。较小,半球形。04 银 M64:10,直径 1.45、高 0.75 厘米(图 7,28)。

C 型:18 件。长钉形。前两次发掘报告中的Ⅳ、Ⅵ式扣饰属此型(16 件)。正面有长钉凸起,背有横栓。78 梨 T12:1,直径 5、高 3.8 厘米(图 7,29)。

D 型:3 件。虎形。前两次发掘报告中的Ⅰ式扣饰属此型(3 件)。正面虎形,背

---

[1] 唐文元:《贵州威宁县发现一件西汉铜带钩》,《考古》2000 年第 3 期。

[2] 赵小帆:《贵州发现的两件铜带钩》,《文物》2000 年第 12 期。

有直角插头。78梨T4∶5,长5.5厘米(图7,30)。

发钗:12件。分2型。

A型:7件。U形,由圆形细铜条曲成。04银M67∶1,长21.9、径0.3厘米(图7,14)。

B型:5件。顶部甚宽,并用细铜条缠成弹簧形。78梨T17∶8,残长4.5厘米(图7,15)。

铜铃:7件。分2型。

A型:1件。管耳铜铃。78张M2∶1,圆筒状,断面椭圆形,顶部伸出空心两耳;高10、最大径7.5厘米(图7,33)。

B型:6件。桥钮铜铃。器形较小巧,纵剖面略呈梯形,顶有桥形钮,腔内有横栓可悬舌,下底或平或弧形内凹。04ⅠT0109④∶2,高2.1、腔径0.7—2.4厘米(图7,32)。

另有少量耳环、帽饰、管等,从略。

(3) 生活用具及其他

有釜、洗、碗、贮贝器、车马器和印章等。

铜釜:8件。分2型。

A型:1件。立耳铜釜。78调∶40,敞口,平底,沿上双立耳;口径18.5厘米(图8,2)。

B型:7件。圜底铜釜。分2式。

BⅠ式:1件。带柄铜釜。敞口,高领,圜底。颈之一侧有辫索纹环形耳,另一侧有长柄。78梨M19∶5,高10.5、口径12、最大腹径12.2厘米(图8,1)。

BⅡ式:6件。双耳铜釜。器形与前者接近,偏大,颈上双环形耳。78梨M24∶7,高16.4、口径16.5、最大腹径17.4厘米(图8,3)。

铜洗:4件。形制基本相同。折沿,直腹,平底近圜。腹部饰有铺首。04银M64∶1,口径29.2、高8.5厘米(图8,5)。

铜碗:3件。形制基本相同,口微侈,浅圈足。腹部饰凸弦纹两道。78张M1∶1,口径14.5、底径8.5、高5.8厘米(图8,4)。

釜形贮贝器:3件。仅1件勉强修复完整。其中2件同出于78梨M27,出土时内有海贝若干,故暂定此名。其形制与云南滇文化墓地中所出者相去甚远[1]。78梨

---

[1] 对该器的命名,报告采用的是"贮贝器(?)",表示不确定。有研究者认为名之为"鼓形器"更妥。参见程学忠:《威宁汉墓出土之"贮贝器"试谈》,《铜鼓和青铜文化研究——中国南方及东南亚地区古代铜鼓和青铜文化第四次国际学术讨论会论文集》,贵州人民出版社,2001年。滇文化贮贝器参见佟伟华:《云南石寨山文化贮贝器研究》,《文物》1999年第9期。

M27∶1,大敞口,平底微凸,腹上双三角形耳,整体呈喇叭形;高22、口径27.6、底径21厘米(图8,6)。

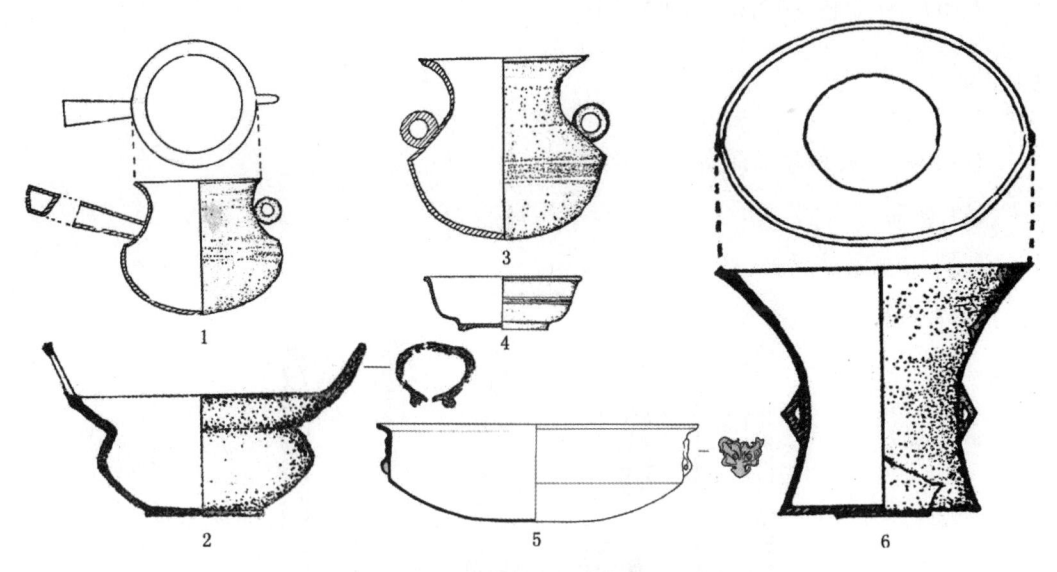

图8 银子坛墓地出土青铜器·容器
1. BⅠ式釜(78M19∶5)　2. A型釜(78调∶40)　3. BⅡ式釜(78M24∶7)　4. 碗(78张M1∶1)
5. 洗(04M64∶1)　6. 釜形贮贝器(78M27∶1)

车马器:仅盖弓帽1枚。04银M3∶10,管状,顶鼓起呈球形;中有对称的圆孔和长方形孔各一个;长5、径1厘米(图7,31)。

印章:2枚。

"张光私印":1枚(78张M2∶6)。龟钮,方印,边长2、通高2厘米;印面阴刻篆书"张光私印"(图7,34)。

"宋仁"印:1件(04银征∶2)。残,仅存方形印面,阳文篆书"宋仁"。

(4)钱币

共199枚。有五铢、大泉五十、大布黄千等。

五铢:184枚。可分3型。

A型:"五"字相交两笔较直;"铢"字"金"头略如带翼箭头,"朱"方折。可与《洛阳烧沟汉墓》中的Ⅰ型五铢对应。

B型:"五"字相交两笔屈曲,部分上下两笔较长、出头;"铢"字"金"头略如带翼箭头,也有作三角形者,"朱"方折。数量最多,可与《洛阳烧沟汉墓》中的Ⅱ型五铢对应。

C型:肉轻薄,字大而清晰。"五"字相交两笔甚弯曲;"铢"字"金"矮"朱"高,"金"

头三角形,四点较长,"朱"圆折。可与《洛阳烧沟汉墓》中的Ⅲ型五铢对应。

大泉五十:10 枚。钱的大小、轻重、"大泉"二字的书写等均有变化。

大布黄千:5 枚。均出在 79 梨 M42 中。

3. 铁器

有兵器、工具和装饰品等共计 61 件。

(1) 兵器

有剑、矛和镞共 8 件。

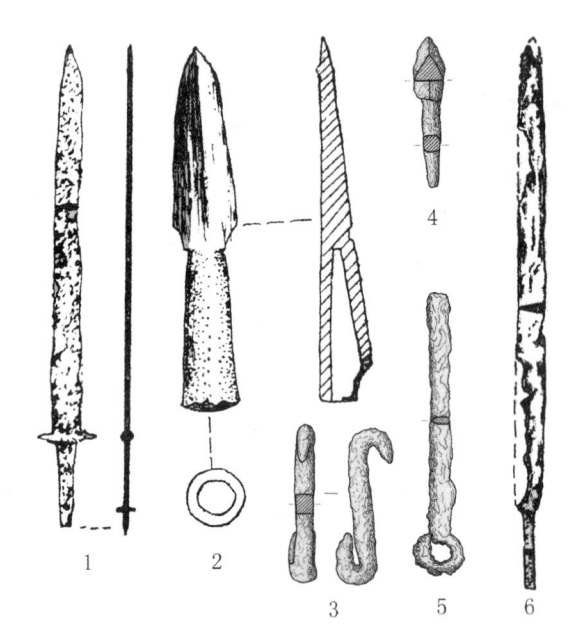

图 9　银子坛墓地出土铁器

1. 剑(79M42:2)　2. 矛(78M17:4)　3. 带钩(04M3:6)
4. 镞(04M3:12)　5. 环首刀(04M3:5)　6. 刀(78M18:1)

剑:4 件。79M42:2,扁茎无格,扁菱形剑格,剑身修长,双面刃;通长 60、刃宽 3.5 厘米(图 9,1)。

矛:3 件。78 梨 M17:4,圆锥形骹,叶形刃;全长 14.6 厘米(图 9,2)。

镞:1 件。04 银 M3:12,三棱形;通长 5.6 厘米(图 9,4)。

(2) 工具

有铁刀 48 件。

环首铁刀:36 件。04 银 M3:5,环首,直柄,单面刃;长 20.8、宽 1.6、厚 0.5 厘米 (图 9,5)。

铁刀：12件。器形较大,扁茎,单面刃。78梨M18：1,长53厘米(图9,6)。

(3)装饰品

仅带钩5件。双钩S形,无钩钮。出自死者腰部,应为带钩。04银M3：6,长5.35、圆柱形钩身径0.75厘米(图9,3)。

4. 其他

有银、玉石、骨、玛瑙、漆器等。

(1)银饰

仅有耳环6件。用圆柱形金属条圈成环状,颜色发白,质地柔软,疑为银器。04银M56：1-1,外径3.9、条径0.45厘米(图10,1)。

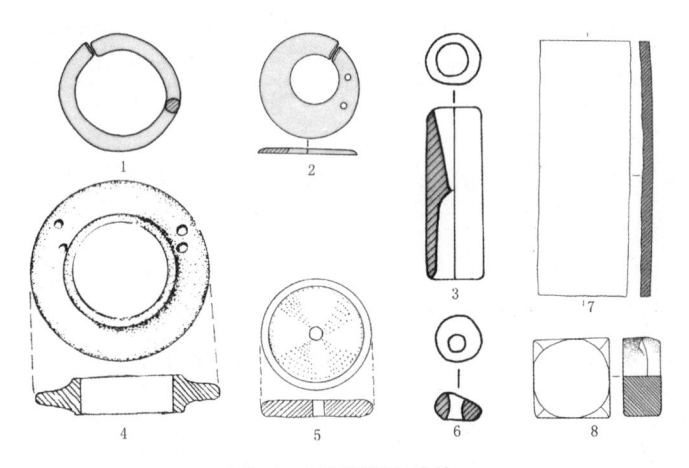

图10 玉石器及其他

1. 银耳环(04M56：1-1)　2. 骨玦(04M40：1-4)　3. 玛瑙管(04M40：1-1)　4. 石镯(78M8：1)
5. 石纺轮(78M24：3)　6. 玉珠(04M40：1-2)　7、8. 石黛砚及研磨器(04M64：4、11)

(2)玉石器

玉珠：7枚。翠绿色,算柱形,较小。04银M40：1-2,径0.85、高0.5厘米(图10,6)。

玛瑙管：8枚。管状,肉红色。从两头钻孔。04银M40：1-1,长3.1、径1厘米(图10,3)。

石黛砚与研磨器：1套。两者伴出,系女性化妆用品。石砚,1件。04银M64：4,长方形,砂石质;长13.7、宽5、厚1.1厘米;出土时较光滑的一面向下,上有红彩(图10,7)。石黛研磨器,1件。04银M64：11,柱础形,方座,圆钮,砂石质;座宽2.9、高1.45厘米(图10,8)。

石玦：4件。环状有缺。79梨M41：5,外径1.6、最宽0.4厘米。

有领石镯：4件。器形与A型铜镯同,有领,断面呈"T"形。78梨M8：1,沿上钻穿孔四个(图 10，4)。

石纺轮：2 件。圆饼形，中央一圆孔。78 梨 M24：3，直径 4.6、厚 1.2 厘米(图 10，5)。

(3) 骨器

有骨玦、有领骨镯等。

骨玦：1 件。04 银 M40：1-4，环状有缺，略残；出于右耳位置；径 3.8、玦身最宽 1.2、厚 0.18 厘米(图 10，2)。

有领骨镯：3 件。均残。04 银 M35：5，残，仅存约 1/4 段；形制与 A 型铜镯接近，有领；边镯宽 1.6、厚 0.6、领通高 1.5、复原外径约 9 厘米。

(4) 漆器

1 件。仅存残片，器形不明。78 梨 M10：1，黑色，上饰鱼鳞状纹饰，残存的口沿作圆唇；残片细碎，数量不多，知其器形较小，似为漆盒一类器物；壁厚 0.5 厘米。

(5) 烧料串珠

2 串。小如米粒或黄豆，数量颇巨。79 梨 M29：2，翠绿色，小如米粒，中有穿孔，数百枚。

二、墓葬的分期与年代

(一) 墓葬的分期

墓葬的分期主要依据层位关系、墓葬间的叠压打破关系和随葬品及其组合的变化，同时结合墓葬头向变化来进行。

1. 层位与墓葬间叠压打破关系

(1) 地层关系

前已叙及，墓地内各地点的地层堆积情况不尽一致。2004 年度发掘的东、西、北三地点中东地点的堆积相对完整，其具体情况详见前文。北地点的堆积最为简单，耕土之下即为生土，墓葬开口在耕土下打破生土，其年代偏早。西地点的地层堆积受坡改梯的破坏较甚，仅局部(西北角)有较完整的堆积，该处的土质土色较东地点略有不同，但从出土物看，其第⑤层可与东地点第⑤层对应，②—④层均为晚期堆积，与墓葬关系不大。该处因故未能发掘至底，底层堆积情况不明。根据地层关系，可将 2004 年度的墓葬分为三组。

第一组：开口在第④层下打破第⑤层的墓葬（包括开口在①—③诸地层下，直接打破第⑤层的墓葬）。

第二组：开口在第⑤层下打破第⑥层的墓葬（以及少量开口在第⑤层下，打破更底层堆积的墓葬）。

第三组：开口在第⑥层下打破第⑦、⑧层的墓葬（包括多数开口在①—⑤层下，直接打破第⑧层的墓葬，以及开口在①层下打破生土的墓葬）。

1978—1979年度梨园工区（银子坛）的两次发掘，地层堆积情况基本一致，可分四层，②A层下始有墓葬露头，分别有墓葬开口在②B层、③层和④层[1]。这样，也可以将前两次发掘的墓葬分为三组。

第一组：开口在第②B层（即打破第②B层）的墓葬。

第二组：开口在第③层（即打破第③层）的墓葬。

第三组：开口在第④层（即打破第④层）的墓葬。

通过墓葬与地层间的相互关系，特别是墓内出土遗物的相互比对，我们可大致列出三次发掘地层堆积间的对应情况，即78④层约相当于04⑥层，78③层约相当于04⑤层，78②B层在04年度的发掘中未见，是目前所见被墓葬打破的最晚的地层堆积。

综合以上情况，可根据墓葬的开口层位，将之归纳为四组。

第一组：打破②B层的墓葬。

第二组：打破第⑤层的墓葬。

第三组：开口在第⑤层下，打破第⑥层的墓葬。

第四组：开口在第⑥层下，打破⑦、⑧层（生土）的墓葬。

由于该墓地部分地层堆积的形成可能与频繁的丧葬活动有关，即掘坑后就势回填所剩的泥土相互混杂，久而久之在局部形成新的堆积，于是与墓葬关系较为密切的地层堆积土质土色均较杂乱，这在客观上给地层的细致划分造成困难，有些划分可能不尽准确。因此墓葬层位只能作为我们分期的重要参照，而不能作为唯一

---

[1] 第一次发掘报告（《威宁中水汉墓》）地层文字描述和附图（图3，梨T1南壁剖面图）不符，如文字描述中有②B层而剖面图中无，文字描述的地层厚度亦与报告图示不符等（已有研究者对之进行了讨论，参见席克定：《威宁中水汉墓的时代和分期——兼与李衍垣同志商榷》，《贵州文物》1983年第1期）。这给正确理解墓葬开口层位造成困难。报告内"梨M2、9两墓在此层中发现"等不规范描述，可以理解为墓葬打破该层和墓葬开口于此层下两种情况。从报告结语"有的西汉墓直接埋在二层中"的描述看，某层中发现墓葬似指墓葬打破该地层。本文采用此说。另据文意，发现于②层的墓葬，似均指墓葬开口在②B层。

标准。该墓地许多墓葬间复杂的叠压打破关系,在一定程度上弥补了地层关系的某些不足。

(2) 墓葬间的叠压打破关系

三次发掘的 131 座墓葬中共 14 组 48 座墓葬间有叠压和打破关系,除去部分空墓不具备分期意义外,较重要的有以下几组(—表示叠压,→表示打破)。

第一组打破关系:

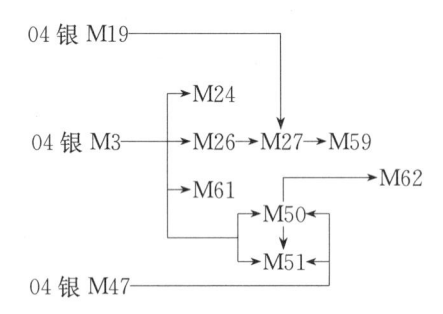

```
04 银 M19 ─────────┐
                   ├→ M24
04 银 M3 ─────────→ M26 → M27 → M59
                   └→ M61
                           ┌────→ M62
                           M50 ←┐
                           ↓    │
                           M51 ←┘
04 银 M47 ───────────────┘
```

这是已发掘的墓葬中最为密集和复杂的一组打破关系。其中,04 银 M27、M47、M61 三座墓为空墓,不具备分期意义。其余各墓的随葬品情况如下(表 1)。

表 1　第一组墓葬及其随葬品

	陶罐	陶瓶	陶豆	陶杯	陶碗	其　　他	墓葬开口/头向
04 银 M3		EⅠ	Ⅲ		AⅡ	另有铜带钩、盖弓帽、五铢和铁刀、镞等	①→M3→⑤/93°
04 银 M19	AⅤ						④→M19→⑤/220°
04 银 M26	AⅤ		Ⅱ	AⅠ			④→M26→⑤/218°
04 银 M24	AⅣ	Ⅱ	Ⅱ			玉珠一枚	⑤→M24→⑥/105°
04 银 M50	AⅣ	Ⅱ	Ⅱ			铜手镯、玉珠、玛瑙管	⑤→M50→⑧/130°
04 银 M62		Ⅱ	Ⅱ			铜手镯	⑤→M62→⑧/169°
04 银 M51			Ⅰ				⑤→M51→⑧/73°
04 银 M59	AⅡ		Ⅰ				⑥→M59→⑧/51°

在 04 银 M57 中,Ⅰ式陶豆与 AⅠ式陶碗伴出,而在 04 银 M58 中,AⅠ式陶碗则与Ⅰ式陶瓶同出,知Ⅰ式陶瓶与Ⅰ式陶豆为同时之物。因此我们将 04 银 M51、M59 出土器物归为一组讨论。而 04 银 M24、M50 和 M62 的陶器组合基本相同。这样,以上墓葬的随葬品组合可分为四组(表 2)。

表2　第一组墓葬随葬品组合

	陶罐	陶瓶	陶豆	陶杯	陶碗	其他
四		EⅠ		Ⅲ	AⅡ	铜带钩、盖弓帽、五铢、铁器等
三	AⅤ		Ⅱ	AⅠ		
二	AⅣ	Ⅱ	Ⅱ			铜手镯、玉珠、玛瑙管等
一	AⅡ	Ⅰ	Ⅰ			

由于04银M50打破M51，可知第一组器物在时代上早于第二组。04银M3打破M26证明第三组器物早于第四组。04银M26打破M59表明第三组器物早于第一组。第二、三两组器物之间由于无直接的叠压和打破关系，可暂由A型陶罐的逻辑演变关系推定二组早于三组。从层位关系看，第三组器物所代表的墓葬均打破第⑤层，而第二组器物所代表的墓葬均开口在⑤层下，这表明第二组器物的年代要早于第三组器物。另外值得注意的是，第一至三组器物所代表的墓葬，其墓向逐渐由东北向逆坡到东向横坡再到南向顺坡顺时针变化。

第二组打破关系：

```
                    ┌→M17
      04银M15 ──┤
                    └→M16
                         ↓
      04银M12────→M20
```

其随葬品组合情况如下(表3)。

表3　第二组墓葬及其随葬品

	陶罐	陶瓶	陶碗	其他	层位/头向
04银M12		Ⅲ			④→M12→⑤/162°
04银M15	AⅥ	Ⅲ	B	另有铜手镯4件	④→M15→⑤/182°
04银M16			B		④→M16→⑤/259°
04银M17		Ⅰ			④→M12→⑧/46°
04银M20	AⅡ				⑥→M12→⑧/48°

根据04银M59中AⅡ式陶罐和Ⅰ式陶瓶伴出的情况，可将04银M17、M20归为一组。剩余墓葬中04银M15的组合情况涵盖了其余两座墓的出土器物。因此可将第二组5座墓葬的随葬品归并为两组(表4)。

表 4　第二组墓葬随葬品组合

	陶罐	陶瓶	陶碗	其他
二	AⅥ	Ⅲ	B	铜手镯
一	AⅡ	Ⅰ		

这里的第一组器物与第一组打破关系中的第一组器物基本一致。第二组器物由于出现 AⅥ 式陶罐和Ⅲ式陶瓶,在逻辑关系上,其时代应较前列第三组器物略晚或基本相当。从层位看,出土这两组器物的墓葬均打破第⑤层,时代相近。在头向变化上,第一组器物代表的墓葬为东北向逆坡,第二组器物代表的墓葬为南向顺坡或西向横坡,也大致呈现顺时针的变化趋势。

第三组打破（叠压）关系：

```
04 银 M5 ──┐
           ├──→ 04 银 M25
04 银 M13 ─┘
```

04 银 M13 为空墓,其余两座墓葬的随葬品组合情况如下（表 5）。

表 5　第三组墓葬及其随葬品

	陶罐	陶瓶	陶豆	陶碗	其他	层位/头向
04 银 M5	AⅥ	Ⅲ	Ⅱ	B	铜扣饰	④→M5→⑤/205°
04 银 M25	AⅡ	Ⅰ			陶纺轮	⑥→M25→⑦/93°

这组墓葬所反映的组合情况与上一组墓葬基本相同。04 银 M5 出土的罐、瓶、豆、碗代表了银子坛墓地最完整的陶器组合。头向顺时针变化。

第四组打破关系：04 银 M40→04 银 M60（表 6）。

表 6　第四组墓葬及其随葬品

	陶罐	陶瓶	陶豆	其他	备注
04 银 M40	AⅣ	Ⅱ	Ⅱ	玉珠、玛瑙管、骨玦	⑤→M40→⑥/95°
04 银 M60	AⅠ	Ⅰ			⑥→M12→⑧/88°

这一组墓葬的随葬品情况,与第一组墓葬中第一、二组随葬品组合基本一致,但打破关系为两组器物间的相对早晚关系提供了直接证据。AⅠ式陶罐补充了第一组器物组合。两墓头向均向东。

第五组打破关系：04 银 M32→04 银 M33（表 7）。

表7　第五组墓葬及其随葬品

	陶罐	陶瓶	陶碗	其他	备注
04银M32			B		①→M32→⑤/187°
04银M33	AⅥ	Ⅲ	B	铜手镯、残陶器	①→M33→⑤/185°

这两座墓葬的情况与前述04银M15和M16正好相反。这恰恰表明仅随葬B型陶碗的墓葬与以AⅥ式陶罐、Ⅲ式陶瓶和B型陶碗为组合的墓葬年代相当,因此互有打破。年代较为接近的墓葬之间的打破关系尚有04银M37→04银M64等。两墓头向均向南。

第六组打破关系：

```
04银M23─────┐ ┌───
04银M29→M30→M66
```

这组关系中仅04银M30出Ⅱ式陶瓶1件,04银M66出Ⅰ式陶瓶和CⅠ式柳叶形铜剑各1件。04银M66在器物组合上可归入前述第一组中。墓葬开口层位上,04银M66开口于⑥层下打破⑧层,其余墓葬均开口在④层下打破⑤层。头向,除04银M66为东向横坡外,其余3座墓葬均南向顺坡,其时代应约略与第五组墓葬同。

第七组打破关系：04银M38打破M76和M77（表8）。

表8　第七组墓葬及其随葬品

	陶瓶	陶碗	陶杯	层位/头向
04银M38		AⅡ		①→M38→⑤/170°
04银M76	Ⅲ			①→M76→⑤/170°
04银M77			AⅡ	①→M77→⑤/175°

这是一组同层墓葬间的打破关系,其时代大致相当。打破关系表明AⅡ式陶碗在时代上较Ⅲ式陶瓶、AⅠ式杯略晚。

第八组叠压（打破）关系：79M42叠压79M44、M45,后者为空墓（表9）。

表9　第八组墓葬及其随葬品

	陶碗	陶罐	陶豆	铜器	铁器及其他	层位/头向
79M42	AⅡ			D型铜镯、E型铜镯、AⅡ式扣饰、C型扣饰、A型带钩、戒指、B型铃、B型镞、大布黄千	环首铁刀、铁剑和小料珠	T21②/360°
79M44		AⅣ	Ⅲ	D型铜镯、A型带钩、泡钉、铜管、A型镞、B型镞	铁刀、铁矛	T21③/360°

在层位关系上，前两次发掘报告中的第②层，在 2004 年度发掘中未发现与之对应的地层堆积，第③层约相当于 04⑤层。由叠压所显示的墓葬间相对早晚关系与地层堆积是一致的。

以上所列的八组叠压打破关系中，第一组所出器物最为完备，其余各组反复检验了诸组器物间的相对早晚关系，并进一步完善了器物组合的内容。至此，我们可以将具有叠压打破关系的墓葬所出器物归纳为以下四组（表 10）。

表 10　叠压打破关系墓葬出土器物组合

	陶罐	陶瓶	陶豆	陶杯	陶碗	其　他
四	EⅠ		Ⅲ		AⅡ	铜带钩、盖弓帽、大布黄千、五铢、铁器等
三	AⅣ、AⅤ、AⅥ	Ⅲ	Ⅱ、Ⅲ	AⅠ、AⅡ	AⅡ、B	铜手镯、铜扣饰、铜镞、铁器等
二	AⅣ	Ⅱ	Ⅱ			铜手镯、玉珠、玛瑙管、骨玦等
一	AⅠ、AⅡ	Ⅰ	Ⅰ			陶纺轮

表格显示了四组器物的变化，一至四组器物在时代序列上依次由早及晚。在此基础上，我们再反观器物变化和与之对应的墓葬层位、头向和墓圹类型的变化之间是否有规律可循。

首先看与层位的关系。出第一组器物的 04 银 M17、M20、M25、M51、M59、M60 等 6 座墓葬，均开口于生土面；出第二组器物的 04 银 M24、M40、M50、M62 等 4 座墓葬，均开口在⑤层下，打破⑥层；出第三组器物的 04 银 M5、M12、M15、M16、M19、M26、M32、M33、M38、M76、M77、79M44 等 12 座墓葬均打破⑤层（79③层约相当于 04⑤层）；出第四组器物的 04 银 M3 打破⑤层，而 79M42 打破晚于⑤层的 79②（应为②B）层。出土器物与墓葬层位的变化基本是一致的。

其次看与头向的关系。出第一组器物的 6 座墓葬，头向在 46°—93°之间，为东北逆坡或东向横坡。第二组 4 座墓葬中 3 座在 95°—130°，大致为东向横坡，仅 1 座墓葬（04M62）为 169°，南向顺坡。第三组中的 9 座墓葬头向在 162°—220°，均为南向顺坡。第四组 2 座墓葬头向或向北或向东，无一定之规。总体而言，从第一至第三组墓葬，由早及晚，墓葬头向逐渐由东北逆坡向南向顺坡顺时针变化。

最后看与墓圹类型的关系。出第四组器物的 2 座墓葬均为 B 型墓，墓圹较宽大，其余墓葬均属 A 型墓，墓圹狭长。B 型墓出土陶器较少，并普遍出土五铢或莽钱，其时代明显偏晚。据此，我们很容易将其从众多墓葬中识别出来。

这些变化规律，由于和时间早晚有密切关系，所以具有分期意义。

2. 墓葬的分期

由于前述地层堆积较杂，墓葬层位划分偶有出错的可能，我们的分期讨论以上面所归纳的器物变化作为第一标准，层位作为第二标准（当二者发生矛盾时，我们采信器物及其组合），同时将头向和墓圹变化作为重要参照。以之为标尺，对所有墓葬逐一衡量，我们可以将目前已发掘的134座（含张狗儿老包3座）墓葬分为四组。前文的分析已经表明，墓葬从随葬品到墓葬形制、头向等的变化与时间早晚有关，所以四组墓葬实际代表了银子坛墓地使用的四个时期。

第一期：23座[1]。墓葬开口在⑥层下打破生土，或开口在其余层位下打破生土。墓圹形制均为A型墓（狭长方形）。部分墓葬墓底发现银灰色葬具板灰痕迹，残痕略呈长方形。除04M56、M57因受后期人为破坏而无法判明其为一座墓内葬头向颠倒的二人或是两座墓葬外，其余墓葬均为单人葬。墓葬头向以东北逆坡（10座）和东向横坡（11座）为主。第一期墓葬随葬品偏少。陶器火候偏低，器表粗糙并呈鱼鳞状开裂；陶色以灰褐色为主；纹饰简单，仅在罐或瓶的肩部饰一周戳印点纹、弦纹或锯齿纹等，少量陶器肩部带有刻符。组合方面，陶罐（AⅠ或AⅡ式）与陶瓶（Ⅰ式）的搭配最为常见，共6例；另陶豆（Ⅰ式）和陶碗（Ⅰ式），陶碗（Ⅰ式）和陶豆（Ⅰ式）的组合各1例；多数墓葬仅出1件瓶（Ⅰ式）或1件罐（AⅡ式）。青铜武器有蛇头形剑（A型）、折肩柳叶形剑（CⅠ式）、双系凹骹矛（A型）等。装饰品有铜发钗（A型）、银耳环、玛瑙管和玉珠等。未见铜手镯和扣饰，注重耳部装饰。第一期墓葬为前两次发掘所未见。

第二期：23座。墓葬开口在⑤层下打破⑥层，或开口于⑤层下打破生土，或开口在其他层位下打破⑥层。墓圹形制均为狭长方形（A型墓）。部分墓葬墓底发现银灰色葬具板灰痕迹，残痕略呈长方形。开始有合葬墓出现，骨架凌乱。墓葬头向有北向逆坡（7座）、东向横坡（7座）和南向顺坡（6座）诸种情况。第二期墓葬随葬品数量较多，以陶器为主。陶器火候增高，陶色以灰白色为主；纹饰趋于复杂，刻划符号种类增多，豆足开始用镂孔装饰，延续第一期在器物肩部饰（点、线）弦纹或锯齿纹的装饰风格，纹饰向腹部蔓延，于器物上腹部饰网格纹装饰。组合方面，出现罐（AⅢ、AⅣ式）、瓶（Ⅱ式）和豆（Ⅱ式）的组合；另有罐（AⅢ、AⅣ式）和瓶（Ⅱ式），瓶（Ⅱ式）和豆

---

[1] 04银M81开口于耕土层下，打破生土，墓向111°。墓内仅出DⅠ式陶罐1件，该器与其余器物均不同，而与红营盘带流高领罐略似。因其周围均为第一期墓葬，暂将之归入此期。空墓根据开口层位与墓葬头向划分期别，以下各期均同。

(Ⅱ式)等组合形式,瓶的数量尤多。就单个墓葬而言,该期陶器数量最多,制作较精,纹饰较第一期复杂。青铜武器有剑(A型、B型、CⅡ式)、矛(B型)和戈(Ⅰ、Ⅱ、Ⅲ式)等。装饰品有铜发钗、手镯和扣饰等。第一期流行的用玉珠、玛瑙管装饰耳部的习俗仍继续沿用,未见银耳环。

第三期:72座,数量最多。墓葬开口在④层下打破⑤层,或开口在其他层位下打破⑤层。墓圹形制主要为狭长方形(A型墓),仅78M14、M15为C型墓(两座墓葬因发掘时未找到明显墓边而不排除其为多座墓葬的可能)。出现"井"字形葬具。流行合葬,骨架摆放较乱,难以清楚识别个体。其中部分死者为二次葬。绝大多数墓葬头向为南向顺坡。第三期墓葬陶器的种类增多,数量则减少。陶器制作流于粗疏,部分陶器系手捏而成;陶色以红褐色为主;在第二期基础上,纹饰继续向领部蔓延,最为繁缛。器物组合较为完备,罐(AV或AⅥ式)、瓶(Ⅲ式)、豆(Ⅱ式)和碗(B型)的搭配为银子坛墓地最完整的组合形式;另有罐(AV或AⅥ式)、瓶(Ⅲ式)和碗(B型),罐(AV或AⅥ式)、豆(Ⅱ式)和碗(B型)等组合;相当部分墓葬仅出土其中一至两种器物。青铜兵器有剑(CⅡ式)、镞(B型)等。装饰品有各类铜扣饰、手镯和铜铃等,铜带钩出现并流行。个别墓葬出土了铜贮贝器。铁刀、铁剑等铁制品开始出现。

第四期:16座。墓葬开口在78②B层,或开口于④层下打破⑤层。墓圹宽大,均为B型墓(长方形)。出现"目"字形葬具。合葬之风流行,与第三期比较,该期合葬墓内死者摆放井然有序,个体可数。该期墓葬头向略显杂乱,部分合葬墓内死者头向彼此颠倒,但总体上还是以南向顺坡者居多。随葬品中大量钱币、弩机、带钩、铜洗和印章等汉式器物的流行是本期墓葬的主要特点。陶器数量大大减少,且以汉式陶器(E型罐、F型罐、AⅡ式碗)为主,仅带把陶豆(Ⅲ式)等少量陶器仍与前期器物一脉相承,保存着地方特色。汉式陶罐上出现拍印的方格纹。

通过分期可以看出,银子坛墓地由早及晚,墓圹由A型(狭长方形)演变为B型(长方形),逐渐宽大;葬具由长方形发展为清晰的"井"字形,进而为"目"字形;合葬渐渐流行;死者头向整体呈现由逆坡向顺坡的顺时针变化趋势;陶器组合逐步完善,同时制作渐渐粗疏,明器意味加强,最终又被汉式器物取代(表11)等。它所反映的是一个地域性文化逐渐被汉化的过程。

(二) 墓葬的年代

银子坛墓地的绝大多数陶器具有明显的地域特征,鲜见于周邻遗存,而该墓地发现的部分青铜器在周邻地区亦有发现。根据这一特点,我们对墓葬年代的推定主要通过与陶器伴出的青铜器的类比,并结合碳素年代来进行。

·贵州威宁银子坛墓地分析·

表11 各期典型器物

期别	随葬品
第1期	
第2期	
第3期	
第4期	

第一期墓葬出现的蛇头形剑(A型),是云南青铜文化特别是滇文化的常见之物,在滇池周围的石寨山[1]、李家山[2]、石碑村[3]、天子庙[4]以及滇西楚雄万家坝[5]等墓地均有发现。滇文化(石寨山文化)的年代上限向有争议,根据蒋志龙的分期意见,其第一期年代可早至"春秋早期或更早"[6],而蛇头形青铜剑在该期即已出现。这类铜剑在距威宁中水相对较近的曲靖横大路墓地也有发现,出该剑(Ba型)的墓葬

---

[1] 云南省博物馆考古发掘工作组:《云南晋宁石寨山古遗址及墓葬》,《考古学报》1956年第1期;云南省博物馆:《云南晋宁石寨山古墓群发掘报告》,文物出版社,1959年;云南省博物馆:《云南晋宁石寨山第三次发掘简报》,《考古》1959年第9期;云南省博物馆:《云南晋宁石寨山古墓第四次发掘简报》,《考古》1963年第9期;云南省文物考古研究所、昆明市文物管理委员会、晋宁县文物管理所:《云南晋宁石寨山第五次抢救性清理发掘简报》,《文物》1998年第6期。

[2] 云南省博物馆:《云南江川李家山古墓群发掘报告》,《考古学报》1975年第2期;张新宁等:《江川李家山古墓群第二次发掘简报》,《云南文物》1993年总第35期。

[3] 云南省博物馆文物工作队:《云南呈贡龙街石碑村古墓群发掘简报》,《文物资料丛刊(3)》,文物出版社,1980年;昆明市文物管理委员会:《昆明呈贡石碑村古墓群第二次清理简报》,《考古》1984年第3期。

[4] 云南省博物馆文物工作队:《云南呈贡天子庙古墓群的清理》,《考古学集刊(第三集)》,中国社会科学出版社,1983年;昆明市文物管理委员会:《呈贡天子庙滇墓》,《考古学报》1985年第4期;昆明市文物管理委员会:《呈贡天子庙古墓群第三次发掘简报》,《云南文物》1994年总第39期。

[5] 云南省文物工作队:《楚雄万家坝古墓群发掘报告》,《考古学报》1983年第3期。

[6] 蒋志龙:《再论石寨山文化》,《文物》1998年第6期。

属二至三期,年代为春秋中晚期至战国[1]。类似铜剑在昆明羊甫头墓地中出土100余件(Aa型),始见于战国中期[2]。综合以上诸种情况,可以保守地认为,蛇头形剑流行的时代应在战国至西汉末期。在银子坛墓地第一期的04M75中,与蛇头形剑(A型)伴出的还有1件双系凹骸矛(A型),类似铜矛在滇青铜器中十分多见,而与八塔台M89所出的Ba型矛如出一辙[3]。云南青铜矛始见于春秋早期,延续至东汉初年[4]。由于青铜器的使用年限一般较长,它所提供的年代参考也就较为宽泛,让我们联系碳素数据来看本期墓葬的具体年代。经北京大学考古文博学院加速器质谱实验室对本期2座墓葬的3个人牙和木炭标本的碳十四测试,04M8的人牙标本碳十四年代为BP2390±60年(BP为距1950年的年代,下同),树轮校正年代为770BC—380BC;04M66人牙标本碳十四年代为BP2540±40年,树轮校正年代为810BC—520BC;同墓的木炭标本碳十四年代为BP2500±40年,树轮校正年代为800BC—480BC。3个测试结果经树轮校正后年代有所提前,前800年左右的年代数据明显偏早,倒是前380年左右可能最为接近本期墓葬的真实年代。结合碳素年代和出土青铜器类比的结果,我们认为,将第一期墓葬的年代定在战国中期前后可能比较妥当。

第二期墓葬里,第一期出现的蛇头形铜剑(A型)、A型铜发钗等仍然沿用,且无明显变化;用玉珠、玛瑙管等作为耳饰的习俗继续传承,这表明一、二期墓葬之间存在密切的联系。所不同的是,较乎一期,二期墓葬的随葬品骤然增多,铜手镯、铜戈等一批新的器类出现。陶器的变化略显突兀。虽装饰风格和器表带有刻符等传统仍一脉相承,但陶色、器形方面的变异明显过快:第一期墓葬的陶器普遍火候偏低,陶质酥脆,器表开裂,陶色以灰褐为主;第二期陶器制作明显改善,火候提高,器表较光滑,陶色以灰白为主;器形变化上,第一期墓中的深腹陶罐(AⅠ、AⅡ式)立即被有领鼓腹的AⅣ式罐取代,处在过渡阶段的AⅢ式罐数量颇少。这似乎显示一、二期墓葬之间可能存在一定的缺环。银子坛墓地出土带芒扁茎剑(B型),与之类似的铜剑在红营盘墓地也有出土。由于形制接近,第一次发掘报告将两地的这类带芒铜剑一起划属Ⅱ式或Ⅲ式,并在第二次发掘简报中正确指出这类铜剑"是梨园工区(包括银子坛和红营盘——作者注)最有特色的青铜剑"[5]。经04年度发掘证实,红营盘和银子坛是

---

[1] 云南省文物考古研究所:《曲靖八塔台与横大路》,科学出版社,2003年,第175—176页。
[2] 云南省文物考古研究所、昆明市博物馆、官渡区博物馆:《昆明羊甫头墓地》,科学出版社,2005年,卷2图576。
[3] 云南省文物考古研究所:《曲靖八塔台与横大路》,科学出版社,2003年,图四十五,6。
[4] 李健民:《云南青铜矛》,《考古学报》1995年第2期。
[5] 贵州省博物馆考古组:《贵州威宁中水汉墓第二次发掘》,《文物资料丛刊(10)》,文物出版社,1987年。

时代和内涵皆有区别的两处墓地,前者时代可能早至春秋[1]。类似铜剑在曲靖八塔台墓地发现10余件(报告中的Ⅲ式铍),主要流行于该墓地的第三期,即"战国至西汉的最早阶段"[2]。从随葬品的逻辑演变关系,并结合铜器的类比结果,我们认为第二期墓葬的年代约在战国晚期至西汉初。

第三期墓葬在数量上达到最多,反映出该地在此时人口规模空前,各方面的发展可能进入一个相对繁荣期。器物组合最为完备。陶器在第二期基础上继续有所发展,器形普遍变小,纹饰趋于繁缛,器物的逻辑演变关系清楚。金属器方面,各种铜扣饰开始流行,尤其具有断代意义的是各式铜带钩较集中地发现于本期,并开始有环首铁刀等铁器出现。部分扣饰可在八塔台墓地中发现与之一致者,如银子坛AⅠ式铜扣饰与八塔台薄片泡饰(见《八塔台》P98,图八二,6)同,AⅡ式铜扣饰与八塔台A、B型昆虫纹双角泡饰(同前,图八二,1—4)同等。从八塔台报告的墓葬登记表看,A、B型昆虫纹泡饰主要出在该墓地的第三、四期墓葬中(部分分期情况不明),时代在战国至西汉。据统计,各类滇人扣饰中,时代可定为汉代者占了出土总数的78%[3],即主要流行于汉代。带钩约春秋时起源于关中,战国中期进入四川盆地,"从西汉早期开始,夜郎所在地开始使用带钩"[4]。这种源自北方的汉式器物,应是在云贵地区与北面的巴蜀甚至更远的秦汉王朝发生频繁联系以来逐渐传入的,并在该地得到推广,同时制造出别具特色的鲵鱼形、牛头形等带钩种类。仅中水一地目前已发现铜带钩达25件之多。铁器与带钩有着大体一致的传播路线,有研究者认为,云贵地区开始使用铁器的年代约在战国晚期前后[5]。综合前述各种原因,我们认为将第三期墓葬的年代定在西汉初至西汉中期可能比较妥当。

第四期墓在墓葬形制和出土器物上较前三期发生了很大变化:墓圹变宽,出土器物以汉式器为主,有铜釜、铜洗、弩机、带钩、印章等,并普遍出土钱币。钱币以"五铢"为主,部分墓葬出"大泉五十"和"大布黄千"。据此可将第四期墓葬的年代定在西汉中晚期至东汉初。

---

[1] 贵州省文物考古研究所、四川大学历史文化学院考古系、威宁县文物管理所:《贵州威宁县红营盘东周墓地》,《考古》2007年第2期。

[2] 云南省文物考古研究所:《曲靖八塔台与横大路》,科学出版社,2003年,第46、185页。

[3] 萧明华:《青铜时代滇人的青铜扣饰》表二"滇人青铜扣饰统计表",《考古学报》1999年第4期。

[4] 王仁湘:《带钩概论》,《考古学报》1985年第3期。

[5] 白云翔:《先秦两汉铁器的考古学研究》,科学出版社,2005年,第134页;宋世坤:《贵州早期铁器研究》,《考古》1992年第3期。

三、墓葬的空间分布及其所见的社会组织状况与相关问题

(一) 墓葬的空间分布

由于墓地未全面揭露,加之前两次发掘未留存墓葬总平面图资料,对银子坛墓地的空间布局的分析受到许多限制。但根据前两次发掘的墓葬统计表提供的墓葬位置,将墓葬放回坑位示意图中,结合第三次发掘的墓葬分布图,我们仍可大致观察墓葬的空间分布状况。

首先看各期墓葬在发掘区内的分布情况。第一期墓葬主要分布在墓地东北侧的地势低平处,前两次发掘并未发现该期遗存。为数不多的第一期墓葬,在分布上相对集中,如北侧ⅠT0413等四个探方内便有04M75、M81等6座墓葬成片分布。第二期墓葬的分布范围较前期扩大,在墓地内均有零星分布,而于发掘区的东西两侧相对集中。第三期墓葬数量最多,遍及整片墓地,在发掘区的中偏北地段尤其密集。第四期墓葬的分布范围空前宽泛,已经超出墓地的范围到达张狗儿老包等地,但墓葬较为稀疏,最多也仅仅三四座墓葬集中分布,但未连接成片。各期墓葬在发掘区内的分布情况显示,第一至三期墓葬均成片分布,并且随墓地所葬人口的增加,这种趋势逐步加强,在第三期时达到高潮;到第四期时,墓葬分布打破成片的态势而形成大分散、小集中的格局,公共墓地开始逐步瓦解。此外,各期墓葬在发掘区的分布似乎表明,墓地的形成经历了一个由东北低地向南面坡顶逐渐埋葬的过程。云南晋宁石寨山墓地中亦存在低地墓葬年代早于高处墓葬年代的现象[1]。

再看各期内墓葬的分布情况。第三次发掘材料显示,各期墓葬内部的分布是有一定规律的。这首先表现在,第一至三期墓葬的成排分布迹象明显,相邻墓葬的头向葬式等基本一致。第一至二期墓葬由于头向东北或向东,墓葬多南北成列。如第一期04M4、M10、M14三墓南北自成一列,04M75、M63、M56三墓亦南北成列;第二期04M40、M60、M41等墓葬南北成列。第三期墓葬多头向南顺坡,墓葬东西成排分布。如04M11、M13、M5、M6、M1、M7等墓葬东西成排;04M55、M35、M44、M39等墓葬亦东西成排,且前三座墓葬均为葬有多人的合葬墓。第四期墓葬在分布上形成大分散,小集中的格局,也有两三座墓葬相对集中分布但未连接成片。如果把

---

[1] 蒋志龙:《晋宁石寨山的考古新发现及其对滇文化研究的意义》,《铜鼓和青铜文化研究——中国南方及东南亚地区古代铜鼓和青铜文化第四次国际学术讨论会论文集》,贵州人民出版社,2001年。

一个墓列视为墓组,把成片的墓葬视为一个墓群,那么银子坛墓地在构成上存在墓列—墓群—墓地三个层次。数座有序排列的墓葬组成一个墓组,数个集中分布的墓组组成一个墓群,各墓群一起组成整个墓地。

另外一个值得注意的现象是,第三期时,大量出现的合葬墓和儿童墓在空间分布上相对集中。如ⅡT0206、T0306两探方处在发掘区的中部,这里发现了已清理墓葬中的绝大多数儿童墓和合葬墓,且几座葬有三人以上的合葬墓紧紧相邻,东西成排。78M14、78M15两座共葬有13人的合葬墓,也在T1、T3内紧相邻。

墓葬空间分布的变化透露了怎样的信息?

(二) 社会组织管窥

一般认为,墓葬的空间分布距离可以反映社会距离。勾斯提(Goldstein)对13个民族资料的研究结果显示,墓地中出现的墓葬集中排列现象总与亲属集团的存在有关,反之墓地中不见墓葬集中排列的现象也不见亲属集团存在[1]。赵辉对我国长江中游地区几处新石器时代墓地的研究发现,各墓地均可划分为墓区、墓群、墓组和墓列等几个层次,在与聚落和社会组织关系的对应上,墓组=一套房子=核心家庭,墓群=一栋房子=扩大家庭,墓区=排房=大家族(世袭群),墓地=村落=氏族(?),这样的结构似乎是当时当地普遍的社会组织形式[2]。席克定对贵州部分苗族家族墓地的调查与研究发现,其墓葬排列遵循一定的习惯法,即同辈排在同一横列,弟在右、兄在左,夫妻则男左女右[3]。墓葬在墓地中的排列情况,一定程度上反映了死者血缘关系的亲疏远近。

银子坛墓地规模较大,显系一公共墓地。而墓葬在空间分布上的有序性,透露出墓主之间可能存在某种血缘联系。那么,能否认为这里的一个墓组也可能对应一个家庭,一个墓群可能对应一个家族,而整片墓地可能对应一个氏族呢? 我们认为这种可能性是存在的。

根据《史记·西南夷列传》的记载,战国秦汉时代西南夷地区的社会组织仍处在一种较为松散的状态,尚未形成真正意义上的国家,而是数以十计的以"君长"为首的势力集团占据该地,部分地方甚至"毋常处,毋君长",其中"滇王者,其众数万人,其旁东北有劳浸、靡莫,皆同姓相扶"。"同姓相扶",反映出当时社会的基本组织仍是以血

---

[1] 刘莉:《山东龙山文化墓葬形态研究——龙山时期社会分化、礼仪活动及交换关系的考古学分析》,《文物季刊》1999年第2期。

[2] 赵辉:《长江中游地区新石器时代墓地研究》,《考古学研究(四)》,科学出版社,2000年。

[3] 席克定:《灵魂安息的地方——贵州民族墓葬文化》,贵州人民出版社,1990年,第83页。

缘关系为纽带的。血缘关系最近的群体构成一个氏族,若干氏族所结成的集团成为部落,地缘接近的若干部落组成部落联盟。当时西南夷地区的社会组织至少存在这样三大层次。分居各地的氏族由头人领导,"君长"为部落首领,"王"则统领着部落联盟,夜郎王就至少统领着这样20余个氏族集团,成为西南夷中最大的部落联盟[1]。在后文的讨论中我们将看到,以银子坛墓地为代表的这类文化遗存,广泛分布在昭通坝子方圆约40公里的范围内,其缔造者在当时一起构成一个强大的氏族集团,彼此之间可能也是有血缘联系的"同姓相扶"的关系。为便于"相扶",在居住方式上,可能聚族而居。中水境内,与银子坛墓地基本同时的还有上寨墓地,该墓地叠压在今天的村寨之下,村民建房时曾挖出尖叶形铜锄、铜手镯等随葬品。墓地未曾发掘,具体情况不明,但墓内出土青铜农具的情况,在银子坛墓地未见,这表明,它们可能为另一个氏族的墓地。

如果以上一个墓地对应一个氏族的认识大致不误的话,我们再看氏族内部的构成。前已叙及,银子坛墓地在空间分布上,存在墓组—墓群—墓地三个层次,墓群和墓组的分布应可反映氏族内部的组织情况。关于这两个层次所对应的社会组织,我们可以参考长期居住在黔西北地区的彝族同胞的社会组织状况。彝族入居黔西北的时间较早,约在汉代[2]。彝族古文献和民间传说都表明黔西北彝族曾与濮人有过密切接触[3]。作为一个曾与墓主生活在同一时期(甚至有人认为它们正是彝族先民的遗存[4])的民族,彝族的很多习俗可能受其影响并有所保留。长期以来,彝族社会组织有家、家支和家族等层次,家族即由父系血缘所组成的氏族集团[5]。三个层次的

---

[1] 童恩正先生以滇族为例,认为战国秦汉时代西南地区的社会组织应为带有复杂酋邦特征的社会,见童恩正:《中国西南地区古代酋邦制度——云南滇文化中所见的实例》,《人类与文化》,重庆出版社,1998年。由于酋邦的概念及理论争论颇多,我们仍沿用摩尔根"氏族—胞族—部落"的传统理论来解释当时当地的社会组织([美]路易斯·亨利·摩尔根著,杨东莼、马雍等译:《古代社会》,江苏教育出版社,2005年)。

[2] 方国瑜:《彝族史稿》,四川民族出版社,1984年。方氏认为:"从见于记录及传说参校,滇东北、黔西北一带彝族之统治家族,为仲牟由后裔分支。仲牟由之孙济火(齐齐火)即在诸葛亮期,则仲牟由之年代应当东汉晚期,即公元2世纪中叶,迁居于堂狼,其子孙分支于乌蒙、乌撒、水西各地,在此区域居民,逐渐形成以彝族为主了。"

[3] 宋世坤:《贵州赫章可乐"西南夷"墓族属初探》,《中国考古学会第一次年会论文集》,文物出版社,1980年。

[4] 贵州省博物馆考古组、威宁县文化局:《威宁中水汉墓》,《考古学报》1981年第2期。

[5] 威宁彝族回族苗族自治县民族事务委员会:《威宁彝族回族苗族自治县民族志》,贵州民族出版社,1997年,第33—34页。彝族社会结构中"家"包括一对夫妇及其子女的核心家庭和两代夫妇及第二代夫妇的子女所构成的直系家庭;"家支",按父系制,有儿之家分出支,一儿分出,即一支开始,最小的支为一家,最大的支则包括上百家;若干家支构成宗族(俗称家族),系由父系血缘所构成的氏族集团。

构成,与银子坛墓地空间布局所反映的是基本一致的,因此似可认为银子坛氏族内部至少存在家和家族两个层次[1]。

若情况确实如此,那么墓葬分布由疏及密复疏的变化,可能反映了氏族力量逐步加强再逐步削弱的历史过程。第一期时人口相对较少,墓地偏处一隅,规模较小。第二期墓葬的分布范围较第一期扩大,覆盖了发掘区的绝大多数地方,但墓葬较稀疏。整个墓地是以第三期墓为主体的,这表明在第三期时该氏族空前繁荣,氏族力量极大加强。第四期墓葬墓圹普遍变宽变大,且多为合葬,少则葬有二人,多则四人,墓内遗骸摆放整齐。如04M52内葬二人,头向颠倒,其中一人双手共戴铜手镯15件,应系一女性,该墓可能为夫妻合葬墓。04M64内葬四人,头向依次颠倒,南面第一人腰佩环首铁刀,应系一男子;第二人腰部出石黛砚和研磨器一套,为化妆明器,显系一女子;北面二人性别不明;应是一座含夫妻关系的合葬墓。上述两墓与04M37南北成列,共葬七人,可能共同构成一个家族的合葬。张狗儿老包一座封土下葬有三墓,也带有家族合葬性质。与银子坛墓地第四期基本同时的赫章可乐甲类墓中,M171、M173—M179八座墓葬集中葬在一处,其中M175和M176内各出印章一枚,铭文为"毕赣印"和"毕宗私印"[2],显示两位墓主可能为兄弟,这一组墓葬应为家族的集中埋葬。这一实例有助于我们认识银子坛墓地相对集中的一个墓群内各墓葬间的相互关系。我们认为两地的情况应该是一致的,集中埋葬的一个墓群是与一个家族或家庭对应的。由此向前追溯,第四期墓葬是在前几期基础上,融合汉文化因素变化而来的,它们之间存在直接联系,因此这一时期成组墓葬内部的相互关系也有助于我们认识前三期墓葬的关系,排列相近的同期墓葬间的血缘联系在银子坛墓地可能自始至终都是存在的。第四期墓葬在分布上,实际已经打破了若干墓葬成片分布的格局,而变得尤为分散,少数几座墓葬又相对集中,已经与无数人集中埋葬,有序排列的公共墓地不同。这一变化表明氏族墓地已经逐步为家族墓地所取代。

夫妻合葬和子孙从父祖葬的"祔葬",在两汉时期的中原均为常见葬俗[3]。西汉中晚期到东汉初,随郡县的设置,汉文化的传入,传统的氏族公共墓地受到冲击,逐步

---

[1] "家""家族""宗族"等概念颇难界定,往往因研究者的着眼点不同而有不同理解(参见阎爱民:《汉晋家族研究》,上海人民出版社,2005年)。本文将"同居共炊共财"的一个单位视作一"家"(家庭),将由血缘关系较近(五服之内)的各家所构成的社群视为"家族",而氏族则为一定地域内的血亲团体,其范围广于家族。这里的"家族"约与威宁彝族的"家支"相当,氏族则约与彝族的"家族"相当。从文献记载的蛛丝马迹看,西南夷地区的氏族部落组织已经十分完备,夜郎王兴被杀后,其妻父翁指与兴子邪务胁迫二十二旁小邑反,反映出妻族在政治生活中的重要地位,也反映出包括母族在内的家族集团的势力已经较为强盛,家族势力的膨胀,最终可能瓦解氏族组织。

[2] 贵州省博物馆考古组、威宁县文化局:《威宁中水汉墓》,《考古学报》1981年第2期。

[3] 参见杨树达:《汉代婚丧礼俗考》"合葬""祔葬"条,上海古籍出版社,2000年。

为家族墓地取代,这在当时的贵州应是一个普遍的潮流。这一变化反映了氏族制度的瓦解,社会组织关系由以氏族为核心向以家族为核心的转变。

(三) 其他相关问题

接下来,我们就葬俗所反映的几个问题进行简单分析。

首先,看合葬习俗。贵州目前发现最早的合葬墓为中水鸡公山 M12、M13,均为二人合葬,前者葬两个未成年人,头向一致;后者为两个成人,头向颠倒。据碳素测定,该遗址的具体年代在前 1500—前 1050 年之间[1]。较鸡公山晚而早于银子坛墓地的红营盘墓地未发现合葬墓。合葬墓在银子坛墓地的出现时间尚难确知。第一期墓葬中有疑似合葬墓一座(04M56、M57),而两墓中间衔接处恰被后期破坏,其为头向颠倒的二人合葬墓抑或互有打破关系的两座墓葬,已难判断。联系前后的合葬资料来看,两种情况都是有可能的。第二期墓葬中的 79M38,发现颅骨 2 枚,但同样难以判断这样的一座墓葬是合葬、殉葬还是其他。合葬之风在第三期时流行,多座墓葬葬有 3 人以上,最多达到 7 人。以 04M44 为例,该墓至少葬有 5 人,居中成人骨架完好,为一次葬;其脚端二次葬遗骨一堆,为一个体;其左侧有短小骨架一具,似系一儿童;其右肩附近二次葬遗骨一堆,为 1—2 个个体;其头端棺外遗骨一堆,人牙若干枚,似系一儿童。墓内各个体间关系不明,不排除其为母子合葬的可能。这一时期的合葬墓,前面已经提到,除个别墓葬外,其余均骨架散乱,个体难辨,人骨放置有相互叠压的情况。这和第四期时遗骸放置井然有序形成极大反差。从遗骸保存的状况看,多座墓葬既有一次葬又有二次葬,所以骨架凌乱。有趣的是,第三期合葬墓在分布上都相对集中,如 78M14、M15 毗邻,04M44、M55、M35 等墓葬东西成排。多人合葬习俗在古今中外的很多民族中都曾经流行,下葬时有的是以亲属集团为单位的,有的则不然[2]。而如果银子坛墓地对应的是一个氏族的认识大致不错,合葬的各个体之间肯定是有血缘联系的。当然,要准确判断银子坛墓地第三期墓葬中多人合葬墓的死者之间的关系,只有今后借助于人骨 DNA 的研究。

其次,看墓葬头向变化。前文已经叙及,银子坛墓地的墓葬头向经历了一个从逆坡或横坡向顺坡的顺时针变化过程。而早于该墓地的红营盘墓地和鸡公山遗址内墓葬,头向均较杂乱,目前不清楚这两处遗存的不同头向是否与时代早晚有关。王仁湘先生对史前墓葬头向的研究表明,新石器时代墓葬定向有向日出方向、向日落方向、向高山方向、向水流方向、同墓地同文化变向等原则,"墓葬方向是祖先崇拜和灵魂信

---

[1] 贵州省文物考古研究所、四川大学历史文化学院考古系、威宁县文物保护管理所:《贵州威宁县鸡公山遗址 2004 年发掘简报》,《考古》2006 年第 8 期。

[2] 汪宁生:《仰韶文化葬俗和社会组织的研究》,《文物》1987 年第 4 期。

仰的表现之一"[1]。银子坛墓地器物演变的规律已经表明各期墓葬之间为发展变化的关系,并非不同族属。倒埋或横埋的习俗,在贵州部分少数民族中曾经存在,民间遗有"苗横倒仡佬"的旧说。过去,仡佬族老人亡故后,采用的就是头对着山脚,脚对着山顶的倒埋,意即让亡人沿着登山之路上天[2]。威宁滇东北次方言苗族无论老人过世还是婴儿夭折,均举行葬礼,装棺土葬。葬俗有新旧两种,古葬为横山而埋,新葬为顺山直埋。传说横埋由格资尤老开始,他说:"我在世时是立着走,我死后横着行。"新葬始于明初。坟山,村寨人数少,以姓氏划分;寨大则不分姓氏,多姓共用[3]。民族学资料表明,墓葬头向反映各民族的精神信仰。前举两例均与灵魂观念有关,倒埋或横埋都是为了给死者灵魂创造有利的行走方式。苗族葬俗由横埋向顺埋的变化,是在与其他民族长期交往过程中相互影响的结果,这一变化的过程与银子坛墓地的变化是相同的。似乎可以这样认为,银子坛墓地墓葬头向由第一至二期的横坡或逆坡,到第三期即西汉初到中期时的顺坡的变化,是这一群体精神信仰发生了某些变化的结果,而导致这一变化的根源,可能与汉文化的逐渐渗透有关。

　　威宁苗族葬俗除头向变化外,其为儿童举行葬礼和以姓氏划分坟山的做法,均可作为我们正确解释银子坛墓地的参照。前文已经提到,在银子坛墓地里,夭折儿童是可以进入公共墓地的,这与许多原始民族的做法不同,而与威宁苗族的葬俗一致。同一地域古今民族葬俗的某些相似,也许并非偶然。在长期的民族交流与融合过程中,今天仍居此地的某些民族身上,可能保存了银子坛时代居民的某些文化基因。

　　第三,银子坛墓地可能存在墓外祭祀活动。第三次发掘于地层中清理出特大型陶罐2件(B型),其中1件修复完整,高达59厘米。这是该墓地目前所见最大的陶器,但仅见于地层,墓内未见。此外,三次发掘均于地层内清理出一些动物遗骨,以颅骨和牙齿居多,种类有牛、马、猪等,而以牛多见。第三次发掘于04M25、M26等墓葬内清理出少量动物遗骨,种属莫辨。这些遗存多发现于墓地第⑤层堆积中,其时代约与第三期墓葬相当。与墓葬同时的遗物少见或不见于墓内,似应推测其为墓外祭祀的遗存。民族志资料显示,威宁滇东北次方言苗族葬后若坟垮或子孙不宁,均要择吉日垒坟,届时用牲畜作为牲祭[4]。椎牛祭祖是苗族普遍的习俗[5]。云南西盟佤族

---

[1] 王仁湘:《我国新石器时代墓葬方向研究》,《中国史前考古论集》,科学出版社,2003年。
[2] 贵州仡佬族学会:《仡佬族文化百科全书》,贵州民族出版社,2002年,第178页。
[3] 威宁彝族回族苗族自治县民族事务委员会:《威宁彝族回族苗族自治县民族志》,贵州民族出版社,1997年,第230页。
[4] 威宁彝族回族苗族自治县民族事务委员会:《威宁彝族回族苗族自治县民族志》,贵州民族出版社,1997年,第231页。
[5] 伍新福、龙伯亚:《苗族史》,四川民族出版社,1992年,第295—306页。

人死,要剽猪牛驱鬼。葬毕,坟头立一木棍,上捆竹筒,内盛生米或水酒供死者享用,有的还将所剽牛头或猪头捆于木棍上。为死者泡酒用的木酒筒(或陶制酒坛)也放在墓顶篾筐内[1]。这些民族学资料可以解释为何银子坛墓地地层中发现较多遗骨和部分不见于墓内的陶器的现象,我们认为它们可能与墓外的祭祀活动有关。但不排除其来自墓葬的可能性,毕竟地层内发现的大量陶片(包括完整陶器)、五铢等,可以确定是墓葬受后期扰动后混入地层的遗物。

第四,看随葬品及其组合所反映的葬俗变化。器物组合方面,从第一至第三期,随葬品组合渐趋完善,由最初的陶瓶和陶罐到陶瓶、陶罐和陶豆,再到陶瓶、陶罐、陶豆和陶碗的组合。而第四期时陶器减少,汉式器增多,铜洗、印章、弩机、黛砚等遗物在墓内出现,器物组合打破传统。这一变化与墓葬空间布局的变化是一致的,可以作为前述第一至三期氏族力量逐步加强,而至第四期时为家族势力所取代这一结论的补充例证。器形方面,到第三期时,陶器趋于小型化,部分器物直接用手捏成,制作粗糙,陶瓶尤为突出。陶器颜色的总体变化趋势是灰褐—灰白—红褐。陶色的变化,可能反映了人们在陶土选择和陶器烧成温度上的变化,即到第三期时陶土选择和烧造均趋于随意。但在装饰上,第三期陶器纹饰最为繁缛。第三期时陶器在制作、烧造诸多环节均流于粗疏,但纹饰趋于繁缛,组合最为完备,我们认为这反映了丧葬用具的明器化。这个时期,丧葬礼俗趋于成熟和稳定,表现为墓向呈南向顺坡,器物组合趋于完备等等,这可能是氏族力量加强的结果。

四、文化特征与源流

(一) 同类遗存的分布与特征

与银子坛墓地文化内涵一致的同期遗存,除银子坛外,尚有昭通营盘甲区墓地[2]、文家老包墓地[3]、白沙地墓地[4]和黄竹文物采集点[5]等。其中,前三处遗存出土物较为丰富,简介如下。

---

[1] 李仰松:《佤族的葬俗对研究我国远古人类葬俗的一些启发》,《考古》1961年第7期。
[2] 营盘发掘队:《云南昭通营盘古墓群发掘简报》,《云南文物》1995年总第41期。
[3] 昭通地区文物管理所:《昭通文家老包古墓群调查简报》,《云南文物》1984年总第15期。
[4] 丁长芬:《昭通青铜文化初论》,《云南文物》2002年第1期;丁长芬:《昭通地区古代墓葬概况》,《云南文物》2000年第2期。
[5] 昭通文管所调查资料,采集到单耳陶罐(属本文Ⅴ式罐)等遗物。

1. 昭通营盘甲区墓地

位于昭通市西北约15公里的洒渔河（横江上游）西岸丘陵上，为相互独立的甲、乙两个墓区（甲区内涵与银子坛同，乙区则与红营盘同），面积共约3.2万平方米。1986年夏发掘墓葬205座，其中甲区清理162座，均为长方形竖穴土坑墓，墓向较一致，在260°—310°之间。随葬品以陶器为主，有少量铜器和玉石器，未见铁器（图11）。陶器均为夹砂陶，陶色有灰白、灰黄、褐色等；纹饰有篦划网格纹、弦纹、乳丁和镂孔等；器类有罐、瓶、豆、碗、杯等；部分器物口沿有"ᛅ""✶""✕"等形状的刻符。铜器有戈、矛、剑（剑鞘）、手镯、U形发钗等。玉石器有有领镯、玛瑙珠、绿松石等。

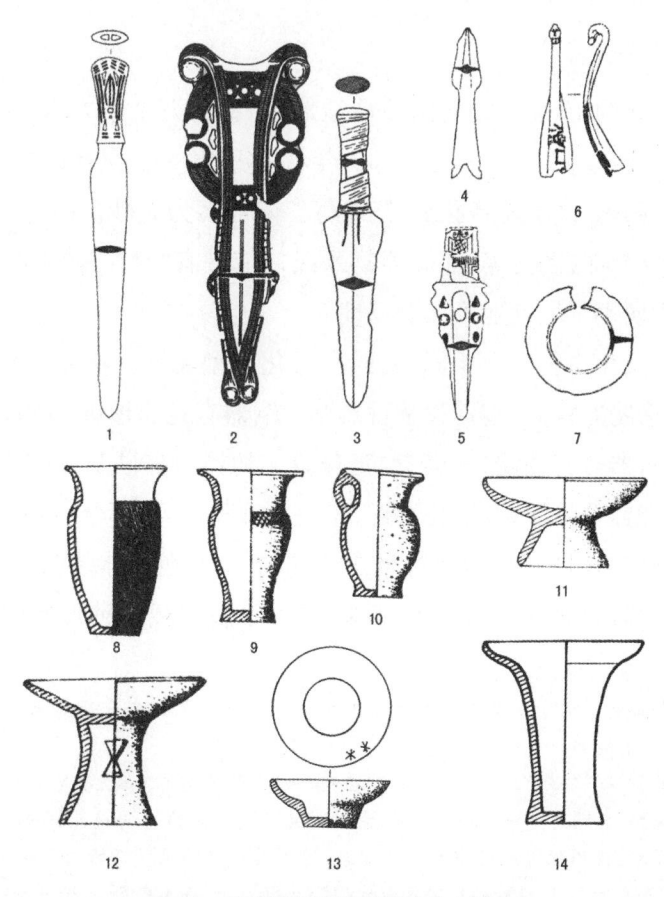

图11 昭通营盘甲区墓地出土器物
1.蛇头形铜剑 2.琵琶形铜剑鞘 3.柳叶形铜剑 4.铜矛 5.铜戈 6.铜带钩 7.有领玉镯 8、9.陶瓶 10.单耳陶罐 11、12.陶豆 13.陶钵 14.陶杯

该墓地所出器物与银子坛所见者可完全对应，但未见银子坛第四期墓葬和遗物。从简报所公布的有限资料看，所出器物可分别划属银子坛墓地第一至三期，即为战国

中期至西汉中期前后的遗存。

2. 文家老包墓地

位于昭通市东南约8公里的守望乡一处高敞的土台上,东南距中水仅16公里,面积约2万平方米。1982年调查发现,未发掘。墓葬为长方形竖穴土坑墓。历年调查采集的遗物有蛇头形铜剑、饕餮纹铜戈、陶豆、陶瓶、陶碗和单耳陶罐等。陶器多呈灰白色,有篦划网格纹、镂孔等装饰;部分器物口沿有"ㄣ""十""力""小""爪"等形状的刻划符号[1]。

目前所见资料属银子坛第二至三期器物,即战国晚至西汉中期。

3. 白沙地墓地

位于昭通市北约10公里的北闸镇白沙地,面积约万余平方米,表土下即可见竖穴土坑墓。1982年调查发现,未发掘。历年调查采集的遗物有蛇头形铜剑、舞蹈人纹戈、单耳陶罐、陶碗、高圈足镂孔豆、陶瓶等。陶器多为夹砂灰白陶,纹饰有弦纹、篦划网格纹、"个"形装饰、镂孔等;部分器物颈或口沿带有"小""爪""木"等形状的刻划符号。所出遗物属银子坛墓地第二至三期。

以上诸遗存文化面貌完全相同,属同一文化类型无疑。墓葬形制均为长方形竖穴土坑墓,出土遗物有铜器、陶器和玉石器等。铜器有蛇头形剑、无胡戈、矛、手镯、发钗、带钩等。玉石器有有领镯、玛瑙管、玉珠等。陶器以夹砂灰白陶为大宗,有弦纹、篦划纹、乳丁纹和镂孔等装饰,器类有罐、瓶、豆、碗和杯等;部分器物口沿或肩部带有各种形状的刻划符号,且有些刻划符号是相同的[2]。在人体装饰上,比较注重耳部和手腕装饰,常常耳悬银环、玛瑙管、玉珠或玦,手腕佩戴各种形制的玉石或铜质手

---

[1] 部分资料据昭通文管所陈列资料和《中国文物地图集·云南分册》(云南科技出版社,2001年)补充,以下白沙地墓地亦同。

[2] "小""木""仌""彐""女"等刻划符号在两个以上墓地均有发现(参见中水发掘报告和丁长芬《昭通青铜文化初论》),表明这是一种使用较广、相对稳定并有一定寓意的符号系统。"在器物上作记号以作为所有权、使用权、使用位置或其他作用的标志,是中国古器物里很老的一个传统。"(张光直:《谈王亥与伊尹的祭日并再论殷商王制》,《中国青铜时代》,生活·读书·新知三联书店,1999年,第214—215页)中水陶符中的部分与仰韶文化所见者是相同的。刘民钢对仰韶陶符的研究认为其为记数(记年、记月)符号,并释读出一至十二等数字(《试论仰韶陶符》,《华夏考古》1997年第4期)。我们认为,中水陶符也极有可能是记数符号。从第三次发掘的经验看,以往对中水陶符的释读存在两个问题:一、未完全区分符号与纹饰,其中部分陶符(如"个")在一器之上饰一周数个,应为纹饰而非陶符;二、部分位于口沿或陶器残片上的陶符,由于可从多个角度观看,释读可能存在方向颠倒的情况。这是今后在进行中水陶符研究时要注意的。

镯。习惯用各种铜扣饰装饰衣物，用铜发钗固定发型（可能也有木质发钗，朽坏不存），带钩的使用较为普遍。虽然这类遗存青铜器数量相对较少，器类也较单调，绝大多数铜器均可在滇池区域青铜文化中找到与之相类似者，但陶器却独具特色，很容易与其他地区的陶器区别开来。

目前发现的这类遗存分布在昭通盆地方圆约40公里的范围内，均为墓地，尚无同期遗址发现。昭鲁盆地东西两面有乌蒙山和五莲峰呈人字形包夹，南面被牛栏江阻隔，形成一个南北狭长而相对封闭的丘坝相间的高原盆地。由牛栏江支流和横江上游诸水系所组成的水网密布于盆地之内，环境较为优越。以上诸墓地的主人，在战国至西汉时期，曾经占据了昭鲁盆地最为肥沃的原野。而盆地北面水富张滩坝、绥江回头湾等墓地巴蜀柳叶形铜剑、铜钺、铜鍪、巴蜀图语印章等典型遗物的出土[1]，表明至迟在西汉初期前后，巴蜀文化势力已经渗透到金沙江沿岸地区。西面的巧家魁阁墓群、龙滩石板墓群等遗存，风格独特，与西昌附近同类遗存接近[2]。其东北乌蒙山外可乐墓地，所出部分铜器与之相似，但陶器却判然有别。可乐乙类墓中流行折腹圈足褐陶罐，其上多饰乳丁纹，器颇轻薄[3]，表明其另有传统。其南相距较近的有东川普车河墓地，而该墓地"在其墓葬形制和随葬品的种类、质地、纹饰特征等方面，与云南滇池区域青铜文化有着较强的一致性"[4]。南面稍远的曲靖八塔台、横大路墓地则与滇池区域青铜文化有着更为密切的联系，可能为与滇王"同姓相扶"的"靡莫"之属的遗存，因此有研究者建议将之命名为"石寨山文化的八塔台类型"[5]。

从以上勾勒的周邻遗存的分布状况可以清楚地看到，以银子坛墓地为代表的这类遗存，其分布的范围并未超出昭鲁盆地，四至较为清楚。而遗存所出陶器独具特色，自成一体。目前这类遗存已经发现多处，并对之有一定认识，它们既有一群的特征，又有较为清楚的分布范围，事实上已经形成一个颇具特色的地方文化类型。它们是战国秦汉时代，活动在昭鲁盆地一带的人们共同体的遗存。

---

[1] 丁长芬：《昭通青铜文化初论》，《云南文物》2002年第1期；丁长芬：《昭通地区古代墓葬概况》，《云南文物》2000年第2期；丁长芬：《云南水富张滩抢救发掘战国、西汉土坑墓群》，《中国文物报》2005年8月10日第1版；李善耘：《绥江回头湾出土巴蜀文物》，《云南文物》1994年总第37期。

[2] 丁长芬：《昭通青铜文化初论》，《云南文物》2002年第1期；丁长芬：《昭通地区古代墓葬概况》，《云南文物》2000年第2期；并见《中国文物地图集·云南分册》。

[3] 参见梁太鹤：《还原夜郎——赫章可乐夜郎考古》，《文物天地》2002年第4期。

[4] 云南省文物工作队：《云南东川普车河古墓群》，《云南文物》1989年总第26期。

[5] 蒋志龙：《试论石寨山文化的两个类型——石寨山类型和八塔台类型》，《云南文物》2000年第2期。

(二) 文化的渊源与流向

考古发现表明,在上述范围内,从距今约3 500年至距今2 000年左右的1 500年间,曾先后存在面貌不同的三类遗存,分别以鸡公山遗址、红营盘墓地和银子坛墓地为代表。它们有着大体一致的分布范围,并且多个地点有各类遗存并存的情况。我们认为,一个文化的源头应该从当地更早的文化中去寻找,同时也要注意同一时期外来文化对其的影响,即从纵、横两个方面予以考察。

1. 本地传统

(1) 与鸡公山文化的联系

以鸡公山遗址为代表的这类遗存,目前在昭鲁盆地内已经发现20余处,其中中水有5处,是这类遗存分布的最东限。发现的遗物以陶器为主,还有少量玉石器和青铜器等。陶器以夹砂陶为主,其色斑驳,多呈红褐色,纹饰简单,有弦纹和锥刺纹等;典型器类有细颈小平底瓶、折沿弦纹罐、单耳敛口罐、单耳带流杯、双耳带流盆、高领大罐、喇叭口杯、圆饼形器盖、豆形器盖、碗形豆等,其中细颈小平底瓶、折沿弦纹罐、喇叭口杯和钵的组合为完整组合,而前两种器物的搭配最为常见。石器有斧、锛、穿孔石刀、镰、镞等,穿孔石刀最具特色。骨器主要有骨镞和雕花骨饰等。玉器有有领镯、玦等。铜器数量较少,有环形耳饰、有段铜锛和铜凿等(图12)。鸡公山遗址发现各种形状的土坑300余个,其中85%以上浮选出稻谷颗粒。这类遗存显然代表了一种全新的考古学文化,已倡议将之命名为"鸡公山文化"。据鸡公山遗址碳素测定结果,这类遗存的年代约在前1500—前1050年之间,是云贵高原新石器时代晚期至青铜时代初期的遗存[1]。

鸡公山遗址出土的喇叭口陶杯与银子坛墓地出土的B型陶碗在器形上接近。该遗址折沿弦纹罐与细颈小平底瓶的组合为基本组合,而瓶与罐的组合,同样是银子坛墓地最基本的器物搭配形式。鸡公山遗址所出的有领玉镯、玦等遗物,银子坛时代仍然沿用,且器形变化不大。鸡公山遗址发现墓葬19座,为长方形竖穴土坑墓,墓葬头向顺坡、横坡均有,显得较为杂乱,其中有墓葬(M13)葬二人且头向颠倒,这些情况与银子坛墓地较为接近。从遗址中出土的玉镯、玦等遗物以及部分墓主耳悬小铜环的情况看,耳部和手腕同样为人体装饰的重点,这与银子坛也是一致的。

---

[1] 张合荣、罗二虎:《试论鸡公山文化》,《考古》2006年第8期;王林:《威宁中水鸡公山遗址初步分析》,四川大学硕士学位论文,2006年。

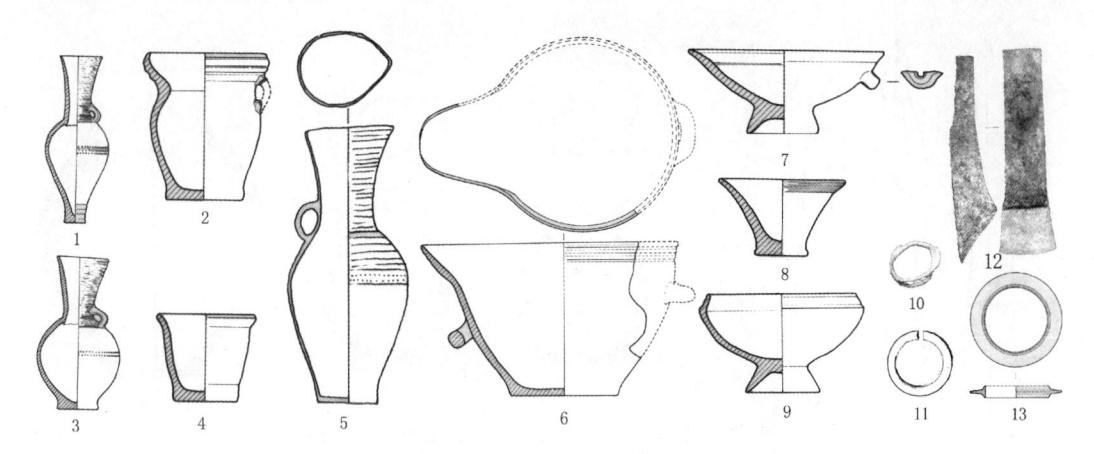

图 12　鸡公山文化出土遗物

1、3. 细颈小平底瓶　2. 折沿弦纹罐　4. 直腹小陶杯　5. 带流高领罐　6. 双耳带流盆
7. 带耳碗形豆　8. 喇叭口杯　9. 碗形豆　10. 铜耳环　11. 玉玦　12. 有段铜锛　13. 有领玉镯

当然，由于两者之间有较长的时间间隔，彼此之间的差异胜过了相同点。

(2) 与红营盘类遗存的联系

与红营盘墓地内涵相同的遗存有昭通营盘乙区墓地，该墓地甲、乙两区之间相距仅约 150 米，其甲区内涵与银子坛同，乙区则与红营盘一致。中水第一次发掘时，发掘者未能区分出两者的不同（这表明两者之间存在颇多相似）。而昭通营盘墓地发掘者已经意识到其"乙区墓地应属一个新的青铜文化类型"[1]。这类遗存的共同特点是，两处墓地所处位置均高于相近的银子坛类型墓地，墓葬均为长方形竖穴土坑墓，分布较稀疏。红营盘墓地的头向有北向顺坡、东向横坡和南向逆坡等情况。随葬品数量较少，有铜器、陶器、玉石器等。铜器有长骹双系矛、扁茎带芒剑、矛形铜剑、弓背铜刀、铜镞、戒指、手镯、扣饰等。陶器数量不多，以夹砂黑褐陶为主，陶质疏松易碎，部分器物有乳丁装饰；器类有带流高领罐、单耳侈口小罐、圈足陶碗、直腹杯等，而以带流高领罐最具特色也最为常见。玉石器有玉玦、石璜和磨石[2]等（图 13）。人物同样注重耳部和手腕（以及手指）的装饰，红 M21 死者左耳悬肉红色大玉玦 1 枚，右耳则悬稍小的玉玦 3 枚，左手佩铜手镯 4 件，双手共戴弹簧形铜戒指 3 枚，显得琳琅满目[3]。

---

[1] 营盘发掘队：《云南昭通营盘古墓群发掘简报》，《云南文物》1995 年总第 41 期。

[2] 这类器物在滇池地区青铜文化中较为常见，磨光长条形，一端有孔，长约一拃。多数发掘报告称其为"石坠"。在墓葬中往往与青铜剑伴出，并常出在死者腰部附近，应系与剑一起佩在腰间用于磨剑的磨刀石。

[3] 贵州省文物考古研究所、四川大学历史文化学院考古系、威宁县文物管理所：《贵州威宁县红营盘东周墓地》，《考古》2007 年第 2 期；并参见营盘发掘队：《云南昭通营盘古墓群发掘简报》，《云南文物》1995 年总第 41 期。

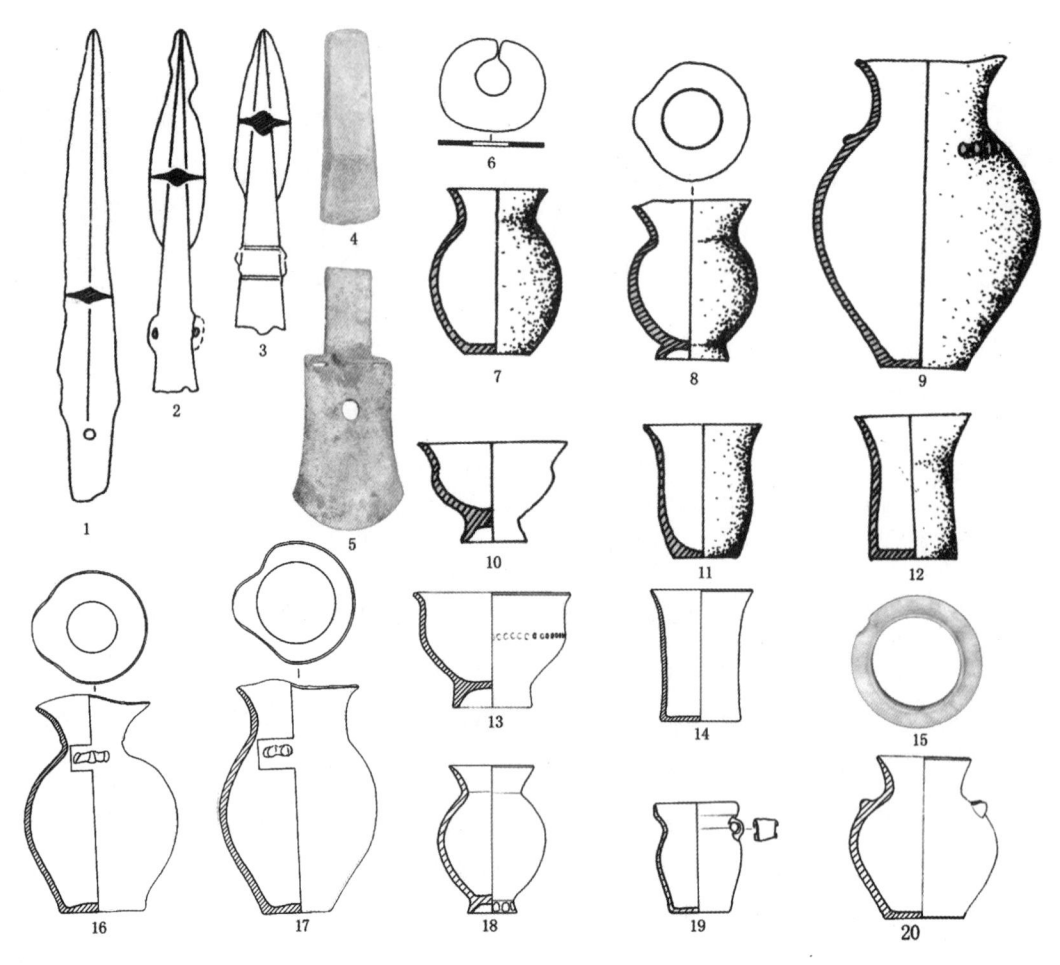

图 13　红营盘类遗存出土器物

1.柳叶形铜剑　2、3.铜矛　4.有段铜锛　5.铜钺　6.玉玦　7、20.平底陶罐　8、18.圈足陶罐　9、16、17.带流陶罐　10、13.圈足陶碗　11、12、14.直腹陶杯　15.有领玉镯　19.单耳小陶罐
（1—3、7—12出自昭通营盘乙区墓地，4、5、15出自水果站墓地，其余出自红营盘墓地）

矛形铜剑、带芒铜剑和带流高领陶罐等遗物也在鲁甸马厂发现[1]，表明该地也有此类遗存分布。中水当地农民曾在红营盘墓地掘出竖穴土坑墓一座，内出第一次发掘报告中的Ⅶ式铜扣饰（独M1∶2）和直内铜钺各1件。类似铜钺中水水果站墓地

---

[1]　丁长芬：《昭通青铜文化初论》，《云南文物》2002年第1期；丁长芬：《昭通地区古代墓葬概况》，《云南文物》2000年第2期；并参见营盘发掘队：《云南昭通营盘古墓群发掘简报》，《云南文物》1995年总第41期。马厂遗址与中水相似，既有鸡公山文化遗存，也有红营盘类型青铜文化遗存，延续时间较长，是当时的一个重要聚居区。中水发掘期间，蒙昭通文管所游有山所长、丁长芬师姐惠示该所近年在马厂调查时所采集的部分遗物，其中包括丁文中的"实心扁长方茎铜矛"和"三角形镂孔銎铜矛"。此二器实应为铜剑，前者为本文所称带芒铜剑（茎上凸出二芒）；后者为矛形铜剑（扁茎末端呈喇叭状浅銎），形制与独M4∶1略似（第一次发掘报告图十，3），应属红营盘类型青铜文化遗物。

曾出土1件,同出的有有段铜锛、铜手镯和有领玉镯等遗物。后三器与红营盘墓地所见者相同,知该墓地内涵应与红营盘墓地一致[1]。而所出有段铜锛则与鸡公山出土的一件相同,仅略小。红营盘墓地所出单耳小陶罐(M5：1)与鸡公山折沿单耳弦纹罐接近。带流的盆和杯在鸡公山较为多见,红营盘的带流高领罐似可视为这一传统的延续。此外墓葬头向的杂乱和人物注重耳、手装饰等习俗仍一脉相承。

这类遗存与银子坛墓地的联系主要体现在青铜器上。前文提到,一类茎上带芒的青铜剑是当地青铜文化中最具特色的器物。此类铜剑在红营盘(参见第一次发掘报告图一〇：2、3)与银子坛(本文B型剑)均有发现,而红营盘墓地数量较多。这种铜剑茎上带芒,与巴蜀式柳叶形剑[2]不同,应系本地特有的器类[3]。昭通营盘乙区墓地所出的长骸双系铜矛与银子坛墓地的A型矛相似,有领玉镯、玦等器物在银子坛墓地仍然流行,此外,该类遗存所出的直腹陶杯与银子坛墓地所出的B型陶杯接近。

关于这类遗存的年代,昭通营盘墓地的发掘者将之定在春秋时期,是大致可靠的。在地域分布上,其与鸡公山文化、银子坛墓地所代表的青铜文化类型遗存大致相同。在时代序列上,则恰介于二者之间。除前述其与前后两类遗存的相同点外,陶器所反映的则更多的是彼此间的差异,因此其应是昭鲁盆地内青铜文化的又一个地方类型,可暂称之为红营盘类型。

从前面的分析可以看到,从鸡公山到红营盘再到银子坛,彼此之间既有联系也有差异。目前没有更加直接的证据可以证明这一地区考古学文化的演进确实经历了这样一个直线发展的过程,毕竟如果我们对各遗存的年代推断大致不错的话,三个时段之间可能各存在了二三百年左右的时间间隔。同时,也没有材料可以否定三者之间存在这样的演进关系。鉴于三者在时代上前后相承,地域分布大致相同,器物及风俗确实存在联系,以及下文将要论及的其与周邻遗存的联系疏于盆地内各期遗存的联系等,我们认为三类遗存经历了鸡公山文化→红营盘类型青铜文化→银子坛类型青铜文化的演进关

---

[1] 为贵州省文物考古研究所2002年度调查资料。红营盘墓地所出铜扣饰直径11厘米,较独M1：2(径18厘米)略小,形状相同。出土时位于死者头部,可能为帽上装饰。伴出的铜钺长方形直内,平肩,"风"字形钺身,圆弧刃身;身中部靠后一圆穿,内上一小穿;通长18、内长5.8、宽4.7、刃宽9.8、厚0.2厘米。水果站墓地为2002年调查发现,当年曾试掘竖穴土坑墓一座(M1),单人仰身直肢葬,未出随葬品。2004年又试掘一座(M2),同为竖穴土坑墓,亦无随葬品。该地所出遗物均系农民挖地所得,应出自墓葬。从遗物判断,该墓地内涵应与红营盘同。

[2] 江章华:《巴蜀柳叶形剑研究》,《考古》1996年第9期。

[3] 前文已经提到,这类铜剑也见于曲靖八塔台墓地。另从昭通地区文管所陈列室所展示的巧家魁阁墓群出土物照片上看到,带芒柳叶形剑、磨石、铜手镯、铜戒指等遗物也见于该墓地。但该墓地所出的带流陶壶等陶器则为昭鲁盆地所未见,乃"邛都文化"典型器物。

系。当然,其在发展过程中,也不可避免地受到了外来文化因素的影响。

2. 外来影响

司马迁《史记·西南夷列传》记载:"西南夷君长以什数,夜郎最大。其西靡莫之属以什数,滇最大。自滇以北,君长以什数,邛都最大。此皆魋结、耕田、有邑聚。"因系"蜀郡徼外"蛮夷,且地处蜀之西南[1],所以史称"西南夷"。这是西汉中期前后,云贵和川西地区民族集团分布的基本格局。近几十年来,由于"滇王之印"和大量遗物的出土,滇的中心可以框定在昆明滇池周围及玉溪三湖地区[2]。川西南安宁河流域,有"大石墓"集中分布,一般认为其即邛都的遗存[3]。关于夜郎,由于发现相对较少,其中心之争向来众说纷纭[4],结合文献与出土物看,我们认为其在贵州黔西南境内的可能性较大。则,地处云贵川三省交界的昭通地区,在战国秦汉时代恰处于巴蜀、滇、邛都和夜郎四个文化圈的交接地带。西汉中期以来,"自僰道指牂牁江"的南夷道即途经此地,这一地区更成为巴蜀和更远的汉庭向南与南中取得联系的重要通道[5]。

(1) 北向联系

北向联系主要指这一地区先民向北与巴蜀和中原的往来。由于成都平原地区长期为西南政治、经济和文化的中心,中原与西南夷的联系是通过巴蜀而完成的。昭鲁盆地北止于靖安附近,更北即为崇山峻岭,横江贯穿其间,在宜宾汇入金沙江,再由此向北即进入成都平原。先民的北向联系应是沿横江及其支流所切割的河谷而进行的。

这种联系可以上溯到鸡公山时代。鸡公山遗址发现的部分遗物如碗形陶豆、豆形陶器盖、折沿弦纹罐等与四川盆地三星堆、十二桥等遗址出土的同类器物相似[6],

---

[1] 《后汉书·南蛮西南夷列传》:"西南夷者,在蜀郡徼外。"《史记·西南夷列传》:"此皆巴蜀西南外蛮夷也。"

[2] 张增祺:《滇国与滇文化》,云南美术出版社,1997年,第9—12页。

[3] 杨哲峰:《近二十六年来西南地区"大石墓"的研究综述》,《中国史研究动态》2001年第4期。

[4] 参见《夜郎中心地域各家之言》,《贵州文物工作》1997年第1期。

[5] 参见向达:《蛮书校注·云南界内途程第一》,中华书局,1962年。向注曰:"秦常頞之开五尺道,汉唐蒙之通南中,皆取道于此。唐始称石门路,自今四川宜宾南行,经庆符、筠连,入云南之盐津、大关、昭通,以至曲靖,至今为川、滇一通道。"另参见《中国文物地图集·云南分册》第43页"云南省重要古驿道图"。

[6] 四川盆地的相关资料参见孙华:《试论广汉三星堆遗址的分期》《成都十二桥遗址群分期初论》,《四川盆地的青铜时代》,科学出版社,2000年。鸡公山遗址出土的碗形陶豆,普遍较小,敛口呈子母口状,除用作盛物的豆外,可能还作为器盖使用。喇叭口陶杯也如此,出土时陶杯倒扣于折沿罐内的情况鸡公山遗址有一例。类似情况在茂县撮箕山石棺葬中数见(参见徐学书:《岷江上游石棺葬文化综述》,《四川大学考古专业创建三十五周年纪念文集》,四川大学出版社,1998年)。一器多用在当时应是一种普遍的现象。

有领玉镯等更是三星堆遗址的常见之物[1]。据《蜀王本纪》和《华阳国志·蜀志》记载,蜀王杜宇与古朱提有着密切联系[2]。杜宇族所生活的时代为西周至春秋中期[3],约为鸡公山文化的晚期。杜宇氏对蜀的重要贡献是"教民务农",有学者对此持否定态度[4]。而鸡公山文化鸡公山、吴家大坪等遗址中大量稻谷遗存和穿孔石刀等农具的出土,表明这一文化已有高度发达的农业,这为文献的记载提供了新的注脚,它们有可能改变我们既往的认识,即"教民务农"的记载可能属实。

红营盘时代,北向的联系并未停滞。以往认为,这类遗存所出的柳叶形剑具有较浓的"巴蜀文化"特征[5]。前文提到,一类带芒铜剑应系本地所有,其余形制的柳叶形剑不排除是受巴蜀文化影响的结果。而这一时期最有趣的发现是,红营盘墓地和水果站墓地所出土的两件直内铜钺,是昭鲁盆地内迄今仅见的两件铜钺,它们与南中地区常见的钺身中空的带銎铜钺(装柄方式为曲柄)不同,显系中原之物,带有商文化的遗风[6]。类似铜钺曾在四川大渡河流域的汉源、石棉等地发现[7]。中水发现的两件,可能为中原经由四川传至该地的遗物,是该地先民向北交往的实物遗存。

银子坛时代,由于蜀商的活动和政府的经营,该地区与北面巴蜀和中原的往来愈加频繁。已有学者对之进行讨论[8],此不赘述。需强调的是,这一时期巴蜀文化的

---

[1] 四川省文物考古研究所:《三星堆祭祀坑》,文物出版社,1999年。

[2] 《蜀王本纪》:"后有一男子名曰杜宇,从天堕,止朱提。有一女子名利,从江源井中出,为杜宇妻。乃自立为蜀王,号曰望帝,治汶山下,邑曰郫。"《华阳国志·蜀志》:"后有王曰杜宇,教民务农,一号杜主。时朱提梁氏女利游江源,宇悦之,纳以为妃。移治郫邑,或治瞿上。"朱提即古昭通地区,《汉书·地理志》犍为郡下有朱提县。1963年昭通后海子清理的东晋壁画墓,墓主坐像旁有墨书铭记,记载墓主霍承嗣死葬成都,后改葬昭通之事。铭文有"太元十□□二月五日改葬朱提越渡"等字样,足证朱提即今昭通(参见《文物》1963年第12期)。前引文献或曰宇生于朱提,或曰其妻利为朱提女,无论哪种情况,均表明杜宇氏与朱提有密切关系(也有人认为朱提系朱利之误。参见孙华:《蜀人南迁考》,《四川盆地的青铜时代》,科学出版社,2000年)。

[3] 童恩正:《古代的巴蜀》,四川人民出版社,1979年,第62页。

[4] 童恩正:《古代的巴蜀》,四川人民出版社,1979年,第62页。

[5] 丁长芬:《昭通青铜文化初论》,《云南文物》2002年第1期;丁长芬:《昭通地区古代墓葬概况》,《云南文物》2000年第2期;又见营盘发掘队:《云南昭通营盘古墓群发掘简报》,《云南文物》1995年总第41期。

[6] 青铜钺约出现于二里头文化时期,殷商之际流行于中原,西周时略少,东周时中原少见,其使用重心南移,在两广、云、贵、川等地区流行(参见杜迺松:《青铜钺的初步研究》,《考古与文物》1983年第5期)。

[7] 岳润烈:《四川汉源出土商周青铜器》,《文物》1983年第11期;石棉县文化馆:《四川石棉县考古调查》,《考古》1982年第2期。

[8] 宋世坤:《试论夜郎与巴蜀的关系》《试论夜郎与汉文化的关系》,《贵州考古论文集》,贵州人民出版社,2000年。

势力已经沿大渡河下游的峨边、犍为[1]一路南下,其遗物布及水富、绥江[2]、珙县[3]以及赫章可乐[4]等地。同时,南中惯见的舞蹈人纹铜戈也在成都[5]、简阳[6]等蜀文化的中心地域发现,表明两地的交往是双向互动的。

(2) 西向联系

西向联系指昭鲁盆地先民向西与金沙江以西地区的往来。由于受五莲峰和金沙江峡谷的阻隔,相对于南北的沟通,东西的交往相对困难,但联系始终存在。

安宁河流域目前已发现新石器时代遗址10余处(可以西昌礼州遗址[7]为代表),金沙江以南云南境内亦有为数不少的同期遗址发现(可以元谋大墩子遗址[8]为代表)。简报作者认为此二类遗址属同一考古学文化类型,也有学者对此提出异议[9]。鸡公山文化的陶器与之都存在一些相似之处,如鸡公山遗址中的部分敛口陶杯与礼州遗址的陶钵接近;鸡公山遗址的横耳陶盆与西昌杨家山遗址横耳陶罐相似[10];鸡公山遗址的折沿弦纹罐与大墩子遗址的Ⅲ、Ⅳ式陶罐接近,低领长腹罐与大墩子遗址Ⅱ式瓮接近等。最醒目的例证是,鸡公山遗址出土了两件双大耳陶罐,与其他器物风格迥异,显系外来之物。双耳陶罐被认为是氐羌系民族的遗存,曾于夏商之际到两汉时期在包括安宁河流域在内的川西、滇西北等地区流行,而其渊源可追溯至西北的马家窑文化[11]。鸡公山文化中发现的双耳陶罐可能来自其西面的安宁河流域。

地处邛都与昭鲁盆地之间的巧家一带的遗存兼有两地特点。新石器时代晚期的

---

[1] 王有鹏:《犍为巴蜀墓的发掘与蜀人的南迁》,《考古》1984年第12期;四川省文物管理委员会:《四川犍为金井乡巴蜀土坑墓清理简报》,《文物》1990年第5期。犍为墓地时代约在战国晚至西汉初。

[2] 丁长芬:《昭通青铜文化初论》,《云南文物》2002年第1期;丁长芬:《昭通地区古代墓葬概况》,《云南文物》2000年第2期;丁长芬:《云南水富张滩抢救发掘战国、西汉土坑墓群》,《中国文物报》2005年8月10日第1版;李善耘:《绥江回头湾出土巴蜀文物》,《云南文物》1994年总第37期。张滩坝墓地出半两等,表明其时代约在西汉初。

[3] 崔陈:《珙县西汉土坑墓》,《四川文物》1987年第2期。

[4] 赫章可乐2000年度的发掘,出土一批柳叶形青铜剑,上饰手心纹、蝉纹等,系典型的巴蜀文化遗物。此外,铜鍪等遗物,也与巴蜀存在密切联系。

[5] 中国青铜器全集编辑委员会:《中国青铜器全集(13)·巴蜀》,文物出版社,1994年,图一三二。成都博物馆藏,1987年出自成都抚琴小区。

[6] 高英民:《四川简阳出土的战国青铜器》,《文物资料丛刊(3)》,文物出版社,1980年。

[7] 礼州遗址联合考古发掘队:《四川西昌礼州新石器时代遗址》,《考古学报》1980年第4期。

[8] 云南省博物馆:《元谋大墩子新石器时代遗址》,《考古学报》1977年第1期。

[9] 参见马长舟:《金沙江流域新石器遗址的文化类型问题》,《考古》1987年第10期。

[10] 刘世旭、王兆棋:《西昌杨家山新石器时代晚期遗存》,《文物资料丛刊(5)》,文物出版社,1981年。横耳在鸡公山文化陶器中较为常见。

[11] 谢崇安:《略论西南地区早期平底双耳罐的源流及其族属问题》,《考古学报》2005年第2期。双耳陶罐在鲁甸马厂遗址也有出土,资料现存昭通地区文管所。

巧家龙滩墓地中,既有石棺葬,又出土坑墓。而石棺葬是新石器时代晚期至汉代广泛流行于川西、滇西北地区的一种葬俗。去巧家不远的元谋、永仁、盐边、会理等地有相对集中的石棺葬分布,并被研究者归为"元谋类型"[1],龙滩墓地是目前发现的该类型分布的最东限。

青铜时代的巧家魁阁墓地中既出带芒柳叶形铜剑,又出安宁河流域大石墓中习见的带流陶壶。与红营盘墓地出土的直腹陶杯、弓背铜刀、玉玦等相似的遗物亦见于大石墓中。大石墓中也出土银子坛墓地的臂甲、有领铜镯等物[2]。与文献中滇、夜郎与邛都均"魋结"的记载一致,大石墓的主人装饰之风也颇盛,墓内出土发饰、手镯、指环等各类装饰品甚多(类似情况却鲜见于巴蜀文化墓地),这也可看作西向存在较多联系的例证。

(3) 南向联系

主要指向南与滇甚至更远地区的联系。该地区山脉多为南北走向,这给南北的沟通往来提供了便利条件(与成都平原的联系亦然)。进入青铜时代,滇所创造的青铜文化从目前的考古发现来看,达到了西南夷青铜文化的最高水平,它因此得到汉庭最多的宠幸(《汉书·西南夷两粤朝鲜传》载"滇,小邑也,最宠焉")。环滇池和玉溪三湖地区作为滇国中心,势必也成为"旁小邑"趋之若鹜之所,是它们交往的首要目标选择。从相关研究看,成都—宜宾—昭通—曲靖—昆明的通道,在历史上长期起着沟通云贵与中原的重要作用[3]。由于相对便利的交通,这一地区势必也对昭鲁盆地内居民产生了不可抗拒的吸引。

南向的联系由来已久。据分析,鸡公山遗址发现的有肩石锛、有领玉镯等遗物,可能与东南百越文化有联系[4]。此外,该遗址发现的有段铜锛,与昆明王家墩遗址所见者如出一辙[5]。青铜时代,特别是战国中期以来(即银子坛时代),两地的联系

---

[1] 郭继艳《川滇地区石棺葬的区域类型》(四川大学硕士学位论文,2002年)根据元谋遗址的碳素测定(距今3420±155年),认为该类型的年代约在新石器时代晚期。

[2] 参见凉山彝族自治州博物馆:《米易弯丘的两座大石墓》,《考古学集刊(1)》,中国社会科学出版社,1981年;西昌地区博物馆、四川省博物馆、四川大学历史系等:《西昌坝河堡子大石墓第二次发掘简报》,《考古》1978年第2期;西昌地区博物馆:《西昌河西大石墓群》,《考古》1978年第2期;凉山彝族地区考古队:《四川凉山喜德拉克公社大石墓》,《考古》1978年第2期等。如弯丘、坝河、喜德拉克等墓地有带流陶壶出土;坝河所出Ⅱ式杯与红营盘直腹杯略同;喜德拉克所出臂甲、有领铜镯与银子坛所出者同等。

[3] 参见向达:《蛮书校注·云南界内途程第一》,中华书局,1962年。向注曰:"秦常頞之开五尺道,汉唐蒙之通南中,皆取道于此。唐始称石门路,自今四川宜宾南行,经庆符、筠连,入云南之盐津、大关、昭通,以至曲靖,至今为川、滇一通道。"另参见《中国文物地图集·云南分册》第43页"云南省重要古驿道图"。

[4] 王林:《威宁中水鸡公山遗址初步分析》,四川大学硕士学位论文,2006年。

[5] 李永衡、王涵:《昆明市西山区王家墩发现青铜器》,《考古》1983年第5期。

正如前面所分析的那样，更为密切。昭鲁盆地内发现的青铜器，器类相对单调，并以小件手镯、扣饰等装饰品为主，兵器数量不多。该地所出青铜器绝大多数可在滇池区域青铜文化中找到与之相类似者，而其中部分（如扣饰、剑鞘等）与曲靖八塔台—横大路所见者几乎完全一致。它们较为可能是从南方输入的。万辅彬等人对赫章可乐墓地的铜釜样品与赫章、威宁、东川等地的含铅样品的同位素分析结果显示，铜釜样品数据与东川古铜渣铅同位素比值接近，并据此推测，该墓地所发现的铜釜可能为东川制造[1]。东川在滇国境内，这一分析结果可供参考。我们倾向于认为，昭鲁盆地内青铜器应既有本地所特有者（如带芒铜剑）[2]，又有从南方输入者（如蛇头形剑、剑鞘和部分扣饰等）。

青铜器的南北联系颇多，而陶器所反映的却是另一番景象。从鸡公山到银子坛，昭鲁盆地内陶器均为平底（含小平底）器与圈足器（含器盖与豆），未见圜底器与三足器。而圜底器却多见于滇池区域青铜文化中，以羊甫头墓地为例，该墓地可辨识器型的1130件陶器中，圜底釜共361件，约占32%，除纺轮外数量最多。三足器流行于曲靖八塔台和横大路墓地，其数量仅次于平底器。在器类上，南北差异是十分明显的，但也有一些相似的地方。在滇文化墓地里，一类喇叭形口、瘦长腹的陶器（羊甫头B型尊，八塔台—横大路深腹大喇叭口罐，天子庙Ⅰ、Ⅱ式罐等），与银子坛Ⅱ式瓶相似[3]。八塔台—横大路部分陶豆和器盖（圈足）用三角形镂孔装饰的情况与银子坛接近，该地少量器物肩部带有的"𝟙"形"划纹"则很容易令人将之与中水刻符联系起来[4]。而八塔台M29内出土的一件陶瓶（M29：1，《曲靖八塔台与横大路》图版六，1），与银子坛墓地Ⅱ式瓶几乎完全相同，该墓地仅此一件，可能系北来之物。对比显示，昭鲁盆地和南

---

[1] 万辅彬、郭立新、李晓岑等：《古夜郎国铜釜的铅同位素考证》，《铜鼓和青铜文化研究——中国南方及东南亚地区古代铜鼓和青铜文化第四次国际学术讨论会论文集》，贵州人民出版社，2001年，第100—104页。

[2] 黔西北、滇东北地区铸造青铜器的历史应比较悠久。毕节瓦窑遗址已有铸造铜剑和鱼镖的石范，以及铜镯等小件铜器残件发现，该遗址 ^{14}C 年代为距今 2950±125 年（《考古》1987年第4期）。东汉中晚期，滇东北地区更成为重要的铜器生产中心，该地生产的朱提堂狼铜洗畅销全国（汪宁生：《云南考古》，《汪宁生论著萃编》，云南民族出版社，2001年，第1136—1142页）。

[3] 羊甫头报告的作者注意到这种相似性，并因包括B型尊在内的羊甫头早期部分遗物在附近似无渊源，而认为这可能是一种突然出现的文化因素（《昆明羊甫头墓地》第718—719页）。但从目前的分期来看，银子坛Ⅱ式瓶出现于战国晚期，时代较羊甫头的B型尊（战国中期）晚。

[4] 至少在八M181：2（深腹侈口罐肩部）、八M183：2（深腹大喇叭口罐肩部）、横M139：1（深腹侈口罐肩部）和横M83：1（壶肩部，共四组）等4件器物上有。报告正文描述为"XX"形"划痕""刻划纹"或"刻划交叉线"。从图版（二一：2，二三：1）看，应为"𝟙"或"𝟙"形，类似符号也见于银子坛墓地（如04M40：9、78T4：6、79M40：3等）。除横M139属第二期外，其余三墓均属第三期，时代约在战国至西汉。

面滇池区域、曲靖地区的陶器显然各有渊源，但彼此之间存在一些联系，特别是与较近的曲靖地区之间。

在人物装饰上，前已叙及，昭鲁盆地内古代居民与邛都、滇人一样，颇好佩戴各种饰物，装饰之风颇盛。就像南方诸民族对铜鼓的使用一样，这似乎可视为彼此影响之下而形成的一种共同习俗。

概言之，在南向的联系中，青铜器具有普遍共性，而陶器则应各有渊源。距昭鲁盆地较近的宣威尖角洞新石器时代遗址内遗物除有段石锛、穿孔石刀等可能与昭鲁盆地内同期遗存存在联系外，其陶器风格已不相同[1]。

（4）东向联系

指向东与乌蒙山东麓同一时期文化间的往来。由于有云贵高原上最为雄浑的乌蒙山脉横亘其间，给两地的交通往来造成客观上的不便。乌蒙山东麓、贵州黔西北境内较为重要的史前至西汉时期的考古发现主要有：六枝老坡底史前聚落群[2]、毕节瓦窑商周遗址[3]和赫章可乐墓地等。

老坡底遗址是贵州近年的新发现，时代尚不能确知，可能与鸡公山相当或更早。其陶器以红褐色夹砂陶为主，纹饰以方格纹为主，另有压印麦穗形和波浪形纹饰等，器类有釜、罐、钵和靴形镂孔支座、网坠等，几乎无完整者，未见平底和圈足器，似以圜底者居多，另有少量三足者。这与昭鲁盆地内以平底器和圈足器为主，不见方格纹的陶器群形成较大反差，表明二者关系不大（也表明老坡底所代表的可能为这一地区一类全新的考古学文化）。瓦窑遗址碳素年代为距今2950±125年，约当中原的商周时期，较鸡公山略晚。遗址中发现铸造铜剑、鱼镖的石范和手镯等青铜残件。陶器以夹砂红陶为主，纹饰以绳纹为主，另有拍印纹和划纹、乳丁、镂孔等；器类有侈口高领壶、高领罐、钵、豆（器盖）、纺轮、网坠等，以平底和圈足器为主，不见圜底和三足器，其中侈口高领壶、高领陶罐和部分圈足器与鸡公山同类遗物略似，但未见完全一致者。值得注意的是，以上两处遗址中均有网坠发现（鸡公山文化未见），其中瓦窑所出的亚腰形石网坠也见于其北宜宾境内的多处新石器时代遗址中[4]，似乎表明它们与北面的

---

[1] 曲靖地区文物管理所等：《宣威格宜尖角洞新石器时代遗址调查简报》，《云南文物》1984年总第16期。

[2] 张合荣：《贵州六枝老坡底抢救发掘新石器时代聚落遗址群》，《中国文物报》2005年10月5日第1版。

[3] 贵州省博物馆：《贵州毕节瓦窑遗址发掘简报》，《考古》1987年第4期。

[4] 参见四川大学历史系考古实习队：《四川宜宾南部首次发现新石器时代遗物》，《考古与文物》1984年第4期；四川省文物商店、四川省文管会：《岷江下游宜宾河段再次发现新石器时代遗物》，《四川文物》1989年第3期。

联系更为密切。

可乐墓地与银子坛墓地在很多方面是相似的,如均为竖穴土坑墓,人物习惯用发钗、铜镯、玉玦、玉珠等来装饰,很多器物特别是青铜器在器形上基本一致,等等。但两地的区别也是明显的。如葬俗方面,可乐流行"套头葬",未发现合葬;银子坛则有合葬而无套头葬。可乐乙类墓随葬品以铜器为主,陶器较少;银子坛则以陶器为主(这似乎表明,可乐墓地的级别高于银子坛墓地,滇池区域青铜文化大墓内就鲜有陶器)。可乐铜器至少存在滇(如蛇头形剑、舞蹈人纹戈等)、巴蜀(如铜鍪、柳叶形剑等)和土著(如立虎铜釜、卷云纹铜柄铜剑和铁剑等)三种因素,相当部分柳叶形剑上手心纹、蝉纹等纹饰表明,这些器物可能直接由巴蜀地区输入(该地可能沿横江支流白水河北上直接与巴蜀文化区取得联系);银子坛墓地的巴蜀文化因素并不突出[1]。而两地最大的区别在于陶器,在器形、质地和纹饰等方面均有明显差别,应各有渊源。总之,两地之间既有差别,又有联系。2000年度可乐发掘时,曾有两件陶器出土于该地的墓葬和一个祭祀坑(?)内,它们与可乐陶器不同,一望即知为银子坛类型遗物[2]。这是两地交往的最直接证据。

可乐附近除可乐墓地外,尚有辅处、大山等同一时期遗存。辅处恰处于白水河畔,系一处青铜时代墓地,从未进行发掘,历年曾在此征集石寨山型铜鼓[3]、青铜戈、剑、刀和陶器、石器等[4]。大山炼铜遗址去可乐颇近,曾发现冶炼窑炉五个[5]。我

---

[1] 可乐甲类墓内一类带鋬的大陶罐(Ⅲ式)与川西茂汶石棺葬内的同类器物(Ⅴ式)极其相似(参见四川省文管会、茂汶县文化馆:《四川茂汶羌族自治县石棺葬发掘报告》,《文物资料丛刊(7)》,文物出版社,1983年),时代上前者出在西汉晚期的墓葬中,后者出在战国晚至西汉中期的Ⅱ类墓内。这似乎表明,西汉中期以来入居可乐的北来移民中,有一部分可能来自岷江上游地区。该石棺葬墓地内发现陶符27个,时代为战国至西汉中期,其是否与中水刻符存在联系尚需讨论。种种迹象表明,可乐地区应有通道直接与北方取得联系,而横江支流白水河谷可能起到沟通南北的作用。

[2] 2件陶器一为陶瓶(属银子坛Ⅲ式瓶),一为单耳陶罐(属银子坛AⅤ式罐),均系银子坛墓地第三期(西汉初期至中期)遗物。第三期遗物在可乐墓地的出现,可以作为前述第三期时,银子坛氏族力量达到巅峰这一结论的佐证。可乐墓地出土陶器较少,出陶器的墓葬一般仅随葬一件陶器放于死者头顶,无其他青铜剑、戈等遗物,表明其可能为女性。祭祀坑(?)和墓葬内出现其他氏族的遗物,似乎反映了两个集团间的冲突与交好(假定以外族遗物祭祀——也许还有人,反映了两地冲突;而外族女子葬入墓地可能系通婚的结果)。无论实情如何,它们是两地交往的最直接证据。

[3] 宋世坤:《贵州古夜郎地区青铜文化再论》,《贵州考古论文集》,贵州人民出版社,2000年,第161页。

[4] 殷其昌:《辅处墓群》,《贵州田野考古四十年(1953—1993)》,贵州民族出版社,1993年。第186页。

[5] 殷其昌:《大山古代炼铜遗址》,《贵州田野考古四十年(1953—1993)》,贵州民族出版社,1993年。调查者认为其年代属"战国至秦汉时期",还有待进一步考证。

们认为,可乐、辅处一带的遗存(包括尚未发现者)代表的应是战国秦汉时代活动于该地区(其西未越过乌蒙山脉,具体活动范围还有待进一步调查)的另一个氏族集团。其葬俗和所造陶器已经表明他们和活动于昭鲁盆地内的人群不同,其文化各有渊源,但彼此之间有一些联系。

由以上分析可见,昭鲁盆地内居民早在鸡公山时代即与周邻地区有着往来,由于南北向的山脉和河谷为南北交通提供了便利,其与北面巴蜀和南面滇的联系似更显突出。随时间的推移,其与周邻四方的联系愈发密切。人员的流动最终导致文化的扩散,一些外来文化的因素逐步传入昭鲁盆地内,其影响前段更多体现在玉石器上,后段则表现为青铜器的相似或相同。与此同时,昭鲁盆地内部文化因素亦向外传递,辐射到周邻地区,彼此之间相互渗透,交叉影响。但是,昭鲁盆地内陶器群则自始至终都保持了较为浓厚的地方特色,与周邻地区的同类遗物相似之处不多。经过纵、横比较不难发现,盆地内各时段遗存的内部联系强于与周邻地区的联系,亦即我们在周邻地区未发现盆地内以鸡公山、红营盘和银子坛为代表的三类遗存的源头,这更加深了我们对三类遗存是相互演进关系的认识。我们认为,昭鲁盆地内的青铜文化(红营盘类型、银子坛类型)是在当地更早的文化(鸡公山文化)的基础上,融合了外来影响而逐步发展起来的。西汉中期以后,汉文化影响逐步加强并最终取代了该类型的青铜文化。

3. 与汉文化的冲突与融合

汉文化对西南夷地区的渗透主要是通过已纳入中原版图的巴蜀进行的[1]。南北两地之间人员的频繁活动导致了文化的扩散,在这一过程中,强势的汉文化显然占据了主导,并在冲突与融合中最终完成了对西南夷地区的汉化。以西汉武帝为界,可以将汉地与西南夷的交往分为前后两段。前段主要为民间往来;后段随郡县的设置,交往的范围、规模与频率都极大增加,带有官方意味,也正是从这个时期开始,西南夷地区加快了汉化的步伐。

民间的往来主要和蜀商的活动有关,多为商贸往来。"蜀贾人"将巴蜀的铁器、枸酱等卖往西南夷,而"取其筰马、僰僮、髦牛,以此巴蜀殷富"[2]。贵州发现的汉代遗

---

[1]《史记·秦本纪》:"(秦惠文王)九年(前316年),司马错伐蜀,灭之。"《华阳国志·蜀志》:"周赧王元年(前314年),秦惠王封子通国为蜀侯,以陈壮为相。置巴、蜀郡,以张若为蜀守。"即此时始,巴蜀已逐渐与中原一体,成为其经营西南夷的桥头堡。

[2] 语出《史记·西南夷列传》,同传又记:"(蜀)贾人曰:'独蜀出枸酱,多持窃出市夜郎。'"《史记·货殖列传》记秦破赵国后,迁卓氏于临邛,其"致之临邛,大喜,即铁山鼓铸,运筹策,倾滇、蜀之民,富至僮千人"。又记:"程郑,山东迁虏也,亦冶铸,贾椎髻之民,富埒卓氏。"

物中自铭产于蜀地者不乏其例,如带"蜀郡"二字铭的铁锸[1]、元始三年(公元3年)"广汉郡工官"和"蜀郡西工"所造的漆耳杯等[2]。这是汉地之物进入云贵地区的最直接反映,这种往来应该由来已久,从未停滞。此段也曾有过"秦时,常頞略通五尺道,诸此国颇置吏焉"的官方行为,但由于秦国的迅速灭亡和"汉兴,皆弃此国"(均引自《史记·西南夷列传》)等原因,汉文化并未对该地产生较大的影响。

汉文化的大规模涌入是随西南夷地区郡县制的设置而开始的。西汉中期,雄才大略的汉武帝为平匈奴、南越之患,有道可通大夏和南越的西南夷遂进入帝国的视野。汉庭为了加强对该地区的控制,采用了置吏封王[3]、治道[4]、移民[5]和用兵[6]等手段经营西南夷。先后在该地区设犍为、牂柯、越巂、益州等郡,封夜郎王(后杀之)、滇王并赐金印,发数万人治道,募豪民田南夷,并数次兴兵讨伐等等。在此过程中,大批流官、士卒、移民、商贾等进入该地,西南夷地区遂迅速汉化。

考古材料所反映的情况和文献记载是一致的。云南的考古发现显示,西汉中期开始,汉文化逐步取代滇文化,"至西汉后期已十分明显。东汉早期,滇文化墓葬中的随葬品如铜器、铁器、陶器、漆器等,与中原地区已无太大差别了",东汉中期,"原滇文化已经消失得无影无踪"[7]。贵州考古发现反映的情况与云南几乎完全一致,也是在西汉中期开始逐步汉化,东汉时,贵州地方墓葬内随葬的"铜器几乎均系汉文化风格,当地风格的器物基本消失"[8]。

---

[1] 出自贵州毕节地区,现藏毕节地区博物馆。昭通地区文管所亦藏2件。

[2] 贵州省博物馆:《贵州清镇平坝汉墓发掘报告》,《考古学报》1959年第1期。凡3件,各产自广汉和蜀郡,均为元始三年。

[3] 据《史记·西南夷列传》和《汉书·地理志》:建元六年(前135年),设犍为郡。置吏,夜郎侯多同子为令。同时,于西夷设一都尉十余县属蜀。元鼎六年(前111年),平南夷为牂柯郡,封夜郎王。同年以邛都为越巂郡、筰都为沈黎郡等。元封二年(前109年),设益州郡,赐滇王王印。西汉王朝在西南夷地区所推行的是分封制和郡县制并行的政治制度。

[4] 据《史记·西南夷列传》《史记·司马相如列传》:建元六年(前135年),设犍为郡,并发巴蜀卒治道,自僰道直指牂柯江。凡数岁,作者数万人。

[5] 《史记·平准书》:治南夷道耗资颇巨,"悉巴蜀租赋不足以更之,乃募豪民田南夷"。

[6] 据《史记·西南夷列传》《汉书·西南夷两粤朝鲜传》:自建元置吏治道以来,就兵事不断("西南夷又数反,发兵兴击,耗费无功")。较重要者有:元鼎六年(前111年),汉发巴蜀罪人尝击南越者八校尉灭且兰、平南夷。始元元年(前86年)牂柯等二十四邑三万余人反,汉"发蜀郡、犍为犇命万余人,击牂柯,大破之"。始元四年至五年(前83—前82年),姑缯、叶榆反,汉发兵兴击,汉军战及溺死者四千余人,叛军被斩首捕虏五万余级。成帝河平年间(前28—前25年),牂柯太守陈立灭夜郎等。除兴兵外,尚以兵屯其境,《汉书·西南夷两粤朝鲜传》载兴兵讨伐夜郎时,杜钦说大将军王凤:"屯田守之,费不可胜量。"同书《王莽传》记益州太守冯英上书说:"宜罢兵屯田,明设购赏。"

[7] 张增祺:《滇国与滇文化》,云南美术出版社,1997年,第21—22页。

[8] 宋世坤:《贵州汉墓的分期》,《贵州考古论文集》,贵州人民出版社,2000年,第187页。

昭鲁盆地作为上接巴蜀、下通南中的前沿地区,最先受到了汉文化的影响。银子坛墓地第三期时(西汉初至中期),带钩已在该地流行,并出现颇具地方特色的自制带钩(如牛头形、鲵鱼形带钩等),铁器也已出现[1]。进入第四期时(西汉中晚期至东汉初),汉式遗物骤然增加,传统的氏族公共墓地逐步被家族墓地取代,并在郡县制的冲击下,氏族社会开始瓦解。该期墓葬里,除汉式遗物外,仍有带把陶豆、铜铃、手镯等少数民族风格的遗物,这类遗物还一并见于出"张光私印"的张M2中,表明墓主可能为被汉化的土著或者是为便于统治而"从其俗"的汉吏。在经历了一个夷汉并存的冲突与融合过程之后,随郡县制的加强和汉族移民的增多,汉文化最终在夷汉对决中胜出。据《华阳国志·南中志》记载,西汉末年,文齐在朱提"穿龙池溉稻田",该地一时大姓云集,有"大姓朱、鲁、雷、兴、仇、递、高、李,亦有部曲"。至建安二十年(公元215年),朱提改郡,更成为滇东北、黔西北地区的政治、经济和文化中心。在汉文化席卷天下的大潮中,多数土著被汉化,部分可能如后来回族入居当地后被迫退居山野的彝族一样,转入条件相对恶劣的山区谋生。东汉灭亡之后,汉文化的阵地逐步退缩,土著文化再度得以复苏,即便到了李唐盛世,王朝的气息也并未给黔中留下深刻印记。这种状况一直持续到明清之际,这显然与当地特殊的地理环境相关,这些已经不在本文讨论的范围内。

(三) 文化属性:再说与滇和夜郎的关系

至此,我们可以对以银子坛墓地为代表的文化遗存进行一个简单的小结。先看特征,这类遗存所出遗物可粗分为青铜器和陶器两大类,前者与周邻遗存所出者具有普遍的共性,其中部分遗物可能系外来,部分为当地铸造;而后者,普遍带有刻划符号的灰白色和红褐色陶器,则具有明显的地方特色,与他处所见者不同。再看分布,目前发现的这类遗存广泛分布在昭鲁盆地方圆约40公里的范围内,其分布地域与早于它的以鸡公山和红营盘为代表的两类遗存基本一致,均未超出昭鲁盆地。通过与盆地内及相邻地区史前至汉代遗存的纵、横比较,我们发现盆地内三类遗存彼此间的联系大于与周围地区的联系。鉴于此,我们认为以银子坛墓地为代表的这类遗存是在继承当地传统的基础上,不断吸取外来影响而形成的一种具有地域特色的地方文化类型,其缔造者是战国至西汉时,活动在昭鲁盆地内的某个氏族集团。

---

[1] 滇东北、黔西北地区铁器出现的时间约在战国晚期,早于西南夷他处铁器的出现时间。贵州境内早期铁器均出在此地。以往论者视可乐、中水为夜郎地,而认为夜郎地区铁器出现的时间早于滇。滇东北、黔西北地区由于地接巴蜀,铁器率先在该地出现完全可以理解,但据此认为夜郎使用铁器的时间早于滇,可能并不妥当。原因在于,该二地并不能完全代表夜郎,何况其是否属夜郎境尚有争论。

关于这类遗存的归属,向有不同意见。贵州学者多认为属夜郎或其旁小邑的遗存,而云南学者多认为昭通是滇文化分布的北界,该地青铜文化则是一种"复合形文化"。银子坛墓地第一次发掘报告的作者首先结合文献推测这批具有明显少数民族风格的西汉墓葬,可能是"夜郎旁小邑"的文化遗存,第二次发掘简报的结语也持同样意见[1]。此后,宋世坤先生通过陶器的研究认为"赫章可乐威宁中水两地战国秦汉墓中出土的这批具有浓厚地方色彩的陶器,其风格显然不同于我省汉墓中发现的汉式陶器,故此,我们认为这批陶器应是夜郎境内土著民族生产制作的遗物"[2]。席克定先生从文献的角度讨论认为"贵州威宁、赫章在西汉时属犍为郡的汉阳县,为古夜郎国地,故威宁中水墓葬和赫章可乐墓葬的乙类墓,均应为古代'夜郎'的遗存"[3]。云南学者张增祺先生认为"滇国的北界肯定还在曲靖、东川以北的会泽、昭通一带"而"未超出今昭通市及其附近地区"[4]。杨帆先生将该地区的青铜文化划为"川、滇、黔交界区的复合文化",认为"该地区受楚、巴蜀、滇文化以及氐羌族群的共同影响,文化面貌在春秋以后已无多少自身特点"[5]。丁长芬女士对昭通境内青铜文化进行了梳理,认为境内白沙地墓地、营盘墓地和文家老包墓地兼有夜郎和滇文化的特征,青铜器与有领玉镯等与滇文化类似器物相同,"印证了石寨山文化在这一时期已经伸入滇东北",而所出陶器与银子坛者"如出一辙",所以"推测昭通青铜时代的陶器与贵州威宁中水出土陶器有属同一文化系列的可能"[6]。张增祺将昭通营盘墓地视为滇文化遗存,却同意贵州学者关于银子坛墓地应属夜郎遗存的意见[7]。

显而易见,这些认识是不一致的,也是不全面的。导致认识分歧的原因有二:第一,研究者多以现行行政区划来讨论古代文化,所以将同一类遗存分割为二并认为在滇者系滇文化,而在黔者为夜郎文化。第二,这类遗存确实存在青铜器与周邻遗存特别是滇文化遗存相似,而陶器却自成一体的情况,所以论者对其文化归属存有不同认识。

那么,如何认识这类遗存的文化属性?我们认为首先应打破现行行政区划的束

---

[1] 贵州省博物馆考古组、威宁县文化局:《威宁中水汉墓》,《考古学报》1981年第2期;贵州省博物馆考古组:《贵州威宁中水汉墓第二次发掘》,《文物资料丛刊(10)》,文物出版社,1987年。

[2] 宋世坤:《试谈威宁赫章战国秦汉陶器》,《贵州民族研究》1981年第3期。

[3] 席克定:《威宁、赫章汉墓为古夜郎墓考》,《考古》1992年第4期。

[4] 张增祺:《滇国与滇文化》,云南美术出版社,1997年,第12页。

[5] 杨帆:《试论云南及周边相关青铜文化的区系类型》,《云南文物》2002年第1期。

[6] 丁长芬:《昭通青铜文化初论》,《云南文物》2002年第1期;丁长芬:《昭通地区古代墓葬概况》,《云南文物》2000年第2期。

[7] 张增祺:《云贵高原的西南夷文化》,湖北教育出版社,2004年,第126页。

缚,而从自然地理的角度对其特征、分布、源流等进行认真梳理,从而得出客观的认识。其次,应正确理解所谓复合文化。第三,以上认识的一个共同前提是,认定银子坛墓地为夜郎遗存,但发现昭通境内遗存却同时带有诸多滇文化因素,所以才有复合文化的提法,甚至将一类遗存分割为二;问题是,银子坛墓地果真是夜郎的遗存吗?

关于第一个问题,前文已反复论及,并首先强调中水与昭鲁盆地是一体的,其东面有乌蒙山耸立,西面有五莲峰和金沙江大峡谷阻隔,北面有连绵的崇山峻岭和金沙江峡谷为屏障,南面则有牛栏江及其两岸高山环绕。崇山峻岭之中丘坝相间,鲁甸坝子、昭通坝子、洒渔坝子、靖安坝子、中水坝子等相互沟通,共同构成昭鲁盆地。而银子坛墓地、文家老包墓地、白沙地墓地和营盘甲区墓地等是分布在盆地内的同一类文化遗存,这是毋庸置疑的。早于此的以红营盘和鸡公山为代表的两类遗存亦分布在相同的地域内。昭通境内带有典型巴蜀文化特色的水富张滩坝墓地和绥江回头湾墓地,以及带有所谓"邛都文化"因素的巧家魁阁墓地和实行石棺葬的龙滩墓地,均分布在盆地外围的金沙江沿岸地区,并未深入盆地腹地,其与以银子坛墓地为代表的文化遗存各有不同的分布地域,并不相杂。通过与赫章可乐墓地材料的对比,可以发现两地在很多方面特别是在陶器上存在较明显差异,因此这类遗存分布的地域东未越过乌蒙山脉,其与可乐墓地应视作两个不同人们共同体的遗存,不宜相提并论。总之,以银子坛墓地为代表的这类遗存,是分布在昭鲁盆地内具有鲜明地方特色的一个地方文化类型。

在云贵高原连绵起伏的山岭之间,分布有众多的山间盆地,面积大小不一,大者有数百平方公里,小者仅数平方公里。这些盆地的成因比较复杂,有的是构造盆地,有的是溶蚀盆地。盆地内地面平坦,土层肥沃,适宜耕作,因此农业发达,人口集中。由此上溯数千年,情况便已如此,那些自然条件较好的盆地就已经是人们的聚居之地。由于盆地相对封闭,对外交通相对困难,所以久而久之,各地居民就形成各自的风俗习惯、宗教信仰和文化传统,这也正是云贵地区汇集了 30 个以上世居民族的自然和历史原因。对此,张增祺先生已有论述[1],不赘言。一言以蔽之,是云贵高原破碎的地理环境,孕育了破碎的古代文化,其文化异彩纷呈,具有多样性。这是我们正确理解银子坛墓地所代表的文化类型的一个重要前提。

在这一认识的基础之上,我们就可以进一步讨论该类遗存的文化属性问题,即它是一种复合文化吗?关于复合文化的提法,宋治民先生有过精辟的论述,他认为"复合文化这种提法是含糊不清的。事实上一个考古学文化,往往是包含有两种以上的

---

[1] 张增祺:《云贵高原的西南夷文化》,湖北教育出版社,2004年。

文化因素,任何一个考古学文化和外界都是有接触的、相互交流和影响的",以三星堆文化为例,它既有有自身特色的遗物,也有外来者,"但是它们已是三星堆文化的组成部分,所以不能说三星堆文化是复合文化,只能说三星堆文化吸收了外来的文化因素"[1]。银子坛类型青铜文化中确实包含了巴蜀和滇特别是后者的诸多因素,但是它们是在首先有一个文化实体存在的前提下(长期以来,该实体已经形成了具有自身特色的诸多传统),不断吸收和融合外来因素的结果。许多外来因素经引进后,被当地居民进行了卓有成效的改造,例如在银子坛墓地里,从汉地传来的带钩被改造成鲵鱼、牛头等形状。这种情况在赫章可乐墓地里表现尤为突出,从巴蜀输入的带有手心纹的柳叶形铜剑,被套以当地特有的卷云纹铜柄,成为一种新的器类。诸如此类从外地传入的器物或某些因素,被当地人吸纳和改造,已经成为当地文化的一部分,而不能再称之为复合文化。

事实上,许多被认为带有滇文化因素的器物广泛见于西南各地。如前举舞蹈人纹戈,除在滇池区域有集中出土外,在贵州兴义、普安铜鼓山、赫章可乐、四川成都以及越南和平[2]等地均有发现,其中普安铜鼓山遗址曾有铸造该器的石模出土[3],表明附近所出的此类铜戈应造于当地。曲刃一字格剑除滇池区域较多见外,在贵州安龙、普安[4]、广西田阳[5]、越南太原、河江[6]等地亦有出土。此外,如尖叶形铜锄、蛇头形铜剑等也都有较广的分布范围。这些器物最初可能确实为某些民族集团所有,但在后来广泛的交往中,被其他集团所吸纳并自行铸造,最终成为其文化的一部分。由于上述遗物目前在滇池区域发现最多,可暂认为源自该地,但尚不能盖棺定论,因为人群的交往和文化的扩散总是双向的,情况可能正好相反。无论情况如何,这部分器物传至各民族集团中被其长期使用,久而久之就成为众多民族集团所共用之物,一如铜鼓的使用一样。在物质方面如此,在人体装饰、风俗习惯等方面未尝不如此。如在滇池区域、黔西(包括黔西北的赫章可乐、威宁中水和普安铜鼓山)和安宁

---

[1] 宋治民:《巴蜀文化与周边文化关系研究中的相关问题》,《宋治民考古文集》,科学出版社,2004年,第340页。

[2] [越]黎文兰、范文耿、阮灵编著,梁志明译:《越南青铜时代的第一批遗迹》,河内科学出版社,1963年,第109页(图XVII:1)。

[3] 张元:《普安铜鼓山遗址》,《2002中国重要考古发现》,文物出版社,2003年。

[4] 梁太鹤:《贵州夜郎考古观察》,《贵州文物工作》2004年第2期。

[5] 黄明标、劳利群:《田阳县出土一字格青铜短剑》,罗志柏、黄岚:《右江河道发现战国青铜剑》,均刊《中国古代铜鼓研究通讯》1997年第13期。

[6] [越]黎文兰、范文耿、阮灵编著,梁志明译:《越南青铜时代的第一批遗迹》,河内科学出版社,1963年,第105页(图XVI:2、3)。

河流域的青铜时代遗存中，均可发现大量的装饰品，有头饰（钗、梳等）、耳饰（玦、环等）、项饰（管、珠等）和手饰（镯、戒指等）等，装饰之风颇盛，可与文献中夜郎、滇、邛都皆魋结之民的记载相吻合。大体相似的地理环境，相互之间的沟通往来，最终使得很多器物、习俗等成为这一地区各民族集团的共同传统；而在陶器烧造、丧葬习俗等方面却长期恪守了其各自的传统。由于相对独立又彼此渗透，聚居于云贵高原各盆地、河谷内的各人们共同体间形成一种"同也不同"的关系，既有相同的地方也有不同之处，而不同是主要的，也正因如此，才能从该地区识别出数十个各不相同的少数民族来。

明确了这一点，我们更有理由认为昭鲁盆地内银子坛、白沙地、文家老包、营盘甲区等墓地代表了一种地方文化类型，可称之为银子坛类型，与之对应的是战国秦汉时代活动在昭鲁盆地内的某个人们共同体。这个集团是"姓滇"还是"姓夜郎"呢？不同意见的支持者均可在文献中找到支持自己和反驳对方的论据，现有的材料尚不足以对该问题作出准确的回答。导致该结果的根本原因在于，我们对夜郎尚缺乏足够的认识。值得考虑的是，如果认为包括昭通、赫章在内的地域为夜郎境，那么滇与夜郎的地缘关系成为南北关系，而非文献中滇在夜郎之西的东西关系，此其一；其二，如果认定南、北盘江即古之牂牁江的话，滇东北、黔西北地区显然不"临牂牁江"。而如果认为夜郎中心在黔西南境内，那么它能越过崇山峻岭控制昭通一带，并使之成为自己的旁小邑吗？要从文献里数以什计的"君长"所统领的集团里找出一个与这类遗存完全对应，目前仍是困难而危险的。鉴于秦汉时代，这一地区被中原人士称为西南夷地区，这一地区各民族集团之间如前所述有颇多共同之处，在不能对昭鲁盆地内青铜文化遗存作出准确认定的前提下，为便于今后的描述与研究，我们提议暂将以银子坛墓地为代表的这类遗存称为西南夷青铜文化的银子坛类型，前者表明其与该地区的许多青铜文化存有共性，后者则突出其不同。

五、结　　语

通过前文的分析，我们可以得出以下几点认识：

第一，根据层位关系、随葬品和墓葬形制的变化，可将银子坛墓地分为四期，第一期约在战国中期前后，第二期约在战国晚期至西汉初期，第三期约在西汉初至西汉中期，第四期约在西汉中晚期至东汉初期。陶器组合方面，第一期为瓶和罐的组合，第二期为瓶、罐、豆组合，第三期为瓶、罐、豆和碗的组合，第四期时陶器数量减少，汉式陶器出现。第四期墓葬无论在墓葬形制(较宽大)还是随葬品(多为汉式器)等方面均与前三期有较大差别。葬俗方面,第一至三期墓葬头向呈现由逆坡或横坡向顺坡顺时针变化的趋势。在第三期时(西汉初期至中期),合葬习俗开始流行(但其出现时间尚不能确知)。从早到晚,随葬品逐步明器化,丧葬礼俗趋于成熟。

第二,墓地规模较大,显系一公共墓地,墓葬在空间上成排、成片分布的迹象明显。结合文献和民族志材料我们认为,这一人们共同体的基本社会组织形式应是以血缘关系为纽带的氏族。整片墓地可能对应一个氏族,而昭鲁盆地内这类遗存的缔造者共同组成一个部落,该部落可与文献记载中数以什计的某"君长"所统领的小邑对应。从第一期(战国中期前后)到第三期(截至西汉中期),部落逐步壮大,与周边的联系逐步加强,第三期时,部落力量达到最强,该地区的陶器在周邻的赫章可乐和曲靖八塔台等地出现。从西汉中期开始,随郡县制在西南夷地区的推行,汉文化逐步涌入,氏族制度开始瓦解,被以家庭或家族为核心的组织形式所取代。在墓地空间布局上,表现为第四期墓葬打破前三期成片分布的状况,形成"大分散、小集中"的以家庭或家族为单位的埋葬格局。银子坛墓地从早到晚空间布局的变化反映了社会组织关系家族化的变化过程。但需要指出的是,由于材料尚不够丰富,这一分析带有尝试性。对墓地主人婚姻制度、社会组织、风俗习惯等的准确认识,恐怕得借助于人骨DNA研究等自然科学手段才能最终实现。

第三,目前发现的以银子坛墓地为代表的这类遗存,广泛分布在昭鲁盆地方圆约40公里的范围内,其特点鲜明,已构成一种地方文化类型。通过纵、横比较,我们发现从早到晚,区域内文化的内部联系强于外来影响,所以我们认为该类型的青铜文化是在继承当地传统的基础上,不断吸收外来因素而逐渐形成的。其演变的过程应为:鸡公山文化→红营盘类遗存→银子坛类遗存。西汉中期以来,随郡县制的设立和汉文化的涌入,这一土著文化遂被逐渐汉化。

第四,昭鲁盆地优越的自然条件是孕育这一文化的土壤。其相对封闭的自然环境使诸多文化基因得以传承,而其沟通南北的特殊地理位置则使其文化同时带有很多外来因素,但经过吸收和改造,它们已经成为当地文化的一部分,而不能称其为复合文化。云贵高原多山多盆地的破碎的地理环境,滋生了破碎的古代文化,其文化具有多样性。由于各地相对封闭而又互有往来,所以诸文化之间是"同也不同"的关系,而以"不同"为主,所以这一地区至今仍生活着30个以上互不相同的世居民族。正确理解和认识西南夷地区古代文化,应与自然地理紧密联系而不能受现行行政区划的框束。

第五,由于文献记载的相互抵牾,目前尚无法将战国秦汉时代活动在昭鲁盆地内的人们共同体和文献中的某一"君长"所统领的小邑准确对应。但是这一人群在丧葬习俗(如合葬、头向变化等)、使用的陶器(灰白色,多带刻符等)等诸多方面与周围人群(如赫章可乐使用套头葬的人群)不同,这已是不争的事实。该类文化遗存有着自身的传统,并不断接受外来影响而成为风格独具的地方文化类型。为便于今后的研究与描述,我们建议暂将这一人们共同体所创造的文化称为西南夷青铜文化的银子坛类型。

附记:本文是笔者2006年完成的硕士学位论文,经导师罗二虎教授悉心指导,以及领队张合荣研究员热情帮助。此次刊登,未进行内容的修改。

滇东黔西地区出土东周秦汉时期青铜兵器研究

史 态

一、前 言

本文所指的滇东黔西地区是指滇东高原的曲靖盆地、宣威盆地以东,金沙江和大娄山以南,苗岭以西和南盘江以北的地理空间范围,包括今贵州中西部的贵阳市、遵义市、都匀市以西,云南东部的昭通市、曲靖市以及红河哈尼族彝族自治州和文山州以北等地区。大致相当于司马迁在《史记·西南夷列传》中记载的"南夷"地区[1]。

滇东黔西地区地处云贵高原腹地,历来便是族群迁徙以及文化传播的重要通道,独特的自然生态环境使之形成了以小自然地理区域为单元的既有个性也有共性的文化格局,且该地区历来又被认为是"夜郎"的活动区域,有关该区域的历史和文化研究一直备受关注。该地区已发现的数十处东周秦汉时期青铜文化遗址中无不彰显着浓厚的地域色彩,而青铜兵器作为出土遗物中最重要的门类之一,不仅数量多、分布广,且形态和纹饰等也有着鲜明的特色,是该地区青铜文化最突出的特点之一。青铜兵器研究是该地区青铜文化研究的重要组成部分,对于认识该地区青铜文化具有重要的意义。

本文拟在前人研究的基础上,对滇东黔西地区出土东周秦汉时期青铜兵器的器形、年代、分区及相关问题进行探讨。需要说明的是,本文的研究对象主要是滇东黔西地区出土的东周秦汉时期的青铜兵器,另外还包括少量的可以明显看出与土著青铜兵器有发展演变关系的铜铁合铸兵器。本文所用的研究资料主要来源于公开发表

---

[1] 根据考古发现以及文献综合来看,南夷地区范围当大于本文所指的滇东黔西地区,其南缘至少包括南盘江以南的广南盆地及桂西北部分地区,但目前这些地区考古发掘工作开展较少,难以系统把握其文化内涵,故本文从略。

的考古报告、简报及相关学术论文,对未正式发表的材料或因条件所限无法统计的材料则不予采用(图1)。

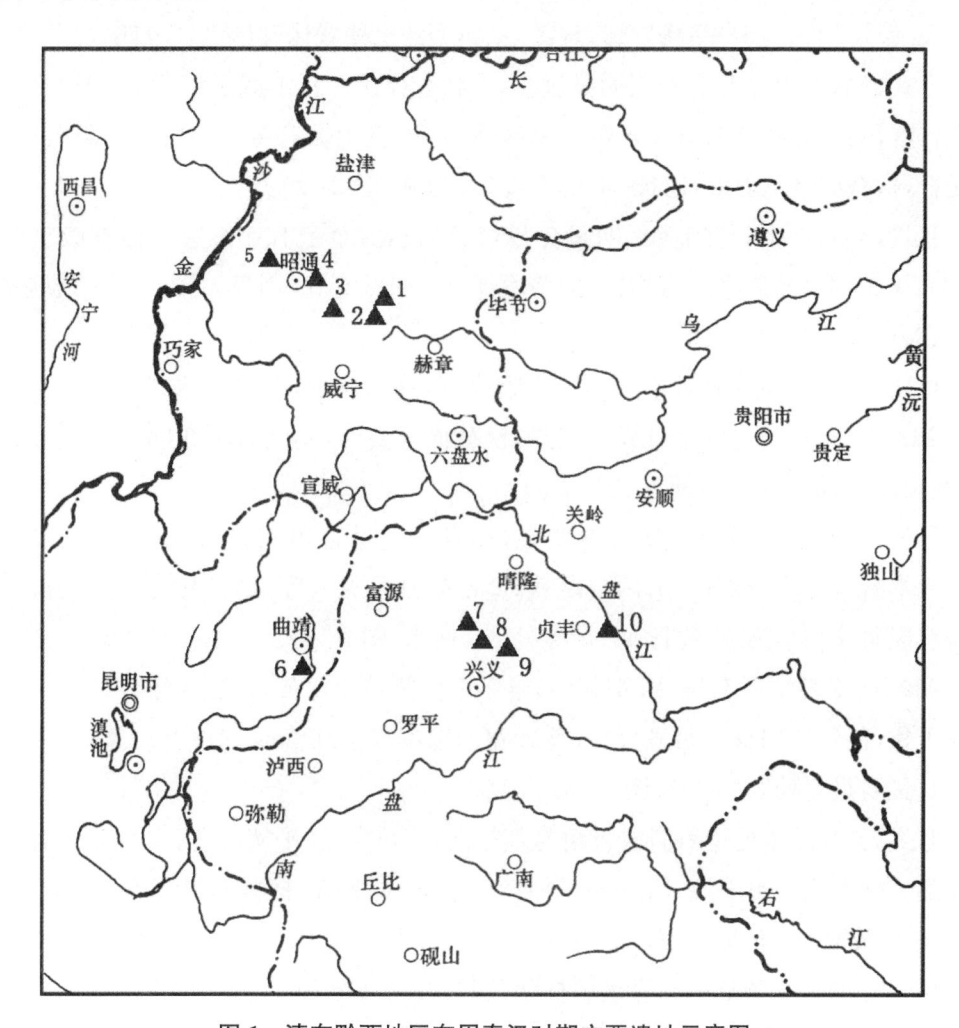

图1 滇东黔西地区东周秦汉时期主要遗址示意图
1. 赫章可乐遗址　2. 赫章辅处遗址　3. 威宁中水红营盘和银子坛墓地
4. 昭通守望水井湾文家老包墓地　5. 昭通营盘山墓地　6. 曲靖八塔台、横大路和平坡等墓地
7. 普安铜鼓山遗址群　8. 兴义遗址群　9. 安龙遗址群　10. 北盘江遗址群

二、滇东黔西地区出土青铜兵器的类型学分析

(一) 剑

初步统计滇东黔西出土东周秦汉时期青铜剑共153件。依据有格或无格可分为两大类。

甲类,无格剑,共 124 件。根据其形制不同分为四型。

A 型,69 件。柳叶形剑。按其茎部的不同分为三亚型。

Aa 型,37 件。剑身呈柳叶形,扁茎,系典型的巴蜀式柳叶形剑。分四式。

Ⅰ式,1 件。剑茎与剑身无明显过渡,形状较原始。标本威宁红营盘 M13∶3,形状似匕首,剑茎与剑身无明显分界,剑茎扁平实心,茎上留有藤条和竹的包裹痕迹,剑身无脊,横截面略呈菱形,通长 14.4、茎长 3.3 厘米(图 2,1)。

Ⅱ式,3 件。剑身与剑茎无明显分界,剑茎较宽,茎上有一圆穿。标本威宁红营盘 M11∶2,剑茎与剑身圆肩相连,剑茎后部有一对钻穿孔,剑身无脊,有使用痕迹,通长 20.2、茎长 4.6、宽 3 厘米(图 2,2)。

Ⅲ式,18 件。剑身在近本处圆转内收成茎,茎部较细,上多有两穿孔。标本赫章可乐 M356∶1,剑身与剑茎分界不明显,横截面呈菱形,茎上有不在同一直线上的两穿,通长 35.9、最宽处 3.2 厘米(图 2,3)。

Ⅳ式,15 件。剑身与剑茎分界明显,剑身与茎呈直角或斜肩内收,茎上多有圆穿。标本赫章可乐 M277∶5,两端略残,茎部残处可见一穿,剑身起脊,脊上有槽,两从铸有虎斑纹和半圆纹,残长 41、最宽处 3.4 厘米(图 2,4)。

Ab 型,22 件。形态与 Aa 型相似,唯茎上两侧歧出双芒,无穿。分两式。

Ⅰ式,剑茎与剑身无明显分界,茎较宽。标本威宁红营盘 M17∶2,通长 22.4、茎长 6.1、剑身最宽处 3.4 厘米(图 2,5)。

Ⅱ式,剑身近本处呈斜肩或直角与茎相交,茎较窄,扁平实心茎,少数茎首有椭圆形浅銎。标本威宁银子坛 T19∶6,斜肩,扁茎,剑身起脊,横截面呈菱形,通长 27、茎长 6、剑身最宽处 3.9 厘米(图 2,6)。

Ac 型,10 件。剑身中部脊呈圆柱状凸起,并延伸至茎,部分茎部有两凹沟向锋部延伸,无穿。标本曲靖八塔台 M261∶2,剑身呈斜肩内收成茎,茎部有缠绕麻线的痕迹,通长 23.1、茎长 5.1 厘米(图 2,7)。

B 型,17 件。蛇头形茎首,扁圆空心茎。依据茎部不同可分为两亚型。

Ba 型,16 件。茎首似蛇头,茎部空心,上有三角形或方形镂孔及阴刻线纹和几何纹组成的图案,剑身较长,横截面呈菱形。分两式。

Ⅰ式,7 件。茎首呈"人"字形内收,茎首末端扁平。标本一赫章可乐 M325∶3,茎中空,饰有 8 个不规则镂孔及数道直线,茎首顶端另有一个镂孔,茎部与剑身交界处饰有辫索纹,剑身横截面为菱形,通长 30.6、茎长 11.7 厘米(图 2,8)。标本二威宁银子坛 04M75∶5,扁圆空心茎,茎上饰有阴刻线条及三角形组成的图案,弧肩圆转,剑身中脊凸起,通长 30.7、茎长 9.3 厘米(图 2,9)。

图 2　甲类 A、B 型青铜剑

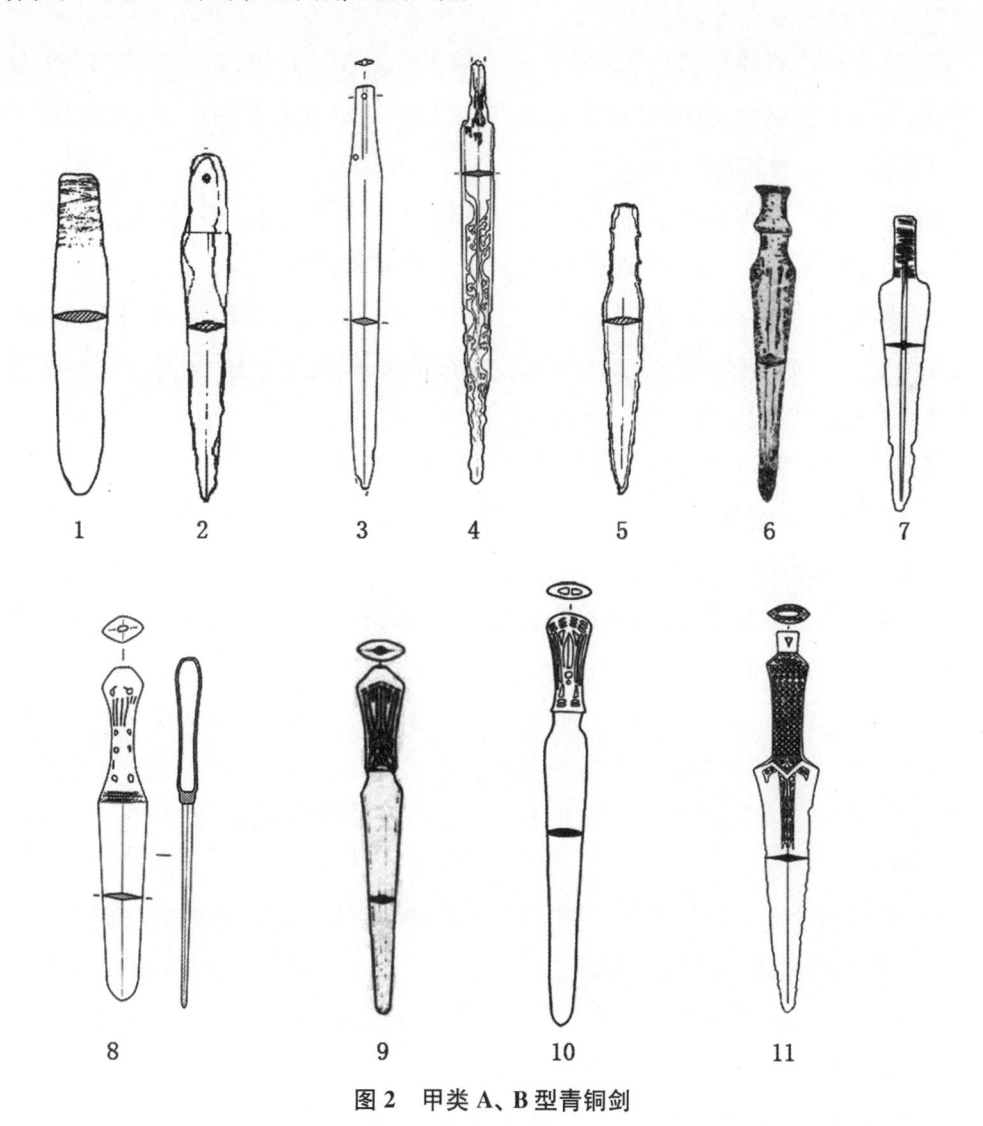

1. 甲 Aa Ⅰ(威宁红营盘 M13：3)　2. 甲 Aa Ⅱ(威宁红营盘 M11：2)　3. 甲 Aa Ⅲ(赫章可乐 M356：1)
4. 甲 Aa Ⅳ(赫章可乐 M277：5)　5. 甲 Ab Ⅰ(威宁红营盘 M17：2)　6. 甲 Ab Ⅱ(威宁银子坛 T19：6)
7. 甲 Ac(曲靖八塔台 M261：2)　8、9. 甲 Ba Ⅰ(赫章可乐 M325：3、威宁银子坛 04M75：5)
10. 甲 Ba Ⅱ(昭通营盘 M37：8)　11. 甲 Bb(曲靖八塔台 M75：1)

Ⅱ式，9 件。茎中部略内收，茎首膨大，圆滑回转。标本昭通营盘 M37：8，剑身与剑茎斜肩相连，茎部饰有镂空三角形、方形、圆形及直线等组成的图案，茎首形似蛇形，茎后部的两三角形镂孔象征蛇眼，茎首未封闭，通长 37.5、茎长 9 厘米(图 2，10)。

Bb 型，1 件。茎首凸出，上有一三角形镂孔。标本曲靖八塔台 M75：1，剑身中部起脊，上饰有刻线纹及圆圈纹，空心扁茎，上饰有圆圈纹，茎首凸出，茎首顶部也饰有圆圈纹，通长 31.5、茎长 10.7 厘米(图 2，11)。

C 型，5 件。扁圆茎实心剑，剑本处较宽。依据形态的不同可分为三亚型。

Ca 型,2 件。扁圆柱实心茎较窄。标本昭通营盘 M151：1,剑身与茎部交界处折角明显,茎两面各起两条脊,茎上残留有植物纤维条,横截面呈菱形,出土时有剑鞘,通长 25、茎长 8.5 厘米(图 3,1)。

Cb 型,1 件。曲刃。标本曲靖八塔台 M246：2,剑身起脊,斜肩,茎上饰有数排刻线纹,出土时配有完整剑鞘,通长 20.4、茎长 5.5 厘米(图 3,2)。

Cc 型,2 件。剑身较短,茎首镂空,上饰有弦纹、云雷纹、锯齿纹、斜平行线纹、圆点纹等图案。标本曲靖横大路 M140：2,茎中部内束,剑身起脊,剑身与茎相接处为斜肩状,横截面为菱形,通长 19.5 厘米(图 3,3)。

D 型,33 件。圆茎无格剑。依据形态可划分为两亚型。

Da 型,28 件。帽状茎首,茎上饰有蛙人纹,剑身中部起脊,脊两侧近本处有血槽,与茎部多呈直角内收。分两式。

Ⅰ式,24 件。剑身无纹饰,茎首边缘作齿轮状。标本曲靖八塔台 M181：8,茎上有细长镂孔,茎后部饰有三蛙人,中间一人蹲踞,旁有两人侧立,通长 32.8、茎长 9 厘米(图 3,4)。

Ⅱ式,4 件。剑身两侧近本处有圆圈纹。标本曲靖八塔台 M83：1,茎首略呈圆锥状,边缘无齿,茎部饰有蛙人纹,剑身近本处有两圆圈纹,通长 26.8、茎长 9.6 厘米(图 3,5)。

Db 型,5 件。茎顶部较平,剑身中部起脊,素面无纹。标本曲靖八塔台 M285：2,剑身与茎部呈直角相连,茎上有长条形镂孔,通长 28.5、茎长 8.7 厘米(图 3,6)。

乙类,有格剑,共 29 件。根据其形态不同可分为两型。

A 型,11 件。镂空牌形茎首剑,分两式。

Ⅰ式,3 件。茎首镂空似牌状,剑身与剑茎分别铸造再加以组合成剑。标本赫章可乐 M365：5,扁圆空心茎,茎首镂空处饰有卷云纹、弧线纹、圆圈纹等组成的图案,茎上有四道凸出的箍状装饰,茎前端稍外扩与靠近剑身的两道箍状装饰组成剑格,剑格一面中部饰"S"形卷云纹,两侧饰雷纹,另一面锈蚀不清,茎中部有二穿孔,用来楔入销钉以固定剑身,剑身为柳叶形,中部起脊,与茎部呈直角相连,内茎两穿与外茎两穿正好吻合,通长 36、剑身最宽处 3.4、厚 0.7 厘米(图 3,7)。

Ⅱ式,8 件。铜柄铁剑。标本赫章可乐 M274：92,青铜空心圆茎,中部略内束,纹饰和Ⅰ式大体相同,但工艺精细,茎上无范缝痕,为失蜡法铸成,剑身铁质,中部有微脊,通长 53.65、茎首厚 0.9、剑身宽 2.7 厘米(图 3,8)。

B 型,17 件。一字格,茎首呈喇叭口状。依据剑身形态不同可分为两型。

Ba 型,11 件。直刃。分为两式。

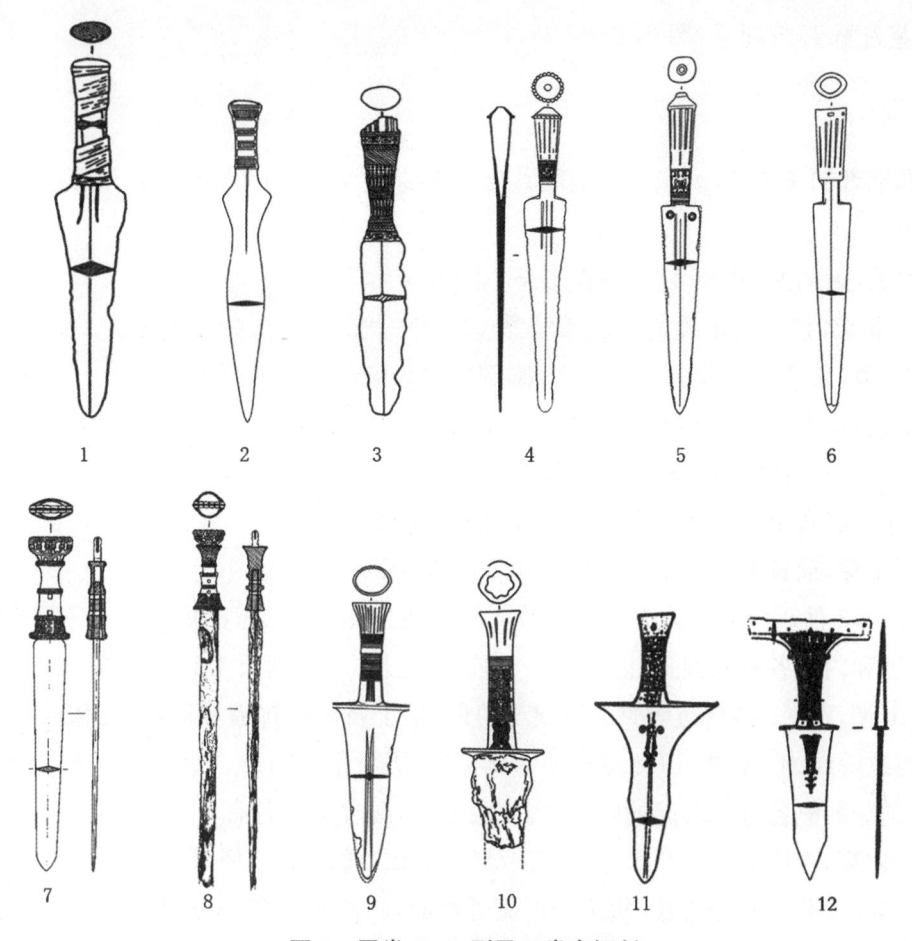

·滇东黔西地区出土东周秦汉时期青铜兵器研究·

图3 甲类C、D型及乙类青铜剑

1. 甲Ca(昭通营盘 M151∶1)　2. 甲Cb(曲靖八塔台 M246∶2)　3. 甲Cc(曲靖横大路 M140∶2)
4. 甲DaⅠ(曲靖八塔台 M181∶8)　5. 甲DaⅡ(曲靖八塔台 M83∶1)　6. 甲Db(曲靖八塔台 M285∶2)
7. 乙AⅠ(赫章可乐 M365∶5)　8. 乙AⅡ(赫章可乐 M274∶92)　9. 乙BaⅠ(曲靖八塔台 M67∶1)
10. 乙BaⅡ(曲靖八塔台 M41∶3)　11. 乙Bb(普安铜鼓山采集)　12. 乙C(1999年安龙龙广出土)

Ⅰ式,8件。标本曲靖八塔台 M67∶1,剑身起脊,脊两侧各有一血槽,喇叭口茎首有镂孔,茎上饰有辫索纹、折线纹及锯齿纹等,通长 23.6、茎长 9.1 厘米(图3,9)。

Ⅱ式,3件。铜柄铁剑。标本曲靖八塔台 M41∶3,剑身铁质,锈蚀严重,喇叭口茎首,上有镂孔,茎上饰有圆圈纹、斜线纹、涡纹,且排列有凸钉纹,残长 14、茎长 8.3 厘米(图3,10)。

Bb型,6件。一字格,曲刃。标本普安铜鼓山采集,茎首呈喇叭形,茎上饰有卷云纹、"心"字形纹、几何形人字纹等,通长 26、剑格宽 13 厘米(图3,11)。

C型,1件。T形首一字格短剑。安龙龙广出土,茎后部外展成一横长柄使剑柄呈T形,剑格较窄,剑身短,锋部尖锐,茎上饰有细密纹饰和镂孔,通长 36.5、茎长

13.6、茎首宽 15.5 厘米(图 3,12)。

(二) 戈

据笔者初步统计,滇东黔西地区共出土有青铜戈 92 件,根据有胡和无胡可分为两大类。

甲类,无胡戈,共 89 件。根据形态不同可分为两型。

A 型,23 件。三角援戈,援中部起脊,脊呈柱状凸起。可分为两亚型。

Aa 型,16 件。援呈弧线三角形,阑部略向援侧弯曲。分两式。

Ⅰ式,13 件。方形内素面无纹。标本赫章可乐 M296:3,弧线三角形援,两刃基本对称,脊呈圆柱状,从锋向后渐粗,援后部隆起一圆穿,圆穿后侧柱状脊中空约 1 厘米,前侧柱状脊中空约 2 厘米,方形内,内上近阑处有一长方形穿,上下刃近阑处各有一方形小穿,通长 23、内长 6.8、阑长 10.1 厘米(图 4,1)。

Ⅱ式,3 件。内后部饰有几重弦纹。标本威宁银子坛 1978 M26:2,三角形援身较阔,援和内上各有一圆孔,内上饰三重弦纹,通长 21.4、阑长 4.2 厘米(图 4,2)。

Ab 型,7 件。援部近等腰或弧线三角形,援上及内部饰有圆圈纹、几何纹及三角形锯齿纹等纹饰。标本 1978 威宁中水调:12,援身呈三角形,中部起脊,近本处有一圆穿,圆穿两侧各有一凸起的圆丘,阑侧两方穿,两方穿前各有一三角形锯齿阳纹,内上有一方穿,内后援呈"W"形,上饰有变形兽面纹,通长 23.5 厘米(图 4,3)。

B 型,66 件。长条形援,援刃于近阑处微曲,阑侧两方穿,长方形内上有一方形或圆形穿孔,内后援多有凹缺,援部及内上饰有蛙人纹、太阳纹、涡旋纹、兽面纹等图案。根据形制不同可分为三亚型。

Ba 型,56 件。援体狭长平直或微曲,援中线起脊,援末及内部多饰有蛙人纹、涡旋纹、几何纹及太阳纹等。标本一赫章可乐 M318:1,援微曲,一刃略内弧,一刃略外弧,锋偏向内弧一侧,援中部有不明显的脊,援后部有一圆穿,穿周围饰弦纹和枊纹组成的图案,圆穿后侧靠近阑处铸有一人正面蹲踞,双手上举,内上铸有减地浅浮雕三人形纹(蛙人纹)图案,中间一人正面站立,双手上举,旁两人侧身弓腰而立,手上举与中间一人相牵,在三人腋下还可见二正面直立的小人,通长 23.2、援长 18.1、阑长 8.6 厘米(图 4,4)。标本二曲靖八塔台 M209:2,直援较长,中部起脊,援后段有一圆穿,穿周围饰有一周由弦纹和枊纹组成的太阳纹,圆穿后部有二人侧面对立的一组人形纹(蛙人纹),内后端凹缺,内上铸有三人形纹图案,中间一人正面直立,旁二人侧身弓腰而立,三人手上举相牵,通长 32.5、内长 7.2、阑长 6.8 厘米(图 4,5)。

Bb,7 件。长条形援,援上下刃于近阑处向上下弯转成双翼状,阑侧有两方穿,长方形内后援呈"W"形,援及内后部多铸有变形兽面纹、涡旋纹等。标本昭通营盘

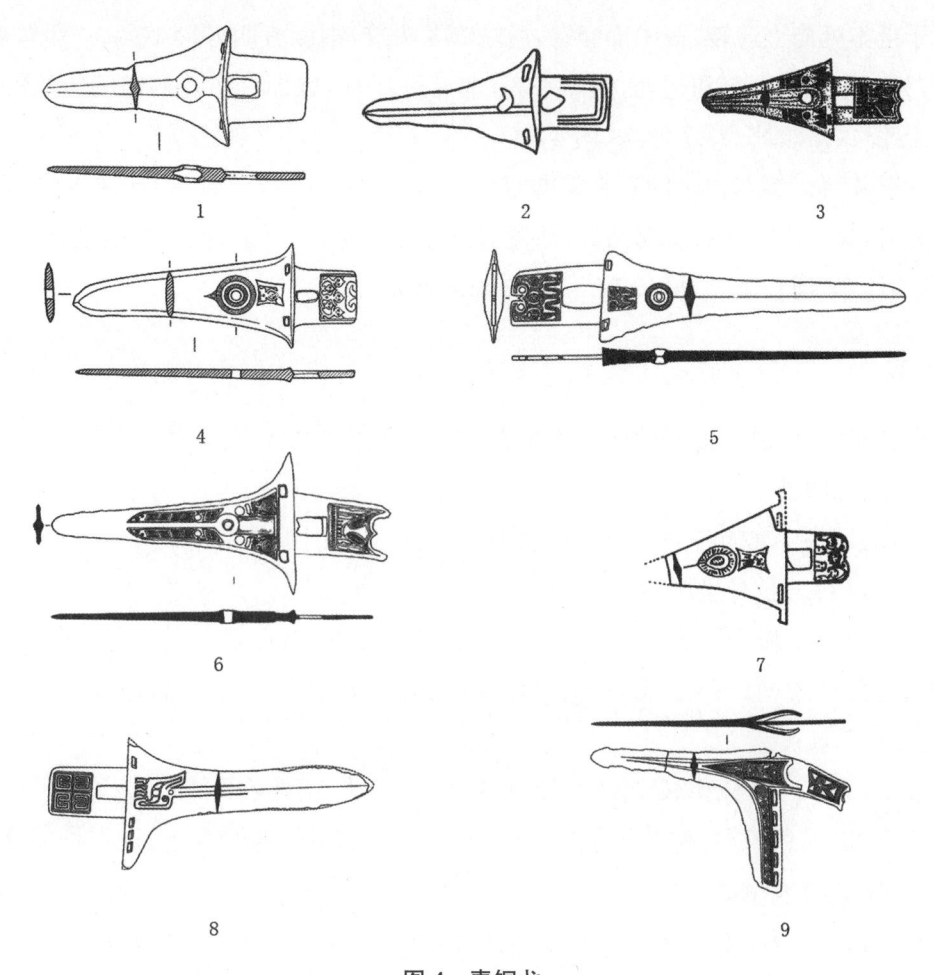

图 4 青铜戈

1. 甲 Aa Ⅰ(赫章可乐 M296：3) 2. 甲 Aa Ⅱ(威宁银子坛 1978 M26：2) 3. 甲 Ab(1978 威宁中水调：12)
4、5. 甲 Ba(赫章可乐 M318：1、曲靖八塔台 M209：2) 6. 甲 Bb(昭通营盘采：11)
7. 甲 Bc(1986 年贵州兴义采) 8. 乙 A(曲靖八塔台 M206：6) 9. 乙 B(曲靖八塔台 M118：1)

采：11，援上起柱状脊，在援部和内后部铸有对称的变形兽面纹，通长 26.5、最宽处 10.9 厘米(图 4，6)。

Bc 型，3 件。援基部较宽，曲援，有上下阑且向援部方向弯折，援及内上饰有胡桃纹、人形纹、螺旋纹等。标本 1986 年贵州兴义采，援基宽阔，下刃明显内弧，上刃斜直与下刃汇聚成锋，援中部有一圆穿，四周饰以"胡桃形"，圆穿后饰有变体双人纹，阑宽于援而形成上下阑，上下阑均向援方向转折，阑侧有两细长的方形小穿，长方形内上有一方穿，内后部饰有三人形纹图案，残长 9.4、内长 5 厘米(图 4，7)。

乙类，有胡戈，3 件。可分为两型。

A 型，2 件。援与内之间无夹柲的双翼。标本曲靖八塔台 M206：6，直援短胡，上刃于近本处向上弯转,援中部起脊,后端饰龙头纹,阑侧有四方形小穿,一穿靠近上刃处,另三穿位于下刃和胡处,内端平齐,上有一穿,内后部分布有四组云雷纹,通长27.5、援长20.8、阑长11.7厘米(图4,8)。

B型,1件。援与内之间有夹秘的双翼。标本曲靖八塔台M118∶1,直援长胡,援中部起脊,援与内之间有双翼凸起,胡侧有五方形小穿,内下撇,援、内、胡处饰有涡旋纹、几何纹等,通长23.7、援长17.5、阑长12.8厘米(图4,9)。

(三) 矛

据初步统计,滇东黔西地区出土东周秦汉时期铜矛共52件。依据骹部是否有环耳分为甲、乙两类。

甲类,16件。骹侧有两个或一个环耳。根据形态不同,可分为两型。

A型,7件。矛身呈柳叶状,圆骹,骹端平齐。分三式。

Ⅰ式,2件。矛身短小,双刃弧线状,矛身最宽处在中部,骹长基本等于身长。标本昭通营盘乙区M166∶1,柳叶形矛叶,空心圆骹,骹中空直贯矛锋,通长17.5、刃长6厘米(图5,1)。

Ⅱ式,3件。矛身狭长,窄叶,锋部尖锐,矛身最宽处在下部。标本威宁中水1978年征集∶19,长骹,柳叶形矛身短小,两刃于后部弧转与骹相连,骹贯抵前锋,通长20.5、宽3厘米(图5,2)。

Ⅲ式,2件。体较大,柳叶形矛身,侧刃弧线与骹相连,骹侧两环耳靠上。标本曲靖八塔台M41∶1,体较长,矛身起脊,为骹部之延伸,骹上部饰由涡纹、菱形纹及带纹组成的图案,骹侧双耳靠上,接近矛身,骹长接近身长,通长34、身长18、骹长16厘米(图5,3)。

B型,9件。扁圆骹,骹端开叉呈鸭嘴状。依据形态不同可分为三亚型。

Ba型,4件。矛身短小近三角形,前刃斜直向前汇聚成锋,叶后部转折与骹相连。标本威宁银子坛M49∶2,长骹,椭圆形骹口开叉呈鸭嘴状,骹中空直达锋尖成空脊,骹上有五个不规则圆孔,系加固木秘所用,通长14.8、身长7.6、骹径3.6厘米(图5,4)。

Bb型,4件。体较大,叶呈柳叶形,锋尖锐,身与骹基本等长。标本曲靖八塔台M176∶1,锋部起脊,截面呈菱形,骹侧有双环耳,双耳之间的骹上有三道箍形饰,通长24.5、身长12.8、骹长11.7厘米(图5,5)。

Bc型,1件。矛身呈长三角形。标本曲靖八塔台M119∶2,矛身呈狭长三角形,中线起脊,两刃直线汇聚成锋,后刃急转与骹相连,叶后部铸有短线纹,两环耳位于骹下部,此矛出土时配有完整的鞘,通长20.6、身长11.6、骹长9厘米(图5,6)。

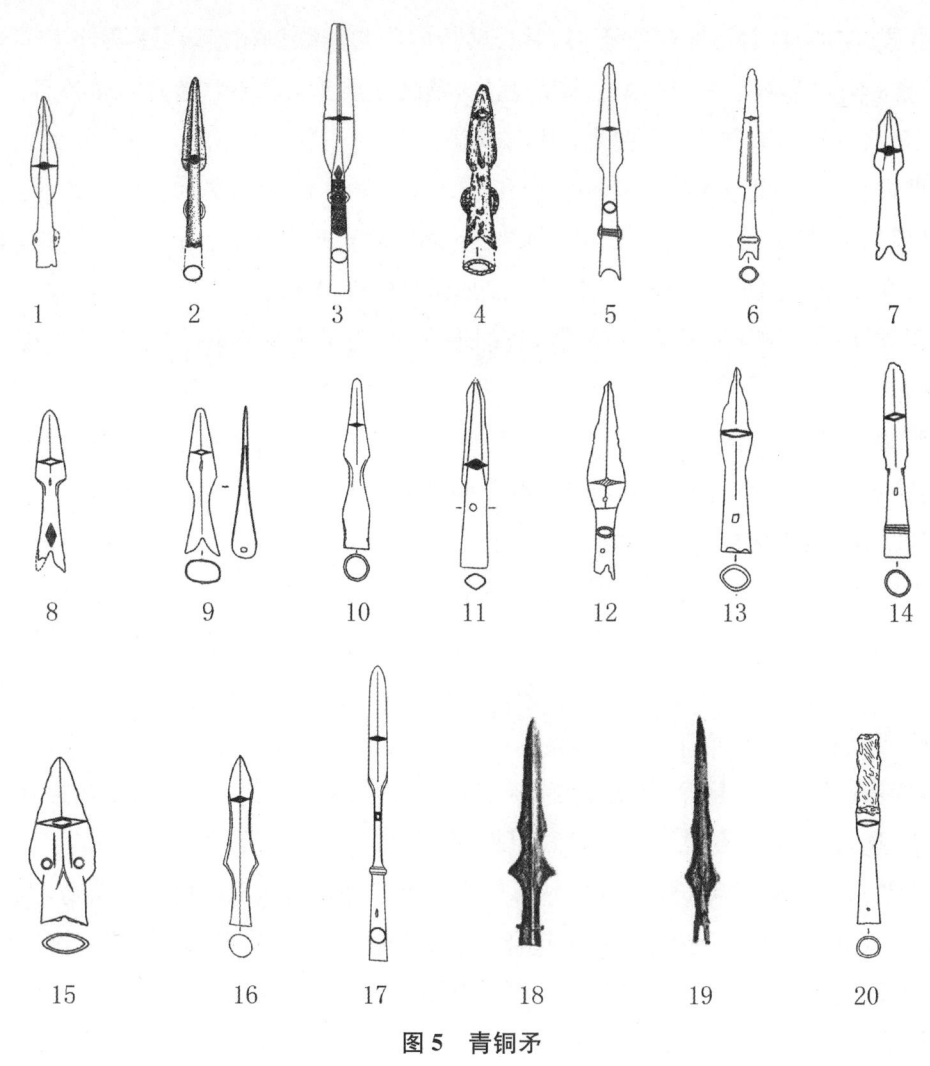

·滇东黔西地区出土东周秦汉时期青铜兵器研究·

图 5 青铜矛

1. 甲 A Ⅰ（昭通营盘乙区 M166∶1） 2. 甲 A Ⅱ（威宁中水 1978 年征集∶19） 3. 甲 A Ⅲ（曲靖八塔台 M41∶1） 4. 甲 Ba（威宁银子坛 M49∶2） 5. 甲 Bb（曲靖八塔台 M176∶1） 6. 甲 Bc（曲靖八塔台 M119∶2） 7、8. 乙 A Ⅰ（昭通营盘甲区 M9∶1、曲靖八塔台 M25∶6） 9. 乙 A Ⅱ（曲靖八塔台 M25∶3） 10. 乙 A Ⅲ（曲靖八塔台 M25∶5） 11. 乙 Ba（威宁银子坛 04M41∶8） 12、13. 乙 Bb（曲靖横大路 M66∶4、曲靖平坡 M86∶1） 14. 乙 C（曲靖八塔台 M11∶1） 15. 乙 E（曲靖八塔台 M77∶1） 16. 乙 Fa（赫章可乐 M8∶21） 17. 乙 D（曲靖八塔台 M69∶3-1） 18. 乙 Fb（兴义马岭大龙井采） 19. 乙 Fc（安龙龙广采） 20. 乙 G（曲靖潇湘平坡 M55∶4）

乙类，36 件。骹侧无环耳。根据形态不同，可分为七型。

A 型，13 件。矛身短小，骹至下端逐渐外扩，骹口两侧各有一穿。可分为三式。

Ⅰ式，矛身短小，后刃转折明显。标本一昭通营盘甲区 M9∶1，空心圆骹，矛身近三角形，底部折角明显，骹中空贯抵矛锋，通长 13.5、刃长 5.5 厘米（图 5，7）。标本二曲靖八塔台 M25∶6，矛身中线起脊，两面各有一穿，骹端逐渐扩大且开叉，骹部饰有一组菱形纹，通长 13.7、身长 6.1、骹长 7.6 厘米（图 5，8）。

Ⅱ式,空心扁圆骹,矛身近菱形,后刃转折内收与骹顺势相连,再逐渐外扩呈喇叭口形。标本曲靖八塔台 M25∶3,锋部起脊,截面呈菱形,矛身于脊上两面各有一穿,通长 13.2、身长 7.3、骹长 5.9 厘米(图 5,9)。

Ⅲ式,矛身与Ⅱ式相似,但骹端平齐未开叉。标本曲靖八塔台 M25∶5,空心圆骹,锋部起脊,后刃转折成骹后外扩至骹中下部后垂直向下,骹上有一道箍形饰,骹口两侧有穿孔,通长 15.9、身长 8.5、骹长 7.4 厘米(图 5,10)。

B 型,4 件。柳叶形矛身,扁圆骹,骹端平齐,骹短于矛身。依据形态不同,可分为两亚型。

Ba 型,1 件。叶甚窄,肩不明显,骹上有一穿孔。标本威宁银子坛 04M41∶8,叶短小,锋尖锐,骹中空直通矛锋,通长 18.2、身长 8.6、最宽处 2.2 厘米(图 5,11)。

Bb 型,3 件。柳叶形叶较宽,两刃外张至矛身下部弧转回收与骹相连。标本一曲靖横大路 M66∶4,叶刃狭长,中线起脊,截面呈菱形,扁圆骹上有穿孔,通长 17 厘米(图 5,12)。标本二曲靖平坡 M86∶1,空心圆骹,矛身中部起脊,截面呈菱形,通长 13.6、锋长 7.2、骹长 6.4 厘米(图 5,13)。

C 型,2 件。矛叶基部凹收,与骹呈直角相交。标本曲靖八塔台 M11∶1,长条形矛身,锋较圆钝,中线起脊,截面呈菱形,空心圆骹,骹略短于矛身,骹上有两穿孔及一道箍饰,通长 16.5、身长 9.2、骹长 7.3 厘米(图 5,14)。

D 型,2 件。骹部特长,分两段。标本曲靖八塔台 M69∶3-1,长条形矛身,双刃较直,于矛身基部弧收与骹相连,中线起脊,截面呈菱形,骹部特长,以一道箍饰为界分上下两段,近矛身端为方形,后端为圆形,骹部有二穿,通长 38、身长 14.8、骹长 23.2 厘米(图 5,17)。

E 型,1 件。矛身呈阔叶形。标本曲靖八塔台 M77∶1,扁圆空心骹较粗短,矛身呈阔三角形叶状,中部起脊,截面呈菱形,矛身饰有圆圈纹、直线纹等,通长 12.1、身长 9、骹长 3.1 厘米(图 5,15)。

F 型,7 件。曲刃矛。根据形制不同可分为三亚型。

Fa 型,4 件。矛身侧刃于中部内凹。标本赫章可乐 M8∶21,锋部起脊,截面呈菱形,圆骹,骹末有二圆形乳钉,通长 11.4 厘米(图 5,16)。

Fb 型,矛身狭长,侧刃于中下部内凹后又向前端斜聚成锋,曲刃长度较短但幅度较大。标本兴义马岭大龙井采,矛身基部较宽,呈斜肩与骹相连,侧刃于基部内凹后又迅速外扩至矛前端自然收锋,扁圆骹较短,上饰有一道箍饰,具体数据不明(图 5,18)。

Fc 型,矛身形态与 Fb 型相似,唯骹口开叉呈鸭嘴状。标本安龙龙广采,前锋尖锐,中线起脊,扁圆空心骹较短,骹上有一道箍饰,通长 31 厘米(图 5,19)。

G 型,7 件。铜骹铁矛,骹部皆无耳,铁质矛身多锈蚀严重,不可辨其型式。标本曲靖潇湘平坡 M55∶4,空心圆骹,骹端平齐,骹上见四穿孔,锋残损,通长 22.4、锋残长 13、骹长 9.4 厘米(图 5,20)。

(四) 钺

钺与斧形状相似,人们常常将其并称,无明确的区分标准。本文遵从范勇先生对钺的定义[1],即有肩,肩与銎的夹角≤110°或与刃的圆心角≥100°,两者占其一可称为钺。

据不完全统计滇东黔西目前发现的青铜钺有 16 件,大都为采集,基本都分布在黔西南和滇东南地区。根据其装柲方式的不同可分为两类。

甲类,2 件。夹内钺。其中一件 2002 年于威宁水果站采集,钺身窄长,略束腰,弧刃,中间靠后有一圆穿,近阑处有两方形小穿,长方形直内,刃宽 8.2、内长 6.3、内宽 3.6、厚 0.5、通长 19 厘米(图 6,1)。另一件采集于威宁红营盘墓地,弧刃,钺身中部有一不规则穿孔,长方形直内略残,内长 6.6、刃宽 9.8、通长 18.1 厘米(图 6,2)。

乙类,共 14 件。銎装钺,刃部对称。依据形态不同可分为六型。

A 型,2 件。形状似斧,銎体较粗,銎口开叉呈"V"形,刃呈弧形并略向两侧弯翘,线条圆润柔和。标本兴义征集 82 兴 D∶5,扁平似斧状,刃呈弧形在两端微上翘,刃宽于体,銎口呈椭圆形,通长 9.3、銎口长 4 厘米(图 6,3)。

B 型,2 件。刃呈圆形或半圆形,銎直延于身。可分为两式。

Ⅰ式,1 件。銎长于刃。标本普安铜鼓山 PTtⅢ∶4,刃部较宽,呈扁圆形,刃端内收与銎相接,单面刃,銎部断面呈半圆形,上有一个"▯"形穿孔,外表残有"鞘"的包裹痕迹,通长 8、銎宽 3.3、刃宽 4 厘米(图 6,4)。

Ⅱ式,1 件。刃与銎基本等长,略似琵琶形。标本平坝汉墓 M18 出土钺,刃圆大呈扁圆形,内收与銎相接,銎内残存木柄一段,通长 9.3 厘米(图 6,5)。

C 型,3 件。刃呈弧形,銎体较宽长,"V"形銎口,上有"⌣"形符号。可分为两亚型。

Ca 型,2 件。束腰,形制窄长,刃弧较宽。标本普安铜鼓山 1980 年采集,刃呈宽弧形,束腰,扁圆形銎,銎口开叉呈"V"形,銎口开叉处下端饰有"⌣"形符号,通长 7、刃宽 4.4 厘米(图 6,6)。

---

[1] 范勇:《我国西南地区的青铜斧钺》,《考古学报》1989 年第 2 期。

图 6 青铜钺

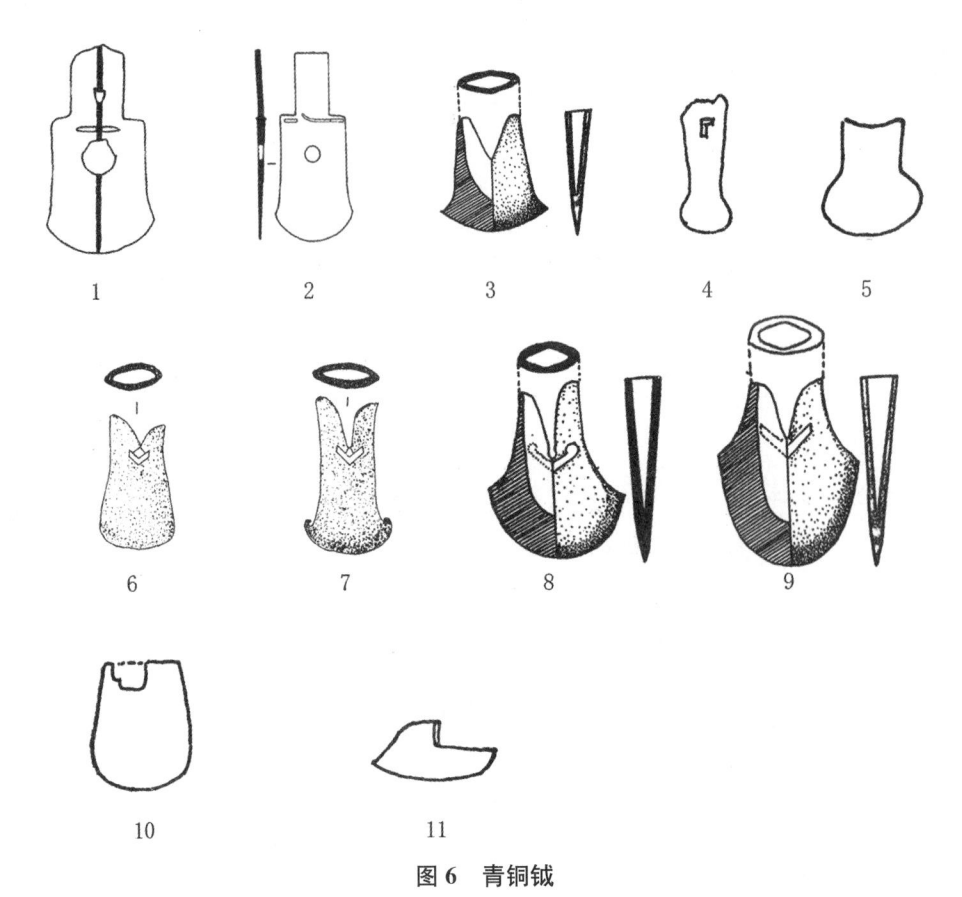

1、2. 甲类(2002 年于威宁水果站采、威宁红营盘墓地采)　3. 乙 A(1982 年兴义征集 D∶5)
4. 乙 BⅠ(普安铜鼓山 PTtⅢ∶4)　5. 乙 BⅡ(贵州平坝汉墓 M18)　6. 乙 Ca(普安铜鼓山 1980 年采)
7. 乙 Cb(普安铜鼓山 1980 年采)　8. 乙 Da(1982 年兴义征集 D∶4)　9. 乙 Db(1982 年兴义征集 D∶6)
10. 乙 E(兴义征集)　11. 乙 F(兴义巴结采)

Cb 型,1 件。与 Ca 型略同,区别在于刃部两端向钺体方向勾卷。标本普安铜鼓山 1980 年采集,刃呈宽弧形,銎较长,扁圆形銎口开叉较深,紧贴銎口开叉处饰有"⌣"形符号,通长 8.2、刃宽 4.8 厘米(图 6,7)。

D 型,4 件。扁圆銎口开叉呈"V"形,刃呈半圆形,刃端于近銎处形成斜肩,上有"⌣"形符号。可分为两亚型。

Da 型,1 件。刃呈半圆形,銎较长。标本兴义征集 82 兴 D∶4,扁体窄领,双斜肩,銎口正中向下开叉呈"V"形,銎口下铸有凸起的"⌣"形符号,通长 13.7、銎口长 3.6、肩宽 10 厘米(图 6,8)。

Db 型,3 件。刃弧度较 Da 型大,呈舌形。标本兴义征集 82 兴 D∶6,舌形刃,刃端近銎处内收形成斜肩,扁圆形銎口,钺体上紧贴銎口分叉处铸有"⌣"形符号,通长 14、銎口长 3.8、肩宽 11 厘米(图 6,9)。

E型,2件。钺体呈长扁圆形,左右两侧及下部边沿均为刃锋。标本兴义征集,器身呈下宽上窄的扁圆形,左右及下部均起刃,具体数据不明(图6,10)。

F型,仅1件。造型奇特。标本兴义巴结采集,弧刃,外表似鞋形,刃一端作斜直线状直接銎口,一端横收成平肩与銎相连,具体数据不明(图6,11)。

(五) 镞

据不完全统计,滇东黔西地区共发现青铜镞64件。根据形制的不同可分为六型。

A型,13件。镞身呈树叶状,实心铤。分为两式。

Ⅰ式,1件。身呈柳叶形,铤不明显。标本威宁红营盘M13∶4,扁体,呈窄柳叶形,铤与镞身分界不明显,通长5.9、铤长2厘米(图7,1)。

Ⅱ式,12件。镞身呈尖阔叶形,铤较Ⅰ式长,与镞身有明显分界。标本一威宁红营盘M19∶3,扁体,实心圆铤,通长7.1、铤长4.5厘米(图7,2)。标本二曲靖八塔台M181∶9,素面,实心方形铤,通长6厘米(图7,3)。

B型,10件。双翼镞。可分为三式。

Ⅰ式,1件。镞身呈叶形,扁体,两翼向后形成倒刺。标本威宁红营盘M17∶5,扁圆实心铤,上有纵向凹槽,镞身一面较平,一面微起脊,双翼,一翼有倒刺,另一翼残,通长6.7、铤长3.2厘米(图7,6)。

Ⅱ式,8件。镞身呈扁体三角形,锋尖锐,双翼外展。标本一赫章可乐M308∶1,扁体窄三角形双翼,身中部有三角形槽,实心圆铤,残长2.68、厚0.2厘米(图7,7)。标本二曲靖八塔台M15∶2,空心圆铤,锋部尖锐,通长4.5厘米(图7,5)。

Ⅲ式,1件。双翼呈细条状下垂,后翼平直无尖刺。标本普安铜鼓山PTtⅢ∶3,两刃呈直线后托成双翼,刃前端聚成锋,截面为菱形,细长铤,通长6、宽1.4、铤长2.2厘米(图7,4)。

C型。17件。三翼镞,镞身起三翼,翼边缘刃部锋利,后锋倒刺尖锐,有的棱间有凹形血槽。标本威宁银子坛04M3∶11,空心圆铤,通长4.2厘米(图7,8)。

D型,21件。三棱镞。可分两式。

Ⅰ式,12件。通体铜铸。标本普安铜鼓山1980年T53∶48,镞身三棱形,其中一棱较圆钝,实心短铤,通长4.5厘米(图7,9)。

Ⅱ式,9件。镞身铜铸,带长铁铤。标本一赫章可乐1978M126∶8,三棱形镞身,本与关弧线相接,实心圆铤,通长10.2、铤长6.9厘米(图7,12)。标本二1980普安铜鼓山试T2∶2∶1,三棱形镞身,关为六棱形,本与关呈直角相交,实心铤较长,通长12.2厘米(图7,13)。

图 7　青铜镞

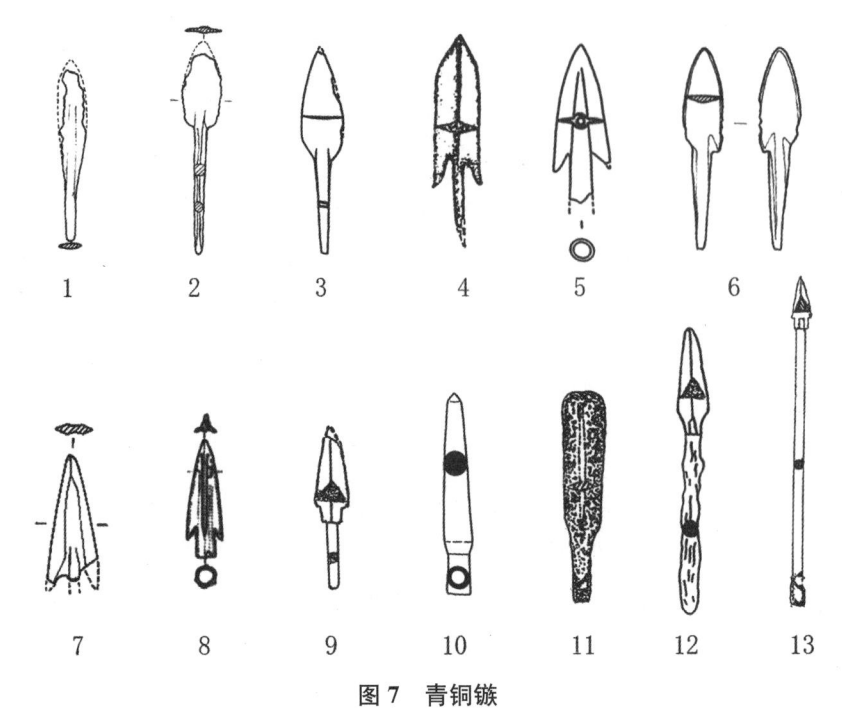

1. AⅠ(威宁红营盘 M13∶4)　2、3. AⅡ(威宁红营盘 M19∶3、曲靖八塔台 M181∶9)
4. BⅢ(普安铜鼓山 PTtⅢ∶3)　5、7. BⅡ(曲靖八塔台 M15∶2、赫章可乐 M308∶1)
6. BⅠ(威宁红营盘 M17∶5)　8. C(威宁银子坛 04M3∶11)　9. DⅠ(普安铜鼓山 T53∶48)
10. E(曲靖八塔台 M129∶5)　11. F(普安铜鼓山 1980 年 T12∶3∶19)
12、13. DⅡ(赫章可乐 1978M126∶8、1980 普安铜鼓山试 T2∶2∶1)

E型，2件。管锥形镞。标本曲靖八塔台 M129∶5，镞身近圆柱形，前端尖凸成锋，空心圆铤，通长 6.1 厘米(图 7，10)。

F型，1件。普安铜鼓山 1980 年 T12∶3∶19，体扁平，形似船桨，中部起脊，截面呈菱形，锋残，方形短铤，残长 6.2 厘米(图 7，11)。

(六) 啄

啄是滇文化的典型器物，广泛分布于滇池及其附近地区。啄，顾名思义就是用来啄击的兵器，有学者将其归为戈类，但其前锋宽平或呈扇形，"援"部多不开刃，只重啄击不重勾割和推搋，所以还是单独归为一类[1]。

滇东黔西地区目前只在曲靖八塔台墓地出土 2 件。M178∶17，刺前端弧刃，中部起脊，近銎处饰有虎面纹，截面呈椭圆形，扁圆銎，銎上饰有三组相同的蛙人纹，通长 20.5、銎长 12.4 厘米(图 8，1)。M4∶2，刺细长，中部起脊，截面呈菱形，扁圆銎，柲

---

[1] 井中伟：《早期中国青铜戈·戟研究》，科学出版社，2011 年，第 302 页。

端呈三尖刺状,素面,通长 25.3、鋬长 16 厘米(图 8,2)。

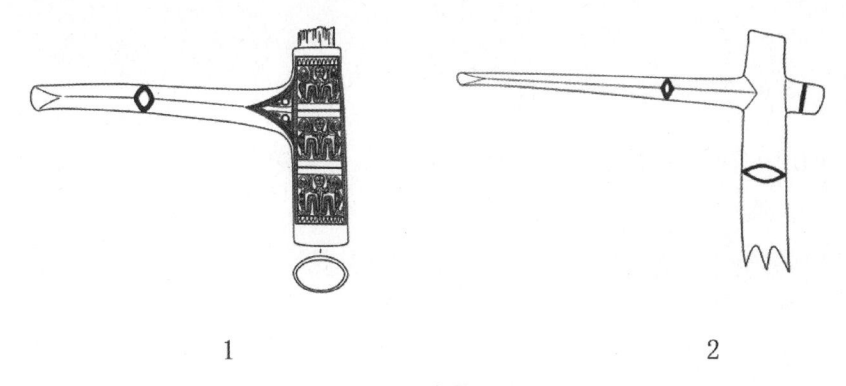

图 8 青铜啄

1. 曲靖八塔台 M178∶17 2. 曲靖八塔台 M4∶2

(七)弩机

滇东黔西地区共发现弩机 19 件,形制有大有小,赫章可乐还见有表面鎏金的弩机。标本曲靖八塔台 M30∶1,由机牙、悬刀、望山构成,其余部分不存,扣合扳机后通长 13.8 厘米(图 9)。

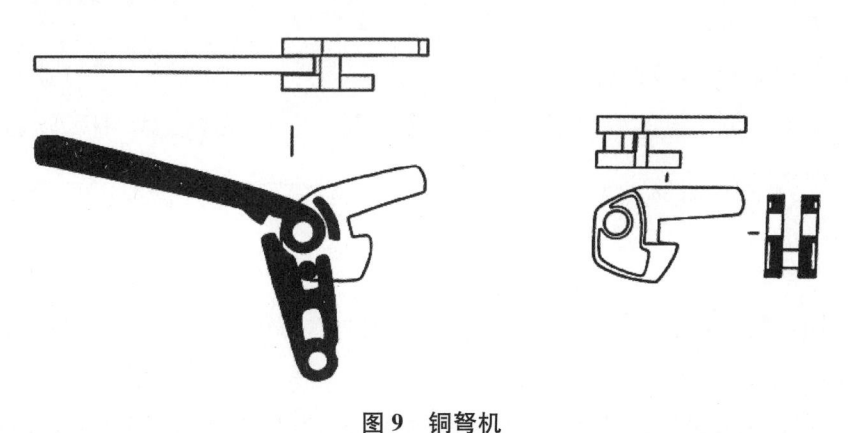

图 9 铜弩机

(曲靖八塔台 M30∶1)

三、分 期 与 断 代

(一)青铜兵器的分期

依据青铜兵器的变化特征和各类型兵器出现时间的差别,结合共存器物及相关遗存的研究成果,笔者拟将滇东黔西地区东周秦汉时期的青铜兵器分为五期(图10)。

1. 第一期

第一期出土青铜兵器的遗存较少,青铜兵器种类单一,仅见剑、钺、镞,且形态较原始。主要器型有:

剑　甲类Aa型Ⅰ式、Ⅱ式。

钺　甲类。

镞　A型Ⅰ式。

本期出土青铜兵器的单位主要有威宁红营盘M13、威宁红营盘M11等。

2. 第二期

此期出土青铜兵器的遗存有所增加,青铜兵器的器类也有所增加,新出现了戈、矛,但不见前期的钺。主要器型有:

剑　甲类Aa型Ⅲ式、甲类Ab型Ⅰ式。

戈　甲类Aa型Ⅰ式。

矛　甲类A型Ⅰ式。

镞　A型Ⅱ式、B型Ⅰ式。

本期出土青铜兵器的单位主要有赫章可乐M356、威宁红营盘M17、昭通营盘乙区M166等。

3. 第三期

第三期青铜文化遗存的数量明显增多,青铜兵器器类和前期一致,但数量明显增加,器型也较前期丰富多样。主要器型有:

剑　甲类Aa型Ⅲ式、甲类Aa型Ⅳ式、甲类Ab型Ⅱ式、甲类Ac型、甲类Ba型Ⅰ式、甲类Ca型、甲类Cb型、甲类Da型Ⅰ式、甲类Db型、乙类A型Ⅰ式。

戈　甲类Aa型Ⅰ式、甲类Aa型Ⅱ式、甲类Ab型、甲类Ba型、甲类Bb型、乙类A型。

矛　甲类A型Ⅱ式、甲类Ba型、乙类A型Ⅰ式。

镞　A型Ⅱ式、B型Ⅰ式。

本期出土青铜兵器的单位主要有赫章可乐M308、M318,昭通营盘M151,曲靖八塔台M246、M265、M225,威宁银子坛04M66、04M75等。

4. 第四期

本期相应遗存较之前更为丰富，青铜兵器的数量、种类及分布范围达到了高峰，器类中新增加了啄、銎装钺和中原传入的弩机，另外出现了铜铁合铸兵器。主要器型有：

剑　甲类 Aa 型Ⅲ式、甲类 Aa 型Ⅳ式、甲类 Ab 型Ⅱ式、甲类 Ac 型、甲类 Ba 型Ⅰ式、甲类 Ba 型Ⅱ式、甲类 Cc 型、甲类 Da 型Ⅰ式、甲类 Da 型Ⅱ式、乙类 A 型Ⅰ式、乙类 A 型Ⅱ式、乙类 Ba 型Ⅰ式、乙类 Bb 型。

戈　甲类 Aa 型Ⅰ式、甲类 Aa 型Ⅱ式、甲类 Ab 型、甲类 Ba 型、甲类 Bb 型、甲类 Bc 型、乙类 B 型。

矛　甲类 A 型Ⅱ式、甲类 Ba 型、甲类 Bb 型、甲类 Bc 型、乙类 A 型Ⅰ式、乙类 Ba 型、乙类 Bb 型。

钺　乙类 A 型、乙类 B 型Ⅰ式、乙类 C 型、乙类 D 型、乙类 E 型、乙类 F 型。

镞　A 型Ⅱ式、B 型Ⅱ式、B 型Ⅲ式、C 型、D 型Ⅰ式、E 型、F 型。

本期出土青铜兵器的单位主要有赫章可乐 M277、M365、M341，威宁银子坛 78M26、04M41，曲靖八塔台 M118、M177、M183，曲靖横大路 M66 等。

5. 第五期

本期青铜遗存依然丰富，青铜兵器种类和前期相同，只是器型有所变化，铜铁合铸兵器数量大幅度增长。主要器型有：

剑　甲类 Ab 型Ⅱ式、甲类 Da 型Ⅰ式、甲类 Da 型Ⅱ式、乙类 A 型Ⅱ式、乙类 Ba 型Ⅰ式、乙类 Ba 型Ⅱ式、乙类 Bb 型。

戈　甲类 Ba 型、甲类 Bc 型。

矛　甲类 A 型Ⅲ式、甲类 Bb 型、甲类 Bc 型、乙类 A 型Ⅰ式、乙类 A 型Ⅱ式、乙类 A 型Ⅲ式、乙类 C 型、乙类 D 型、乙类 E 型、乙类 Fa 型、乙类 Fb 型、乙类 Fc 型、乙类 G 型。

钺　乙类 A 型、乙类 B 型Ⅱ式、乙类 C 型、乙类 D 型、乙类 E 型、乙类 F 型。

镞　B 型Ⅱ式、C 型、D 型Ⅱ式。

第五期出土青铜兵器的单位主要有赫章可乐 M67，曲靖八塔台 M25、M41、M69、M77，曲靖潇湘平坡 M55，曲靖横大路 M2、M40 等。

（二）各期青铜兵器年代的推定

在对青铜兵器进行了类型学的分析和分期以后，本节将结合前人的分期断代以及最新的研究成果对各期青铜兵器的年代进行探讨。

1. 第一期青铜兵器的年代

第一期青铜兵器主要出土于贵州威宁红营盘墓地和云南昭通营盘乙区墓地的早期墓葬。

红营盘墓地和昭通营盘乙区墓地是目前滇东黔西地区明确出土青铜兵器最早的遗存，有学者将其暂时称之为"红营盘类型"[1]。关于贵州威宁红营盘墓地的年代，考古发掘报告认为是春秋晚期至战国中期[2]；另有学者认为是战国时期至西汉早期，并强调与后来的"银子坛"类型曾长时间同时共存[3]。

红营盘类型没有出现铜铁制品及铁器等时代较晚的器物，与相邻的银子坛类型相比也呈现出完全不同的文化面貌，因此整体上应该早于银子坛类型。红营盘遗址的年代上限由于没有碳-14数据作为参考，对其年代的判断有一定难度，不过因为昭鲁盆地的青铜文化序列相对完整，我们可以根据早期的遗址来帮助分析。红营盘类遗存之前是鸡公山文化晚期的野石山类型，其年代结合碳-14测年数据推测为距今3300—2700年[4]，从目前的情况看，红营盘类遗存与野石山类型间还有一定的缺环，所以无论如何，红营盘类遗存的年代上限绝不超过春秋时期。仔细分析红营盘类遗存，其青铜兵器又有早晚之别，较早的即本文的第一期的器物，如甲类Aa型Ⅰ式、甲类Aa型Ⅱ式柳叶形铜剑明显受到了巴蜀文化柳叶形铜剑的影响，根据相关研究，其流行的年代大概为西周至战国早期[5]；红营盘遗址采集的2件夹内钺绝不见于后期遗存，其形制与四川汉源富林出土的铜钺相似，汉源富林出土的铜钺年代为商周时期[6]；红营盘出土的A型Ⅰ式叶形镞形态原始，铤与镞身无明显分界，当是青铜镞的早期特征。

---

[1] 刘旭、孙华：《野石山遗存的初步分析》，《考古》2009年第8期。
[2] 贵州省文物考古研究所、四川大学历史文化学院考古系、威宁县文物管理所：《贵州威宁县红营盘东周墓地》，《考古》2007年第2期。
[3] 杨勇：《战国秦汉时期云贵高原考古学文化研究》，科学出版社，2011年，第69页。
[4] 张合荣、罗二虎：《试论鸡公山文化》，《考古》2006年第8期。
[5] 江章华：《巴蜀柳叶形剑研究》，《考古》1996年第9期。
[6] 岳润烈：《四川汉源出土商周青铜器》，《文物》1983年第11期。

据此,笔者认为第一期青铜兵器的年代大致应为春秋时期。

2. 第二期青铜兵器的年代

第二期青铜兵器主要出土于贵州赫章可乐遗址乙类墓葬第一期、贵州红营盘墓地晚期墓葬等。

赫章可乐遗址是黔西北地区战国秦汉时期的重要遗址,墓葬可分为甲、乙两类,其中甲类墓为汉式墓,乙类墓为土著墓。可乐遗址先后经历了两次较大规模的发掘,第一次发掘的墓葬年代较晚,发掘报告认为乃战国晚期至西汉晚期[1];第二次发掘的墓葬年代较早,为战国早期至西汉前期[2]。需要说明的是,两次报告都只是对该次发掘的墓葬资料进行简单分期,且分期及断代的标准不同,年代难以统一。近年来有学者将所有乙类墓进行了较为详细的分期,并提出了较为详细的年代体系[3]。本文青铜兵器第二期主要对应的是第二次发掘的早期墓葬,该期随葬品较少,铜器主要是兵器和装饰品,出土的甲类 Aa 型 Ⅲ 式剑形制上与巴蜀地区所出的柳叶形铜剑无异,根据江章华先生的研究,此型剑流行的年代为战国早期[4];该期 M356:2 琵琶形铜带钩见于四川什邡市战国船棺墓,年代为战国早中期[5]。

昭通营盘乙区墓地出土的甲类 A 型 Ⅰ 式矛与四川什邡市战国船棺墓 M25 出土的青铜矛相似,后者年代为战国初期[6]。

综上所述,第二期青铜兵器对应的年代为战国早中期。

3. 第三期青铜兵器的年代

第三期青铜兵器主要出土于威宁银子坛墓地第一期墓葬、曲靖八塔台墓地第一期墓葬等。

威宁银子坛墓地所代表的一类青铜遗存是昭鲁盆地青铜时代最晚阶段的文化,

---

[1] 贵州省博物馆考古组、贵州省赫章县文化馆:《赫章可乐发掘报告》,《考古学报》1986 年第 2 期。

[2] 贵州省文物考古研究所:《赫章可乐二〇〇〇年发掘报告》,文物出版社,2008 年,第 126—127 页。

[3] 张合荣:《贵州赫章可乐乙类墓的分期与年代》,《中国考古学会第十二次年会论文集》,文物出版社,2010 年,第 334—348 页。

[4] 江章华:《巴蜀柳叶形剑研究》,《考古》1996 年第 9 期。

[5] 四川省文物考古研究所、什邡市文物保护管理所:《什邡市城关战国秦汉墓葬发掘报告》,《四川考古报告集》,文物出版社,1998 年,第 112—185 页。

[6] 四川省文物考古研究所、什邡市文物保护管理所:《什邡市城关战国秦汉墓葬发掘报告》,《四川考古报告集》,文物出版社,1998 年,第 112—185 页。

有学者建议将这类遗存称为"银子坛类型"[1]。除了威宁银子坛墓地以外,和其文化面貌相似的还有云南昭通市的营盘甲区墓地、水井湾遗址以及白沙地遗址。威宁银子坛墓地20世纪70年代末经历了两次发掘[2],2004—2005年又经历了一次规模较大的发掘,第三次发掘的相关资料尚未发表,仅见于李飞先生的硕士学位论文。李飞将三次发掘的墓葬分为了四期,年代从战国中期延续到东汉初,其第一期即本期青铜兵器,所对应的年代为战国中期[3]。

据上文青铜兵器的分期可以看出,第三期青铜兵器的种类和数量都急剧增加,滇文化因素的青铜兵器大量出现,共存铜器中受滇文化影响的铜器也有不少发现,而前两期中不见有任何滇文化的影子,因此我们认为该期的年代上限不会超过目前滇文化的年代上限。

关于滇文化的年代下限,学界是达成共识的,即东汉初期,而对于上限则一直颇有争议。晋宁石寨山遗址和江川李家山遗址是滇池地区发掘最早、最具代表性的遗址,在石寨山的前两次发掘和李家山的第一次发掘后,发掘报告从有明确年代的五铢钱等汉式器物出发,再根据层位关系以及随葬品组合和演变,认为石寨山和李家山最早的墓葬大概在战国末年至西汉初[4],这一编年获得了学界的广泛认同。但属于李家山早期的M21的碳-14分析报告得出的数据是距今2 600年左右,有学者便据此推断李家山遗存可以早到春秋[5],这一观点直接影响了后来云贵地区许多青铜文化遗存的编年研究,许多遗址的分期断代严重依靠测年数据,或是横向比较的源头也是某一个测年数据。石寨山遗址第五次发掘报告中把该次发掘的小墓年代提到了春秋时期[6],笔者认为滇池地区青铜文化总体而言阶段性不是很突出,随葬品形制和种类发展演变现象不明显,早期墓葬中一些器物也能在附近地区战国晚期至西汉时期的遗址中见到。一些被认为年代较早的小墓之间也有打破关系,且有被打破的较早的

---

[1] 李飞:《贵州威宁银子坛墓地分析》,四川大学硕士学位论文,2006年。

[2] 贵州省博物馆考古组、威宁县文化局:《威宁中水汉墓》,《考古学报》1981年第2期;贵州省博物馆考古组:《贵州威宁中水汉墓第二次发掘》,《文物资料丛刊(10)》,文物出版社,1987年,第113—130页。

[3] 李飞:《贵州威宁银子坛墓地分析》,四川大学硕士学位论文,2006年。

[4] 云南省博物馆考古发掘工作组:《云南晋宁石寨山古遗址及墓葬》,《考古学报》1956年第1期;云南省博物馆:《云南晋宁石寨山古墓群发掘报告》,文物出版社,1959年,第132—134页;云南省博物馆:《云南江川李家山古墓群发掘报告》,《考古学报》1975年第2期。

[5] 王大道:《滇池区域的青铜文化》,《云南青铜器论丛》,文物出版社,1981年,第77—91页。

[6] 云南省文物考古研究所、昆明市博物馆、晋宁县文物管理所:《晋宁石寨山——第五次发掘报告》,文物出版社,2009年,第150—153页。

墓葬出有铜器而打破它的较晚的墓葬只随葬陶罐的情况。小墓的随葬品组合较少，除了可能和年代早晚有关系外，也可能和社会等级、族群结构有关[1]。总体而言，笔者认为滇池地区青铜文化上限应是战国晚期左右。

回过头来看银子坛的年代上限，李飞该文将第一期定为战国中期除了相关的碳-14数据以外，主要是将出土铜兵器与滇文化相关遗址进行横向比较，如将蛇头形铜剑（本文B型剑）与昆明羊甫头等遗址对比。发掘报告根据碳-14测年数据认为昆明羊甫头以M19为代表的第一期遗存的年代在战国中期左右[2]，上文已述，滇文化上限到不了战国中期，羊甫头墓地的碳-14数据相互矛盾，同一实验室所得的数据也相差较远。有学者提出M19与年代较晚的晋宁石寨山和江川李家山大墓相比，随葬品尤其是铜器并无太大的区别，墓圹大小、葬具及"珠襦"的使用等都大同小异[3]；此外，另有学者认为该墓葬出土的带翼有胡戈与巴蜀地区战国中期偏晚流行的铜戈相似，并指出其所出土的铜鼓按照童恩正先生的研究应属战国晚期[4]。

曲靖八塔台墓地的年代发掘报告认为是春秋早期至西汉后期，其中第一期为春秋早期[5]，早期的年代主要参考碳-14测年数据所得，该数据明显不可信。其实曲靖八塔台包括与其文化面貌相同的曲靖横大路墓地及平坡墓地等从早到晚都受到滇文化较大的影响，所出的蛇头形剑、无胡戈、青铜扣饰等都与滇文化战国晚期至西汉时期墓葬所出相似，并且有不少学者认为其属于滇文化的一个地方类型。因此可知，八塔台墓地的年代和滇文化大体相当，上限为战国晚期。

综上所述，第三期兵器所对应的年代为战国晚期。

4. 第四期青铜兵器的年代

第四期青铜兵器主要出土于贵州赫章可乐乙类墓第三、四期[6]，云南曲靖八塔台遗址第三期，贵州普安铜鼓山遗址早期等。

赫章可乐第三、四期部分墓葬发现套头葬，套头葬具均为铜釜，另有用铜洗覆面、垫头、垫脚、垫臂以及用铜戈插于头侧地面等葬俗。随葬器物中主要有折腹小陶罐、

---

[1] 杨勇：《战国秦汉时期云贵高原考古学文化研究》，科学出版社，2011年，第83—85页。

[2] 云南省文物考古研究所、昆明市博物馆、官渡区博物馆：《昆明羊甫头墓地》，科学出版社，2005年，第715页。

[3] 杨勇：《战国秦汉时期云贵高原考古学文化研究》，科学出版社，2011年，第61页。

[4] 朱凤瀚：《中国青铜器综论》，上海古籍出版社，2009年，第2324—2325页。

[5] 云南省文物考古研究所：《曲靖八塔台与横大路》，科学出版社，2003年，第185页。

[6] 张合荣：《贵州赫章可乐乙类墓的分期与年代》，《中国考古学会第十二次年会论文集》，文物出版社，2010年，第334—348页。

双耳铜鍪、铜装饰品以及铁工具等,未见铜五铢钱、日光镜、铜鐎斗等较晚的典型汉式器物,兵器中出现剑茎与剑身呈直角过渡的甲类Aa型Ⅳ式柳叶形铜剑和乙类A型Ⅱ式镂孔牌形茎首铜柄铁剑,还出现了柳叶形铁剑。双耳铜鍪常出土于四川等地的西汉墓中,甲类Aa型Ⅳ式柳叶形铜剑据学者研究是典型柳叶形铜剑的改装,流行年代为战国晚期至西汉早期[1]。

八塔台墓地第三期出土陶器有陶壶、深腹大喇叭口罐、小罐等,并新出现罐形鼎和陶豆。青铜器物有动物纹扣饰、泡饰、削刀、凿等;青铜兵器中,青铜剑除了继续流行并丰富前期出土的甲类剑以外,开始出现了乙类有格剑,青铜戈出现了乙类B型带翼长胡戈,青铜矛出现并开始流行。综合来看,该期陶器与前两期(战国晚期)紧密相连,铜器种类和数量都较多,青铜制造技术发展成熟,见有极少中原文化因素但没有发现铁器,也未出土较晚的五铢钱,年代当在西汉中期以前。

普安铜鼓山遗址是黔西南地区最早经过正式发掘并发表有考古发掘报告的青铜时代遗址,分别于1979年和1980年经过了两次发掘[2],2002年进行了第三次发掘,收获很大但资料尚未发表[3]。铜鼓山早期陶器种类单一,只见圜底釜和罐,铜器有刀、钻、环等,还出有用于制造铜剑剑茎的外范、刀范及浇口范。铜鼓山晚期地层中出土有文帝半两,据此其早期下限应是文帝时期;但上限也不早于战国晚期,因为从铜鼓山及黔西南附近遗址中出土及采集的青铜兵器来看,大都较滇东黔西其他地区晚,铜鼓山大多兵器都多少受到滇文化因素的影响,但不见滇文化早期就已流行的蛇头形铜剑,青铜剑中常见的是极具地方特色的一字格曲刃剑(乙类Bb型),而一字格剑在滇文化中出现于战国末期并常见于西汉。因此,普安铜鼓山遗址早期的年代为战国末至西汉早期。

括而言之,第四期青铜兵器对应的年代多为战国末期至西汉早期。

5. 第五期青铜兵器的年代

第五期青铜兵器主要出土于云南曲靖八塔台第四期墓葬、贵州普安铜鼓山晚期遗存等。

八塔台遗址第四期陶器中仍见前期的陶釜形鼎、折肩罐、罐形鼎、深腹大喇叭口

---

[1] 江章华:《巴蜀柳叶形剑研究》,《考古》1996年第9期。
[2] 程学忠:《普安铜鼓山遗址首次试掘》,《贵州田野考古四十年》,贵州民族出版社,1993年,第61—64页;刘恩元、熊水富:《普安铜鼓山遗址发掘报告》,《贵州田野考古四十年》,贵州民族出版社,1993年,第65—87页。
[3] 张元:《普安铜鼓山遗址》,《2002中国重要考古发现》,文物出版社,2003年,第47—51页。

罐等,新出现壶、杯等。青铜器中除了本地土著因素的动物纹和旋涡纹扣饰、泡饰、凿、锄、削刀、釜等,还出现大量中原文化因素的器物,如铜鍪、铜带钩、铜镜、五铢钱、大泉五十、大布黄千铜钱等,铁工具被大量使用。青铜兵器中,甲类Da型圆茎剑、甲类Ba型戈继续使用,铜矛大量出现,成为该期最主要的兵器并出现了铜骹铁矛,此外出现了汉式的铜弩机以及铁剑、铁矛、铁镞等汉式兵器。总体而言,八塔台墓地第四期和前期相比,中原文化因素大量出现,铁器开始流行,所出的铜镜、钱币等都是年代明确的器物,其中五铢钱均属西汉武帝至昭帝时期,"大泉五十""大币五千"等铜钱属王莽时期,发掘报告认为此期年代为西汉中后期[1],此说可从。

普安铜鼓山遗址晚期陶器种类增多,除了继续流行早期的圜底釜和罐以外,还出有带耳罐、带鋬罐、圈足罐、豆、小杯等,纹饰也较前期丰富。铜器出有刀、削、钻、叉、环等,并出有一定数量的铁工具;青铜兵器有剑、钺、镞等,另见有矛、镞等纯铁兵器。铸造模范的种类增多,有剑、戈、凿、铃等。综合来看,此期铁器已经占有一定数量,年代下限已至西汉晚期。

综上所述,第五期青铜兵器所对应的年代应为西汉中晚期,即汉武帝开西南夷以后,较晚的或可到东汉初期。

(三) 滇东黔西地区青铜兵器的演变及特点

第一期青铜兵器种类单一,只有剑、镞、钺。铜剑中只见甲类Aa型Ⅰ式和甲类Aa型Ⅱ式柳叶形剑,此时的青铜剑形态较原始,剑身较短,剑身与剑茎无明显分界。柳叶形剑是巴蜀文化的典型器物,滇东黔西地区的A型剑无疑是受其影响产生的,但红营盘出土的A型剑与巴蜀地区铜剑形制不完全相同,应是当地生产的[2]。一期铜镞只见A型镞,形态原始,尚具有模仿植物叶子的特征,铤部也不明显,是该地区青铜镞的初始阶段。本期的2件夹内青铜钺(甲类)都为采集品,墓葬中未见出土,此类型的钺在中原地区商周时期常见,而绝不见于滇东黔西地区的土著青铜文化中,应是从外地经由巴蜀地区传入。可见,青铜兵器在该地区春秋时期就已出现,并从开始就受到了巴蜀文化的强烈影响。

第二期青铜兵器器类增多,新增加了戈、矛等新种类。青铜剑中第一期的甲类Aa型剑剑身变长,中线起脊,茎上多见两穿孔;此外,出现了由甲类Aa型剑改制成的甲类Ab型剑。青铜镞中第一期的A型镞铤部变得明显,并出现了B型双翼镞。新

---

[1] 云南省文物考古研究所:《曲靖八塔台与横大路》,科学出版社,2003年,第185页。
[2] 赵凤杰、李晓岑、张合荣:《贵州红营盘墓地铜器技术研究》,《中原文物》2012年第3期。

出现的兵器器类中,青铜戈(A型)呈三角援状,与典型的蜀式戈相近;青铜矛(Aa型)为骹端平齐并直贯矛锋的叶状矛,此类矛也见于巴蜀地区的战国墓葬中,应是受其影响。概括而言,此期青铜兵器在继续吸收巴蜀文化因素的同时,自身也不断创新发展。

第三期青铜兵器仍只见剑、戈、矛、镞等器类,但各兵器器型较前期丰富多样。青铜剑中甲类Aa型剑发展成了茎部较细,剑茎与剑身分界明显的Ⅳ式剑,该式剑部分剑身上铸有巴蜀图纹,是从巴蜀地区直接输入的;甲类Ab型剑较前期剑茎与剑身过渡明显,并新出现了甲类Ac型剑。甲类剑除A型剑以外,还出现了B型蛇头形剑、C型扁茎剑以及D型圆茎剑,并开始出现有格剑,即乙类A型镂空牌形茎首剑,此型剑剑身与剑茎分铸,即将另铸的铜茎与甲类A型柳叶形铜剑套接而成[1]。青铜戈中三角援戈继续发展并丰富,具有滇文化因素的B型长条援直内无胡戈出现是第三期青铜兵器的显著特点,乙类有胡戈也有少量发现。此期的青铜矛除甲类A型矛继续流行外,新出现了骹口呈鸭嘴状的甲类Ba型矛,骹侧无耳的乙类矛也于本期出现。青铜镞中镞身呈叶状的A型镞继续流行,双翼镞中镞身由树叶形变为了杀伤力更强的扁体三角形。总体而言,第三期的青铜兵器除巴蜀文化因素继续流行外,滇文化因素开始出现并迅速传播。但该地区的青铜兵器对外来因素绝不是盲目遵从,而是有所创新和发展,创造了一些极具自身特色的青铜兵器。

第四期青铜兵器是滇东黔西地区青铜兵器发展的鼎盛时期,无论是数量、兵器种类还是器型上较之前都大大增加。器类中新增加了啄、钺和中原传入的弩机。各器类中青铜剑的甲类无格剑继续流行,乙类有格剑数量增多,新出现了一字格铜剑,镂空牌形茎首剑剑身变为铁质。青铜戈依然可见前期各器型,并出现了滇文化常见的带翼有胡戈。此期出土的青铜矛数量及种类增多,开始在各类兵器中占有重要地位,较前期而言,矛身有由小到大、由短到长的发展趋势。此期出现了銎装钺,且均发现于黔西南一带,其地方特色鲜明,基本不见于西南夷其他地区,而和南面"百越"文化的青铜钺有相似之处,或在一定程度上受其影响。青铜镞中A型、B型镞继续使用,并新出现了C型、D型、E型及F型镞。由上可见,本期即战国末至西汉早期的青铜兵器呈现了较为繁荣的场面,兵器种类、数量及分布范围都达到顶峰,各兵器中虽然仍可见较多的外来因素,但毫无疑问,大多数兵器都是本地铸造并且加以创新。此外,该期除了出现铜铁合铸兵器以外,也出现了一定数量的铁兵器,说明铁兵器至迟

---

[1] 贵州省文物考古研究所:《赫章可乐二〇〇〇年发掘报告》,文物出版社,2008年,第158—159页。

西汉早期已在该地区逐渐推广并使用。

第五期时青铜兵器的种类和上期相同。青铜剑中甲类无格剑较之前大量减少,且也只见少数型式,乙类有格剑成为剑类主流,镂空牌形茎首剑铁质剑身变长,并出现了一字格铜柄铁剑。青铜戈已不见三角援戈,甲类 B 型长条援无胡戈虽有发现但数量也较少。青铜矛却依然流行,并出现了曲刃矛和铜骹铁矛。青铜钺和前期相比变化不大,"V"形銎口及少数钺身铸有"⌒"符号的铜钺是该地区较有特色的器型。青铜镞中三棱镞除了第四期通体铜铸的以外,新出现了镞身铜铸但带长铁铤的镞。总地来说,汉武帝开西南夷以后滇东黔西地区的青铜兵器仍较流行,但铜铁合铸器物明显增多;另一方面,汉式铁兵器如铁剑、铁镞等已较常见,随着铁器化程度的不断加深,到了两汉之际青铜兵器基本退出了该地区的历史舞台。

综上而言,滇东黔西地区青铜兵器从春秋时期开始出现,一直发展延续到东汉初期,期间一直是该地区青铜文化中最重要的青铜器类之一,一定程度上反映了当时的社会面貌和青铜制造水平。但我们可以看到,因为滇东黔西地区地形的复杂性以及文化的区域性和多样性,青铜兵器并没有形成普遍一致性,各文化青铜兵器的种类、发展过程以及时间早晚都有所不同。另外,该地区的青铜兵器从一开始就受到周边地区文化的强烈影响,巴蜀文化、滇文化、汉文化等都曾在不同时间或多或少影响了当地的青铜兵器。该地区早期的剑、戈等都与巴蜀文化同期的器物相似,有的甚至是直接输入。到了战国晚期,滇文化突然兴起,大量滇式的青铜兵器也开始向该地区渗透,有的兵器如饰人形纹的青铜戈还成为了西南夷地区普遍使用的兵器,同时部分地区还受到南面百越文化的影响。汉武帝开西南夷以后,汉移民不断南下,铁器也被广泛输入这一地区,一方面当地人将铁料融入自身的兵器制造中,铸造出了特色鲜明的铜铁合铸兵器;另一方面,各种汉式铁兵器随着其他铁器一道也进入了人们的生活中。当然,在接受外地影响的同时,当地人们也不断改造和创新,并且融入了本文化的装饰风格。此后,随着汉化和铁器化进程不断加深,东汉初期,滇东黔西地区的青铜兵器和文化已趋于不见,融入汉文化之中。

四、滇东黔西地区青铜兵器的比较与分区

(一) 滇东黔西地区青铜兵器与周边区域的比较

本节以滇东黔西地区及附近区域出土的青铜兵器为比较对象,探讨滇东黔西青铜兵器与巴蜀地区、滇池地区及广西右江流域青铜兵器的关系,了解滇东黔西地区东周秦

汉时期青铜兵器与其他地区的交流与互动,丰富滇东黔西地区青铜兵器的研究内容。

1. 与巴蜀地区青铜兵器的比较

巴蜀地区的青铜文化从产生以来一直都是我国西南地区青铜文化的"文化高地",而青铜兵器又是巴蜀地区先秦时期出土遗物的重要门类,所以巴蜀地区的青铜兵器不可避免地对滇东黔西地区青铜兵器产生了强烈影响(图11)。

柳叶形铜剑是巴蜀地区最主要的剑类,从商代晚期一直流行到西汉早期[1],与其形制相似的本文甲类 A 型剑在滇东黔西地区有大量发现,不仅形制相似,且变化轨迹也和巴蜀地区趋于一致,无疑是脱胎于巴蜀的柳叶形铜剑,其中贵州赫章可乐遗址出土的柳叶形铜剑中有的铸有巴蜀地区柳叶形铜剑常见的虎斑纹、巴蜀图语等,或是直接从巴蜀地区传入。但滇东黔西地区的柳叶形铜剑融入当地文化后又有着自身的演变和发展规律,特别是对剑茎和剑柄的重视。滇东黔西地区最先出现的是和巴蜀柳叶形铜剑形制相似的甲类 Aa 型剑,此后发展出了剑茎两旁歧出双芒的甲类 Ab 型剑和中脊从剑身延伸至剑茎的甲类 Ac 型剑。甲类 Aa 型剑也更重视剑柄的发展,在赫章可乐的柳叶形铜剑中,多件剑茎上都有用树木韧皮捆扎木条以作剑柄的现象;到了战国晚期,出现了专门的铜铸剑柄以纳柳叶形铜剑[2],即本文的乙类 A 型剑。

青铜戈也是巴蜀地区普遍出现的青铜兵器,其中援呈三角形的无胡戈是较有特色的铜戈,被称为蜀式戈。本地区的三角援铜戈即本文甲类 A 型戈,形制与巴蜀的三角援铜戈十分接近,只是援部稍长,当是受其影响而产生并加以改制的。另外本文的 B 型戈虽然形制和装饰风格上有明显的滇文化色彩,但已有多位学者指出云南的青铜戈也是来源于蜀戈[3],所以究其根源,也是受到了蜀戈的影响。不过巴蜀地区战国中晚期流行的器身饰虎纹,援端后部有凸出的"牙"的长胡戈不见于滇东黔西地区。

青铜矛方面,巴蜀地区和滇东黔西地区既有联系又有区别,矛身呈叶状且骹侧附耳的青铜矛贯穿始终是两地青铜矛的一个共性特征。云南昭通营盘乙区墓地出土的两件青铜矛与四川什邡市战国船棺墓 M25 出土的青铜矛[4]相似,昭通所出的矛年

---

[1] 江章华:《巴蜀柳叶形剑研究》,《考古》1996 年第 9 期。

[2] 梁太鹤:《贵州夜郎地区出土的巴蜀式铜兵器》,《中华文化论坛》2008 年第 12 期。

[3] 执此观点的论文主要有:童恩正:《我国西南地区青铜戈的研究》,《考古学报》1979 年第 4 期;霍巍、黄伟:《试论无胡蜀式戈的几个问题》,《考古》1989 年第 3 期;刘弘:《论蜀式戈的南传——西南地区青铜戈的再研究》,《四川文物》2007 年第 5 期。

[4] 四川省文物考古研究所、什邡市文物保护管理所:《什邡市城关战国秦汉墓葬发掘报告》,《四川考古报告集》,文物出版社,1998 年,第 112—185 页。

代为战国早期,是滇东黔西地区目前发现最早的青铜矛,可知在该地区青铜矛出现的早期就已经受到了巴蜀地区的影响。但两地青铜矛的区别也十分显著,表现在巴蜀青铜矛的骹侧附的多是弓形耳,而滇东黔西地区青铜矛的骹侧多是半圆形环耳;巴蜀青铜矛上多有纹饰,习见蝉、虎、牛等动物纹以及巴蜀符号等,而滇东黔西地区的青铜矛有纹饰者较少且纹饰单一;巴蜀青铜矛骹端多平齐而滇东黔西地区的青铜矛骹端多内凹呈鸭嘴状。

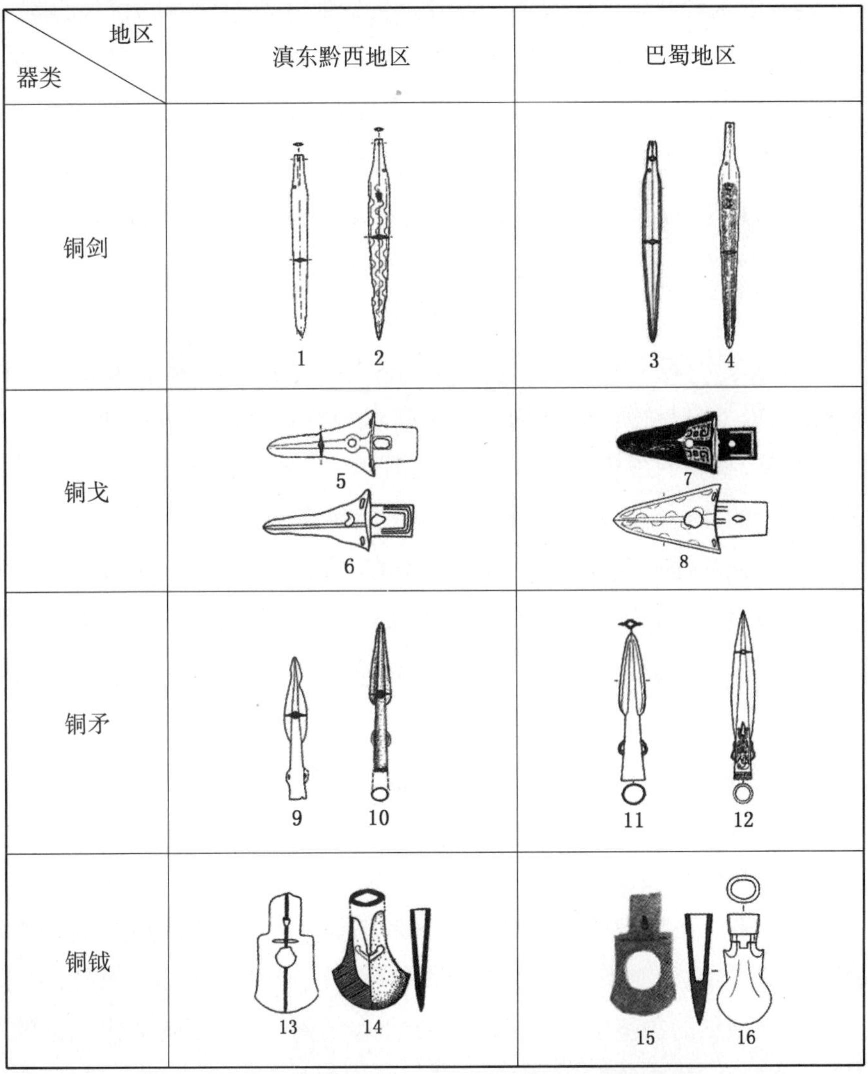

器类\地区	滇东黔西地区	巴蜀地区
铜剑	1　2	3　4
铜戈	5　6	7　8
铜矛	9　10	11　12
铜钺	13　14	15　16

图 11　滇东黔西与巴蜀地区部分青铜兵器比较图
1. 赫章可乐 M356∶1　2. 赫章可乐 M350∶1　3. 荥经同心村 84M2∶11　4. 大邑五龙 M18∶39　5. 赫章可乐 M296∶3　6. 威宁银子坛 1978 M26∶2　7. 彭县竹瓦街　8. 什邡城关 M1∶5　9. 昭通营盘乙区 M166∶1　10. 威宁中水 1978 年征集∶19　11. 什邡城关 M25∶26　12. 云阳李家坝 M23∶2　13. 2002 年威宁水果站采　14. 1982 年兴义征集 D∶4　15. 汉源富林　16. 什邡城关 M54∶24

青铜钺方面，夹内钺在两地都发现较少，且都出现在早期，此种钺常见于陕西、河南等地的商代遗存中，滇东黔西地区的夹内钺应是由上述地区经巴蜀再传入的。銎装钺在巴蜀地区发现较多，是最主要的兵器之一；而在滇东黔西地区只见于黔西南，与巴蜀距离较近的黔西北和滇东北都未曾发现，且两地形制有着较大差别，巴蜀典型的双肩、钺身内收的"烟荷包"式钺不见于本地区，而本地区"V"形銎口，上有" "形符号的铜钺也不见于巴蜀地区，这或许与滇东黔西地区青铜钺属百越系统有关。

总地来说，滇东黔西地区的青铜兵器受到巴蜀地区青铜兵器的较大影响，特别是早期尤为明显，此地区早期的剑、戈、矛等都可在巴蜀地区找到祖型，无疑是在巴蜀兵器的影响刺激下产生的。这种影响目前来看是单向的，是巴蜀地区青铜文化远远领先西南夷地区的"软实力"表现，巴蜀地区未见有滇东黔西地区的兵器出土，且无论是兵器器类、器型、数量还是制造技术，巴蜀地区都远远领先于滇东黔西地区。

2. 与滇池地区青铜兵器的比较

以滇池区域为中心的滇文化（或称石寨山文化）[1]是一支高度发达的青铜文化，其以风格迥异、极具自身特色的青铜器以及高水平的青铜制造技术而闻名于世。滇文化遗存的数量、墓葬的规模、随葬品的丰富程度、青铜器的制造和装饰艺术以及实物资料所反映出的社会发展水平在整个西南夷地区都是首屈一指的。

滇文化的青铜兵器型式之复杂、纹饰之丰富、特色之鲜明、出土数量之多在中国甚至在世界上也属罕见，因其与滇东黔西地区毗邻，又同为史籍记载中的"魋结，耕田，有邑聚"的西南夷族群，二者在许多地方都有不少相似之处，尤其反映在青铜兵器上（图12）。

青铜剑：滇文化的无格青铜剑中，茎首似蛇头的扁茎剑最有特色，该类型的剑在滇东黔西地区的赫章可乐、威宁银子坛、昭通营盘等土著遗存中都有发现，其剑的基本形制是剑身钝角内折与茎相连，茎首作钝角人字形，茎上饰几何镂孔、刻线纹及其他纹饰组成的图案。茎首末端除作钝角人字形的以外，滇东黔西地区的此型剑还可见茎首作椭圆状者，而滇池地区另有茎首呈圆管状或喇叭口状的。另外，二者相比，滇东黔西地区该型剑的剑茎上只见几何形镂孔和阴刻线纹，而滇文化此剑的茎上还可见双旋纹、菱形纹、植物纹等，有的还在茎上镶嵌绿松石。其余的无格铜剑中，双方各有特色，滇东黔西的柳叶形剑、茎上饰蛙人纹的圆茎剑不见于滇池地区，而滇文化

---

[1] 有学者提倡放弃滇文化的概念，代之以考古学文化的"石寨山文化"来命名，见蒋志龙：《再论石寨山文化》，《文物》1998年第6期。

的茎首作各种动物或人形的无格剑也基本不见于滇东黔西。有格铜剑中,一字格铜剑及铜柄铁剑在两地西汉时期的遗存中都较为常见,但具体而言,滇文化的一字格铜剑剑身较细长,有少量曲刃剑,曲刃幅度较小,而滇东黔西地区的一字格铜剑相对而言剑身较宽短,曲刃剑曲刃幅度较大;除一字格剑外,江川李家山 M68[1]曾出土了赫章地区较有特色的镂空牌形茎首铜柄铁剑,说明滇东黔西地区的兵器也影响了滇文化。

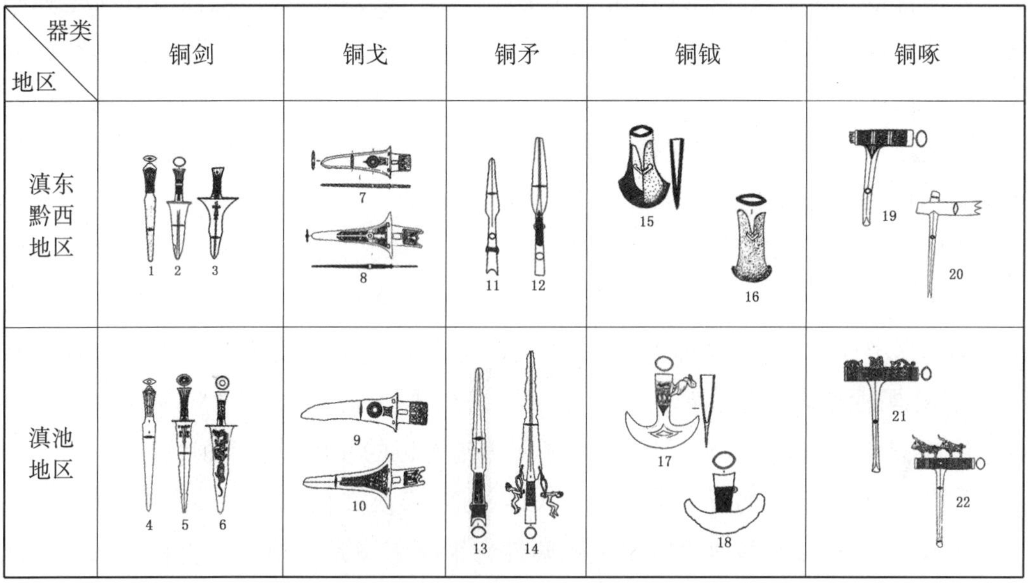

器类 地区	铜剑	铜戈	铜矛	铜钺	铜啄
滇东黔西地区	1 2 3	7 8	11 12	15 16	19 20
滇池地区	4 5 6	9 10	13 14	17 18	21 22

图 12 滇东黔西与滇池地区部分青铜兵器比较图

1. 威宁银子坛 04M75:5 2. 曲靖八塔台 M67:1 3. 普安铜鼓山采集 4. 昆明羊甫头 M771:7
5. 江川李家山 M68X2:21 6. 晋宁石寨山 M13:172 7. 赫章可乐 M318:1 8. 昭通营盘采:11
9. 江川李家山 M21:68 10. 江川李家山 M21:67 11. 曲靖八塔台 M176:1 12. 曲靖八塔台 M41:1
    13. 昆明羊甫头 M19:64 14. 江川李家山 M57:194 15. 1982 年兴义征集 D:4
    16. 普安铜鼓山 1977 年采 17. 晋宁石寨山 M81:187 18. 呈贡天子庙 M41:158
19. 曲靖八塔台 M178:17 20. 曲靖八塔台 M4:2 21. 江川李家山 M71:6 22. 江川李家山 M13:25

青铜戈:内端饰蛙人纹的无胡直内铜戈是滇池地区以及滇东黔西甚至更南的地区都很流行的兵器,从出土的数量以及范围来看,滇人族群应该是这种铜戈最早的制造者,随后逐渐传播到其他地区,普安铜鼓山遗址曾经发现有铸造这种戈的模范,说明这不是简单的文化交流,而是传入其他地区后被其接受并自己铸造使用,已然融入当地的文化之中。与滇文化中的此类戈多曲援及内上的蛙人纹比较简洁而言,滇东的曲靖八塔台此戈援部则多较为细长,内上的蛙人纹相对来说较为形象,黔西赫章地

---

[1] 云南省文物考古研究所、玉溪市文物管理所、江川县文化局:《江川李家山——第二次发掘报告》,文物出版社,2007 年,第 21—23 页。

区的此戈内上的蛙人图案有由形象到简化的演变趋势。其他类型戈中，曲靖八塔台出土的三件长胡戈明显是滇文化的风格，应是从滇池地区直接输入。滇东黔西地区的援呈等腰或弧线三角形的铜戈基本不见于滇文化，滇文化贵族墓葬中常见的具有北方文化因素的横銎铜戈也绝不见于滇东黔西地区，其在滇文化中也多见于大墓中，是仪式用具，不具备实战功能。

青铜矛：矛是滇文化最为流行的青铜兵器之一，延续时间长，出土量大，类型丰富。两地都以矛身呈树叶状的青铜矛为主体，另外，骹侧有双环耳、骹端开叉呈鸭嘴状等特征在两地均常见。相较而言，滇文化的矛在骹上及矛叶后部常饰有弦纹、涡纹、几何纹、人面纹及鸟纹等，而滇东黔西地区的青铜矛骹上则少见纹饰，多为素面或偶见一道箍形饰；此外，滇文化极具特色的在矛叶后端吊人、在骹侧铸立体动物雕像等现象不见于滇东黔西地区。

青铜钺方面，滇东黔西地区早期所见的具有中原文化因素的夹内钺在滇池地区未见出土。两地的銎装钺也有较大的区别，滇池地区的钺刃部多呈扇形或新月形，銎部与刃部区分明显，銎上纹饰丰富，銎侧有一单耳或铸立体动物雕像等现象较为常见；而滇东黔西地区的銎装钺刃多呈半圆形或宽弧形，銎部较宽且常内凹呈"V"形，銎上纹饰较少，有的可见"〰"形符号，不见滇池地区的几何形及动物纹饰。

其余兵器中，两地的青铜镞形制上大体相似，唯滇文化的青铜镞常见血槽，而滇东黔西地区少见；滇东黔西地区出土的两件青铜啄无疑是从滇文化直接传入的。此外，滇池地区的青铜殳、戚、叉、棒等兵器不见于滇东黔西地区。

总体而言，滇池地区和滇东黔西地区的青铜兵器互有影响，但以滇文化影响滇东黔西地区为主。战国晚期滇文化兴起以后，其影响力迅速到达东面的滇东黔西地区，而巴蜀文化因素则逐渐式微。具体表现在，战国晚期滇东黔西地区开始出现与本地区早期迥然不同的青铜兵器，其中不少被作为主要兵器一直延续到青铜文化晚期，而这些兵器都可在滇文化中见到，如该地区出现的蛇形茎首剑、内端饰人形纹的无胡戈、长胡戈、青铜啄等无疑是受到滇文化的影响或是直接由滇池地区传入，另外在其他兵器中也可见到较多与滇文化类似的因素。

3. 与滇东南、桂西北地区青铜兵器的比较

滇东南、桂西北地区具体指的是元江下游及其支流以及右江上游流经的区域，该区域是西南夷文化与百越文化的过渡地带。其青铜兵器在包含浓厚的云贵地区西南夷文化因素的同时也体现了百越文化的特征。与滇东黔西地区相比，滇东南、桂西北地区不少青铜兵器可见相同和类似者（图13）。

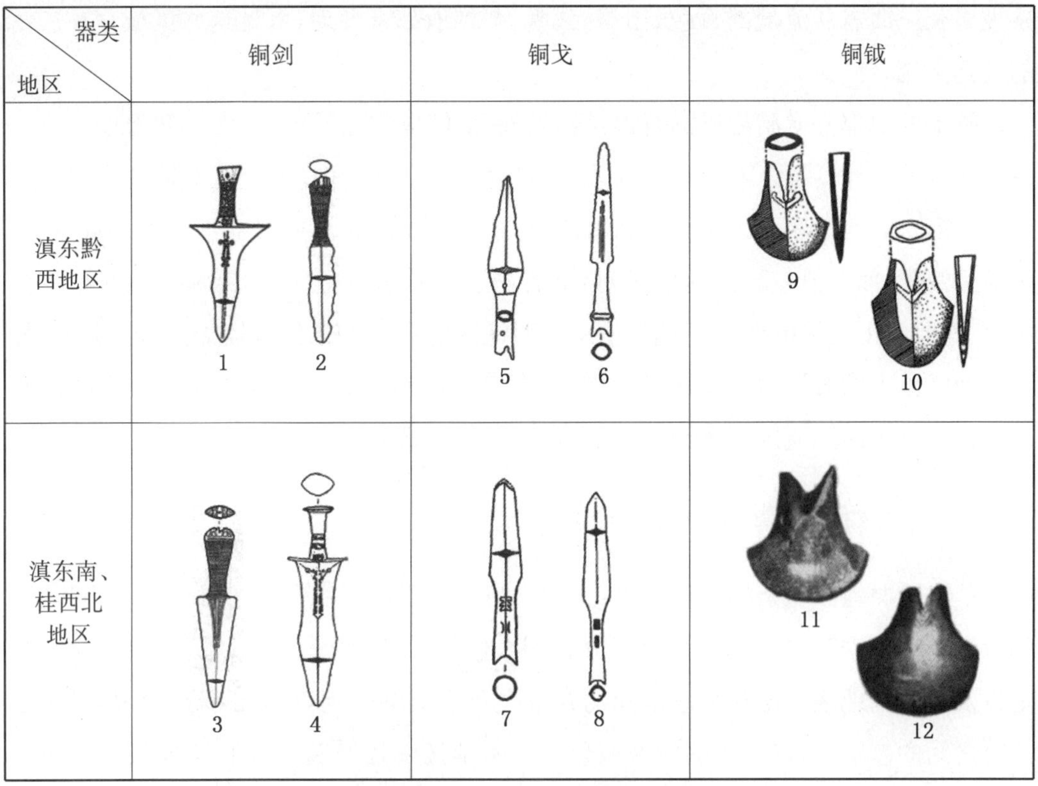

地区 \ 器类	铜剑	铜戈	铜钺
滇东黔西地区	1　2	5　6	9　10
滇东南、桂西北地区	3　4	7　8	11　12

图 13　滇东黔西与滇东南、桂西北地区部分青铜兵器比较图
1. 普安铜鼓山采集　2. 曲靖横大路 M140：2　3. 丘北采集　4. 田东锅盖岭 M1：8
5. 曲靖横大路 M66：4　6. 曲靖八塔台 M119：2　7. 武鸣安等秧 M14：14　8. 田东锅盖岭 M1：2
9. 1982 年兴义征集 D：4　10. 1982 年兴义征集 D：6　11、12. 百色萝卜洲

云南广南、麻栗坡[1]、广西田东、田阳[2]等地出土的一字格剑与黔西南普安一带的一字格剑相似,其中剑多为曲刃,且都表现出剑身较宽、曲刃幅度较大等特点。

云南丘北出土的一件扁圆茎空首无格铜剑[3]与曲靖横大路 M140：2 及贵州安龙采集的一件类似。此外,云南广南采集到了一件赫章可乐墓地最具代表性的镂空牌形茎首铜柄铁剑[4]。

黔西南地区常见的"风"字形钺身、銎口开叉呈"V"形的青铜钺在滇东南富宁、麻

---

[1] 参见云南省文物考古研究所、文山州文物管理所、红河州文物管理所:《云南边境地区(文山州和红河州)考古调查报告》,云南科技出版社,2008 年,第 40—52 页。

[2] 蒋廷瑜:《右江流域青铜文化族属试探》,《桂岭考古论文集》,科学出版社,2009 年,第 51—68 页。

[3] 参见云南省文物考古研究所、文山州文物管理所、红河州文物管理所:《云南边境地区(文山州和红河州)考古调查报告》,云南科技出版社,2008 年,第 30—33 页。

[4] 参见云南省文物考古研究所、文山州文物管理所、红河州文物管理所:《云南边境地区(文山州和红河州)考古调查报告》,云南科技出版社,2008 年。

粟坡以及广西右江流域的百色、田东、武鸣[1]等地都有发现,可见这些区域存在广泛的文化交流。

除了两地部分形制相近的青铜兵器以外,我们也应该看到,二者之间青铜兵器也有着显著的差异。右江流域出土的人面弓形格剑、扁茎短剑、茎上有双箍的有格剑等不见于滇东黔西地区而常见于岭南地区;滇东南和桂西北常见刃部不对称的靴形钺、斜弧刃钺等,而在滇东黔西地区不对称的钺较少,且形制也不同;武鸣元龙坡[2]、独山[3]等地出土的铲形钺也不见于滇东黔西地区而在百越文化区较为流行。此外,桂西北地区出土的骹正面有鼻钮,钮上饰"王"字纹或回纹等的青铜矛和长援上扬的长胡戈也常见于两广地区的青铜越墓中而不见于滇东黔西地区。

(二) 滇东黔西地区青铜兵器的分区研究

滇东黔西地区复杂的地理环境,造就了当地多姿多彩的文化。目前为止,该地区的青铜遗存依据其文化面貌大致可分为四个区域,即黔西北地区、昭鲁盆地、曲靖盆地以及黔西南地区。这几个地区间的青铜文化虽有共性但区域差别明显,是考古学文化之间的差别,而青铜兵器的区域差异与本地区陶器及其他实物资料所反映出的文化区域差异基本相合。本节试图在前人对该地区青铜文化的分区基础之上,总结各地区青铜兵器的特征,并探讨各地区之间青铜兵器的关系(表1)。

1. 黔西北地区

黔西北地区出土青铜兵器的地点主要有赫章可乐遗址、赫章辅处遗址[4]等,由于辅处墓地的详细资料未见公布,所以黔西北的青铜兵器主要以赫章可乐数次发掘出土的为主(图14)。

可乐遗址出土的青铜兵器目前见有剑、戈、矛、镞、弩机等。流行时间相当于本文的二至五期,即战国中期至西汉晚期。可乐遗址出土的青铜兵器虽然种类不多,但特点鲜明,其中镂空牌形茎首剑、弧线三角援戈、内后端饰几何纹的无胡铜戈少见于其他地区,是黔西北最具特色的青铜兵器。

---

[1] 蒋廷瑜:《右江流域青铜文化族属试探》,《桂岭考古论文集》,科学出版社,2009年。

[2] 广西壮族自治区文物工作队、南宁市文物管理委员会、武鸣县文物管理所:《广西武鸣马头元龙坡墓葬发掘简报》,《文物》1988年第12期。

[3] 武鸣县文物管理所:《武鸣独山岩洞葬调查简报》,《文物》1988年第12期。

[4] 殷其昌:《辅处墓群》,《贵州田野考古四十年》,贵州民族出版社,1993年,第186页。

·滇东黔西地区出土东周秦汉时期青铜兵器研究·

表1 各分区主要青铜兵器对照表

器型 分区	甲类剑										乙类剑					甲类戈					乙类戈			甲类矛			
	Aa	Ab	Ac	Ba	Bb	Ca	Cb	Cc	Da	Db	A	Ba	Bb	C	Aa	Ab	Ba	Bb	Bc	A	B	A	Ba	Bb	Bc
黔西北地区	★			√							★		√		★		√		√						
昭鲁盆地	√	★	√		★	★									√	★	√	√	√			√	★	√	
曲靖盆地	√	★	★	√	★		★	√	★	★	√	√					√	√	√	★	★	√	√	√	
黔西南地区								√					★	★			√								★

器型 分区	乙类矛							甲类钺	乙类钺						镞						啄	弩机
	A	Ba	Bb	C	D	E	Fa	Fb	Fc	G	A	B	C	D	E	F	A	B	C	D	E	F		
黔西北地区	√						★																	√
昭鲁盆地	√	√				★				√														√
曲靖盆地		√	√	★	★	★			★						★		√	√	√	√	★		√	√
黔西南地区								★			★	★	★	★	★	★	√	√	√	√		★		

注："√"代表该分区出土有此兵器，"★"则表示此兵器是该分区的代表性器物。

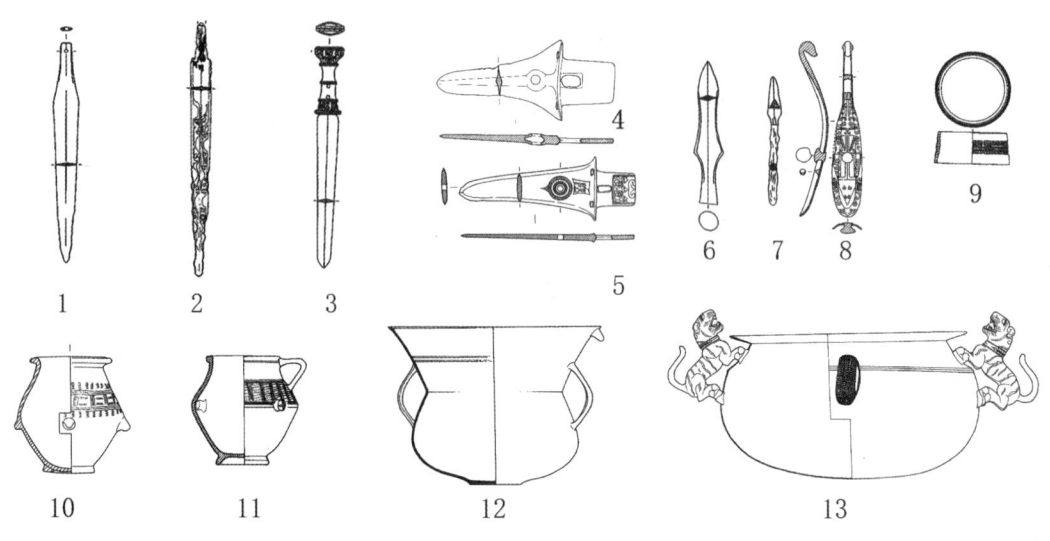

图 14　黔西北地区部分出土器物

1—3. 剑（赫章可乐 M298∶7、M277∶5、M365∶5）　4、5. 戈（赫章可乐 M308∶2、M318∶1）
6. 矛（赫章可乐 M8∶21）　7. 铁铤铜镞（赫章可乐 M126∶8）　8. 铜带钩（赫章可乐 M356∶2）
9. 铜镯（赫章可乐 M356∶5）　10、11. 陶罐（赫章可乐 M304∶1、M322∶1）
12、13. 铜釜（赫章可乐 M277∶1、M274∶87）

黔西北地区青铜兵器受到外来因素的较大影响，特别是巴蜀文化从开始就对黔西北地区青铜兵器的产生和发展起到了很大的作用。如可乐遗址从其第一期就能见到巴蜀地区典型的柳叶形铜剑，其可能是通过贸易所得，表明黔西北地区与巴蜀地区的贸易活动和交流通道早已存在[1]；甲类 Aa Ⅰ 式戈虽不见于巴蜀但其援部呈三角形的特征无疑也受到巴蜀戈的影响。战国晚期滇文化开始兴起，其影响力虽然到达了黔西北地区，但较巴蜀相比对此地区的影响较小，具有滇文化因素的兵器只有一件蛇形茎首剑和内后饰蛙人纹的无胡戈，但无胡戈内上的图案有向抽象化发展的趋势并加入了当地的装饰，其中赫章可乐 M317 和 M350 出土的两件铜戈外表形制无特殊之处，但援后部为空心，不具备实战功能，报告编写者指出空心戈是一种已特化发展、有特殊用途的兵器[2]。

黔西北地区的兵器较之滇东黔西其他地区的另一个重要特点是兵器的铁器化进程较早，换言之，铜铁合铸兵器及铁兵器出现和流行的时间较早。目前整个云贵高原的土著青铜文化中，铁兵器（包括铜铁合铸兵器）的出现时间大都在西汉以后，大规模使用则是汉武帝开西南夷之后的事。而可乐遗址在战国晚期已经出现了铁工具，至

---

[1]　杨勇：《试论可乐文化》，《考古》2010 年第 9 期。
[2]　贵州省文物考古研究所：《赫章可乐二〇〇〇年发掘报告》，文物出版社，2008 年，第 91 页。

迟在战国末期就已经出现了由镂空牌形茎首铜剑发展而来的铜柄铁剑以及仿制柳叶形铜剑而铸造成的柳叶形铁剑,到西汉前期土著墓已经基本不见青铜兵器的踪影,此时兵器除继承土著铜兵器发展而来的铜柄铁剑及柳叶形铁剑外,汉式的铁剑、铁刀等铁兵器也广为流行。

据相关学者研究,战国秦汉时期云贵地区虽掌握了一些锻造铁器的技术,但铁料多为外地输入,冶铁业直到东汉才出现[1]。该地区铁器化进程相对较早甚至接近于巴蜀地区铁器流行的时间的原因应当和此地区与巴蜀地区的贸易活动有关,前文已述,黔西北和巴蜀地区在战国中期就已经建立了一条稳定的民间走私贸易通道,包括柳叶形铜剑在内的巴蜀器物就是通过这条道路输入黔西北地区的,而铁器原料的输入很可能也是沿用了之前的道路。贩卖铁器的主体是巴蜀地区的商人,《史记·货殖列传》中记载山东迁虏程郑氏"亦冶铸,贾椎髻之民,富埒卓氏",其中的"椎髻之民"就应该包括黔西北地区的居民。黔西北地区距离蜀地较近,加上又有长期稳定的贸易关系,这才使得该地区的铁器化进程相对较早,而兵器作为尖端技术的载体,当地人自然乐意接受更为先进的铁兵器,并第一时间将铁器融入自己的兵器制造中。

2. 昭鲁盆地

昭鲁盆地主要位于滇东北的昭通地区,东部可至贵州威宁中水一带。该地区青铜文化的发展序列较为清晰,大概经历了鸡公山文化—野石山类型—红营盘类型—银子坛类型的发展序列[2]。昭鲁盆地出土青铜兵器的遗址主要有贵州威宁中水的红营盘墓地、银子坛墓地,云南昭通的营盘墓地、白沙墓地、文家老包墓地等,青铜兵器有剑、戈、矛、钺、镞、弩机等器类,流行时间相当于本文的一至五期(图15)。

昭鲁盆地是目前滇东黔西明确出土青铜兵器最早的地区,时间可早至春秋时期。与黔西北地区一样,巴蜀文化的青铜兵器也对昭鲁盆地青铜兵器的产生和发展起到了一定的作用,其早期的柳叶形铜剑无疑是受巴蜀文化影响产生;夹内钺只见于本文的第一期,与后来滇东黔西地区出土的銎装钺属不同的文化系统,其虽是中原商周时

---

[1] 主要参见童恩正:《对云南冶铁业产生时代的几点意见》,《考古》1964年第4期;宋世坤:《贵州早期铁器研究》,《考古》1992年第3期;白云翔:《先秦两汉铁器的考古学研究》,科学出版社,2005年,第318—324页。

[2] 张合荣:《夜郎文明的考古学观察——滇东黔西先秦至两汉时期遗存研究》,科学出版社,2014年,第51—62页。

期常见的器物,但四川地区也曾出土,应是中原地区经由巴蜀传入;昭鲁盆地的甲类A型青铜戈虽极富特点,但也是吸收了蜀式戈的形制改造而成;此外,昭通营盘乙区墓地出土的青铜矛在四川也发现有类似者,不排除是受到后者影响。与黔西北可乐遗址相比,昭鲁盆地受到巴蜀文化的渗透较少,与可乐遗址柳叶形铜剑常见巴蜀符号且部分是直接从巴蜀地区输入不同,昭鲁盆地的柳叶形铜剑形制与工艺都与巴蜀柳叶形剑区别较大[1],可能是当地仿制巴蜀剑而生产的[2],同时还对柳叶形剑进行创新,造出茎部歧出双芒的甲类Ab型剑。

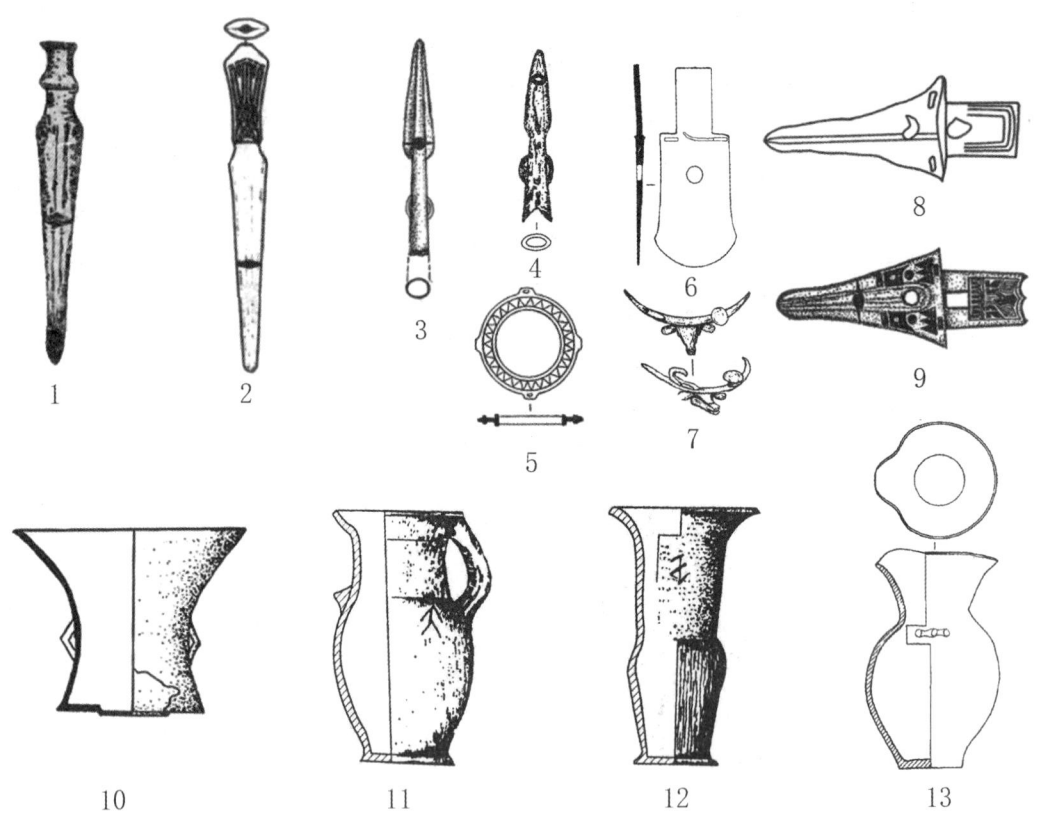

图15 昭鲁盆地部分出土器物

1、2.铜剑(威宁银子坛 T19∶6、威宁银子坛 04M75∶5) 3、4.矛(威宁中水1978年征集∶19、威宁银子坛1979M49∶2) 5.铜镯(威宁银子坛 1978M14∶1) 6.铜钺(威宁红营盘墓地采) 7.铜带钩(威宁银子坛 1978M17∶1) 8、9.铜戈(威宁银子坛1978M26∶2、1978威宁中水调∶12) 10.铜贮贝器(威宁银子坛1978) 11、13.陶罐(威宁银子坛1979M37∶2、威宁红营盘 M15∶1) 12.陶瓶(威宁银子坛1979M43∶7)

---

[1] 见赵凤杰、李晓岑、张合荣:《贵州红营盘墓地铜器技术研究》,《中原文物》2012年第3期;梁太鹤:《贵州夜郎地区出土的巴蜀式铜兵器》,《中华文化论坛》2008年第12期。

[2] 宋世坤:《贵州青铜戈、剑的分类和断代》,《中国考古学会第四次年会论文集》,文物出版社,1985年,第236—243页。

当昭鲁盆地的青铜文化发展到银子坛类型时,与其大概同时的滇文化也开始影响当地的青铜兵器,该地区出土的蛇形茎首铜剑、内后饰蛙人纹的无胡戈等是滇文化典型兵器。另外,威宁中水出土的援上下刃于近阑处向上下弯转成双翼状的甲类Bb型戈与江川李家山的Ⅰ型三式戈形制相同只是纹饰略异[1],此类戈滇池地区发现较多,昭鲁盆地的此戈应是从其改造而来。

总体而言,昭鲁盆地的青铜兵器历时较久,所反映的文化面貌较为复杂。早期青铜兵器多为巴蜀地区常见器形,但亦有差别。晚期随着滇文化影响力的北上,一些滇式青铜兵器被当地吸收和改造。但同时也创造了一些极富地域特色的兵器,如茎上歧出双芒的柳叶形剑,援呈等腰三角形、内上饰变形饕餮纹的铜戈,身呈叶形的镞等就是其中的代表。另外,与滇东黔西其他地区相比,该地区青铜剑均为无格剑,且除镞外没发现铜铁合铸兵器,其他地区常见的一字格铜剑和铜柄铁剑也未曾发现于该地区。

3. 曲靖盆地

曲靖盆地是滇东黔西地区面积最大的盆地,这一带地势开阔,气候适宜,水源充足,就规模和文化内涵看,该地区青铜遗存是整个滇东黔西地区最为发达的。目前曲靖盆地能统计到的出土青铜兵器的主要有曲靖八塔台墓地、横大路墓地、平坡墓地、宣威朱屯村墓地等。青铜兵器有剑、戈、矛、镞、啄、弩机等器类,流行时间相当于本文的三至五期(图16)。

曲靖盆地的青铜兵器种类丰富、器型多样、数量可观,在整个滇东黔西地区东周秦汉时期青铜兵器中独占鳌头。其中茎上饰蛙人纹的圆茎无格剑、无格曲刃剑、剑身起脊并延伸至茎部的柳叶形剑、内后饰蛙人纹的无胡戈、长骹分为数段的矛、铜骹铁矛、管锥形的镞等兵器具有鲜明的自身特点,少见于他处。

曲靖盆地西部紧靠滇池地区,长期的交流互动使得二者的许多器物特别是青铜器的风格趋于一致,正因如此,有学者提出曲靖盆地以八塔台墓地为代表的遗存是滇文化的一个地方类型[2]。在青铜兵器上,二者也表现出较多的相似性,曲靖盆地出土的蛇形茎首剑、一字格铜剑及铜柄铁剑、无胡直内戈、长胡戈、骹上饰纹的柳叶形矛、啄等兵器都是滇文化广泛出土的器物,其中长胡戈和啄更是不见于滇东黔西其他

---

[1] 云南省博物馆:《云南江川李家山古墓群发掘报告》,《考古学报》1975年第2期。
[2] 蒋志龙:《试论石寨山文化的两个类型——石寨山类型和八塔台类型》,《云南文物》2000年第3期。

地区，可见其与滇文化的密切程度之深。但二者虽有不少兵器形制相近，但纹饰所装饰的具体部位、搭配的繁简及多少则不同于彼此。以二者兵器上都常见的蛙人纹为例，曲靖盆地的此纹饰较滇文化而言线条更加复杂，图像更形象具体；另外，与滇文化蛙人纹主要见于青铜戈不同，曲靖盆地的蛙人纹还装饰在剑、啄等兵器以及青铜斧、凿等工具上，是本地区土著文化中最为流行的纹饰。

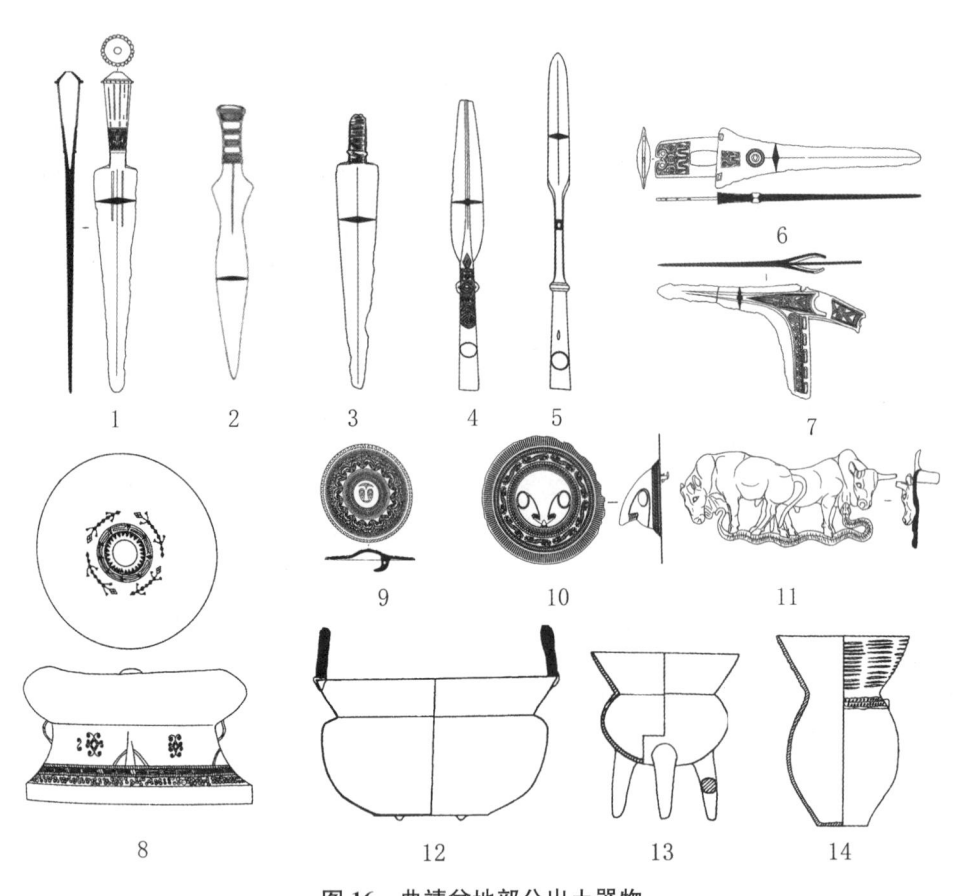

图16 曲靖盆地部分出土器物

1—3. 铜剑(曲靖八塔台 M181∶8、M246∶2、M175∶1)　4、5. 铜矛(曲靖八塔台 M41∶1、M69∶3-1)　6、7. 铜戈(曲靖八塔台 M209∶2、M118∶1)　8. 铜鼓(曲靖八塔台 m1∶1)　9、10、11. 铜扣饰(曲靖八塔台 M265∶30、曲靖横大路 M40∶4、曲靖八塔台 M69∶21)　12. 铜釜(曲靖八塔台 M69∶1)　13. 釜形鼎(曲靖八塔台 M279∶23)　14. 陶罐(曲靖横大路 M141∶5)

与滇文化相比，巴蜀文化对曲靖盆地青铜兵器的影响就微乎其微了，只在柳叶形剑上可以见到巴蜀文化的踪影。曲靖八塔台墓地出土的柳叶形铜剑发掘报告称之为铍，其形制与典型的巴蜀式柳叶形剑相比略有差异，具体表现在茎部大都无穿，且部分剑身的脊直贯剑茎；该墓地一半的柳叶形剑剑茎歧出双芒，这种剑茎向两侧凸出双芒用以固柄的剑最早见于昭鲁盆地,八塔台墓地的此剑应是受昭鲁盆地的影响改造而成。此外,八塔台墓地曾出土黔西北常见的镂空牌形茎首铜柄铁剑[1],可见其青铜兵器与黔西北地区也曾有所交流。与此同时,曲靖盆地的青铜兵器也对滇东黔西其他地区产生了一定影响,如昭鲁盆地出土的援两刃于近阑处弯转成双翼状的无胡戈以及昭鲁盆地和黔西北地区出土的蛇形茎首剑虽是典型的滇式兵器,但其也大量出土于曲靖盆地且形制相近,不排除是经由曲靖盆地传入上述地区的。

4. 黔西南地区

本节的黔西南地区是指贵州西南部的北盘江和南盘江流域,该地区位于乌蒙山的东南侧,海拔较低,西部与南部分别与云南和广西接壤,南、北盘江在此汇聚成红水河流向广西,大概相当于今黔西南布依族苗族自治州的大部。该地区青铜遗存虽发现不少,但正式发掘的不多,目前除在普安铜鼓山进行了三次考古发掘外,只在北盘江流域为配合基建发掘了为数不多的先秦遗址。黔西南地区的青铜兵器正式发掘出土的较少,只见于普安铜鼓山遗址,其余青铜兵器大都为在普安、安龙和兴义等地调查所得。青铜兵器有剑、戈、矛、钺、镞等,流行时间约相当于本文的四至五期(图17)。

黔西南地区青铜兵器地域特色突出,本地区的一字格曲刃剑、曲刃矛、器身上有"⌇"形符号的钺等为该地区青铜兵器的代表。

黔西南地区的青铜兵器基本不见巴蜀文化因素,其他地区常见的柳叶形剑也未曾出土于此。滇文化对其青铜兵器的影响也较为有限,仅无胡直内戈、一字格剑等器物具有滇式兵器的一些特征,但仔细比较的话二者判然不同。黔西南的青铜兵器与滇东黔西其他地区的青铜兵器相比也是异大于同,特别是该地区出土的类型丰富的銎装钺,在滇东黔西其他地区均未发现,而与其形制相似的钺在滇东南及右江流域出土了不少。有学者认为在黔西南,滇东南丘北、富宁、广南及桂西北右江上游百色、田阳、田东等地区存在一个以"风"字形钺身、"V"形銎、部分带"⌇"形符号的铜钺为典型器物的文化圈,称为铜鼓山类遗存[2]。笔者认为,黔西南与附近地区由于类似的地理环境和频繁的交流拥有一些相近的器物实属正常,但若以同一文化来概之,当值

---

[1] 蒋廷瑜:《右江流域青铜文化族属试探》,《桂岭考古论文集》,科学出版社,2009年。
[2] 李飞:《贵州安龙新出铜器——兼论贵州西南地区的青铜文化》,《四川文物》2009年第3期。

得商榷。黔西南与邻近的滇东南及桂西北文化内涵总体来看异大于同,滇东南的青铜器虽部分和黔西南相似但总体而言滇文化色彩浓厚,桂西北地区更是出土了为数不少的百越文化器物。以铜鼓山为代表的青铜遗存的分布范围当主要在黔西南山地坝子中,即南、北盘江所夹的三角形地区[1],南部基本以南盘江为界。考虑到铜鼓山铸铜工场遗址规模较大,可能不仅供应本地族群,还有部分通过贸易等方式流通至邻近区域[2],铜鼓山遗址曾出土刻有三人牵手上举图案的残戈模,与其相似的图案见于赫章可乐遗址所出的铜戈上,可见黔西北、滇东南及桂西北的相似兵器有可能来自铜鼓山。

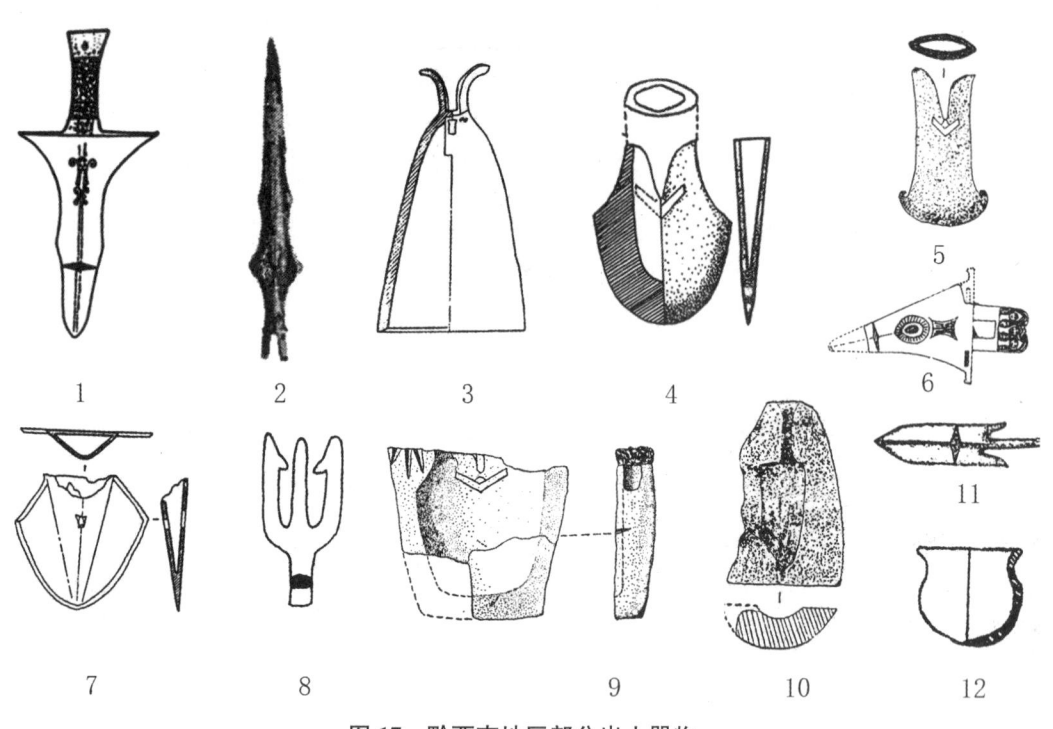

图 17　黔西南地区部分出土器物

1.铜剑(普安铜鼓山采集)　2.铜矛(安龙龙广采集)　3.羊角钮钟(安龙县出土)
4、5.铜钺(1982年兴义征集 D：6、普安铜鼓山1977年采)　6.铜戈(1986年贵州兴义采)
7.铜锄(普安铜鼓山 T71)　8.铜叉(普安铜鼓山 T4：2：6)
9.钺范(普安铜鼓山1979年试掘出土)　10.剑茎范(普安铜鼓山 T40：2：3)
11.铜镞(普安铜鼓山 PTtⅢ：3)　12.圜底陶罐(普安铜鼓山 T61：2：8)

---

[1] 张合荣:《夜郎文明的考古学观察——滇东黔西先秦至两汉时期遗存研究》,科学出版社,2014年,第196页。

[2] 杨勇:《战国秦汉时期云贵高原考古学文化研究》,科学出版社,2011年,第53页。

五、相关问题研究

(一) 墓葬出土兵器的组合研究

随葬品的组合研究是考古学研究中常用的方法,"所谓组合就是指不同用途的不同器类一起共生,形成一种比较固定的配置形式"[1]。换而言之,兵器组合,就是指不同种类的兵器在墓葬中共存的现象。

通过对滇东黔西地区墓葬出土兵器的组合统计可以知道该地区的青铜兵器配备和使用情况,也能一定程度上了解当时的丧葬习俗和社会面貌。需要指出的是,本节的统计对象是出土兵器的土著墓葬,而黔西南地区兵器多为采集所得,无墓葬所出,不具备统计意义,故从略。此外,由于滇东黔西地区青铜文化的滞后性,在该地区青铜文化生机勃勃的时候,中原包括巴蜀地区已经步入了更为先进的铁器时代,汉武帝开西南夷以后,铁兵器也一起进入了该地区并被当地人所接纳,作为随葬品放入墓中,所以为了结果更为全面,本节将土著墓随葬的铁兵器也纳入研究范围。

1. 滇东黔西地区兵器的各期组合

据统计,滇东黔西地区土著青铜文化中出土青铜兵器(铁兵器)的墓葬共有189座,兵器组合方式有18种之多,各期具体的兵器组合情况见下表(表2):

表2 各期兵器组合统计表

组合\分期	一期	二期	三期	四期	五期	总数
剑	3	7	4	39	13	66
剑、镞	1	2			1	4
戈		2	7	7	3	19
矛		2	2	5	17	26
剑、戈		1	28	11		40
剑、矛			1		3	4
剑、戈、镞			2	3		5
镞			2	9		11

---

[1] 杨宝成:《殷墟的青铜器》,《殷墟文化研究》,武汉大学出版社,2002年,第153页。

续 表

分期 组合	一期	二期	三期	四期	五期	总数
剑、弩机				1		1
戈、矛				1	1	2
矛、镞				1		1
剑、戈、矛				1	3	4
剑、矛、镞				1		1
剑、戈、啄、镞				1		1
弩机					1	1
矛、弩机					1	1
剑、戈、啄					1	1
剑、矛、弩机					1	1
总　　数	4	14	44	73	54	189

　　第一期出土青铜兵器的墓葬发现较少,主要发现于贵州威宁红营盘墓地和云南昭通营盘墓地,共 4 座墓,只有 2 种组合形式。本期出土青铜兵器的 4 座墓中都有剑,可见青铜剑是该期最重要的随葬兵器,值得一提的是,该期青铜剑常和一种磨石共出,其形状与剑相似,后有穿孔,可悬挂腰间随时随地打磨剑刃。这两组组合是滇东黔西地区最早的青铜兵器组合形式。此期兵器还可见夹内青铜钺,但均为采集,其与该文化的关系及组合形式尚不明确。

　　第二期出土青铜兵器的墓葬共有 14 座,兵器组合方式有 5 种。第一期的两种组合此期仍可见,单出青铜剑的情况最多,占了 50％,且三种组合里有青铜剑,可见剑仍保持着前期的重要性。戈、矛是此期出现的新器类,且都有在墓葬中单出的情况。

　　第三期出土兵器的墓葬有 44 座,兵器组合方式有 6 种。各组合中,剑、戈的组合最多,占 63.7％;其次是剑、戈单出的组合;而其余三种组合共只占该期出土兵器墓葬的 11.4％。可见剑、戈的组合是该期最重要的兵器组合,而剑、戈也是该期最主要的兵器。此外,剑、戈、镞三种兵器的组合,是最早出现的含有三种兵器的组合。

　　第四期出土兵器的墓葬共有 73 座,兵器组合方式有 12 种。该期随葬青铜兵器的墓葬数量最多,兵器组合方式也最为丰富。此期剑依然是该地区最为流行的兵器,剑、戈的组合和前期相比所占比例有所下降,但仍然流行。镞作为单独随葬兵器的情况此期可见,而之前均是作为多种兵器的组合中的一种参与随葬。含三种兵器的组合中除了前期可见的"剑、戈、镞"外,新添了"剑、戈、矛"和"剑、矛、镞"的组合。"剑、戈、啄、镞"的组合是该地区各期当中唯一一个随葬4种兵器的组合。另外,此期随葬兵器中出现了铁兵器,在四期的十二种兵器组合方式当中,有三种组合有铁兵器,铁兵器种类有剑、戈、矛等。

第五期出土兵器的墓葬共有54座,兵器组合方式有12种。此期除了剑继续是广为使用的兵器以外,随葬矛的墓葬数量大量增加,有和剑并驾齐驱之势;与此同时,随葬戈的墓葬数量急剧减少,前几期大为流行的剑、戈组合已不见于本期。此期可见3种含三种兵器的组合,除"剑、戈、镞"组合外,其余2种都不见于前期。此期年代为汉武帝开西南夷以后,铁兵器数量增多,本期的12种兵器组合方式中,有7种组合有铁兵器,铁兵器种类有剑、矛、镞等。

2. 各类兵器在组合中的变化

剑:在本文统计的189座墓葬及18种兵器组合中,有11种组合有剑,出土剑的墓葬共有128座,占墓葬总数的67.7%。第一期的4座墓葬中都含有剑。第二期的5种兵器组合中有3种有剑,出有剑的墓葬共10座,占该期所有墓葬的71.4%。第三期44座墓葬的6种兵器组合中,有4种兵器组合含有剑,出土剑的墓葬有35座,占本期墓葬总数的79.5%。第四期73座墓葬的12种兵器组合中,有7种兵器组合出现了剑,出土剑的墓葬有57座,占本期墓葬总数的78.1%。第五期54座墓葬的12种兵器组合中,有6种兵器组合出现了剑,出土剑的墓葬有22座,占本期墓葬总数的40.7%。

戈:滇东黔西地区墓葬的18种兵器组合中,有7种组合出现了青铜戈,出土青铜戈的墓葬有72座,占墓葬总数的38.1%。戈始见于第二期,二期的5种兵器组合中有2种出现了戈,出土戈的墓葬有3座,占二期墓葬总数的21.4%。第三期共有6种兵器组合,其中3种有戈,出土戈的墓葬有37座,占该期墓葬总数的84.1%。第四期73座墓葬的12种兵器组合中,有6种组合有戈,出土戈的墓葬有24座,占该期墓葬总数的32.9%。第五期54座墓葬的12种兵器组合中,有3种组合出现了戈,出土戈的墓葬为8座,占本期墓葬总数的14.8%。

矛:在本文统计的18种兵器组合中,有8种组合含有矛,出土矛的墓葬共有39座,占墓葬总数的20.6%。矛在第二期出现,在该期的5种兵器组合中,有矛的有1种,在该期随葬兵器的14座墓葬中,随葬矛的有2座,占该期墓葬总数的14.3%。第三期44座墓葬的6种兵器组合中,有2种组合含有矛,该期出土矛的墓葬有3座,占该期墓葬总数的6.8%。第四期共有12种兵器组合,矛见于其中5种,出土矛的墓葬有8座,占该期墓葬总数的11%。第五期共有12种兵器组合,其中5种出现了矛,该期出土矛的墓葬有26座,占本期墓葬总数的48.1%。

镞:在总共18种兵器组合中,镞出现于其中的6种,出土镞的墓葬共有21座,占墓葬总数的11.1%。第一期出土兵器的4座墓葬中,有1座出有镞,占总数的25%。第二期的5种兵器组合中有1种出有镞,出土镞的墓葬共有2座,占该期墓葬的14.3%。第三期共有6种兵器组合,有镞的有1种,本期出土镞的墓葬有2座,占该期墓葬总数的4.5%。第四期73座墓葬的12种兵器组合中,有5种有镞,该期出土镞的墓葬共8座,占本期墓葬总数的11%。第五期有3种兵器组合有镞,出土镞的墓葬共10座,占本期墓葬总数的18.5%。

啄:啄总共只在两座墓中各出土了一件,分属第四、五期,各占该期墓葬总数的1.4%和1.8%。

弩机:弩机在第四期出现,共出现于4种兵器组合中,出土弩机的墓葬共有4座,占墓葬总数的2.1%。第四期有1种兵器组合中出现了弩机,出土弩机的墓葬共1座,占该期墓葬总数的1.4%。第五期有3种兵器组合含有弩机,出土弩机的墓葬共3座,占该期墓葬总数的5.6%。

由上文可知,滇东黔西地区东周秦汉时期青铜兵器的器类和随葬兵器的组合形式是一个不断丰富的过程。在各器类中,以剑、戈、矛为主,剑从头至尾都是该地区最重要的兵器,出土剑的墓葬达到了128座,占了墓葬总数的67.7%。戈与矛也发现较多,但二者虽基本同时出现,流行年代却有所不同。具体表现在戈流行时间较早,于二期出现,三期是最为流行的阶段,共有37座墓出有戈,占该期墓葬总数的84.1%,四期数量减少,至五期时已较为衰落;矛也始见于二期,在二、三期中发现较少,到四期时开始增多,五期时数量已经压过了戈,占到该期墓葬总数的48.1%。剑、戈、矛在兵器组合中也占据着重要的地位,在所见的总共18种兵器组合中,16种有其中一种或多种,有177座墓葬随葬有以上三类兵器,占墓葬总数的93.7%。另外,戈与矛除了流行时代有所不同外,在兵器组合中所呈现的方式也有区别。出土戈的72座墓葬和7种兵器组合中,有40座是剑、戈同出的组合,占了出戈墓葬的55.6%,这也是本地区数量最多的随葬两种及以上兵器的组合,其次是戈单出的组合,共有19座;出土矛的39座墓葬和8种兵器组合中,有26座是单出矛的情况,占了出矛墓葬总数的66.7%,其次是剑、矛的组合,只有4座。由此可见,戈多与剑搭配使用,单独出土的情况也占一定比例;而矛更倾向于单独出土,和其他兵器搭配的情况较少。其他几类兵器中,镞于第一期开始出现,前两期中都是与剑共出,第三期与剑、戈同出,第四期始见镞单出的情况,并也和剑、戈、矛搭配而出。啄是滇文化的典型器物,目前只在墓葬中出土了 2 件,且所出墓葬分别含有 3 种或 4 种兵器。弩机见于四、五期,总共只发现 4 件且都属于不同组合,可见弩机在该地区并未形成较为固定的组合搭配(图 18)。

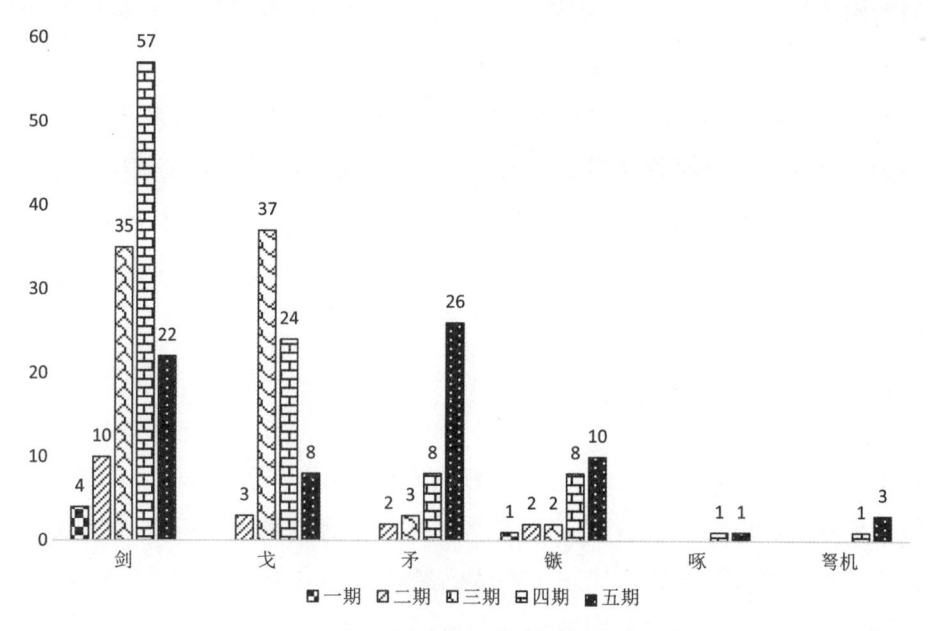

图 18　各类兵器在各期组合中所占数量

滇东黔西地区兵器中重视剑的情况是和当地的地理环境密切相关的,兵法曰:"丈五之沟,渐车之水,山林积石,经川丘阜,草木所在,此步兵之地也,车骑二不当一。土山丘陵,曼衍相属,平原广野,此车骑之地,步兵十不当一。平陵相远,川谷居间,仰高临下,此弓弩之地也,短兵百不当一。两阵相近,平地浅草,可前可后,此长戟之地也,剑盾三不当一。葭苇竹萧,草木蒙茏,支叶茂接,此矛铤之地也,长戟二不当一。曲道相伏,险隘相薄,此剑盾之地也,弓弩三不当一。"[1]滇东黔西地区位于云贵高原腹地,乌蒙山脉呈东北至西南走向横亘其中,多高山地貌,属于典型的山地高原构造,素有"地无三尺平"之称,不具备车战的基本条件,而是步战之地。步战的主要形式为突刺、劈砍等,且讲究灵活性,所以剑便于携带、闲时可以防身、战时可用于刺杀等特征正好适应当地的环境,理所当然受到人们的欢迎。矛作为格斗中的刺杀兵器,在步战中也发挥着重要作用。戈是用于勾杀的兵器,广泛流行于中原地区,是车战的主要格斗兵器[2]。用于车战的"车戈"柲都较长,可达 3 米以上,除了"车戈"之外还有一

---

[1] 见(汉)班固:《汉书》,中华书局,1962 年,第 2279 页。
[2] 杨泓:《战车与车战——中国古代军事装备札记之一》,《文物》1977 年第 5 期。

种装短柲的"徒戈",此为步战所用之戈。前文已述,滇东黔西地区乃至云贵地区地理环境复杂,绝无车战可能,故所出铜戈应为用于步战的"徒戈"。目前该地区出土的铜戈多为无胡直内戈,而直内无胡戈主要以尖锐前锋的啄击为主,车战强调的勾割功能仅起辅助作用[1]。云南昆明羊甫头出土了大量戈柲完整的铜戈,其柲的长度均为1米上下,也证明了云贵地区青铜戈是作为近距离步战使用的兵器。

此外,该地区青铜兵器组合与墓葬等级目前来看并无直接的关系,随葬兵器的有无和多少与墓葬大小及随葬品多寡并无规律可循,也没有出现滇文化中随葬大量制作精美的具有仪式性质的青铜兵器的现象。这虽然和考古发掘开展较少有关,但从另一方面也可以看出滇东黔西地区的青铜兵器主要是以实用功能为主,战争与防身是其青铜兵器的主要用途。

(二)关于"兵器禁运"的推测

赫章可乐遗址 2000 年出土了 11 件柳叶形铜剑,乃该次发掘出土最多的剑型。其无论是形制、纹饰还是工艺特点都与巴蜀式柳叶形青铜剑高度一致,明显是从巴蜀直接传入。可知可乐与巴蜀在战国中期就已经建立了一条稳定的民间贸易通道,柳叶形铜剑正是通过这条通道不断被输送到可乐。但值得注意的是,可乐遗址仅见柳叶形铜剑,而巴蜀地区战国时期流行的长兵器如铜矛、铜戈、铜钺等从未在可乐地区出土,且放眼整个滇东黔西地区,也只有威宁红营盘墓地出土的 2 件夹内钺可能是从蜀地输入的长兵器,但其时代较早且同等形制不见于后期。可乐地区的三角援铜戈虽能见到一些蜀戈的特征,但具体而言相差较大,应是当地铸造。主持 2000 年赫章可乐发掘的梁太鹤先生很早就注意到了这一点,他指出,无论从使用者心理角度还是从商业投入或运输通道看,可乐地区未出现巴蜀式长兵器都不符合常理,随后更是大胆地指出长兵器从巴蜀地区的输出受到严格的限制,巴蜀地区可能实行过"武器管制与禁运"的政策[2]。

我们从文献记载上可以找到一定的依据来支撑"武器禁运"的假设。战国时期统治蜀国的是开明氏,开明王朝是古蜀国最后一个王朝,至秦惠王灭蜀时已历十二世,秦灭蜀的时间是公元前 316 年,以每代 30 年推算,开明氏取代杜宇族统治蜀地的时间当在公元前 7 世纪,即春秋中期[3]。开明王朝统治之初便致力于开疆拓土,《华阳

---

[1] 井中伟:《早期中国青铜戈·戟研究》,科学出版社,2011 年,第 418 页。
[2] 梁太鹤:《贵州夜郎地区出土的巴蜀式铜兵器》,《中华文化论坛》2008 年第 12 期。
[3] 童恩正:《古代的巴蜀》,重庆出版社,1998 年,第 69 页。

国志·蜀志》记载:"(保子)帝攻青衣,雄张僚僰。""僰"即今四川宜宾地区,这里是当时僰人的聚居之处,故称"僰道";"獠"即"僚",当指的是包括滇、黔等地区的西南夷族群,可见开明王朝时,蜀国势力范围已到达云贵地区。《华阳国志·蜀志》又载:"僰道有故蜀王兵兰。""兵兰"指驻兵之营寨[1],乃开明氏为进攻和控制獠僰地区而筑的驻兵之所。既然僰道有古蜀国的军事设施,那对兵器严加管控并限制贸易和走私也就是顺理成章的事情了。另《史记·西南夷列传》记载:"秦时常頞略通五尺道,诸此国颇置吏焉。十余岁,秦灭。及汉兴,皆弃此国而开蜀故徼。巴蜀民或窃出商贾,取其筰马、僰僮、髦牛,以此巴蜀殷富。"据多位学者考证,"蜀故徼"前的"开(開)"实乃是"关(関)"字之误。由上述文献资料可知"蜀故徼"一直以来都在蜀国和西南夷之间扮演着重要角色,"蜀故徼"是蜀之边塞也是古蜀与西南夷诸族交通贸易的关隘和关卡[2],在此处不仅可能会收取关税,还可能会对贸易物品进行检查以防止长兵器等禁运物品出境。西汉以降,新兴政权无暇南顾,舍弃了秦时曾置吏的西南夷诸国,关闭了蜀故徼,使两地道路隔绝,蜀商只有偷越关隘才能进入西南夷地区进行贸易。

另外,开明王朝之前统治蜀国的是杜宇王朝,从文献上对其的些许记载中我们又能找到一些线索来佐证"武器禁运"的观点。《太平御览》引杨雄《蜀王本纪》载:"后有一男子,名曰杜宇,从天堕,止朱提。有一女子,名利,从江源井中出,为杜宇妻。乃自立为蜀王,号曰望帝。治汶山下,邑曰郫,化民往往复出。"朱提即今云南昭通,可见杜宇一族本就出自滇东北地区。到了春秋中期,开明族崛起并最终击败杜宇族成为了蜀国之主[3],而滇东北地区正是杜宇故地,如此则开明王朝统治者攻打西南夷地区,称霸僰獠,并设置"兵兰"等军事设施用以威慑西南地区的行为就容易理解了,而兵器作为战争的重要因素和尖端技术的载体,自然要对其严加控制,杀伤力更强的长兵器更是严令禁止输入云贵地区。这也解释了为什么滇东黔西地区只在早期(不晚于春秋)的红营盘类型能见到蜀地的长兵器,而之后蜀式长兵器再没发现于该地区,连杀伤力较小的蜀式柳叶形剑也仅仅在可乐地区有所发现,这很有可能正是开明族取代杜宇族后在其故地实行兵器出境限制的结果。

---

[1] 徐中舒:《巴蜀文化续论》,《四川大学学报》1960年第1期。

[2] 段渝:《五尺道的开通及其相关问题》,《四川师范大学学报(社会科学版)》2013年第4期。

[3] 《蜀王本纪》:"望帝积百余岁,荆有一人,名鳖灵,其尸亡去,荆人求之不得。鳖灵尸随江水上至郫,遂活,与望帝相见。望帝以鳖灵为相。时玉山出水,若尧之洪水。望帝不能治,使鳖灵决玉山,民得安处。鳖灵治水去后,望帝与其妻通。惭愧,自以德薄不如鳖灵,乃委国授之而去,如尧之禅舜。鳖灵即位,号曰开明帝。"文献中记载的是杜宇禅让于开明氏,无疑是后来文人篡改附会的结果,开明一族取代杜宇一族必是经过了剧烈的斗争。

（三）滇东黔西地区青铜兵器的族属探讨

滇东黔西地区属于《史记》等文献记载的南夷地区，以往学者在青铜兵器研究中论及滇东黔西地区时，往往认为其是夜郎文化的孑遗。而实际上学界在夜郎文化的研究中存在较大的争议，关于其分布范围、核心区域、社会发展水平、具体文化特征等问题众说纷纭。

《史记·西南夷列传》开篇就对西南夷总体概括道：

> 南夷[1]君长以什数，夜郎最大；其西靡莫之属以什数，滇最大；自滇以北君长以什数，邛都最大；此皆魋结，耕田，有邑聚。其外西自同师以东，北至楪榆，名为嶲、昆明，皆编发，随畜迁徙，毋常处，毋君长，地方可数千里。自嶲以东北，君长以什数，徙、筰都最大；自筰以东北，君长以什数，冉駹最大。其俗或土箸，或移徙，在蜀之西。自冉駹以东北，君长以什数，白马最大，皆氐类也。此皆巴蜀西南外蛮夷也。

可见"夜郎"是战国到秦汉时期分布在西南地区的一个地方文明古国，其在当时南夷地区众多君长中，是实力最强、影响最大的一支。不过关于夜郎的范围以及其与南夷其他君长国的关系尚有争论。范晔在《后汉书·南蛮西南夷传》中说："西南夷者，在蜀郡徼外。有夜郎国，东接交阯，西有滇国，北有邛都国，各立君长。"按照此说法，夜郎国的范围基本覆盖了整个南夷地区，于是出现了大夜郎国之说，持大夜郎说者认为诸君长国虽自有君长，但是受夜郎控制并听其号令，并有学者认为大夜郎国四处扩张，其疆域北过乌江，南至广西，西抵曲靖[2]。其实无论从文献上的描述看还是从考古发掘的实物资料看，大夜郎之说都是站不住脚的。依据《史记》以及《汉书》的记载，在南夷地区众多君长中，夜郎只是其中最大的一个，而凡是涉及较大区域时，司马迁皆称之以"南夷"。南夷各君长中，除了夜郎以外，还有分布在夜郎周围与其关系密切的"夜郎旁小邑"，夜郎对其旁的小邑有一定的号召控制力，但各小邑自有君长[3]，似乎不存在什么以夜郎为中心的部落联盟关系[4]。可见，夜郎虽在南夷地区有一定的势力范围，但其疆域并不大，其旁小邑独立性较强，夜郎与周围的小邑并非

---

[1]《史记》此处"南夷"原作"西南夷"，"西"字衍。《史记会注考证》引中井积德云："西字疑衍，《汉书》无。"结合《西南夷列传》上下文，此处确应无"西"字。点明了夜郎属于"南夷"，区别于其西的滇、昆明等"西夷"。

[2] 王燕玉：《论古夜郎与古牂柯》，《夜郎史探》，贵州人民出版社，1988年，第59—67页。

[3] 侯绍庄、钟莉：《夜郎研究述评》，贵州人民出版社，2003年，第114页。

[4] 侯绍庄：《"牂柯"考辨》，《夜郎考（讨论文集之二）》，贵州人民出版社，1981年，第315页。

是统治与被统治的关系。司马迁为撰《史记》曾到达西南地区,他对夜郎的记载应是谨慎可信的。滇东黔西地区考古遗存所反映的文化面貌也证明了这一点,目前滇东黔西地区的青铜文化区域特征明显,各有发展源头,互相而言是考古学文化的差别。总体而言,滇东黔西青铜文化的演进具有十分明显的时间非连续性和地域非连续性特征。由此不难知道,夜郎地区的青铜文化绝不会是单线性一系相传下来的。既然各地的青铜文化遗存并不属于一系相传的产物,那么当然也就不能认为它们之间具有一脉相承的文化和政治关系[1]。

夜郎中心区域在何处,历来争论颇多。《史记·西南夷列传》记载道:"蒙问所从来,曰'道西北牂柯,牂柯江广数里,出番禺城下'。"后"蒙归至长安,问蜀贾人,贾人曰:'独蜀出枸酱,多持窃出市夜郎。夜郎者,临牂柯江,江广百余步,足以行船。南越以财物役属夜郎,西至同师,然亦不能臣使也。'"又《华阳国志·南中志》:"有竹王者,兴于遯水。有一女子浣于水滨。有三节大竹,流入女子足间,推之不肯去,闻有儿声。取持归,破之,得一男儿,长(养)有才武,遂雄夷狄。氏以竹为姓。"后又道"夜郎县,郡治。有遯水通广郁林。"可以看出夜郎临江河而居,且此河通航条件优越并可通向郁林及番禺,郁林指汉郁林郡,辖今广西大部,番禺即今广州,由此可确定夜郎属珠江流域,所以唐蒙才会建议汉武帝打通至夜郎的通道,沿牂柯江南下作为制越一奇。目前学界普遍认同牂柯江即遯水,也就是今天的北盘江,有学者据此推断夜郎国都在今贵州贞丰、安龙、兴仁、晴隆、普安、六枝、盘县一带[2],或认为夜郎中心位于贵州西南、北盘江所夹的三角形地带即今黔西南布依族苗族自治州的辖境[3]。

但也有不同的看法,席克定先生在数篇论文中都指出文献所述的"临牂柯江者"是"夜郎旁小邑"而不是夜郎,并认为夜郎的地域在今云南昭通、贵州威宁、赫章一带地方[4]。任乃强先生很早就提出汉之夜郎县在今云南曲靖附近,并认为夜郎所临之牂柯江为南盘江[5]。孙华先生也认为将夜郎国的中心推定为曲靖是非常恰当的,并指出夜郎当和滇国一样,位于石寨山文化的分布区内[6]。近年来,张合荣先生以滇

---

[1] 段渝:《夜郎国与夜郎地区青铜文化》,《社会科学战线》2016年第7期。

[2] 宋世坤:《关于夜郎考古的几个问题》,《贵州考古论文集》,贵州人民出版社,2000年,第146—147页。

[3] 李衍垣:《贵州高原的古代文明》,广东人民出版社,1990年,第143页。

[4] 席克定:《"夜郎临牂柯江"说质疑——对贵州南、北盘江的实地考察》,《贵州文史丛刊》1990年第4期;《威宁、赫章汉墓为古夜郎墓考》,《考古》1992年第4期;《"南夷夜郎"两县考》,《贵州文史丛刊》2008年第2期。

[5] (晋)常璩撰,任乃强校注:《华阳国志校补图注》,上海古籍出版社,1987年,第259—267页。

[6] 孙华:《西南考古的现状与问题——代〈南方文物〉"西南考古"专栏主持辞》,《南方文物》2006年第3期。

东黔西地区的考古遗存为主,结合相关文献记载和地理生态环境,认为夜郎中心不太可能会在贫瘠、闭塞的黔西南,而应该在地势开阔、水源方便的曲靖盆地[1]。

　　以上几种观点都未超出本文研究的地域范围,这样来看,把战国至秦汉时期滇东黔西地区出土的青铜兵器认为是广义夜郎文化的产物似乎具有一定合理性,不过我们必须清楚虽然这些青铜兵器在时间和空间上都是被包含在夜郎范围之内,但如果我们据此就认定滇东黔西青铜兵器的族属就是夜郎民族就有失偏颇了。夜郎地区的青铜兵器毫无疑问主要是夜郎当地制造的,但不代表此地区没有其他族群的兵器,如赫章可乐的巴蜀式柳叶形剑及各地出土的蛇形茎首剑、长胡戈、啄等兵器无疑是来自周围的巴蜀和滇池地区,无论这些兵器是通过怎样的渠道获得,都应当排除于夜郎器物之外。其余那些不见于他处,独具地方风貌的青铜兵器我们也当审慎对待。夜郎地区的青铜文化从根本上说是一种地域文化,是夜郎国地域及其势力范围内的战国至西汉时期的各种文化遗存所组成的,这些文化可能分属不同的文化系统,因为夜郎地区的民族必定不是单一的,存在其他民族与夜郎民族共存的可能性[2],所以夜郎地区的青铜兵器既有可能是夜郎民族制造的也有可能是夜郎范围内的其他族群创造的,尤其是虽然目前滇东黔西地区发现的青铜遗存大都与夜郎及其旁小邑有关,但不排除有其他不见于文献但与夜郎无关的君长国遗物出现,也不排除以后有夜郎以外的君长国遗存被发现。综上所述,虽然滇东黔西地区青铜兵器主要出土于夜郎地区,但要就此给予其"夜郎文化青铜兵器"的定义是难以行通的,尤其是在其分布范围和文化内涵都不甚清晰的情况下,如要将此地区战国至秦汉时期的青铜兵器加以概括,笔者赞同有关学者的意见,即称其为"夜郎时期青铜兵器"。

六、结　　论

　　通过对滇东黔西地区出土东周秦汉时期青铜兵器的研究,笔者得出以下认识:

　　本文在对滇东黔西地区出土东周秦汉时期的主要青铜兵器进行了类型学分析后,根据青铜兵器的变化特征并结合共存器物及相关遗存的研究成果,将滇东黔西地区的青铜兵器分为了五期。第一期为春秋时期,青铜兵器出土量较少且种类单一,只

---

　　[1]　张合荣:《夜郎地理位置解析——以滇东黔西战国秦汉时期考古遗存为主》,《南方民族考古(第七辑)》,科学出版社,2011年,第225—253页。

　　[2]　梁太鹤:《夜郎考古思辨与述评》,《贵州民族研究》1997年第2期。

有剑、镞、夹内钺。第二期为战国早中期，青铜兵器器类增多，新增加了戈、矛等。第三期为战国晚期，器类未发生变化，但兵器器型较前期丰富多样，开始受到滇文化的影响。第四期为战国末期至西汉早期，是该地区青铜兵器发展的鼎盛时期，无论是数量、兵器种类还是器型较之前都迅速增长，器类中新增加了啄、銎装钺和中原传入的弩机，铜铁合铸兵器开始出现。第五期为西汉中晚期，青铜兵器数量及型式仍较丰富，但由于汉文化的南下，铜铁合铸兵器明显增多，铁兵器也有一定的数量。

通过将滇东黔西地区青铜兵器与巴蜀、滇池及滇东南和桂西北地区青铜兵器进行比较，可以发现滇东黔西地区青铜兵器早期的剑、戈、矛等都可在巴蜀地区找到祖型，说明此地区从早期开始就受到巴蜀地区青铜兵器的较大影响。战国晚期，随着滇文化的兴起，大量滇式的青铜兵器也开始向滇东黔西地区渗透，而巴蜀文化因素逐渐式微，与此同时，部分地区的青铜兵器也受到南面百越文化的影响。但该地区对其他文化并非盲目接收，而是有所创新和发展，创造了一批极具自身特色的青铜兵器。

由于滇东黔西地区地形的复杂性以及文化的区域性和多样性，青铜兵器同该地区整体文化面貌一样并没有形成普遍一致性，本文将滇东黔西地区东周秦汉时期的青铜兵器分为四个小区，即黔西北地区、昭鲁盆地、曲靖盆地、黔西南地区。黔西北和昭鲁盆地的青铜兵器由于距巴蜀较近，受其影响颇深，且兵器的铁器化进程开始较早；曲靖盆地是各地区兵器种类、数量及器型最为丰富的地区，另外其西部紧靠滇池地区，长期的交流互动使得二者的许多青铜兵器风格趋于一致；黔西南地区的青铜兵器能见到较多的百越文化因素，当与二者的频繁交流有关。

滇东黔西地区东周秦汉时期青铜兵器的组合研究表明，该地区随葬青铜兵器的组合是一个不断丰富的过程。剑、戈、矛在兵器组合中占据着重要的地位，在所见的总共18种兵器组合中，11种有其中一种或多种。剑从头至尾都是该地区最重要的兵器，存在于三分之二以上的随葬有兵器的墓葬中，这是因为剑便于携带、闲时可以防身、战时可用于刺杀等特征正好适应当地适合步战的典型山地高原构造。不过该地区青铜兵器组合与墓葬等级目前来看并无直接的关系，随葬兵器的有无和多少与墓葬大小及随葬品多寡并无规律可循。

此外，针对可乐遗址未出巴蜀式长兵器的现象，结合文献和考古资料推测古蜀曾对其南部实行过"武器管制与禁运"的政策。最后，对于滇东黔西地区的青铜兵器是否是夜郎孑遗的问题，我们认为要在整个滇东黔西地区的文化变迁的背景中去分析青铜兵器的形成、发展及特征，在目前考古资料发现较少，夜郎文化内涵又不清晰的阶段，避免将其预设为"夜郎"文化的遗物。

云贵高原汉墓所见汉夷文化交流

张 勇

战国秦汉时期,从川西高原到云贵高原的广大西南地区生活着众多族群,史书上称之为"西南夷"。当西汉中期汉王朝开通西南夷,汉文化传入云贵高原后,一些土著族群仍然在活动,和汉人移民共处过一段时间。到东汉中晚期,汉文化势力基本渗透了整个云贵高原,大部分土著族群遗存已经消失,仅有零星的土著遗存保留。我们要研究汉文化在云贵高原传播、发展的历史,就不能绕过汉文化和当地土著族群文化之间的这段关系。宋世坤先生撰文探讨了夜郎与汉文化的关系,他认为西汉中叶以后,进入夜郎境内的汉族官吏、军伍、豪民、商贾,在居住和征战中,与当地夜郎民族的相互联系更加广泛和密切,客观上促进了夜郎青铜文化和汉文化之间的交流,推动了夜郎社会生产力的发展,导致其文化性质发生深刻变化[1]。杨勇通过分析赫章可乐与昆明羊甫头两处墓地,提出早期汉文化与土著青铜文化之间有两种关系:和谐关系与取代关系[2]。除此之外,关于云贵高原其他地方汉文化与各西南夷文化之间如何相处,目前尚未见到相关系统论述,这正是本文重点考察的问题,下文主要围绕各类族群墓地、墓葬形制、葬俗和随葬品反映的族群关系展开分析。

一、墓地反映的族群关系

本文的研究主要围绕那些汉式墓葬与土著墓葬进行,诚然,在一些墓地的汉式墓

---

[1] 宋世坤:《试论夜郎与汉文化的关系》,《中国考古学会第七次年会论文集》,文物出版社,1992年,第255页。

[2] 杨勇:《战国秦汉时期云贵高原考古学文化研究》,科学出版社,2011年,第327—328页。

里可以找到土著族群文化的踪迹,但是因为土著墓葬消失,其墓地不复存在,缺失资料,我们难以对其展开研究,此处只对那些土著墓葬和汉式墓葬有共时关系或时代前后紧密衔接的墓地进行研究。这样的墓地,在云贵高原有赫章可乐、威宁中水和昆明羊甫头等。下文主要对这三处墓地反映的族群关系展开分析。

(一) 赫章可乐墓地

赫章可乐墓地位于贵州省西北部的乌蒙山东麓,处于云贵高原上滇东高原向黔中山地丘陵过渡地带。乡政府驻地在一个狭长的小坝子边,坝子的西北和西南方向有两条河流向东流来,在坝子西部一处高耸的台地下面汇入可乐河,台地上是一处汉代遗址,被称为粮管所遗址。可乐河从坝子中央流过,往东流经赫章县城,最后汇入乌江上游的支流——六冲河。坝子周围是一圈低矮的土山丘陵,再往外是高耸巍峨的群山环绕。就在这个普通的山间盆地,自20世纪50年代末以来,人们发现了大量的战国秦汉时期考古遗存,包括墓葬和遗址。自1960年以来,先后发掘并公布了49座汉墓(报告中称为甲类墓),276座土著民族墓葬(报告中称为乙类墓)[1]。墓葬主要分布在可乐河谷两边的山坡缓丘上,河谷北面的山坡大都是起伏和缓的丘陵,分布着25座汉墓,包括2座砖室墓,尚未发现土著墓葬。河谷南边耸立着两座山包,分别叫锅落包和祖家老包,锅落包的山顶和山腰分布有17座汉墓,山的东面、祖家老包山顶和山坳以及两山西边一块小地名叫罗德成地的山麓,分布着276座土著墓葬。下图为1978年发表的发掘报告所附的遗址、墓葬位置图(图1),里面未标注1960年发掘的7座汉墓的位置,不过,据当年发掘简报记录,7座汉墓位于粮管所遗址西边约1—1.5公里处一个小台地上。这样我们可以看到汉墓与土著墓葬大体上呈现如下布局:土著墓葬集中于从祖家老包到罗德成地为中心的山顶和山坳;汉墓集中于河谷北面丘陵地带和南面锅落包山上,此外零星散布于各处。

就现有的两种文化面貌的墓葬分布状况来看,汉、夷两类族群有各自的墓地,总体上呈现南北对立的局面。不过,锅落包有汉墓和土著墓葬交错分布,这种现象有两种解释:一是两个族群之间相处和睦融洽,并不介意对方成员葬入己方墓地范围;另一种解释是两种墓葬所处时代不一样,锅落包上埋葬的汉墓,根据发掘者判断,都在

---

[1] 贵州省博物馆:《贵州赫章县汉墓发掘简报》,《考古》1966年第1期;贵州省博物馆考古组、贵州省赫章县文化馆:《赫章可乐发掘报告》,《考古学报》1986年第2期;贵州省文物考古研究所:《赫章可乐二〇〇〇年发掘报告》,文物出版社,2008年;吴小华、彭万、韦松桓等:《贵州赫章县可乐墓地两座汉代墓葬的发掘》,《考古》2015年第2期。

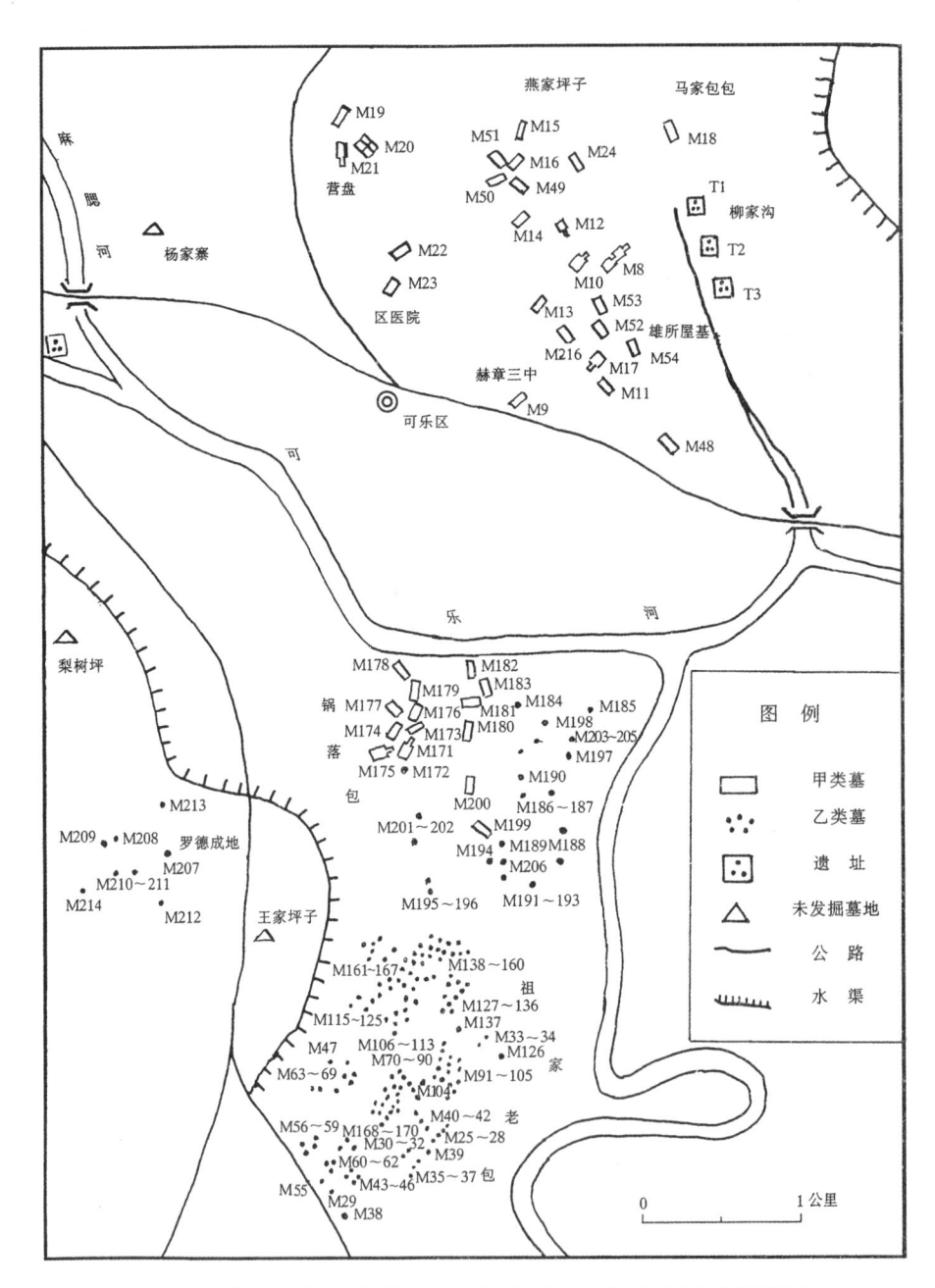

图 1 赫章可乐遗址、墓葬位置示意图（采自《赫章可乐发掘报告》）

西汉中晚期，同一地点埋葬的土著墓葬，绝大多数时代在战国晚期至西汉早中期。从两类墓葬时代来看，后一种解释要合理一些。

换句话说，河谷南边的山顶、山坳本来是土著族群墓地，汉人进来后，选择了河谷北部为墓地，因为土著墓地边缘区墓葬年代久远，一些汉人可能以为像锅落包山头这样的边缘区远离土著墓地中心，是一片无主荒地，所以选择其为墓地。不过，观察锅落包的地形,再考虑汉人择墓的观念,应该说汉墓放在锅落包山上,原因是山头很高,登上山顶,可俯瞰整个河谷以及周边地形。汉人择墓喜欢选择"高敞之处",这可能是汉墓出现在土著墓地边缘锅落包上的主要原因。再看河谷对岸汉墓,多数也分布在山坡顶或地势舒缓、视野开阔的山麓。

墓葬往往是现实世界的反映和缩影,从中可以观察到现实社会的组织结构、生产技术、物质生活甚至人们的观念意识,所以我们才能在赫章可乐墓地的布局中窥见一些当时族群关系的信息。可乐墓地汉、夷两个族群各有其墓地范围的布局,可能反映出现实世界里两族群界限分明的情况。在这里,土著墓葬存在时间延续到西汉晚期,可能有少数到东汉初,而汉墓从西汉中晚期延续到东汉晚期。在同一个地理环境,共存时间长达百余年,期间双方墓地保持各自的势力范围,也许说明在这段共存时间里,土著族群与汉人都有强烈的族群认同。在现实世界里汉、夷之间泾渭分明,对于己方族群有清醒的认识和归属感。相应地,他们可能也会有各自的生产生活领域或活动范围,这一点可以借助目前高原上民族族际分布情况的民族志说明。

在云贵高原生活的苗族、布依族按照生态背景差异,居住在不同区域。布依族沿南盘江、北盘江、蒙江、都柳江中上游及其支流呈链式分布,密集聚居在河流宽谷或盆地;苗族往往在河流分水岭上散点分布[1]。

南部的麻山地区,居住着汉族和苗族、瑶族、布依族等民族,苗族是这里的主体,在唐宋之际就进入当地,是土著族群。麻山地区各民族分布规律为:苗族住高山,布依族住田头,汉族住街上。这种现象与贵州高原民族地区流行的说法吻合:汉族住平地,苗族住高山,仲家(指布依族)住水边。所以我们推测赫章可乐河谷当年汉、夷两族群居住活动范围应各自有一定区域。

尽管汉人与土著之间可能有各自明确的生产生活区域,但这不妨碍族群之间的经济文化交流。外来汉人与土著居民之间应当是有来往接触的,这从当地土著墓葬和汉墓中互见有对方文化特征的器物可知。

(二) 威宁中水墓地

接下来我们分析威宁中水墓地的布局。威宁在贵州西北部,地处云贵高原乌蒙山脉中段,其南、西、北三面皆与云南省相邻。墓地所在的中水镇距离滇黔两省

---

[1] 杨庭硕、罗康隆:《西南与中原》,云南教育出版社,1992年,第79页。

交界不远,往西北方向约22公里就是云南昭通市。中水墓地位于中河与前河两河谷盆地之间一条山岗的顶部。山岗全长约2公里,呈东北—西南走向,两侧为缓坡,岗顶宽70—80米,地势平坦开阔。20世纪60年代在这一带就发现有新石器时代遗物和青铜矛、汉代墓葬,1978、1979年两次发掘并公布了58座墓葬[1],它们分布在相距不远的三个墓地中,分别用小地名命名为张狗儿老包、梨园、独立树(图2)。其中9座土坑墓的墓葬形制不同于其他土著墓葬,而且出土较多汉文化风格的器物,另有一座砖室墓出土轮制弦纹陶罐和骨镞。

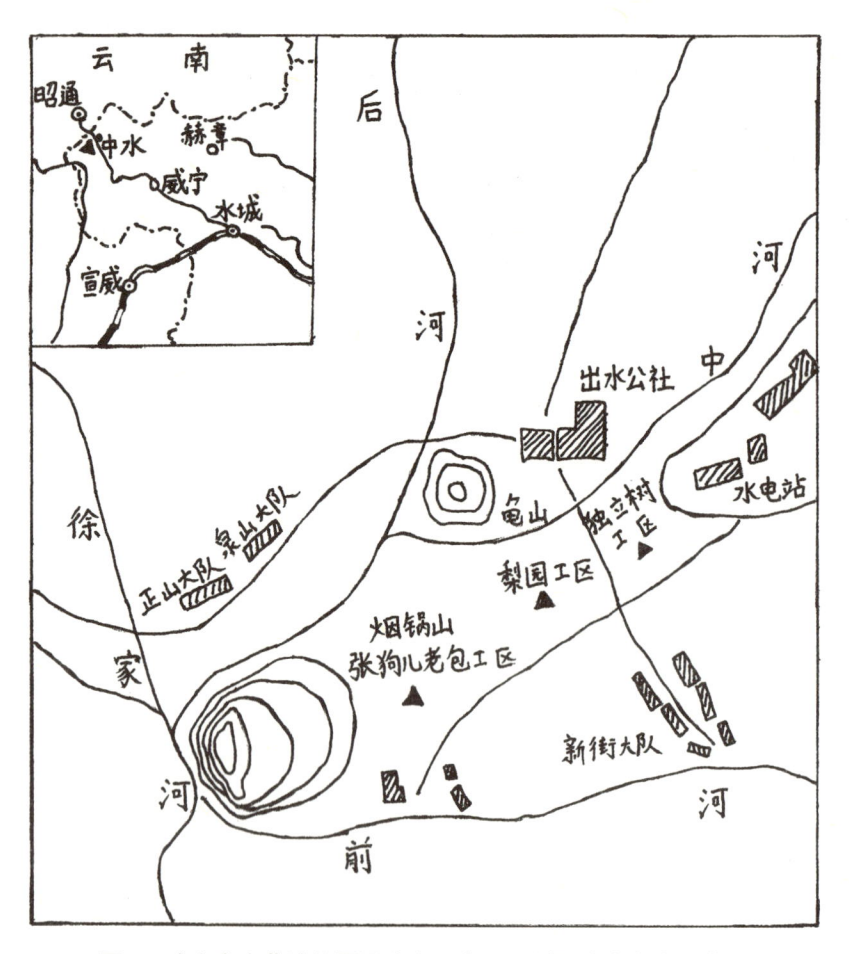

图2 威宁中水墓地位置及分布示意图(采自《威宁中水汉墓》)

从这10座墓葬的形制与随葬物品风格来看,它们可以称为汉式墓,由于砖室墓报告发布的相关资料不多,本文暂不讨论,此处只讨论其余9座土坑墓。张狗儿老包

---

[1] 贵州省博物馆考古组、威宁县文化局:《威宁中水汉墓》,《考古学报》1981年第2期;贵州省博物馆考古组:《贵州威宁中水汉墓第二次发掘》,《文物资料丛刊(10)》,文物出版社,1987年。

的三座墓,即威张 M1、M2、M3,位于山岗西南端烟锅山东侧山脚下,三墓同处于一个封土堆内,均为竖穴土坑墓,随葬品有陶豆、卷沿罐、铜洗、碗、镞、饰物、带钩、印章、钱币、铁环首刀等,绝大部分为汉式器物,其时代约在西汉末至东汉初,可知三墓都是汉式墓。沿着岗顶向东北行数百米,是梨园和独立树墓地。两处分布的绝大多数为土著墓葬,时代上限在战国晚期,下限可到西汉末至东汉初。其中梨园 M7、M13、M19、M24、M25、M42 六座墓在形制和随葬品方面与威张 M1、M2、M3 三座墓相似,时代也是西汉末至东汉初,故将其归为汉式墓。

梨园和独立树两处墓地的地层堆积共有四层。开口于②层或③层下,打破第④层或生土层的墓葬都是发掘报告中所称的Ⅱ型墓,即土著墓葬,两次发掘的土著墓葬绝大多数发现于第③、④两层;开口于表土层下,打破第②层的墓葬有 7 座汉墓以及 8 座土著墓葬。根据发掘者推断,发掘区第②层时代在西汉末至东汉初,因此,梨园、独立树应是当地土著族群使用了很长时间的公共墓地,当汉墓在这里出现时,这个墓地仍在使用。而土著族群公共墓地出现一定数量的汉墓,该如何解释?两种不同文化面貌的墓葬在同一时代出现在同一个墓地,而不像赫章可乐墓地那样呈现出汉夷之间泾渭分明的局面,对这样的墓地构成,我们认为可能有两种情况:一种是前述梨园 M7 等六座汉式墓的墓主与当地土著实为同一族群,只不过接受了较多汉文化,属于汉化夷人;另一种情况是外来汉人移民受到土著文化熏染,融入当地族群中。

威张 M1、M2、M3 三座汉式墓出土较多汉文化风格器物,如 M1 出土的小口束颈大平底陶罐,为常见的汉式陶罐;M2 出土一方铜印章,铭刻"张光私印",说明墓主是张光,这是汉人的姓名。接受并使用汉文字,是一个很重要的文化表征,三座墓同在一个封土堆里,随葬汉式器物,其中一墓使用汉文字,在葬制和葬俗方面,表现出的与土著族群墓葬不一样的地方太多,墓主很可能是汉人移民,为了区别族群身份,没有葬在土著公共墓地里,而是独处一隅。

总之,中水墓地的汉式墓与土著族群墓葬距离很近,部分汉式墓甚至与土著墓葬共处于同一墓地,这种现象与赫章可乐墓地的情况有差异,它反映出西汉末至东汉初,在中水河谷汉文化与地方土著文化共存过一段时间,两族群之间虽有一定的族群分界,但界限不明显,两族群之间总体上是一种和平共处的状态。

(三)昆明羊甫头墓地

昆明羊甫头墓地位于昆明市东南方官渡区大羊甫村,墓地所在是一个坡度平缓的山丘,西北方缓丘下宝象河蜿蜒向西流入滇池,山丘四面地势平坦,视野开阔,可以远眺滇池,符合汉人择墓的观念和标准。

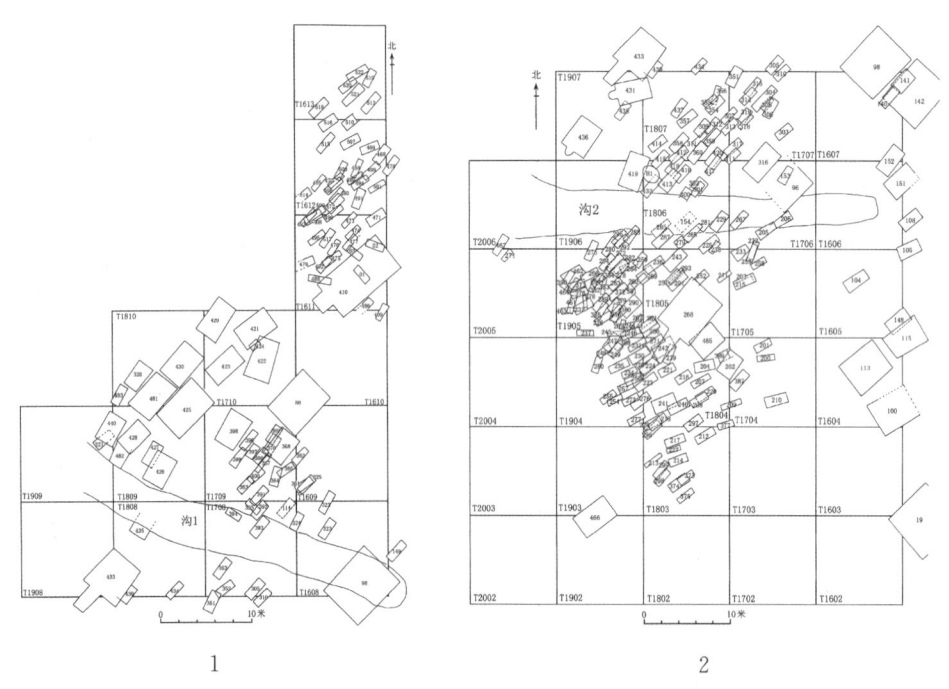

图 3 昆明羊甫头墓地西北区和西南区墓葬分布图(采自《昆明羊甫头墓地》)
1. 西北区墓葬分布图　2. 西南区墓葬分布图

1997—2001 年在此发掘了汉墓 28 座,滇墓 810 座[1]。墓葬分布十分密集,滇墓散布于整个山丘,由坡顶及西南面向四周蔓延,其中大中型墓葬集中分布于坡顶西南面,汉墓集中分布在墓地西部(图 3,图中墓圹宽大和带墓道的墓葬大多数为汉式墓,墓圹狭小的墓葬为滇墓)。墓葬分布十分密集,所以彼此之间叠压、打破关系很多,总体上汉墓叠压、打破滇墓的情况较多,说明这里原来是滇人的公共墓地,随着汉文化进入,滇人渐渐退出历史舞台,汉人进入这片墓地,接替了滇人的位置,两者表现出前后相继的关系,虽然有个别滇墓打破汉墓的例子,但数量很少。表面看,似乎汉文化墓葬直接取代了滇文化墓葬,然而从墓地布局看,绝大多数汉墓避开了滇墓最集中的东部、北部和西南部,选择西北部滇墓分布较少的地区。这里基本上都是小型滇墓,似乎汉墓建造者知道这块墓地是滇人的,但仍然埋葬在这里,说明这批汉墓的墓主与当地滇人之间并无明确的族群界限。再从墓葬形制来观察,羊甫头汉墓有很多葬俗,

---

[1] 云南省文物考古研究所、昆明市博物馆、官渡区博物馆:《昆明羊甫头墓地》,科学出版社,2005 年。

在当地滇文化墓葬中同样存在,两者之间主要的差别表现在随葬品种类、组合与形制上,下文详述。另外,从时代上看,这批汉墓主要是西汉末到东汉中期,时间上与滇文化墓葬消失的时间刚好能接上,滇文化墓葬里的很多葬俗和器物在这批汉墓里延续,两者之间又没有界限很明确的墓地划分,这可能说明这些汉墓的墓主与滇人之间也没有严格的族群界限,不排除他们当中有部分人是接受了汉文化的滇人。如果是这样,那么羊甫头墓地表现出来的汉文化与当地滇文化的关系,应是一种汉化的土著文化替代了原有的滇文化。

二、墓葬形制和葬俗反映的族群文化关系

汉人来到云贵高原,很少直接在荒无人烟的地区开辟新世界,我们观察到大批汉墓分布的地方,往往是地理环境较优越、生存条件较好的地区,或者是有丰富矿产资源的地方,后者暂不论及。前者在汉人进入前已经有人活动了,当地的土著居民在此生活了数个世代,一些土著居民的历史甚至可以追溯到新石器时代,这样的地方在云贵高原可以数出很多,如赫章可乐、威宁中水、昭通营盘、水富楼坝、昆明羊甫头、晋宁大湾山、呈贡小松山、天子庙、西昌礼州等墓地。拥有悠久历史传统的土著文化与背靠强大汉帝国的汉文化,在云贵高原发生碰撞,无论是通过政治活动、商业贸易,还是通过战争、冲突与劫掠,抑或是私下的民间交往,两种文化都在持续、深刻、广泛地接触交流。长期的族群接触和经济文化交往,使得汉夷族群文化相互吸收借鉴,彼此都留下了对方文化的烙印和痕迹。下面从墓葬形制和葬俗两方面来观察这些文化交流留下的痕迹,通过它们来分析当时的族群关系。

(一)墓葬形制中的汉文化与土著文化因素

从建造墓的材质来区分,云贵高原的汉墓有四大类:土坑墓、砖室墓、石室墓、崖墓;土著墓葬基本上有两类:土坑墓和石构墓葬,后者主要包括滇西地区和川西南地区的石棺墓、大石墓、石板墓等。下面首先对两种文化的土坑墓进行观察对比。

1. 墓坑的宽与窄

汉墓和土著墓葬的土坑墓,其基本形制都是长方形竖穴,只不过汉墓墓坑比较宽大,为宽长方形土坑,而土著土坑墓比较窄。两者之间的对比,在赫章可乐墓地表现

得很明显[1]，从墓葬登记表可见，汉墓的墓坑宽度一般在2—4米，土著墓葬绝大多数墓坑宽度在1米左右，甚至不到1米，总体上土著墓葬时代要早于汉墓。云南昭通汉式土坑墓资料较少，从公布的两座土坑墓(彝良夏家堡堡汉墓[2]和昭通鸡窝院子汉墓[3]，时代约在东汉早期)来看，也是宽长方形土坑墓。战国至西汉早期的当地土著墓葬资料公布了两处，昭通营盘墓地[4]和水富张滩坝西汉土坑墓[5]，前者墓坑宽度普遍在1米以下，甚至有的墓葬只有20—30厘米宽，后者宽度在1—1.8米之间，但墓坑较长，视觉上仍觉得墓坑狭长。至于威宁中水的汉墓与土著墓葬，缺乏有关墓坑的数据资料，无法比较，但是2005年中水银子坛墓地的发掘者指出，该墓地窄长方形墓葬数量最多，而且前两次发掘的绝大多数Ⅱ型墓都是窄长方形墓；其他墓坑稍宽的土著墓葬往往出土汉式器物，时代偏晚[6]。需要说明的是，此处所说墓坑宽窄，只是一种相对于墓坑长度而言的视觉感受，如墓坑长2—4米，而宽度仅有1米左右，那么看上去墓坑就会显得很窄；同样道理，张滩坝墓地有的墓坑宽度虽然接近2米，但长度可达5米左右，视觉上墓坑显得狭长。

滇文化土坑墓墓坑，似乎没有统一的宽窄标准。一般来说，小型墓较窄，宽度多在1—1.5米左右，大中型墓葬墓坑宽度多在2—4米，又宽又深，形制规模超过普通汉墓，时代上没有什么规律，宽坑墓和窄坑墓早晚都有。这一点和汉墓不同，在四川和云贵高原，汉墓墓坑往往随着时代向后推移，逐渐变宽。

西汉早期至中晚期汉文化进入云贵高原时，还可以看到汉墓与土著墓葬之间的明显区别，到东汉，由于土著文化大多数逐渐衰落，不排除部分土著居民接受了汉文化，完全采用了汉式葬制和葬俗，所以我们很难从土坑墓形制上区分其文化性质。这说明土著族群已经融入汉人，独特的可以辨识的族群特征正慢慢消失。

汉墓与土著墓葬的土坑墓的明显区别除了墓坑宽窄外，就是汉墓有带墓道的土坑墓，而后者没有这类型墓坑。这个特点很明显，无需再论。

---

[1] 贵州省博物馆：《贵州赫章县汉墓发掘简报》，《考古》1966年第1期；贵州省博物馆考古组、贵州省赫章县文化馆：《赫章可乐发掘报告》，《考古学报》1986年第2期；贵州省文物考古研究所：《赫章可乐二〇〇〇年发掘报告》，文物出版社，2008年；吴小华、彭万、韦松桓等：《贵州赫章县可乐墓地两座汉代墓葬的发掘》，《考古》2015年第2期。

[2] 游有鲲：《彝良县夏家堡堡汉墓出土青铜器》，《云南文物》1994年总第39期。

[3] 游有山、谢崇崐：《云南昭通市鸡窝院子汉墓》，《考古》1986年第11期。

[4] 营盘发掘队：《云南昭通营盘古墓群发掘简报》，《云南文物》1995年总第41期。

[5] 云南省昭通市文物管理所、云南省水富县文化馆：《云南省昭通市水富县张滩土坑墓地试掘简报》，《四川文物》2010年第3期；丁长芬、胡长城：《水富张滩墓地》，《昭通田野考古(之一)》，云南人民出版社，2012年，第67—98页。

[6] 李飞：《贵州威宁银子坛墓地分析》，四川大学硕士学位论文，2006年，第5页。

2. 二层台与垫木沟槽

云贵高原上汉式土坑墓与土著土坑墓有一个共同点,相当数量的墓坑内部有二层台或垫木沟槽,在昆明羊甫头和个旧黑蚂井[1]两个墓地,这种相同处表现得尤其明显。二层台结构有几种情况:常见的是在墓坑长边的两壁挖出台,从墓坑纵剖面看,如阶梯一般,渐渐收至底部,在黑蚂井、羊甫头、礼州、昭觉等地都有这种墓葬。另一种情况是在墓坑一壁留生土台,不知用途是什么,羊甫头滇墓里常见此类情形,黑蚂井墓地个别墓也有这种情况。还有一种是墓坑四壁都有二层台,四面围住墓坑底部中央,使之形成一个规整的类似棺椁的长方形坑,仅从文字描述和线图上较难分辨这是挖掘墓坑时形成的台面还是棺椁朽烂后留下的痕迹。

还有一些墓葬的二层台值得推究。赫章可乐墓地有少数墓葬有二层台,如赫章M16和M10[2],前者不用棺椁,在墓室中部留一生土台,可能是棺床,土台两侧各挖掘一沟,形成二层台,与那种在墓室坑壁边挖凿留出的土台形成过程不一样,此例可以排除;后者为带墓道土坑墓,从墓葬平剖面图看,除了墓道口外,三壁都有熟土二层台,结合文字描述判断,这不是有意筑成,而是在棺椁与坑壁之间放入填土,椁木朽烂后自然形成的一道土台。本文主要论述羊甫头和黑蚂井墓地的这种结构。

羊甫头墓地本来是一处滇人公共墓地,约在西汉末至东汉初,这片墓地开始出现汉墓[3],后者在随葬品方面表现出与滇墓完全不一样的文化面貌,在墓葬形制与结构上汉墓与滇墓之间并无太大的差别。滇墓和汉墓的很多中小型墓葬里都有二层台和垫木沟槽,台位置不高,沟槽平面呈四方形,也有的分布于墓坑宽边两端,这些特征是共同的。具备这两种结构的墓葬虽只占少数,但是其时代从战国延续到东汉,说明这种墓葬形制没有随着当地族群结构和文化面貌的变化而相应改变,有很强的生命力。

黑蚂井墓地多座墓葬带有二层台和垫木沟槽[4],从二层台设置情况看与滇墓差别不大,只是羊甫头墓地多数汉墓里的垫木沟槽平面上基本显示为长方形,如椁

---

[1] 云南省文物考古研究所、红河哈尼族彝族自治州文物管理所、个旧市博物馆:《个旧市黑蚂井墓地第四次发掘报告》,科学出版社,2013年。

[2] 贵州省博物馆考古组、贵州省赫章县文化馆:《赫章可乐发掘报告》,《考古学报》1986年第2期。

[3] 云南省文物考古研究所、昆明市博物馆、官渡区博物馆:《昆明羊甫头墓地》,科学出版社,2005年,第834页。

[4] 云南省文物考古研究所、红河哈尼族彝族自治州文物管理所、个旧市博物馆:《个旧市黑蚂井墓地第四次发掘报告》,科学出版社,2013年。

的形状,而黑蚂井墓葬的沟槽都是分布于墓坑宽边两端。在羊甫头墓地有少量沟槽是如此分布,说明黑蚂井墓地对羊甫头有一些影响,可能是少数的迁徙者带过去的。

墓坑底部两端有垫木沟槽,这种结构在赫章可乐墓地的土著墓葬中也有,但数量不多,我们推测这种结构可能来源于滇墓,通过滇人的活动,将它传播到此地。

墓坑里带有二层台和垫木沟槽的结构,主要出现在羊甫头和黑蚂井墓地,两地位于云贵高原腹地,分别处于滇文化和元江流域土著青铜文化的核心地区,两个墓地的汉式土坑墓时代均在东汉中期以前,汉墓初入当地时,土著文化还存在,其墓葬制度可能对汉墓产生一定影响。可以对比川西南、黔西北汉墓情况,当地汉式土坑墓里很少见到地方土著墓葬形制痕迹,只在随葬品里偶然见到属于土著文化风格的器物。一般来说,器物,特别是实用类器物,在各个文化圈里流动性都比较大,单凭器物,难以全面说明墓葬文化性质。但是,墓葬形制和葬俗是一个族群心理、意识结构、审美趣味、精神世界等方面的固化形式和外在表现,它们最能反映出墓葬的文化性质。从羊甫头、黑蚂井墓地汉墓与土著墓葬类似的结构,可以看出早期汉文化传入高原腹地时,土著文化有顽强抵抗力,特别是远离汉文化政治中心的土著文化,影响力更为持久,这一点在葬俗里也表现得很充分。

(二) 葬俗

葬俗体现一个社会的政治秩序、道德观念、价值体系及各种伦理规范。无论是汉人的社会,还是西南夷的社会,都各有一套秩序和规范,且通过丧葬礼俗表现出来,我们可以通过分析不同族群社会里的葬俗,来观察各族群之间文化交流的情况。秦汉时期的丧葬礼俗继承了春秋战国时期的丧礼,更趋于完善,在秦汉普遍重视丧葬礼仪的背景下,汉墓里表现出十分繁缛的礼俗,云贵高原上的汉墓也不例外,本文无法一一穷尽,只选择那些与土著墓葬可比较的葬俗进行论述。

云贵高原汉墓多有使用棺椁安葬死者、以墓主随身饰品和钱币随葬等葬俗,在土著墓葬里也有类似现象,特别是在西汉开通西南夷,设置郡县之前,汉文化的一些物品通过民间贸易通道传入西南地区,在当地土著墓葬里以类似汉墓葬俗的方式出现。如很多土著墓葬随葬有耳珰、耳环、手镯、指环、料饰等饰品,这与汉墓墓主随葬料饰、金银饰、带钩、铜镜等风俗相似,滇墓大中型墓葬常用替代货币的海贝随葬,大概与汉墓随葬大量钱币以供死者在阴间使用的情况相仿。有一些较特别的葬俗反映了汉文化与土著文化之间的交融,值得提出讨论。

云贵高原汉墓有使用锅庄石和铁三足架的葬俗,如赫章可乐、会泽水城村[1]等墓地,这是很典型的文化交融的例子。锅庄石在墓中象征火塘,现实生活中西南少数民族地区民居正屋中的火塘,不仅是炊爨饮食之处,也是一家人各种活动的中心,在汉文化圈里不见这样的文化现象;同理,铁三足架以及上面安放的釜、鍪等炊具,放在墓葬中,模拟现实生活中火塘的情景。锅庄石和铁三足架在四川地区汉文化中经常出现,虽然它起源于古蜀民的生活,也是带有地方文化特征的器物,但是在西汉中晚期巴蜀地区逐渐汉化的背景下,它成为巴蜀汉文化的一个代表。这两样器物都在云贵高原汉墓里出现,特别是在赫章可乐墓地,更容易观察到这个现象。使用两种器物的汉墓表现的文化内涵是一样的,并没有显示出什么区别,说明汉文化进入当地后,汉人很快适应了土著族群的生活,或者说,一些地方土著也很快就接受了汉地居民的生活方式。

进入东汉时期,云贵高原的大多数土著墓葬基本上都或多或少接纳了汉文化,各地土著文化面貌的墓葬基本消失,土著文化痕迹偶见于随葬器物上,数量不多。只有在少数土著族群活动地区和远离汉人聚居区中心的一些偏远地方墓葬里,流露出土著文化踪迹,如昆明羊甫头、会泽水城村、四川昭觉齿可波西乡[2]等地。

羊甫头墓地曾经是滇人的公共墓地,这里共发掘28座汉墓,形制与随葬品表现出与内地汉墓相似的文化面貌,但是其中有个别墓的葬俗却与内地汉墓不一样,即M426。这是一座平面呈长方形的直壁竖穴土坑墓,墓口长3.4、宽2.5—2.62米,因为遭到破坏,现存墓坑深度只有1.36米,墓坑里有熟土二层台,距现存墓口约0.5米深。这种结构前面说过,在当地很多滇墓里都有,在此地汉墓中也存在,这是汉墓与土著墓葬之间有交流联系的证据之一,也是当地汉文化受到土著文化残留影响的一种表现。

该墓在相当于熟土二层台深度的填土里出现一套随葬器物,有罐、甑、杯、器盖等陶器和鍪、鎏金器等铜器,此层再往下约0.8米深到墓底,出土罐、甑、碗、杯等陶器和鍪、环、腰扣等铜器(图4)。从该墓两层填土里出土的器物看,这是两套组合,分别是两座墓的随葬品,因此这是使用了同一个墓坑的两座土坑墓,随葬品都是汉式的。

---

[1] 云南省文物考古研究所:《会泽水城古墓群发掘报告》,科学出版社,2014年。
[2] 凉山彝族自治州博物馆、四川大学考古学系、昭觉县文管所:《四川昭觉县古文化遗存的调查和清理》,《南方民族考古(第六辑)》,科学出版社,2010年。

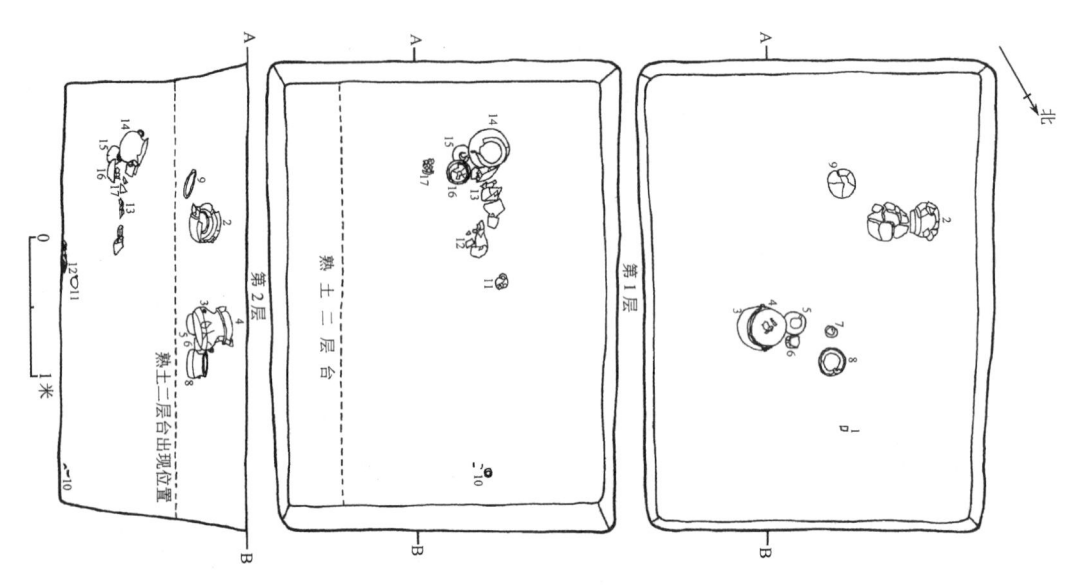

图 4　昆明羊甫头墓地 M426 平剖面图（采自《昆明羊甫头墓地》）

在羊甫头墓地部分滇墓里也有这种情形的墓葬，发掘报告认为这是当地滇人的一种葬俗——叠葬。报告里没有说明 M426 是否为叠葬，但是，把墓葬平剖面图与文字描述结合起来，再加上墓中出土陶、铜器属于纹饰、形制、风格有差异的两组器物（图5），可以确认这是上下两座墓叠压在一个墓坑里。所以，M426 是一座使用当地滇人叠葬葬俗的汉墓，它直接反映出土著文化因素在汉文化墓葬里的残留，墓主可能是接受了汉文化的土著居民。

层位＼器名	陶罐	陶杯	陶甑	铜鍪
第1层				
第2层				

图 5　昆明羊甫头墓地 M426 上下两层部分随葬器物组合及形制对比图

会泽县位于云南省东北,金沙江东岸,东与贵州威宁相接,西与川西南会东县相邻,县城西北约4公里处有一个彝汉杂居的村落,名叫水城村,1990—2004年在这里清理了若干座墓葬。其中部分墓葬表现出汉夷文化混合的现象,以1990年清理的M1、M2和2004年清理的M21为例(分别简称为1990M1、M2和2004M21)。

1990M1和M2都是竖穴土坑墓,墓圹平面为长方形,墓坑壁垂直规整。M1长5.3、宽3.4、深2.2米,东壁有一高1、宽0.5米的二层台。M2长5.4、宽3.54、深2.45米。两墓都被严重破坏,器物流散,只收回一批陶、铜、铁器。有夹砂陶罐、铜鍪、釜、洗、簋、甑及环首铁刀,从墓葬形制和出土器物种类、形态看,与一般汉墓无异,但是发掘者注意到,两墓使用陶罐为葬具,罐里有火烧过的骨渣,据此推断墓主为火葬后再葬入土中。另外,根据器物和五铢钱币型式、火葬葬俗,发掘者认为两座墓时代在东汉中晚期,墓主为彝族先民[1]。

云贵高原上土著墓葬中有使用火葬的例子,如泸西县石洞村墓地的9座火葬墓,与93座土坑墓同处一墓地,时代都在西汉中期至东汉初,火葬墓墓口平面呈圆形或椭圆形,其中三座出土夹砂陶釜,估计是葬具[2]。会泽一带是彝族先民活动的地方,可能也是彝族起源地,而且彝族葬俗是火葬,如果上述报道属实,那么会泽水城村两座墓值得关注。因为汉墓一般是土葬,使用木质棺椁为葬具,水城村两墓葬俗不同于汉墓,表现出鲜明的地方特色,墓主族属可能不是汉人。这两墓的形制与普通汉墓相同,无特殊之处,出土的铜器基本都是汉式器物,从中可见汉文化已渗透到高原腹地远离政治、经济中心的偏远地区,并且被当地土著族群吸收。由于两墓遭到严重破坏,器物流散,发掘到的骨渣也未做检验,大量信息流失,上述分析只是一种推测。我们期待能够公布更多的资料。

2004M21为带斜坡墓道的竖穴土坑墓,墓葬整体平面形状为凸字形,墓室的南、北、西三面墓壁底部有熟土二层台。随葬品有陶卷沿罐、缸、铜铃、五铢钱、玉珠、漆木器(未公布)等。墓室东壁靠近墓道处清理出一个成年男性头骨,墓室底部东北角清理出一具未成年个体人骨架,它侧身仰卧,右手在左胸上,左手侧伸出,下肢弯曲呈挣扎状,发掘者推断成年男性头骨是当地社会猎头风俗的反映,未成年个体骨架为墓主殉葬品。该墓葬时代为东汉初[3]。

---

[1] 曲靖地区文管所、会泽县文管所:《会泽水城村汉墓出土青铜器》,《云南文物》1994年总第39期。

[2] 云南省文物考古研究所、文山州文物管理所、红河州文物管理所:《云南边境地区(文山州和红河州)考古调查报告》,云南科技出版社,2008年,第144页。

[3] 云南省文物考古研究所:《会泽水城古墓群发掘报告》,科学出版社,2014年,第96、123页。

这座墓的填土中发现有椁板灰痕,该墓可能使用了棺椁葬具。在棺椁安置于墓室底部后,椁板与墓壁之间又用熟土填筑夯打,当棺椁朽烂后,墓壁三面底部就形成二层台,东面为墓道,没有填土夯筑。这种安置棺椁和填筑二层台的做法,在赫章可乐汉式墓里同样存在。2004M21 的随葬品以陶卷沿罐和陶缸为主,其型式皆为汉式(图 6)。从上述情况看,这是一座汉式墓,然而墓中使用的人殉葬俗却不是同时期汉文化墓葬的。

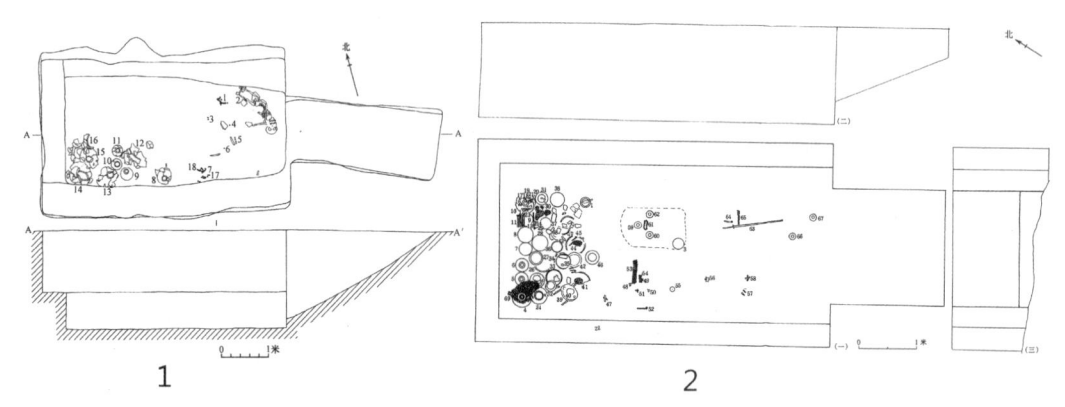

图 6　会泽水城 2004M21 与赫章可乐 M10 平剖面图
(分别采自《会泽水城古墓群发掘报告》和《赫章可乐发掘报告》)
1. 会泽水城 2004M21　2. 赫章可乐 M10

墓室填土中发现的成年男性头骨,是否为当地社会猎头风俗的反映,这一点有待进一步研究和确认。不过墓室底部的未成年个体骨架,应是人殉的证明。从报告中文字描述和墓葬线图来看,该个体有挣扎痕迹,可能是被活埋,即 2004M21 的墓主使用活人殉葬。这不是汉人地区的葬俗,但是在东汉初,云贵高原的偏远山区原始部落里却很可能还有类似风俗。如果不是发现这样的葬俗,我们仅从墓葬形制与随葬品看,就会认为 2004M21 的墓主为汉人,然而,人殉葬俗说明墓主应该是当地土著族群成员。

上述三座墓可反映出至少到东汉初,在云贵高原的腹地,汉文化已经深入当地土著族群,但是土著文化的习惯仍然顽强地保持着。

川西南西昌、昭觉位于云贵高原边缘地带,自古以来就是南北方族群来往的交通要道,被称为"藏彝民族走廊"[1]。悠久的历史、复杂的族群环境、独特的高原地理环境,使西昌地区呈现多元族群生态,历史遗留下来的考古学遗存十分丰富,在这里很

---

[1] 费孝通:《关于我国民族的识别问题》,《中国社会科学》1980 年第 1 期。

容易观察到汉文化与土著文化的交流。

战国到秦汉时期,汉文化传入之前,西昌的主要居民是邛都人。他们使用大石墓,这是一种石构墓葬,葬俗上最突出的特点是无葬具,实行捡骨二次葬,且是合葬。一般认为大石墓存在时间从公元前8世纪左右延续到公元前1世纪[1]。西汉中晚期,随着汉王朝在西南夷地区设置郡县,汉文化传入西昌地区,到东汉中晚期,已经很难再找到当地土著族群墓葬了。但是,在远离汉人聚居区中心的大凉山深处,仍有土著族群存在。

2006年秋,考古工作者在昭觉县齿可波西乡和平村发现一批形制特殊的石构墓葬,其构筑方式是在山坡上开挖土坑,底部铺设石板,用自然石块沿坑壁砌筑墓壁,至一定高度铺设石板盖顶,前部竖放石板作为墓门,最后整座墓室用泥土覆盖,但未形成封土堆,只是与地面齐平。从形制看,它与汉式石室墓相似,但是汉式石室墓往往与砖室墓相似,有封土堆,多将石块向墓室内的一面打凿平整,向外一面保持自然形状,这与和平村墓葬不同。

墓葬出土随葬品有陶罐、釜、纺轮、铁刀、银指环、料饰、骨饰品及五铢钱,从保存骨殖的墓来看,采用多人捡骨二次葬。调查者指出和平村石构墓使用石材筑墓,与石棺墓存在联系,特别是墓室大小、盖板方式都与石棺葬接近,并推断其时代在东汉中晚期。

和平村捡骨二次葬的葬式与西昌安宁河流域大石墓接近,墓葬形制既与川西南、滇西北地区石棺葬有联系,也与汉地石室墓相似,只是随葬物品多为汉式,墓主可能是受到汉文化影响的土著居民。这说明汉文化的传播力度很大,连偏僻山区也出现汉文化器物;但是,另一方面也说明直到东汉中晚期,在远离汉文化中心的地区仍可能有土著居民活动,他们使用汉文化器物,却继续保持本族群根深蒂固的传统,包括丧葬习俗。考古工作者在今后的调查和发掘中需要留意这些保留有土著文化因素的考古遗存。

三、随葬品反映的汉夷文化关系

西汉中叶,随着中原王朝触角伸入西南地区,各族群发展道路被迫改变。由于汉

---

[1] 童恩正:《四川西南地区大石墓族属试探——附谈有关古代濮族的几个问题》,《考古》1978年第2期。

帝国和西南夷比起来实力强大,汉文化在西南夷各族文化前显得十分强势,它迅猛地冲决扫荡土著青铜文化,在大约百年时间里迅速改变当地文化面貌。云贵高原土著青铜文化经此冲击大都消亡,这是一个渐变过程,墓葬里的随葬品也反映出这个变化,我们可以从中了解其过程。下面主要针对汉墓中的随葬品和采集的汉式器物进行分析。

云贵高原汉墓的随葬品主要来自巴蜀和岭南汉文化,但是汉文化风格并非单一文化因素。云贵高原是西南夷分布的主要地区,高原上的汉墓处于非汉族群包围中,墓中出土随葬品以及地面采集器物就兼具汉文化与土著文化风格。

在随葬品中出现汉、夷风格并存的情况有两种:一是汉式墓随葬器物组合中夹杂有少数具有异质文化风格的器物,一是单件随葬品本身兼具汉、夷文化风格。

(一)器物组合

汉墓随葬品都是汉式器物,但是云贵高原汉式墓里很多时候也会混杂部分土著文化器物,先以威宁中水墓地为例试加说明。

中水墓地由文化内涵不同的两部分墓葬构成。一部分为当地土著族群留下的墓葬,形制均为竖穴土坑墓,墓圹平面形状不规则,挖掘较浅。其随葬品绝大部分为地方土著文化器物,有陶瓿、瓶、豆、单耳罐、碗、杯、铜剑、戈、矛、镞、手镯、扣饰、发钗以及少量玉石器等,少数墓葬随葬了汉文化器物,如铜带钩、五铢钱、铁刀等。这一类墓葬时代上限可至战国中晚期,下限至西汉末。另一部分墓葬为上文提到的汉式墓。其形制为竖穴土坑墓(排除一座砖室墓),墓圹平面形状规则。随葬品既有土著墓葬中可见到的陶单耳罐、豆、碗、铜手镯、扣饰、发钗等,也有很多汉文化器物,如铜鍪(原报告作Ⅱ式釜)、刁斗(原报告作Ⅰ式釜)、洗、碗、带钩、五铢钱、货泉钱币、印章以及铁环首刀、削、剑等[1]。

如果仅从器物文化属性看,后面提到的汉式墓的墓主应为汉人,但是从随葬品中服饰等组合反映的族群审美习惯看,这部分墓葬的族属包括两类人:一是接纳汉文化的当地土著,如梨园 M7 等六座墓的墓主;另外一种是外来汉人移民,如威张 M1、M2、M3 等墓的墓主。梨园 M7、M13、M19、M24、M25、M42 等墓随葬的汉式器物虽多,但基本上都是实用器,墓主生前使用这些器物,可能更多出于生产生活的方便和实用性考虑,但是佩戴土著文化风格的饰物,如手镯、扣饰及发钗等,这代表了一种

---

[1] 贵州省博物馆考古组、威宁县文化局:《威宁中水汉墓》,《考古学报》1981 年第 2 期;贵州省博物馆考古组:《贵州威宁中水汉墓第二次发掘》,《文物资料丛刊(10)》,文物出版社,1987 年。

本族的审美文化心理。上述汉式墓随葬的部分饰物，其型式与第一类土著墓葬中随葬饰物的型式相同，这说明墓主保持了当地土著的历史审美传统，从族源上他们属于当地土著族群或其后裔。反观威张M1、M2、M3三座墓的随葬品基本都是汉式器物，没有出现地方土著族群使用的各类饰物。可见他们在审美文化习俗上与土著有明显的差异，这种差异不是时代造成的，而是两类墓主的族群属性不同带来的。

中水墓地两种文化内涵的墓葬在时代上紧密衔接，没有中断。墓葬随葬品的文化内涵呈现出和缓平稳的过渡。其从早期地方土著文化渐渐过渡到汉文化与土著文化并存的状态，然后再发展到汉文化占据多数，土著文化典型陶器、铜兵器逐渐消失，仅保留部分饰物的状态。这些变化均是缓慢进行，没有突变和中断。到了西汉末至东汉初，威张M1、M2、M3等汉式墓内有少量土著文化风格的陶罐、豆，同时代的其他汉式墓内仍然保留本族服饰品，说明后者吸收汉文化的同时，并未放弃本族文化传统。由此可见汉文化进入中水后，与地方土著文化和谐共存，彼此交流融合，共同创造了中水河谷灿烂的物质文化。

汉式墓葬的随葬品夹杂土著风格器物的情况在云贵高原很普遍。下面再以单耳陶罐为例，这是一种在云贵高原土著族群中流传甚广的生活用陶器，器形较小，高度仅5—10厘米，在高原各地汉墓里都有出土，只是型式不一样，数量分布也不均匀。最集中的地方是昆明羊甫头和个旧黑蚂井两墓地（图7），几乎每座墓都出土这种单耳陶罐，不过两墓地的单耳陶罐形态、制作风格完全不一样，相互之间联系不大，宜分别论述。

羊甫头墓地的28座汉墓中，有19座墓出土这种陶罐，比例占了一半多，其中有2座墓只随葬这种罐，别无他物。虽然这种形态的陶罐在汉地汉墓中少见，但在羊甫头本地的滇墓里也没有见到类似陶器，只在相距不远的呈贡天子庙滇墓墓地一座滇墓中出土一件这种陶罐（天M17∶3）[1]，器物形态略有差异，但大小、制作风格相同，该墓同出铜鍪铁矛和五铢钱，发掘者认为是西汉中晚期墓，如时代不误，那么羊甫头汉墓中随葬的这种陶罐，有可能来源于附近滇人墓葬。另外，在贵州的清镇、平坝、黔西、兴义、兴仁等地汉墓里也出土有这种陶罐，数量不多，混杂在汉式器物中，十分显眼，它们可能也来源于滇池地区。赫章可乐墓地和西昌礼州汉墓也有单耳陶罐出土，但器物形态、制作风格与滇池地区单耳罐不同，可能另有来源。

黑蚂井墓地出土的单耳陶罐与上述地区所出不一样，其特征是器耳上有麦穗

---

[1] 云南省博物馆文物工作队：《云南呈贡天子庙古墓群的清理》，《考古学集刊（第3集）》，中国社会科学出版社，1983年。

纹,罐体较高,均在 9—17 厘米,器表大都有烟炱痕,应是实用炊器。在黑蚂井墓地出土很多,已发掘的 43 座墓葬里有 32 座墓出土这种罐,特别是一些随葬汉式器物较丰富的墓葬里,如黑 M16、M28、M22、M26、M29、M24 等墓都随葬了单耳罐[1]。云贵高原其他地方还没有发现此类器物,但是在羊甫头墓地的 M410 里出土了一件单耳罐[2],器耳带麦穗纹,器物风格不像当地汉墓出土的单耳罐,与黑蚂井墓地同类器相似,估计是从黑蚂井传播过去的。在周边的巴蜀和岭南地区也没有发现这种陶器,因此黑蚂井墓地出土的单耳罐很可能是本地土著居民生产的,带有鲜明地方文化特征。

图 7　羊甫头和黑蚂井墓地出土的陶单耳罐
（分别采自《昆明羊甫头墓地》和《个旧市黑蚂井墓地第四次发掘报告》）
1. 昆明羊甫头 M423∶2　2. 个旧黑蚂井 M16∶31

云贵高原汉墓随葬的汉式器物中混杂土著文化风格器物的例子,除了单耳罐外,还有很多,如西昌礼州 M1 出土的带把陶罐,与当地新石器时代墓葬里出土的带把陶罐十分相似[3],表明两者间存在密切联系。羊甫头汉墓 M268 出土的 Da 型陶罐、M433 出土的 Dc 型陶罐及 M96 出土的 Db 型陶罐分别与当地滇墓出土的 M611∶12、M187∶6、M340∶30 等陶杯、罐或釜相似[4]。由于陶罐等实用陶器与人们日常生活联系较紧密,不同的生活方式和风俗习惯对于使用陶器的要求不一样,所以不同文化墓葬里出土陶器风格有差异,也因此陶罐等日用陶器可能更容易反映出不同人群的生活习惯和文化特征。云贵高原汉墓的陶罐,让我们窥见汉文化与土著文化之间的紧密联系。

---

[1] 云南省文物考古研究所、红河哈尼族彝族自治州文物管理所、个旧市博物馆:《个旧市黑蚂井墓地第四次发掘报告》,科学出版社,2013 年。

[2] 云南省文物考古研究所、昆明市博物馆、官渡区博物馆:《昆明羊甫头墓地》,科学出版社,2005 年,第 768 页。

[3] 礼州遗址联合考古发掘队:《四川西昌礼州新石器时代遗址》,《考古学报》1980 年第 4 期;礼州遗址联合考古发掘队:《四川西昌礼州发现的汉墓》,《考古》1980 年第 5 期。

[4] 云南省文物考古研究所、昆明市博物馆、官渡区博物馆:《昆明羊甫头墓地》,科学出版社,2005 年,第 88、96、107、763、777、786 页。

(二) 随葬品上的汉夷文化因素

贵州西北部的赫章可乐与威宁中水,汉墓与地方土著墓葬共存时间比较长,两种文化交流融合的机会较多,在随葬品上留下了交流痕迹,我们主要以这两处墓葬出土的随葬品为例来观察(图8)。

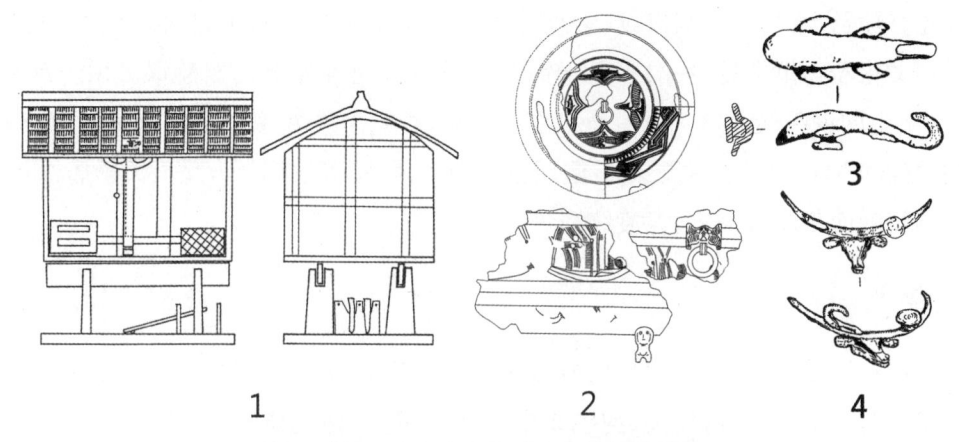

图8　赫章、威宁出土的地方文化风格器物
(采自《赫章可乐发掘报告》和《威宁中水汉墓》,各图比例不一)
1. 赫章可乐 M24:4　2. 赫章可乐 M48:33　3. 威宁梨 M19:12　4. 威宁梨 M7:1

1. 陶仓

赫章可乐汉墓出土了四件陶屋[1],其中三件为干栏式,这种建筑整体为长方形,分上下两层。M24:4 底层是碓房,设有双碓(图8,1);M216:12 底部有四根圆形立柱,柱顶叉形,两根立柱顶架横枋,托住上层房舍。从报告公布的线图和文字描述来看,这类干栏式建筑应为陶仓。

干栏式建筑在南方,特别是西南夷地区较常见,它是当地人长期在潮湿多雨环境里总结生活经验后创造出的一种建筑,有鲜明的地方特色。粮食储藏有许多较苛刻的要求,如防潮、防盗、防鼠雀等,将粮食储藏在干栏式房屋中可有效防止损耗。另一个重要证据是陶仓下有双碓,碓是南方舂米、加工谷物的工具,唯有设在粮仓下较为合理。另外,观察今天贵州西部一些偏远民族地区的建筑,有上下分层的住房,下层往往不作碓房,多作为畜圈使用,所以赫章可乐出土的陶屋应定为陶仓。

陶仓是汉墓中常见的模型明器之一,但是巴蜀地区汉墓里随葬的陶仓少见干栏式,云贵高原当地的干栏式建筑与汉人传入的陶仓结合,形成干栏式陶仓,反映出汉

---

[1] 贵州省博物馆考古组、贵州省赫章县文化馆:《赫章可乐发掘报告》,《考古学报》1986年第2期。

文化吸收了土著文化中的有益成分，并适应了当地的气候和地理环境。

2. 铜奁

赫章可乐 M48 出土了一件铜奁（图 8，2）[1]，器身呈直筒形，尽管已经残破，但仍可以看出这是一件典型的汉式铜器，只是器身表面刻画有竞渡船只，上面站立羽人，另外还有翔鹭、水鸟、鱼、锯齿纹、索纹等纹饰。这种装饰风格不是汉文化的，但在土著青铜文化器物里常见，一般多见于铜鼓、贮贝器、筒等器上。如赫章可乐土著墓葬 M153 出土的铜鼓侧面就刻画有竞渡、羽人、翔鹭、锯齿纹等纹饰，江川李家山 M69 出土的铜鼓和 M47 出土的铜贮贝器侧面也有羽人、翔鹭等纹饰[2]，呈贡天子庙 M41 出土的铜筒侧面刻画有羽人、竞渡纹饰[3]。

3. 带钩

带钩是汉墓里常见的随葬器物，形制较为固定，一般有两种：一种弯曲成 S 形的长条状，钩首为兽头或禽鸟头，钩尾或中部有圆钮；一种钩体短小，作水鸟回首状，鸟头为钩首，鸟足作圆钮。在云贵高原及周边汉墓出土的带钩大多数为这两种型式。但是在威宁中水汉墓里出土的两件铜带钩[4]，形制很特别，分别是鲵鱼形和牛头形。

威宁梨 M19：12（图 8，3），整体形状如一只游动的鲵鱼，鱼身肥硕，尾部上翘折成钩，钩身两侧对称有四只鳍，钮在鱼胸下，长 10、宽 3.5 厘米，鱼背阴刻五字铭文："日利八千万"。鲵鱼产于云贵高原山区溪谷中，俗称娃娃鱼，这件带钩模仿鲵鱼造型，鱼身为钩体，鱼尾作钩，形制虽异于普通汉墓里出土的带钩，但其表面的铭文说明其性质仍是属于汉文化的。带钩威宁梨 M7：1（图 8，4），钩身作牛头形，牛头长吻，两只圆耳伸出，头顶上为一弧形长角，两头上翘，角的一端为钩首，另一端为钮，形象生动，构思巧妙，牛角甚长，似乎是水牛。

带有"千万"两字的铭文在贵州地区汉墓随葬品上多有发现，为汉代常用吉语。如 1959 年清镇 M65、M97 出土三件桥形钮铜印，其中两印的印文分别为"樊千万""赵千万"[5]；1987 年兴仁 M10 出土"巨王千万"铜印[6]。几方印都有"千万"两字，

---

[1] 贵州省博物馆考古组、贵州省赫章县文化馆：《赫章可乐发掘报告》，《考古学报》1986 年第 2 期。
[2] 云南省博物馆：《云南江川李家山古墓群发掘报告》，《考古学报》1975 年第 2 期。
[3] 胡绍锦：《呈贡天子庙滇墓》，《考古学报》1985 年第 4 期。
[4] 贵州省博物馆考古组、威宁县文化局：《威宁中水汉墓》，《考古学报》1981 年第 2 期。
[5] 贵州省博物馆：《贵州清镇平坝汉至宋墓发掘简报》，《考古》1961 年第 4 期。
[6] 贵州省文物考古研究所：《贵州兴仁交乐汉墓发掘报告》，《贵州田野考古四十年》，贵州民族出版社，1993 年，第 236—264 页。

表明这是常见于汉墓随葬品上的吉祥用语,因此鲵鱼带钩还是汉式器物。最关键的是带钩上的铭刻为阴刻隶书,这是汉代通用的文字,在周围被土著文化包围的环境下使用汉字,是一种文化的象征。有学者认为汉字是汉文化最基本的细胞,也是传播汉文化的重要媒介,它是汉文化的载体[1]。实际上汉字应为一种符号表征,象征汉文化。西南夷地区出现的汉式器物,如釜、洗、甑、壶、罐、铜镜、带钩、刀剑、工具等,不能完全代表核心意义上的汉文化,因为这些器物有很强的实用性,便利生活,无论哪个社会、哪个族群的人都会因为器物的便利性和实用性而乐于采用接纳它们。但是文字不一样,文字是文化的表征,往往是社会文明程度高度成熟、发达的标志,凝聚了一个社会、族群所认同的精神信念、心理信仰、思想观念等。特别是在古代世界传播条件有限,各个社会或族群之间相互隔绝的背景下,云贵高原上出现汉字,并铭刻于日用品上,这可以视为汉文化深入西南夷地区的象征。这件带钩也可视作汉文化与土著青铜文化结合的典型。

在滇文化的青铜艺术中,充斥大量以动物形象为母题的作品,各种青铜牌饰、扣饰、器物纹饰刻画了人们在生产生活中接触到的各种动物形象,如虎、豹、熊、牛、鹿、猴、蛙、蛇、兔、鸟、鱼、虫等,及各式各样想象世界里的怪物。滇人喜用动物形象来作装饰,如羊甫头滇墓里就有用牛头装饰的扣饰。鲵鱼形和水牛头带钩,既是汉文化中的常用随身器物,同时又被铸造者匠心独运地做成一件装饰品,将土著居民的风尚与汉文化的实用结合起来,表明他们在接纳汉文化器物的同时,也继承了滇文化青铜器以动物形象为创作母题的艺术传统。将日常生活中所见动物形象融入生活用具中,使得带钩不仅是日用品,也是一件精致的艺术作品,呈现出一股鲜活、生动的山野气息,一改汉式带钩僵硬固化的模式,从中仿佛看到土著居民身上那野性十足又生机勃勃的个性。

四、结　语

通过分析比较墓葬形制、葬俗、随葬品几个方面,我们看到云贵高原汉墓与土著青铜文化墓葬之间息息相关的联系。基本上,汉文化与土著文化在短暂的时间里有过共存关系,相互交流、融合,最终形成你中有我,我中有你的文化共存局面。但这种共存局面是暂时的,没有维持多久,因为汉文化比较强势,其背后是强大的汉帝国,正

---

[1] 陈玉龙、杨通方、夏应元等:《汉文化论纲》,北京大学出版社,1993年,第2—19页。

在雄心勃勃地开疆拓土,把帝国的影响播散到四方,借助帝国强大的军事、政治实力,汉文化畅通无阻地在边疆发展,土著青铜文化无法抵抗,无论是从社会上层层面的政治、外交、军事,还是民间自发交流以及日常生活的交往,汉王朝的势力都在一点点打击或渗透土著青铜文化。

汉王朝在西南夷地区设置郡县后,土著族群对朝廷的反抗斗争也开始了,如且兰、夜郎、姑复等族群的反抗。而中央王朝的镇压也是倾尽全力,毫不留情,如西汉昭帝始元元年(公元前86年)云贵高原上二十四邑蛮夷反抗,汉王朝历经数年最终将其镇压下去,其结果是"斩首捕虏五万余级,获畜产十余万"[1]。这种军事上的打击十分沉重,不仅屠杀、掳去大量人口,而且掠走居民的重要生产生活资源——牲畜,对于西南夷各部落的社会经济是一次严重的破坏。类似的镇压和汉夷之间的战争在云贵高原多次上演,我们认为每次战后各部落首领可能受到牵连,统治层中有部分人被杀、被掳或逃亡,土著部落整个社会被打击削弱。这种现象在夜郎部落上表现很明显。

西汉成帝河平年间,夜郎部与钩町、漏卧部争斗,朝廷派人和解,夜郎王兴等不从命,最终被汉廷派来的官员诛杀[2]。这次打击使得当地政治格局改变,夜郎部长期以来是当地最具实力和影响力的土著族群,这次反抗斗争后,首领被杀,王族势力遭沉重打击,可能其他上层贵族事后也受到牵连。在王莽时期就没有见到西南夷中最具实力部族——夜郎的消息了,当夜郎部再次出现时,已经是东汉初,远在南方千里之外的中南半岛上了。《后汉书·循吏列传》记建武初年,任延为九真太守时,"于是徼外蛮夷夜郎等慕义保塞"[3]。至汉安帝永初元年(107年),"九真徼外夜郎蛮夷举土内属"[4]。汉代九真郡属交州,大约在今越南北部,有学者认为这些夜郎人是西汉末年从牂柯迁来的,与汉成帝时夜郎王兴被杀有关[5]。

近些年来在中南半岛出现了一些有关的考古学线索,有助于我们更清晰地了解这一问题。2008—2009年,柬埔寨与德国联合考古队在柬埔寨东南部一个叫波赫(Prohear)的小村子发掘了52座青铜时代墓葬,其中M4墓主的头颅放在黑格尔Ⅰ式铜鼓(原文如此,即石寨山型鼓)里,从发掘现场照片看,这座墓使用的应该是套头葬,其时代约在西汉晚期至东汉初。另外有一座未成年人墓M47,

---

[1] (汉)班固:《汉书·西南夷两粤朝鲜传》,中华书局,1962年,第3843—3845页。
[2] (汉)班固:《汉书·西南夷两粤朝鲜传》,中华书局,1962年,第3843—3845页。
[3] (宋)范晔:《后汉书·循吏列传》,中华书局,1965年,第2460页。
[4] (宋)范晔:《后汉书·孝安帝纪》,中华书局,1965年,第207页。
[5] 蒙文通:《越史丛考》,人民出版社,1983年,第50页。

墓主使用铜碗或铜盘覆面[1]。

在波赫(Prohear)的发掘之前,我们所知道的使用套头葬葬俗的墓地,仅有贵州赫章可乐,目前共发现25例套头葬,另外还有用铜洗覆面、垫头等葬俗。可乐位于黔西北,汉代这里曾是西南夷夜郎部活动的地区。波赫(Prohear)的发掘者也注意到当地葬俗与可乐之间的联系,并指出:在西汉王朝的入侵打击下,夜郎、滇及相邻部落的上层精英出现分化,部分人顺从大汉王朝,反抗者被诛灭,还有人选择向南方逃亡,经过老挝、越南北部直到柬埔寨。

可乐墓地与越南北部也有类似的联系,在越南清化省、义安省出土较多与可乐文化的镂空牌形茎首铜剑十分相似的铜剑或铜柄铁剑。有学者根据上述两个方面的联系,指出可乐文化与中南半岛的青铜文化及早期铁器文化存在密切联系,面对中原王朝势力进入,很多可乐文化人群南迁进入中南半岛[2]。

面对汉王朝的逼迫,云贵高原上各部落发生了分化,要么归顺得以保全,要么反抗而被诛灭或被迫远走他乡,留下来的土著部落逐渐接受了汉文化。两种文化在西汉中晚期到东汉早期有一段交流融合时间,进入东汉以后,土著青铜文化逐渐消失,土著墓葬作为一种考古学文化遗存,已经很难与内地移民或其后裔的汉式墓分辨开来。我们认为云贵高原上一些汉式墓的主人可能就是接受了汉文化的土著居民,如前述威宁中水梨园墓地里的汉式墓墓主,其族属可能是当地土著,昭觉县齿可波西乡调查发现的一些石构墓虽与汉式石室墓相似,其主人实为土著居民。又如汪宁生先生曾提出云南昭通地区崖墓墓主可能是汉化夷人[3]。张合荣先生也指出赫章可乐河南侧乙类墓墓地中被划归为甲类墓(即汉式墓)的部分竖穴土坑墓应当是原地方民族墓,墓主可能是汉化后的地方上层人物或富有者[4]。到了东汉中晚期,高原上大量分布的砖室墓、石室墓及崖墓表明汉文化影响力进一步扩大,汉文化在这时有扩张加强的趋势,云贵高原被汹涌而来的汉文化覆盖。可以说,从西汉开始的汉文化与土著青铜文化的对决,到东汉中晚期有了结果,汉文化全面取胜,占领高原。但这不等于说土著居民就此消失,土著族群一直很活跃,如到东汉桓帝延熹四年(161年)还有

---

[1] Andreas Reinecke、Vin Laychour and Seng Sonetra, *The First Golden Age of Cambodia: Excavation at Prohear*, Bonn, 2009, pp.77—97, 168.

[2] 杨勇:《战国秦汉时期云贵高原考古学文化研究》,科学出版社,2011年,第357页;杨勇:《可乐文化因素在中南半岛的发现及初步认识》,《考古》2013年第9期。

[3] 汪宁生:《云南考古(增订本)》,云南人民出版社,1992年,第99页。

[4] 张合荣:《夜郎文明的考古学观察——滇东黔西先秦至两汉时期遗存研究》,科学出版社,2014年,第260页。

"犍为属国夷寇钞百姓"[1],灵帝熹平五年(176年)有"益州郡夷叛"[2]。

到了晋代,有南中人士记录当地还有夷人活动,云:"夷分布山谷间,食肉衣皮……言语服饰,不与华同。"[3]这段话可能是汉人所记,言语中充满对土著居民的鄙视,但从中也可看到,云贵高原上的土著居民并没有彻底消失,而是退居偏远的山谷中,仍然保留着本族群的文化,当汉文化退出后,他们才重新出来占据高原,这也是汉晋之后高原上的政治局面。

---

[1] (宋)范晔:《后汉书·孝桓帝纪》,中华书局,1965年,第308页。
[2] (宋)范晔:《后汉书·孝灵帝纪》,中华书局,1965年,第337页。
[3] 王叔武:《云南古佚书钞》,云南人民出版社,1979年,第15页。

巴蜀汉陶艺术博物馆藏摇钱树座研究

韦松恒

一、前　　言

摇钱树是东汉至蜀汉时期墓葬中一种重要随葬品,通常由陶、石、木树座,青铜树干,青铜枝叶三部分构成。摇钱树的造型、图像复杂多变,内涵丰富,是研究西南地区东汉至蜀汉时期丧葬意识、宗教信仰乃至社会文化的重要材料。迄今为止见诸报道的摇钱树共有 360 余件[1],分布地点遍布川、渝、滇、黔、鄂、陕、青、甘、宁九个省市自治区。其中,川、渝两地主要分布于以四川盆地为中心的 31 个县市;云南比较零散,西至保山,东至昭通;贵州则较为集中地分布在贵阳以西的贵州高原西南部;陕南的汉水流域、鄂西的陨县及秭归、青海、甘肃和宁夏亦有零星分布(图 1)。

巴蜀汉陶艺术博物馆建于 2007 年,是四川省第一个由民间收藏并免费向公众开放的博物馆。该馆馆藏文物共 2 000 余件,以四川各地出土的两汉时期文物最有特色,种类包括画像砖、花纹砖、陶器、陶俑、动物模型等。值得注意的是,该馆收藏有 17 件摇钱树座,为尚未公开发表的藏品。本文拟首先对这批实物的真伪进行辨识,逐一对这批摇钱树座进行描述,并联系已公开发表的考古材料对这批树座的类型、年代和来源地问题进行分析,对其制作工艺及艺术手法进行研究,在此基础上对摇钱树座的内涵进行探讨,提出自己的一些不成熟的看法。

---

[1]　周克林:《东汉至南朝钱树研究》,四川大学博士学位论文,2011 年,第 11 页。

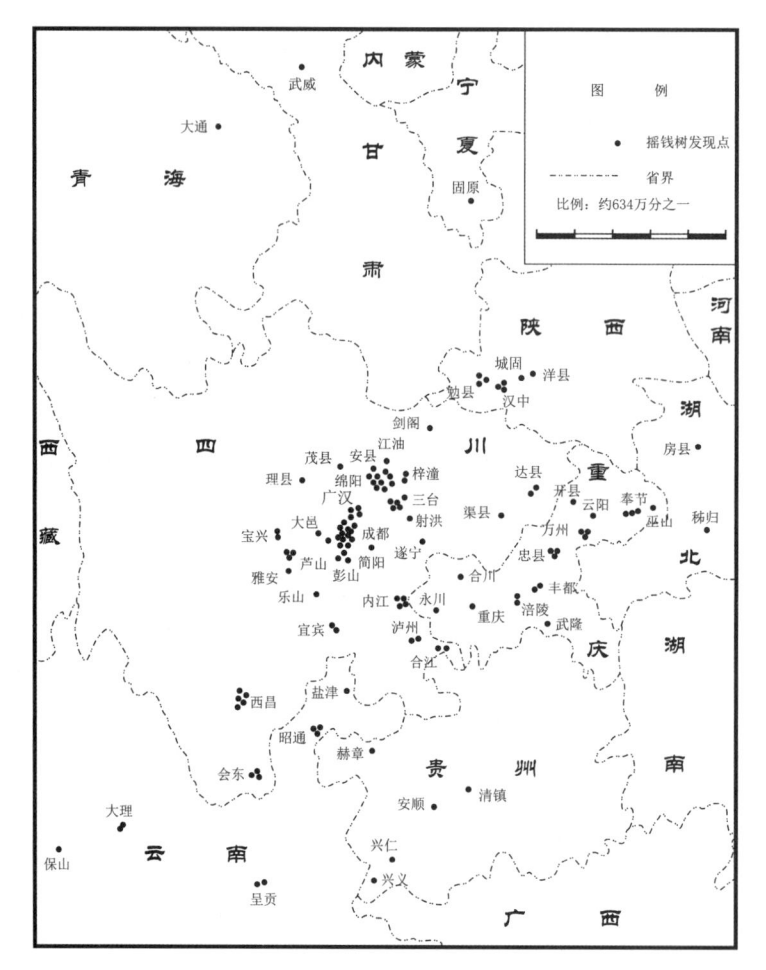

图1 摇钱树出土地点分布图
（采自何志国：《汉魏摇钱树初步研究》，86页，图4-2）

二、概　　况

这批树座是博物馆藏品，在正式进行描述和研究之前，有必要对其真伪作一判断。树座的整体气韵古朴，与同时期陶俑的艺术手法相似，简洁明快，生动形象，制作者并不强求每一细部，只注重整体比例和局部特征，以求神韵的表达，各个物象生动形象，比例和谐。树座上的图像与汉代其他画像相比显示出很大相似性，无论是题材内容还是图像的表现手法，都明显是东汉时期的风格。

在这批树座表面均可发现侵蚀痕迹，各树座表面均凹凸不平，或多或少都露出了内部胎体，而从内部的胎体上看，我们可以发现其陶胎用土均细密而考究。另外，这批树座表面或者内部均有与陶胎结合致密的各类沾结物,包括土锈和碳酸钙等等,而且这些沾结物分布较均匀。

这批树座内部多附带有植物根系,这是由于年代久远,树座所在的墓内常常会被周围植物根系所渗透,或者墓内直接生长出植物,这些植物的根系就由此附着在树座上了。

此外,这些摇钱树座的制作均较精良,从多个树座上可以看出其合模痕迹,以及制作好树座胎体后的手工修整痕迹,这是仿品作者不会刻意而为的。因此,基于以上几点,笔者认为这批摇钱树座当是真品无疑。

这批树座共17件,兹将这批摇钱树座逐一描述如下。

1号摇钱树座:泥质红陶,高43、底部宽36、厚26厘米。上小下大,呈钟形,中空,底部截面为椭圆形。该树座分上下两部分,上部为乘羊造型,羊体态壮硕,卧状。羊头超出树座体,羊口微张,且羊嘴处棱线明显,羊面弯曲,羊眼圆睁,耳较小,羊角下卷,四足曲跪。羊背部前端立一圆柱,柱高于羊头,中空。一人骑于羊背,双手抱柱,此人略显瘦小,身体低于圆柱,腿垂至羊腹上半部,头扭向左侧。此座上仙人的腿很短,不及羊腹,戴帽,似乎着袍服。下部分上下两层,均浮雕处理,上层矮,图像模糊,似乎两面均浮雕有二小羊,面向左作行走状;

图2　1号摇钱树座

下层两面各浮雕二羊,正面的二羊背向、朝左右作行走状,背面则二羊均向左作行走状,这幅图景似乎是在表达羊悠闲自在的状态(图2)。据巴蜀汉陶艺术博物馆提供的信息,此座来自四川射洪。

2号摇钱树座:泥质红陶,似曾施釉,但釉层剥落严重。高40、底部宽27、厚25厘米。上小下大,呈山形,中空,底部截面为椭圆形。该树座上部为立体乘羊造型,羊体态健硕魁梧,四足较长,且雄健有力,作奔跑状。该羊面部略残,羊角向后卷曲,颈系带,背有鞍,鞍上坐一人,未戴帽,身着广袖袍服,人扭头向左,双手抱柱。柱偏向羊背前端,柱上饰两圈凸棱纹,柱中空。羊腹下正面有浮雕造型的"虎追旱魃图",虎在右,旱魃在左,虎身前探,前爪踞地,后半身隐于羊腹下,旱魃仓皇向左逃,双手向左。背面图像不甚清晰,似为一条游龙自左向右伸展。下部正面为一人牵一马向左行走,人在左,马在右,此人头戴高帽,左手牵马,马体态匀称,头部直立。背面的造型是西王母端坐于龙虎座上,西王母头似乎戴胜,袖手,龙虎座右边,腐蚀严重,从二神兽体态似乎可以辨认为左虎右龙，右侧龙体偏瘦长，昂首，左前足高抬，龙右侧树座损坏，图像无法辨认，左侧虎体高昂，虎前足前伸。此树座下沿较宽厚（图3）。据巴蜀汉陶艺术博物馆所提供信息，此座来自四川广汉。

图3 2号摇钱树座正、反面

3号摇钱树座：泥质灰陶，高35、底部宽25、厚17厘米。上小下大，呈钟形，中空，底部截面为椭圆形。树座可以分为上下两部分，上部为乘鹿造型，下部作浮雕造型处理，分上下层。上部鹿形体略小，昂首，行走状，嘴紧闭，眼略长，鹿角分叉，耳较小且尖。鹿背近前端立一圆柱，柱中空，一人坐于鹿背中间，双手抱柱，此人头极大，且高于树座，转向左侧，戴方冠，脸圆，身体似乎未着衣物。座下部上层的正面为西王母图像，西王母身穿宽袖衣，袖手，端坐于龙虎座上。龙虎座，右为虎，左为龙。虎右侧似有一长耳玉兔在捣药，龙左侧似为一求药者。背面图像模糊，似乎为狩猎图。下部两端中间位置有一不规则圆孔

图4 3号摇钱树座

相互对应。下层高度大于中层，正面为驯象图，象均作向左行走状，象背上均有骑者，骑者均戴高尖帽，宽袖衣，短裤，象自左向右，第一头象上骑者作回头状，第二头象上有前后两个骑者，第三头象背上也为一个骑者。背面似乎也为狩猎场景，一兽向左逃窜，二猎人在后持弓箭紧追不舍。此树座几乎没有下沿（图4）。据巴蜀汉陶艺术博物馆所提供信息，此座来自四川绵阳。

4号摇钱树座:泥质灰陶,座高45、底部宽30、厚25厘米。上小下大,呈钟形,中空,底部截面为椭圆形。树座上部为圆雕乘羊造型,下部上下两层被处理为浮雕效果。上部羊的眼圆睁,羊角下卷,作奔走状,羊尾粗大上翘。羊背立一圆柱,柱上大下小,中空,一人骑于羊背上,人体态高大,头高于柱,似乎有长耳,面平,鼻子较大,蒙古人面孔,头侧向左,双手抱柱且左手抚羊角,肩生双羽翅,双脚垂于羊腹下。正面的下部上层为西王母图像,西王母端坐于龙虎座上,身穿宽袍右衽衣,袖手。龙虎座为左虎右龙,龙右侧图像模糊,似是一捣药玉兔。下层浮雕狩猎图,一兽在左慌忙飞奔逃窜,两猎人在后追赶。此兽形体修长,有蹄;两猎人均着宽袖衣,穿裤子,前一人双手大张,左手持弓,后边一人,亦高举双手作驱赶状。背面,下部上层也浮雕西王母图像,西王母坐于龙虎座上,头戴冠,穿宽袖衣,袖手。龙虎座左为龙,右为虎,龙首高昂,嘴张开,龙之右坐一人,向右仰视西王母,着右衽衣,宽袖,右手持物向左伸出,左手亦持一钵状物。龙虎座左侧,为一捣药玉兔。下层为驱象图,大象体态极高大,象背皆有骑者,三头象依次向左走,第一头背上骑一人,骑者头向后似乎在饮水;第二头象可见象牙,象背上坐二人,侧身,戴尖帽,前一人的帽子已经突破了上中层之间的隔界,裤腿上卷,后一人似乎在向后与地上一人传递东西;第二头象后,站立一人右手上举与第二头象背的人在传递物品;第三头象背也骑一人。树座前后部可看出有合范制作时留下的痕迹,宽约1厘米,该痕迹及西王母顶部的边框部分均被制作者用竹刀之类的物品刮抹过(图5)。据巴蜀汉陶艺术博物馆所提供信息,此座来自绵阳市三台县。

图5 4号摇钱树座

5号摇钱树座:泥质红陶,高45、底部宽30、厚25厘米。上小下大,呈钟形,底部截面为椭圆形。树座上部圆雕,下部正面分两层浮雕,背面为素面,无图像。上部为立体乘羊造型,羊体态修长,昂首,有须,羊角上卷贴于圆柱上,四肢作行走状,且腿上有羽翼,尾肥大贴于臀部。羊背中部立圆柱,柱高于羊首,柱上大下小,中空,一人坐于羊背上,双手抱柱,人略显高大,似有长耳,肩生羽翅,着短裙,垂脚于羊腹两侧。羊腹下两面均有羊羔跪乳。下部顶端两头有对称的两个孔,略圆,直径约1.7厘米。下部上层正面为乐舞百戏图景,中央一人踞坐,正侧身抚琴,其旁一人亦踞坐,右手扶几,左手抚耳侧身作聆听状,听者右侧坐一人,体前倾,以手抚耳,亦作听琴状。抚琴者后面有一圆形龛,内立一兽。下层中央有一棵大树,树分三枝,树左一人左手持弩,回首向后向另一人打招呼,另一人手持长矛站立。树右有二鹿在交配,一鹿有角,一鹿无角。另一面为素面。此座下沿较宽厚,右侧留有宽厚的隔层(图6)。据巴蜀汉陶艺术博物馆所提供信息,此座来自四川广汉。

图6　5号摇钱树座　　　　　　　图7　6号摇钱树座

6号摇钱树座:泥质灰陶,高36、底部宽30、厚20厘米,与5号摇钱树座相似。上小下大,呈钟形,底部截面为椭圆形。此树座顶部及背面残破。座上部为圆雕,下部正面分两层,背面为素面。上部依稀可辨,应为一羊,羊首及背上部已残,从羊一侧残剩的人形腿可知,羊背立一人。羊作行走状,且腿有羽翼,羊尾肥大向下贴于臀部,羊腹下两侧各有一只小羊在跪乳。下部与5号摇钱树座相似,下部上层正面同样为乐舞百戏图,中间为一人踞坐,正侧身抚琴,其旁一人踞坐,右手扶几,作聆听状,听者右侧亦坐一人。抚琴者后面有一圆形龛,内立一兽。下层中央有一棵大树,树顶作斗状承托上层,树左一人左手持弩,回首向后一人打招呼,另一人手持长矛站立。树右为二鹿交配。另一面为素面,底部残缺。下沿同样较厚,右侧有较宽厚的隔层(图7)。据博物馆提供的信息,此座来自绵阳市三台县。

7号摇钱树座:泥质红陶,高38、底部宽25、厚26厘米。上小下大,呈钟形,中空,底部截面略为圆形。该树座分上下两部分,上部为圆雕羊造型,体态极为粗壮高大,作奔走状,羊首高昂,眼圆睁,羊角后卷,羊耳较小,四肢孔武有力,羊尾较小。羊背立一圆柱,柱高大且中空。羊背坐一人,此人双手抱柱,头向左侧,身体较小,双脚仅及羊腹之一半。羊腹下正面浮雕有一兽,似龙,自羊腹下探出身体,似乎要向左移动,背面羊腹下无物。树座正面下部浮雕有牵马图,图像较模糊,大致可以分辨出,人在左,马在右。背面下部浮雕西王母端坐于龙虎座上,西王母头戴胜,宽袖拱手,龙虎座为左虎右龙(图8)。据巴蜀汉陶艺术博物馆所提供信息,此座来自四川广汉。

图8　7号摇钱树座　　　　图9　8号摇钱树座

8号摇钱树座:泥质红陶,高30、底部宽22、厚13厘米。根据资料以及与5号、6号摇钱树座进行对比,可断定此为摇钱树座的上半部分,为圆雕的羊。羊尾部及下腹部等凹陷或缝隙处有较多的黄色土渍侵蚀物。羊体较修长,首高昂,嘴微张,有须,眼圆睁,角向上弯曲紧靠圆柱,尾短,作行走状,且四肢上的肌肉线条清晰,腿上有清晰羽翼。羊背立一柱,柱高大,中空,柱上部略大,口部边沿加宽加厚,柱中部有三角形火焰纹饰。一人坐于羊背上,此人面部较平,鼻子较大,为蒙古脸型,头有长竖耳,肩生羽翼,双手抱柱。羊腹下两侧各有一跪乳小羊,且两侧羊后腿处皆有祥云。下部残损(图9)。据巴蜀汉陶艺术博物馆所提供信息,此座来自四川绵阳。

9号摇钱树座:蟾蜍形,泥质红陶,高22、底部左右宽15、前后长18厘米。通体施低温釉,有白色化妆土,釉层大部分剥落,露出化妆土和胎体。蟾蜍体态肥硕,嘴紧闭,四肢粗壮且紧贴于躯体,前肢直立,支撑身体,后肢不可见。蟾蜍背立一柱,柱中空,柱左右依稀可辨各倚立一人,树座残损严重无法辨别其身形,左右两人均面向前半蹲作袖手状(图10)。据巴蜀汉陶艺术博物馆所提供信息,此座来自四川

图10　9号摇钱树座

广汉。

10号摇钱树座：泥质灰陶，高45、底左右宽30、前后长24厘米。上小下大，呈钟形，中空，底部截面略为圆形。树座上部为圆雕，下部为浮雕。上部圆雕一羊，羊体态雄强，昂首，颌下有须，眼圆睁，羊角向上弯曲，作行走状，腿生羽翼，尾奇大，下卷。羊背立一圆柱，柱上大下小，中空。羊背坐一人，人双手抱柱，头偏向左侧，其背似有羽翼，双脚垂至羊腹下部。羊腹下两面皆浮雕羔羊跪乳。下部分为上下两层，正面上层浮雕西王母端坐于龙虎座上，西王母头戴胜，身穿右衽衣，袖手，龙虎座为左龙右虎，虎右侧为一捣药玉兔。龙左侧有二人，皆着宽袖袍衣，两人侧身相向而坐，右边的人左手持钵状物，右手向左边的人递东西，最左侧之人跪立曲身，伸出左手接物。下层为驱象图，同3号、4号摇钱树座图像，三头大象向左徐行，象背皆有骑者，第一头背上骑一人，骑者头向后；第二头象背上坐二人，侧身，戴帽，裤腿上卷，前一人的帽也突破了上下层隔层；第二头象后，站立一人右手上举与第二头象背的人在传递物品；第三头象背也有一骑者。背面下部上层为乐舞百戏图，中间一人跽坐，正侧身抚琴，抚琴者后面似乎有一人以手放于嘴边作呼应伴唱状，其右有一人似乎在甩动长袖作舞蹈状。下层为狩猎图，左侧有一奔跑的野兽，两个猎手紧随其后，皆左手持弓作射击状。此座亦没有下沿，且其右侧也没有宽厚的隔层（图11）。据巴蜀汉陶艺术博物馆所提供信息，此座来自四川绵阳。

图11　10号摇钱树座

11号摇钱树座：泥质红陶，高44、底左右宽30、前后长23厘米，表面施青灰色低温铅釉。上小下大，整体呈山形，中空，底部截面为椭圆形。树座上部圆雕一羊，占摇钱树座整体约三分之一，羊体态极为威武雄壮，作奔跑状，首高昂，角后卷，前腿上似有羽翼，背上似有鞍。羊背立一柱，柱体高于羊头，柱体正对树座中部，柱中空，鞍上骑坐一人，人形体瘦小，比圆柱矮，且脚只及羊腹一半，此人头偏向左侧，双手抱柱。羊腹下有一面浮雕了一株嘉禾。下部两面皆浮雕有两人牵象向右走（图12）。据巴蜀汉陶艺术博物馆所提供信息，此座来自绵阳市三台县。

12号摇钱树座：泥质红陶，同8号摇钱树座情况相似，应为残器。残高18、底残长14、宽约9厘米。残余部分为树座上部，为圆雕的羊。羊昂首，颌下有须，角向后弯贴于圆柱上，尾较大，四肢作行走状，腿上似也有羽翼。羊背立圆柱，柱较高，中空，柱上部略大。一人骑坐于羊背上,此人头有长耳,肩生双羽翼,双手抱柱,双脚垂至羊腹下。羊腹下两侧各有一跪乳羊。下部残(图13)。据巴蜀汉陶艺术博物馆所提供信息,此座来自四川德阳。

图12　11号摇钱树座　　　　图13　12号摇钱树座

13号摇钱树座:卧羊形,泥质灰陶,上黑彩,陶质致密坚硬,高25、长40、宽17厘米。整体为圆雕羊造型,羊极为肥硕,首高昂,面平直,嘴微张,鼻孔较大,眼略大,耳部细长,羊角上有数道凹痕,生动地表现了羊角的向下弯曲,四肢弯曲于腹下,呈卧状。羊首顶部有圆孔,用以插接摇钱树(图14)。据巴蜀汉陶艺术博物馆所提供信息,此座来自四川广汉。

图14　13号摇钱树座　　　　图15　14号摇钱树座

14号摇钱树座:卧羊形,泥质灰陶,上黑彩,高17、长38、宽14厘米。整体为圆雕羊造型,羊体较为健硕,与13号摇钱树座相比略显修长,羊首高昂,脖颈稍细且短,羊面弯曲,嘴紧闭,眼圆睁,耳部较短,羊角向下弯曲,尾部短小,四肢弯曲于腹下,身体呈卧状。羊首顶部有圆孔(图15)。据巴蜀汉陶艺术博物馆所提供信息,此座来自四

川广汉。

15号摇钱树座：泥质红陶，施低温铅釉，高23、长28厘米。为二兽重叠造型，下部为龟，上部为蟾蜍。龟四肢短粗，作行走状，龟首高昂，嘴部微张，龟壳略圆，上立一蟾蜍。蟾蜍四肢直立于龟背，蟾蜍蹼奇大，蟾蜍首较尖且略昂，嘴宽大且微微张开，眼睛极大，蟾蜍背有一周环形疿瘤，中间部位塑一圆柱，柱较矮，柱上部近口处有三周凸棱纹（图16，1）。此座出处不详。

16号摇钱树座：泥质红陶，高36、下长约39厘米。叠兽造型，上部为羊，下部为龟。羊昂首，羊角后卷，四肢弯曲跪卧于龟背上，羊背立一圆柱，中空，柱上部有一周凸棱纹。龟较15号摇钱树座的龟体型更大，龟背隆起，背上有清晰的"回"字形纹饰，龟首略抬，向前伸，四肢短粗，作爬行状（图16，2）。此座出处不详。

15号树座　　　　　16号树座

图16　15号及16号摇钱树座

17号摇钱树座：泥质红陶，高58、底部宽约36厘米。上小下大，呈钟形，中空，底部截面为椭圆形。此座与5号、6号、8号、12号树座相似，树座上部圆雕，下部分两层。上部塑乘羊造型，相较5号树座的羊，此羊不够修长，羊首高昂，有须，羊角上卷，贴于圆柱上，作行走状，腿上有羽翼，羊尾高大耸立。羊背中部立一圆柱，高于羊首，柱上大下小，中空，柱上饰两周火焰纹。一人骑坐于羊背上，双手抱柱，人略显瘦高，似有长耳，肩有羽翅，着短裙，垂脚于羊腹两侧。羊腹下两面均有羊羔跪乳。正面下部上层图像与5号摇钱树座相似，为乐舞百戏图景，只是抚琴者后面似乎有一圆形奁，图案较模糊，内似立一兽。下层图像亦较相似，中央有一棵大树，树分三枝，将图像分为左右两部分，树左一人左手持弩，回首向后向另一人打招呼，另一人手持长矛站立。树右有二鹿在交配，一鹿有角，一鹿无角。背面下部上层中央有一棵树，树两旁各有一人围着树作曲跪状，且人皆高髻，卷袖，着长衫，跪于小树前。下部下层中间有立柱将此层分隔成左右两部分，左边为一人举长矛作奔跑状，其左下为一长嘴野猪;立柱右边为一长尾凤鸟。此座下沿较宽厚,右侧留有宽且厚的隔层(图17)。此座出处不详。

图17　17号摇钱树座

三、类型及年代

根据摇钱树座的造型及雕刻图像可将这批树座分为A、B、C三型。

A型,共12件。泥质灰陶或红陶。形制上小下大,呈钟形或山形,中空,上部为圆雕乘羊或乘鹿造型,下部多为浮雕,浮雕2层或3层。根据浮雕内容或布局形式可以再细分为Aa型、Ab型、Ac型、Ad型以及Ae型五个亚型。

Aa型:共1件,即1号摇钱树座。上部立体圆雕骑羊或辟邪造型,羊体型雄壮,下部浮雕2层走羊图像。

Ab型:共2件,即2号和7号摇钱树座。上部为乘羊造型,羊腹下均有"虎追噬旱魃图",下部浮雕西王母和牵马造型。

Ac型:共3件,即3号、4号和10号摇钱树座。上部为乘羊或乘鹿造型,下部为1层或2层有浮雕感的图像,其内容多为西王母、骑象、狩猎等。

Ad型:共5件,即5号、6号、8号、12号、17号摇钱树座。上小下大,呈钟形。上部圆雕乘羊或乘鹿造型,腹下有跪乳小兽,下部浮雕多层图像,且各层内部多有分隔。

图像造型以仙人乘羊、宴饮百乐、凤鸟、双鹿交配、猎人等形象为主。

Ae型：共1件，即11号摇钱树座。上小下大，上部圆雕乘羊造型，乘坐者广袖袍服，下部浮雕，上下部分之间没有明显的隔界，明显上了一层釉，陶质致密坚硬。

B型，3件。单兽体造型摇钱树座，陶质，根据动物造型不同可分为Ba型、Bb型两个亚型。

Ba型，共1件，即9号摇钱树座。单体蟾蜍造型，泥质红陶。

Bb型，共2件，即13号和14号摇钱树座。单体卧羊造型，泥质灰陶。

C型，共2件，即15号和16号摇钱树座。双兽或多兽重叠造型，陶质，上下均用圆雕表现。

在绵阳何家山2号汉墓（M2：70）[1]（图18）、剑阁青树村汉墓[2]、新都马家山[3]、新都三河镇[4]、成都天回山崖墓[5]等地均发现与Aa型相似的摇钱树座。绵阳何家山2号墓的浮雕图像被发掘报告编写者称为"马"，但从何家山M2：70中浮雕五兽略尖的头部及短尾等体形和走姿我们可以断定其是"羊"而非"马"。仔细观察这几个地点发现的摇钱树座，便可发现这批树座均体型较大（高度均超过40厘米），上部圆雕骑羊造型或辟邪造型，下部为浮雕的2层或3层走羊或走马图像，上下两部分大小对比较强，动静结合，似乎暗示了吉祥如意，生生不息之意。因此，这批树座应当是同一时期或者年代相近的，故可以断定该型树座主要流行于四川绵阳、新都、剑阁等剑阁至成都一带，即汉献帝之前东汉的广汉郡西北部[6]，与该馆提供的藏品来源地信息基本吻合。Aa型摇钱树座即周克林先生所分树座的甲类A型，他认为该型陶质树座始出现于东汉中期，盛于东汉晚期，衰亡当在三国两晋时期[7]；同时，刘隽也认为Aa型的树座最早始于东汉中晚期之交，盛行于东汉晚期[8]。另一方面，新都三河镇汉墓年代可断定为东汉中期偏晚，绵阳何家山2号汉墓、新都马家山汉墓均为东汉晚期墓葬，所以Aa型树座的年代也大致是在东汉晚期偏晚阶段。

---

[1] 绵阳博物馆：《四川绵阳何家山2号东汉崖墓清理简报》，《文物》1991年第3期。

[2] 母学勇：《剑阁青树村汉墓清理简报》，《四川文物》1989年第5期。

[3] 李齐乐：《新都东汉崖墓出土的几件文物赏析》，《成都文物》1985年第3期。

[4] 成都市文物考古研究所、新都区文物管理所、成都市新都区互助村：《新都互助村、凉水村崖墓发掘简报》，《成都考古发现（2002）》，科学出版社，2004年，第344页。

[5] 周克林：《东汉至南朝钱树研究》，四川大学博士学位论文，2011年，第364页，附表二：钱树座发现情况表。此处借用周克林先生的摇钱树分区法。

[6] 周克林：《东汉至南朝钱树研究》，四川大学博士学位论文，2011年，第110页；谭其骧：《中国历史地图集（第二册）》，地图出版社，1982年，第53—54页。

[7] 周克林：《东汉至南朝钱树研究》，四川大学博士学位论文，2011年，第121页。

[8] 刘隽：《摇钱树及其图像的初步研究》，四川大学硕士学位论文，2005年。

图 18　绵阳何家山 2 号墓树座
（采自何志国：《汉魏摇钱树初步研究》，
第 118 页，图 5-23）

图 19　绵阳何家山 2 号墓树座
（采自何志国：《汉魏摇钱树初步研究》，
第 47 页，图 2-46）

与 Ab 型树座相似的树座并不少，如绵阳何家山 M2：71[1]（图 19）、重庆奉节赵家湾[2]（图 20）、三台县的 1 件传世品[3]（图 21）、宜宾市山谷祠汉代崖墓 M3 所出的树座[4]等等。这一型与 Aa 型相似，相比而言 Ab 型形制整体更匀称协调、制法纯熟，其所浮雕的图像也不同于 Aa 型。但是，从树座造型上看并未存在太大的差异，整体上看两型树座体型均较大，所雕形象皆雄伟阳刚，给人以力量感，整体画面简洁明朗。两个不同亚型都是分为圆雕和浮雕两部分，两部分之间有明显的分隔线，在制法上，1 号、2 号和 7 号摇钱树座在相似位置都有合模制作、刮削遗留的痕迹，因此，这两型摇钱树座的年代可能相近。而绵阳何家山汉墓属东汉晚期墓葬，这似乎更说明了 Ab 型和 Aa 型树座年代上的相似。考虑到摇钱树这一类器物盛于东汉晚期、衰于东汉末至蜀汉时期，结合这一型树座的特点，我们似乎可以进一步判定其年代为东汉晚期偏早阶段。2 号和 7 号摇钱树座的图像及造型特点更接近于绵阳何家山的树座，所

---

[1]　绵阳博物馆：《四川绵阳何家山 2 号东汉崖墓清理简报》，《文物》1991 年第 3 期。
[2]　武汉大学考古系、重庆市文物局：《奉节赵家湾墓地发掘报告》，《重庆库区考古报告集（2001 卷）》，科学出版社，2007 年，第 469—524 页。
[3]　何志国、朱俊辉、黄金祥等：《绵阳市出土摇钱树述考》，《四川文物》1999 年第 2 期；何志国：《汉魏摇钱树初步研究》，科学出版社，2007 年。
[4]　四川省博物馆、宜宾市文管所：《宜宾市山谷祠汉代崖墓清理简报》，《文物资料丛刊（9）》，文物出版社，1985 年，第 133—137 页。

以其出土地也应在东汉时广汉郡西南部,即今之四川广汉、绵阳地区一带。

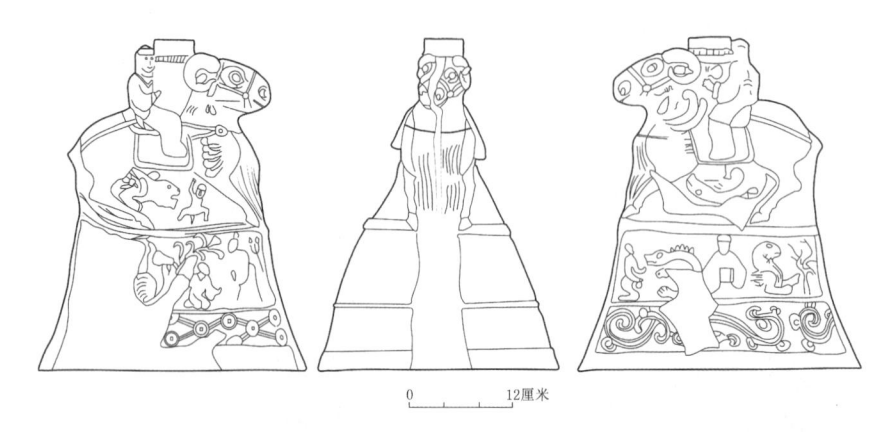

图 20　重庆奉节赵家湾 M5∶56
[据重庆市文物局、重庆市移民局:《重庆库区考古报告集(2001 卷)》,第 493 页,图一七重绘]

图 21　三台钱树座(私人收藏)
(采自何志国:《汉魏摇钱树初步研究》,第 96 页,图 4-11 及第 155 页,图 7-10)

Ac 型树座上下部区别明显,圆雕的乘羊或乘鹿造型明显被缩小,下部浮雕的上层又明显小于下层,且 3 号摇钱树座浮雕部分的上层前后两端的中间位置均有一个孔洞。相似造型的树座在三台永安电厂崖墓[1](图 22)、江油[2]等地均有发现。永安电厂崖墓树座高 46 厘米,红陶,施釉,上部圆雕羊,下部浮雕西王母、骑象及峰峦钱树等;而江油发现的树座"红陶。下层浮雕野猪狂奔,两象背各骑一人,象间有一人做

---

[1]　三台县文化馆:《四川三台县发现东汉墓》,《考古》1976 年第 6 期。
[2]　何志国、朱俊辉、黄金祥等:《绵阳市出土摇钱树述考》,《四川文物》1999 年第 2 期。

传递状同骑象遥相呼应。上层浮雕一人跽坐,似宴饮"[1],由此可见三台和江油所出树座与 Ac 型在造型或图像安排上极相似。而何志国先生将三台县永安电厂崖墓出土摇钱树座上的摇钱树图浮雕与类似的树座横向比较后,将其年代判断为东汉中期[2],似乎可取。需注意的是,佛教文化传入中原已经是东汉时期,而进入四川地区的时间更晚,如果将树座上的大象与早期佛教挂钩的话[3],Ac 型摇钱树座的年代就要更晚一些。因此,笔者认为 Ac 型摇钱树座的年代只能大致推断在东汉中期偏晚。与 Ac 型摇钱树座相似的实物主要见于三台、江油,则巴蜀汉陶艺术博物馆所藏此型摇钱树座亦当出自四川三台、江油一带,这与巴蜀汉陶艺术博物馆提供的信息亦大体吻合。

图 22 三台永安电厂崖墓摇钱树座
(采自《考古》1976 年第 6 期,图版拾贰,5、6)

与 Ad 型造型相似的摇钱树座发现较多,至少已发现 9 件。四川绵阳博物馆收藏 4 件,其中绵阳安县出土 1 件(图 23)、白云洞崖墓出土 1 件(图 24)、松垭派出所缴获 1 件(图 25,松垭附近崖墓出土)、公安部门打击盗墓缴获 1 件,此外,绵阳石塘镇出土 1 件(图 26)、重庆国友博物馆收藏 1 件、台湾若昧堂收藏 1 件、国家博物馆收藏 1 件、香港城市大学跨文化研究中心收藏 1 件[4]。绵阳石塘镇的摇钱树座"外表四周为图案,共有四层,第一层为羊,羊腹两侧下各有一小羊,其一前蹄跪地吮奶,其二跪卧。

---

[1] 何志国、朱俊辉、黄金祥等:《绵阳市出土摇钱树述考》,《四川文物》1999 年第 2 期。
[2] 何志国:《汉魏摇钱树初步研究》,科学出版社,2007 年,第 114 页。
[3] 史占扬:《四川古代摇钱树及其一般性文化内涵》,《四川文物》1999 年第 6 期。
[4] 何志国:《汉魏摇钱树初步研究》,科学出版社,2007 年,第 125 页。

图 23 安县摇钱树座
（采自何志国:《汉魏摇钱树初步研究》，
第 126 页，图 6-6）

图 24 绵阳白云洞摇钱树座拓本
（采自何志国:《汉魏摇钱树初步研究》，
第 141 页，图 6-44、图 6-45）

图 25 绵阳松垭摇钱树座
（采自何志国:《汉魏摇钱树初步研究》，
第 124 页，图 6-3）

图 26 绵阳石塘摇钱树座
（采自何志国:《汉魏摇钱树初步研究》，
第 126 页，图 6-7）

羊臀后有二人拥抱。第二层正面中央一人跽坐，侧身抚琴，其旁一人跽坐扶几抚耳侧身倾听，听琴者右侧坐一人，身体前倾，手抚耳，似亦作的听琴状。弹琴者后有一圆拱形龛，其内正面卧一兽。背面中央立一灵芝，灵芝右一人，似执锹培土，灵芝左一人，注视灵芝。第三层下面中央立一树,顶部有斗,以承托第二层,树左侧一人躬腰,左手持弩机,右手招手身后一人,后者站立,手持长矛,树右有二鹿,母鹿无角,公鹿有角,公鹿骑母(鹿)身上,作交配状。背面中央亦立树,树右一人手持长矛作奔驰状,其右下有一长嘴野猪,呈飞奔状。树后为一朱雀,长尾,展翅。第四层正面有一长蛇伸首上昂,蛇左、右背有一龙,形似蜥蜴"[1]。据以上描述初步判断,Ad 型与石塘镇等几处的树座应该同源或者说来自同一个粉本,尤其是 8 号摇钱树座和 17 号摇钱树座,无论是细部还是整体与石塘镇树座、绵阳白云洞崖墓出土树座以及香港城市大学跨文化研究中心所藏树座都极其相似,另外,其形制与绵阳大包梁汉墓出土的树座几乎是一样的[2],因此我们有理由相信这三件树座当是四川绵阳地区的物品无疑。而且已有学者指出这一类型的摇钱树座"出自于以绵阳、三台为中心的地区,具有地方特色……可以认为,多层人物摇钱树座的原产地就在绵阳"[3]。绵阳石塘镇的摇钱树座的年代是在东汉中期[4],重庆国友博物馆所藏树座年代为东汉晚期[5],安县文管所藏摇钱树座被定为东汉中期或晚期[6]。反观巴蜀汉陶艺术博物馆所藏 5 件摇钱树座,图像复杂、造型精致,但其中也有些明显的区别,5 号、6 号和 12 号摇钱树座整体不够协调,圆雕处理略显匆忙,细部刻画不够精准,且 5 号、6 号摇钱树座只有单面浮雕,所以其年代应该为东汉晚期。而 8 号和 17 号摇钱树座制作极其精美,细部刻画较好,陶质也更为致密,与其余 3 个树座略有不同,接近重庆国友博物馆藏树座的年代或稍早,当为东汉中期物品,而这几件物品毫无疑问都应出自四川绵阳市或绵阳周边地区。

与 Ae 型相似的树座在内江等地曾有出土。内江汉墓出土的摇钱树座被描述为奔马座,"中空,椭圆形,上小下大,一面尚完整,雕刻画像两层:上层为一人骑于奔马之上,下层雕大小象各一,并排,中一人执钹镰,呈收获状,顶端一椭圆孔,长轴长 2.7 厘米,通高 41 厘米"[7]。该摇钱树座被称为"奔马座",或有误。据该简报,该树座上部圆雕动物头部有角后卷,故应为"羊"而非"马"。显然,内江出土的这件树座与 Ae 型摇钱树座在造型、图像布局、制法、尺寸等方面都极其相似,因此 Ae 型摇钱树座

---

[1] 何志国、朱俊辉、黄金祥等:《绵阳市出土摇钱树述考》,《四川文物》1999 年第 2 期。
[2] 何志国、朱俊辉、黄金祥等:《绵阳市出土摇钱树述考》,《四川文物》1999 年第 2 期。
[3] 何志国:《汉魏摇钱树初步研究》,科学出版社,2007 年,第 141 页。
[4] 何志国:《汉魏摇钱树初步研究》,科学出版社,2007 年,第 94 页。
[5] 何志国:《汉魏摇钱树初步研究》,科学出版社,2007 年,第 96 页。
[6] 何志国:《安县与城固摇钱树佛像的比较研究》,《敦煌研究》2004 年第 4 期;周克林:《东汉至南朝钱树研究》,四川大学博士学位论文,2011 年,第 72 页。
[7] 内江市东兴区文管所:《内江七孔子汉代崖墓清理简报》,《四川文物》1996 年第 4 期。

年代无疑与内江出土树座差异不大。据发掘者判断,内江的这座崖墓年代在东汉中晚期,而何志国先生将其年代断定为东汉晚期[1]。考虑到这件摇钱树座虽制作精良、陶塑水平大大提升,但整体造型简洁,与东汉中期复杂多变的树座造型和图像有明显的不同,所以 Ae 型树座的年代应该是在东汉晚期。由于没有更多的资料,无法进一步判断 Ae 型摇钱树座的具体分布地点,但是从前面的分析中可以看到,其实 Ae 型与其他各亚型均有相似点,想来这几个亚型的分布范围差异不会太大,而且从其他学者的著作中了解到,A 型摇钱树座的分布范围大致也是在东汉时期的蜀郡、广汉郡、犍为郡这三郡之内[2],所以似乎可以推断 Ae 型摇钱树座极可能就是在四川三台出土的。

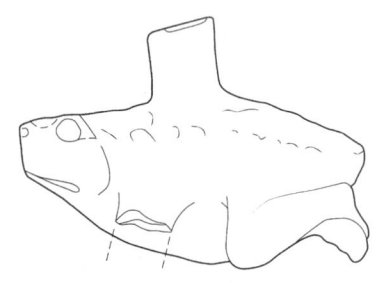

图 27　四川彭山寨子山 M666 出土蟾蜍摇钱树座

（据南京博物院:《四川彭山汉代崖墓》,第35页,图42重绘）

据周克林先生统计,陶质的单体圆雕蟾蜍造型摇钱树座共4件[3],其中四川彭山寨子山 M666[4]（图27）和新都马家山 M20[5]各出土1件,传世品2件,分别为芦山县博物馆[6]和台北历史博物馆[7]的藏品。彭山寨子山和新都马家山出土的单体蟾蜍摇钱树座与 Ba 型摇钱树座均略有不同:彭山的摇钱树座相比而言更多地运用刮削手法,使摇钱树座更具力量感,其次在造型上,彭山树座整体呈蟾蜍形,前半身高耸,嘴紧闭,眼圆睁,头部略尖,前双足独立出来撑地,后足卷曲,蟾蜍的细部均刻画得较为透彻明朗;新都马家山树座则略残,呈蟾蜍形,但整体模糊不清。而 Ba 型摇钱树座整体风格偏于温和柔软,尤其特别的是 Ba 型摇钱树座背上的柱子两旁各塑有两个已经残损不堪的人。但是,从整体上看几者同属单体树座,因此这一类型树座在流传时间上应该存在共性。如据新都马家山崖墓和彭山寨子山汉墓的发掘者分析,两处墓葬的年代分别是东汉中晚期和东汉晚期,另一方面,经过比较得知单体兽座或者与蟾蜍相关的摇钱树座的流行年代主要是在东汉晚期。这一点或许从其他与蟾蜍有关的摇钱树座,如彭山汉代崖墓的另一件

---

[1] 何志国:《汉魏摇钱树初步研究》,科学出版社,2007年,第95页。

[2] 刘隽:《摇钱树及其图像的初步研究》,四川大学硕士学位论文,2005年,第34页。

[3] 周克林:《东汉至南朝钱树研究》,四川大学博士学位论文,2011年,第86页。

[4] 南京博物院:《四川彭山汉代崖墓》,文物出版社,1991年,第35页。

[5] 四川省博物馆、新都县文管所:《新都县马家山崖墓发掘简报》,《文物资料丛刊(9)》,文物出版社,1985年,第93—121页。

[6] 详细资料未公布,此据钟坚:《试谈汉代摇钱树的赋形与内涵》,《四川文物》1989年第1期;高文、王建纬:《摇钱树和摇钱树座考》,《四川文物》1998年第6期。

[7] 转引自何志国:《汉魏摇钱树初步研究》,科学出版社,2007年,第96页。

摇钱树座 M666：2[1]、成都天回山 M1 摇钱树座[2]、涪陵青杠堡 M1 摇钱树座[3]、忠县红星村东汉墓摇钱树座[4]等东汉晚期或中期的树座中可以看出些许端倪。而就 Ba 型树座本身而言，其简洁的单体造型与其他单体兽座一样技法高超，动物形态饱满生动，形神兼备，是典型的东汉晚期的艺术风格。而由于这一类型树座出土较少，无法更进一步推测其出土地点，只能大概推测其应为四川地区之物。

摇钱树座中羊的形象并不少见，大抵可以分为圆雕和浮雕两种，圆雕如本文中的 A 型摇钱树座上部及 Bb 型摇钱树座，浮雕则如 A 型下部所出现的形象。但是就目前而言，单体圆雕或透雕的陶质卧羊摇钱树座似乎并不多见，一般可见者也多以多兽重叠的形象出现[5]，而像 Bb 型这样单体圆雕状的，已公布的有龟（1 件）[6]、熊（1 件）[7]、兔（1 件）[8]、鼠（1 件）[9]、蟾蜍（陶质 4 件）[10]、辟邪（3 件）[11]等动物或神兽。所以，Bb 型摇钱树座的出现尚属首例，对于摇钱树的研究而言，Bb 型摇钱树座的重要性不言而喻。由于没有明显直接相关的考古出土物来证明其年代，只能从侧面，即同属于陶质单体圆雕类型树座的流行年代，以及 Bb 型摇钱树座本身的形制特点等方面来推测 Bb 型摇钱树座的年代了。首先，据周克林先生分析，单体树座的大量流行是在东汉晚期，而且这一时期图像内容以羊、重兽、鹿、猴、天马、辟邪最为流行[12]，但是在周克林先生的分析中似乎有一个小问题，即陶质单体圆雕摇钱树座的出现和盛行时期是一致的，这似乎与常理不符。不过从另一个角度看，东汉晚期长达 73 年，所

---

[1] 南京博物院：《四川彭山汉代崖墓》，文物出版社，1991 年，第 35 页。

[2] 刘志远：《成都天回山崖墓清理记》，《考古学报》1958 年第 1 期。

[3] 莫洪贵：《涪陵青杠堡汉墓》，《中国考古学年鉴（1990）》，文物出版社，1991 年，第 301、302 页。

[4] 俞伟超：《长江三峡文物存真》，重庆出版社，2000 年，第 61 页。

[5] 赵小帆：《试论贵州汉墓的几个问题》，《贵州民族研究》1998 年第 4 期；高文、王建纬：《摇钱树和摇钱树座考》，《四川文物》1998 年第 6 期；张一品：《长江三峡出土文物精粹》，中国三峡出版社，1998 年，第 14 页。

[6] 何志国、朱俊辉、黄金祥等：《绵阳市出土摇钱树述考》，《四川文物》1999 年第 2 期。

[7] 四川省文物管理局：《四川文物志（上册）》，巴蜀书社，2005 年，第 495 页。

[8] 庐山博物馆藏品。此据钟坚：《试谈汉代摇钱树的赋形与内涵》，《四川文物》1989 年第 1 期。

[9] 唐长寿：《乐山崖墓和彭山崖墓》，电子科技大学出版社，1993 年，第 119、120 页。

[10] 南京博物院：《四川彭山汉代崖墓》，文物出版社，1991 年，第 35 页；四川省博物馆、新都县文管所：《新都县马家山崖墓发掘简报》，《文物资料丛刊（9）》，文物出版社，1985 年，第 93—121 页。

[11] 四川省文物管理委员会、涪陵地区文化局：《四川涪陵三堆子东汉墓》，《三峡考古之发现》，湖北科学技术出版社，1998 年，第 503—507 页；代自明：《郫县出土东汉摇钱树座考析》，《成都文物》2005 年第 4 期；重庆市博物馆、合川市文物保护管理所：《重庆合川市南屏东汉墓葬群发掘简报》，《华夏考古》2000 年第 2 期。

[12] 周克林：《东汉至南朝钱树研究》，四川大学博士学位论文，2011 年，第 117 页。

以即使陶质单体圆雕摇钱树座的出现和盛行同在一期似乎也无可厚非。而在何志国先生的著作中,似乎也持类似观点[1]。据何志国先生分析,单纯的兽座最早出现于东汉中期,不过这是二兽重叠摇钱树座,单兽造型摇钱树座也是东汉晚期才出现,值得注意的是何书中提及了两尊石雕羊树座,其年代为东汉中晚期[2]。从 Bb 型树座本身来看,这两件摇钱树座均为单体卧羊造型,雕塑风格简单质朴又不失大气,是典型的东汉时期的作品,而从树座细部来看的话,这两件卧羊摇钱树座均经过极细致的加工,如羊的面部和胸前部明显有硬物刮削过的痕迹,羊耳部则明显有刻划加工的痕迹,而这与羊整体简单的造型似乎不协调,但是这也许恰好说明了摇钱树座正处于一个由盛转衰的过程。所以,综上所述,Bb 型树座的年代在东汉晚期大概不会有太大的问题。而对于 Bb 型树座的具体出土地点,由于可供对比的资料有限,现在尚无法进一步考证,或如巴蜀汉陶艺术博物馆所提供信息所言,出自四川广汉的可能性更大。

双兽或多兽重叠的摇钱树座并不少见,在成都天回山[3]、重庆丰都汇南乡[4](图28)、忠县红星村[5]、涪陵青杠堡[6]等地均有发现。另外,于豪亮先生的文章中引用的一件摇钱树座(图29)与16号摇钱树座极其相似,只是于先生提到的这件树座乃私人收藏的传世品,仅知其出土地为四川地区[7]。虽然同为C型,但是其造型并不完全相同,如天回山出土树座造型为"一蟾蜍跽坐于玄武背上",重庆丰都汇南乡出土的树座造型则是三兽重叠,"一兽骑于羊背,羊则跪卧于蟾蜍背上,树座通体有铜钱状纹饰"。而这几件已发现的摇钱树座年代也不同,涪陵青杠堡的摇钱树座年代是东汉中期,丰都汇南乡的树座为东汉中晚期,而其余两件则被认为倾向于东汉晚期。其实如果结合目前所发现的摇钱树座来看,我们不仅会发现"羊、龟题材的钱树座常见于东汉晚期"[8],而且动物圆雕摇钱树座也更多的是流行于东汉晚期。而东汉晚期才是摇钱树座的繁荣期,这一期的摇钱树座造型复杂多变,技法更加成熟高超。15号和16号

---

[1] 何志国:《汉魏摇钱树初步研究》,科学出版社,2007年,第93—96页。
[2] 内江市文管所:《内江市中区红缨东汉崖墓》,《四川文物》1989年第4期;何志国先生参观泸州博物馆所见(引自何志国:《汉魏摇钱树初步研究》,科学出版社,2007年)。
[3] 刘志远:《成都天回山崖墓清理记》,《考古学报》1958年第1期。
[4] 四川省文物考古研究所、丰都县文管所:《丰都汇南墓群发掘报告》,《重庆库区考古报告集(1998卷)》,科学出版社,2003年,第794页。
[5] 俞伟超:《长江三峡文物存真》,重庆出版社,2000年,第61页。
[6] 莫洪贵:《涪陵青杠堡汉墓》,《中国考古学年鉴(1990)》,文物出版社,1991年,第301、302页。
[7] 于豪亮:《"钱树""钱树座"和鱼龙漫衍之戏》,《文物》1961年第11期。
[8] 周克林:《东汉至南朝钱树研究》,四川大学博士学位论文,2011年,第92页。

摇钱树座整体圆雕,兽体各部分处理极其得当,正好显示了东汉晚期树座的技法特点,因此笔者倾向于将C型两件树座的年代判定为东汉晚期。至于这两件树座的具体出土地点,因对比材料较少,情况尚不清楚,不过出自四川地区的可能性更大。

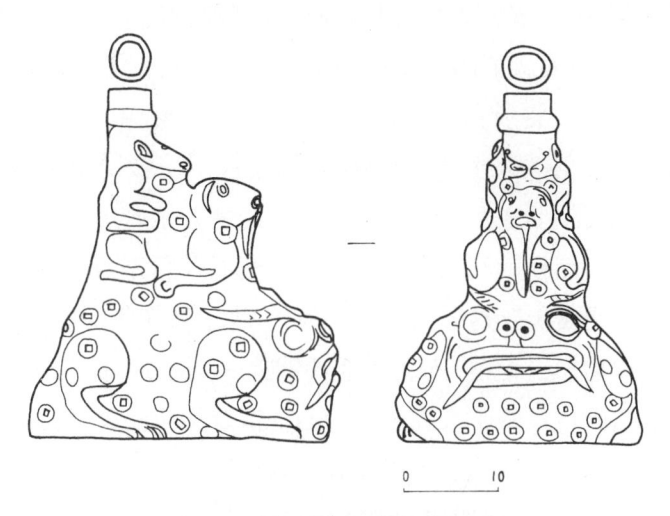

图 28 重庆丰都汇南乡钱树座
[据重庆市文物局、重庆市移民局:《重庆库区考古报告集(1998 卷)》,第 794 页,图二四重绘]

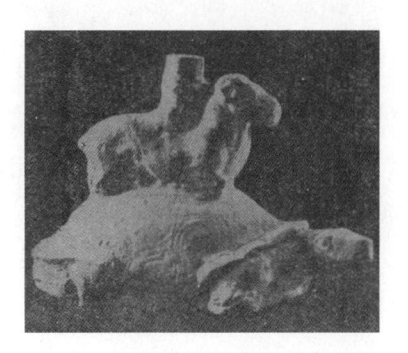

图 29 于豪亮先生提及的摇钱树座
(采自于豪亮:《"钱树""钱树座"和鱼龙漫衍之戏》,《文物》1961 年第 11 期,第 45 页)

四、制 作 技 法

这批摇钱树座的制作技法,与画像砖的制作技法颇为相似。摇钱树座的制作技法在何志国等先生的著作中有所提及[1],只是颇为简略。下面我们来看看这批摇钱

---

[1] 何志国:《汉魏摇钱树初步研究》,科学出版社,2007 年,第 92 页。

树座所体现出来的几种可能的制作手法。

1. 左右双模制作

左右双模制作在制作方法上与一些陶俑或模型明器一样,是全身只用左右或者前后两块模合制而成。而所谓的合模制作就是先将左右或者前后两个模做好,模的材料通常是长方形木材,将所需要的图像在模上画好,然后在木材上将图像刻画出来,通常是中间的图像稍微深些,而两端的图像稍浅。需要说明的是,一块模的厚度常常是有限的,因此如果要表达的同一面图像在深度上相差过大的话,刻画难度也会相应增加,这就会促使制模的匠人使用分模的方法加以制作,比如很多陶俑将俑头和俑身分开制作,大概也是出于这样的考虑。另外,为了能使陶胎在成型时更易于取下来,匠人往往会在模内撒上细沙、细泥粉或者铺上一层布料,而为了使做好的陶胎能够更好地拼接起来,匠人也常常会在两块陶胎上留有相应的榫卯,这和范铸法制造青铜器有些类似。合制好了胎体之后,再放入窑内烧制成器。

这种制法制造出来的摇钱树座常常是中空的,如1号、2号、7号摇钱树座。其成品的一个明显特点就是摇钱树座内面极其不光滑,多凹凸不平或有拳头的印痕,这是因为在制作树座胎体时要常常用拳头去挤压胎土,以使外模上的图案能够清晰地反映到陶胎上,这在A型树座的内部都可以看到。另一个明显的特点是,由于合模常常不能精确地扣合上,所以我们可以在很多树座的两端看到合模后留下的痕迹,比如5号摇钱树座前后端皆有宽约1厘米的合模痕迹。另外,我们知道汉代在制作画像空心砖时,为了使内壁接缝处粘合得更紧密与牢固,常常在砖坯上用刀挖出孔洞以便伸手入内将内壁缝口抹平[1],2号、3号、5号、6号摇钱树座均可发现明显的孔洞。合模制作的树座,其合缝处由于泥胎的质地不同及接合的紧密程度不一,烧制后也会出现开裂等现象。

经过观察,我们发现这批树座中,从制作技术上来看,1号、2号、7号、8号、11号、12号摇钱树座应同属一类,六者都只用了左右合模这一种技法。

2. 四模制作

这种制作方法似乎尚未有学者论及,这里也只是根据笔者所见的摇钱树座进行的推测而已。这种方法是相对左右双模制作方法而言,两者并无本质的区别。其制作过程是把摇钱树座上部和下部分开用双模制作好之后,趁制好的陶胎半干时加以

---

[1] 蒋英炬、杨爱国:《汉代画像石与画像砖》,文物出版社,2001年,第175—179页。

粘合而成,这种方法需要用到四块模,故称四模制作。这一方法适用于制作图像复杂,而且上下部图像深度差异较大的摇钱树座类型。3号、4号、10号摇钱树座以及属于Ad型的5号、6号摇钱树座都应属此列。在这几件树座中我们首先发现的是它们都用了合模制作,因为这些树座两端均有合模制作不紧密留下的模痕;其次,仔细观察可发现这几件树座上下部之间的模痕不在同一直线上,或者可以说是有很大的差异,这在5号摇钱树座的后端表现得相当明显;再次,我们可以很直观地看到这几件树座无论上半部分还是下半部分的图像都比较复杂,且在细部上的表现尤为用力,而上下部分别用模制作无疑有利于达到这种目的;最后,我们如果仔细观察的话,可以看见,运用这一制作方法的树座,其上下部的结合处往往都不是非常平衡,或者说是有些粗糙的,也明显留下了一些抹痕,如在3号摇钱树座上下部结合处的正面,可以看得很清晰,其前后部分的高度和厚度都是不同的,远没有下部的两层之间的隔痕那样平滑均衡,很显然这是由于上下部接合时按压的力度不同等原因造成的。

3. 模制与手制的结合

此法系先分合模制作、泥塑手制成陶胎,然后加以粘合。如9号摇钱树座,其上部的人形有明显泥塑风格,故其当是手制好之后按接在下部的蟾蜍上的,在蟾蜍背上可以看到按接痕迹和手抹痕迹,而下部的蟾蜍应当是合模制作。

但是蟾蜍部分与13号、14号摇钱树座一样,在树座体上并未发现明显的合模后留下的痕迹,通体光滑完整。出现这种情况的原因也许是这几件摇钱树座得到了比较高的重视,制作者特别留意在其半干时将合模痕迹刮平、抹匀。不过对这几件摇钱树座进行观察之后,我们发现这几件单体树座的左右两部分并非完全对称的,或者说制作的细致程度不一,这与之前的推论似乎有所矛盾,能将合模痕迹处理得这么好就不应该出现左右不一的纰漏,而且13号、14号摇钱树座底部均有一平台,所以我们推测这几件树座应该是由其他手法制作的,例如直接在半干的陶胎土上进行雕刻,同时辅以刮削、涂抹、刻划等其他手法。这种做法应该说是有可能的,因为在东汉时期摇钱树座常用到圆雕的艺术表现手法,而且东汉时期石雕艺术相当发达,在摇钱树座中就有石质圆雕树座,在芦山[1]、达县[2]等地就出土过这类树座,而且在造型和手法上这几件树座均和石质圆雕树座存在很大的相似性。

---

[1] 李军:《芦山的东汉石刻》,《四川文物》1994年第6期。
[2] 达县文物管理所、达川市文物管理所:《达县三里坪4号汉墓清理简报》,《四川文物》1997年第1期。

通常认为摇钱树座上的图像是翻模制胎时一次形成的,但实际上并非如此。我们知道画像砖上的图像并非都是一次形成的,其制作方法有阴线刻划法、压印法、翻模倒脱法[1],虽然摇钱树座和画像砖的制作并非完全一致,但是二者在制作上有很大的相似性,似乎可以借用画像砖的图像制作法来解释这批树座的图像是如何制成的。如,Bb型的两件单体卧羊树座的羊角上、Ad型树座上部圆雕处理的羊身上羽翅等明显就是用阴线刻划而成的;同属Ad型的下部浮雕处理的图像似乎就是用压印法压制上去的,因为图像过于复杂,用压印法似乎更为简便。

总之,摇钱树座的制作手法似乎并非单一的,其制作过程应该是各种手法相互融合的一个过程。同时从摇钱树座的细部上,我们还可以看到一些辅助的手法,例如我们在很多树座的合模处看到有刮削痕迹,在上下部分制的树座的结合处看到有模痕,以及用泥浆弥合后留下泥浆痕等等。由于这批树座绝大部分是属于东汉晚期的,而地点也相对统一,都大致在广汉郡周围,所以没有体现出更多的差异性。但是,如果我们有足够的材料、时间和精力的话,可依据摇钱树座的制作技术,应用陶器分析方法,或者根据陶器成分的不同,对摇钱树座产地、年代等问题进行相关的探讨,也许会给我们带来不一样的收获。

五、艺术手法及造型来源

1. 艺术手法

摇钱树座或者说摇钱树的艺术表现手法历来为学者们所重视[2],而我们能从这批树座上看到的主要为圆雕。内江[3]、乐山[4]、合江[5]等地的石质树座均为圆雕技法的应用,而这批树座中每一件都做了圆雕的处理,如A型树座的上部、B型树座和C型树座的全部,使树座的造型变得立体生动,极好地表现出了所要刻画动物的形态特征,同时也烘托出了时人对神仙世界的一种向往与虔诚。浮雕手法用得也比较多,主要是A型树座下部,如1号、2号、7号摇钱树座均为此手法;浮雕手法中的剔地浅浮雕似乎也在5号、6号摇钱树座中有所体现;而高浮雕手法主要配合圆雕手法一

---

[1] 南阳文物研究所:《南阳汉代画像砖》,文物出版社,1990年,第35页。
[2] 何志国:《汉魏摇钱树初步研究》,科学出版社,2007年,第117—121页。
[3] 内江市文管所:《内江市中区红缨东汉崖墓》,《四川文物》1989年第4期。
[4] 乐山市崖墓博物馆:《四川乐山市沱沟嘴东汉崖墓清理简报》,《文物》1993年第1期。
[5] 王庭福:《合江出土东汉石蟾钱树座》,《四川文物》1998年第6期。

起使用在树座上部的跪乳羔羊的图像刻画上。另外,诸如阴线刻等手法似乎也在树座上的西王母等人物的衣着上得到体现;而11号摇钱树座通体则表现了东汉时期摇钱树座低温色釉的用法。

2. 造型来源

这批摇钱树座的造型均较为简单,A型皆为上部圆雕,下部浮雕的"钟形"或者"山形";B型皆为单兽造型,包括蟾蜍和卧羊造型;而C型则为重兽造型。

关于A型摇钱树座的含义,于豪亮先生认为,"三山耸立的钱树座,应是方壶、瀛洲、蓬莱三山,'珠玕之树皆丛生',可能到了后来就变成钱树了";"总的说来,钱树、钱树座、鱼龙漫衍之戏以及后代灯中的鳌山,都从同一传说——海上三神山而来"[1]。后来有学者把关于摇钱树座形象来源的研究继续深化扩展,提出了其他的可能性,即代表了"天门""天都"所在的"昆仑山",或反映掌握有不死之药的西王母所在的"玉山"[2]。关于摇钱树座的造型,笔者注意到于豪亮先生的文章中有一段话:"钱树和钱树座上常有西王母和一些怪兽,特别是作三山耸立之状的钱树座,除了西王母坐于正中外,还有捧日月的羲和和鸟兽乐人。耸立的三山应该是'神山',可能钱树就是生长在'神山'上的……"[3]笔者找到这件"三山耸立之状的钱树座"之后发现,其形状确如于先生所述,所以于先生的"三山耸立之状源于海上三神山"的结论似乎没有什么大问题,但是,于先生同一篇文章中所引用的其他几件"非三山耸立状"的树座又要作何解释呢?用来源于"三神山"来解释"山形树座"或"钟形树座",如本文探讨的A型树座;或者"双兽重叠树座",如本文探讨的C型摇钱树座,似乎皆为不妥。而且"三山"也有可能表达的是昆仑山[4],昆仑山也作为神山常常和西王母一起出现,其位置多被认为是与海上三神山相对应的中原大陆的西部。很多汉代的画像石中所表现的"三山"形状是与西王母图像直接相关的,常常是西王母直接坐在三山状的"神山"上,所以笔者认为摇钱树座来源于"海上三神山"仅仅为摇钱树座的造型来源提供了一种可能。

笔者推测摇钱树座中C型树座很可能与古代"巨鳌戴山"的传说有关。《列子·

---

[1] 于豪亮:《"钱树""钱树座"和鱼龙漫衍之戏》,《文物》1961年第11期。
[2] 赵殿增、袁曙光:《从"神树"到"钱树"——兼谈"树崇拜"观念的发展与演变》,《四川文物》2001年第3期。
[3] 于豪亮:《"钱树""钱树座"和鱼龙漫衍之戏》,《文物》1961年第11期。
[4] [美]巫鸿著,柳扬、岑河译:《武梁祠——中国古代画像艺术的思想性》,生活·读书·新知三联书店,2006年,第136页。

汤问》云："……仙圣毒之,诉之于帝,帝恐流于西极,失群圣之居,乃命禺彊,使巨鳌十五,举首而戴之,迭为三番,六万岁一交焉,五山始峙……"[1]《楚辞·天问》也提道:"鳌戴山抃,何以安之?"[2]这两处文献所提及的"鳌"无疑和"龟"当同属一类。而我们从 C 型的"蟾蜍万岁树座"和"卧羊蟾蜍树座"可以看到,下部的龟正在作"举首而戴之"之状,只不过背部的山换成了当时象征意义更符合汉代人思想的蟾蜍和羊罢了,这一转换也正是东汉时期文化转变的体现。因为在汉代神话中,关于蟾蜍的寓意,学者们讨论较多,代表性的观点是"嫦娥奔月"的故事[3],另外蟾蜍也常在西王母图像中作为捣药者的形象出现于摇钱树座和汉画像上,这就意味着蟾蜍象征着仙界、不死药,也意味着长生。羊在东汉时期常常有"幸福吉祥"之意,在东汉著作中有"羊,祥也。祥,福也"[4]一类的句子。此外,羊在东汉时期也有可能与仙人有关,如《列仙传》之言,葛由"一旦,骑羊而入西蜀,蜀中王侯贵人追之,上绥山,在峨眉山西南,高无极也。随之者不复还,皆得仙道"[5],而这些东西正是汉代人所重视的。也许从这里我们可以明了为何在 A 型摇钱树座上部乘羊造型那么流行了。而单体的蟾蜍和卧羊树座的来源大致也能从以上分析中寻找些许依据吧。

六、结　论

本文使用类型学分析的方法,同时与已公开发表和刊载的考古材料仔细比对,对巴蜀汉陶艺术博物馆所藏 17 件摇钱树座进行初步考察,得出以下四点结论。

第一,这批摇钱树座可分为 A、B、C 三型,其中 A、B 型各可划分为若干不同亚型,以 A 型数量最多。这批摇钱树座在时间及地域分布上以东汉中期或晚期的三蜀地区(广汉郡、蜀郡、犍为郡)、巴郡地区,即今之绵阳至成都地区、重庆地区一带为主。具体而言,Aa 型和 Ab 型摇钱树座大致分布于剑阁道附近,即剑阁至成都一线;Ac 型、Ad 型、Ae 型摇钱树座则分布于绵阳地区;Ba 型摇钱树座应为蜀地之物;Bb 型摇钱树座可能出自四川广汉;C 型树座则可能为四川地区所出土。

第二,在制作方法上,这批摇钱树座主要应用了左右合模、四模、模制及手制相结

---

[1] 严北溟、严捷:《列子译注》,上海古籍出版社,1986 年,第 116 页。
[2] (宋)朱熹:《楚辞集注》,上海古籍出版社,1979 年,第 61 页。
[3] 钟坚:《试谈汉代摇钱树的赋形与内涵》,《四川文物》1989 年第 1 期。
[4] (东汉)刘熙撰,(清)毕沅疏证,王先谦补:《释名疏证补》,中华书局,2008 年,第 279 页。
[5] (西汉)刘向、(东晋)葛洪:《列仙传·神仙传》,上海古籍出版社,1990 年,第 7 页。

合三种方法,各型树座所用的制作方法并未完全一致。其中1号、2号、7号、8号、11号、12号摇钱树座运用的是左右合模的制作法;而3号、4号、5号、6号、10号摇钱树座运用的是四模制作法;9号、13号、14号、15号摇钱树座则运用了手制和模制相结合的方法。

第三,在艺术表现手法上,这批摇钱树座没有更多的独特之处,只运用了圆雕、浮雕、线刻、低温色釉等几种方法。

第四,本文在前辈学者的研究基础上,对摇钱树座的造型寓意进行了简要的探讨,得出了不同造型的摇钱树座其寓意也不相同的结论。即A型摇钱树座可能象征着昆仑,而B型和C型摇钱树座更可能象征"巨鳌戴山"。

这批摇钱树座所蕴含的信息远远不止于此,例如其图像所折射出来的图像学意义、相似造型的摇钱树座是否能够反映汉代时期的交通及本身的传播路线、本身的陶器制作工艺和技术等等皆值得深入探讨。

附记: 本文系巴蜀汉陶艺术博物馆李英宏馆长惠允,得以写就。器物照片由四川大学考古系白彬教授及2009级本科生陈卿、张科拍摄,在此一并致谢! 同时,也感谢四川大学考古系白彬教授对本文写作的悉心指导,感谢贵州省文物考古研究所张合荣研究员在论文修改过程中提供的无私帮助。

附表　17件摇钱树座情况简表

编号	类型	陶质及陶色	尺寸（厘米）高×宽×厚	造型特点	博物馆记载的来源地	流行地分析	年代	制作方法
1	Aa型	泥质红陶	43×36×26	钟形，上部圆雕，下部浮雕2层，皆为走羊图像	四川射洪	广汉郡西北部	东汉晚期偏晚	左右合模
2	Ab型	泥质红陶	40×27×25	钟形，上部圆雕仙人骑羊抱柱，下部浮雕牵马及西王母图像等	四川广汉	广汉郡西南部（今广汉、绵阳一带）	东汉晚期偏早	左右合模
3	Ac型	泥质灰陶	35×25×17	钟形，上部圆雕乘鹿造型，下部浮雕西王母、乘象等内容	四川绵阳	广汉郡西南部，即绵阳地区附近	东汉中期偏晚	四模合制
4	Ac型	泥质灰陶	45×30×25	钟形，上部圆雕乘羊造型，下部浮雕西王母、狩猎、乘象等内容	绵阳三台	广汉郡西南部，即绵阳地区附近	东汉中期偏晚	四模合制
5	Ad型	泥质红陶	45×30×25	钟形，单面浮雕，上部圆雕乘羊或乘鹿造型，腹下有跪乳小兽，下部浮雕多层图像，且各层内部有分隔	四川广汉	广汉郡西南部（今广汉、绵阳一带）	东汉晚期	四模合制
6	Ad型	泥质灰陶	36×30×20	钟形，单面浮雕，顶部残破，上部圆雕乘羊或乘鹿造型，腹下有跪乳小兽，下部浮雕多层图像，且各层内部有分隔	绵阳三台	绵阳地区	东汉晚期	四模合制
7	Ab型	泥质红陶	38×25×26	钟形，上部圆雕乘羊造型，下部浮雕西王母、牵马等内容	四川广汉	广汉郡西南部，即绵阳地区附近	东汉中期	左右合模
8	Ad型	泥质红陶	30×22×13	残，余圆雕部分，羽人乘羊造型	四川绵阳	绵阳地区	东汉中期	左右合模
9	Ba型	泥质红陶	22×15×18	单体蟾蜍造型，背立柱，柱两侧有两人或两兽作半蹲拱手状	四川广汉	四川地区	东汉晚期	手制与模制相结合
10	Ac型	泥质灰陶	45×30×24	钟形，上部圆雕乘羊造型，下部浮雕西王母、乘象等内容	四川绵阳	广汉郡西南部，即绵阳地区附近	东汉中期偏晚	四模合制
11	Ae型	泥质红陶	44×30×23	山形，上铅釉，上部圆雕仙人骑羊抱柱，下部浮雕象图	绵阳三台	四川地区	东汉晚期	左右合模

续 表

编号	类型	陶质及陶色	尺寸（厘米）高×宽×厚	造型特点	博物馆记载的来源地	流行地分析	年代	制作方法
12	Ad型	泥质红陶	18×14×9	残,余圆雕部分,羽人乘羊造型	四川德阳	绵阳地区	东汉晚期	左右合模
13	Bb型	泥质灰陶	25×40×17	卧羊形	四川广汉	四川广汉	东汉晚期	手制与模制相结合
14	Bb型	泥质灰陶	17×38×14	卧羊形	四川广汉	四川广汉	东汉晚期	手制与模制相结合
15	C型	泥质红陶	23×28	叠兽形,下部为龟,上部为蟾蜍	不明	四川地区	东汉晚期	手制与模制相结合
16	C型	泥质红陶	36×39	叠兽形,下部为龟,上部为羊	不明	四川地区	东汉晚期	手制与模制相结合
17	Ad型	泥质红陶	58×36	钟形,单面浮雕,上部圆雕乘羊或乘鹿造型,腹下有跪乳小兽,下部浮雕多层图像,且各层内部有分隔	不明	绵阳地区	东汉晚期	四模合制

云南地区魏晋南北朝时期墓葬的考古学观察

李二超

云南地区在魏晋南北朝时期,政治相对稳定,经济发展较快,文化相互碰撞融合。这一时期的墓葬均为"梁堆"墓,"梁堆"又叫"粮堆""梁王堆""梁王坟","梁堆"一词是当地人和云南老一辈考古工作者对有高大封土堆墓的一个泛称。有的地方将梁堆称为"漾米多"或"孔明坟",传说是诸葛亮南征时为稳定军心和迷惑敌人堆筑的假粮堆。云南地区的"梁堆"墓因为有高大封土堆,比较明显,故历代多次被盗,墓中墓主尸骨、葬具以及随葬品等遗失、破坏严重,遗留器物较少。

一、云南地区魏晋南北朝时期墓葬的发现与分布

云南地区魏晋南北朝时期的墓葬,主要分布在昭通、曲靖、楚雄、昆明、大理、保山等地(图1)。根据地理位置的不同,这几个地方分别归入三个区内:滇东与滇东北地区,主要是昭通和曲靖,如昭通后海子东晋壁画墓[1]、曲靖陆良县三堆子南北朝时期梁堆墓[2]、陆良马街镇漾稻办事处坝岩梁堆墓[3];滇中地区,主要是楚雄和大理,如姚安城东8公里东山脚寨子山村前台田田坝中魏晋时期梁堆墓[4]、禄丰县碧城镇张通办事处的南北朝墓葬[5]、姚安阳派水库晋墓[6]、姚安县仁和乡清河村公所莲花池

---

[1] 云南省文物工作队:《云南省昭通后海子东晋壁画墓清理简报》,《文物》1963年第12期。
[2] 支云华:《陆良三堆子村发现一座南北朝时期墓葬》,《云南文物》1997年第2期;王洪斌:《南中鬼主之墓——陆良大堆子探秘》,《民族艺术研究》1997年第6期。
[3] 王洪斌:《陆良"梁堆"墓探秘》,《云南文物》1997年第2期。
[4] 李朝真、段志刚:《彝州考古》,云南人民出版社,2000年,第144页。
[5] 李朝真、段志刚:《彝州考古》,云南人民出版社,2000年,第145—146页。
[6] 孙太初:《云南姚安阳派水库晋墓清理简报》,《考古通讯》1956年第3期。

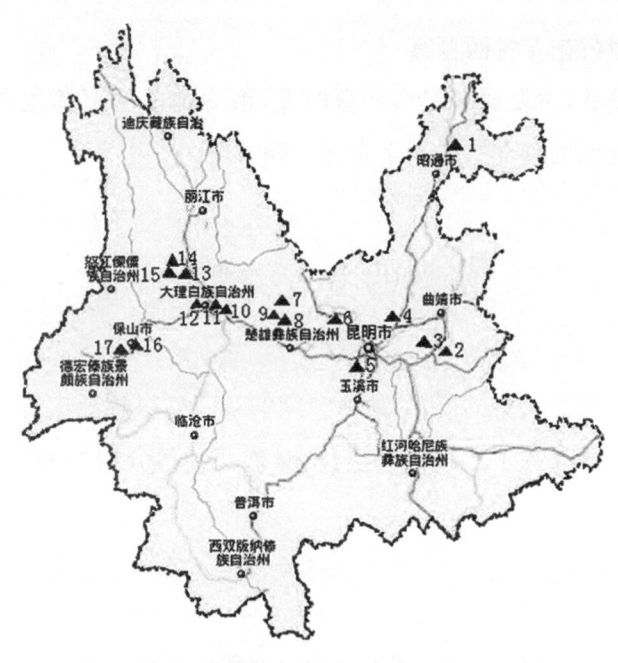

图 1　云南地区魏晋南北朝时期墓葬分布示意图

1. 昭通后海子东晋壁画墓　2. 曲靖陆良县三堆子南北朝时期梁堆墓　3. 陆良马街镇漾稻办事处坝岩梁堆墓　4. 嵩明县上矣铎梁堆墓　5. 晋宁县古城汉营新村梁堆墓　6. 禄丰县碧城镇张通办事处的南北朝墓葬　7. 姚安城东 8 公里东山脚寨子山村前台田田坝中魏晋时期梁堆墓　8. 姚安阳派水库晋墓　9. 姚安县仁和乡清河村公所莲花池村后山半圆形券顶单室砖墓　10. 大理市凤仪镇新村石室墓　11. 大理市荷花寺村西晋墓　12. 大理祥云县云南驿青石湾晋代石墓　13. 大理喜洲弘圭山蜀国墓　14—15. 大理喜洲镇的两座西晋纪年墓　16. 保山汪官营蜀汉墓　17. 保山汉庄蜀汉墓

村后山半圆形券顶单室砖墓[1]、昆明市晋宁县古城汉营新村梁堆墓[2]、昆明市嵩明县上矣铎梁堆墓[3];滇西地区,主要是大理和保山,如保山汪官营蜀汉墓[4]、保山汉庄蜀汉墓[5]、大理喜洲弘圭山蜀国墓[6]、大理喜洲弘圭山蜀汉纪年砖室墓[7]、大理祥云县云南驿青石湾晋代石墓[8]、大理喜洲镇的两座西晋纪年墓[9]、大理凤仪镇新

---

[1] 李朝真、段志刚:《弄州考古》,云南人民出版社,2000 年,第 144—145 页。
[2] 晋宁县文物管理所:《晋宁县古城汉营新村梁堆墓清理简报》,《云南文物》2007 年第 1 期。
[3] 嵩明上矣铎梁堆墓,云南考古,2015 年 2 月 16 日,http://www.ynkgs.com/html/discover/20150216221643.html。
[4] 保山地区文管所:《保山汪官营蜀汉墓清理简报》,《云南文物》1982 年第 12 期。
[5] 李枝彩、刘晖:《保山发现蜀汉纪年砖室墓》,《中国文物报》1988 年 3 月 18 日第 2 版。
[6] 刘光曙:《大理文物考古》,云南民族出版社,2006 年,第 58 页。
[7] 田怀清:《大理喜洲弘圭山发现蜀汉纪年砖室墓》,《云南文物》2003 年第 1 期。
[8] 刘光曙:《大理文物考古》,云南民族出版社,2006 年,第 58 页。
[9] 大理州文管所、大理市博物馆:《云南大理市喜洲镇发现两座西晋纪年墓》,《考古》1995 年第 3 期。

村石室墓[1]、大理荷花寺村西晋墓[2]。

滇西地区的墓葬，主要属蜀汉及西晋时期；滇中地区的墓葬主要属于西晋时期；而滇东及滇东北地区的墓葬主要属于东晋南朝时期。

二、墓葬的考古类型学研究

随着云南地区考古发掘的增多，这一时期的墓葬材料逐渐丰富，使得对这一时期墓葬的考古类型学研究有了实现的可能性，对墓葬各部分结构的研究也有了可靠的依据。

(一) 墓葬的结构

云南魏晋南北朝时期的墓葬，基本分为地上和地下两部分，地上部分主要是墓区内的封土堆、墓碑及其他附属设施。由于后期人为破坏，已很难看到较为完好的墓区布局，现在能看到的大多为残存的封土堆（云南地区俗称"梁堆"），平面形状大多为圆形，或近圆形，残存高度不等。

地下部分主要是梁堆下的砖石结构的墓穴，一般一个梁堆下为一座墓穴，但也有两座墓穴的，比如昆明市晋宁县古城汉营新村梁堆墓[3]，梁堆直径约15米，高约4.5米，其下分布着一前一后两座墓穴。而这种类型的墓葬，在云南地区目前仅发现一座。在四川汉代墓葬中就出现过封土堆下有两座或三座墓葬共存的现象，如成都市曾家包东汉画像砖石墓[4]，封土堆之下有两座墓葬并列。但是从墓葬的规格和性质上看，成都市曾家包东汉画像砖石墓与昆明市晋宁县古城汉营新村梁堆墓还是有区别的。笔者从晋宁县古城汉营新村梁堆下石室墓墓葬的形制和结构及墓内题刻推测，梁堆下的砖室墓为陪葬墓，其墓主的身份是石室墓墓主的守门吏。而曾家包东汉画像砖石墓封土堆下的两座墓，大小和形制基本一样，明显是同一规格的，没有等级差别。晋宁县古城汉营新村梁堆墓的埋葬形制有可能是受四川地区汉代墓葬风格的影响，因为目前为止在云南地区发现的这种类型的墓葬只有一座，说明这并不是当地

---

[1] 大理白族自治州王陵调查课题组：《二十世纪大理考古文集》，云南民族出版社，2003年。
[2] 大理市文管所：《大理市荷花寺村西晋墓清理简报》，《考古》1989年第8期。
[3] 晋宁县文物管理所：《晋宁县古城汉营新村梁堆墓清理简报》，《云南文物》2007年第1期。
[4] 成都市文物管理处：《四川成都曾家包东汉画像砖石墓》，《文物》1981年第10期。

的埋葬习俗。也有可能只是单纯的巧合,目前为止在云南地区这种类型的墓葬只发现一座,并不普遍。晋宁县古城汉营新村石室墓内的刻字"守门吏先缢其人猛勇也",已经点明了砖室墓墓主与石室墓墓主的主从关系,守门吏先缢之后,后世将其与主人合葬在一个梁堆之下,表现其忠,也不是不可能的。

墓穴的结构基本都包括墓道、墓门、甬道、前室、后室,一些墓葬还有壁画、壁龛和排水沟等。

墓道:基本都设置在墓门的正前方,云南这个时期墓葬的墓道没有统一的规范,有的是两侧由石块垒砌,其上覆盖石板而成的斜坡墓道,如昭通后海子东晋壁画墓;也有的是两侧用石条砌成,顶部全用花砖起券,底部再平铺花砖,如姚安阳派水库晋墓;有的是土坑墓道,如大理市凤仪镇新村石室墓;但个别没有墓道,如姚安城东8公里东山脚寨子山村前台田田坝中的魏晋时期"梁堆"墓没有墓道,而是由两条窄长的甬道丁字形交接在一起形成的一座丁字形双室墓。

这些墓葬大部分都是在20世纪50年代到90年代发掘的,当时云南地区的田野考古学还处于发展阶段,因此发掘者忽略了大部分墓葬的"梁堆"数据,对数据统计造成了很大的障碍,但是从表1和表2的现有数据仍然可以总结出一些不太成熟的结论。

由于这些墓葬的封土即"梁堆"均被不同程度地破坏过,所以对梁堆高度的统计已经没有太大的价值和意义,在这里就不再讨论梁堆的高度问题。

就现有数据来看,单室墓墓葬长度与梁堆最大径的比值相差较大,分别为1∶4.53、1∶2.70和1∶1.69。由于古城汉营新村梁堆下有两座墓葬,一座主墓葬石室墓和一座陪葬墓砖室墓,因此采用了两个数据。一个数据是1∶1.69,这个数据是由于同一个梁堆下有两座墓葬,这两座墓葬的纵轴在同一直线上,对于梁堆下的建筑长度,应该将其算成一个比较合理。而1∶2.70这个数据的存在,是为了看看主墓葬和其封土的关系。

表1 单室墓墓葬长度与梁堆最大径的比值　　　　　　单位:米

长度\单室\名称	昭通后海子东晋壁画墓	古城汉营新村梁堆下石室墓	古城汉营新村梁堆墓	嵩明县上矣铎1号梁堆墓	喜洲弘圭山蜀汉纪年砖室墓	大理喜洲文阁村西晋墓	大理喜洲凤阳村西晋墓	陆良三堆子南北朝梁堆墓
墓葬长	6.40	5.56	8.86	8.7	4.4	无数据	无数据	无数据
封堆直径	29	15	15	无数据	无数据	无数据	无数据	18.5
比 值	1∶4.53	1∶2.70	1∶1.69					
墓室长	3	3.75	—	6.1	3.2	6.2	3.6	3.85

表2　双室墓墓葬长度与梁堆最大径的比值　　　　　　　　　　单位：米

长度\名称\双室	禄丰张通办事处南北朝墓葬	姚安阳派水库晋墓	嵩明县上矣铎2号梁堆墓	大理市荷花寺村西晋墓	大理市凤仪镇新村石室墓	姚安城东8公里梁堆墓
墓葬长	8	9.3	6.7	11.3	无数据	无数据
封堆直径	20	无数据	无数据	无数据	无数据	无数据
比　值	1∶2.50					
墓室长	6.6	7.8	5.4	9	9.75	8.9

从表1可以大致看出，对于单室墓来说，比值越小，梁堆直径越大，墓葬长度也越长；比值越大，则梁堆直径越小，墓葬长度也越短。也就是说，墓葬大小和梁堆大小是呈正比例关系的。

对于表2，由于只有一个比值，因此暂无法进行分析。

从表3、表4可以看出，个别墓葬的墓道没有数据，是由于当时发掘水平所限，导致发掘者忽略了对这些数据的记录。但这对数据的分析并不会造成太大的影响。

表3　单室墓墓道长度与墓葬总长度的比值　　　　　　　　　　单位：米

长度\名称\单室	昭通后海子东晋壁画墓	喜洲弘圭山蜀汉纪年砖室墓	古城汉营新村梁堆下石室墓	嵩明县上矣铎1号梁堆墓	大理喜洲文阁村西晋墓	大理喜洲凤阳村西晋墓
墓道长	3.40	1.2	1.90	2.6	无数据	无数据
墓葬长	6.40	4.4	5.65	8.7	无数据	无数据
比　值	1∶1.88	1∶3.67	1∶2.97	1∶3.35		
墓室长	3	3.2	3.75	6.1	6.2	3.6

从表3看，单室墓的墓道长度与墓葬总长度的比值并不在一个恒定的区间内，不过，将这些比值进行四舍五入处理之后，昭通后海子东晋壁画墓、喜洲弘圭山蜀汉纪年砖室墓、古城汉营新村梁堆下石室墓和嵩明县上矣铎1号梁堆墓这四座墓的比值分别为：1∶1.88≈1∶2、1∶3.67≈1∶3.5、1∶2.97≈1∶3、1∶3.35≈1∶3，即1∶2、1∶3.5、1∶3、1∶3。在有数据参照的四座墓中，有75%的比值在1∶3—1∶3.5这个比例区间内，只有25%的比值在1∶1.5—1∶2这个比例区间内。可以总结出这样一个规律，就是云南地区魏晋南北朝时期的单室墓的建造，基本是按照墓道长与墓葬全长的比例在1∶3—1∶3.5来建造的，而带壁画的墓葬则是一个例外。除去带壁画墓的数据外，另外三座墓葬（即喜洲弘圭山蜀汉纪年砖室墓、古城汉营新村梁堆下石室墓和嵩明县上矣铎1号梁堆墓）的数据是有一定规律的，即这三座墓葬的墓道长度呈

递增关系,墓室长度也呈递增关系,墓葬总长度仍然呈递增关系,也就是说云南地区魏晋南北朝时期单室墓建造的规格与墓道的长短有关。当然墓葬建造的规格与墓主人的身份地位亦有关系,在这里先不作讨论,只讨论表上所反映的数据。

表4 双室墓墓道长度与墓葬总长度的比值　　　　单位:米

长度\双室\名称	嵩明县上矣铎2号梁堆墓	禄丰张通办事处南北朝墓葬	姚安阳派水库晋墓	大理市荷花寺村西晋墓	大理市凤仪镇新村石室墓	姚安城东8公里梁堆墓
墓道长	1.3	1.4	1.5	2.3	无数据	无数据
墓葬长	6.7	8	9.3	11.3	无数据	无数据
比 值	1∶5.15	1∶5.71	1∶6.2	1∶4.91		
墓室长	5.4	6.6	7.8	9	9.75	8.9

从表4看,双室墓的墓道长度与墓葬总长度的比值也并不在一个恒定的区间内,不过,将这些比值进行四舍五入处理之后,嵩明县上矣铎2号梁堆墓、禄丰张通办事处南北朝墓葬、姚安阳派水库晋墓和大理市荷花寺村西晋墓这四座双室墓的墓道长度与墓葬总长度的比值分别为:1∶5.15≈1∶5、1∶5.71≈1∶6、1∶6.2≈1∶6、1∶4.91≈1∶5,即1∶5、1∶6、1∶6、1∶5。在有数据参照的这四座双室墓中,有100%的比值在1∶5—1∶6之间,因此,可以总结出这样一个规律,就是云南地区魏晋南北朝时期的双室墓的建造,基本是按照墓道长与墓葬全长的比例在1∶5—1∶6来建造的。而且这四座墓的墓道长、墓室长和墓葬总长之间的关系十分明显,即墓道长度呈递增关系,墓室长度也呈递增关系,墓葬总长度仍然呈递增关系,也就是说云南地区魏晋南北朝时期的双室墓建造的规格与墓道的长短有关,同时也印证了表3所得出的结论。

墓门:主要分为拱顶和平顶两种。拱顶有的是用砖券顶,再用石板封门,如姚安阳派水库晋墓;有的是用石块券顶,再用石块封门,如嵩明县上矣铎1号梁堆墓(由于资料尚未发表,暂只能从照片上分析)。平顶一般为石材垒砌,并安装两扇内开的石门,如昭通后海子东晋壁画墓,及嵩明县上矣铎2号梁堆墓(由于资料尚未发表,暂只能从照片上分析);有的平顶是用石材垒砌,然后用砖石泥沙封堵;有的平顶是用砖垒砌,并用砖封门,如晋宁县古城汉营新村梁堆下的砖室墓。

甬道:通常位于墓门和墓室之间,或两个墓室之间。其宽度比墓室略窄或与墓门同宽;其高度有的与墓门等高,有的则和墓室等高;其建筑材料有砖,也有石块,一般来说,砖室墓的甬道一般是由砖构筑,而石室墓的甬道一般是由石块构筑。甬道顶部有券顶也有平顶,但与建筑材料无关。

墓室：有砖结构、石结构、砖石结构三种。砖结构的墓室，基本全部用砖建造，比如大理喜洲弘圭山蜀汉纪年砖室墓。石结构的墓室，基本全部用石材构筑，比如昆明市嵩明县上矣铎1号、2号梁堆墓。砖石结构的墓室，有的是用石材构筑墓室，用砖铺墓底，比如昭通后海子东晋壁画墓和大理市荷花寺村西晋墓；有的是用石材砌筑墓壁，顶部用砖券顶，比如姚安阳派水库晋墓；有的是用砖、石合筑墓壁，顶部用砖券顶，比如大理喜洲凤阳村西晋砖石合筑墓，墓壁下部用石材垒砌，上部用砖垒砌，然后再用砖券顶。

墓顶：有券顶、拱顶和盝顶（覆斗形顶）三种。券顶有的是全部用石块砌筑，比如大理市荷花寺村西晋墓；有的是用砖砌筑，比如保山汪官营蜀汉墓和禄丰县碧城镇张通办事处的南北朝墓葬；有的是用石块砌筑四壁然后再用砖券顶，比如姚安阳派水库晋墓。拱顶一般是用砖砌四壁，然后再用两块完整的汉砖和一块楔形砖构筑墓顶，汉砖位于左右两侧，楔形砖位于中间，如昆明市晋宁县古城汉营新村梁堆墓。盝顶是用石块砌筑，比如昭通后海子东晋壁画墓和昆明市晋宁县古城汉营新村梁堆下石室墓。

刻画与壁画：在墓室内的建筑材料上刻画或雕刻图案及绘制壁画的现象，仅发现于单室石室墓中，除曲靖市陆良县三堆子南北朝时期梁堆墓不知道墓向外，其他墓葬的方向均坐北朝南，这类墓葬的墓室均为覆斗形顶，除曲靖市陆良县三堆子南北朝时期梁堆墓没有纪年外，另外两座墓葬都是有纪年的，其年代都在东晋孝武帝太元年间。据此可以推测，在墓室内刻画莲花图案在东晋孝武帝时期开始出现或已经出现，那么，曲靖市陆良县三堆子南北朝时期梁堆墓的年代应该在东晋晚期或以后。昭通后海子东晋壁画墓、曲靖市陆良县三堆子南北朝时期梁堆墓和昆明市晋宁县古城汉营新村梁堆下的石室墓，墓室都为覆斗形顶，而且都是单室墓。其刻画图案都是刻画于覆斗形顶中央的一块石头上，并且都雕刻或刻画有莲花纹。顶上覆盖一块每边长32厘米的方形石块，其上浮雕直径28厘米的垂莲。昭通后海子东晋壁画墓和陆良县三堆子南北朝时期梁堆墓石板是浮雕，昭通后海子东晋壁画墓的浮雕莲花没有详细记载，陆良县三堆子南北朝时期梁堆墓的浮雕莲花有两重24个花瓣；昆明市晋宁县古城汉营新村梁堆墓的石块上是线刻，只有4个花瓣。而且莲花周围的图案也不相同：曲靖市陆良县三堆子南北朝时期梁堆墓的浮雕莲花周围的图案是阴刻，莲花的左面饰一圆圈，内立有三足鸟，象征红日；右边的圆圈内有蟾蜍，象征满月；日的上部绘有一人面像图案，人面像有八撮很夸张的胡须，月的上部刻绘有一女性飞天人物，人面像图案和飞天人物图案中间刻有北斗七星；日的下部刻绘有一条青龙，月的下部刻绘有一条写实性很强的鱼。昆明市晋宁县古城汉营新村梁堆墓线刻莲花外围为两重线刻圆环，第二个圆环内刻画卷云纹和"卍"符号，第三个圆环内为素面。而昭通后海子东晋壁画墓的壁画则是绘制于四壁的石灰面上。

壁龛：目前发现的壁龛只出现在带壁画的墓中，位于墓道两侧，靠近墓门处，左右对称，大小相当，如昭通后海子东晋壁画墓。

天井：天井的平面形状为长方形，目前发现的带天井的墓葬只有一座，即大理市荷花寺村西晋墓，天井位于后室的前部。

墓底：有的是用石材铺设墓底，有的是用砖铺墓底，还有的是用土夯筑墓底。

石材铺设墓底的墓葬全是石室墓，如嵩明县上矣铎1号、2号梁堆墓用石板平铺墓底，大理市凤仪镇新村石室墓用大小不等的黄沙石石片平铺墓底，这三座墓葬全都是用石材构筑。

用砖铺墓底的墓葬，分为两种，即砖室墓和砖石合筑墓。砖室墓的墓底铺砖分为2种形式，即人字形交错平铺和错缝平铺。禄丰县碧城镇张通办事处的南北朝墓葬墓底两室都用青砖满铺，前室砖作人字形交错铺设，后室作错缝平铺；保山汪官营蜀汉墓，墓底砖铺成人字形；姚安县仁和乡清河村公所莲花池村后山半圆形券顶单室砖墓，底部用砖平铺；大理喜洲弘圭山蜀汉纪年砖室墓，墓底铺长方形砖；大理喜洲文阁村西晋单室砖室墓，墓底用楔形条砖双层铺底，上层与下层一正一反扣合。虽然这几座墓葬的铺地砖形制不尽相同，但铺设方式大同小异。砖石合筑墓的墓底铺砖分为2种形式，即顺势平铺和纵横平铺。昭通后海子东晋壁画墓墓室底部一顺一逆并和铺二层扇形花砖；姚安阳派水库晋墓底部纵横平铺一层花砖；大理市荷花寺村西晋墓墓底顺墓室方向平铺两层长方形砖。

用土夯筑的墓底，基本为一层炭屑一层夯土，昆明市晋宁县古城汉营新村梁堆下的石室墓和砖室墓，墓底都是一层炭屑一层夯土的结构。

排水沟：对于有明确记录的带排水沟的墓葬，排水沟一般都设在墓室底部铺地石之下，比如嵩明县上矣铎2号梁堆墓和大理市凤仪镇新村石室墓。嵩明上矣铎2号梁堆墓的排水沟位于墓室底部铺地石板之下，为两条纵横相交的排水沟，后室的排水沟与前堂的排水沟在甬道前方交汇，最后由前堂北端侧门处流出墓室。排水沟的建造较有特点，先是在土质墓底挖出土沟，沟底和沟壁用石块砌成，顶部用小石板盖顶。前堂排水沟石质沟壁和土沟壁之间的缝隙用石块和炭块填充，以起到过滤淤土，防止水沟堵塞的作用。大理市凤仪镇新村石室墓的排水沟亦位于墓室底部铺石片的下面。只是排水沟的一端位于后室一块大石板下方，而铺于后室西北角的一长方形片石的一侧边留有明显的"V"形剖石槽口，是解剖石块时金属楔子的錾凿口，应为方便排水。整个墓底铺石平面后室比前室高15厘米，形成微小的斜坡面，亦有利于排水。起取底部铺石层，在底铺石片下垫有一层厚0.03—0.06米的小石子层，一方面可以使底铺石更加平整,另一方面具有滤水排水的作用。小石子层之下为红色生土层,在生土面上设有一条贯通整墓前后室和甬道的隐藏排水沟。沟深 0.2 米,沟上口宽 0.25—0.3 米,沟底宽 0.23 米,沟内用小砾石填平,沟两端无出水口,距墓壁和封门 0.15—0.2 米。

对于没有明确记录的带排水沟的墓葬,没有规律可循。保山汪官营蜀汉墓,墓室两侧设有排水沟。昭通后海子东晋壁画墓,据老乡说 1958 年曾在墓门外两侧发现有石、砖合砌的排水沟,与墓门呈"八"字形,今已不见;再从该墓葬的剖面图看,该墓葬的墓道为向下的斜坡墓道,应也有为方便排水的考虑。

墓室的建筑材料,分为砖、石两种。

砖又分为砌顶砖、砌壁砖、铺地砖三种。

砌顶砖:有的是带有菱形花纹的青砖,如禄丰县碧城镇张通办事处的南北朝墓葬全部用带有菱形花纹的青砖建造;有的是花砖,如姚安阳派水库晋墓的墓顶全部用花砖起券;有的是楔形砖,如大理喜洲弘圭山蜀汉纪年砖室墓、姚安县仁和乡清河村公所莲花池村后山半圆形券顶单室砖墓等都是用楔形砖作券顶;有的是楔形砖和汉砖,如昆明市晋宁县古城汉营新村梁堆墓,墓顶由两块完整的汉砖和一块楔形砖组成。

砌壁砖:有的是带有菱形花纹的青砖,如禄丰县碧城镇张通办事处的南北朝墓葬全部用带有菱形花纹的青砖建造;有的是花纹砖,如大理喜洲弘圭山蜀汉纪年砖室墓,墓壁用花纹砖砌成;有的是纪年砖,大理喜洲文阁村西晋单室砖室墓,残留墓壁均用模印阳文反书"泰康六年正月赵氏作吉羊"的铭文砖砌筑,有些墓的纪年砖则分散地砌在墓室的四壁,如保山汪官营蜀汉墓和大理弘圭山蜀汉纪年墓等。

铺地砖:有的是扇形花砖,如昭通后海子东晋壁画墓墓室底部铺二层扇形花砖,一顺一逆并和铺地,不过此类扇形花砖在当地发现的汉墓中是用于券顶的;有的是青砖,如禄丰县碧城镇张通办事处的南北朝墓葬墓底两室都用青砖满铺;有的是花砖,如姚安阳派水库晋墓底部用花砖纵横平铺;有的是楔形砖,大理喜洲文阁村西晋单室砖室墓墓底用楔形条砖双层铺底,上层与下层一正一反扣合。

石又分为砌顶石、砌壁石、封门石、铺地石四种。

砌顶石:有的为砂石条,比如姚安阳派水库晋墓的券顶全部用砂石条砌成;有的为三面加工的黄沙石,比如昆明市晋宁县古城汉营新村梁堆下石室墓的覆斗形顶就用经过三面加工的黄沙石砌成;有的是一面加工的石块,比如嵩明县上矣铎 1 号梁堆墓,用一面经过精细加工的石块券顶。

砌壁石:主要为砂石,只是砂石块的形状大小不同,有的经过加工,有的没有加工,有的加工精细,有的只是经过粗略的加工。主要有以下几种:一种是长方形砂石,如昭通后海子东晋壁画墓、姚安阳派水库晋墓及大理市凤仪镇新村石室墓;一种是规格不一的砂石块,如曲靖陆良县三堆子南北朝时期梁堆墓和嵩明上矣铎1号、2号梁堆墓;一种是自然方形石块,如姚安城东8公里东山脚寨子山村前台田田坝中魏晋时期梁堆墓;一种是规格不等的五面黄沙石,如昆明市晋宁县古城汉营新村梁堆墓。

铺地石:分为两种,一种为石板,如昆明市嵩明县上矣铎1号、2号梁堆墓;一种是石片,如大理市凤仪镇新村石室墓墓底用的是大小不等的黄沙石石片。

墓志、墓碑:这一时期的墓志并不成熟,形制如碑,但较碑小,置于墓中,刻字仍为"××之墓",陆良马街镇漾稻办事处坝岩梁堆墓的墓室之内发现一刻石,长0.6米、宽0.4米,刻"泰和五年岁在辛未正月八日戊寅立爨龙骧之墓"铭文。墓碑则较高大,如全称为"晋故振威将军建宁太守爨府君墓碑"的爨宝子碑,高1.83米、宽0.68米。再如全称为"宋故龙骧将军护镇蛮校尉宁州刺史邛都县侯爨使君之碑"的爨龙颜碑,通高3.38米、上宽1.35米、下宽1.46米。这两通墓碑形体都较为高大,比陆良马街镇漾稻办事处坝岩梁堆墓墓室之内的刻石大得多。

(二) 墓葬的类型学研究

根据墓葬的建筑材料,可以将云南地区魏晋南北朝时期的墓葬分为三种大的类型,即砖室墓、石室墓和砖石合筑墓。这三种类型的墓葬规模大小并不一致,本人对这些墓葬的墓道、墓室和墓葬长度作了数据统计和分析,详见表5。

表5　墓葬长度统计表　　　　　　　　　单位:米

长度＼名称＼墓葬	墓道长	墓室长	墓葬总长
昭通后海子东晋壁画墓	3.40	3	6.40
曲靖三堆子南北朝墓葬	无数据	3.85	无数据
姚安城东8公里梁堆墓	无数据	9.9	无数据
禄丰县张通办事处墓葬	1.4	6.6	8
姚安阳派水库晋墓	1.5	7.8	9.3
姚安县莲花池村墓葬	无数据	2.3	无数据
古城汉营新村石室墓	1.90	3.75	5.65
古城汉营新村砖室墓	无数据	2.3	无数据

续 表

长度　　名称　墓葬	墓道长	墓室长	墓葬总长
嵩明上矣铎1号梁堆墓	2.6	6.1	8.7
嵩明上矣铎2号梁堆墓	1.3	5.4	6.7
保山汪官营蜀汉墓	无数据	8.55	无数据
喜洲弘圭山蜀汉纪年墓	1.2	3.2	4.4
喜洲文阁村西晋墓	无数据	6.2	无数据
喜洲凤阳村西晋墓	无数据	3.6	无数据
凤仪镇新村石室墓	无数据	9.75	无数据
荷花寺村西晋墓	2.3	9	11.3

从表5可以看出,在列出墓道数据的8座墓中,有5座的墓道长度在1—2米之间,2座的墓道长度在2—3米之间,1座的墓道长度在3—4米之间。墓室的长度(这里说的墓室长度是不带墓道的墓葬长度)大致可以分为三个区间,即2—4米、5—8米、8—10米。墓葬总长度基本可以分为三个区间,即4—5米、5—7米、7米以上。由于部分墓葬的墓道和墓葬总长数据缺失,考虑到数据的完整性,可以根据墓室的长短,将这些墓葬分为大、中、小三种类型:小型墓的墓室长度为2—4米,中型墓的墓室长度为5—8米,大型墓的墓室长度为8—10米。这只是根据数据的简单划分,有时根据墓室的多少、墓道长度和墓葬总长,还有一定的偏差,比如,昭通后海子东晋壁画墓,根据墓室长度应归入小型墓中,但是其墓道是所有墓葬中最长的,也是唯一一座带壁画的墓葬,其规格或等级并不算小。

砖室墓、石室墓与砖石合筑墓的平面形式较为多样,根据墓室的多少可以分为两型,再结合墓葬的平面形制、墓顶形状及附属设施的不同,各型墓葬又可以分为若干式。各种型式墓葬的特点如下。

A型:单室墓。对于这种形制的墓葬,其基本特征见表6、表7。

从表6、表7可以看出,A型墓葬的共同特点是:基本都只有一个墓室,一条墓道,平面形状基本都为纵长方形。该型墓葬的墓室基本分覆斗形顶、券顶、拱形顶三种,有的墓葬带有甬道,有的设有壁龛,有的设有排水沟。再根据其墓室形制和附属设施的不同,又划分为三式。

表6　A型单室墓的各组成部分统计及式的划分

墓葬＼名称	墓葬年代	建筑材料	墓室平面形状	墓顶	甬道	墓道	壁龛	墓底	排水沟	式
喜洲弘圭山蜀汉纪年墓	蜀汉，公元247年	砖	纵长方形	券顶	无	有	无	砖	无	Ⅰ式
喜洲凤阳村西晋墓	西晋，公元269年	砖石	纵长方形	券顶	有	有	无	无	无	Ⅰ式
喜洲文阁村西晋墓	西晋，公元285年	砖	纵长方形	无	有	有	无	砖	无	Ⅰ式
姚安莲花池村墓葬	无	砖	纵长方形	券顶	无	有	无	砖	无	Ⅰ式
嵩明上矣铎1号梁堆墓	无	石	纵长方形	券顶	有	有	无	石板	无	Ⅰ式
后海子东晋壁画墓	东晋，公元386—394年	石	正方形	覆斗形顶	无	有	有	砖	有	Ⅱ式
古城汉营新村石室墓	东晋，公元391年	石	正方形	覆斗形顶	无	有	无	夯土和炭屑	无	Ⅱ式
陆良三堆子墓葬	无	石	正方形	覆斗形顶	无	有	无	无记录	无	Ⅱ式
古城汉营新村砖室墓	无	砖	纵长方形	拱形顶	无	无	无	夯土和炭屑	无	Ⅲ式

Ⅰ式：墓室为券顶，墓室平面形状呈纵长方形，墓葬平面形状呈"凸"字形，基本都有甬道，如昆明嵩明上矣铎1号梁堆墓、大理喜洲文阁村西晋墓、大理喜洲凤阳村西晋墓、楚雄姚安县仁和乡清河村公所莲花池村后山半圆形券顶单室砖墓、喜洲弘圭山蜀汉纪年墓，这些墓葬有的是用石板铺底，有的是用砖铺墓底，都不设排水沟。

Ⅱ式：墓室为覆斗形顶，墓室平面形状呈正方形，墓葬平面形状呈"凸"字形，不带甬道。比如昭通后海子东晋壁画墓、曲靖陆良三堆子梁堆墓、晋宁古城汉营新村梁堆下石室墓。只不过有的墓葬在墓道接近墓门处设有左右两个对称的壁龛，并设有排水沟。有的墓葬用砖铺墓底，有的墓葬用夯土和炭屑铺底，但其目的应该都是把墓底整平和防潮。

表7　A型墓葬各式的平面形状

分期	A型		
	Ⅰ式	Ⅱ式	Ⅲ式
蜀汉时期	1		
西晋时期		2 / 3	
东晋南朝时期		4	5

1. 大理喜洲弘圭山蜀汉纪年砖室墓　2. 大理喜洲凤阳村西晋墓　3. 嵩明县上矣铎1号梁堆墓
4. 昭通后海子东晋壁画墓　5. 晋宁县古城汉营新村砖室墓

Ⅲ式：墓室为拱形顶，平面形状呈纵长方形，墓底由一层夯土和一层炭屑构成，应为平整墓底和防潮，如昆明市晋宁古城汉营新村梁堆下砖室墓。

对于A型墓葬，就整体来说其型式的演变还是比较明显的。蜀汉及西晋时期有纪年的墓葬，其建筑材料基本都为砖材，只有一座为砖石结构的，石材只在砌筑四壁时少量使用，而且这两个时期墓葬的墓室平面都呈纵长方形，墓顶全部都是券顶；而到了东晋时期有纪年的墓葬，其建筑材料全都是石材，而且墓室的平面形状全都呈正方形，墓顶全都是覆斗形顶。

B型：双室墓。对于这种形制的墓葬，其基本特征见表8、表9。

从表8、表9可以看出，B型墓葬的共同特点是：基本都是两个墓室，墓室顶部基本为券顶，一条墓道。再根据其墓室平面形制和附属设施的不同，又划分为四式。

Ⅰ式：墓葬的前室都为横长方形，后室都为纵长方形，墓葬的平面形状类似"古"字形，墓室都为券顶，前后室之间有明显的甬道，甬道位于墓室中部，只有一条墓道，墓底用砖或石片平铺，并设有排水沟。比如保山汪官营蜀汉墓和大理市凤仪镇新村石室墓。

表8　B型双室墓的各组成部分统计及式的划分

墓葬\名称	年代	建筑材料	前室	后室	墓葬平面形状	墓顶	前甬道	后甬道	墓道	墓底	排水沟	式
保山汪官营蜀汉墓	蜀汉,公元253年	砖	横长方形	纵长方形	古	券顶	有	有	有	砖	有	Ⅰ式
凤仪镇新村石室墓	无	石	横长方形	纵长方形	古	券顶	有	有	有	石片	有	Ⅰ式
姚安阳派水库晋墓	西晋,公元266—278年	砖石	纵长方形	纵长方形	串	券顶	有	有	有	砖	无	Ⅱ式
禄丰县张通办事处墓葬	无	砖	纵长方形	纵长方形	串	无记录	有	有	有	砖	无	Ⅱ式
荷花寺村西晋墓	西晋,公元289年	石	纵长方形	纵长方形	切刀把	券顶	有	有	有	砖	无	Ⅲ式
嵩明上矣铎2号梁堆墓	无	石	横长方形	纵长方形	丁	券顶	有	无	有	石板	有	Ⅳ式
姚安城东8公里梁堆墓	无	石	横长方形	纵长方形	丁	无记录	有	无	有	无	无	Ⅳ式

表9　B型墓葬各式的平面形状

分期	B型			
	Ⅰ式	Ⅱ式	Ⅲ式	Ⅳ式
蜀汉时期	1			
西晋时期	2	3 4	5	6

1. 保山汪官营蜀汉墓　2. 大理市凤仪镇新村石室墓　3. 张通办事处梁堆墓　4. 姚安阳派水库晋墓
5. 荷花寺村西晋墓　6. 嵩明上矣铎2号梁堆墓

Ⅱ式：墓葬的前后室都为纵长方形，平面形状呈"串"字形，墓室基本为券顶，甬道位于墓室中部，只有一条墓道，墓底铺砖。比如禄丰县碧城镇张通办事处的南北朝墓葬和姚安阳派水库晋墓。只是个别墓葬的前室接近正方形，后室略小。

Ⅲ式：墓葬的前后室都为纵长方形，墓室为券顶，前后室之间甬道的宽和高都与前后室相等，前甬道偏向一侧，墓葬的平面形状为切刀把形。比如大理市荷花寺村西晋墓，墓葬前后室之间的甬道用石砌长 1.4 米，宽和高都与前后室相等的石垣，中间留甬道，前甬道偏向一侧，形状如切刀把。

Ⅳ式：墓葬的前室都为横长方形，后室都为纵长方形，前后室之间的甬道基本没有长度，或与后室等高等宽，看上去前后室基本是连在一起的，墓葬前后室的平面形状呈"丁"字形。如嵩明上矣铎 2 号梁堆墓和姚安城东 8 公里东山脚寨子山村前台田田坝中魏晋时期梁堆墓。只不过有的墓葬用石板平铺墓底，并设有排水沟，比如嵩明上矣铎 2 号梁堆墓。

对于 B 型墓葬，就整体来说，有纪年的墓葬，其演变特征有两点：一是，蜀汉时期墓葬的建筑材料为砖材；而到了西晋时期，墓葬的建筑材料为砖、石混合使用或单纯的石材，但是其墓室顶部都为券顶。二是，墓室的平面形状在发生变化，在蜀汉时期，前室的平面形状为横长方形，后室的平面形状为纵长方形；而到了西晋时期，前室与后室的平面形状均变为纵长方形。

三、墓葬及随葬品的分期

魏晋南北朝时期的墓葬在云南地区发现较多，但是由于这些墓葬都有较大的封土堆，大部分墓葬都遭到不同程度的盗掘，残留随葬器物较为有限，有的墓葬甚至没有任何随葬器物残留，对这一时期墓葬及其随葬器物的研究造成了很大困难。

（一）墓葬的分期及年代研究

对云南地区魏晋南北朝时期墓葬的分期，主要是基于上文对该地区这一时期墓葬的类型学研究，加之墓葬本身的年代进行的。但是，对于一些没有纪年的墓葬，就无法按年代分期，因此，要对这些墓葬进行分期就必须先确定那些没有纪年的墓葬的大致时代。本人根据上文对墓葬型式的划分，及随葬品的器物组合特征，对这些没有纪年的墓葬进行了时代上的大致推断。

对于 A 型墓葬来说，大部分都有确切的纪年，只有姚安县仁和乡清河村公所莲花池村后山半圆形券顶单室砖墓、嵩明上矣铎1号梁堆墓、陆良三堆子梁堆墓及晋宁古城汉营新村梁堆下砖室墓没有纪年。但是根据表6对这些墓葬的式的划分，这几座墓葬各自的特点及A型墓葬的总体特征，对这几座没有纪年的墓葬的时代还是可以作一个大致的判断。

姚安县仁和乡清河村公所莲花池村后山半圆形券顶单室砖墓为A型Ⅰ式，该墓葬的建筑材料为砖材，墓室的平面形状为纵长方形，墓顶为券顶。根据A型墓葬的总体特征，大体可以确定，该墓葬的年代范围应该是在蜀汉或西晋时期。

嵩明上矣铎1号梁堆墓为A型Ⅰ式，该墓的建筑材料虽然是石材，与东晋时期墓葬的建筑材料相同，但其墓室平面形状又呈纵长方形，而且墓室的顶部为券顶，与西晋时期墓葬的平面形制及墓顶结构相同。据此可以推断，该墓葬的形制应属A型Ⅰ式向A型Ⅱ式过渡的阶段，因此可以确定，该墓葬的年代应为西晋时期到东晋早期，再结合下文对嵩明上矣铎2号梁堆墓时代的推断，嵩明上矣铎1号梁堆墓的时代应为西晋。

陆良三堆子梁堆墓为A型Ⅱ式，该墓的建筑材料与墓室的平面形状，都与昭通后海子东晋壁画墓、晋宁古城汉营新村梁堆下石室墓一致，只不过昭通后海子东晋壁画墓在墓道接近墓门处设有左右两个对称的壁龛，其时代应该在同一时期，或者稍晚。另外该墓葬覆斗形顶中央的一块刻石上有刻画图案，发掘者将刻石上的图案和现存于陆良县城南14公里薛官堡内的爨龙颜碑（该碑为刘宋大明二年）相比较，碑额上有和盝顶相同的日、月图案，还有相同的青龙图案（爨龙颜碑上为浮雕，盝顶上为阴刻），两块石刻上的文化艺术风格一致[1]。那么，该墓葬的年代有可能下延到南朝时期。

晋宁古城汉营新村梁堆下砖室墓由于与晋宁古城汉营新村梁堆下石室墓位于同一个梁堆下，根据石室墓内的刻字"守门吏先缢其人猛勇也"及铭文"大元十六年岁在辛卯十月下□造之"可以推断该砖室墓的年代应为东晋孝武帝太元十六年，即公元391年。

另外还有一些尚未发表的资料，比如昆明黑土凹一号墓和呈贡倪家营一号墓，都为覆斗形石室墓，墓室两侧壁外弧，均被盗，呈贡倪家营一号墓残存金发针1根、铁削6件、铜带扣1件及一些破碎的陶片[2]。从墓葬形制来看，应属于A型Ⅱ式，时代应

---

[1] 支云华：《陆良三堆子村发现一座南北朝时期墓葬》，《云南文物》1997年第2期。
[2] 孙太初：《云南"梁堆"墓之研究》，《云南铁器时代文化论》，云南人民出版社，1992年，第112—113页。

该在东晋南朝时期。

对于 B 型墓葬来说有纪年的墓葬数量较少,只有三座。没有纪年的墓葬较多,有大理市凤仪镇新村石室墓、禄丰县碧城镇张通办事处的南北朝墓葬、嵩明上矣铎 2 号梁堆墓及姚安城东 8 公里东山脚寨子山村前台田田坝中魏晋时期梁堆墓四座。根据这四座墓各自的特点、随葬品特征、B 型墓葬的总体特点,及与 A 型墓葬的关系,对这几座没有纪年的墓葬的时代还是可以作一个大致的判断。

大理市凤仪镇新村石室墓为 B 型 I 式,该墓葬的建筑材料为石材,因此可以大致确定其年代应该是西晋及其以后的。该墓葬的前室平面呈横长方形,后室平面形状呈纵长方形,墓室顶部为券顶,墓葬平面形状呈"古"字形,在形制上与 B 型 I 式的保山汪官营蜀汉纪年墓一致,只是保山汪官营蜀汉纪年墓是砖结构的,而该墓为石结构的。根据 B 型墓葬的整体特征,那么该墓葬的年代应该是西晋。

禄丰县碧城镇张通办事处的南北朝墓葬为 B 型 II 式,该墓葬的前后室平面形状都呈纵长方形,与同一型式的姚安阳派水库晋墓相同,墓底都铺砖,均为纵横平铺,只是该墓葬的建筑材料为砖材,而姚安阳派水库晋墓的建筑材料为石材。从型式上看,该墓葬是从 B 型 I 式到 B 型 II 式的渐变,再根据 B 型墓葬的整体特征,可以推断该墓的年代应为西晋时期。

嵩明上矣铎 2 号梁堆墓与姚安城东 8 公里东山脚寨子山村前台田田坝中魏晋时期梁堆墓都为 B 型 IV 式,墓葬的建筑材料及墓室的平面形制都相同,应为同一时期。而嵩明上矣铎 2 号梁堆墓和嵩明上矣铎 1 号梁堆墓根据墓葬的地理位置和随葬品特征看,应该是同一时期的有关系的两座墓,只是墓葬形制不同罢了。根据嵩明上矣铎 1 号梁堆墓的相对年代和 B 型墓葬的整体特征,可以推断嵩明上矣铎 2 号梁堆墓和姚安城东 8 公里东山脚寨子山村前台田田坝中魏晋时期梁堆墓的年代应在西晋时期。

根据 A 型、B 型墓葬所处的时代及其型式的发展演变,可以将这些墓葬分为三个时期:一是蜀汉刘禅时期(公元 223—公元 263 年);二是西晋时期(公元 266—公元 316 年);三是东晋到南朝刘宋时期(公元 317—公元 479 年)。详见表 8。其中有几座墓由于随葬品被盗,其具体时代单从型式上难以进行精确推断,比如姚安县仁和乡清河村公所莲花池村后山半圆形券顶单室砖墓和禄丰县碧城镇张通办事处的南北朝墓葬,目前只能推断这两座墓是蜀汉到西晋时期的,具体属于蜀汉还是西晋,难以确定,暂归入西晋时期。详见表 10。

表10　云南地区魏晋南北朝时期墓葬的分期

分期	墓葬地点及名称	型　式	年　代	备　注
蜀汉时期	大理喜洲弘圭山蜀汉纪年墓	A型Ⅰ式	公元247年	
	保山汪官营蜀汉墓	B型Ⅰ式	公元253年	
	保山汉庄蜀汉墓	无	公元253年	
	大理喜洲弘圭山蜀国墓	无	公元247年	
西晋时期	姚安县仁和乡清河村公所莲花池村后山半圆形券顶单室砖墓	A型Ⅰ式	蜀汉或西晋	
	禄丰县碧城镇张通办事处的南北朝墓葬	B型Ⅱ式	蜀汉或西晋	原资料认为在南北朝
	大理喜洲凤阳村西晋墓	A型Ⅰ式	公元269年	
	大理喜洲文阁村西晋墓	A型Ⅰ式	公元285年	
	嵩明上矣铎1号梁堆墓	A型Ⅰ式	西晋	
	楚雄姚安阳派水库晋墓	B型Ⅱ式	公元266—278年	
	大理祥云县云南驿青石湾晋代石墓	无	公元287年	
	大理市凤仪镇新村石室墓	B型Ⅰ式	无	
	大理市荷花寺村西晋墓	B型Ⅲ式	公元289年	
	嵩明上矣铎2号梁堆墓	B型Ⅳ式	西晋	
	姚安城东8公里东山脚寨子山村前台田田坝中魏晋时期梁堆墓	B型Ⅳ式	西晋	
东晋南朝时期	后海子东晋壁画墓	A型Ⅱ式	公元386—394年	
	晋宁古城汉营新村梁堆下石室墓	A型Ⅱ式	公元391年	
	晋宁古城汉营新村梁堆下砖室墓	A型Ⅲ式	公元391年	
	昆明古庭庵覆斗墓盖[1]	无	无	中有佛像,莲瓣纹,无文字
	曲靖陆良县三堆子南北朝时期梁堆墓	A型Ⅱ式	无	
	陆良马街镇漾稻办事处坝岩梁堆墓	无	公元371年	
	昆明黑土凹一号墓[2]	A型Ⅱ式	东晋南朝时期	
	呈贡倪家营一号墓[3]	A型Ⅱ式	东晋南朝时期	

[1]　陈碧霞、张玉华:《云南省博物馆资料室所藏碑刻拓片目录》,《云南文物》1994年第37期。

[2]　孙太初:《云南"梁堆"墓之研究》,《云南铁器时代文化论》,云南人民出版社,1992年,第112—113页。

[3]　孙太初:《云南"梁堆"墓之研究》,《云南铁器时代文化论》,云南人民出版社,1992年,第112—113页。

蜀汉时期,目前发现的墓葬,主要为 A 型 I 式和 B 型 I 式,都为蜀汉刘禅延熙年间的墓葬。这一时期的墓葬,无论是 A 型还是 B 型,其建筑都为砖结构的,墓室顶部都为券顶。残存的随葬品以陶器居多,有少量铜器。

西晋时期,目前发现的墓葬主要为 A 型 I 式和 B 型 I 式、II 式、III 式、IV 式。这一时期的墓葬,有纪年的墓葬基本都是在西晋武帝司马炎时期,建筑为砖石结构或石结构。残存的随葬品以陶器为主,少量铜器、金银器,偶见铁器和瓷器。

东晋南朝时期,目前发现的墓葬主要为 A 型 II 式和 A 型 III 式。有纪年的墓葬,主要在东晋海西公和孝武帝时期。这一时期的墓葬,除 A 型 III 式为砖室陪葬墓,其他墓葬全部为单室石室墓,墓室平面形状为正方形,墓室为覆斗形顶,顶部中央雕刻莲花图案及其他图案。残存的随葬品以陶器和铁器为主,少量铜器和金器。

(二) 随葬品的考古学研究

本文只能根据残留的随葬器物进行简单的分析和探讨,现将墓葬的随葬器物及墓葬年代统计如下表11。

表11 墓葬年代及其随葬品分类统计

类别 墓葬	年代	铜器	铁器	金银器	陶 器	瓷器	石制品
大理喜洲弘圭山蜀汉纪年墓	蜀汉,公元247年	小铜泡3个	棺钉		少量的罐残片、绳纹筒瓦、板瓦碎片		
保山汪官营蜀汉墓	蜀汉,公元253年	刀1件			牛俑2件、鸭俑4件、鸡俑2件、狗俑1件、座1件、罐1件、仓1件、钵、缸等残片		
保山汉庄蜀汉墓	蜀汉,公元253年				俑、水井模型、仓楼模型,牛、鸡、狗模型		
大理喜洲凤阳村西晋砖石合筑墓	西晋,公元269年		棺钉5个		罐2件、碗1件、釜1件		
姚安阳派水库晋墓	西晋,公元266—278年	釜(与陶甑配套)1件、镰斗1件、叉形器1件			罐5件、甑1件、杯2件、碗2件、仓1件、金甑1套		
大理喜洲文阁村西晋砖室墓	西晋,公元285年		棺钉5个		罐5件、碗1件、盆1件、蛇俑1件、小口带流器1件、兽俑足1件		

续 表

类别 墓葬	年代	铜器	铁器	金银器	陶器	瓷器	石制品
大理市荷花寺村西晋墓	西晋，公元289年		俑1件		马俑1件、灯1件、罐3件、钵8件、釉陶钵1件、碟1件、釉陶碟1件、牛角、马蹄、鞍、鸡首、俑等残件		
姚安城东8公里梁堆墓	西晋				每面五沟六脊陶房1件、鸡俑2件、盆1件		
嵩明县上矣铎1号梁堆墓	西晋	耳杯、鎏金铜器残件等			甑、罐、钵、盆、耳杯、俑头		
嵩明县上矣铎2号梁堆墓	西晋	跪俑、镳斗、刀、泡钉、五铢钱		人形金箔	俑	青瓷碗	
禄丰碧城镇张通办事处的南北朝墓葬	西晋	釜、甑、洗、勺、破碎的马	环首铁刀		罐、釜、鸡俑、鸭俑、鸟俑		
陆良马街镇漾稻办事处坝岩梁堆墓	东晋，公元371年						墓志
晋宁县古城汉营新村梁堆下砖室墓	东晋，公元391年				罐2件、仓1件、甑1件、盆1件、圆形池塘模型1件		
呈贡倪家营一号墓	东晋南朝时期	带扣1件	削6件	金发针1件	破碎陶片		

从表11可以看出，云南地区魏晋南北朝时期墓葬的随葬品，主要以陶器为主，其次为铜器、瓷器、金器、铁器，铁器以铁棺钉较多，到东晋时期，开始出现墓志。现对这些随葬器物按类别进行分析和探讨。

1. 陶器

陶器在墓葬随葬品中的使用，是比较普遍的，器类也比较多。

蜀汉时期，生活用器主要是罐、钵、缸、仓、器座；动物类的主要有牛、鸭、鸡、狗；人物俑主要有男俑头、女俑头；建筑类的主要有水井模型、仓楼模型。

西晋时期，生活用器主要有罐、钵、仓、盆、碗、釜、甑、杯、耳杯、碟、灯，小口带流器；釉陶钵，釉陶碟；动物类的有鸡、鸭、鸟、蛇、马、兽俑足（残），此外还有牛角、马蹄、鞍等残件；人物俑主要有陶俑身躯（残）、陶俑头等；建筑类的主要有每面五沟六脊陶房。

东晋时期，生活用器主要有罐、甑、仓、盆等；建筑类的主要有圆形陶池塘模型。

陶器器形的演变(表12)具有时代特征，由于材料的缺乏，现仅就部分器物进行简要对比。

表12　云南地区魏晋南北朝时期墓葬陶器组合与演变

	Ⅰ式罐	Ⅱ式罐	Ⅲ式罐	甑	仓
西晋时期	1	2		3	4
东晋南朝时期		5	6	7	8

1—2.大理市荷花寺村西晋墓　3—4.姚安阳派水库晋墓　5—8.晋宁县古城汉营新村梁堆墓

2.金属器

由于在这一时期的墓葬中，金属类的随葬器物较少，因此放在一起来说，主要分为青铜器、铁器、金银器等。铜器，蜀汉时期主要是铜刀、小铜泡；西晋时期主要是铜釜、铜甑、铜䥶斗、叉形器(两端为钳形)、铜耳杯、铜洗、铜勺、铜刀、铜马鎏金铜器、铜跪俑、铜泡钉、五铢钱等；东晋南朝时期，主要是铜带扣等。其中叉形器与河南洛阳华山路西晋墓铜叉形饰(CM2349：31)[1]形制大致类似，可能受中原文化影响。铁器，蜀汉时期主要是固定棺木的铁棺钉；西晋时期，主要有铁㧏和环首铁刀，此外铁棺钉仍在使用；东晋南朝时期，主要是铁削等。金器，西晋时期嵩明上矣铎2号墓中残留的人形金箔；东晋南朝时期的金发针等。

3.瓷器

瓷器在云南地区很少发现，只在昆明嵩明县上矣铎2号梁堆墓里出土一件青瓷

---

[1] 洛阳市第二文物工作队：《洛阳华山路西晋墓发掘简报》，《文物》2006年第12期。

碗。釉呈青黄色，应是釉料含铁，在氧化气氛中烧成所致，内部施满釉，外部施釉不致底，应为蘸釉、垫烧。该碗为唇沿、近直口，靠近口沿处饰弦纹，弧腹，腹部较浅，为西晋时期的典型器物[1]。

四、墓葬及随葬品所反映的社会状况

(一) 生产生活状况

从墓葬的随葬品看，云南地区这一时期，青铜器仍然作为生产生活用品，在社会生活中扮演着重要角色。在日常生活中，铜釜、铜甑、铜洗、铜鐎斗、铜勺、铜刀、铜耳杯等具有不可或缺的地位；铜带扣作为饰品，象征着个人品位和富有程度；鎏金铜器、铜跪俑、铜泡钉、铜马等作为明器或陈设器可能只是代表着一个家庭的经济状况。

铁器的使用并不普遍，只是运用到生活用品中，如铁刀、铁削、铁棺钉等，在人们的生产生活中并不占有太大比重。但是在今贵州和云南东部地区的汉墓中，出土大量的铁器，有犁、镬、铲、锄等生产工具，釜、刀、匕首、削、交股剪、三脚架、四脚架、剑、矛等生活用具和兵器[2]。导致这一现象的原因可能是魏晋南北朝时期，战乱频繁，铁器的生产制造没有稳定的社会环境，或者是与这一时期墓葬大都被盗，铜铁类的随葬品被盗有关。

金银制品在墓葬中也不常见，残留的主要是装饰品，如西晋时期的人形金箔，东晋南朝时期的金发针等。

陶器则作为大众生活用具，普遍使用，与汉代的风格相差不多，在日用器上仍然是罐、碗、钵、盆、缸、釜、甑、杯、耳杯、碟、灯、仓等及釉陶类器物；以及人物俑、动物模型、建筑模型等。生产用的水井模型、池塘模型等，说明了汉代对云南地区的开发得到了有效的继承和发展，使得这里的农耕经济在魏晋南北朝时期继续进步。

瓷器在云南地区很少发现，只在昆明嵩明县上矣铎2号梁堆墓里出土一件青瓷碗。云南地区这一时期并未发现有瓷窑遗址，还不能独自烧造瓷器，该地区的瓷器均为外来瓷，与中央辖区相比，数量极少，瓷器在生活中不占重要地位。

云南地区这一时期的商品交易不再使用贝类，而是改用了五铢钱作为货币，五铢

---

[1] 冯先铭：《中国陶瓷》，上海古籍出版社，2001年，第253—310页。
[2] 陈天俊：《从出土文物看汉晋时期"南中"的社会经济》，《四川文物》1984年第4期。

钱在这一时期的墓葬中经常发现。

（二）社会形态

政治上来说，三国时期，云南处于蜀汉的管辖范围。蜀汉时期，中央对云南地区的控制是比较稳固的，这一时期的社会形态，反映在墓葬上，表现为墓葬形制与中央辖区内的较为一致，并且比较单一。云南地区的墓葬形制主要分两种，即 A 型 I 式和 B 型 I 式。随葬品的组合也基本效仿中央辖区但又略显单调，不见中央辖区内常见的青瓷器，比如带系罐、碗等；陶器方面也不见镇墓俑、镇墓兽等。

这些现象的出现，可能与蜀汉时期中央对云南地区的统治政策有关，蜀汉时期，南中"大姓""夷帅"割据反叛，公元 225 年，蜀汉丞相诸葛亮南征，以军事手段平定南中四郡后，改四郡为七郡。南中平定以后，诸葛亮承袭两汉羁縻政策，采取"即其渠帅而用之"的政策，不留官、不留兵、不运粮，通过南中大姓、夷帅来统治南中地区。蜀汉王朝对各郡县官吏，大量任用各族君长，诸葛亮还采取了"收其俊杰"的政策，将各族著名首领吸收到蜀汉地方政权，甚至中央政权中，并委以要职，如建宁太守李恢、云南太守吕凯、永昌太守王伉等。李恢是"方土大姓"，授以总管南中诸郡的庲降都督的要职，以军功封汉兴亭侯，加安汉将军。此外还有建宁的爨习授领军将军、朱提的孟琰授辅汉将军。益州大姓孟获，归顺之后，官至御史中丞，有"受公卿奏事，举劾案章"的重权[1]。蜀汉采取的这些措施使得云南地区夷汉相安，经济发展，使其有机会和条件接受汉文化的习俗。总之，一方面是云南地区少数民族对汉文化的抵制，一方面是汉文化对少数民族的渗透，才使得这一时期云南地区的墓葬既有与中央辖区相同的因素，又没有与中央辖区完全相同。

在西晋时期云南地区的墓葬形制开始形成自己的风格，与中央辖区相比，建筑材料逐渐由砖转换成石，最终石室墓完全取代砖室墓，成为云南地区的特点之一。另外，蜀汉时期的墓葬形制在西晋时期仍然使用，比如蜀汉时期的 A 型 I 式、B 型 I 式到西晋时期演变为 B 型 IV 式。另外，又新出现了与中央辖区相同的墓葬形制，比如 B 型 II 式、B 型 III 式。出现这种现象可能与西晋时期中央对云南的政策有关，西晋时期在云南地区设置职官治理，经常变更州郡的建制，实行武治，导致中央与地方矛盾激化，引发战争，双方力量都遭到削弱，经济发展不甚景气。地方对中央持抵制态度，中央王朝也不能有效控制地方，因此，文化上的交流融合就不能有效进行，反映在墓葬

---

[1] 林荃：《中央王朝治理云南的政策》，《云南铁器时代文化论》，云南人民出版社，1992 年，第 78—87 页。

上就具有明显的滞后性。

西晋到南朝时期墓葬的一个显著变化是：双室墓不再使用，墓室平面形状由长方形转变为正方形，墓葬的建筑由蜀汉时期的砖结构转变为西晋时期的砖结构、砖石结构与石结构并存，东晋时期石室墓完全取代砖室墓成为主流。另外，佛教文化在墓葬中的反映加强，蜀汉、西晋时期，墓葬中并未出现带有宗教文化特征的装饰图案，到东晋南朝时期，石室墓的墓葬结构走向统一，覆斗形顶顶部的石板雕刻代表佛教文化的莲花图案及代表道教文化的图案成为定式，反映了这一时期宗教信仰与人们生活的关系逐渐密切，并扮演着重要角色。

东晋南朝时期，由于战乱不断，王朝更替频繁，当地人民对安定和平生活的向往，佛教传入，道教形成，使得当地人们有了新的希望。表现在墓葬方面，主要是结合中央辖区的墓葬形制，形成了独具风格的单室正方形石室墓，覆斗形顶，浮雕莲花。壁画墓的壁画也是没有战争，一片祥和之貌，比如昭通后海子东晋壁画墓，四壁绘画均没有表现战争的场面，而是满布祥云、莲花等图案，绘画中人物主要以仪仗、狩猎等娱乐为主。另外，东晋南朝时期，墓志和墓碑再次出现，曹魏时期提倡薄葬，禁止墓前立碑，而在东晋时期，云南地区的墓葬再现墓志和墓碑，例如陆良马街镇漾稻办事处坝岩梁堆墓墓室内出土墓志一方，长0.6米、宽0.4米，刻"泰和五年岁在辛未正月八日戊寅立爨龙骧之墓"铭文。此外，现存曲靖一中爨轩内的全称为"晋故振威将军建宁太守爨府君墓碑"的爨宝子碑，及现存于曲靖市陆良贞元堡小学的全称为"宋故龙骧将军护镇蛮校尉宁州刺史邛都县侯爨使君之碑"的爨龙颜碑，都说明了东晋南朝时期，墓碑再次使用。其中爨宝子碑是东晋时期的，而爨龙颜碑是南朝刘宋时期的。墓志及碑刻的出现，说明东晋南朝时期，禁碑之风随着王朝更替在云南地区已成往事。

（三）民俗民风

墓葬形制方面，云南地区魏晋时期的墓葬形制，基本与中央辖区相似；到了东晋南朝时期，虽然仍表现出与中央辖区墓葬的相似性，但又有自己的风格。在东晋南朝时期，云南地区的墓葬形制主要是单室石室墓，墓室平面形状呈正方形，墓顶为覆斗形顶。刻画及壁画图案：东晋时期覆斗形顶的墓葬中，覆斗中央雕刻莲花图案及其他图案，这些莲花图案有四瓣莲花（图2）、六瓣莲花（图5）、十二瓣莲花（图6），二十四瓣莲花[1]等；有的还有青龙、白虎、朱雀、玄武等图案。比如昭通后海子东晋壁画墓中

---

[1] 支云华：《陆良三堆子村发现一座南北朝时期墓葬》，《云南文物》1997年第2期。

的壁画有六瓣莲花和十二瓣莲花图案,还在墓室的西、东、南、北四壁分别绘有青龙(图3)、白虎(图4)、朱雀(图5)、玄武(图6)四象图案。再如陆良三堆子南北朝时期墓葬在墓室顶部中央一块正方形石板上刻画图案,石板中央浮雕莲花,莲花有两重共24个花瓣,莲花周围阴刻金乌、月宫、伎乐天、北斗七星及鱼等图案。

图2 晋宁县古城汉营新村梁堆墓墓顶图案

(图片来源:晋宁县文物管理所《晋宁县古城汉营新村梁堆墓清理简报》)

图3 昭通后海子东晋墓西壁壁画(摹本)

(图片来源:云南省文物工作队《云南省昭通后海子东晋壁画墓清理简报》)

图 4　昭通后海子东晋墓东壁壁画(摹本)

(图片来源:云南省文物工作队《云南省昭通后海子东晋壁画墓清理简报》)

图 5　昭通后海子东晋墓南壁壁画(摹本)

(图片来源:云南省文物工作队《云南省昭通后海子东晋壁画墓清理简报》)

图6 昭通后海子东晋墓北壁壁画（摹本）

（图片来源：云南省文物工作队《云南省昭通后海子东晋壁画墓清理简报》）

随葬品组合方面，云南地区这一时期的随葬品，大都表现出与中央辖区随葬品相似或相同的风格，没有体现少数民族风俗的特殊随葬品。这可能是这些墓葬被盗严重，残留随葬品太少的缘故，也有可能是这一时期的墓葬墓主受到汉文化的较大影响所致，或者这些墓主为汉人移民。

宗教信仰方面，从这些墓葬中的刻画图案看，莲花是佛教的标志，而青龙、白虎、朱雀和玄武是道教信奉的神灵，代表着道教。这些墓葬内的壁画或刻画图案中，都既有象征佛教的莲花，又有代表道教的神灵，说明这一时期，云南地区人民的信仰是复杂的，不是单纯只信仰一种宗教，而是同时信仰两种宗教。莲花象征着佛国净土，寄托着佛教徒的希望，莲花图案在东晋南朝时期墓葬内的盛行，侧面反映了当时社会的动乱和人民生活的艰辛。另外，无论是墓顶石刻，还是墓葬壁画，莲花图案都居于中间地位。这种莲花居中四神居外的现象，应该是佛教和道教在当地人民生活中地位的反映，佛教应该是当时居于主导地位的宗教，而道教则居于附属地位，也从侧面说明了当时的民众出于种种原因，对各种神灵都加以礼敬。

衣着方面，这一时期人们的着装也可以从墓葬壁画中略知一二。帽子有小圆帽，黄色平顶小帽，墨色尖顶小圆帽，淡墨色和墨色"元宝式"帽，顶部插一簇毛的盔形帽；

衣服有淡墨色长袍,淡黄色和土黄色合衽长袍,暗红色道袍式的合衽长衫,土黄色、淡墨色、白色和暗红色四种颜色的短褂,方格纹短褂,土黄色短上衣,竖条纹长袍,土黄色的缀小圆圈纹披毡,暗红色的缀树枝条状纹的披毡,淡墨色披毡,土黄色披毡,淡黄色、暗红色、墨色和淡墨色长袴;鞋靴有墨色靴,土黄色鞋等[1]。

社会生活方面,少数民族与汉族共同生活。图3中西壁下方绘四排曲:第一排共13人,为手执环首铁刀的汉族部曲;第二排亦为13人,绘梳类似彝族"天菩萨"发式的少数民族部曲,天菩萨发式与今大小凉山地区彝族男子的剃发样式相同,仅于额前留一束,谓之"天菩萨",为身体上神圣不可侵犯之处;第三排共14人,亦为少数民族部曲;第四排残存部分有4人,为骑马的汉族部曲。从着装看,汉族部曲的着装与少数民族部曲服装并不一致。汉族部曲戴淡墨色"元宝式"帽,穿短褂、长袴与靴,手持环首铁刀;少数民族部曲梳今"天菩萨"发髻,披披毡。披毡是一种羊毛质的似披风式的外衣,今大小凉山地区与滇东北地区彝族男女皆有,今滇东北地区汉族男女亦有,为重要的御寒衣服。披毡有土黄色缀小圆圈纹的,也有暗红色缀树枝条状纹的[2]。

对于图3中西壁下方的绘画,还有另一种解释,即李昆声先生在《云南艺术史》中提到的云南民族学院王叔武教授的看法。即认为第1列汉族持兵器,第4列汉族骑马,而第2、3列彝族手无寸铁,并被夹在队列中,从绘画效果看,是在押解途中,这幅壁画实际上是墓主人霍承嗣生前劣迹的写照[3],反映了中央对少数民族的镇压政策。

房屋建筑方面,从昭通后海子东晋壁画墓的壁画中可以反映出当时的一些建筑特点(图3、4、5)。其中图3和图4中均有一座双层"龙楼",四阿式顶,一斗二升柱头铺作,栱作明显的双曲线形,下檐两边柱头铺作的栱与升间衬有束腰状木板;图4有阙一座,双层。图5中绘一座四阿式的房顶,以赭色线条勾画而成,上有明显的檐瓦,柱头铺作有二升无坐斗;东檐因脱落残缺一部分,从残存部分看,应为面阔四间,两端的两间较窄,中部两间较宽。

五、结　　语

云南地区魏晋南北朝时期的墓葬,主要分为滇东和滇东北、滇中、滇西三个区,这些墓葬可以分为A型和B型。

---

[1] 云南省文物工作队:《云南省昭通后海子东晋壁画墓清理简报》,《文物》1963年第12期。
[2] 云南省文物工作队:《云南省昭通后海子东晋壁画墓清理简报》,《文物》1963年第12期。
[3] 李昆声:《云南艺术史》,云南教育出版社,1995年,第165页。

A型墓葬为单室墓,分为三式。A型Ⅰ式墓葬的墓室为券顶,墓室平面形状呈纵长方形,墓葬平面形状呈"凸"字形,基本都有甬道;A型Ⅱ式墓葬,墓室为覆斗形顶,墓室平面形状呈正方形,墓葬平面形状呈"凸"字形,不带甬道;A型Ⅲ式墓葬,墓室为拱形顶,平面形状呈纵长方形,墓底由一层夯土和一层炭屑构成。A型墓葬的变化特征为:蜀汉到西晋时期的墓葬,由砖室墓向石室墓过渡,到东晋南朝时期,石室墓取代砖室墓占据主导地位,墓室的平面形状由纵长方形转变为正方形,墓顶形状由券顶变为覆斗形顶。

B型墓葬为双室墓,分为四式。B型Ⅰ式墓葬的前室都为横长方形,后室都为纵长方形,墓葬的平面形状类似"古"字形,墓室都为券顶,前后室之间有明显的甬道,甬道位于墓室中部,只有一条墓道,墓底用砖或石片平铺,并设有排水沟;B型Ⅱ式墓葬的前后室都为纵长方形,墓室基本为券顶,甬道位于墓室中部,只有一条墓道,墓底铺砖;B型Ⅲ式墓葬的前后室都为纵长方形,墓室为券顶,前后室之间甬道的宽和高都与前后室相等,前甬道偏向一侧,墓葬的平面形状为切刀把形;B型Ⅳ式墓葬的前室都为横长方形,后室都为纵长方形,前后室之间的甬道基本没有长度,或与后室等高等宽,看上去前后室基本是连在一起的,墓葬前后室的平面形状呈"丁"字形。B型墓葬的变化规律是:蜀汉到西晋时期墓葬的建筑材料由砖材转变为砖、石混合使用或单纯的石材,但是其墓室顶部都为券顶。另外,蜀汉到西晋时期,既大体延用了蜀汉时期B型Ⅰ式墓葬的形制又有所改变,出现了前室与后室均为纵长方形的墓葬形制。

这一时期的墓葬主要分为三个时期,即蜀汉时期、西晋时期和东晋南朝时期。蜀汉时期的墓葬,主要为A型Ⅰ式和B型Ⅰ式;西晋时期,目前发现的墓葬主要为A型Ⅰ式和B型Ⅰ式、Ⅱ式、Ⅲ式、Ⅳ式;东晋南朝时期,目前发现的墓葬主要为A型Ⅱ式和A型Ⅲ式。与周边地区相比,其墓葬形制基本都可以找到某些相似之处。

云南地区魏晋南北朝时期墓葬的随葬品主要以陶器为主,其次为铜器、瓷器、金器、铁器,到东晋时期,开始出现墓志。这些特征基本与中央辖区及周边地区一致又相对简单和滞后,没有突出少数民族特色的随葬品。

在社会生产生活方面,云南地区这一时期,青铜器仍然作为生产生活用品,在社会生活中扮演着重要角色;铁器的使用并不普遍,只是在生活用具中占有一定比例;金银制品在墓葬中也不常见,残留的主要是装饰品;瓷器在云南地区很少发现,基本都是外来瓷;陶器则作为大众生活用具,普遍使用。农耕经济在魏晋南北朝时期继续发展、进步。在经济生活方面,五铢钱作为商品交易的媒介,在这一时期广泛使用。在社会风俗方面,到东晋时期,云南地区的人们开始普遍信仰宗教,而且可能同时信仰两种宗教,即佛教和道教,佛教在人们的宗教信仰中占据主导地位,而道教则处于次要地位。

川渝地区唐宋石窟中的千手观音研究

许国军

千手千眼观音,是唐宋时期汉密教造像中较为流行的题材之一,被列为佛教的六大观音之一。川渝地区千手观音造像的形象和眷属,或是根据经书之中对"千手千眼观音"所描述之形象塑造而成,或是工匠口口相传而来,经过世代的发展,也有其自身的特点。"诸多世俗之物也加入到千手观音所持法器、宝物的行列"[1],此话虽然是针对敦煌的千手观音造像,但是川渝地区的造像亦是如此。因供养千手观音能够达到"无愿不果"等效果,深受各阶层,尤其是黎民百姓的欢迎。川渝地区千手观音造像数量较多,也相对集中,本文试通过对千手观音的龛型和造像特征,如坐姿、面数、臂数(正大手)以及眷属的分析,来获取更多千手观音造像所体现的文化内涵。

吕建福先生在《中国密教史》一书中,对千手观音的信仰及其特点和千手观音的大致分布进行了简单的介绍[2]。在《观音信仰的渊源与传播》一书中,李利安先生对古代印度观音信仰的起源、发展、变革,在中国的传播、发展,以及受到本土文化(如道教信仰和儒家思想等)影响的表现领域等等问题,都有详细的研究[3]。王惠民先生在《敦煌千手千眼观音像》一文中对敦煌千手观音的造型特征、眷属及其信仰有详细的考究[4]。彭金章先生在《千眼照见 千手护持——敦煌密教经变研究之三》一文中,对千手观音初入中国的传播历程、千手观音的造像特征(姿势、面数、正大手、眷属)以及千手观音在敦煌传播的历史背景等方面作了详细的研究[5]。

---

[1] 彭金章主编:《敦煌石窟全集·密教画卷》,商务印书馆,2003年,第40页。
[2] 吕建福:《中国密教史(修订版)》,中国社会科学出版社,2011年,第468—470页。
[3] 李利安:《观音信仰的渊源与传播》,宗教文化出版社,2008年。
[4] 王惠民:《敦煌千手千眼观音像》,《敦煌学辑刊》1994年第1期。
[5] 彭金章:《千眼照见 千手护持——敦煌密教经变研究之三》,《敦煌研究》1996年第1期。

在川渝地区千手观音造像的研究方面，同样也取得了丰硕的成果。姚崇新先生在《巴蜀佛教石窟造像初步研究——以川北地区为中心》一书中，对川渝地区关于千手观音的文献记载作了简单的介绍，对千手观音的眷属、正大手、面数、臂数、姿势等方面的造型特征也作了详细的分析。但是其研究的重点对象是分布在大足宝顶山以及北山的营盘坡、观音坡、佛湾等地的10龛千手观音造像，对大足以外的千手观音并没有作详细研究[1]。

胡文和先生在《四川道教佛教石窟艺术》一书中，对川渝地区千手观音的材料进行了简单的介绍，对千手观音的姿势、臂数、眼数、面数等造像特征也有简单的说明，还选择保存较为良好的窟龛，把主尊的眷属与《千手观音造次第法仪轨》进行对比、辨识，识别出许多《仪轨》中不曾提到的眷属，如"大黑天"等等[2]。在《四川与敦煌石窟中的"千手千眼大悲变相"的比较研究》一文中，把川渝地区的千手观音与敦煌石窟中的70幅壁画在臂数、面数、眷属、姿势等方面进行详细的比较研究[3]。

李翎女士在《十一面观音像式研究——以汉藏造像对比研究为中心》一文中说到，研究佛教造像比较理想的研究思路就是图像学研究和类型学的分析[4]。而在姚崇新和胡文和两位先生的论著中，均没有用到类型学的方法。本文对川渝地区的千手千眼观音造像进行简单的分类，在姚崇新先生和胡文和先生研究的基础上进行简单的图像学分析。

一、千手观音造像分布和材料收集

（一）千手观音造像的分布区域

胡文和先生在《四川道教佛教石窟艺术》一书中统计，四川省有石窟的县有56个，窟龛在10个以上的近300余处[5]，可以说四川省是一个石窟大省。千手千眼观音造像也不逊色，根据笔者收集的材料，仅唐宋时期就有32龛，当然这不是全部，实

---

[1] 姚崇新：《巴蜀佛教石窟造像初步研究——以川北地区为中心》，中华书局，2011年。
[2] 胡文和：《四川道教佛教石窟艺术》，四川人民出版社，1994年。
[3] 胡文和：《四川与敦煌石窟中的"千手千眼大悲变相"的比较研究》，《佛学研究中心学报》1998年第3期。
[4] 李翎：《十一面观音像式研究——以汉藏造像对比研究为中心》，《敦煌学辑刊》2004年第2期，第78页。
[5] 胡文和：《四川道教佛教石窟艺术》，四川人民出版社，1994年，第1页。

际上还有很多未被刊布。从发布的资料来看,川渝地区的千手观音造像主要分布在邛崃、夹江、丹棱、仁寿、资中、安岳、蓬溪、大足八个市、县的 14 处石窟中,集中于成都的南部和东部(图 1)。其中,又以大足县的千手观音造像数量最多、最为集中,共计 10 龛,多数为晚唐五代时期,仅有 1 龛为南宋时期的造像。

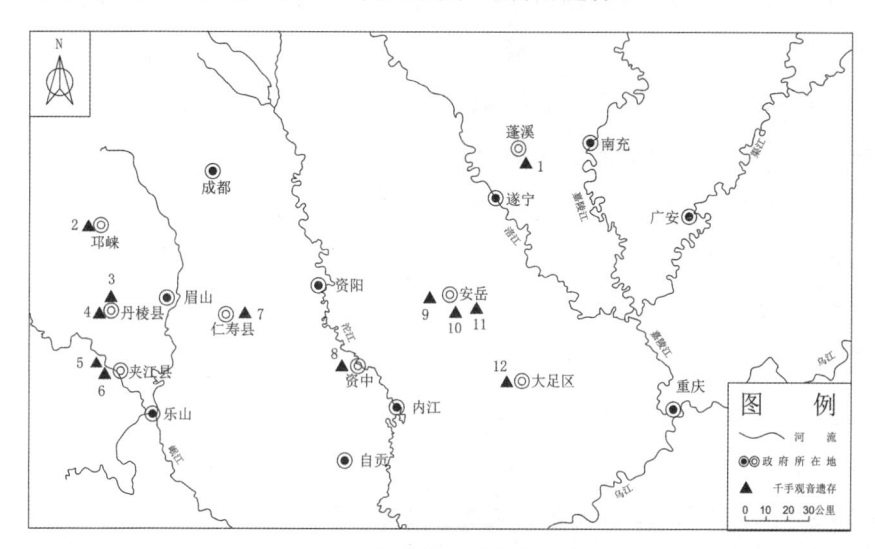

图 1　千手观音造像分布图

1. 蓬溪新开寺　2. 邛崃石笋山摩崖造像　3. 丹棱郑山摩崖造像　4. 丹棱刘嘴摩崖造像
5. 夹江千佛岩摩崖造像　6. 夹江牛仙寺　7. 仁寿牛角寨摩崖造像　8. 资中北、西岩摩崖造像
9. 安岳卧佛院摩崖造像　10. 安岳圆觉洞摩崖造像　11. 安岳庵堂寺　12. 大足摩崖石刻

(二) 材料收集

川渝地区是千手千眼观音造像遗存比较集中的地区之一,不仅具有地方的特色,在一定程度上还反映了与中原、北方造像之间的一些微妙的联系,是研究千手观音造像的重要材料。据文献材料记载,川渝地区的千手千眼观音造像最早出现在盛唐时期的成都[1]。据《益州名画录》记载,早在宝历年间(公元 825—827 年),左全就在大圣慈寺文殊阁东畔绘千手千眼观音大悲像,玄宗和僖宗入蜀,大量的画家涌入成都,将两京地区的千手观音造像样式传播到了川渝地区,随后千手观音便在石窟造像中兴盛起来。从造像的遗存方面来看,千手千眼观音造像遗存的最早年代稍晚于文献记载的年代,年代相当于中唐时期[2],从构图形式来看,其具有经变的特点。笔者根据迄今已正式发表的考古调查资料统计,川渝地区的千手千眼观音造像遗存共有

---

[1] 姚崇新:《巴蜀佛教石窟造像初步研究——以川北地区为中心》,中华书局,2011 年,第 341—342 页。

[2] 姚崇新:《巴蜀佛教石窟造像初步研究——以川北地区为中心》,中华书局,2011 年,第 342—343 页。

32龛,四川地区有22龛,在题记中有确切年代记录的有3龛;重庆地区有10龛,其中有1龛在题记中具体提到刻造年代。下面分别进行介绍:

1. 蓬溪新开寺摩崖造像第1号龛[1],该龛的刻造年代在题记中有确切的说明,为咸通元年,即公元860年。竖长方形平顶龛,龛高1.8米,深1.2米,宽1.72米。千手观音呈善跏趺坐姿,共计40只手臂。龛内右壁题记为:"道佛道儆等求为供养,妻阿雍斋娘、世二娘、世三娘,男道儒道隽道侗一日下午至咸通元年十二月七日工毕。右弟子黎讯发愿敬造大中十四年十月,敬造大悲观世音菩萨壹铺□□□□□□施钱五百文。"左壁上有清代重修的题刻:"天运乾隆丁卯十二年仲夏月募化众姓善男信女等资财重装菩萨金象一堂吉立。"

2. 安岳庵堂寺摩崖造像第4号龛,该龛残存有"武成二年"(即公元909年)造"大悲观音菩萨"的题刻[2]。龛深0.8米,宽2.1米,高1.4米。共计有32只手臂,大多数损坏,其造型与四川其他晚唐石窟中的千手观音基本相同。

3. 夹江牛仙寺摩崖造像第183号龛[3],刻造年代为中唐,龛型是竖长方形平顶龛,高1.48米,深0.5米,宽1.08米。主尊坐姿呈结跏趺坐,臂数在资料中没有确切的说明,只说"旁刻20余只持器'法手',尚见'宝剑''宝瓶''宝珠'"。

4. 夹江千佛岩摩崖造像第34号龛[4],刻造年代是在中晚唐,龛型为竖长方形平顶龛,高1.48米,深0.76米,宽1.22米。龛门楣上有浅刻的C字形植物纹,臂数不详,千手千眼观音坐姿呈善跏趺坐。

5. 夹江千佛岩摩崖造像第83号龛[5],刻造年代在中晚唐时期,龛型为横长方形平顶龛,龛高1.39米,深0.7米,宽1.4米。龛门左右上方加雀替,造像有小部分残损,共计有32只臂,主尊呈善跏趺坐。

6. 夹江千佛岩摩崖造像第84号龛[6],刻造年代是在中晚唐时期,龛内雕刻内容大致与夹江千佛岩摩崖造像第83号龛相似,龛型为横长方形平顶龛,龛高1.14米,深0.48米,宽1.17米。造像有局部受损,主尊呈善跏趺坐姿,臂数为40只,在明代补刻"千手"。

---

[1] 邓鸿钧:《新开寺唐代摩崖造像初探》,《四川文物》1989年第5期,第57页。
[2] 胡文和:《四川道教佛教石窟艺术》,四川人民出版社,1994年,第81页。
[3] 周杰华:《夹江新发现的唐代摩崖造像》,《四川文物》1988年第2期,第27—28页。
[4] 胡文和:《四川道教佛教石窟艺术》,四川人民出版社,1994年,第34页。
[5] 胡文和:《四川道教佛教石窟艺术》,四川人民出版社,1994年,第34页。
[6] 王熙祥、曾德仁:《四川夹江千佛岩摩崖造像》,《文物》1992年第2期。

7. 丹棱刘嘴摩崖造像第 34 号龛[1]，刻造年代在中唐，龛型为竖长方形平顶龛，龛高 1.02 米，深 0.34 米，宽 0.85 米。观音坐姿不详，共计有 32 只手臂，左右两壁排列着千手观音的二十八部众。

8. 丹棱刘嘴摩崖造像第 45 号龛[2]，刻造年代在中唐，为竖长方形平顶龛，龛高 0.99 米，宽 0.95 米，深 0.51 米。龛内大小造像共计 65 尊，基本构图与丹棱刘嘴摩崖造像第 34 号龛相似。

9. 丹棱刘嘴摩崖造像第 52 号龛[3]，刻造年代是在中唐，为竖长方形平顶龛，龛高 0.97 米，宽 0.85 米，深 0.29 米。主尊坐姿不详，臂数共计 32 只。

10. 邛崃石笋山摩崖造像第 3 号龛[4]，刻造年代在中晚唐，龛型为横长方形平顶龛，高 2.33 米，宽 2.4 米，深 1.3 米。主尊呈结跏趺坐姿，共计 32 只臂。

11. 邛崃石笋山摩崖造像第 8 号龛[5]，刻造年代是在中晚唐时期，龛型为横长方形平顶龛，高 2.45 米，深 1.75 米，宽 2.5 米。主尊坐姿、臂数不详。

12. 丹棱郑山摩崖造像第 40 号龛[6]，刻造年代在中唐时期，龛型为双叠室竖长方形平顶龛，龛高 1.4 米，全深 1 米，宽 1.32 米。在内龛龛门的门楣上用浅浮雕雕刻有 C 字形植物纹，千手千眼观音坐姿和臂数均不详。

13. 仁寿牛角寨摩崖造像第 25 号龛[7]，刻造年代是在中唐时期，龛型为竖长方形平顶龛，龛高 1.15 米，深 0.26 米，宽 0.8 米。千手观音赤足立莲台上，臂数有 40 只，身后浅浮雕有手掌 3 圈，计三百余只手掌。

14. 仁寿牛角寨摩崖造像第 98 号龛[8]，刻造年代是在中唐。龛内造像基本与仁寿牛角寨摩崖造像第 25 号龛相同，仅有的区别在于身后用浅浮雕雕刻手掌 10 圈，计近千只手掌，龛的具体尺寸不详。

15. 资中北岩摩崖造像第 113 号龛[9]，刻造年代是在中唐，龛型为横长方形平顶龛，高 3.9 米，宽 4.2 米，深 1.85 米。观音面部及身躯有后人修补的痕迹，呈善跏趺坐，共计 42 只手臂，背托椭圆形身光，外雕火焰纹，内刻手掌一二圈，以示千手，掌心各一

---

[1] 胡文和：《四川道教佛教石窟艺术》，四川人民出版社，1994 年，第 31 页。
[2] 胡文和：《四川道教佛教石窟艺术》，四川人民出版社，1994 年，第 31 页。
[3] 胡文和：《四川道教佛教石窟艺术》，四川人民出版社，1994 年，第 31 页。
[4] 丁祖春、王熙祥：《邛崃石笋山摩崖造像》，《四川文物》1984 年第 2 期。
[5] 胡文和：《四川道教佛教石窟艺术》，四川人民出版社，1994 年，第 23 页。
[6] 胡文和：《四川道教佛教石窟艺术》，四川人民出版社，1994 年，第 31 页。
[7] 邓仲元、高俊英：《仁寿县牛角寨摩崖造像》，《四川文物》1990 年第 5 期。
[8] 邓仲元、高俊英：《仁寿县牛角寨摩崖造像》，《四川文物》1990 年第 5 期。
[9] 王熙祥、曾德仁：《四川资中重龙山摩崖造像》，《文物》1988 年第 8 期。

眼,以示千眼。

16. 资中西岩摩崖造像第4号龛[1],刻造年代是在晚唐五代,龛型为横长方形平顶龛,高1.8米,深1.6米,宽2.45米。主尊坐姿不详,共计32臂。

17. 资中西岩摩崖造像第45号龛[2],刻造年代是在晚唐五代,无顶壁,高6.7米,深3.6米,宽6.5米,是西岩造像中最大的一龛像。主尊坐姿呈善跏趺坐,坐高6.7米,身躯和面部在"文革"时期被毁,臂数有32臂,所执法器大部分保持完好。

18. 安岳卧佛院摩崖造像第45号龛[3],刻造年代是在中唐时期,龛型为竖长方形平顶龛,高1.8米,深0.2米,宽1.35米。千手观音呈立姿,臂数为6臂,面数为11面,但是面部在"文革"时期被毁。

19. 安岳圆觉洞摩崖造像第42号龛[4],刻造年代在五代宋初,龛型为竖长方形平顶龛,龛高2米,深度不详,宽1.5米。主尊呈善跏趺坐,臂数不详。

20. 大足北山佛湾第243号龛[5],龛呈长方形,具体尺寸不详。龛和造像均风化损坏严重,千手观音呈善跏趺坐,臂数不详。龛左壁外侧有题记:"敬携大悲千手观音菩萨一龛□□□□右弟子军事押衙骞知进先为□□寨□中之际夫妇惊扰同发愿上造贤圣愿齐加护□□安泰与骨肉团圆今不负前心遂携造上件菩萨悉已酉年以天复元年五月十五日就院修□□赞用开鸿泽永为供养。"[6]从题记中可以看出,其刻造年代是在天复元年,即公元901年。

21. 大足北山佛湾第9号龛[7],刻造年代是景福年间(公元892—893年)[8],龛型是双叠室竖长方形平顶龛,龛高2.9米,全深1.42米,宽2.7米。千手观音呈善跏趺坐于金刚座上,手臂数共计42只。

22. 大足北山佛湾第218号龛[9],刻造年代是在五代,龛型为外方内圆平顶龛,龛高1.31米,深0.2米。千手观音呈善跏趺坐于金刚座上,部分手臂风化残损严重,

---

[1] 胡文和:《四川道教佛教石窟艺术》,四川人民出版社,1994年,第49页。
[2] 胡文和:《四川道教佛教石窟艺术》,四川人民出版社,1994年,第51页。
[3] 胡文和:《四川道教佛教石窟艺术》,四川人民出版社,1994年,第31页。
[4] 贠安志:《安岳石窟寺调查纪要》,《考古与文物》1986年第6期。
[5] 姚崇新:《巴蜀佛教石窟造像初步研究——以川北地区为中心》,中华书局,2011年,第347页。
[6] 题记内容摘自重庆大足石刻艺术博物馆、重庆市社会科学院大足石刻艺术研究所:《大足石刻铭文录》,重庆出版社,1999年,第15页。
[7] 黎方银、王熙祥:《大足北山佛湾石窟的分期》,《大足石刻研究文集(1)》,重庆出版社,1993年,第47—74页。
[8] 吕建福:《中国密教史(修订版)》,中国社会科学出版社,2011年,第469页。
[9] 黎方银、王熙祥:《大足北山佛湾石窟的分期》,《大足石刻研究文集(1)》,重庆出版社,1993年,第47—74页。

难以确定手臂的数量。

23. 大足北山佛湾第 235 号龛[1]，刻造年代是在五代，龛为竖长方形平顶龛，龛高 0.73 米，深 0.2 米，宽 0.59 米。主尊千手观音呈善跏趺坐于金刚座上，大部分手臂风化残损严重，很难确定手臂的数量，龛型及龛内构图跟大足北山佛湾 243 号龛基本上是一致的。

24. 大足北山佛湾第 273 号龛[2]，刻造年代是在五代，龛型为双叠室平顶龛，龛高 1.51 米，深 0.73 米，宽 1.1 米。主尊观世音呈善跏趺坐于金刚座上，身体的两侧共高浮雕出 40 只正大手，其中有 6 只已残。

25. 大足北山营盘坡第 10 号龛[3]，刻造年代是在晚唐时期，龛型为横长方形平顶龛，后壁凿通壁长坛，在坛上雕塑主尊，龛高 1.54 米，深 1.46 米，宽 1.8 米。千手观音呈结跏趺坐于束腰仰莲圆座上，身体的两端高浮雕出 42 只正大手。

26. 大足北山观音坡第 27 号龛，刻造年代是在五代，龛型为竖长方形的平顶浅龛，龛高 0.7 米，宽 0.6 米。仅仅雕凿一千手观音像，小巧玲珑，风格极近北山佛湾五代时期的同类作品[4]。

27. 大足北山佛耳岩第 13 号龛，刻造年代是在五代，龛型是竖长方形平顶浅龛，龛高 0.8 米，深 0.4 米，宽 0.6 米。龛内正壁凿千手观音坐像，造像风化残损严重，坐姿不明，臂数不详。

28. 大足宝顶大佛湾第 8 号龛[5]，刻造年代是在南宋时期，顶部及两侧为大椭圆形，龛高 7.2 米。像宽 12.5 米，主尊占壁面积有 88 平方米，主像千手观音结跏趺坐于莲台上，台下是金刚座，臂数有 1 007 只。

29. 资中北岩摩崖造像第 40 号龛[6]，窟龛样式和尺寸不详。主尊呈善跏趺坐姿，臂数不详，左右有二金刚，龛楣雕饰垂幔，左壁刻 7 身供养人，右壁刻 5 身供养人。龛左壁有题记："弟子宣节校尉行东川荣州□□□将赵□愿合宅平安造大悲龛□□功毕时以乾符二年四月一日设斋庆过了。"

---

[1] 黎方银、王熙祥：《大足北山佛湾石窟的分期》，《大足石刻研究文集(1)》，重庆出版社，1993 年，第 47—74 页。

[2] 黎方银、王熙祥：《大足北山佛湾石窟的分期》，《大足石刻研究文集(1)》，重庆出版社，1993 年，第 47—74 页。

[3] 姚崇新：《巴蜀佛教石窟造像初步研究——以川北地区为中心》，中华书局，2011 年，第 349 页。

[4] 姚崇新：《巴蜀佛教石窟造像初步研究——以川北地区为中心》，中华书局，2011 年，第 349 页。

[5] 刘长久、胡文和、李永翘：《大足石刻研究》，《大足石刻内容总录》，四川省社会科学院出版社，1985 年，第 471 页。

[6] 王熙祥、曾德仁：《四川资中重龙山摩崖造像》，《文物》1988 年第 8 期。

30. 安岳圆觉洞第21号龛[1]，五代前蜀时期刻造，龛型为横长方形平顶龛，龛高1.5米，深0.9米，宽1.8米。主尊坐姿呈善跏趺坐，手臂数有42只。

31. 大足圣水寺第3号龛[2]，刻造年代是中晚唐，龛型为双叠室横长方形平顶龛，外龛高2.8米、深0.22米、宽2.38米，内龛高1.57米、深0.46米、宽1.74米。主尊呈结跏趺坐，共计40只手臂。

32. 丹棱郑山第64号龛[3]，刻造于盛唐时期，龛型为双叠室竖长方形平顶龛，龛高1.25米，宽1.2米，深0.9米。主尊呈结跏趺坐，臂数共计32只。

以上是笔者收集的唐宋时期川渝地区千手观音的遗存材料，收集范围仅限于已正式发表的考古调查资料，可能遗漏了部分书籍或者文献中提到的材料，实际的遗存数量应该更多。为了给后文研究带来方便，下面所有对材料的介绍和分析均用上文介绍材料时所用的编号。依照千手观音的龛型、造像姿势、臂数、刻造时间等因素，制作成表格(表1)。

表1　千手观音材料整理表

编号	龛号	龛型	姿势	臂数	龛高减龛宽	刻造时间	备注
1	蓬溪新开寺1号龛	竖长方形平顶龛	善跏趺坐	40	0.08米	860年	
2	安岳庵堂寺4号龛	横长方形平顶龛	不详	32	－0.7米	909年	
3	夹江牛仙寺183号龛	竖长方形平顶龛	结跏趺坐	20余	0.4米	中唐	
4	夹江千佛岩34号龛	竖长方形平顶龛	善跏趺坐	不详	0.26米	中晚唐	
5	夹江千佛岩83号龛	横长方形平顶龛	善跏趺坐	32	－0.01米	中晚唐	龛刻内容与6相似
6	夹江千佛岩84号龛	横长方形平顶龛	善跏趺坐	40	－0.03	中晚唐	龛刻内容与5相似
7	丹棱刘嘴34号龛	竖长方形平顶龛	不详	32	0.17米	中唐	龛刻内容与8相似
8	丹棱刘嘴45号龛	竖长方形平顶龛	不详	32	0.04米	中唐	龛刻内容与7相似

---

[1] 胡文和：《四川与敦煌石窟中的"千手千眼大悲变相"的比较研究》，《佛学研究中心学报》1998年第3期。

[2] 胡文和：《四川与敦煌石窟中的"千手千眼大悲变相"的比较研究》，《佛学研究中心学报》1998年第3期。

[3] 刘长久主编：《中国石窟雕塑全集(第8卷)：四川、重庆》，重庆出版社，2000年，第169页。

续 表

编号	龛号	龛型	姿势	臂数	龛高减龛宽	刻造时间	备注
9	丹棱刘嘴52号龛	竖长方形平顶龛	不详	32	0.12米	中唐	
10	邛崃石笋山3号龛	横长方形平顶龛	结跏趺坐	32	－0.07米	中晚唐	
11	邛崃石笋山8号龛	横长方形平顶龛	不详	不详	－0.05米	中晚唐	
12	丹棱郑山40号龛	双叠室竖长方形平顶龛	不详	不详	0.08米	中唐	
13	仁寿牛角寨25号龛	竖长方形平顶龛	立像	40	0.35米	中唐	龛刻内容与14相似
14	仁寿牛角寨98号龛	竖长方形平顶龛	立像	40		中唐	龛刻内容与13相似
15	资中北岩113号龛	横长方形平顶龛	善跏趺坐	42	－0.3米	中唐	
16	资中西岩4号龛	横长方形平顶龛	不详	32	－0.65米	晚唐五代	
17	资中西岩45号龛	无顶壁	善跏趺坐	32		晚唐五代	
18	安岳卧佛院45号龛	竖长方形平顶龛	立像	6	0.45米	中唐	
19	安岳圆觉洞42号龛	竖长方形平顶龛	善跏趺坐	不详	0.5米	五代宋初	
20	大足北山佛湾243号龛	竖长方形平顶龛	善跏趺坐	不详		901年	龛刻内容与23相似
21	大足北山佛湾9号龛	双叠室竖长方形平顶龛	善跏趺坐	42	0.2米	892—893年	
22	大足北山佛湾218号龛	外方内圆平顶龛	善跏趺坐	不详		五代	
23	大足北山佛湾235号龛	竖长方形平顶龛	善跏趺坐	不详	0.14米	五代	龛刻内容与20相似
24	大足北山佛湾273号龛	双叠室竖长方形平顶龛	善跏趺坐	40	0.41米	五代	
25	大足北山营盘坡10号龛	横长方形平顶龛	结跏趺坐	42	－0.26米	晚唐	
26	大足北山观音坡27号龛	竖长方形平顶浅龛	不详	不详	0.1米	五代	
27	大足北山佛耳岩13号龛	竖长方形平顶浅龛	不详	不详	0.2米	五代	
28	大足宝顶大佛湾8号龛	弧形顶龛	结跏趺坐	1 007		南宋	

续表

编号	龛号	龛型	姿势	臂数	龛高减龛宽	刻造时间	备注
29	资中北岩40号龛	不详	善跏趺坐	不详		875年	
30	安岳圆觉洞21号龛	横长方形平顶龛	善跏趺坐	42	−0.3米	五代前蜀	
31	大足圣水寺3号龛	双叠室横长方形平顶龛	结跏趺坐	40	−0.17米	中晚唐	
32	丹棱郑山64号龛	双叠室竖长方形平顶龛	结跏趺坐	32	0.05米	盛唐	

二、窟龛与造像的简单分类

(一) 窟龛

1. 窟形

窟形的类型和结构非常的单一,在所列举的32窟千手观音材料中,窟形均为一壁一窟式。较为复杂的就是双叠室龛型,但均属于一壁一窟类型。

2. 龛型

由于本文所涉及的32例材料绝大部分没有公布龛楣纹样,因而这里我们重点讨论其龛型。在所有材料中,有一例是无顶龛,一例是外方内圆平顶龛,一例是弧形顶龛,五例双叠室方形平顶龛和一例龛型不详者,其余均为长方形平顶龛。通过仔细的研究和分析,笔者发现竖长方形平顶龛和横长方形平顶龛在一定程度上呈现出一种规律,即在竖长方形平顶龛中,随着时间的推移,千手观音的坐姿逐渐由结跏趺坐演变为善跏趺坐,臂数由少变多。所以,很有必要对龛型进行分类,下面根据造像龛的形状将其分为五型(表2)。

A 型:竖长方形平顶龛,又分为 Aa、Ab、Ac 三种亚型。

Aa 型:竖长方形平顶龛,例如3号、1号、20号等。

Ab 型:外方内圆型的龛,仅有1例,22号。

Ac 型:双叠室竖长方形平顶龛,一共有4例,12号、21号、24号、32号。

表2 千手观音龛型分型表

类型		编号	姿势	臂数	时间	备 注
A型	Aa	3	结跏趺坐	20余	中唐	
		7	不详	32	中唐	龛刻内容与8相似
		8	不详	32	中唐	龛刻内容与7相似
		9	不详	32	中唐	
		13	立像	40	中唐	龛刻内容与14相似
		14	立像	40	中唐	龛刻内容与13相似
		18	立像	6	中唐	
		4	善跏趺坐	不详	中晚唐	
		1	善跏趺坐	40	860年	
		20	善跏趺坐	不详	901年	龛刻内容与23相似
		19	善跏趺坐	不详	五代宋初	
		23	善跏趺坐	不详	五代	龛刻内容与20相似
		26	不详	不详	五代	
		27	不详	不详	五代	
	Ab	22	善跏趺坐	不详	五代	
	Ac	32	结跏趺坐	32	盛唐	
		12	不详	不详	中唐	
		21	善跏趺坐	42	892—893年	
		24	善跏趺坐	40	五代	
B型	Ba	15	善跏趺坐	42	中唐	
		10	结跏趺坐	32	中晚唐	
		5	善跏趺坐	32	中晚唐	龛刻内容与6相似
		6	善跏趺坐	40	中晚唐	龛刻内容与5相似
		11	不详	不详	中晚唐	
		30	善跏趺坐	42	五代前蜀	
		25	结跏趺坐	42	晚唐	
		16	不详	32	晚唐五代	
		2	不详	32	909年	
	Bb	31	结跏趺坐	40	中晚唐	
C型		17	善跏趺坐	32	晚唐五代	
D型		28	结跏趺坐	1007	南宋	
E型		29	善跏趺坐	不详	875年	

B型:横长方形平顶龛,分为Ba、Bb两种亚型。
Ba型:横长方形平顶龛,例如2号、15号、16号等。
Bb型:双叠室横长方形平顶龛,仅1例,31号。
C型:无顶龛,仅有1例,17号。
D型:弧形顶龛,仅有1例,28号。
E型:龛型不详者,仅有1例,29号。

(二) 造像的特征

最能体现出千手观音造像特征的就是其面数、坐姿、手臂以及眷属。由于所收集材料不全,加之不能亲临现场,很多重要的信息都难以得到,例如千手观音的眷属,类别多样,样式繁杂,加之辨识不全,很难对其进行分类。

1. 面数

关于千手千眼观音面数(即首数),在经文中没有作统一的说明,可以是一面,也可以是多面,多面的具体数额的说法也不尽相同,比较常见的面数有一面、三面、五面(图3)、七面、九面、十一面乃至千万面[1],在《大藏经·图像》还有十三面(图2)[2]。敦煌石

图2 结跏趺坐姿十三面千手观音像
(采自《大藏经·图像》第十二卷,第997页,图像No.6)

图3 结跏趺坐姿五面千手观音像
(采自《大藏经·图像》第十二卷,第997页,图像No.7)

---

[1] 王惠民:《敦煌千手千眼观音像》,《敦煌学辑刊》1994年第1期。
[2] 十三面参阅《大藏经·图像》第十二卷《诸观音图像》,图No.6千手观音。

窟中千手观音的面数有一面、三面、七面、十一面、五十一面,其中一面最多,其次是十一面[1]。

川渝地区石窟寺中千手观音的面数却相对比较单一,除 18 号即安岳卧佛院 45 号龛的千手观音为十一面之外,其余均为一面。因面数结构单一,不作分类。

2. 造像姿势

川渝地区千手观音的姿势基本上分为三种:一是结跏趺坐;二是善跏趺坐;三是立像,即造像呈站立状。还有大部分的材料中没有描述或者因损坏而不能辨识,为方便讨论,把未能辨识的材料单独分为一型(表 3)。

表 3　千手观音造像姿势分型表

类型	编号	臂数	时间	备　注
A 型	32	32	盛唐	
	3	20 余	中唐	
	10	32	中晚唐	
	31	40	中晚唐	
	25	42	晚唐	
	28	1 007	南宋	
B 型	15	42	中唐	
	4	不详	中晚唐	
	5	32	中晚唐	龛刻内容与 6 相似
	6	40	中晚唐	龛刻内容与 5 相似
	1	40	860 年	
	29	不详	875 年	
	21	42	892—893 年	
	20	不详	901 年	龛刻内容与 23 相似
	17	32	晚唐五代	
	30	42	五代前蜀	
	22	不详	五代	
	23	不详	五代	龛刻内容与 20 相似
	24	40	五代	
	19	不详	五代宋初	

---

[1] 王惠民:《敦煌千手千眼观音像》,《敦煌学辑刊》1994 年第 1 期。

续 表

类型	编号	臂数	时间	备 注
C型	13	40	中唐	龛刻内容与14相似
	14	40	中唐	龛刻内容与13相似
	18	6	中唐	
D型	7	32	中唐	龛刻内容与8相似
	8	32	中唐	龛刻内容与7相似
	9	32	中唐	
	12	不详	中唐	
	11	不详	中晚唐	
	16	32	晚唐五代	
	2	32	909年	
	27	不详	五代	
	26	不详	五代	

A型：结跏趺坐，共计有6尊，包括3号、10号、25号、28号、31号、32号。

B型：善跏趺坐，共计有14尊，如15号、1号、20号、19号等等。

C型：立像，共计有3尊，包括13号、14号、18号。

D型：将其余9尊坐姿不详的千手观音归为D型。

3. 臂数

从千手观音普世的原则出发，其手臂越多越好，不仅限于千手，多多益善，但是无限多的手臂无法在造像上表现，所以用有限数量的手臂来代表无限臂数的意义。川渝地区千手观音造像臂数有32只、40只、42只等几种表现方法，现在根据手臂数来对其进行分型(表4)。

表4 千手观音臂数分型表

类型	编号	时间	备 注
A型	32	盛唐	
	7	中唐	龛刻内容与8相似
	8	中唐	龛刻内容与7相似
	9	中唐	
	10	中晚唐	
	5	中晚唐	龛刻内容与6相似

续 表

类型	编号	时间	备　注
A型	17	晚唐五代	
	16	晚唐五代	
	2	909年	
B型	13	中唐	龛刻内容与14相似
	14	中唐	龛刻内容与13相似
	6	中晚唐	龛刻内容与5相似
	31	中晚唐	
	1	860年	
	24	五代	
C型	15	中唐	
	25	晚唐	
	21	892—893年	
	30	五代前蜀	
D型	3	中唐	20余只
	18	中唐	6只
	28	南宋	1 007只
E型	12	中唐	
	11	中晚唐	
	4	中晚唐	
	29	875年	
	20	901年	龛刻内容与23相似
	22	五代	
	23	五代	龛刻内容与20相似
	26	五代	
	27	五代	
	19	五代宋初	

A型:手臂数为32只。共计有9尊千手观音造像的手臂数为32只,如7号、8号、2号等。

B型:手臂数为40只。共计有6尊千手观音造像的手臂数为40只,包括13号、14号、6号、31号、1号、24号。

C型:手臂数为42只。共计有4尊千手观音造像的手臂数为42只,包括15号、

25号、21号、30号。

D型：其他手臂数量的千手观音造像，有3尊。3号千手观音造像在发布的资料中只说"旁刻20余只持器'法手'，尚见'宝剑''宝瓶''宝珠'"，具体臂数不能确定；18号千手观音臂数为6臂；28号千手观音，共有1 007只手与眼，千手千眼俱足，此龛千手观音可能是我国现存最大的一尊千手千眼观音像。

E型：将其余10尊手臂数不详的千手观音归为E型。

4. 眷属

千手观音的眷属众多，确认身份着实不易，加上风化损毁，使辨认其眷属更是难上加难。在已经正式发布的材料中，仅有小部分比较详细地介绍了其眷属，大部分材料仅简单介绍或者没有介绍。所以，在此省去对眷属的分类，在后文的图像分析中对一些描述比较详细的材料进行详细的眷属辨认。

（三）图像分析及其中存在的演变关系

以上所作的简单分型有一个特点，是根据已经发表的报告中所给出的刻造时间的先后顺序来进行排列，所以在此不再讨论其年代的问题，而是通过其刻造的相对年代来讨论千手观音造型特征的演变关系。

1. 龛型

龛型的大致演化方向是由简及繁，从表2可以看出，最为流行的龛型是竖长方形平顶龛和横长方形平顶龛，这两种龛型的出现时间都是中唐时期，而结束时间却略有不同，竖长方形平顶龛的结束时间是在五代，横长方形平顶龛的结束时间是在晚唐五代初。竖长方形平顶龛在五代时出现了新的Ab型龛，即外方内圆龛，Ac型即双叠室龛型从盛唐到五代均有发现，但是在五代以后不再出现，在晚唐五代的时候开始出现无顶壁龛，在南宋时始有弧形顶的龛。

通过以上分析可知，在中唐到五代时期千手观音窟龛中流行的龛型是Aa型竖长方形平顶龛和Ba型横长方形平顶龛，在五代以后便不再出现，A型中Aa和Ac从中唐到五代都有出现，在五代以后A型的Aa和Ac演化成了Ab型。在晚唐五代以后又衍生出了新的龛型无顶龛，到了南宋时期在Ab型的基础上演化出了D型弧形顶龛。

当然时间越往后，材料越少，偶然性几率也就越大，以上观点的成立概率也就越小。

2. 造像姿势

千手观音姿势在经轨中并没有统一,明确说明的姿势只有一种,即结跏趺坐,善无畏译的《千手观音造次第法仪轨》中说千手千眼观音"上首正体身大黄色,结跏趺坐于大宝莲华台上"[1],《大藏经·图像》所附的千手观音图像既有结跏趺坐式(图2、3),也有立像式(图4)[2]。

图 4 立像式十四面千手观音
(采自《大藏经·图像》第三卷,第154页,图像 No.56)

胡文和先生在《四川与敦煌石窟中的"千手千眼大悲变相"的比较研究》中提到敦煌的壁画中,千手观音主尊的姿势有两种,分别为站立式和结跏趺坐式。在盛唐时期姿势可辨的有2幅,一幅为结跏趺坐式,另一幅为立像式;在中唐时期姿势可辨的有

---

[1] (唐)善无畏译:《千手观音造次第法仪轨》,《大藏经·密教部》第二十卷,第138页。
[2] 《大藏经·图像》第十二卷第997页,图像 No.6、No.7为结跏趺坐式,图像 No.10为立像式。

9幅,仅有一幅是站立式,其余8幅都为结跏趺坐式;晚唐时期可辨姿势的有11幅,仅有一幅为站立式,其余为结跏趺坐式,说明在中、晚唐时期盛行结跏趺坐式。但是从五代以后到北宋时期,站立式又逐渐占据了主导地位[1]。

在笔者所收集的材料中,川渝地区千手观音坐姿不明的造像共有9尊,除此之外,6尊呈结跏趺坐,3尊为立像,其余的14尊均为善跏趺坐,可见川渝地区千手观音造像的主流坐姿是善跏趺坐。此姿势在川渝以外的其他地方比较少见,或许千手观音善跏趺坐的坐式是川渝地区的一个特点。

从表3可以看出结跏趺坐式千手观音从中唐到南宋时期一直都有出现;立像仅在中唐时期比较流行,在中唐以后便销声匿迹;善跏趺坐从中唐到五代宋初均有发现。从姿势明确的造像可以看出,立像仅仅是千手观音造像在川渝地区流行初期的一种造像姿势,在中唐以后便少发现,或许这种姿势在传入川渝地区后,并没有被工匠们所继承、传承;结跏趺坐式的造像虽然数量较少,但是其从中唐到南宋一直都有出现,可以看出这种坐式也算是川渝地区的一种主流坐式;善跏趺坐在盛唐和中唐时期较少,仅有一例,即15号,多数都集中在中晚唐和五代时期,到两宋时期没有发现有善跏趺坐式的千手观音造像。

3. 臂数及法器

从教义上来说,千手观音是救苦救难的菩萨,信徒希望其手臂和眼数量无限,不仅限于千手千眼,但是在实际的表达中却非常困难,所以在经文中又有新的说法:"又一本云此土无好白绢者,但取一幅白绢亦得,图画其菩萨身,当长五尺而有两臂,依前第五千臂印法,亦得供养,不要千手千眼此依梵本,唯菩萨额上复安一眼。"[2]根据此经轨说法,在刻造或者绘制千手观音时不需要表现千手千眼,只需表现出菩萨有两臂,并在额头上多安一眼,就能表现千手千眼观音。这只是一种提法,真正的用两臂,加上额头上复安一眼这种方法表示千手千眼观音还是非常罕见的。在经轨中臂数提法最多的就是40只或者42只,如伽梵达摩所译的《千手千眼观世音菩萨广大圆满无碍大悲心陀罗尼经》中所罗列的有顶上化佛手、胸前合十手、日精摩尼手、月精摩尼手、金刚杵手等40只手[3]。工匠们在刻造40只正大手臂时估计是这样理解的,把

---

[1] 胡文和:《四川与敦煌石窟中的"千手千眼大悲变相"的比较研究》,《佛学研究中心学报》1998年第3期。

[2] (唐)菩提流志译:《千手千眼观世音菩萨姥陀罗尼身经》,《大藏经·密教部》第二十卷,第101页。

[3] (唐)伽梵达摩译:《千手千眼观世音菩萨广大圆满无碍大悲心陀罗尼经》,《大藏经·密教部》第二十卷,第106页。

顶上化佛手和胸前合十手看成是2只手,实际上顶上化佛手与胸前合十手应该是两双手,即4只手,加上另外的38只,一共应该是42只手。

在敦煌壁画中,臂数的表现方式也很多,有2只、11只、12只、20只、24只、28只、34只、40只、42只、62只、72只、100只。40只和42只臂数的壁画占绝大多数,在盛唐、中唐时期基本以40和42只臂数为主,晚唐及以后的臂数的数目不太统一[1]。

从表4可以看出,千手观音的臂数,在川渝地区表现最多的是32只、40只、42只。42只正大手的千手观音造像在中唐和晚唐时期盛行,到五代及其以后很少出现;32只正大手和40只正大手的千手观音造像,出现在中、晚唐以及五代时期,到五代以后也很少出现,但是五代时期的材料中很多都没有明确的手臂数字,所以以上结论的说服力就变得很小。不过可以肯定的有一点,那就是在中、晚唐时期比较盛行的千手观音手臂数是32只、40只、42只,32只和40只手臂数的造像在五代时期仍然有出现。至于在五代以后有没有再出现,那只有找到更多的材料才能得到验证。

除了32只、40只、42只外,还有其他手臂数的造像,但是都只有一尊造像。如说法不明确的3号,其提法是"旁刻20余只持器'法手',尚见'宝剑''宝瓶''宝珠'";唯一一尊有十一面的18号造像仅有6只手臂;还有千手千眼俱足的28号造像。

关于千手观音所执法器的问题,因年代久远,加上保护措施不完善,很多千手观音造像均呈现出不同程度的风化损坏,以致正大手中所执法器分辨不清,仅少部分的材料能看清楚。如18号即安岳卧佛院45号龛"千手观音跣足立于仰莲台上;十一面(已毁)六臂,正中双手合十,右上一手举一法铃,左上一手举宝轮,右下一手施降魔印,下有一饿鬼呈惊恐状,左下一手施与愿印,掌中的钱下落至穷叟袋中,观音像后壁线刻千手"[2],其中有提到法器"法铃"和"宝轮";3号即夹江牛仙寺183号龛中有"旁刻20余只持器'法手',尚见'宝剑''宝瓶''宝珠'",其中有提到法器"宝剑""宝瓶""宝珠";28号即大足宝顶大佛湾第8号龛中有"身侧各手皆执法器,如经、印、塔、螺、鞭、剑、镜、珠……"[3]。

当然所能识别的法器并不止以上所列出的材料,还有很多都能识别,但是都是只能识别其中的一部分。

---

[1] 胡文和:《四川与敦煌石窟中的"千手千眼大悲变相"的比较研究》,《佛学研究中心学报》1998年第3期,第313页。

[2] 刘长久主编:《安岳石窟艺术》,四川人民出版社,1997年,第29页。

[3] 刘长久、胡文和、李永翘:《大足石刻研究》,《大足石刻内容总录》,四川省社会科学院出版社,1985年,第471页。

4. 眷属

在敦煌石窟壁画中，千手观音的眷属繁多，但是多数都能通过壁画榜题辨认，比如梵天王、帝释天、四大天王、波斯仙、功德天、各类菩萨等等，这些在《千手经》《仪轨》中都是有记载的。在很多壁画中还频频出现一对形象，即饿鬼、贫儿，在《千手经》和《仪轨》中并未发现有关的记载和描述[1]。在川渝地区的窟龛中同样也是如此，如安岳卧佛院45号龛，资中北岩113号龛，大足北山佛耳岩13号龛，大足北山佛湾9号龛、273号龛、235号龛等等都有饿鬼和贫儿形象。

在川渝地区的千手观音窟龛中，基本上也都有眷属，但与敦煌壁画不同的是，窟龛都没有榜题，仅有少部分有题记，但是题记所记载的内容与窟龛内雕刻的眷属关系不大，所以对于辨识眷属来说有很大难度；虽然千手观音眷属的名称和形象在经文中都有明确的文字表述，但是刻造者要将其表现得栩栩如生，或者说接近经轨中所描述的形象仍然是有一定难度的；再者多数千手观音造像都存在一定程度的损坏和风化，使得眷属的辨认更是难上加难。尽管如此，还是有部分的眷属容易被辨识出来，如：

18号即安岳卧佛院45号龛（图5），主尊两侧下方各有一个饿鬼和贫儿，姿势均为半弯腰，面向主尊，仰首引颈。主尊的右下手施降魔印，饿鬼就在右下手的正下方，饿鬼呈惊恐状；主尊的左下手施与愿印，掌中的钱币正下落至贫儿手中所执的口袋中。

10号即邛崃石笋山摩崖造像3号龛，丁祖春老师和王熙祥先生在《邛崃石笋山摩崖造像》中有这样的描述："右上部，依次排列十二比丘，外侧一天人乘鹤欲飞。"[2]其中的乘鹤欲飞者可能就是孔雀王，但其中的十二比丘不知为何。文中说到"下首跪一猪头人身像，弓背低头"[3]，胡文和先生在《四川道教佛教石窟艺术》[4]中认为猪头人身像是大圣天，或者叫欢喜天，又叫毗那夜伽，这个大圣天也没有出现在《千手观音造次第法仪轨》中，他属于婆罗门教神系[5]，被纳入千手观音眷属之中。

21号即大足北山佛湾9号龛（图6），其中也出现了一猪首人身像（图中看不清楚），不过其并非10号中所谈及的大圣天，在《巴蜀佛教石窟造像初步研究——以川

---

[1] 胡文和：《四川与敦煌石窟中的"千手千眼大悲变相"的比较研究》，《佛学研究中心学报》1998年第3期，第314页。

[2] 丁祖春、王熙祥：《邛崃石笋山摩崖造像》，《四川文物》1984年第2期。

[3] 丁祖春、王熙祥：《邛崃石笋山摩崖造像》，《四川文物》1984年第2期。

[4] 胡文和：《四川道教佛教石窟艺术》，四川人民出版社，1994年，第275页。

[5] 婆罗门教是印度的古代宗教，是现在流行的印度教的古代形式。

图 5　安岳卧佛院 45 号龛千手观音像
（采自《中国石窟雕塑全集》
第 8 卷，第 95 页，图九七）

图 6　大足北山佛湾 9 号龛千手观音像
（采自《中国石窟雕塑全集》
第 7 卷，第 3 页，图三）

北地区为中心》一书中是这样描述的："左侧壁上层：内侧云朵中浅雕五身跏趺坐佛，分两层排列，上二下三；外侧一朵正中雕一猪首（象首？）人身像，环其一周雕鼓十二面，该神双手作击鼓状……右侧壁上层，内侧云朵中浅雕五身跏趺坐佛，布局与左侧壁上层内侧云朵完全相同；外侧一朵正中雕一神，手持风袋，作布风状。"[1]左侧壁上层的猪首人身像，与右侧壁上层的手持风袋神应该是雷神和风神；左右两壁上层都分别浅雕五身跏趺坐佛，据姚崇新老师判断应为十方诸佛。所谓的十方诸佛是指十方三世一切诸佛，在四川地区属于比较常见的千手观音眷属。在此造像中还能辨认的眷属有：骑于青狮上的文殊菩萨和坐于白象上的普贤菩萨；骑于孔雀上的六臂神即金色孔雀王；长髯赤膊、高鼻深目的波斯仙，以及和波斯仙刻造位置相对应的功德天。

15 号即资中北岩 113 号龛（图 7），该龛布局与 21 号即大足北山佛湾 9 号龛相似。按照王熙祥先生和曾德仁先生在《四川资中重龙山摩崖造像》[2]中的说法，千手观音的眷属有：主尊座下的左右侧分别是饿鬼、贫儿；龛上方左右角各刻造的五尊小佛即为十方诸佛；接近龛顶还有风神、电神、雨神、雷神等。

---

[1]　姚崇新：《巴蜀佛教石窟造像初步研究——以川北地区为中心》，中华书局，2011 年，第 346 页。
[2]　王熙祥、曾德仁：《四川资中重龙山摩崖造像》，《文物》1988 年第 8 期，第 21 页。

图 7 资中北岩 113 号龛千手观音像
（采自《中国石窟雕塑全集》第 8 卷，第 194 页，图一九五）

图 8 大足北山佛湾第 273 号龛千手观音像
（采自《中国石窟雕塑全集》第 7 卷，
第 12 页，图一二）

25 号即大足北山营盘坡 10 号龛中也有眷属波斯仙和功德天，其位置在右侧壁下部。除了波斯仙和功德天之外，还能辨认的有：主尊两肩上方的外侧各有五坐佛坐在祥云内，此为十方诸佛；在主尊两侧的正壁，左边是骑青狮的文殊，右边是骑白象的普贤；龛左侧、右侧壁上部分别刻有持风袋的风神和呈击鼓状的雷神；龛右侧壁中部还刻有骑在孔雀上的孔雀王等等。

24 号即大足北山佛湾第 273 号龛（图 8），主尊座的左、右下侧分别雕刻饿鬼、贫儿；在外龛门楣的上方还刻有十尊小佛，应为十方诸佛；在内龛右侧壁靠近门之处雕刻有一尊波斯仙（图 9），是一位老者，长髯赤膊、高鼻深目，一手拿杖，一手执物。

实际上还有很多的千手观音附属造像都是保存比较完整的,但多数都加有刻造者的主观意识,导致不能与我们所熟知的常规眷属一一对应。

(四) 千手观音分期

通过以上对千手观音造像特征的分析,结合材料的时间,将千手观音造像分为四期:第一期的时间是盛唐到中唐时期;第二期的时间是中晚唐和晚唐时期;第三期的时间是晚唐五代、五代和五代宋初;第四期是宋代(表5)。

第一期:本期的龛型有竖长方形平顶龛、双叠室竖长方形平顶龛和横长方形平顶龛,其中以竖长方形平顶龛为主,双叠室竖长方形平顶龛仅有2龛,横长方形平顶龛仅有1龛;造像姿势有立像、结跏趺坐和善跏趺坐,其中又以立像为主,结跏趺坐和善跏趺坐各1尊造像;臂数的形式较多,有32臂、40臂、42臂、6臂和"20余"臂,以32臂最多,有4尊造像,但是其中3尊千手观音造像的坐姿均为不详,40只臂的造像有2尊,其余的各1尊。从表5可以看出该期窟龛的组合特点,龛型以竖长方形平顶龛为主,造像姿势以立像为主,正大手的表现方式以32只和40只为主流。

图9 大足北山佛湾第273号龛内波斯仙
(采自《中国石窟雕塑全集》第7卷,第13页,图一三)

第二期:本期的造像特征跟第一期相比有明显的变化。龛型有竖长方形平顶龛、双叠室长方形龛和横长方形平顶龛,主流龛型由第一期的竖长方形平顶龛演变为横长方形平顶龛,但是竖长方形平顶龛仍然较为流行;坐姿有结跏趺坐和善跏趺坐,主要以善跏趺坐为主,立像在第二期中完全消失;臂数在第二期中有32只、40只、42只三种形式,三种形式都较流行,40只手臂数的形式仅比另外两种手臂数形式多1龛造像。从表5可以看出,第二期窟龛的组合特征是:龛型以横长方形平顶龛为主,坐姿以善跏趺坐为主,臂数则是三种形式都较流行。

第三期:本期的造像特征与第一期、第二期的造像特征相比,又有较为明显的变化。龛型不仅有横长方形平顶龛、双叠室竖长方形平顶龛、横长方形平顶龛,还出现了新的龛型,即外方内圆型龛和无顶壁型龛,但是二者都只有一尊造像,主流龛型出现了回流现象,与第一期的主流龛型相同,为竖长方形平顶龛;坐姿仅有一种,即善跏趺坐,但是还有4尊造像的坐姿不详;臂数的表达方式仍有三种,即32只臂、40只臂和42只臂,其中又以32只臂的造像最多。从表5可以看出,本期窟龛的组合特点是:龛型以竖长方形平顶龛为主,坐姿只有一种,即善跏趺坐,臂数以32只臂的表达方式最多。

第四期:第四期材料仅有1例,其龛型是弧形顶龛,坐姿为结跏趺坐,臂数有1 007只。

表5 川渝地区千手观音分期表

分期	编号	龛型 A Aa	龛型 A Ab	龛型 A Ac	龛型 B Ba	龛型 B Bb	C	D	E	姿势 A	姿势 B	姿势 C	姿势 D	臂数 A	臂数 B	臂数 C	臂数 D	臂数 E
一	32			✓						✓				✓				
一	13	✓										✓			✓			
一	14	✓										✓			✓			
一	18	✓										✓						✓	
一	3	✓								✓							✓	
一	7	✓											✓	✓				
一	8	✓											✓	✓				
一	9	✓											✓	✓				
一	12			✓									✓					✓
一	15				✓					✓						✓		
二	4	✓								✓								
二	10				✓					✓				✓				
二	11				✓								✓					✓
二	5				✓					✓				✓				
二	6				✓										✓			
二	31					✓				✓				✓				
二	1	✓								✓				✓				
二	29							✓		✓								✓
二	21		✓							✓							✓	
二	20	✓								✓								✓
二	25					✓				✓						✓		

续 表

分期	编号	龛型 A			龛型 B		C	D	E	姿势 A	姿势 B	姿势 C	姿势 D	臂数 A	臂数 B	臂数 C	臂数 D	臂数 E
		Aa	Ab	Ac	Ba	Bb												
三	16				✓								✓	✓				
	17					✓					✓			✓				
	2					✓							✓	✓				
	30				✓						✓						✓	
	23	✓									✓							✓
	26	✓											✓					✓
	27	✓											✓					✓
	22		✓								✓							
	24			✓							✓				✓			
	19	✓									✓							✓
四	28							✓		✓							✓	

三、千手观音所反映的世俗愿望及其宗教意蕴

(一) 千手观音所反映的世俗愿望

唐代初期,便有天竺高僧向皇帝呈献关于千手千眼观音的经文,但是没有得到皇帝的重视,千手观音菩萨的内涵也没有得到传播。"贞观年中,复有北天竺僧,赍千臂千眼陀罗尼梵本奉进,文武圣帝敕令大总持寺法师智通,共梵僧翻出咒经并手印等"[1],从此千手千眼观音造像和其信仰便开始在中国的大地上蔓延开来。

目前我国发现的最早有纪年的千手观音造像,是1986年在河北省新城县南方中村小学出土的一尊白石千手千眼观音造像[2],刻造于武周证圣元年,即公元695年。无纪年造像中最早的造像也属武周时期,有两尊,一尊在龙门东山万佛沟高平郡王窟东侧下方的一个小窟的东壁,另一尊在万佛沟北壁[3]。在川渝地区石窟寺中,最早的千手观音造像大约是在盛唐时期,有纪年中最早的造像,是蓬溪新开寺1号龛,刻

---

[1] (唐)智通译:《千眼千臂观世音菩萨陀罗尼神咒经序》,《大藏经·密教部》第二十卷,第83页。

[2] 刘建华:《唐代证圣元年千手千眼大悲菩萨石雕立像》,《2005年重庆大足石刻国际学术研讨会论文集》,文物出版社,2007年,第469—476页。

[3] 李文生:《龙门唐代密宗造像》,《文物》1991年第1期。

造年代为公元860年。

在川渝地区,千手观音为什么能够传播开来并得到大众的接受呢?主要有以下几个原因:

首先,千手观音是在一个得到统治阶级支持的环境中成长。如前所述,从唐朝初期开始,便有天竺高僧向皇帝呈献关于千手千眼观音的经文,武德年间天竺高僧觐见皇帝时所呈的经文皇帝并没有看重,但在贞观年间,不仅得到了重视,还将经文汉译并首印。虽然在唐会昌五年即公元845年发生了会昌法难事件,但是在第二年即公元846年,武宗死亡,宣宗即位,立即又宣布复兴佛教。会昌法难给佛教带来了严重的打击,但川渝地区离京都较远,加之第二年就宣布复兴佛教,所以法难可能对川渝地区的影响较小。

其次是千手观音本身所具有的魅力。伽梵达摩所译的《千手千眼观世音菩萨广大圆满无碍大悲心陀罗尼经》中说:"我时心欢喜故,即发誓言,若我当来堪能利益安乐一切众生者,令我即时身生千手千眼具足,发是愿已,应时身上千手千眼,悉皆具足。"[1]从经中可以看出观世音的初衷是"利益安乐一切众生"。智通所译的《千眼千臂观世音菩萨陀罗尼神咒经》中说:"今蒙世尊与我授记,欲令利益一切众生起大悲心,能断一切系缚,能灭一切怖畏,一切众生蒙此威神,悉皆离苦因,获安乐果,若有善男子善女人,于我灭后后五百岁中,能于日夜六时,依法受持此陀罗尼神咒法门者,一切业障悉皆消灭,一切陀罗尼神咒法门悉皆成就。今我念报世尊恩德,随在何等乃至村城国邑聚落,或在山野或在林间,我当常随拥护是人,不令一切鬼神之所娆害。"[2]诸多经轨中都提到千手千眼观音是无所不能,无愿不果的,这些功能使得各个阶层的人们对千手观音都刮目相看,都希望自己能够得到千手观音的帮助。这也就相当于"控制"住了人们的思想,千手观音的传播和刻造也就成为自然而然的事情。

再次,从当时的局势来看,人民大众也需要宗教这种"抚慰心灵"的良药。在古代,一般沉重的兵役、徭役和租庸负担都重重地落在黎民百姓身上。许多服兵役、服徭役的人,往往都是埋骨他乡,其亲人都希望其能早日回家团圆;每每遇上水灾、旱灾、虫灾等自然灾害,租庸对广大的贫苦人民来讲,更是火上浇油、雪上加霜。所以,千手观音的出现对于广大贫苦人民来讲,就是慰藉心灵的良药,他们希望通过乞求千手千眼观音换取自身、家人、朋友的平安,希望通过拜求千手观音解决一切超越现实

---

[1] (唐)伽梵达摩译:《千手千眼观世音菩萨广大圆满无碍大悲心陀罗尼经》,《大藏经·密教部》第二十卷,第106页。

[2] (唐)智通译:《千眼千臂观世音菩萨陀罗尼神咒经》(卷上),《大藏经·密教部》第二十卷,第83—84页。

的问题。从20号即大足北山佛湾243号龛的题记中也可以看出其中的一些端倪,题记的内容是:"敬携大悲千手观音菩萨一龛□□□□□右弟子军事押衙骞知进先为□□□寨□中之际夫妇惊扰同发愿上造贤圣愿齐加护□□安泰与骨肉团圆今不负前心遂携造上件菩萨悉已酉年以天复元年五月十五日就院修□□赞用开鸿泽永为供养。"其主要目的是希望国泰民安,远离战争,即使有战争,也希望自己服兵役的亲人、朋友都能平平安安地回家。1号即蓬溪新开寺1号龛的题记是:"道佛道儆等求为供养,妻阿雍斋娘、世二娘、世三娘,男道儒道隽道侗一日下午至咸通元年十二月七日工毕。右弟子黎讯发愿敬造大中十四年十月,敬造大悲观世音菩萨壹铺□□□□□□施钱五百文。"可以看出发愿造大悲观音像的大多数是黎民百姓。在29号即资中北岩40号龛的题记中提到:"弟子宣节校尉行东川荣州□□□将赵□愿合宅平安造大悲龛□□功毕时以乾符二年四月一日设斋庆过了。"其中有"宣节校尉",乃唐始置的官名,说明当时的千手观音信仰在不同阶级都有很大的影响力,其影响力促使人们纷纷刻造、供养千手观音,希望求拜"千手观音"能达成自己的愿望。

(二) 千手观音的宗教意蕴

什么是千手观音的信仰？李利安老师在《观音信仰的渊源与传播》一书中说观音信仰"是以观音为崇拜对象的完整的宗教信仰体系,即包括教义、修道、心里等构成内在宗教形态的各要素及其历史发展,也包括信徒、场所、活动等构成外在宗教形态的各要素及其演变,形成一种完整的、动态的、有地区差异的宗教文化体系"[1]。千手观音是观音的一种,我想这个定义也可以用在观音的缩小版即千手观音的身上。要想详细研究千手观音信仰的问题,须把以上定义中的各个要素都进行细细的探讨,限于学力、精力、篇幅等原因,在此仅简单地探讨各种经文中所描述的千手观音神迹功效的部分,即其体现出来的宗教意蕴。在智通所译的《千眼千臂观世音菩萨陀罗尼神咒经》中有说到"千手千眼菩萨者。即观世音之变现。伏魔怨之神迹也"[2],该《神咒经》中还提到千手观音"能断一切系缚,能灭一切怖畏,一切众生蒙此威神,悉皆离苦因,获安乐果",即"无愿不果"之功效。在伽梵达摩所译的《千手千眼观世音菩萨广大圆满无碍大悲心陀罗尼经》中还说到"若诸人天诵持大悲心咒者,得十五种善生,不受十五种恶死也,其恶死者,一者不令其饥饿困苦死,二者不为枷禁杖楚死,三者不为怨

---

[1] 李利安:《观音信仰的渊源与传播》,宗教文化出版社,2008年,第2页。
[2] (唐)智通译:《千眼千臂观世音菩萨陀罗尼神咒经》(序),《大藏经·密教部》第二十卷,第83页。

家仇对死……十四者不为恶病缠身死,十五者不为非分自害死。诵持大悲神咒者,不被如是十五种恶死也,得十五种善生者,一者所生之处常逢善王,二者常生善国……十五者所闻正法悟甚深义。若有诵持大悲心陀罗尼者,得如是等十五种善生也"[1]。所谓的"得十五善生""不受十五恶死"都是信仰千手观音者诵《大悲心陀罗尼经》所带来的益处,同时也是观音信仰宣扬自己的一种方式。

当然在诸多经轨之中,都有宣扬千手观音神效、功能的,在此不一一列举。总而言之,千手观音作为一种密教的信仰形态,经过诸多曲折,传入大唐后,在民间领域广泛流传,为信仰者带来了无边的慈悲,使其获得了安慰、依赖和自信,为信仰者提供了战胜困难的强大精神力量。

四、结　语

本文所搜集的千手观音造像材料与其他地方同时期的造像相比,既有共同点,又有其特殊之处。共同点较多,如造像姿势都有结跏趺坐式和立像式,臂数都有 40 臂和 42 臂等等;特殊之处也不少,如川渝地区千手观音比较流行的善跏趺坐式,在其他地区就很少出现;千手观音手臂数量在川渝地区 32 臂比 40 臂、42 臂都多,这种现象在其他地区也很少出现;在 24 号即大足北山佛湾 273 号龛中出现了四尊地藏菩萨造像,这在川渝以外的其他地方也很少出现[2]。

在所有材料中,多数为中、晚唐和五代时期的,五代的材料虽然较多,但是多数为坐姿和臂数不详者,宋代的造像很少,仅有一例可确定为南宋时期,这给千手观音造像的造型特征演变分析带来了很大的局限性。在眷属的判断上也有很多问题,一龛造像所能辨识的眷属只有几尊像,其余的大部分都不能识别,原因很多:一是以往所发布的千手观音材料中对于眷属的描述不是很详细,通过文字描述复原图像再来确定其名称,难度实在是太大;二是年代久远,保护不佳导致的风化损坏严重。无奈因本人学力、时间和精力有限,文中仅对材料进行了简略的分类,对其演变也只是简单的一笔而过,对眷属的辨识也只是挑选部分比较有代表性的千手观音进行简要的分析,还有很多问题未涉及,如密教在中国的发展和流传、千手观音的眷属等问题。

---

[1] (唐)伽梵达摩译:《千手千眼观世音菩萨广大圆满无碍大悲心陀罗尼经》,《大藏经·密教部》第二十卷,第 107 页。

[2] 姚崇新:《巴蜀佛教石窟造像初步研究——以川北地区为中心》,中华书局,2011 年,第 366 页。

荔波瑶山

——白裤瑶村落文化景观遗产研究

吴小华

一、村落文化景观的相关概念

(一) 景观

景观(landscape),是指人类和自然与事物之间形成的所有可视现象,是人类所能看到的视觉环境,即在现实生活中不但包含狭义的"景",还包含人们对景的"观"以及人们在"景"中实现"观"的体验过程[1]。在欧洲,"景观"的概念经历了一个较长的历史发展和演变过程。"景观"一词最早在《圣经·旧约全书》中被用来描绘所罗门皇城的美丽风景,后来受到了荷兰画家的影响,成为风景画的一个代名词。在英国,景观最先是用来表示一种理想的场所。从词源上看,景观(landscape)一词来源于古英语词汇"landskip"或是古德语的"landskaap",并且后来被古德语"landschaft"所替代。"landschaft"是一个复杂的术语,意指一种深层的和亲密的关系模式,这种模式不仅存在于建筑物与场地之间,而且存在于占有、行为和空间之中,换言之,"landschaft"包含自身习俗和超越景色之上的场所[2]。

"景观"作一个俗语,最早是出现在地理学的研究之中,它是指在地球表面由各种不同的地理现象所组成的一个综合体,它包含各种地形地貌、大气环境、水文特征、土壤和生物等要素。从地理学的角度来看,景观主要是指一种自然的风景。随着时代

---

[1] 单霁翔:《走进文化景观遗产的世界》,天津大学出版社,2010年,第41页。
[2] [英]麦琪·罗著,韩锋、徐青译:《〈欧洲风景公约〉:关于"文化景观"的一场思想革命》,《中国园林》2007年第11期。

的发展,"景观"一词在建筑学、园林学和文化遗产等学科中得到了广泛的应用。于是,"景观"一词的内涵又有了新的发展,特别是加入了"文化"的含义之后。

关于"景观"的概念,在《欧洲风景公约》中给出了明确的定义:"景观是一片被人们所感知的区域,该区域的特征是人与自然的活动或互动的结果。"[1]从这个概念我们可以看出,"景观"至少包含三层含义:一是一定范围内的自然区域;二是人类本身;三是人类与自然之间的一个互动过程。从这个意义上看,"景观"的内涵是一个动态的过程而非一个固定的结果,它所表达的含义的演变过程除了经历长时间的历史积累之外,还包含了随时随地的创造和更新。

(二) 文化景观

文化景观(cultural landscape),是人与自然长期互动形成的一个综合体,是人类征服自然、适应自然、改造自然和利用自然的历史见证。"任何一个有特定文化的民族都会通过建造房屋、开辟道路、耕种土地、修筑水利工程、繁衍或限制人口、传播宗教等活动改变其生存空间内的环境。这种人所创造的物质或精神劳动的总和成果,在地球表面的系统形态就被称为文化景观"[2]。文化景观是一个历史载体,作为人类文明的历史见证,它是历经漫长历史的不断发展、演变和积累而不断形成的,因此,演进和变化是文化景观的基本特征。同时,文化景观作为一种遗产,它还兼具自然环境和人类文化两种不同的要素和特征。文化景观所展示的人类社会与聚落在自然环境的物质性制约下以及在社会、经济、文化等因素的内在和外在的持续作用下的演进和变化,突出强调了人和自然之间长期而深刻的关联。文化景观由于受到自然环境,以及人类社会、政治、经济、文化等因素的相互作用和影响,表现出极大的地域性、民族性、复杂性和多样性差异。

文化景观作为一个概念普遍使用的历史并不长远,直到 20 世纪 90 年代,即 1992 年,在美国圣菲(Santa Fe)召开的联合国教科文组织(UNESCO)世界遗产委员会第 16 届大会上,与会专家提出,将具有"突出普遍价值"的文化景观纳入《世界遗产名录》,文化景观从此作为世界遗产的一个类型。也就是说,1992 年世界遗产委员会首次将"文化景观"视为一种文化遗产的类型加以考量之后,"文化景观"这个概念才被广泛使用。

---

[1] [英]麦琪·罗著,韩锋、徐青译:《〈欧洲风景公约〉:关于"文化景观"的一场思想革命》,《中国园林》2007 年第 11 期。

[2] 吴必虎、刘筱娟:《中国景观史》,上海人民出版社,2004 年。

(三) 村落文化景观

村落文化景观(village cultural landscapes,简称 VCL),有的人将其称为"聚落文化景观"或"乡村文化景观",它是指以农业经济为基础、以村落为中心的文化景观中的一种类型。村落文化景观"通常反映出在特定的环境制约条件下,可持续土地利用的先进理念和具体技术,同时折射出建立这些文化景观所处的自然环境的特点和限制"[1]。从上述定义可以看出,村落文化景观是建立在土地的持续使用(农业)的基础之上的一种人与自然的关联,它不仅包括自然要素,而且还包括人工要素。村落文化景观受自然因素和民族习惯的影响和制约甚大,因而常常表现出极大的区域性和民族性差异。

村落文化景观的特征是在人类对自然长时间的干涉和使用中形成的,区别于人类有意设计的景观如园林、广场等,也区别于鲜有人类改造印迹的自然景观。村落文化景观通常反映出一个特定的区域内的人们的传统生产、生活、生存的实际要求,如耕种、狩猎、捕鱼、放牧等各种广义上的农业活动,以及在此过程中形成的社会意识形态、文化习俗、宗教信仰、乡村社会结构等。

二、村落文化景观的构成要素

村落文化景观是人与自然长期互动的作品。它是在特定的自然环境下,通过人类对自然环境长时间的改造和适应而逐渐形成的。村落文化景观的形成不但会受到自然环境的制约,同时也会受到人类活动的影响。因此,村落文化景观的构成要素,不仅包括自然环境的要素,同时也包含人类活动的人工要素。总地来讲,村落文化景观的构成要素可以分为三个部分:即自然要素、物质要素和非物质要素。而物质要素又可以分为自然要素和人工要素。一般来讲,物质要素是基础,非物质要素是在特定的物质要素基础之上形成和发展起来的。

(一) 自然要素

自然要素又可以称为基质要素。从一般意义上讲,自然要素主要包括地形地貌、气候、土壤、水文、动植物以及人口六个方面。这几个方面都是自然要素的有机组成

---

[1] 单霁翔:《走进文化景观遗产的世界》,天津大学出版社,2010年,第81页。

部分，它们都不同程度地决定着村落文化景观的类型。

1. 地形地貌

地形地貌是构成村落文化景观的基本要素之一，它们是形成地域性村落文化景观的宏观性空间特征。地形地貌根据其自然形态可以分为山地、高原、丘陵、平原和盆地五大类型。在中国，山地约占陆地面积的33%、高原约占26%、丘陵约占10%、平原约占12%、盆地约占19%。"不同的地形地貌形态反映了其下垫物质和土壤的差异及所造成的植被的区别，因而是进行景观分析和景观类型划分的重要依据。"[1] 总地看来，我国的地形地貌复杂多样，并在此基础之上形成了丰富多样的地域性村落文化景观类型。

2. 气候

气候是形成不同地域性村落文化景观的重要因素之一。气候因素包括日照、降雨量、温度、湿度、风等诸多方面。我国地域辽阔，从南至北纬度相差极大，横跨了热带、亚热带、温带和寒温带，因而气候类型也是复杂多样，这对地域性村落文化景观的形成也产生了巨大的影响。气候对村落文化景观的影响主要体现在建筑结构的布局和形式上，如南方地区常年潮湿多雨，因而大多采用干栏式建筑形式。此外，气候对农业类型也产生了决定性的影响，如在北方寒带地区，农作物只能达到一年一熟，而在南方热带地区，有的却达到了一年三熟。

3. 土壤

土壤也是村落文化景观的一个重要组成部分，它对村落文化景观的形成也具有重要的影响。土壤的形成受气候、岩石、地形影响较大。就我国来看，大致有森林土壤、森林草原土壤、草原土壤、荒漠和半荒漠土壤等多种类型。土壤对植被的生长和农业生产都会产生巨大的影响，因而也是决定不同村落文化景观类型的重要因素之一。

4. 水文

水资源是人类赖以生存和发展的必要条件。而农业是目前世界上用水量最大的

---

[1] 刘黎明：《乡村景观规划》，中国农业大学出版社，2003年，第28页。

部门,一般占总用水量的50%以上,中国农业的用水量则占总用水量的85%[1]。水资源不仅是农业经济的命脉,而且也是乡村景观构成中最具活力的要素之一,这不仅仅是在于水是自然景观中生物体的源泉,而且在于它能使景观变得更加生动而丰富。不同的水体有着各自的水文条件和水文特征,也决定着各自的生态特征,如湖泊、河流、沼泽、冰川等,它们对乡村景观格局的形成起了重要作用[2]。

5. 生物

生物包括动物和植被,它们也是村落文化景观的重要组成部分。生物受到地形地貌、土壤、气候、水文等的影响很大,但同时它们又对保持生态平衡和保护环境有着重要的意义,同时也会对人类的生产和生活产生重要影响。保持生物的多样性和平衡对人类实现可持续发展具有重要的参考价值。

6. 人口

人口要素是村落文化景观中的一个核心要素。它对村落文化景观的存在、发展具有决定性的影响,没有人口要素,村落文化景观就失去了意义。村落文化景观中的人口要素,主要包括人口数量、性别、年龄结构、人口素质(受教育程度)、健康状况、体质特征、营养水平等。

(二) 人工要素

人工要素又可以称为硬质要素。村落文化景观中的人工要素主要包括各种类型的建筑物(构筑物)、道路、农业生产用地和公共设施等。它们是构成村落文化景观的核心要素,最能反映村落文化景观的文化基底。

1. 建筑物

建筑物是村落文化景观中最重要的组成部分。按照使用功能,可以将村落文化景观中的建筑物分为五大类:(1)居住建筑,主要是居住用的房屋,如住宅、宿舍等;(2)公共建筑,包括学校、办公楼、商店、图书馆等;(3)生产建筑,主要是用于农业生产的建筑,如圈舍、禾仓、大棚、温室、库房等;(4)宗教建筑,主要包括与举行宗教活动有关的建筑,如佛教寺院、庙宇、清真寺、教堂,以及举行宗教活动的坝场等;(5)其他,如

---

[1] 刘黎明:《乡村景观规划》,中国农业大学出版社,2003年。
[2] 陈威:《景观新农村:乡村景观规划理论与方法》,中国电力出版社,2007年,第53—54页。

乡镇工厂建筑等。

2. 道路

道路是村落文化景观的骨架，是联接不同景观版块的廊道之一。构成村落文化景观的道路系统可以分为两个部分：一是对外交通道路系统，如高速公路、省道、县道和乡道等；二是连接村落内部的交通系统，主要是指串户路、田埂等。这两种道路系统都会对村落文化景观的格局产生较大的影响，分别承担各种不同的功能。

3. 农业

农业是村落文化景观最核心的组成部分，是村落文化景观赖以存在和发展的基础。村落文化景观概念下的农业，是以种植业为基础，包括畜牧业、林业、渔业和副业在内的广义农业概念。村落文化景观所涉及的也是广义的农业，它们构成了村落文化景观的主体。自古以来，中国就是一个农业大国，农业文明在中国文明史上占有最重要的位置。农业文明的发展，主要得益于掌握可持续使用土地手段的能力。

4. 公共设施

公共设施是村落文化景观内涵丰富程度的重要体现之一。农业是村落文化景观的基础，围绕农业生产形成的公共设施，如水利设施是村落文化景观中公共设施的主要部分，其他的公共设施如坝场、水井、公共墓地等也属于公共设施的范畴。

5. 专用设施

专用设施在这里指的是为特定的目的为某一部分人所使用或拥有的建筑或设施等，如政府大楼、旅游表演场地等。

（三）非物质要素

非物质要素又可以称为软质要素。除了自然要素和人工要素之外，非物质要素也是村落文化景观的重要组成部分。构成村落文化景观的非物质要素主要体现在乡村居民的精神文化生活层面，如历史、民俗、宗教、丧葬、婚姻、语言、文字、服饰等。非物质要素是区别不同民族、不同地区村落文化景观类型的重要参考。通常，非物质要素更能表现一个村落文化景观独特的个性。

1. 历史

每一个村落文化景观,都有属于它自己的一段特殊的发展历史。这种发展历史经过长时间的沉淀和积累,形成了独特的村落文化景观历史文化,并成了生活在其中的人们的共同记忆。这种历史文化记忆不但能增进生活在其中的人们彼此间的情感,促进族群内部的认同和包容,同时还能增加每一个成员的历史认定自豪感和归属感。

2. 宗教信仰

宗教是村落文化景观的一个重要组成部分。作为一种社会意识形态,它是人类社会发展到一定阶段的产物。它是将一些自然的力量人格化,变成一种超自然的神灵。宗教是某个特定的人群对现实社会的理解和表达。

3. 民俗

民俗是人们在一定社会形态中,根据自己的生产生活内容与生产生活方式,结合当地自然条件,自然而然地创造出来,并世代相传的一种对人们心理、语言和行为都具有持久、稳定约束力的规范体系[1]。民俗是村落文化景观中的一个重要组成部分。民俗因民族、环境、经济等不同而表现出较大的民族性和区域性差异。中国是一个多民族国家,在长期的历史发展过程中,形成了大量不同的民俗民风。这些民俗民风世代相传,它们对不同民族的心理性格、思维方式、价值观念等都产生巨大的影响。

4. 丧葬习俗

丧葬习俗通常表现出一个族群对待"祖先"的态度,其深受宗教观念的影响。不同的族群往往表现出不同的丧葬习俗。丧葬习俗可以分为两个部分:一是具体的丧葬形式,如土葬、火葬、水葬、洞葬、天葬等;二是在丧葬过程中所举行的各种仪式,如念经、超度、祭祀、杀牲等。

5. 服饰

服饰通常表现出一个民族的审美心理和精神追求,它也是村落文化景观构成要素中的人工要素的一个重要组成部分。服饰往往因民族、文化和地域因素的影响表

---

[1] 陈威:《景观新农村:乡村景观规划理论与方法》,中国电力出版社,2007年,第56页。

现出较大的差异。

6. 恋爱婚姻

恋爱和婚姻是村落文化景观中非物质要素的一个重要组成部分。它受民族文化传统和价值观念的影响十分巨大，同时，也是民族存在与文化传承的关键所在。

7. 语言文字

语言是文化的一部分。语言的演化是建立在方言演进的基础上的，并受许多因素的影响，其中包括距离、自然条件、异族的接触、人口迁移和城市化等[1]。中国是一个多民族国家，许多民族都有自己的语言，方言更是不计其数，成为一道重要的文化景观。

8. 传统工艺

传统工艺是一个族群在长期的生产和生活过程中逐渐发展起来的，往往与当地民族的生产和生活方式息息相关。

9. 饮食习惯

饮食习惯也是村落文化景观的重要组成部分，它具有民族性、地域性以及宗教性等特点。饮食习惯不但受制于生产力发展的水平，同时它还对人群的体质发育产生巨大的影响。

三、村落文化景观影响因素

（一）工业化对村落文化景观的影响

工业文明时代，资本经济在全球的流动和扩张，深刻地冲击着世界的每个角落。在工业化的影响之下，文化和文化产品走向标准化和单一化，造成了文化基因的流失和消褪，人类创造性的衰竭。同时，随着工业化的扩张，人类赖以生存和发展的土地、水资源、环境、空气等都遭到大量的侵蚀和污染，村落文化景观赖以存在的基础正面临危机。随着工业化进程的加快，大量农村人口背离土地进入工厂，使许多农村地区

---

[1] 吴必虎、刘筱娟：《中华文化通志·艺文典·景观志》，上海人民出版社，1998年，第331页。

呈现大面积的"空村"现象,致使以农业经济为基础、以土地使用手段为核心的村落文化景观陷入无人为继的局面。在一些"空村"现象较为严重的地区,大量田地被荒废、乡村活力日渐消褪、乡土建筑破烂不堪、乡土文化和精神价值被放弃,整个村落文化景观面临传统被中断的威胁。

(二) 城市化对村落文化景观的影响

改革开放后的三十多年,是我国城市化进程最为快速的时期。一方面,原有的城市规模以"摊大饼"的方式不断扩大;另一方面,小城镇建设突飞猛进式地发展;同时,城市生活方式日益成为人们追逐的理想。城市化给村落文化景观带来的前所未有的冲击,一方面表现在村落文化景观和城市的界限日渐模糊,乡村和城市逐渐趋同,村落文化景观呈现郊区化的趋势越来越明显;另一方面,是乡村居民对自己文化传统的快速放弃和对城市生活的简单模仿。乡村高度稳定的特质,随着大众传播、大众运输、大众迁徙活动而出现均质化。在城市化的过程中,乡村和都市的差异在逐渐减小,村落文化景观逐渐沦为城市景观的配角,其自主性在不断降低,传统乡土文化的价值正在消失。就我国来看,中国不仅是一个人口大国,还是一个农业大国,乡村地区一直是中华民族的主要聚居地,村落文化景观也是数量最多、分布最广的一种景观类型。几千年来,中国的传统文化就是建立在乡村的基础之上。当前,中国正处于传统村落文化景观向现代村落文化景观转型的过渡阶段,自20世纪90年代以来城市化的无限度扩张不仅威胁到村落文化景观,同时也正动摇着中国传统村落文化景观的根基。

(三) 全球化对村落文化景观的影响

"全球化"是近些年来的一个时髦词汇,从事政治、经济、文化、社会、科学等不同职业、不同文化、不同背景的人们都在提。有的人在为全球化的到来欢欣鼓舞,也有的人对全球化的到来感到担忧。依笔者对全球化的粗略理解:全球化就是建立在现代科学技术之上的一个世界性的经济分工和全球性的文化共享。全球化不等于国际化,不等于西方化,也不等于现代化,更不等于一体化。就全球化对全人类文化共享的维度来看,一方面,我们不得不承认在全球化的背景下,一些民族的文化传统正在被放弃或是被涵化;另一方面,一些之前被藏在深闺里的民族文化又在全球化的背景下被越来越多的人所了解和认同并待之以人类共同文化遗产的态度加以考量。就全球化对村落文化景观的影响来看,同化、涵化时时在发生,但一些新的文化个性也在不断彰显。如何在全球化背景下彰显不同民族、不同区域的村落文化景观个性,最终实现人类文化的多样性价值取向和不同文化的可持续发展，笔者认为，我们必须在坚持我们传统的基础之上广泛接纳他文化的涵养，并以一种创造未来村落文化景观遗产的态度去善待我们的过去、现在和未来，以便在全球化的背景之下立于不败之地。

（四）新农村建设对村落文化景观的影响

中国在相当长的一段时期内，都是实行城乡二元制发展模式。特别是中华人民共和国成立以来，这种二元制发展模式极为突出。这种发展模式虽然在一定时期内促进了我国的工业化和城市化进程，但却造成了农村发展长时间的停滞不前。"三农"（农村、农业和农民）问题一直未能得到切实有效的解决，城乡差距逐年在扩大，农村基础设施薄弱，解决农村发展问题已经成为当前党和政府的一项重大政治任务。

关于乡村建设运动，中国开展得并不算晚。早在清代光绪二十八年，河北省定县的米迪刚、米鉴三就曾提出振兴农村的运动，但由于在当时受到的指责太多，试验终止。1921年，陶行知成立了"中华教育改进社"，历经三年，无果而终。1932年又组织了乡村改造社，这一努力也未能最终实现。1931年6月，梁漱溟在山东省乡村建设研究院任院长，提出"中国为乡村国家，应以村庄为根本，以乡村为主体，以乡村为本，以农业引发工业，而繁荣都市"的设想，并以邹平县为试验区，掀起了一场乡村建设运动，但由于当时外患逼迫未能实现。其研究成果在费孝通的《江村经济》《乡土重建》中得到了一定的体现。总之，以前的几次乡村建设运动都因种种客观原因而未能实现。

进入21世纪以来，党和国家逐渐将工作重心向"三农"问题倾斜，并在全国范围内开展起了新一轮的新农村建设运动。2005年党的十六届五中全会通过了《中共中央关于制定国民经济和社会发展第十一个五年规划的建议》，明确了今后5年我国经济社会发展的奋斗目标和行动纲领，提出了建设社会主义新农村的重大历史任务，为做好当前和今后一个时期的"三农"工作指明了方向。2006年1月，《中共中央国务院关于推进社会主义新农村建设的若干意见》（以下简称《意见》）正式发布。《意见》明确指出当前新农村建设的目标是"生产发展、生活宽裕、乡风文明、村容整洁、管理民主"的二十字方针。同时还强调"村庄治理要突出乡村特色、地方特色和民族特色，保护有历史文化价值的古村落和古民宅"。但在实际操作过程当中，很多地方不顾及村落的历史文化传统、不顾及农民的承受能力和实际需求，片面地贪大、求全、追新，将一些原本具有重要遗产价值的村落文化景观大面积推倒重建。一时间大量形象工程、示范工程、景观工程集中涌现，甚至不讲求实际，忽视乡土建筑应遵循的经济、实用、美观原则，将新农村建设中的建筑景观简单地理想化、生硬地图纸化，造成千村一面，地方和民族特色消失，村落文化景观遭到巨大的建设性破坏。

(五) 文化多样性的倡导和现代文明的转型

随着全球化时代资本经济的流动和扩张,全球文化面临趋于扁平和同一化的危险,文化多样性正在急剧丧失,人类的创造力和肌体有逐渐失去活力的风险。村落文化景观议题的倡导与回归是对工业文明、城市化以及经济全球化所带来的环境危机和紧张人地关系的反思,事关人类文明的续存和向生态文明、可持续发展转型维度的根本考量。保护和提倡村落文化景观的多样性不但为社会更新和适应新变化提供了智慧源泉,而且村落文化景观不同于城市文化的异质性特征是人类社会重新联系传统精神和文化、探索未来发展的可贵资源和不尽财富。

(六) 国家文化安全战略的考量

按照美国哈佛大学教授约瑟夫奈的观点,一个国家的综合国力,既包括由经济、科技、军事实力等表现出来的"硬实力",也包括以文化、意识形态吸引力体现出来的"软实力"。一个国家的崛起,从根本上说,在于它的综合国力的全面提升。所谓"软实力"是指一国的文化、价值观念、社会制度、发展模式的国际影响力与感召力。相对于具体的国民生产总值、科研成果及转化率、国防力量等硬实力而言,哲学与社会科学也属于国家"软实力"范畴。软实力对社会有更加持久的渗透力,文化正在成为国与国之间竞争的利器。村落文化景观的保护和发展也是国家文化建设和发展的一个重要组成部分,同样事关国家文化软实力的建设和文化安全。

四、研究意义和现状

村落文化景观是一种新的文化遗产类型,也是文化遗产的一个重要组成部分。1992年,在美国圣菲(Santa Fe)召开的联合国教科文组织(UNESCO)世界遗产委员会第16届大会上,与会专家提出,将具有"突出普遍价值"的文化景观纳入《世界遗产名录》。文化景观从此作为世界遗产的重要类型,受到世界许多国家和地区的普遍关注。按照世界遗产委员会的解释,文化景观类型遗产体现了"人类与自然环境互动的情况",包括了"能持续使用土地的特殊手段",这就是指以农业经济为基础、以村落为中心的遗产类型——村落文化景观[1],已经成为文化遗产中的一个重要组成部分。

---

[1] 摘自《贵阳建议》,该《建议》于2008年10月24—26日在贵阳召开的"中国·贵州——村落文化景观保护与可持续利用国际学术研讨会"上通过。

就我国来看,幅员辽阔、地理环境复杂多变、民族众多、文化类型丰富多样;同时,我国还是一个历史悠久的农业大国,许多传统文化的根基都是建立在农业经济的基础之上,进而形成了五彩缤纷的村落文化景观。我国的村落文化景观,不但数量巨大,而且种类丰富,面临的各种问题也很复杂。

位于贵州南部的荔波白裤瑶的村落文化景观,其历史传统、发展和变迁的轨迹都具有一定的典型性和代表性。白裤瑶人口数量较少,又是生活在布依族、水族、苗族以及汉族等诸多兄弟民族的夹缝当中,其村落文化景观的发展和演变都不同程度地受到了其他民族的较大影响。从中华人民共和国建立之初,在党和国家的帮助与支持下,生活在荔波的白裤瑶的村落文化景观在短短的半个世纪里就经历了几次较大的起伏和变化。但在每次变化当中,他们都是在一种没有传统的传统、没有特色的特色的背景之下,反而彰显出自己的民族特色,发展了适合自己民族特性和地域特征的村落文化景观。从荔波白裤瑶村落文化景观的发展和变迁轨迹,我们看到了其逐渐丰富和复杂的过程。与其他许多民族相比,现实中的白裤瑶,不论是经济,还是社会发展等诸多方面都还处于较低的历史水平,与其他民族和地区的差距还很明显,发展仍然是他们要面临的首要问题。

除了荔波的白裤瑶,在贵州的黔东南和黔南等地,类似于白裤瑶的情况的村寨还有很多,面临的问题也同样很复杂。但总地来讲,村落文化景观的保护与发展仍然是其首要难题。如何在这两者之间取得一定的平衡,不少学者都在进行努力探索。尽管如此,我们对村落文化景观这种新型的文化遗产类型的重视还不够、研究也不够深入、保护和利用策略也还不完善。目前人们对村落文化景观遗产的研究还处于起步阶段,其所具有的特殊的文化遗产价值也还未被更多的人所理解和认同,但工业化、城市化、全球化以及当前我国的新农村建设等给村落文化景观所带来的或即将带来的巨大影响和冲击则是一个不争的事实。如何理解村落文化景观作为一种文化遗产的价值,并对其采取什么样的保护策略和措施,以及在新的历史时期如何创造性地利用和发挥村落文化景观所具有的价值等都值得作进一步的研究和探讨。鉴于以上几点,笔者力图作一尝试。这也正是本文的研究意义之所在。

村落文化景观还是一个较新的文化遗产概念,目前,对村落文化景观的研究还处于起步阶段。在国外,主要是在欧美地区,对景观、文化景观的研究相对较早,但关于村落文化的研究相对较少。这主要是由于在欧美地区,"村落"也是一个后工业时代的产物,它与今天我国的"村落"在社会发展阶段上已经有了质的区别。语境的差别,导致中西方学者在一起讨论"村落""村落文化景观"等概念时,很难取得一致的认同和理解。因此,在许多有关"村落文化景观"的文本中,由于语境的差别,很难有一个统一的标准。就我国而言,目前涉及村落文化景观研究的文本还很少,而且大部分还处于一种概念与理论的探索阶段。

五、村落文化景观的保护策略和措施

(一) 保护理论

1. 整体保护

村落文化景观作为一种新的文化遗产类型,有别于传统的"物"的保护。这主要是基于村落文化景观的构成不仅包括传统的"物"的要素,还包括现实生活中"人"的要素,同时还包括非物方面的要素。因此,村落文化景观的保护,实际上是包括"物""人",以及"非物"在内的一个整体保护,而且这三个方面缺一不可。

保护村落文化景观,首先要保护其赖以存在和发展的基础,即土地及其持续使用土地手段的能力。作为文化遗产的一个类型,村落文化景观是以土地使用为基础,以村落为中心的文化遗产类型。离开土地及其使用手段,村落文化景观就不复存在,也无从发展。

保护村落文化景观,除了保护其"物"的属性之外,还要加强对"人"的关注。村落文化景观遗产,有别于传统"文物"的概念和内涵。一般来讲,传统的"文物"一般都是针对于历史的物的要素,而对于现实生活中的人来说,几乎没有任何涉及和考虑。但村落文化景观则不同,现实生活中的人占据了其核心的位置。因此,在保护村落文化景观时,必须把现实生活中的人的发展放在其首要位置,提高其生活水平,改善其居住环境,让其充分享受现代物质文明和精神文明的成果才是根本目标。

2. 分层保护

村落文化景观的分层保护具有以下几层意思。

首先,村落文化景观作为一种新的文化遗产类型,按照文化遗产所具有的"突出的普遍价值"中的"突出性"和"典型性"的层差,应采取不同的保护层次。村落文化景观和其他类型的文化遗产一样,具有作为文化遗产的价值,但每一个特定的村落文化景观的价值并不完全一样,具有高低或完损之分。这就要求我们得根据其不同的价值,采取不同的保护措施。

其次,就某个特定的村落文化景观来看,可能它其中的某一方面的构成要素具有

"突出性"或"典型性",因此对其采取的保护措施也存在分层保护的问题。村落文化景观的构成要素相当复杂,涉及自然、历史、文化、环境和人等很多方面。在这众多的构成要素当中,并不是每个构成要素都具有"突出的普遍价值"。因此,对其不同的构成要素,也应该采取不同的保护措施,即不同构成要素间,也存在保护措施的层差。

再次,同一类型的村落文化景观,可能因其保存的完好度方面的差异,也同样存在对其采取重点保护与一般性保护的层差。

最后,就现实条件来看,在一定的时期内,受到财力、物力、人力等诸多因素的影响,也只能采取重点与一般的分层保护策略。

3. 动态与静态相结合的保护

保护村落文化景观,实际上是保护一个文化空间。随着时代的发展,村落文化景观也处在不断的发展变化与更新当中。正是这种动态的发展变化与更新,村落文化景观才表现出持久的活力和生命力。村落文化景观是一个融合了自然要素、物质要素和非物质要素的综合体,传统与更新一同构成了村落文化景观的全景,不但要保护好其历史文化脉络,还要不断培育新的文化因子。

村落文化景观是一个动态的发展和演变过程,而非一个定式的结果。但它里面的某些构成要素具有一定的相对时间内的固定性或是稳定性。通常来讲,物质因素的稳定性相对较强,而非物质因素的稳定性则相对较弱。所以,在保护方式上,对稳定性相对较强的景观因素通常采取的是相对静态的保护措施,如民居建筑、宗祠、寺庙,以及其他古建筑等;而对那些稳定性较弱的非物质景观因素,更多的是采取一种"保育"的措施,即不但要保护,还要不断地培育和创新,以一种创造未来文化遗产的态度去审视,因此这是一种动态的保护方式。鉴于村落文化景观遗产的特点,只有将动态与静态两种方式有机结合起来,保护才能取得较好的效果。

(二)保护原则

1. 以人为本原则

村落文化景观遗产与传统的"文物"和"遗产"概念最大的区别就是它不仅包含了传统概念里的"物"的要素,还包括了现实中生活的人的要素。因此,村落文化景观保护的最根本目标就是不断提高其地域内人们的生活水平、改善其居住环境、延续其文化脉络,并最终实现人与人、人与社会、人与环境的可持续发展。也就是说,其根本目的是在"人"而非单纯的"物",这就要求我们在实施保护行为时,要处处为人着想,以人为本是其第一原则。

2. 公众参与原则

村落文化景观是文化遗产的一个组成部分,但村落文化景观在构成要素上的特殊性,决定了村落文化景观遗产的保护与更新不仅仅只是一种政府行为,同时还是一种公众行为,这是由于村落文化景观的保护与更新的利益主体是广大的生活在其中的乡土居民。因此,村落文化景观的保护与更新必须符合广大村民的利益并得到其认同,如此才有实施的价值和可能。这就要求在其实施过程中必须要有公众的参与。

3. 可持续发展原则

村落文化景观保护,发展是其根本和主题。走可持续发展之路,既是乡村社会发展的内在要求,同时也是村落文化景观遗产保护与更新的必然选择。要实现乡村社会的可持续发展,就必须要求在发展与保护过程中科学处理好资源、经济、环境等问题,实现村落文化景观的可持续利用。

六、瑶山白裤瑶村落文化景观要素概略及变迁

(一) 概况

荔波位于贵州省南部,黔南布依族苗族自治州的东南端。地理坐标介于东经107°37′至108°18′、北纬25°7′至25°39′之间。东北与从江县、榕江县接壤,东南与广西环江、南丹县毗邻,西面与独山县交界,北与三都县相连。东西长67.3、南北宽58.5公里,全县总面积2 431.8平方公里,占全省面积的1.38%。总人口约16.68万,其中少数民族人口14.51万,人口较多的少数民族有布依族、水族、瑶族以及苗族等。其中瑶族分别居住于瑶山和瑶麓两个乡,瑶山乡为白裤瑶,瑶麓乡为长衫瑶和青瑶。

县境处于贵州高原南部斜坡向广西丘陵盆地的过渡地带,地势南低北高。县城海拔高度为425米,最低的捞村河口为300米,最高的月亮山次峰为1 468米,全县平均海拔758.8米,多数乡村在400至800米之间。

地形受地质构造影响较为明显。向斜成谷,背斜成山,山地与谷地由西而东相间排列,主要山脉和水系沿地质构造走向发育,组成全县山脉与河流谷地呈北偏东向长带状相嵌分布的格局。县境内沉积岩层广布,有新生代陆相碎屑岩,中生代海相碎屑岩和化学岩,古生代海相碎屑岩和泻湖相煤系,远古代浅变质海相碎屑岩和化学岩

等;未发现火成岩分布。

根据气候带划分,荔波县属于中亚热带季风湿润气候区。但在不同地形地势影响下,温度的地区差异显著,日照区别大,雨水时空分布不均,有明显的雨季和旱季,干旱、低温、洪涝及绵雨等主要的农业灾害天气时有出现。县境内的垂直变化和地形小气候明显,各地四季的起止时间和持续时间也多不相同。

荔波于明洪武十七年(1384年)建县。建县后曾几度划归广西庆远府南丹、思恩(今环江)等州、县。清雍正十年(1732年)后改属贵州都匀府。1949年荔波解放,1950年成立荔波县人民政府。

全县各类土地面积共366.15万亩。按1990年的总人口计算,人均占有土地25.41亩。总面积中耕地面积29.37万亩(扣除田土坎、沟渠等以后,有效利用面积183 638亩,统计部门仍按习惯亩130 280亩统计),占总面积的8.02%,按1990年农业人口计算,人均占有耕地1.35亩。林地91.05万亩,占土地总面积的24.87%;草地178.37万亩,占总面积的48.72%;城乡居民占用地28 642亩,占0.78%;工矿用地4122亩,占0.11%;交通用地6 805亩,占0.19%;水域3.62万亩,占0.99%;难利用地59.79万亩,占16.33%。

农作物和其他经济作物50多个种类,700多个品种,以粮食、蔬菜作物品种居多。野生植物,食用类的有壳斗、凤尾蕨、蔷薇等10科32种;药用类有桔梗、桂皮、乌梅、大通草等6个门类,100多科,700多个品种;工业用的有松、柏、杉、樟等41科,126种;另外还有其他纤维类、油脂类植物10余种,观赏类植物60余种。其中,国家一级保护树种有南方红豆杉、香果树;二级保护的有黄枝油杉、杜仲、观光木、香木莲等。据1984—1985年森林资源二类调查统计,全县活立木蓄积量为413.67万立方米,森林覆盖率为24.87%。

动物则有哺乳纲的灵长目、食肉目、兔形目、偶蹄目等20多个种类;爬行纲的蛇目、蜥蜴目等15个种类;鸟纲有20多个种类。水产资源主要是鱼类,据1984年调查共有30多种。另外还有少量爬行类和两栖类动物。

瑶山乡,明为劳州及董界里地。清顺治元年至民国十九年(1644—1930年)为董界里地,民国二十年(1931年)为捞村乡第六保。解放后,1951年至1953年为捞村乡第五村,1953年从捞村乡分出建菇类民族自治乡,1957年6月1日改称瑶山民族乡人民委员会,1958年合并建立红旗人民公社,12月为朝阳人民公社瑶山管理区;1960年为瑶山乡,实行乡社合一,乡长兼管理区主任;1961年为王蒙公社菇类大队,1962年菇类从王蒙公社分出建瑶山公社,迁至拉片(现乡址);1963年3月,根据州人委办刘字(63)081号文件,恢复瑶山民族乡建置,实行乡社合一,属朝阳区;1984年

5月成立瑶山瑶族乡,属朝阳区至今,现辖拉片、英盘、懂别、菇类4村[1]。2004年,将小村并大村,现在全乡辖4村,分别为拉片村、菇类村、高桥村和红光村。

瑶山乡位于荔波县南部,距县城32公里,东与翁昂乡毗邻,南与捞村乡、广西南丹县里湖乡接壤,西和驾欧乡共界,北抵朝阳镇(图1),总面积110平方公里,属典型的深山区、石山区,是贵州省极贫的"两山"地区之一。共辖4个行政村(拉片、菇类、高桥、红光),46个村民小组,1343户,总人口5802人。其中,瑶族村2个,村民小组22个,瑶族人口2643人,占总人口的45.55%。全乡耕地面积3900亩,其中水田2400亩、土田1500亩。全乡基本实现组组通电,通简易公路,通广播电视。2007年人均占有粮350公斤,人均纯收入1433元(其中两个瑶族村人均占有粮320公斤,人均纯收入890元)。小学适龄儿童入学率达95%,初中适龄少年入学率达95%。全乡农民参加新型农村合作医疗达到91%[2]。

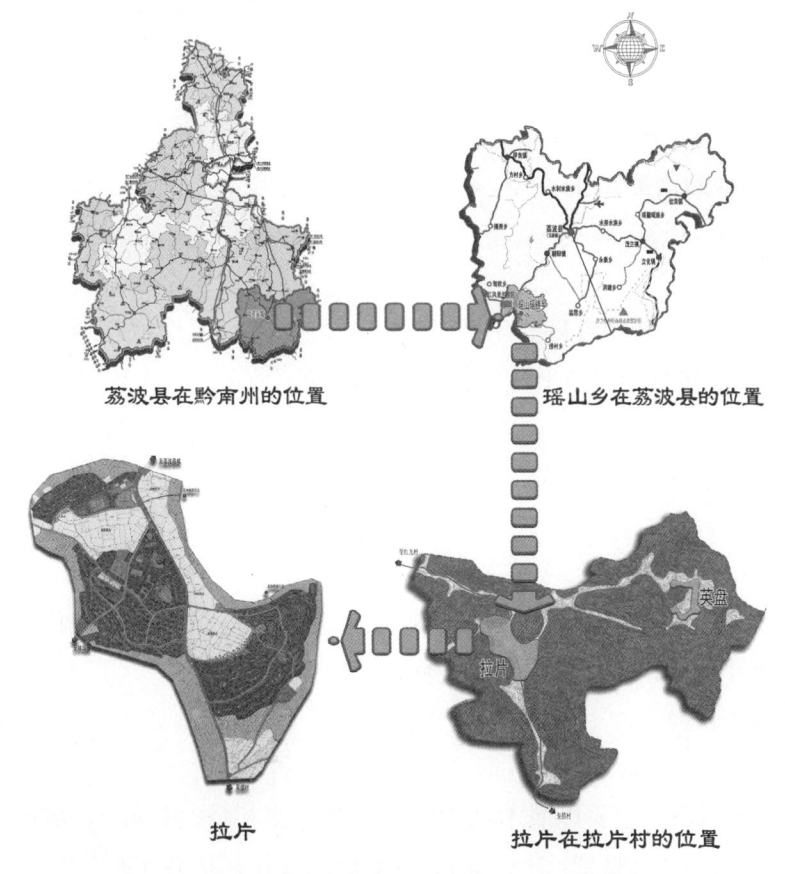

图1 瑶山乡地理区位图(图片来源:何正光提供)

---

[1] 贵州省荔波县地方志编纂委员会:《荔波县志》,方志出版社,1997年。
[2] 何正光:《扶贫工作结硕果》,《荔波瑶族》,中央文献出版社,2010年,第139页。

白裤瑶是瑶族的一个支系。现在人口总数在2万左右,其中百分之九十左右生活在广西南丹境内,少部分生活在贵州省荔波县的瑶山乡境内。现今生活在荔波境内的瑶族主要有三支,分别是白裤瑶、青瑶和长衫瑶。三个支系名称的来历,主要是根据其服饰的不同。荔波境内的三支瑶族,称呼不同,世代互不通婚,习俗上也存在较大的差异。瑶麓瑶族自称为"努侯",他称为青瑶;瑶山瑶族自称为"懂蒙",他称为"白裤瑶";瑶埃瑶族自称为"东蒙",他称为"长衫瑶"。"努侯""懂蒙"和"东蒙"意思都是"穿我们这种服装的人"。关于这几个瑶族支系的来历,有江西迁入说,湖南、广东和广西迁入说等等。中华人民共和国成立后,随着民族识别工作的开展,三个支系被统称为瑶族。荔波境内的白裤瑶,主要分布在瑶山乡境内菇类、拉片和英盘等村寨,人口总数在2 600人左右。

(二) 景观要素

1. 自然要素

(1) 地形地貌

瑶山为典型的高原山地类型,喀斯特地貌发育良好。山高路陡,平地(俗称坝子)不足总面积的1%。

(2) 气候

瑶山的气候条件较为良好。年平均气温在17—18摄氏度,最冷月(一月)平均气温8.1摄氏度,最热月(七月)平均气温26.1摄氏度。

(3) 土壤

总地来看,瑶山所在地区的土质较为贫瘠、瘦薄,土壤肥力较差,不太利于发展农业生产。

(4) 水文

瑶山地区降水充沛,年降雨量在1 200毫米左右。雨季明显,降雨时间多集中在5—6月,冬季干旱少雨。辖区内没有任何河流。

(5) 生物

① 植物

瑶山都是山,山上主要以灌木丛为主。适合马尾松、杉树、楠木、泡桐、油桐等林木的生长。果树类适合枇杷、李子、橘子等生长。农作物适合水稻、玉米以及各类蔬菜的种植。

② 动物

几十年前,在瑶山周围的山上,还有黑熊、猴子、野鸡、山羊以及各种鸟类。现在除了鸟类,上述野生动物基本不见。圈养的动物主要有瑶山鸡、猪、牛等。

(6) 人口

瑶山瑶族约有 600 余户,2 600 余人,瑶族人口占总人口的 99%,男女比例基本持平,但文化素质较低。

白裤瑶一直实行严格的族内婚,通婚范围极小;饮食结构较为单一,营养水平较低。因此,瑶山地区白裤瑶的体质状况总体来看发育较差,普遍表现为身高相对较低,体质较弱。1983 年对瑶山人口问题进行了调查,得出的其中一组数据是:瑶山儿童 7 岁时的平均身高为 105 厘米,贵阳市儿童 7 岁时平均身高为 114.78 厘米;瑶山 8 岁时平均身高为 113.5 厘米,贵阳市平均身高为 119.9 厘米;9 岁时瑶山为 117 厘米,贵阳市为 124.18 厘米;10 岁时瑶山为 123 厘米,贵阳市为 129.121 厘米。通过比较,瑶山儿童的平均身高要比贵阳市儿童矮 8 厘米左右,而贵阳市又处于全国较低的水平,瑶山儿童的体格发育之差可见一斑[1]。

2. 物质要素

(1) 建筑景观

瑶山白裤瑶的建筑景观,主要由两个部分组成:居室建筑和禾(粮)仓建筑。自中华人民共和国成立以来,瑶山白裤瑶的建筑景观几经更迭,历经了几次大的发展和演变。其可以分为以下几个大的发展和演变阶段(表1、图5)。

① 远古时期

远古时期的白裤瑶,无籍可考。对其建筑景观的研究,目前所见较早的文献有《南史·张缵传》里说瑶族是"依险而居"的民族;田汝成在《行边纪闻·蛮夷》中说瑶族"山田瘠确,十岁五饥……飘忽往来,不可踪迹"。从上述文献记载来看,这一时期的白裤瑶,还未定居。由于在历史上白裤瑶曾有过洞葬习俗,因此也有学者认为远古时期的白裤瑶,最早可能寓居于山洞。当然此说仅为一种推论,尚无法证实。

② 1949—1970 年

解放初期的白裤瑶,社会经济发展水平十分低下,还处在一种刀耕火种兼具一定狩猎的游耕生活状态。由于受到其他民族的压迫,瑶山地区的白裤瑶,都居住在深山野谷,食不果腹、居无定所是其生活的真实写照。中华人民共和国成立后,在党和政府的帮助下,瑶山地区的白裤瑶同胞才开始慢慢定居下来,但其经济社会发展水平仍

---

[1] 贵州省民族事务委员会、贵州省民族研究所:《贵州"六山六水"民族调查资料选编·回族、白族、瑶族、壮族、畲族、毛南族、仫佬族、满族、羌族卷》,贵州民族出版社,2008年。

然较为低下。就其居室建筑来看,住的是一种非常简单原始的"杈杈房"(类似于窝棚)。这种房屋建造极其简单,将树杈埋入土里,搭上树枝,再在屋顶和四周覆以茅草或竹篾遂成(图2,左)。因为搭建这种房屋的主要材料是树杈,所以便将其称为"杈杈房"。这种房屋的屋内空间和陈设也十分简单,屋内基本不分间,通常在屋中间设一个铁三角火塘,全家人围火而食,围火而卧。圈养的牲口也多关在屋内,人畜一屋,环境十分恶劣。屋内基本没有像样的家具和摆设,除了做饭必备的锅碗瓢盆、几个用木头劈成的凳子和一台土织布机外便所剩无几。

　　这一时期,最有特色的建筑便是禾仓。禾仓一般都建在离房屋二三十米远的地方,主要目的是为了防火。禾仓的底部一般用四根或六根木柱作支撑,木柱高度在1.5米左右,木柱上面垫以木板,在垫板与四柱的连接处套上四个瓷罐或是垫一块方形木板用以防止老鼠进入仓内。再在木板上用竹条编成一个圆桶状的仓体,直径在1.5—2米不等,并留一面进出的门道,禾仓的顶部呈圆锥形并用茅草覆盖(图2,右)。这样设计的禾仓,主要是为了防火,同时还能起到防鼠和防潮的功能。

杈杈房草图[1]　　　　　　禾仓草图

图2　白裤瑶的居室建筑和禾仓草图

③ 1970—1980年

　　六七十年代以来,瑶山白裤瑶的"杈杈房"建筑基本上消失,取而代之的是半干栏式草房(图3,左)或半干栏式瓦房。这种半干栏式房屋建筑主要有两种构建方式。一种是利用山体的自然坡度,将其平整出一块平地作为房屋的地面部分,而干栏部分则是利用山体原有坡度,笔者遂将其称之为自然斜坡式半干栏式建筑。地面部分主要用来设置火塘,堆放杂物;而干栏的下面部分则是用于圈养牲畜,上部用于铺设床铺。这种半干栏式建筑最突出的优点就是使人畜完全分离,屋内的卫生条件有了明显的改善。有的还将干栏部分延长至屋外,用于晾晒。另一种构建方式则是平地起台。

[1]　注:文中所有素描草图均是根据作者田野调查期间所摄照片,由张晖绘制。

先在一块平地上用石块垒砌成一个高台,台高一般在 2 米左右,高台的大小取决于房屋构建的大小。垒砌的高台用于房屋的地面部分,而伸出台外的部分则成为房屋的干栏。屋内的设置与干栏的用处与斜坡式半干栏式建筑完全一样。笔者将这样的构建方式称为平地起台式半干栏式建筑。

虽然半干栏式房屋比起"杈杈房"来有了很大的进步,但就其建筑技术来看,水平仍然很低。所用的建筑原料主要是木头和茅草,木头主要用作房柱,茅草则用于屋顶。房屋的四壁很少用装板,还是以茅草、树枝等为主。这种半干栏式房屋较为低矮,基本上都为单层。屋内没有功能性分间,吃卧仍为一室,屋内陈设也没有大的改变,除了基本的炊具之外,很少有其他像样的家什。

这一时期的禾仓,整体的构建方式没有什么大的改变,只是在一些局部或是用材上作了一定的调整或更新。大部分禾仓的仓体改成了长方形或方形,屋顶以悬山式为主,大部分仓顶都是用青瓦遮盖(图 3,右)。

半干栏式草房草图　　　　禾仓草图

图 3　白裤瑶的居室建筑和禾仓草图

④ 1980—2000 年

改革开放以来,瑶山的社会经济稍有发展,部分经济条件稍好的人家建起了干栏式瓦房。比起半干栏式草房来,干栏式瓦房有了很大的进步。干栏式瓦房一般都是平地起建,分为上下两层,上层用于住人,下层作为干栏,主要用于圈养牲畜(图 4,左)。这种干栏式瓦房,一是屋内已经有了功能性分区,吃、卧已经分开;二是房屋的四壁已经开始使用装板,而且还装上了门窗;三是房屋的高度增加不少,已不限于之前的单层,最少的也有了两层;四是部分人家在屋内还设置了堂屋和香火;同时,屋内的陈设也有了较大的改观,除了基本的炊具之外,桌、椅等家具也增添不少。这一时期,瑶族同胞的房屋建造技术本身没有太大的进步,这种干栏式房屋,基本上都是请当地的布依族工匠为其建造,所以屋内的功能性分间,也基本上是按照当地布依族的生活习惯设置的。

之前的居室，在内部之所以没有功能性分间，有一定的社会原因。在权权房与半干栏式草房期间，由于社会经济发展水平相当的低下，这种建筑的成本也不高，孩子在结婚前，都和父母住在一起，结婚后，另起炉灶，重新盖一个也是件容易的事。现在之所以有了分间，主要是修建这种干栏式瓦房耗资不小，另起炉灶是件不容易的事，所以采取分间，全家人住在一起便顺理成章了。

这一时期的禾仓，较之上一阶段基本上没有什么变化。只是部分家庭里，兄弟间有时会把两个禾仓建成一个整体，形成一个大的连体禾仓，其结构、式样等均未改变（图4，右）。

干栏式瓦房草图　　　　　　禾仓草图

图4　白裤瑶的居室建筑和禾仓草图

⑤ 2000—2008年

在此期间，瑶山乡政府驻地以外村寨的建筑景观比起前一个时期没有太大的改变，但在瑶山乡政府驻地拉片村，扶贫队在拉片村的北部建起了几十幢水泥砖瓦房。几十幢水泥砖瓦房都为悬山顶一层建筑，内部也未作功能性分间。所有房屋成排成列分布，很像部队上的营房分布格局，据说当时主持这项工作的是一个从部队转业的干部，因此才设计成这样。由于这批房屋都是在推倒之前的茅草房后原址重建的，比起原有的房屋来，有了很大的进步。但在设计之初，未能充分考虑到老百姓的实际生活需要，在许多功能上都很欠缺：一是所有的建筑内部都没有进行功能性分间，二是没有考虑到老百姓圈养牲畜的需求。一个直接的后果就是老百姓入住以后，不得不在房屋的周围搭建一些必要的生产和生活设施。这不论是对村寨的景观风貌还是卫生环境等都产生了极大的影响。

就禾仓方面，这一时期除了对原有禾仓进行整修之外，不再建新的禾仓。没有禾仓的或是禾仓在改建房屋时被拆除的改用一种铁皮桶来存储粮食。

⑥ 2009年至今

2009年以来，瑶山乡政府又在拉片村的西南部开始实施第二批移民新居建设。

其中2009年已建好12幢干栏式瓦房,建筑材料主要是木材和混凝土。2010年3月份以来,又实施了第三批次移民房建设,计划新建200幢,每幢都为独立的二层洋楼,其结构为仿木构钢筋混凝土建筑,其中先期的120幢已完成大部分工程。这两批次新建的移民房,仍然在功能设计上没有充分考虑农民的实际需求,如先期的12幢只设计成一个空盒子,里面没有任何功能性分区,没有考虑农民到时搬进来会养殖牲畜等,也没有设计卫生间等,极不人性化,只是片面追求外观的统一,显得很"形象";而第二批次的仿木结构建筑也存在同样的问题,甚至连厨房都没有设计,外观虽然"漂亮",但内部功能很欠缺。

另外,为了发展旅游,2010年初,瑶山乡政府还对2000年以来修建的水泥房进行了一个简单的风貌整饬和环境整治工作。一方面,将水泥砖房统一进行了外墙粉刷;另一方面,对村子里面的串户路进行了改造,部分改成了石板路,部分修成了水泥路面。但整体环境(特别是景观和卫生环境)还是较差。

这一时期没有修建任何禾仓。

附属设施工程尚未完工,还不知道有何附属建筑设施。

表1　瑶山白裤瑶建筑景观发展演变分期

分期\类型	时　　代	居　　室	禾　　仓	附属建筑
第一阶段	远古时期	可能穴居于山洞	无	无
第二阶段	1949—1970年	权权房	圆形尖顶	无
第三阶段	1970—1980年	半干栏式草房	长方形悬山顶	无
第四阶段	1980—2000年	干栏式瓦房	长方形悬山顶	圈舍、棚栏等
第五阶段	2000—2008年	水泥砖瓦房	铁皮桶	卫生间、圈舍等
第六阶段	2008年至今	仿木构混凝土建筑	无	不清

1. 瑶族岩洞葬

2. 杈杈房与早期禾仓

3. 两种半干栏式草房

4. 干栏式瓦房及禾仓

5. 水泥砖瓦房与铁皮仓

6. 仿木构混凝土建筑

图 5　白裤瑶的居室建筑(图片来源:作者自摄[1])

(2) 道路

瑶山的道路系统,可以分为三个层次。

第一层次:对外交通系统。瑶山的对外交通,主要依靠一条王蒙至捞村的乡道。该乡道自北向南横穿整个瑶山,已于 2005 年改造成柏油路面,路基宽度在 8 米左右,就目前瑶山的经济发展水平看,完全能够满足其日常货物运输和人员进出要求。

第二层次:进村次干道。主要是指从过境公路(王蒙至捞村乡道)进入各村寨的分支道路系统。该道路系统在近几年已基本完成硬化工作,道路宽度在 3 米左右,日常农用车能够进入各村寨口。

第三层次:串户路。瑶山的串户路系统主要有三种。第一种是水泥路面,宽度在 1.5 米左右,这种路面主要是在拉片村一、二村民小组内,能够满足摩托车或农用三轮车进入;第二种是石板路,主要是在 2006 年修建的移民新村内,路宽在 3 米左右,一般车辆能够通过;第三种是土路,主要分布在拉片村的三、四村民小组,为一般人行便道,下雨天不便行走,而处于深山里的村寨,基本上都是土路。

(3) 农业

种植业:种植业是瑶山的主要经济来源,主要作物是水稻和玉米,还有一些蔬菜等,经济作物种植极少。解放前,拉片村的瑶族还居住在深山中,没有水田,也不会种植水稻,只是简单地种植一些玉米,还是采取刀耕火种的形式。解放后,政府将一些从地主手里没收的土地分给了瑶族同胞,并教他们种植水稻。但瑶族的种植技术一直不是很高,持续使用土地手段的能力也很低。直至 2 000 年前后,拉片村都还有部分人在实行刀耕火种这种相当原始粗放的农业经济模式。

瑶山的土地很少,人均耕地不足 0.5 亩,光靠种自家的土地完全不能满足一家人

---

[1] 注:除第三张外,其余照片均为作者在调查期间所摄。

的口粮。于是,大部分瑶族同胞都去几公里(最多达三十公里)外的地方租种布依族的土地,以租水田种植水稻为主,收成一般按1∶1分。

养殖业:瑶山的养殖业主要是以家庭养殖为主。养殖的品种不过就是牛、猪、鸡、鸭等,而且市场化很低,基本上属于"养牛为耕田,养猪为过年"的自给自足经济模式。

畜牧业:近几年来,当地政府开始引进一些优质品种的牛、羊等给部分瑶族同胞放养,但还未形成规模和产生经济效益。

狩猎:瑶族人一直就有崇尚狩猎的习惯。在解放前,狩猎在其经济生活中还占据较大的比重,有时为了打猎甚至放弃生产,瑶族人认为,成熟的稻子就是不收也不会飞走,但猎物不打则会跑掉。现在大部分瑶族人还喜欢打猎,大部分家庭里都有猎枪,不过由于猎物越来越少,打的人也慢慢少了。但崇尚狩猎的遗风还很盛行,只是狩猎作为一种生计经济模式,早已退出了历史的舞台。

(4) 公共设施

学校:瑶山小学原位于拉片村的北部靠中位置。5·12地震时,其中的一座教学楼受损严重,遂被拆除。2010年,在贵州人寿保险公司的捐助下,在拉片村的南部靠山脚位置新修了一座希望小学,现已正式投入使用。之前的教学楼还留下一栋,平面呈"L"形,目前正在进行维修,用途不清。

井口(水池):瑶山虽然是个山间小坝子,但其间并没有河流,水源极少,以前村民饮水,就靠一个蓄水池来储存天然的雨水。如今拉片村的每户居民都用上了由小七孔引来的自来水,人畜饮水问题基本得到解决。

文化室:瑶山现有文化室一个,里面有少量图书,但进入该文化室学习看书的村民极少。一方面,年龄大点的村民不识字;另一方面,识字的年轻人要么已外出务工,要么在上学。该文化室是由之前的乡卫生院改造而成。

(5) 专门设施

乡政府大楼:在20世纪80年代以前,瑶山乡政府大楼为一座木构建筑。80年代后期,重修了一座四层楼的混凝土建筑,位于拉片村的中部。2009年,又在南部靠近山脚处新修了一座四层楼的乡政府大楼,遂把80年代修的乡政府大楼用作旅游接待表演队员们的宿舍。

表演广场及旅游接待中心:2006年,在修建第一批移民新村时,曾在村子中间修了一个"瑶王府"和一个表演广场。表演广场位于"瑶王府"的正前方。2010年,又在乡政府大楼的对面重新修建了一个旅游接待中心和文艺表演广场,专用于旅游接待和表演。广场呈圆形,占地面积在1 000平方米左右。广场四周建有走廊、台阶,并仿建了几个粮仓。在接待中心的大门口,还有两座巨大的石刻。

"瑶王府":2006年,在修建第一批移民房的时候,还修建了一幢"瑶王府",其规格和结构与同期修建的移民建筑完全一样。在"瑶王府"前还有一小广场,修建之初主要用于日常接待和旅游表演。2010年初,新的文艺表演广场建成后,"瑶王府"及其附属设施等不再使用。"瑶王府"只是个空壳,除了在外墙上画一些与瑶族生产生活有关的图画外,里面没有任何东西。如今的"瑶王府"早已是大门紧闭,人去楼空。

客运站:在瑶山乡政府大楼下面,王蒙至捞村公路边上,还修建了一个钢筋混凝土结构的候车室——瑶山汽车客运站。但由于平时也没有什么客车定期发往他地,客运站遂被用作乡政府工作人员的食堂,另外还开设一间早餐店和小卖铺。

3. 非物质要素

瑶山白裤瑶的非物质景观,主要有历史、宗教信仰、民俗、村规民约、服饰、语言文字等。

(1) 历史

白裤瑶在瑶山最早的确切历史无籍可考,但在清代中期,白裤瑶已在瑶山扎下脚跟则是无疑的。

(2) 宗教信仰

白裤瑶的宗教信仰,以原始宗教为主,主要有以下几个方面(图6)。

① 火神崇拜

白裤瑶的火神崇拜,来源于一个古老而又动人的传说故事。传说在很久很久以前,一位瑶族人上山抠粑槽,粑槽还没有抠好天就黑了,因为这位上山抠粑槽的瑶人离家太远了,于是他就夜宿山上,并拾了一些柴禾来烧火取暖。正当这位瑶族人刚要睡着的时候,一只老虎发现了他烧的火光,猜想一定是有瑶人在那里烧火取暖,于是老虎便邀请一只老熊一起来烤火取暖,而且还想饱餐一顿。这位瑶族人发现老虎和老熊来了,于是就将粑槽反过来盖着自己,把整个人都藏在粑槽的下面。老虎和老熊来到火边没有发现瑶人,于是就烤起火来,不知不觉,老虎和老熊就睡着了。躲在粑槽下面的瑶族人发现老虎和老熊都睡着了,就悄悄爬出来,操起一根柴头就将火堆里烧红的火炭拨到了老虎和老熊的身上。老熊身上的皮都被火炭烧黑了才惊醒,它认定这事是老虎干的,便向老虎扑了过去。这时老虎也被火炭烧醒了,身上还被烧了很多洞,老虎也认为这事一定是老熊干的,于是老熊和老虎就撕打起来。老熊和老虎两个打得不可开交,两败俱伤,这个抠粑槽的瑶族人才捡回了一条性命。最终老熊身上的白毛被烧黑了,于是变成了现在的黑色,而一身金黄的老虎也同样被烧得满身是洞,于是变成现在的样子。从此以后,老熊和老虎都怕火了,再也不去有烟火的地方,瑶族人也就不再受到老熊和老虎的侵害了。于是,瑶族人就认为火是他们的保护神,不仅能给他们带来光明和温暖,还能保他们平安。现在瑶族人在很多仪式中都有关于火神的崇拜,如新居落成要举行隆重的祈火仪式等。

② 雷神崇拜

瑶山地区的瑶族,普遍有雷神崇拜的习俗。瑶族人认为,雷能布云施雨,能保佑他们在一年四季都风调雨顺,农业丰收,于是他们对雷神,显得格外的虔诚。每年春天,当春雷响动的时候,瑶族人所在的寨子,一般都会全寨人集中在土地庙前杀鸡宰鸭,举行隆重的敬雷仪式。并规定在第一次春雷响后的七天内不能动土,以后每次递减两天,三次后,每次响雷忌动土一天,一直持续到秋收才结束。

③ 树神崇拜

瑶族人世居山林,经常以树为伴,久而久之,就慢慢形成了对树木的崇拜。特别是一些参天古树或长得奇形怪状的树,瑶族人认为它们都有灵性,能庇护自己。对于这样的神树,瑶族人不敢轻易去触摸,更不会采伐。相反,他们还会经常给这样的树焚烧纸钱,供奉酒肉,以求神树庇佑。瑶族人生了小孩子,若小孩子体弱多病,老人就会抱着小孩子去跪拜神树,认神树为保爷,并把小孩的名字改为带"树"的名字,如树保、树高、树生等。瑶族在伐木起新居时,也会遵循一些仪式,特别是房屋的中柱,在砍伐的时候都要先举行祭祀仪式。

④ 门神崇拜

瑶山地区的瑶族人认为,人死后都会变成鬼,但鬼有好鬼和坏鬼之分。好鬼会保佑人,而坏鬼则会来祸害人民。因此,瑶人就必须通过一定的仪式来安顿好门神,让坏鬼不得进入家门。做门神时,要用一只刚开叫的公鸡、狗、米、木刀、酒、纸钱等,并请鬼师来做法事。做门神的保护鬼(即好鬼)有很多,有的用逝去的先人,有的则用伟人的像来做门神。在拉片、懂蒙,有的家庭就请毛主席来做护家神,有的则是请邓小平来做发财神。

⑤ 寨神崇拜

在瑶山的瑶族村寨,每个寨子在立寨之初都会确立一个寨神,瑶话称之为"公昂"。"公"是祖先,而"昂"则是保护的意思,"公昂"就是指老祖宗保护寨子的地方。寨神一般都是立在寨子旁边的某个山脚边,一般都要选在一棵大树下,并用石块搭建一个小房子,房子里面放几个直立的怪石,石上贴有蘸血的纸钱。每年的农历十二月三十日(大年三十)和七月七日(七月半)都要举行隆重的祭祀寨神的仪式。祭品主要是六只鸡,包括两只开叫公鸡、一只下蛋母鸡、三只小鸡,另外还有香、烛、纸钱等。祭祀寨神时要请鬼师做法事,全寨的每户人家都要派人参加,祭祀活动的花费则由全寨人平均分摊。

⑥ 道神崇拜

道神崇拜,就是一种驱鬼仪式,又叫作"接道神"。这一般是某个家庭遇到灾害时才做的仪式。做这种仪式一般要一头猪、一只鸡、一只鸭、一只鹅以及香、烛、纸等。这个仪式一般要请本族外姓鬼师来做。通过做这种仪式,能把坏鬼驱逐到远方,永远也进不了瑶寨,祸害不了瑶族人,瑶人就会因此得到平安。

⑦ 谷神崇拜

瑶山地区的瑶族人称玉米为"包谷",也是瑶族人的主要食物之一。等每年过完正月十五,瑶族人就会选一个人丁兴旺、精通农事而又知晓历法的"活路头"率先择吉日耕地播种,然后寨子里的其他家庭才跟着耕种。通过一系列的仪式之后,瑶族人就会得到丰收。

⑧ 祖先崇拜

之前瑶山地区瑶族人的祖先崇拜情结并不是十分强烈。在十年前,瑶族人的家里基本不设神龛,人死埋葬后基本也不扫墓和举行各种祭祀活动。近些年,受附近布依族的影响,瑶族人也模仿布依族开始在屋内设一神龛,神龛的样式与神龛上书写的格式和内容也和布依族差不多。若家里的房子不够宽裕,不好设置神龛,则另做一个小房子式的神龛放在某个角落里以示象征。瑶族扫墓也是近几年才兴起的事,每逢清明节,部分瑶族人也开始在坟上挂纸,有时还杀鸡请鬼师举行祭祀活动。设置神龛和扫墓都是近十年才在瑶族时兴起来的事,因此还没有完全普及,有的家庭对此也要淡薄一些。就拉片村来看,家里设置神龛的大约在70%左右,特别是新落成的新居,基本上都设有神龛;同时在清明节扫墓的也渐渐多了起来。

1. 白裤瑶的树神崇拜　　　　　　2. 祈子求福

3. 瑶山拉片村的寨神　　　　　4. 瑶族人的门神

5. 葬礼上的砍牛仪式　　　　　6. 神龛

图6　白裤瑶的宗教礼仪（图片来源：作者自摄）

（3）民俗和娱乐竞技

① 典型节日

白裤瑶在一年中过的节日，主要有七月半（鬼节）、春节、正月十五（元宵节）、砍牛节、陀螺节等。在这些节日中，又以砍牛节和陀螺节最为隆重，同时也最具民族文化特色。

② 打猎舞

打猎舞是白裤瑶在举行隆重的丧葬仪式时，配合铜鼓、木鼓跳的舞蹈，以打猎为其内容和形式。参加表演的人多为男性，人数不限。内容主要有打熊、打猴、打野猪等，近似一个舞蹈组合，但每段可长可短，可相互独立。表演时舞者手握棍棒，根据铜鼓、木鼓的节奏变化而变化其动作。在不同节奏中，表演者含胸屈膝以急剧的棍棒敲击声为乐，以兴奋的呐喊声为歌，做出各种力度强、跨度大、粗犷剽悍的打熊、打猴、打野猪等动作。

之前，打猎舞主要是在隆重的丧葬仪式中表演，自20世纪50年代起，打猎舞在节庆、丰收、集会等多种场合中也表演。近几年来，随着瑶山开始发展旅游，打猎舞成了旅游表演的重要节目。

③ 猴鼓舞

白裤瑶称之为玖格朗,是一种常在丧葬场合中表演的舞蹈,意在调节丧葬仪式中悲哀的气氛。舞蹈一般由男子表演,鼓师是其中最为重要的舞者,也是全场舞蹈的指挥者。舞蹈由一人、二人和多人舞蹈三段式进行。

第一段:在舞蹈进行之前要鸣枪三响,然后鼓师擂响木鼓,铜鼓也伴随着铿锵齐鸣。鼓师自擂自舞,此段称作"引子"。

第二段:"引子"稍过片刻,铜鼓声突然中止,鼓师双手持鼓槌,面对铜鼓手击打三次以示拜谢,而后绕木鼓翩翩起舞。另一男子跟在鼓师背后与鼓师一起一跳一蹲,模仿老猴取食攀摘姿态,其舞姿粗犷敏捷而又刚劲有力,形似猴,舞也似猴,此段多为二人表演。

第三段:鼓师站立于木鼓后擂鼓,七个或九个男子扛着或是提着烂衣裤、披着破斗篷、背着斗笠在鼓师的指挥下,踩着鼓声节奏,围鼓一圈。舞者时而蹲下、时而站立、时而跃起,其余人员则多为原地踏步,助兴助威,场面蔚为壮观。猴鼓舞的主要特点就是模仿猴的各种动作,节奏感非常强烈。

④ 打陀螺

打陀螺是白裤瑶民族传统的群众性体育活动。不论男女老少都十分热爱这项运动。打陀螺对场地没什么要求,使用的器材也十分简单,因此极易普及和推广。每年春节期间,都要举行打陀螺比赛。比赛的方式主要有两种:一是比旋转时间的长短,一般是两个人一组,两人同时旋放陀螺,陀螺最后倒下停止旋转者为胜。二是分组比准度,比赛一方先把陀螺旋在规定的距离约 3 至 5 米处,另一组开始用陀螺逐个击打,击中者为胜。瑶族人玩陀螺的技术极高,不少人还能将旋转的陀螺放在手上玩转。在各级少数民族传统体育运动比赛中,瑶族代表队在陀螺比赛方面都取得了好成绩。在 2007 年羊城第八届全国民运会上,由贵州荔波瑶族运动员组成的代表队获得了男子团体冠军、女子团体第五名和个人第三名的好成绩。2006 年,"瑶族陀螺民间竞技"还被贵州省政府公布为省级非物质文化遗产。

(4) 村规民约

在拉片村新建的表演广场边上立有一块村规民约碑,碑文如下:

族约,为裕族人陟罚臧否,弘宗耀族族商共遵,崇尚孝悌九族既睦,守土勤耕谷粟弥珍,搜苗猎狩捕获皆均;毋行窃扰安平,毋异族同宗婚,毋败伦纪谣诼,护祭器遵族令;未遵陟罚:未申孝悌之义者族人毋与其往,荒土不耕者没其土归族,私藏猎物者屠一羝邀族人共食,行窃扰安者屠一羝宰二牛族人享,异族同宗婚者驱离,败伦谣诼者没其财逐离,未护祭器遵令者族人共谴之。

(5) 传统习惯法

白裤瑶的传统习惯法,主要有以下内容:

凡私自与外族通婚或与同姓通婚、姨表通婚者,家族的人都不认他,实际上是开除族籍。

不准重婚,禁止纳妾,违反者都必须杀猪、牛请全家族吃酒,并向大家当面赔罪。

不允许随便离婚。如婚后无子或是感情极坏,也可以离婚。离婚必须通知族中老人、亲友到场,办酒肉招待,进行评理。如系女方提出离婚要对男方进行一定的经济赔偿,如果是男方提出离婚则要加倍赔偿。离婚后子女的归属由男方决定,但是,子女长大成人之后,仍然要回到男方。离婚后男女双方再行娶嫁不受干涉。

女子丧夫,可以守寡,可以改嫁,但决不允许嫁给原夫兄弟。寡妇改嫁时,新夫必须付出一笔代价,由原夫父母或兄弟享受。寡妇改嫁时,幼子可以带走,但不能改变子女姓氏。

男子丧妻,可以续弦。如女方是已婚妇女,婚礼从简。若女方是未婚女,则按常规举行婚礼。

未婚而生育子女,只能在寨外的山坡上搭一草棚居住,每天由其情夫照料,满月后方可回家。其私生的子女会受到歧视。

已婚男女通奸被人发现,当场捆绑,令其承认错误,并杀鸡、杀猪请家族中人吃酒。屡教不改者,开除族籍。与同家族的人通奸者,丢山洞。

不准吵架、打架、斗殴。如双方发生殴斗,必须请头人和亲友评理,失理者须请酒赔礼。

强奸妇女者,请酒赔礼。被当场拿获而反抗者,可以开枪,打死不予追究。

无故杀人者抵命。如不肯抵命,仇家可以约人将凶手打死。

对偷窃者一经查获,物归原主,并令其请酒赔礼。如果证据确凿而抵赖者,家族中的人便不理他。偷窃时被捉而反抗者,可以开枪打死。屡教不改者,丢山洞。

不赡养父母者,全族人不理他。

买卖土地,必须通过家族。家族中优先。

对于真相无法弄清、难以分辨是非的纠纷,采取赌咒或捞油锅的办法处理。赌咒时,一般要请鬼师到场。

以上这些是白裤瑶族人的基本习惯法。当然,随着时代的发展和演变,这些习惯法仍然起着重要的作用,但有的也随着时代的发展而改变了。但总地来看,这些习惯法,仍然对白裤瑶内部关系的维系起着最基础性的作用。

(6) 丧葬习俗

白裤瑶在早期也实行过洞葬,但洞葬的形式与其他瑶族支系有一定的差别。白裤瑶实行洞葬时,不用棺木作葬具,而是使用大型尸床,一个尸床一般能放下几具尸体。死者的尸体由其亲属抬进洞内,放置在尸床上,其上不加遮盖,任其腐烂。做完仪式后,不再祭祀。20世纪50年代以来,白裤瑶便开始实行土葬。

1983年,贵州省博物馆的席克定先生曾对瑶山白裤瑶的岩洞葬进行过调查,在瑶山乡蝴蝶洞发现一处何姓岩洞葬。由于何姓很早就搬到了板告、懂蒙等地,蝴蝶寨遂被废弃,蝴蝶洞也随之被破坏,但仍然在洞内发现了若干人骨,虽很零乱,但表明白裤瑶曾实行过岩洞葬这一葬俗[1]。

就瑶山白裤瑶的丧葬习俗来看,近半个世纪以来没有什么较大的变化。成年人(结过婚的人)去世后,若是在春夏之季,并不能立即举行葬礼下葬,要等到立秋以后才能敲铜鼓,举行葬礼。在此期间,则是将死者的遗体装入棺木内(现在使用的棺材形制和汉族的没什么区别),然后在家里的地面上挖一个坑,先把棺木临时埋葬,等到立秋后再挖出来举行葬礼(若岁数较年轻,也可以先抬上山埋葬,但若是40岁以上的人则放家里)。举行葬礼时要选择吉日下葬,并且一定要椎牛,牛的数量不等,但最低不能少于一头(谢氏家族必须是椎水牛,而其他家族则是水牛、黄牛均可以,何氏家族就是以黄牛为主,但椎牛最多的也就3头,椎牛的数量主要是看家庭经济情况)。还要请鬼师念经超度,全乡瑶族同胞(甚至包括广西境内的族人)都要来奔丧,来奔丧的人身穿民族盛装,但一般不送礼金,一般都是送酒,数量在10—20斤之间。一般老人去世,来奔丧的人达上千人,所以主人家花费很大,如遇家庭经济困难不能承担的,则由同一个家族的人分担葬礼的费用(主要是粮食)。

白裤瑶的葬礼异常隆重。其葬礼的过程大致如下[2]:

---

[1] 席克定:《灵魂安息的地方——贵州民族墓葬文化》,贵州人民出版社,1990年,第222页。

[2] 由于作者在当地调查期间,没有任何葬礼举行,因此本部分主要参照席克定先生早年的调查资料,详见席克定先生《灵魂安息的地方——贵州民族墓葬文化》一书。

人死以后，由儿子、媳妇给死者洗澡、梳头、换衣，但装殓必须在屋外进行。先将棺木抬至屋外，再将死者抬进棺内，尸体上下各垫一床土布床单，脚下随葬糯米一筒六撮或三筒六撮。若死者为女性，内亲中的女性就会送背牌一块盖于死者的胸前。棺内不再另置随葬品。上述程式完成后，将棺木抬至门外，并在棺侧设置灵台。在棺木上挂上死者生前喜爱之物，男性通常是猎枪、鸟笼等工具，而女性则多为纺织工具。

送魂仪式通常在第三天举行。在送魂仪式中，全体亲友都会到场参加。送魂仪式开始时，首先鸣枪三响，鼓师擂响木鼓，全部铜鼓齐鸣。铜鼓突然中止，鼓师带头起舞，七人或九人随后，鼓声又起，鼓师一边敲打木鼓，一边模仿猴子的跳跃、奔跑等动作，周围的亲友便用"唔""唔"声音作伴。舞毕，喝酒一巡，鬼师便为死者开路，把死者的灵魂送到亲祖先的地方与亲友团聚。开路时，鼓师念念有词，列数各代祖宗到场，并诉说家史。念毕，鬼师绕着棺木行走三圈，对天射箭三支，鼓手们停止鼓声，送魂仪式结束。

白裤瑶丧葬仪式中最为隆重的就是砍牛。砍牛当天，死者的全部亲朋好友都要盛装到场，铜鼓、木鼓也要全部集中。砍牛前，先在地里埋一木桩，木桩顶端捆上一根横木，并将铜鼓悬挂在横木上面，铜鼓的数量不等，多时可达十多面。铜鼓的对面，再放置木鼓一面。场内另埋一树桩，用以拴牛。

砍牛开始，先敲木鼓和铜鼓五遍，然后放牛入场。绕场两圈后，孝子背犁耙进场，先用芭茅草和稻穗喂牛，然后把犁耙架于牛肩作耕地状，表示孝子把耕牛和农具送给死者。人们随即用竹篾圈套住牛的颈部，并用绳子把牛拴在树桩上，由死者的舅爷用砍刀对着牛的颈部猛砍一刀，如牛不能倒地，可连续砍三刀，众人一齐上前，用刀砍杀。如因死者的家庭经济困难不能砍牛，也可以用鸡暂替，但以后必须补上，方能将死者送魂归祖。

砍牛结束后，接下来便是驱鬼仪式。在出殡前，先由鬼师主持驱鬼。在棺木前放一小桌，并在桌子上摆上三个酒杯、一壶酒、一炷香。鼓师饮酒击鼓念咒，绕棺洒水，反复三次后，对天射出三箭，击碎竹筒，放走鬼魂。一连三次，把家里的鬼魂全部驱走。驱鬼仪式结束后，随即出殡。出殡时，鸣枪三响，鬼师在前面手持火把，孝子身背死者生前遗物，手拿雨伞紧跟其后，亲朋好友也一起送葬出殡。

墓地一般事前由阴阳先生选定，墓向也由阴阳先生确定。墓穴甚浅，在地上铲平即可，一般长3、宽1.5米左右。棺木入土后，用石块砌成封土堆，前高后低，高1、宽1、长2米左右。

墓前立一木桩，上刻若干刀痕。在木桩的顶端，立一木雕小鸟，木柱中间绑一牛角。墓顶上插一竹竿，上挂死者遗物，如草鞋、斗笠、男子生前用的捕鸟工具、女子生前用的纺织工具。

葬毕,全部亲朋好友回到死者家里用餐,以长木板为桌,俗称长桌宴。男女分座,尽情吃喝,直至大醉而归。

埋葬后三日,又至墓上添盖泥土,从此以后不再扫墓祭祀。近些年来,白裤瑶也开始学着当地布依族的风俗习惯,在清明节时到墓上挂纸祭祀。但此种祭祀活动,尚未得到普及和推广。

(7) 民族服饰

清代李琰在《庆远府志》中说"瑶人居于瑶山,男女皆蓄发。男青短衣,白裤草履;女花衣花裙,短齐膝"。很明显白裤瑶是因其男子的"白裤"而得名。白裤瑶人的传统服饰都是手工制作,纺纱、织布、画图、靛染、刺绣、裁缝,贯穿白裤瑶女人的一生。白裤瑶的女孩,一般十岁左右就开始学织布、靛染、刺绣、制衣等,一般都向其母亲或是年龄大一点的女孩子学习。在拉片村,几乎每个家庭都有织布机,走在村子里,随处都可以看见有妇女在织绣。由于织布、画图、靛染、刺绣等整个过程全都是靠纯手工制作,完成一件衣服需要很长的时间,一般在一年左右(图7)。

白裤瑶自种棉、扎、纺纱、织布,自染、自绣,服饰有明显的民族特色。白裤瑶会养蚕,让蚕直吐成板丝,镶嵌妇女的裙边,绣花的丝线买于市场。服装有性别之分,男子穿裤,女子穿裙;女子有背牌,男子没有;男子上衣的胸前绣有白花,女子没有。服装的基本色调是黑色和白色,男子上黑下白,女子上黑下蓝。黑色配以白花、黄花、红花或绿花,白色多配红花。男子服装包括上衣、短裤、腰带、绑腿4大件。

男性,定婚后留发,长发只梳不辫,任其披散。婚后以白帕包头,并将散发包卷于白帕之内。上身着黑色土布长袖短衣,矮领无扣,对襟敞胸,胸部两旁绣有2公分长、1公分宽的白色长方形纹,而侧和背后下端开有3公分长的岔口。下身着白色短裤,裤长过膝,裆大脚口小。青年人的裤脚口前面,装饰5条垂直红条,每条宽1公分,中间长,两侧短。腰间拴一条青色土布腰带,两头各有5公分长的绒须。下肢绑腿,有黑白两色。膝下,以腿箍拴住绑腿。腿箍青色,宽5公分,长30公分,绣红色花纹。赤脚草鞋。

女性,儿童时期剃头,冬季戴双角布帽,角在两侧。青春期留发,婚后以尺长见方的青色头巾双折包头,包成两角,角在前后,前高后低,另以两条白色布带环绕头巾。上装分冬夏两种,冬装与男装相同,只是胸前不绣白色花纹。夏装短衫,肩部缝合,腋下以布带互系。衫为蜡染,前片青色,后片有"田"形或"回"形绣花图案,绣工精美,古朴大方,故称之为贯首衣(又称之为背牌)。腰间拴一条腰带,两端绒须。下身,四季着褶裙,裙长过膝,白色蜡染,颜色有青、白和浅蓝数种,裙中有4条横条蜡染花纹,裙脚镶板丝横边，宽约 2 公分，染为红色，上绣几何图案。腰间系一条围腰，长约 2 尺，宽 5 至 6 寸，以黑、白两色土布拼为长方形。下肢着绑腿，与男性相同。姑娘喜戴银手镯、耳环和项圈等首饰。

图7 白裤瑶的民族服饰及制作过程（图片来源：作者自摄）

白裤瑶的服装上绣的花纹，男裤称为"血手印"，女装称为"背牌"（图8）。其图案的来历均有着凄美动人的历史传说。

① "血手印"的来历

传说在很久很久以前，白裤瑶的祖先原来生活在沿河两岸的下游，而沿河两岸的上游则是外族人的聚居地。外族人口多，发展快，上游地盘便很快被占满，有一天外族头人为了争夺瑶族人的地盘，便到下游对瑶王说："这个地方是我们的地方，不是你们瑶人的地方，请你们搬走。"瑶王不服与之争道："这个地方是我们的地方，凭什么你要把瑶人赶走？"而外族头人硬说白裤瑶祖祖辈辈生活的地方是他们的，非要瑶族人搬离此地。瑶王据理力争不让，于是外族人强行派兵攻打瑶人。瑶王不甘示弱，组织瑶人拿起武器应战，战斗持续了三天三夜，参战双方死伤严重，血流成河。三天过后，双方都要求停战谈判，外族人头脑机灵，而瑶王诚实呆板，缺乏应变能力。第四天黎明前，外族人派他的人到各路山上去躲起来，并在附近的大树上用锉子抠了一个大洞叫人事先躲藏进去。谈判开始了，外族人率先发言，说："瑶王啊，你说这个地方不是我们的，那我们叫这里的大山、大树来评理，他们自古以来都在这里，最有见证权利。"瑶王刚从战场上下来，双手还沾满鲜血，对此要求他只想了一下，就答应了。外族人于是对着山和树喊："大山、大树啊，你们世代都在这里，请你们告诉我，这里是我们的地盘还是瑶人的地盘？"果然这些大山、大树真的回答说："这里是你们的地盘，瑶人要搬走。"其实大山、大树的话不过是外族人事先安排好了的。瑶王不知所措，觉得莫名其妙。外族人接着说："瑶王你听见了吧？请赶快搬走。"瑶王听了非常惊讶，非常愤怒，本来想以血手作证，说明对方侵略杀害了自己的亲兄弟，见此情景，气得连一句话也说不上来，两手往两膝盖一拍，于是五指血印染红了膝盖。后来人们为了纪念他，就把这五指血手印绣了下来，以此表达对侵略者的仇恨，于是便一直流传到了现在[1]。

图8　白裤瑶民族服饰图（图片来源：作者自摄）

②"背牌"的来历

关于"背牌"的来历，有着不同的传说版本，现列举其一：

古时候有一对瑶族夫妇，因家庭无田土可耕，就长期给一地主打工，打了四年长工，地主一直没有付给工钱，地主欠下瑶族夫妇共三千六百元工钱，他们多次向地主讨要都无济于事，于是他们要求地主割出4亩田给他们作为工钱，地主勉强同意了，并把田分出来给这一对夫妇耕种。于是这对瑶族夫妇将田坎边挖沟隔开，同时明确了东、西、南、北四个方向的界线，并在附近建房守护耕田。由于瑶人夫妇不识字，因此未与地主立下契约，无依无据。事隔三年之后，地主又要把田夺回去，非说是瑶人租种他的土地，而且三年来的地租一直没有兑现，于是要收回瑶人的土地。无奈之下，瑶族妇人立马脱下衣服画上这些田块图，让地主看到瑶族妇女的背牌就知道这些田的来龙去脉，证明此田就是他们夫妇的。后来人们为了纪念这对瑶人夫妇，就用花线绣下来，经过一代又一代的传承，一直流传到了现在，成了瑶族服饰上的方形图案[2]。

---

[1]　本部分主要参考谢家成《别具一格的瑶族服饰》一文。
[2]　本部分主要参考谢家成《别具一格的瑶族服饰》一文。

(8) 婚俗

① 恋爱

瑶族人一直实行的是自由恋爱,恋爱的方式主要是男女双方比唱情歌。但凡遇到红白喜事,或是在集市上或返回的路途中,瑶族男女青年就会聚集在一起对唱情歌。经过对歌之后,如能唱到情投意合产生爱慕之意,双方就会互赠简单礼物,并在黄昏时分,一起到女方家继续对歌直到天亮时才返回。对歌时一般不让家里人看见,就是家里人看见了一般也会装着没有看见。通过这样的交往,如男女双方愿意建立婚姻家庭,男方父母便会备上简单的礼物到女方家提亲商谈结婚之事。

"文革"期间,瑶族青年间的自由恋爱被禁止,在此期间,主要是依靠父母或是媒人进行牵线搭桥。改革开放后,唱情歌谈恋爱的越来越少,大量青年转而听录音机。

近几年来,大量瑶族青年开始外出务工,大都在外务工期间相互认识和了解就在一起了,所以唱歌的越来越少,大量瑶族青年已经不会唱情歌了。瑶族男女青年谈恋爱,家长一般都不会加以干涉,相互之间也不会把家庭经济条件等作为参考条件。因为绝大多数家庭经济条件都不好,所以彼此都不考虑这些经济因素了。

② 婚姻

尽管瑶族实行的是自由恋爱,但长久以来,一直实行的是严格的族内婚(同宗之间不许通婚)。因为语言不通,生活习俗方面的差异也很大,外族人一般也不愿意与瑶族人进行通婚。近几年来,这样的情况略有改变,有几个瑶族妇女外嫁给当地的布依族,但也极为少见。其他民族的妇女嫁给瑶族的至今只有一例,2006年,第一位白裤瑶男青年与布依族妇女结婚。

据调查,瑶族人不愿意与布依族通婚,一方面是因为语言习俗方面的差异,但更主要的原因是瑶族的经济水平落后,其他民族不愿意嫁给他们。瑶族青年也不敢去主动结识其他民族的女孩子,特别是布依族。在当地,布依族的经济水平最高,人口也最多,瑶族人在布依族面前极其自卑,就更不用说通婚了。

(9) 语言文字

一直以来,白裤瑶都有自己的语言,但没有文字。就荔波境内的瑶族的3个支系(白裤瑶、青瑶和长衫瑶)来看,每个支系的语言均不相同,但同源词较多。由于彼此间长期各居一方,极少往来,故不能进行交流。白裤瑶的语言属于汉藏语系苗瑶语族,在发音方面,共有声母40个、韵母34个。下面列举部分3个瑶族支系在同一词汇上发音的差别(表2):

表2 三支瑶语发音对照表[1]

词汇	白裤瑶音(瑶山)	青瑶音(瑶篦)	长衫瑶音(瑶埃)
吃	no	no	nia
来	lo	lau	lu
酒	tɛw	tɛa	tɛou
手	pie	pa	pa
房子	pie	pie	pei
猪	mpua	mpai	mpie
人	nau	nu	no

在拉片村,每个白裤瑶人都能说自己的语言,大多数人还能听懂布依语(但布依族人普遍听不懂瑶族人说话),除了年龄较大的,特别是女性之外,大都能说汉语。现在的小孩子,在上学之前基本上也是首先学说瑶语,汉语主要是在上学之后才开始学说的。下表为20世纪80年代初的调查统计情况(表3)。

表3 瑶山乡瑶族语言使用情况表[2]

人 \ 语		掌握语言	人数比例
男	成年人(16岁以上)	会使用瑶语	100%
		会使用布依语	90%
		会使用汉语	80%
	少年儿童(16岁以下)	会使用瑶语	100%
		会使用布依语	60%[1]
		会使用汉语	30%[2]
女	成年人(16岁以上)	会使用瑶语	100%
		会使用布依语	10%
		会使用汉语	5%
	少年儿童(16岁以下)	会使用瑶语	100%
		会使用布依语	5%
		会使用汉语	3%[3]
备注	1. 在校读书的学生10岁左右的不会讲布依语。2. 10岁以前的学生不会讲汉语。3. 10岁以上的女学生很少。		

---

[1] 贵州省荔波县地方志编纂委员会:《荔波县志》,方志出版社,1997年。

[2] 张济民、徐志森、李珏伟:《月亮山地区瑶语调查》,《贵州"六山六水"民族调查资料选编·民族语言卷》,贵州民族出版社,2008年,第299页。

(10) 传统工艺

瑶山白裤瑶的传统工艺，主要有三个方面，其中女性有蜡染和刺绣，男性则为编织。

① 蜡染

瑶族蜡染文化源远流长。蜡染，是取瑶山上特有的一种高大乔木树，瑶语称为"哥舅"的蜡染树。用斧头在树上按品字形向上砍开切口，流出一种粘性的树脂，下用竹筒接取，倒入锅内，掺上适量牛油，以温火煮熬熔化、均匀混合后，就用牛角刻制的蜡刀蘸着树脂牛油汁在白布上绘上传统的花纹图案。画好后将布投入染缸中漂染，上色后取出漂洗晾干，再用清水蒸煮，让树脂牛油遇热熔化脱落，白色图案即显示出来，成为蓝底白花蜡染布。

② 刺绣

染布制好后，瑶族妇女们便用红、黄、蓝、白、绿五色线在图案上飞针走线。通常，一块一尺见方的背牌图案，刺绣时往往要耗费一个瑶族妇女半年到一年的业余时间方能完成。一般来讲，瑶族女孩子在七八岁时，其母亲就会慢慢教授其刺绣技能，瑶族妇女个个都是飞针走线的能手。她们绣出的图案，随意性很小，传统化、模式化较高，且图案多为高度抽象的、象征性的几何图案，写实性图案较少。图案通常有"瑶王印""血手印"等。

③ 编织

在编织方面，主要有竹编和藤编。瑶族崇尚竹，竹文化发达。在瑶族的村寨前后，大部分都有成片的竹林，有"无竹不成瑶"之说。瑶族的竹编手工业较发达，编织品主要有竹篓、竹篮、竹箩、竹仓、竹席、竹壁、竹篱笆、竹床等。瑶族编织的竹制品，大部分都是用于日常生产与生活，少部分拿到市场去卖。

除了竹编外，瑶族还善于藤编。瑶山地区，有着丰富的野生藤资源。瑶族人充分利用这些野生藤，编织一些藤挎包、藤椅等。这些藤编制品，部分用于日常生产生活，部分还作为旅游工艺品出售。

(11) 饮食习惯

水稻和玉米是瑶族人的主食，吃法主要是蒸、煮、焖。在菜食方面，喜欢吃酸，基本没有什么忌讳，猪、狗、鸡、鸭等均食。炒菜很少，不管吃什么，基本上都是一锅炖。烹调技术较低，佐料很少，一般就是盐和辣椒。近几年来，也学着吃起了火锅。肉食以猪肉为主，喜用小米腌制酸肉。用食时，很少用饭桌，基本上是全家人围着火塘而食。总地看来，瑶山瑶族人的饮食习惯有以下特点：

在主食构成方面，具有品种杂而粗粮多的特点。在包谷传入以前，白裤瑶的主食是小米和荞子。包谷传入后,因具有耐干旱、可粗放,而且产量高的优点,很快就成为粮食中的主要品种。解放前,他们以包谷为主粮,辅以小米、荞子、高粱、红稗、野菜、蕨根。解放后,有了水田,粮食成分有所改善,但仍以包谷为主,杂粮居多,大米为辅。近些年来,又增加红苕、芭蕉芋等。因为粮食品种杂,水分不易控制,常常煮成半干半稀的"大头稀饭"。在炎热潮湿的气候条件下,这种半干半稀的饭很容易变质,所以,养成吃多少煮多少,一般不吃隔夜饭的习惯。

在副食品方面,具有肉油少而蔬菜缺的特点。瑶山历来没有种植油料植物的习惯。解放前,已饲养有猪、鸡,个别户饲养有牛。但杀猪只是吃杂碎,而肉、油基本上出卖,用于换取食盐和生活必需的其他东西;虽然喜欢吃牛肉,可是牛价高昂,又是主要生产工具,只有丧葬祭祀时或牛死后才能吃到牛肉;吃鸡除过年外,祭祀也有机会,一般靠卖鸡换回食盐。在此情况下肉、油主要靠打猎,在这方面,瑶族有丰富的经验,如鼠、雀、山鸡、野兽等发现必捕,十拿九稳。狩猎大为减少后,油、肉极为缺乏。瑶山过去不积人粪,蔬菜自然不多,只有南瓜、青菜、白菜、番茄、辣椒、山黄瓜、豆类几种。由于缺水、缺肥、缺技术、缺良种,产量很低,无法达到自给,所以佐食多采野菜,如蕨菜、竹笋、苦蒜、野荞菜等十余种。

在烹调方面,具有味道单调、烹调不佳的特点。主要调味品就是盐、辣椒、花椒,连野生的山姜很多人都不会用;而且,在解放前,吃盐相当困难。食品的滋味,不外乎咸、辣、酸三味,很少有甜味。喜酸大概是为了解暑。烹调技术差,偶尔炒菜,花样很少,一般都习惯"一锅煮"。

在食物的贮藏方面,有烘干、腌制、泡制三种。动物肉食品大都采取烘干的办法保存,最具特色的是烘田鼠,其办法是将毛烧去,置于火塘烘烤。遇有贵宾,将干鼠取下,顶罐稍煮软,取出切成小块,用盐巴、辣椒等佐料爆炒而食。雀鸟、山鸡的脱毛方法也有特点,是将打死的山鸡等用水浸泡揉湿羽毛,置于火塘红火灰中沤热后取出,将羽毛拔光,取去粪肠,然后,置于火塘上烘烤。蔬菜之类的食品,大都采用泡制的方法保存,一种是晒干后泡制成盐菜,另一种是泡酸菜。腌肉在荔波各族人民中比较普遍,瑶山也不例外,其办法是:将肉切成小片,炒小米,并加硝酒(用酒化硝)、花椒、盐巴拌合匀后,置瓦罐中,密封20天,使之变成微酸味,即可取出食之,味道香甜可口,别有风味,因此称为酸肉。

在嗜好方面,瑶族人民喜欢喝酒。瑶山男子普遍嗜酒,不饮酒者百里难挑一人。集场相逢,数人团聚,大碗盛酒,互相传递,一人一口,依次轮流,不醉不散。许多人醉后随地而睡,不觉稀罕,有"醉卧路旁君莫笑,平生要醉几百回"的生活习惯。婚丧嫁娶,菜肴可简,但酒不能少,一般都是"一家有了婚丧事,户户扶得醉人归"。

(三) 白裤瑶村落文化景观的变迁评述

中华人民共和国建立前的白裤瑶,过的是一种较为原始的狩猎和刀耕火种的游耕生活。在这种相当粗放的生计经济模式下,其聚落形态表现得极不稳定,实际上是处于一种半定居半游耕的状态。在此基础上形成的白裤瑶的村落文化景观的内涵也就显得相当的单一和薄弱。

1949年中华人民共和国成立后,在党和政府的帮助下,白裤瑶的生计模式发生了较大的改变。之前那种较为原始的刀耕火种的生活方式逐渐被放弃,狩猎在日常经济生活中的比重也逐渐下降。随着农业知识的不断丰富和种植技术水平的逐渐提高,白裤瑶开始告别了之前那种居无定所的生活方式。在此基础之上,其村落文化景观的内涵已日渐丰富。从基质景观来看,由于掌握了持续使用土地的能力,不再需要通过大面积伐林烧山来耕种,一方面,使得他们的生活半径开始缩小并日趋稳定;另一方面,其周围的自然生态环境,特别是植被得到了一定的恢复,生物多样性景观又得到了发展。在硬质景观上,变化最大的是建筑景观,虽然半干栏式的草木房比起其他较为发达的地方来还显得较为原始,但较之以前的"杈杈房"已经有了明显的进步。同时,一些附属建筑景观如禾仓、圈舍等也已开始出现。在软质景观上,不论其丧葬习俗、衣着服饰、亲属制度,还是语言文字、宗教信仰等虽然都有了一定的改变,但变化并不强烈,仍然表现出一种较为持续的稳定性特征,其个性化特点仍然得到了保留。

1979年,十一届三中全会后,改革开放的浪潮也波及了白裤瑶的生活。一方面,党和政府加大了对白裤瑶地区的支持和投入力度;另一方面,教育的发展也起到了一个持续启蒙的作用,白裤瑶的生活又朝着现代文明的方向向前迈进了一步。在此基础之上,其村落文化景观的内涵得到了持续的丰富和加强,变化最大的还是硬质景观中的建筑景观和软质景观中的丧葬习俗、衣着服饰等。农耕技术的持续进步使白裤瑶的物质基础有了一定的积累,于是他们对改善居住条件有了更大的诉求,一种先进一点的建筑景观——干栏式瓦房和石木结构瓦房成了他们的生活理想。这种建筑景观充分满足了白裤瑶对居室的需求,并完全适应了当地的自然环境。但从技术层面上讲,这样的建筑景观并不是当地白裤瑶的原创杰作,而是深刻地接受了当地布依族以及其他兄弟民族的影响。这种居室景观的改变不只停留在房屋的外观和结构上,变化最大的应该是其内部格局的功能化。之前的半干栏式草木房,内部空间格局较为单一,通常是在一个大的整间内将火塘、居室等融合在一起,形成一个大杂烩,功能分区基本没有。这主要是受制于当时的经济条件和文化习惯。而干栏式木瓦房和石木结构瓦房的修建,特别是内部空间的功能化分区,对于白裤瑶的起居条件来说,是一个很大的进步。值得一提的是,这一时期的禾仓也有了一定的变化,这种变化不仅体现在结构和材料上,更主要的是它已经发展成为白裤瑶村落文化景观中的一个标志性景观。而从软质景观来看,变化最大的是他们的丧葬习俗和民族服饰。之前,白裤瑶一直实行的是洞葬,这与他们的生计方式是相一致的,甚至可以说是早期穴居社会的遗余。定居形成后,土葬逐渐开始流行起来。而民族服饰也有了一定的变化,汉族服饰正在被一些人所接受。总地看来,改革开放政策虽然给白裤瑶的生产和生活方式带来较大的影响,但就其村落文化景观来看,这一时期却是内涵不断丰富和完善的时期,也是白裤瑶在农耕基础上发展出来的最具民族个性特征的时期,其村落文化景观的标志景观才真正形成。

从1949年至20世纪末,白裤瑶的村落文化景观经历了一系列的发展和演变。其发展的动力主要是农业知识的不断丰富和耕作水平的持续提高,但究其深层原因,这种提高除了其自身的不断学习和总结之外,更主要的变迁机制则应来源于政治力量的推动。在每次政治力量的推动过程中,白裤瑶都是在不断地对自己的文化作出一定的调适,以期迎合这种外来力量的推动,但其发展和演变的维度并不剧烈,他们更多的是坚持了自己的核心传统,并最终实现了村落文化景观持续性的平稳过渡。从某种意义上讲,白裤瑶的文化基质似乎具有一种天生的内敛性,他们更多的是一种相当被动的调适,很少主动作出积极的回应。就其村落文化景观的发展和演变的轨迹来看,在1949年以前,其村落文化景观的内涵还是相当的单一,但仅仅半个世纪,却经历了几次相当大的改变,其村落文化景观得到了持续性的丰富。不管是从他文化的维度,还是其内部本身来看,这种演变是极度平稳的。但如果我们把他们的发展演变轨迹与其他很多民族发展的历史来作一个比较的话,其变化维度却是相当剧烈的。出现这样的情况,一方面,我们不得不承认政治力量所具有的超强能力;另一方面,也可以从中看出他们的传统文化累积还是相当的浅薄,这使得他们轻而易举地就放下了传统文化力量的束缚,阻力较小,使得他们更容易作出新的选择。这种对文化传统的轻易放弃,表现在村落文化景观上,就是稳定性相对较弱,内涵始终不会呈现得太过于丰富。每当一种新的文化景观力量介入时,他们并没有对过去表现出任何形式的依依不舍和眷恋。这种文化个性使得他们在20世纪的后半个世纪里,短短的五十年间,就实现了文明的跨越。当然,这样的一个判断,是我们站在世界上大多数地区和民族发展史上所作出的综合考量。就其村落文化景观的发展和演变轨迹来看,他们自身的创新力量其实相当的弱小,他们总是在不停地借助外来力量来不断涵养自己,但方向却是多维度的。可以说,正是这种没有传统的传统,反而让他们显示出一种文化的个性,并创造出一种具有自身特色的村落文化景观。但这种长时间的

"拿来主义"一旦过于泛滥,最终会是一场文化的灾难。

进入21世纪以后,白裤瑶的村落文化景观又有了新的变化。从建筑景观来看,主要是钢筋混凝土建筑开始兴起,出现这种变化的根本原因是生计经济模式的突发转变。新的千年,白裤瑶的村落文化景观得到了更多人的理解和认同,在将其视作一种文化遗产的维度来进行考量的时候,针对他们的文化旅游就已经开始。当然,工业化和城市化的影响也相当强烈。最近十年来,一些年轻人开始陆续走出大山进入城市工厂,这使得他们拥有了更多的机会去接触城市生活。当他们在城市里的经济积累具备一定能力的时候,他们中的部分人带着对城市的直观经验,开始了对城市生活模式的简单模仿。"一直在模仿,从未去创造",似乎成了瑶山白裤瑶一直以来的传统。

(四)瑶山白裤瑶村落文化景观的具体保护措施

1. 自然要素保护

自然要素是村落文化景观存在的基础,是村落文化景观中的基底景观要素,它对村落文化景观的形成与发展具有决定性的影响。

生活在荔波瑶山地区的白裤瑶,从其生活的整体自然环境来看,其生态十分脆弱。主要表现在:第一,植被较差,森林覆盖率较低;第二,虽然这一地区每年的降雨量达到1 200毫米,但由于周围全是喀斯特地貌,漏斗较多,储水困难,水资源相当缺乏,造成人畜饮水相当困难;第三是石漠化严重;第四是可耕地相当少,人均不到一亩,外加土地相当贫瘠,持续使用土地手段的能力也不够突出,造成人地关系相当紧张。因此,要保护好荔波白裤瑶地区村落文化景观的自然要素,首先要保护好这里的植被,努力提高其森林覆盖率;其次要加强石漠化治理工作,防止水土流失;再次是兴修水利工程,极力提高水资源的储备,解决人民生产生活用水困难;第四是提高持续使用土地手段的能力,提高农业科技水平,增收增产,解决人地紧张关系。

2. 人工要素保护

对村落文化景观中的人工要素的保护,应主要采取有机更新式的保护措施。"有机更新"理论,是吴良镛(原清华大学建筑系主任)教授针对我国历史性城市进行长期研究,总结国际城市发展的经验和教训,结合北京旧城保护的实际而提出的理论,并在1987年开始的北京菊儿胡同住宅工程中得到实践,获得了国内外的广泛关注和评价。1994年,吴良镛先生在对这一实践成果进行归纳时指出:"所谓有机更新即采取适当规模、合适尺度,依据改造的内容和要求,妥善处理目前与将来的关系——不断提高规划设计质量,使每一片的发展达成相对的完整性,这样集无数相对完整性之和,即能促进北京的人居环境得到改善,达到有机更新的目的。"有机更新的概念,既包括历史性城市整体的有机更新,也包括历史城区街巷肌理的有机更新,还包括历史街区传统建筑的有机更新。所以说,有机更新包括三个层次。整体更新是最高层次,其次是街区,再次才是单个建筑的有机更新。

有机更新理论虽然主要是针对城市文化保护提出的,但这一理论对于村落文化景观中的人工要素的保护同样具有理论指导意义。就荔波白裤瑶村落文化景观中的人工要素保护问题,在"有机更新"保护理论指导下,应包括以下几个层次。

(1) 内部功能的现代化改造

主要针对那些建筑结构和景观风貌保存较为良好,但当初的内部设计已不符合现代生活需要的民居建筑。在不影响其外观和安全使用的前提下,可以对其进行内部功能的现代化改造,以期让其适应现代人居生活的要求,延长其使用寿命。

就瑶山的民居建筑来说,最需要进行内部功能现代化改造的是21世纪初建成的那批水泥砖建筑。由于当时设计陈旧,内部功能极不合理,已逐渐不能满足现代人居生活的要求,但其建筑结构和外观都还保存较为完好,可以在条件具备的前提下对其进行内部功能的现代化改造。

(2) 风貌整饬

主要是针对那些建筑结构完整,内部功能尚能满足现代生活需要,但外部景观风貌陈旧或是破损,与周围的建筑环境不协调的民居建筑。在不影响建筑结构和内部功能使用的前提下,可以对其进行外部景观风貌的整饬,使其与周围环境相协调。

就瑶山来说,整体建筑景观风貌相当混乱,有早期的半干栏式建筑,也有部分水泥砖瓦房,还有部分现代建筑等,但大部分建筑结构基本完好,完全还能继续使用。可对部分民居建筑进行外部景观风貌的整饬,使其与周围的建筑环境更加协调和统一。

(3) 村容整治

针对那些建筑肌理保存完好,民居建筑结构和内部功能仍能满足一定时期内的生产生活需求,但村落内部的基础设施较为欠缺,内部环境不能满足现代文明生活要求的村落,可进行村容整治。

就瑶山来说,需要进行村容整治的地方较多。一是卫生环境,由于当初规划设计极不合理,许多家庭没有圈舍、厕所等,导致一些家庭把牲畜关在门前屋后,牲畜粪便随处可见,严重影响村落内部的卫生环境;二是乱搭乱建突出,随处可见一些临时建筑设施,从景观上也影响了整个村落的环境,可对其进行一个规范性的整治;三是道路系统还需要完善,部分串户路还是泥路,下雨天行走起来极不方便,需要对其进行硬化整治；四是增加部分生活设施，特别是厕所，方便群众生活。

（4）建筑肌理调整

主要是针对那些建筑结构保存较为完好，内部功能较为合理，基础设施等在一定时期内还能满足当地村民的生产和生活的村落。由于当初修建时规划不合理，建筑肌理比较混乱，建筑密度等不适应现代人居生活，需要在建筑肌理上进行一定的调整以便能更好地满足当地村民的现代生活。

（5）推倒重建

主要针对那些建筑结构保存较差，内部功能也不合理，甚至成为危房的民居建筑。其存在不仅影响了景观风貌，还严重威胁到使用者的生命安全，应将其完全拆除后重新建设新的建筑以满足现代人居生活要求。

（6）异地搬迁

主要是针对那些自然环境恶劣、交通条件极差、基础设施十分落后的村落，或因自然，或因某些外在因素如地质塌陷，或因能源耗尽等已经不适合人类继续在此居住发展。对于这样的村落只能采取异地搬迁的方式来获得更好的发展空间。

3. 非物要素保护

（1）文化个性的培养

不可否认，全球化的日益强化对弱势民族或是弱势文化具有相当大的涵化或是同化作用。虽然全球化不等于国际化、西方化，也不等于现代化，更不等于一体化，但就全球化对全人类文化共享的维度来看，一方面，我们不得不承认在全球化的背景下，一些民族的文化传统正在被放弃或是被涵化；另一方面，一些之前被藏在深闺里的民族文化又在全球化的背景下被越来越多的人所了解和认同，并待之以人类共同的文化遗产。就全球化对村落文化景观的影响来看，同化、涵化时时在发生，但一些新的文化个性也在不断彰显。要在全球化背景下彰显不同民族、不同区域的村落文化景观个性，最终实现人类文化的多样性价值取向和不同文化的可持续发展，我们就必须在坚持传统的基础之上广泛接纳他文化的涵养，并以一种创造未来文化遗产的态度去善待我们的过去、现在和未来，以便在全球化的背景之下立于不败之地。

白裤瑶人口很少，在全国也就2万人左右，其中在贵州，目前仅有2 000多人。白裤瑶虽然如今还保存有较为丰富多彩的民族传统文化，文化个性也较为突出，但就其目前发展的情况来看，其文化传统和民族个性正在快速地被放弃，"布依化"趋势相当明显。如不培养起适合白裤瑶自身发展的民族文化个性，那么，当地布依族的今天，极有可能就是白裤瑶的明天。

（2）文化生态和文化自信的重建

在历史上，白裤瑶不但经济和文化发展落后，在社会地位上，与当地其他民族比起来也要低得多，文化生态薄弱和文化自信缺失在白裤瑶身上表现明显。如今，当地的布依族依然是白裤瑶不断模仿和追求的对象。

（五）白裤瑶村落文化景观既有的保护模式及评述

关于白裤瑶村落文化景观的保护，目前已有两种模式，即生态博物馆和民族文化村两种。生态博物馆保护的理论与实践均来自欧洲，是一个地道的舶来品。1995年，生态博物馆第一次落根中国；而民族文化村则是地道的中国自创。以下拟对这两种保护模式作一探讨。

白裤瑶主要分布在广西北部的南丹县与贵州南部的荔波县瑶山乡，且同属于一个支系。两地隔为临界地区，只是因为行政区划不同而隶属于两个不同的省份，两地居民平时生活往来密切，文化一致。由于白裤瑶在广西和贵州两省的人口比例都极小，且民族文化风情独特，因此两个地区政府都对其民族文化采取了一定的保护措施。其中，广西采取的是生态博物馆模式，而贵州则采取了民族文化村模式。虽然两种模式各不相同，但目标一致。两种模式在保护白裤瑶的民族文化方面，都起了一定的作用，但也同样面临着困境，其中最为突出的问题就是两种模式都未能解决文化保护与社会发展之间的矛盾。

1. 生态博物馆模式

生态博物馆的理论和实践发端于20世纪60年代的欧洲。当时的欧洲已进入后工业时代，出于一种对工业文明和理性思潮的反叛，人们开始崇尚对乡村社会和传统文化价值的回归，乡土文化的价值得以被重视。在这种背景下，生态博物馆的理论应运而生并得到了实践。

1995年，生态博物馆的理论被引入中国，在贵州六枝梭嘎开始了实践并提出了"六枝原则"[1]。尽管关于生态博物馆的理论、实践及其中国化等问题一直都处在不

---

[1] "六枝原则"具体内容包括：一、村民是其文化的拥有者，有权认同与解释其文化；二、文化的含义与价值必须与人联系起来，并予以加强；三、生态博物馆的核心是公众参与，必须以民主方式管理；四、当旅游和文化保护发生冲突时，应优先保护文化，不应出售文物但鼓励以传统工艺制造纪念品出售；五、长远和历史性规划永远是最重要的，损害长久文化的短期经济行为必须被制止；六、对文化遗产进行整体保护，其中传统工艺技术和物质文化资料是核心；七、观众有义务以尊重的态度遵守一定的行为准则；八、生态博物馆没有固定的模式，因文化及社会的不同条件而千差万别；九、促进社区经济发展，改善居民生活。

停的争论当中,但生态博物馆在中国大地上还是如雨后春笋般发展壮大起来。

2004年,在广西南丹县里湖乡怀里村的大山里也建起了第一座白裤瑶生态博物馆,并于2004年11月对外开放(图9)。

图9 里湖生态博物馆一角(图片来源:作者自摄)

生态博物馆的建立,一方面提高了当地白裤瑶的名气,很多游客(包括专家)慕名而来,在一定程度上也给当地带来了一定的收入。但在民族文化保护方面,在实现了一定程度的保护的同时,也同样存在大量的问题。2006年,贵州省文物局联合贵州师范大学对贵州省内的4座生态博物馆的诸多方面进行了详细的调查。2011年初,笔者又亲至里湖乡白裤瑶生态博物馆进行了实地调查,通过对调查资料的整理,得出了以下几点认识:

第一,生态博物馆理念源自20世纪70年代的法国,那是一个物质文明比较发达的后工业时代,人们具有较高的文化素质。建立生态博物馆对他们来说是一种对后工业时代的反叛,是一种精神和文化上的追求。而生态博物馆在中国实践的社区,基本上还处在前工业时代,物质文明极度欠缺,人们还过着日出而作,日落而息的生活,还在为生存而苦苦挣扎,精神生活和文化追求还无从谈起。

第二,西方生态博物馆理念已经是一种文化自觉,社区居民对自己的文化和生活方式有一种高度的自觉和自豪感。而中国生态博物馆下的社区居民,对自己目前的生存状态普遍保留一种自卑和不满。极度的贫困使他们对自身的文化并不抱有一种自豪,相反是一种自卑甚至是绝望的情绪。对他们拥有的文化及其价值,并不源于社区居民的自觉,而是源于文化专家的一种体制外的评估和恋旧癖。对他们文化价值的认同是通过这些文化专家的代理来完成的。

第三,西方生态博物馆的建设是基于文化自觉上的管理自治。在中国的生态博物馆中,从建设之初到运行至今,一直是一种专家加政府的一厢情愿。居民的参与基本无从谈起或只是一出戏剧中的小丑或是配角。

第四,各方愿望的表面统一和实际背离,是生态博物馆落得今天如此尴尬下场的重要原因。生态博物馆在建设之初,各方(包括文化遗产专家、政府、专业管理单位和社区居民以及第三方如游客等)抱着一种原始而又崇高的美好愿望,在这层美好愿望的外衣下,各方实则顾着各自的利益。首先,文化遗产专家的天真烂漫为中国生态博物馆的未来勾画出了一幅美好的图景,以保护文化遗产的美好期望为其母题,但这幅图景是永远的而且极大地偏离了我们的生活现实,完全是一个无视现实物质基础而阔谈文化遗产保护的极不现实的一个空中楼阁;与之类似的这一场闹剧中的另一个主角——政府,却是表面高调迎合着文化遗产专家保护文化遗产的神圣使命,实则将其视为一个招商引资、发展旅游、突出政绩和升官发财的形象工程;作为真正文化主角的社区居民,在这场闹剧中却被边缘化到充当一个小丑或是配角,他们被专家和官员们招之即来,挥之即去,在经历一场又一场的文化说教和洗礼之后,大脑里装着政府许诺给他们的美好未来和专家们灌输给他们的美丽憧憬,怀着一种原始美好的愿望,臆想一觉醒来就会步入现代文明的他们,当梦醒时分,才发现原来这一切除了梦还是梦,等待他们的仍然是日复一日的艰辛生活,原有的生活姿态并没有什么改变,只是在他们原本平静的生活里偶尔多了几个看客而已。生态博物馆的建设对于专业管理单位来说,更是一场闹剧。他们被夹在政府和专家之间,为了不得罪这两方,同时也为了保住他们的饭碗,没有任何知识准备的他们需要与这些人不停的周旋。从生态博物馆的理念上讲,他们完全是一片空白,更是无从着手去实践;从权力的角度讲,除了听专家和政府官员的,他们没有任何自己发表意见的余地;管理生态博物馆对他们来说也是如此。还有就是作为第三方的看客,如旅游者,他们被一些现代新闻媒介鼓动,怀着一种对异域风情和民族文化的美好愿望而来,当他们看到生态博物馆不过就是在村子的旁边修了一幢房子(生态博物馆的资料信息中心)时,或是村子里的居民都希望与他一起合影"留念"并向他收取十元钱的肖像费时,才发现原来所有的宣传都是那么的可笑,自己在现代媒介面前是多么的幼稚,甚至怀疑自己是不是被当猴耍了一回。

第五,西方生态博物馆从建设到运行管理,始终是社区居民自下而上的一场文化和政治自治运动。但生态博物馆被引进中国之后,却是一场自上而下的文化代理。

这与中西方在政治、经济、文化、历史传统等诸多方面有着本质的区别有关。作为后工业时代的产物,当它被引入中国处于前工业时代文化背景下的社区之后,其中国化和本土化一直未能得到解决。中西专家在理念上的争论和妥协、话语权的争夺都时有发生,就是在中国文化遗产界内部也有不同的看法和声音,但这些声音始终没有很好地解决生态博物馆在中国遇到的实际问题。特殊论和阶段论的提出实质是这些当事人的一种自我嘲笑和辩解。

第六,从经费上看,西方生态博物馆一直有较为稳定的来源(政府、企业和个人资助)。而在中国,资金的极度缺乏更是让本就水土不服的生态博物馆在建设和后续发展以及管理上捉襟见肘。没有资金保障,一切理想都只停留在专家的规划蓝图中。

第七,从管理模式上看,西方是一种自治管理,而中国的生态博物馆则是一种官方式的管理。当地的社区居民没有任何的发言权和主导权,利益的分享也没有涉及,这种管理与被管理的中国特色让管理者与被管理者之间矛盾重重,有时甚至是尖锐的对立,大有激化的趋势。

第八,动力机制的缺失。生态博物馆的理念被引入中国并最先开始在贵州付诸实践。起初,在文化遗产专家的鼓动下,各方的积极性看似被大大地激发出来,但经过十年的经营,之前各方的远大理想如今早已化为泡影,失望和淡出渐渐成了各方的选择,但留下的烂摊子由谁来收拾,中国生态博物馆该何去何从却被更多的人遗忘在角落里。专家们早已人去楼空,政府部门也懒得搭理,业务管理部门更是力不从心,作为这场戏的配角——社区居民已是绝望至极。生态博物馆在中国十年的艰难摸索中还需要更多的探索。

第九,生态博物馆在建设之初融入了太多传统博物馆的因素。

由于上述种种原因,生态博物馆在中国的实践过程中遇到了极大的困难并陷入瓶颈危机。

2. 民族文化村模式

民族文化村是选择一些传统景观风貌保存较为完好,民族文化比较典型的村寨,通过将其列为民族文化村保护清单进而实现民族文化的保护。

2000年,省政府批准将瑶山懂蒙村寨(白裤瑶村寨)列为全省二十个民族村寨保护建设之一(图10)。为此,政府也投入了一定的资金对其采取保护措施:主要硬化了村寨里的串户路,在村子的入口处修建了表演广场,同时限制村民在村子里新建与传统风貌不协调的建筑等。这些措施,在一定程度上对保护懂蒙寨子的物质景观要素起到了作用,维持了村寨的传统景观风貌。但也同样面临诸多问题,主要有:

图10 懂蒙寨全景（图片来源：作者自摄）

一、从管理体制上，民族文化村主要是由民族（主要是民委）部门在实施，而文化部门则参与较少。从文化遗产保护的角度看，没有文化部门参与和实施的文化遗产保护，从专业的角度显得有些偏离。

二、民族文化村只注重物质景观的现状保存和维持，缺乏动态的保护和培育。同时对非物质景观的保护较为忽视。

三、忽视文化的主人对现代化生活的诉求。在懂蒙，为了维持村寨的外在景观风貌，一味限制当地村民对居住环境的改善。由于当地的民居原本就缺乏科学的设计，在功能上已不能满足现代人居的要求，如阴暗、潮湿等，急需对其进行内部功能的改造和更新，但民族文化村模式目前在这方面做得还不够。

四、不论是生态博物馆，还是民族文化村，始终还是一场文化代言。而作为文化的主人——社区居民完全被当成这场戏的配角而未能真正参与进来。

七、瑶山白裤瑶村落文化景观的利用及价值

（一）瑶山白裤瑶村落文化景观的利用

1. 背景及"三力"分析

（1）村落文化景观旅游的兴起

不可否认，发展旅游成了当前村落文化景观利用的一种最基本也是最普遍的形

式。随着工业化、城市化的快速发展,以及全球一体化进程的加强,人类社会日益呈现出种种精神危机和价值焦虑。作为对工业文明和城市文明的反叛,猎奇与怀旧、对乡村田园环境和乡土文化价值的崇尚与回归成为当前村落文化景观用以发展旅游的良好契机。

同时,乡村环境和基础设施的改善也为乡村旅游的兴起和发展提供了前提条件。改革开放以来,政府加大了对农村基础设施的投入,尤其是城郊地区,以交通条件的改善为根本的基础设施建设对乡村旅游的发展起到了巨大的推动作用。

(2) AVC三力理论在村落文化景观旅游业发展中的应用分析

基于景观规划与旅游规划理论体系的研究,2002年,刘滨谊首次在"厦门鼓浪屿发展概念规划国际咨询"项目实践中提出了以"AVC"三力提升为目标的景观与旅游规划理论、依据和评判体系,即AVC三力理论,并在相关实践中得到了成功的应用和扩展[1]。

"三力"是指一个旅游地的吸引力(attraction)、生命力(vitality)和承载力(capacity),简称"AVC"[2]。

① 乡村景观吸引力

乡村景观吸引力是指乡村景观对有利于乡村各项事业发展的人和物的吸引能力。吸引力是针对乡村景观资源的分析与评价而言的,这种吸引力既存在乡村对城市的吸引,也存在乡村之间的吸引。乡村景观吸引力不仅与现状资源和环境的优劣有关,而且与资源的开发潜力以及开发建设后的状况有关。乡村景观的吸引力,主要体现在三个方面:一是风景优美的自然田园风光;二是朴实无华的乡土居民;三是丰富多彩的乡土文化。这三者缺一不可,共同构成现代城市居民精神追求与价值回归的理想场所[3]。

乡村景观的吸引力是利用村落文化景观发展旅游产业的前提和基础。其吸引力的评价越高,用以发展旅游业的可能就越大。

② 乡村景观生命力

乡村景观生命力是指乡村景观不断推动乡村经济发展壮大的能力。生命力是针对乡村景观资源的开发与利用而言,对于乡村景观来说,其最大价值就在于促进乡村

---

[1] 同济大学风景科学研究所:《厦门鼓浪屿发展概念规划国际咨询》,2002年5月。本文转引自陈威:《景观新农村:乡村景观规划理论与方法》,中国电力出版社,2007年,第116页。

[2] [英]埃比尼泽·霍华德:《明日的田园城市》,商务印书馆,2000年,第5—6页。

[3] 陈威:《景观新农村:乡村景观规划理论与方法》,中国电力出版社,2007年,第117页。

经济的发展。乡村景观的生命力主要体现在三个方面:一是经济活力;二是产业结构;三是经济收入[1]。

乡村景观的生命力,是利用村落文化景观发展旅游业成熟与否的核心指标。一个具有优质吸引力的村落文化景观,通过合理的开发和利用,往往会给一个村落的经济和社会发展注入强劲的生命与活力,实现乡村经济的快速发展。

③ 乡村景观承载力

乡村景观承载力是指乡村景观资源对于人类活动干扰的承受能力。承载力是针对乡村景观资源的保护与管理而言。乡村景观的承载力主要体现在以下三个方面:一是乡村景观的环境容量;二是乡村景观的生态容量;三是乡村景观的文化和心理容量[2]。

乡村景观的承载力,是村落文化景观用以发展旅游业所具备的可持续发展能力的基础。承载力越强,可持续发展的潜力就越大。

2. 瑶山发展旅游业的"三力"分析

陈威先生在《景观新农村:乡村景观规划理论与方法》一书中,根据乡村景观的基本内涵以及乡村景观规划 AVC 理论的构建,提出了采用层次分析法对乡村景观进行 4 个层次的分析与评价。本文在采用其评价体系的基础之上,结合本文调查案例的具体情况对瑶山的村落文化景观进行一个较为粗略的评价(表4)。

表4 瑶山村落文化景观 AVC 评价表[3]

目标层	项目层	因素层	指标层	达标层 (拉片村)	评价层 (优、良、中、差)
拉片村村落文化景观 AVC(三力)综合评价	吸引力	自然田园环境	地貌类型多样性[4]	较为单一	中
			绿色覆盖度[5]	大	
			景观多样性[6]	单一	
			农地景观面积比[7]	小	

---

[1] 陈威:《景观新农村:乡村景观规划理论与方法》,中国电力出版社,2007年,第117页。
[2] 陈威:《景观新农村:乡村景观规划理论与方法》,中国电力出版社,2007年,第118页。
[3] 陈威:《景观新农村:乡村景观规划理论与方法》,中国电力出版社,2007年,第138—142页。
[4] 指当地的地理特征。
[5] 指当地植被和水域的面积比,反映乡村自然性的指标。
[6] 反映景观斑块类型的多少及其所占的比例。
[7] 指稻田、菜地、果园和草地等农地景观面积与当地区域面积之比。

续 表

目标层	项目层	因素层	指标层	达标层（拉片村）	评价层（优、良、中、差）
拉片村村落文化景观AVC（三力）综合评价	吸引力	聚居环境	可达性[1]	一般	差
			总平面布局[2]	较为零乱	
			建筑风格[3]	缺乏个性	
			基础设施[4]	差	
			绿地率[5]	中	
			清洁度[6]	较差	
		乡土文化	历史古迹[7]	极少	良
			风土人情[8]	较为丰富	
	生命力	经济活力	单位面积产值[9]	低	差
			常用耕地面积比例[10]	极小	
			投入产出率[11]	低	
			农产品结构[12]	单一	
			农产品商品率[13]	低	
			农业机械总动力[14]	低	
		产业结构	产业结构比例[15]	以农业为主	差
			劳动力就业结构[16]	以农业为主	

---

[1] 指乡村地区交通便捷程度。

[2] 指乡村聚落功能分区及分布状况。

[3] 反映当地建筑景观特色指标。

[4] 指乡村基础设施是否完善,是反映乡村现代化建设的一项重要指标。

[5] 乡村聚落内各类绿化用地总面积占该地区总面积的比例。

[6] 反映当地的固体垃圾的处理程度。

[7] 指历史上留下来的具有很高的艺术价值、纪念意义和观赏效果的各类建设遗迹、建筑物和古典名园等。

[8] 指当地的民俗、宗教和语言等,是反映乡土文化的重要指标。

[9] 反映区域内经济的发达程度,单位面积产值＝总产值/区域总面积。

[10] 指常用耕地面积占区域耕地总面积的比例。

[11] 是反映农业经济效益高低的一个重要指标。

[12] 指不同农产品种类及其所占的比例。

[13] 指除去自食部分外,作为商品出售的农产品占生产的农产品总数的百分比,反映社会需求和接受程度。

[14] 指主要用于农业生产的各种动力机械的动力总和。

[15] 指第一、二、三产业所占的比例。

[16] 指从事第一、二、三产业人员的比例。

续 表

目标层	项目层	因素层	指标层	达标层（拉片村）	评价层（优、良、中、差）
拉片村村落文化景观AVC（三力）综合评价	生命力	产业结构	第三产业增加值比例[1]	极小	差
		经济收入	农村经济纯总收入[2]	以农业为主	
			人均纯收入[3]	不足一千元	
			纯收入增长率[4]	极低	
	承载力	环境承载力	人口规模[5]	小	中
			建设规模[6]	小	
		生态承载力	林木覆盖率[7]	较低	差
			土壤肥力[8]	差	
			土地退化比例[9]	大	
			水土流失率[10]	大	
			自然灾害发生频率[11]	较多	
			单位面积生物量[12]	小	
			大气质量[13]	良好	
			水体质量[14]	缺水	
		文化心理承载力	文化承载力[15]	弱	差
			心理承载力[16]	弱	

---

[1] 指第三产业增加值占国内生产总值的比重。
[2] 指当年农村经济总收入减去农村经济各项费用后的收入，是反映经济效益高低的重要指标。
[3] 反映当地居民的富裕程度和生活水平。
[4] 指目标年人均收入与其上一年人均收入相比较增长的幅度，反映人均收入增长的潜力。
[5] 指乡村地区范围内人口数量的总和。
[6] 乡村聚落建设用地的大小。
[7] 林地面积占区域总面积的比例。
[8] 反映土壤肥力状况的重要指标。
[9] 区域土地沙化、盐渍化的总面积占耕地总面积的比例。
[10] 水土流失面积与区域总面积的比值。
[11] 年平均自然灾害发生的次数。
[12] 以景观中各类型生物量的平均值来表示。
[13] 反映当地环境质量的重要指标。
[14] 指当地的水质等级。
[15] 指当地文化所能承受的外界干扰。
[16] 指当地居民心理所能承受的外来价值和观念干扰。

通过上述对瑶山的"三力"评价与分析，不难看出，政府若要把瑶山打造成一个旅游目的地，还有许多基础工作要做。首先，瑶山的自然景观较为单一，特别是水资源的缺乏成为其制约瓶颈；其次，旅游景点少，旅游产品等级不高，可资利用的旅游资源较少；再次，旅游设施落后，基础建设薄弱，吃、住、行等条件都还不具备接待较大规模的目标人群；再次，人口文化素质较低，缺乏适合旅游业发展的可用人才和乡土精英；最后，其生态和文化心理承载力低，可持续利用和发展能力较弱。

当然，瑶山发展旅游业也具有一定的优势，如拥有较为丰富的传统乡土文化和民族风情，毗邻大、小七孔景区和荔波世界自然遗产地等。

3. 瑶山旅游业发展现状及评述

在2000年前后，瑶山就开始发展旅游事业，但不仅项目单一，而且形式粗放。主要是组织一些妇女到小七孔景区出租或出售一些民族服装，规模小、产值低，一天一个人的收入不足五十元。

瑶山真正大力发展旅游业始于2008年。从这一年开始，瑶山陆续在乡政府驻地拉片村新修了瑶王府、旅游接待室、表演广场，组织起一支表演队，同时还对部分村民进行一些旅游接待方面的培训，开办了几家"农家乐"和乡村旅馆，并对拉片村的民居建筑景观进行了简单的整治。直至2010年，瑶山的旅游事业仍然十分冷清，每年来瑶山的游客十分有限，而且来的都是半日游甚至是两三小时游的临时过客。来瑶山的游客除了看场表演外，再没有其他可供游客观赏和消费的项目，所以给瑶山带来的旅游收入也十分有限。

瑶山的旅游业发展不尽如人意，最为根本的原因是目前的瑶山，基本上还处于无景可看、无处可住、无物可买的境地。除了白裤瑶的民族文化风情外，并无其他可提供给旅游者。就目前的情况来看，瑶山要想成为一个旅游者的目的地，还有相当长的路要走。从另外一个角度讲，瑶山是否可以通过将其打造成一个旅游目的地来实现社会的发展都还需要更多的论证。或许发展其他的替代经济更适合瑶山的实际。

4. 关于旅游业对村落文化景观遗产产生的冲击的讨论

不可否认，发展旅游业是村落文化景观遗产利用及其遗产价值向经济价值和社会价值转变的最普遍也是最基本的一种模式。从根本上讲，旅游是出于对一种美的景观的视觉欣赏和对异域文化的体验和感知，这就从客观上要求旅游的对象必须在视觉上达到一定的美学效果，即舞台性。就村落文化景观中的物质要素来看，作为旅游对象，它只需要达到满足旅游者的视觉审美要求即可。但在实际过程中，当把村落文化景观应用于旅游的对象时，更能引起旅游者关注的往往不是物质景观要素，而是非物质方面的景观要素。而村落文化景观中的非物质景观要素，如丧葬礼仪、恋爱婚姻、宗教信仰、民族服饰、风俗习惯、传统工艺等等，并不如一日三餐一样时时呈现在当地居民的生产生活当中，它只在某个特定的时期甚至是特定的地点并在特定的人群当中予以体现，即文化是有"背景"的。很显然，这与旅游的即时性产生了冲突。为了发展旅游，就不得不把这些平时并不时时呈现的非物要素以舞台表演的形式呈现在旅游者的面前。于是，有关舞台表演的真实性以及舞台表演对文化本身的真实性所造成的冲击方面的讨论就引起了学者们的关注。

一部分学者认为，将具有象征意义的文化搬上舞台，以表演的形式呈现在旅游者的面前时，文化本身的象征意义将会受到冲击。久而久之，其文化的象征意义的真实性将变成一种标准化和程序化的旅游商品，这种脱离了其文化背景的舞台表演最终将会演变成一场文化上的灾难。而另一部分学者则认为，文化虽然是有背景的，但同时文化也是有生命的。随着时代的发展和文化生态环境的改变，有些文化注定要在历史的长河中消失。在这种背景下，如果不失时机地将这些文化搬上舞台，不仅能延长其文化寿命，同时还能发挥文化的"价值"。所以，尽管舞台上的文化象征意义和文化生态环境业已改变，但在舞台表演的市场需求下，却保留住了文化表演舞台的"幕后真实性"，这样文化的多样性反而得到了加强。

以瑶山为例，自瑶山开始发展旅游业以来，在物质景观方面，为了让旅游者获得一种视觉上的审美欣赏，瑶山的建筑景观总地来说，还是在极力地维系和控制当中，并力争使其保留住地方和民族特色。但在一些非物质景观文化方面，如打铜鼓、跳打猎舞等，这些原本都只有在特定的场合，如婚丧嫁娶时才表演的，现在为了适应旅游发展的需要却被不失时机地搬上了表演的舞台。这将是一场文化上的灾难，还是客观上保留住了白裤瑶文化的多样性？就现在来看，可能还是一个仁者见仁的问题。

（二）白裤瑶村落文化景观的价值

村落文化景观遗产，除了可供当地发展旅游业，增加社区居民的收入之外，它作为文化遗产的一个新类型，更大的价值在于对维持人类文化多样性所具有的文化参考价值。文化多样性原理，同生物多样性原理一样。保持人类文化的多样性，不但能保存过去，启迪未来，更大的意义在于激发人类的创造力和增强人类的文化活力。在工业化、城市化和全球化日益强化的今天，全球文化有面临趋于扁平和同一化的危险，文化多样性正在急剧丧失，人类的创造力和肌体活力逐渐趋于衰竭。村落文化景观议题的倡导与回归是对工业文明、城市化以及经济全球化所带来的环境危机和紧张人地关系的反思,事关人类文明的存续和向生态文明、可持续发展转型维度的根本考量。保护和提倡村落文化景观的多样性不但为社会更新和适应新变化提供了智慧源泉,而且村落文化景观不同于城市文化的异质性特征是人类社会重新联系传统精神和文化、探索未来发展的可贵资源和不尽财富。

八、结 语

村落文化景观是文化遗产的一个新类型,也是文化遗产的一个重要组成部分。随着城市化、工业化的不断推进,这种新型的文化遗产不断受到强有力的冲击。乡村景观逐渐沦为城市景观的配角,传统乡土社会的文化价值正在不断消失。如何保护好村落文化景观这种新型文化遗产,恢复乡土社会的活力并让其在当今社会经济和文化建设中发挥价值,是文化遗产界的一个不可回避的议题。

荔波瑶山,是白裤瑶的聚居地之一,其独具特色的村落文化景观内涵一直未被外界知晓。特别是其独特的婚丧习俗、古朴的民族风情、原始的宗教观念等,无不具有重要的文化和研究价值。本文以荔波瑶山白裤瑶村落文化景观为研究个案,试图在对其进行一个全面而详细的田野调查的基础之上,研究其村落文化景观在近半个多世纪以来发展与演变的文化脉络,进而探讨村落文化景观这种新型文化遗产的保护及其利用范式。

通过对瑶山白裤瑶村落文化景观的初步研究,本文首先讨论了景观、文化景观、村落文化景观等有关村落文化景观遗产保护与利用的基本概念,并就村落文化景观的构成要素、面临的影响及其价值,以及研究现状等一并作了简单讨论,厘清了有关村落文化景观遗产的研究、保护及其利用等基本问题。

其次,本文选取贵州荔波瑶山白裤瑶村落文化景观作为研究个案,对其村落文化景观的各要素及其发展与变迁均在实地调查的基础之上作了详细的阐述。通过调查和整理,笔者认为瑶山白裤瑶村落文化景观的内涵十分丰富,具有重要的文化参考和研究价值。特别是其独特的婚丧习俗、古朴的民族风情、原始的宗教观念等,是一笔重要的文化遗产。在物质景观方面,特别是白裤瑶的民居建筑,在短短半个多世纪里,几经更迭,仿佛就是一部活生生的建筑史。这不论对研究中国传统的建筑史,还是作为考古人类学的参考研究等,都具有重要的意义。

再次,就本文的研究个案——荔波瑶山,在短短的半个多世纪里,其村落文化景观的内涵,特别是建筑景观的发展和变迁相当的剧烈。本文通过纵向变迁和横向变迁两个方面,对其变迁背后的机制和动力均进行了深入的讨论。通过对瑶山白裤瑶村落文化景观变迁的研究,得出的结论是:处于布依族、水族、苗族"包围"下的白裤瑶,其村落文化景观内涵的变迁一直是以横向变迁为主;其文化内涵的自主能力较弱,一直处于一种模仿与追逐的境地,文化极不自信,文化生态相当脆弱,长久下去,对维持其自身民族文化的个性和内涵是十分危险的。

不可否认,荔波瑶山白裤瑶的村落文化景观具有独特的文化内涵。如何保护好白裤瑶的村落文化景观遗产,至少在目前已有两种模式,即生态博物馆模式和民族文化村模式。这两种保护模式都在一定程度上对保护白裤瑶的民族文化起到了一定的作用,但存在的问题却是突出的。面对村落文化景观这种新的文化遗产类型,其保护理论、策略、技术等诸多方面都还处在不停的摸索当中。2008年,由联合国教科文组织、北京大学、同济大学、贵州省文化厅主办,贵州省文物局承办的"中国·贵州——村落文化景观保护与可持续利用国际学术研讨会"在贵阳召开[1],来自国内外的百余名学者在会上就村落文化景观遗产的保护和利用等问题作了深入的讨论,并取得了广泛的认识,最后通过了有关村落文化景观遗产保护与利用的文件——《贵阳建议》。这次会议的召开,对村落文化景观遗产的保护与研究均起到巨大的推动作用。同时,自2007年以来,在贵州省文物局的主持下,贵州师范大学、贵州省文物考古研究所和贵州省文物保护研究中心在贵州雷山县西江镇的控拜"银匠村"就其村落文化景观遗产的保护与利用进行了有益的探索。通过这次实践,总结出一套有关村落文化景观遗产保护与利用的理论和方法,笔者将其称为"控拜模式"。通过对"控拜模式"的总结并结合本文的研究,笔者就村落文化景观遗产的保护和利用提出如下看法:在保护策略方面,提出了研究、制度、经济、管理和技术五策略;在保护理论方面,主张整体、分层与动态保护相结合;在原则方面,坚持以人为本,公众参与和可持续发展为其基本点。

村落文化景观作为文化遗产的一个新类型,除了保护,同时还涉及如何利用的问题。就当前来看,村落文化景观遗产的利用主要体现在两个方面:一是用于发展旅游,二是作为文化多样性的价值参考。对于村落文化景观遗产在旅游业中的利用,本文主要借用了刘滨谊首次在"厦门鼓浪屿发展概念规划国际咨询"项目实践中提出的以"AVC"三力提升为目标的景观与旅游规划理论,并利用该理论对荔波瑶山白裤瑶村落文化景观的旅游前景作了一定的讨论和分析。除了用于旅游,村落文化景观遗

---

[1] http://csca.pku.edu.cn/index.aspx?menuid=5&type=articleinfo&lanmuid=9&infoid=186&language=cn.

产在文化多样性参考中也具有重要的意义。保持人类文化的多样性,不但能保存过去,启迪未来,更大的意义在于激发人类的创造力和增强人类的文化活力。

村落文化景观遗产,有的学者又将其称之为农业文化(或农业文明)遗产,作为文化遗产的一个新类型,其定义、构成要素、保护理论、利用模式等诸多方面都还在探索阶段。本文在以荔波瑶山白裤瑶的村落文化景观为研究个案的基础上,力求探讨一种关于这种新型文化遗产的保护与利用范式。作为一种尝试,尚有诸多问题有待进一步的深入商榷和探讨。

编　　后

贵州考古起步晚，但经过近70年的发展，考古机构由最初的贵州省博物馆考古组（清理发掘组）发展成考古队，再发展成独立的贵州省文物考古研究所。随着机构的扩大，人才队伍建设也有了相应发展，进入21世纪以后，一批具有硕士和博士学位的考古青年加入进来，成为贵州考古的业务骨干和学术中坚力量。

在贵州从事考古工作，受省域的限定，不管学习期间所作的研究选题是否与贵州有关，从踏上贵州大地的那一天起，就要立足贵州，系统学习贵州境内各个时期的考古遗存资料，将田野工作和研究课题同贵州各时段考古遗存相结合，整理、阐释贵州考古材料，用考古材料延伸贵州历史轴线，增强历史信度。而要达到这一目标，仅仅关注贵州境内的考古材料又是不够的，它需要扩大学术视野，关注并掌握周邻地区尤其是西南地区的相关考古成果，因为只有在一个广博的时空框架体系内，才能更好地认识贵州考古的特点及其同周邻地区的关系。有鉴于此，我们策划、编辑出版了这本以贵州青年考古学者学术成果为主要内容的论文集，一是为青年考古学者搭建成长平台，二是展现贵州及周邻地区的考古成果，提升贵州考古的影响力。

论文集从策划组稿、行政审批到编辑出版经历了较长时间，原先在申请行政审批时将书名暂定为《贵州省文物考古研究所青年学者论文集》。进入编辑出版阶段后，这批青年学者工作单位有了较大变化，如李飞调到贵州省博物馆任馆长，张改课调到陕西省考古研究院工作，李二超考入贵州省博物馆工作等，经过协商，最后将书名定为《扬帆：贵州青年考古学者论集》。

选入的11篇论文是以我省青年考古学者求学期间撰写的本、硕、博论文为主体修改而成的。研究内容从地域上看，除贵州外，还涉及广西、云南、湖北、湖南、四川和重庆等周邻地区；从时代上看，有史前、东周秦汉、南朝、唐宋和当代；除考古学论文外,还有1篇是民族村寨村落文化景观遗产研究的调研论文,可以说是比较丰富的。由于系青年学者作品,还存在诸多不足,这些不足有待他们在今后的研究中不断完善。

编撰工作是在所领导班子的关心与支持下进行的,具体策划、统筹和组稿工作由张合荣副所长负责,在项目申报、行政审批、合同完善等环节,办公室吴小华主任等同志付出较大心血。

贵州省文化和旅游厅、贵州省财政厅相关职能部门对本书的出版给予大力支持,在此表示深深的谢意!

上海古籍出版社编辑同仁对选入文稿从初稿至最后定稿均进行认真审核和编校,使本论文集内容得到提高,最后以精美形式呈现,在此谨致感谢!

编　者
2021年3月1日